『경학원잡지』 색인 1 – 인명(상)

편 찬 책 임 ┃ 변은진
색인어 추출 ┃ 전병무, 이주실, 이태규
입력 및 정리 ┃ 문경득, 김정화, 진서금, 강지원
검　　　수 ┃ 변주승, 변은진, 문경득, 김정화

『경학원잡지』 색인 1 – 인명(상)

초판 1쇄 발행　2020년 12월 30일

지은이 ┃ 변은진 외
펴낸이 ┃ 윤관백
펴낸곳 ┃ 도서출판 선인
등　록 ┃ 제5-77호(1998.11.4)
주　소 ┃ 서울시 마포구 마포대로 4다길 4 곳마루빌딩 1층
전　화 ┃ 02)718-6252/6257
팩　스 ┃ 02)718-6253
E-mail ┃ sunin72@chol.com

정가　39,000원
ISBN　979-11-6068-435-3　94900
　　　　979-11-6068-434-6(세트)

· 잘못된 책은 바꾸어 드립니다.

※ 이 저서는 2018년 대한민국 교육부와 한국연구재단의 지원을 받아 수행된 연구임
　(NRF-2018SA6A3A01045347)

전주대 한국고전학연구소 HK+연구단 자료총서 05

『경학원잡지』색인 1 - 인명(상)

변은진 외 편

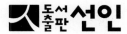

자료총서를 발간하며

우리는 현재 탈유교사회에 살고 있습니다. 유가 경전을 통해 심성 수양과 철리 탐색을 주로 하던 문·사·철의 영역을 넘어 이학과 공학, 또 학제간의 융복합을 시도하여 새로운 결과물을 산출하는 시대에 살고 있습니다. 뿐만 아니라 디지털 혁명에 기반하여 물리적·디지털적·생물학적 공간의 경계가 희석되는 기술융합의 시대, 4차 산업혁명의 시대를 마주하고 있습니다. 그럼에도 한 발짝 더 이면으로 들어가 보면 유교문화는 여전히 재코드화되어 가족, 학교, 직장 등 가장 낮은 단위에서 실체적 힘으로 작동하고 있음 또한 부인할 수 없습니다.

전주대학교 한국고전학연구소는 『여지도서』와 『추안급국안』의 역주 사업을 밑돌로 삼아 2010년에 출범하였습니다. 한국고전번역원의 '권역별 거점연구소 협동번역사업'에 선정되어 10년간 조선시대 문집을 다수 번역하였고, 2020년부터 다시 10년간의 사업을 시작합니다. 또한 한국학중앙연구원의 기초자료사업 지원으로 '근현대 유학자 사회관계망 분석 및 자료수집연구'를 9년째 수행하고 있으며, 2014년에는 한국연구재단 대학중점연구소 사업으로 '근현대 지역공동체 변화와 유교이데올로기'연구도 진행했습니다.

본 연구소는 유교문화 연구에 특화된 연구소입니다. 2018년에는 그간의 연구 성과를 바탕으로 한국연구재단의 인문한국플러스 사업에 '유교문화의 탈영토화, 공존의 인간학과 미래 공동체'라는 아젠다로 선정되어 본 연구소가 한 번 더 도약하는 계기를 마련하였습니다.

이번에 간행하는 자료총서는 이 인문한국플러스 사업의 일환으로서 정전을 재해석하고 새로운 문화지형을 구축하고자 하는 연구과정에서 산출된 성과물입니다. 본 연구단의 근현대 유교문화 관련 자료아카이브 구축의 방향은 다음과 같이 세 분야를 대상으로 하고 있습니다. 첫째는 일제강점기 이후 전국 단위로 조직된 유교단체가 발간한 기관지 자료, 둘째는 오늘날 향교에서 소장하고 있는 근현대 문서 자료, 셋째는 근대 이후 유림들이 생산한 문집 자료입니다.

자료총서 5권 『경학원잡지』 색인 1 – 인명(상)'은 『경학원잡지』 제1~48호 내에 있는 인명의 색인(ㄱ~ㅅ)을 수록한 것입니다. 『경학원잡지』는 일제강점기의 대표적인 관변 유교단체 기관지로서 우리 근현대 유교문화의 굴절과 변용을 이해하는 데 매우 중요한 자료임에도 불구하고, 그간 학계에서는 많이 활용되지 못한 게 사실입니다. 수록된 기사들이 대부분은 한문으로, 나머지는 국한문으로, 그리고 일부는 일본어로 되어 있기 때문에 접근이 용이하지 않은 점이 그 이유의 하나였다고 생각합니다. 이에 본 연구단에서는 이러한 어려움을 일정하게 해소하기 위하여, 『경학원잡지』 인명 색인집 편찬을 기획하였습니다. 방대하고 난해한 자료를 대상으로 하다 보니 다소간의 오류나 누락 등이 있을 수 있는 점에 대해 양해를 부탁드립니다. 부족한 이 책이 향후 우리 학계에서 유용하게 활용될 수 있기를 기대해 봅니다.

이와 같이 본 연구단에서는 그간 학계에 많이 소개되지 않은 자료들을 포함하여 근현대 유교문화를 재가공하고 새롭게 해석할 수 있는 자료들을 꾸준히 발굴 소개할 것입니다. 이는 앞으로 우리의 근현대 유교문화를 보다 풍부하게 연구할 수 있는 토대로 기능할 것입니다. 본 연구단의 자료총서가 근현대 유교문화를 탐색하는 통로가 되고, 공존을 지향하는 우리의 미래공동체를 환하게 열 수 있는 든든한 디딤돌이 되기를 바랍니다.

본 자료총서가 나올 때까지 많은 분들의 도움을 받았습니다. 먼저 본 연구단을 물심양면으로 지원해주신 이호인 총장님을 비롯한 교직원들께 감사의 말씀을 올립니다. 출판 환경이 녹록치 않은 상황에서도 흔쾌히 본 총서를 출판해주신 윤관백 사장님 이하 직원들께도 사의를 표합니다. 무엇보다도 지속적으로 새로운 자료를 수집하고 자료총서를 기획 추진한 본 연구단의 자료팀 식구들, 특히 빼곡한 자료를 하나하나 들춰가며 궂은일을 감내한 연구보조원 선생님들께 심심한 감사를 전합니다. 아울러 옆에서 지켜보며 든든히 지원해준 본 연구단의 모든 식구들에게도 고마움을 전합니다.

2020년 12월

전주대 한국고전학연구소장, 인문한국플러스연구단장 변주승

목 차

경학원잡지 인명색인 (ㄱ~ㅅ)

경학원잡지 인명색인 (ㄱ~ㅅ)

※ 일러두기

1. 본 색인집의 인명 색인은 『경학원잡지』 제1~48호(1913.12~1944.04)에 포함된 인명들을 대상으로 추출하였다.

2. 인명 추출의 원칙은 쪽수를 기준으로 하였다. 즉 같은 쪽 내에서 동일인은 1회만 추출했으며, 동일 기사 내에서 쪽이 다를 경우는 중복 추출함을 원칙으로 했다.

3. 자와 호, 시호 등은 별도로 추출함을 원칙으로 했다. 개별 인명의 풀 네임이 아닌 성씨·직함·별칭 등의 사례도 필요하다고 판단될 경우 색인에 포함시켰다.

4. 수록 내용은 연번, 색인어 원문, 색인어 현대어(독음), 색인어가 수록된 『경학원잡지』의 각 호수, 쪽수, 발행일, 기사명/필자, 비고의 순으로 구성하였다.

5. 연번의 순서는 현대어(독음) 기준 가나다순으로 정렬하였다.

6. 색인어 원문은 자료상의 표기대로, 현대어(독음)는 이를 한글 독음으로 기입함을 원칙으로 했다. 중국인명과 일본인명도 한글 독음으로 기입했으며, 비고란에 요미카타 등을 기입하였다. 다만, 서양인명의 경우는 현대어와 독음을 병기하는 것을 원칙으로 했다[예시: 원문-湯若望 / 현대어(독음)-아담 샬(탕약망) / 비고-Adam Schall].

7. 『경학원잡지』 각 호의 본문 외에 앞부분에 별도로 삽입된 인사말·사진·휘호 등의 경우는 별도로 [   ] 속에 쪽수를 기입하였다.

8. 발행일과 기사명/필자 등은 『일제강점기 유교단체 기관지 기사목록』(자료총서 01)을 준용하였다.

9. 비고의 경우 각각의 색인어 인명을 파악하는 데 도움이 될 만한 사항들, 예컨대 해당 인명의 풀 네임, 요미가타 등 현대어, 원문의 표기방식, 기타 참고사항 등을 기입하였다.

번호	원문	현대어(독음)	호	쪽	발행일	기사명 / 필자	비고
1	嘉慶	가경	11	26	1916.06	經學淺知錄(續) / 金文演	
2	賈公彦	가공언	19	23	1918.12	三洙瑣談(續) / 元泳義	
3	賈公彦	가공언	25	21	1924.12	釋奠에 就하야(續) / 佐藤廣治	
4	家久一夫	가구일부	47	7	1943.01	戶籍整備入選標語	이에히사 가즈오
5	賈逵	가규	2	30	1914.03	孔子年譜 / 呂圭亨	後漢의 유학자
6	賈逵	가규	3	29	1914.06	孔子年報(續) / 呂圭亨	後漢의 유학자
7	賈逵	가규	7	39	1915.06	論語考證(續) / 金文演	後漢의 유학자
8	賈逵	가규	10	14	1916.03	經學管見(續) / 尹寧求	後漢의 유학자
9	賈逵	가규	10	51	1916.03	賢關記聞(續) / 李大榮	後漢의 유학자
10	賈逵	가규	16	1	1918.03	經學管見(續) / 尹寧求	後漢의 유학자
11	賈逵	가규	31	6	1930.08	經學源流 / 權純九	後漢의 유학자
12	賈逵	가규	44	36	1939.10	經儒學 / 金誠鎭	後漢의 유학자
13	加藤灌覺	가등관각	45	31	1940.12	朝鮮儒林大會(朝鮮儒道聯合會創立總會) 會錄槪要)朝鮮儒道聯合會役員名簿(昭和十四年十一月一日現在)	가토 간가쿠
14	加藤貞泰	가등정태	3	13	1914.06	錄學校編纂敎科書鹽谷世弘氏所撰中江藤樹一段 / 呂圭亨	가토 사다야스
15	加藤淸正	가등청정	48	26	1944.04	(十月十五日於經學院秋季釋典)時局と儒道 / 鈴川壽男	가토 기요마사
16	加藤淸正	가등청정	48	35	1944.04	國民座右銘	가토 기요마사
17	加藤熙	가등희	46	21	1941.12	經學院日誌大要(昭和十四年七月ヨリ昭和十六年六月マテ)	가토 히로시
18	賈馬	가마	3	9	1914.06	論四經讀法(上篇) / 呂圭亨	賈誼와 司馬相如
19	賈邊	가변	32	6	1930.12	經學源流(續) / 權純九	
20	賈生	가생	26	57	1925.12	講說)講題 今日吾人之急先務 / 鄭鳳時	賈誼
21	賈生	가생	29	33	1928.12	聚奎帖 / 鄭鳳時	賈誼
22	賈生	가생	40	56	1936.08	鄭茂亭先生追悼錄)輓詞 / 李昇圭	賈誼
23	迦葉	가섭	9	59	1915.12	講說)講題 三人行必有我師(大正四年六月十二日第十三回講演) / 呂圭亨	

번호	원문	현대어(독음)	호	쪽	발행일	기사명 / 필자	비고
24	柯維騏	가유기	4	44	1914.09	孔子年報(續) / 呂圭亨	
25	柯維騏	가유기	14	9	1917.07	經學管見(續) / 尹寧求	
26	賈誼	가의	4	22	1914.09	格致管見(續) / 李鼎煥	
27	賈誼	가의	6	5	1915.03	緖論 / 呂圭亨	
28	賈誼	가의	9	16	1915.12	經學管見(上) / 尹寧求	
29	賈誼	가의	15	17	1917.10	詩經蔫辨 / 金文演	
30	賈誼	가의	16	14	1918.03	詩經蔫辨 / 金文演	
31	賈誼	가의	21	15	1921.03	經學管見(續) / 尹寧求	
32	賈誼	가의	21	20	1921.03	經學管見(續) / 尹寧求	
33	賈誼	가의	31	18	1930.08	講題 德者本也財者末也 / 成樂賢	
34	嘉靖	가정	12	10	1916.12	經學管見(續) / 尹寧求	
35	家齊	가제	18	54	1918.09	講說〉講題 內地의 宋學(大正七年五月十一日 第二十八回講演) / 今關壽麿	도쿠가와 이에나리 (德川家齊)
36	可知	가지	45	111	1940.12	慶尙南道儒道聯合會結成式	가치 세이치로 (可知淸次郎)
37	可知淸次郎	가지청차랑	44	74	1939.10	日誌大要(自昭和十三年六月 至昭和十三年 十二月)	가치 세이치로
38	可知淸次郎	가지청차랑	44	88	1939.10	明倫專門學院記事	가치 세이치로
39	可知淸次郎	가지청차랑	45	32	1940.12	朝鮮儒林大會(朝鮮儒道聯合會創立總會) 會錄槪要〉朝鮮儒道聯合會役員名簿(昭和十四年 十一月一日現在)	가치 세이치로
40	可知淸次郎	가지청차랑	45	41	1940.12	朝鮮儒林大會(朝鮮儒道聯合會創立總會) 會錄槪要〉朝鮮儒道聯合會役員名簿(昭和十四年 十一月一日現在)	가치 세이치로
41	可知淸次郎	가지청차랑	46	14	1941.12	釋奠狀況〉昭和十四年秋季釋奠狀況	가치 세이치로
42	可知淸次郎	가지청차랑	46	15	1941.12	釋奠狀況〉昭和十五年春季釋奠狀況	가치 세이치로
43	可知淸次郎	가지청차랑	46	16	1941.12	釋奠狀況〉昭和十五年秋季釋奠狀況	가치 세이치로
44	可知淸次郎	가지청차랑	46	18	1941.12	釋奠狀況〉昭和十六年春季釋奠狀況	가치 세이치로
45	可知淸次郎	가지청차랑	47	37	1943.01	釋奠狀況〉昭和十六年秋季釋奠狀況	가치 세이치로
46	可知淸次郎	가지청차랑	47	39	1943.01	釋奠狀況〉昭和十七年春季釋奠狀況	가치 세이치로

번호	원문	현대어(독음)	호	쪽	발행일	기사명 / 필자	비고
47	可知淸次郎	가지청차랑	47	42	1943.01	釋奠狀況〉昭和十七年秋季釋奠狀況	가치 세이치로
48	可知淸次郎	가지청차랑	48	52	1944.04	釋奠狀況〉昭和十八年春季釋奠狀況	가치 세이치로
49	可知淸次郎	가지청차랑	48	53	1944.04	釋奠狀況〉昭和十八年秋季釋奠狀況	가치 세이치로
50	嘉川久士	가천구사	46	24	1941.12	經學院日誌大要(昭和十四年七月ヨリ昭和十六年六月マテ)	趙炳烈
51	嘉川久士	가천구사	46	42	1941.12	江原道儒道聯合會結成式	趙炳烈
52	嘉川久士	가천구사	47	38	1943.01	釋奠狀況〉昭和十七年春季釋奠狀況	趙炳烈
53	賈疏	가충	13	14	1917.03	舞器圖說(續)	
54	賈后	가후	10	48	1916.03	賢關記聞(續) / 李大榮	
55	覺羅石麟	각라석린	18	10	1918.09	經學管見(續) / 尹寧求	淸의 人
56	干	간	7	41	1915.06	論語考證(續) / 金文演	
57	簡公	간공	4	39	1914.09	孔子年報(續) / 呂圭亨	齊의 姜壬
58	簡公	간공	27	50	1926.12	釋奠에 就ᄒ야(續) / 佐藤廣治	齊의 姜壬
59	簡文帝	간문제	11	3	1916.06	經論 / 韓晩容	
60	簡文帝	간문제	39	1	1935.10	心田開發論 / 權純九	
61	艮吾堂	간오당	26	97	1925.12	地方報告〉[金炳庸 等의 報告]	郭址浩
62	艮翁	간옹	46	19	1941.12	故經學院大提學從二位勳一等子爵尹德榮先生追悼錄	尹德榮의 號
63	簡子	간자	26	18	1925.12	三洙瑣談(續) / 元泳義	
64	艮齋	간재	17	24	1918.07	安東高山書院重興祝詞 / 高橋亨	田愚의 號
65	艮齋	간재	46	7	1941.12	大學序文先儒論辨 / 金誠鎭	田愚의 號
66	葛伯	갈백	8	48	1915.09	講說〉講題 苟日新日日新又日新(大正四年四月十七日第十一回講演)〉敷演 / 鄭鳳時	
67	葛伯	갈백	43	30	1938.12	皇軍慰問詩 / 柳正秀	
68	葛生	갈생	38	20	1935.03	改正朔不易時月論 / 權純九	
69	葛城末治	갈성말치	45	39	1940.12	朝鮮儒林大會(朝鮮儒道聯合會創立總會) 會錄槪要〉朝鮮儒道聯合會役員名簿(昭和十四年十一月一日現在)	가츠라기 마츠기
70	葛天	갈천	9	10	1915.12	格致管見(續) / 李鼎煥	
71	葛洪	갈홍	21	12	1921.03	經學管見(續) / 尹寧求	
72	葛侯	갈후	3	69	1914.06	講說〉講題 孝子所以事君也弟者所以事長也慈者所以使衆也(大正三年三月三日第五回講演)〉續演 / 呂圭亨	諸葛孔明
73	甘茂	감무	15	17	1917.10	詩經蔿辨 / 金文演	
74	甘盤	감반	9	55	1915.12	講說〉講題 三人行必有我師(大正四年六月十二日第十三回講演) / 鄭鳳時	

번호	원문	현대어(독음)	호	쪽	발행일	기사명 / 필자	비고
75	甘盤	감반	22	11	1922.03	經學講論 / 成樂賢	
76	甘盤	감반	22	12	1922.03	經學講論 / 成樂賢	
77	甘蔗義邦	감자의방	45	21	1940.12	朝鮮儒林大會(朝鮮儒道聯合會創立總會) 會錄槪要〉朝鮮儒道聯合會役員名簿(昭和十四年十一月一日現在)	간쟈 요시쿠니
78	甘蔗義邦	감자의방	45	53	1940.12	京畿道儒道聯合會結成式〉京畿道儒道聯合會結成式會長式辭要旨 / 甘蔗義邦	간쟈 요시쿠니
79	康	강	20	7	1920.03	中庸章句問對(續) / 朴長鴻	
80	江艮庭	강간정	10	24	1916.03	經學淺知錄 / 金文演	江聲
81	姜邯瓚	강감찬	44	48	1939.10	嘉言善行 / 李昇圭	
82	姜建熙	강건희	7	54	1915.06	日誌大要	
83	姜啓恒	강계항	14	64	1917.07	地方報告〉[金秉鉉의 報告]	
84	姜啓恒	강계항	45	35	1940.12	朝鮮儒林大會(朝鮮儒道聯合會創立總會) 會錄槪要〉朝鮮儒道聯合會役員名簿(昭和十四年十一月一日現在)	
85	姜啓恒	강계항	46	16	1941.12	釋奠狀況〉昭和十五年秋季釋奠狀況	
86	姜君寶	강군보	23	88	1922.12	地方報告〉[乾元祠 新建 關聯 報告]	
87	康圭秀	강규수	40	31	1936.08	平壤文廟移建落成式竝儒林大會狀況	
88	康奎鎭	강규진	33	37	1931.12	聲討顚末	
89	姜夔	강기	20	17	1920.03	經學管見(續) / 尹寧求	
90	岡崎	강기	25	45	1924.12	日誌大要	오카자키 데로 (岡崎哲郎)
91	姜驥善	강기선	24	52	1923.12	牙山郡新昌鄕校東齋重修韻 / 姜驥善	
92	姜驥善	강기선	33	22	1931.12	壽松帖〉敬賀鄭提學先生喜壽 / 姜驥善	
93	姜驥善	강기선	34	10	1932.03	送崔斯文崙熙壽其大人七十一生朝序 / 姜驥善	
94	姜驥善	강기선	34	55	1932.03	明倫學院職員名簿	
95	姜驥善	강기선	35	24	1932.12	孝壽帖〉賀韻 / 姜驥善	
96	姜驥善	강기선	35	27	1932.12	日誌大要	
97	姜驥善	강기선	35	63	1932.12	評議員會狀況〉事業經過報告 / 高木善人	
98	姜驥善	강기선	36	54	1933.12	評議員會狀況〉事業經過報告 / 俞萬兼	
99	康基一	강기일	33	35	1931.12	聲討顚末	
100	姜吉會	강길회	27	70	1926.12	地方報告〉[金炳庸 等의 報告]	원문은 姜公吉會
101	姜洛重	강낙중	33	54	1931.12	孝烈行蹟〉[朴鳳鎬 等의 보고]	
102	姜大甲	강대갑	37	32	1934.10	孝烈行蹟〉[全羅北道知事의 보고]	
103	姜大崑	강대곤	45	9	1940.12	朝鮮儒林大會(朝鮮儒道聯合會創立總會) 會錄槪要	

번호	원문	현대어(독음)	호	쪽	발행일	기사명 / 필자	비고
104	姜大崑	강대곤	45	38	1940.12	朝鮮儒林大會(朝鮮儒道聯合會創立總會) 會錄概要〉朝鮮儒道聯合會役員名簿(昭和十四年十一月一日現在)	
105	姜大元	강대원	24	52	1923.12	牙山郡新昌鄉校東齋重修韻 / 姜大元	
106	姜大喆	강대철	45	29	1940.12	朝鮮儒林大會(朝鮮儒道聯合會創立總會) 會錄概要〉朝鮮儒道聯合會役員名簿(昭和十四年十一月一日現在)	
107	姜大亨	강대형	20	38	1920.03	求禮郡文廟重修捐義錄小序 / 金商翊	
108	江都伯	강도백	42	56	1937.12	文廟享祀位次及聖賢姓名爵號考 / 金完鎮	董仲舒
109	姜道尙	강도상	26	74	1925.12	地方報告〉[姜道尙 等의 報告]	
110	姜道軒	강도헌	33	53	1931.12	文廟釋奠狀況〉[姜尙祖의 보고]	
111	江東慶進	강동경진	48	63	1944.04	經學院日誌大要(昭和十七年七月ヨリ昭和十八年六月マテ)	崔慶進
112	姜東明	강동명	40	38	1936.08	文廟釋奠狀況〉[地方文廟春期釋奠狀況表]	
113	姜東明	강동명	47	49	1943.01	一. 孝烈行跡報告 其四 / 姜東明	
114	姜東喆	강동철	20	38	1920.03	求禮郡文廟重修捐義錄小序 / 金商翊	
115	姜東曦	강동희	45	26	1940.12	朝鮮儒林大會(朝鮮儒道聯合會創立總會) 會錄概要〉朝鮮儒道聯合會役員名簿(昭和十四年十一月一日現在)	
116	江頭基	강두기	44	85	1939.10	日誌大要(自昭和十三年六月 至昭和十三年十二月)	
117	姜得鉉	강득현	26	41	1925.12	日誌大要	
118	江藤庄助	강등장조	35	34	1932.12	文廟釋奠狀況〉[鄭來和의 보고]	에후지 쇼스케
119	康來夏	강래하	29	71	1928.12	地方報告〉[康來夏 等의 報告]	
120	江良	강량	46	42	1941.12	江原道儒道聯合會結成式	에라 히데쵸 (江良英千代)
121	江陵咸氏	강릉 함씨	35	41	1932.12	孝烈行蹟〉[李根洙의 보고]	
122	姜明洙	강명수	35	31	1932.12	文廟釋奠狀況〉[姜明洙의 보고]	
123	江木	강목	30	4	1929.12	中學漢文論(文貴在譯者) / 鹽谷 溫	에기 가즈유키 (江木千之)
124	姜珉洙	강민수	27	86	1926.12	地方報告〉[高彦柱 等의 報告]	원문은 珉洙
125	姜民瞻	강민첨	46	28	1941.12	孝烈行跡報告 其四 / 金在宇	원문은 民瞻
126	姜敏璜	강민황	37	28	1934.10	孝烈行蹟〉[申彦鳳 等의 보고]	원문은 農隱姜先生 諱敏璜
127	江伯	강백	30	[3]	1929.12	李龍眠畵宣聖及七十二弟子像贊(金石萃編)	
128	江伯	강백	42	51	1937.12	文廟享祀位次及聖賢姓名爵號考 / 金完鎮	澹臺滅明

번호	원문	현대어(독음)	호	쪽	발행일	기사명 / 필자	비고
129	江藩	강번	10	25	1916.03	經學淺知錄 / 金文演	
130	江藩	강번	34	4	1932.03	最近經學考 / 權純九	
131	姜炳烈	강병렬	20	36	1920.03	求禮郡文廟重修捐義錄小序 / 金商翊	
132	岡本精	강본정	44	84	1939.10	日誌大要(自昭和十三年六月 至昭和十三年十二月)	오카모토세이
133	岡本至德	강본지덕	45	21	1940.12	朝鮮儒林大會(朝鮮儒道聯合會創立總會) 會錄概要〉朝鮮儒道聯合會役員名簿(昭和十四年十一月一日現在)	
134	岡本鎭臣	강본진신	45	20	1940.12	朝鮮儒林大會(朝鮮儒道聯合會創立總會) 會錄概要〉朝鮮儒道聯合會役員名簿(昭和十四年十一月一日現在)	오카모토시즈오미
135	姜鳳瑞	강봉서	23	87	1922.12	地方報告〉[宋繼麟의 報告]	
136	姜鳳倫	강봉윤	47	49	1943.01	一. 孝烈行跡報告 其四 / 姜東明	
137	姜鳳鉉	강봉현	43	14	1938.12	信川鄕校重修記 / 金完鎭	
138	姜鳳熙	강봉희	29	44	1928.12	日誌大要	
139	姜鳳熙	강봉희	43	24	1938.12	孝烈行蹟〉[權重林의 보고]	
140	姜尙渭	강상위	35	34	1932.12	文廟釋奠狀況〉[姜尙祖의 보고]	
141	姜尙祖	강상조	32	47	1930.12	地方報告〉各郡文廟釋奠狀況〉[姜尙祖의 보고]	
142	姜尙祖	강상조	33	34	1931.12	聲討顚末	
143	姜尙祖	강상조	33	45	1931.12	文廟釋奠狀況〉[姜尙祖의 보고]	
144	姜尙祖	강상조	33	53	1931.12	文廟釋奠狀況〉[姜尙祖의 보고]	
145	姜尙祖	강상조	35	34	1932.12	文廟釋奠狀況〉[姜尙祖의 보고]	
146	姜尙祖	강상조	36	27	1933.12	文廟釋奠狀況〉[姜尙祖의 보고]	
147	姜錫圭	강석규	33	20	1931.12	壽松帖〉敬賀鄭提學先生喜壽 / 姜錫圭	
148	姜錫圭	강석규	33	23	1931.12	日誌大要	
149	姜錫圭	강석규	33	29	1931.12	聲討顚末	
150	姜錫圭	강석규	33	35	1931.12	聲討顚末	
151	姜錫圭	강석규	35	23	1932.12	孝壽帖〉賀韻 / 姜錫圭	
152	姜錫圭	강석규	38	42	1935.03	日誌大要	
153	姜錫圭	강석규	40	33	1936.08	日誌大要	
154	姜錫圭	강석규	40	40	1936.08	成竹似先生追悼錄〉挽故成均館博士成竹似先生 / 姜錫圭	
155	姜錫圭	강석규	40	52	1936.08	鄭茂亭先生追悼錄〉輓詞 / 李尙鎬	
156	姜錫圭	강석규	41	60	1937.02	經學院講士名簿(昭和十一年十一月一日)	
157	姜錫圭	강석규	43	27	1938.12	儒林特志〉[姜錫圭의 보고]	
158	姜錫圭	강석규	43	41	1938.12	故大提學鄭鳳時先生輓詞 / 姜錫圭	
159	姜錫圭	강석규	45	27	1940.12	朝鮮儒林大會(朝鮮儒道聯合會創立總會) 會錄概要〉朝鮮儒道聯合會役員名簿(昭和十四年十一月一日現在)	

번호	원문	현대어(독음)	호	쪽	발행일	기사명 / 필자	비고
160	姜錫奎	강석규	34	33	1932.03	地方儒林狀況〉[姜錫奎 等의 보고]	
161	姜碩德	강석덕	11	54	1916.06	賢關記聞(續) / 李大榮	
162	姜碩德	강석덕	43	15	1938.12	敎化編年(續) / 李大榮	
163	姜善達	강선달	40	36	1936.08	文廟釋奠狀況〉[地方文廟春期釋奠狀況表]	
164	康城	강성	4	5	1914.09	學說 / 呂圭亨	鄭玄
165	康城	강성	10	15	1916.03	經學管見(續) / 尹寧求	
166	康城	강성	11	15	1916.06	經學管見(續) / 尹寧求	
167	康城	강성	34	5	1932.03	最近經學考 / 權純九	
168	康城	강성	40	51	1936.08	鄭茂亭先生追悼錄〉輓詞 / 宋始憲	
169	康城	강성	40	52	1936.08	鄭茂亭先生追悼錄〉輓詞 / 李尙鎬	
170	康城	강성	42	56	1937.12	文廟享祀位次及聖賢姓名爵號考 / 金完鎭	鄭玄
171	江聲	강성	10	24	1916.03	經學淺知錄 / 金文演	원문은 聲
172	姜聖遇	강성우	46	16	1941.12	釋奠狀況〉昭和十五年秋季釋奠狀況	
173	康聖昌	강성창	35	28	1932.12	地方儒林狀況〉[李奎寧 等의 보고]	
174	姜成熙	강성희	26	73	1925.12	地方報告〉[金完鎭의 報告]	
175	姜星熙	강성희	14	30	1917.07	宗敎와 國民 / 姜星熙	
176	姜星熙	강성희	16	10	1918.03	旌善郡鄕校靑衿錄序 / 金允植	원문은 姜君星熙
177	姜星熙	강성희	16	62	1918.03	地方報告〉[劉光澤의 報告]	
178	姜星熙	강성희	16	63	1918.03	地方報告〉[劉光澤의 報告] / 姜星熙	
179	姜星熙	강성희	18	68	1918.09	地方報告〉[劉光澤의 報告] / 姜星熙	
180	姜星熙	강성희	25	3	1924.12	重其實而不惚於殼之美者爲人生之貴 / 姜星熙	
181	姜世永	강세영	27	70	1926.12	地方報告〉[金炳庸 等의 報告]	원문은 世永
182	姜世煥	강세환	27	74	1926.12	地方報告〉[沈能九 等의 報告]	
183	姜世煥	강세환	27	75	1926.12	地方報告〉[沈璿澤의 報告]	
184	姜淳禧	강순희	33	53	1931.12	文廟釋奠狀況〉[姜尙祖의 보고]	
185	康承達	강승달	29	39	1928.12	日誌大要	
186	姜時燦	강시찬	37	47	1934.10	文廟釋奠狀況〉[姜時燦의 보고]	
187	江愼修	강신수	10	25	1916.03	經學淺知錄 / 金文演	江永
188	姜信膺	강신응	7	54	1915.06	日誌大要	
189	姜氏	강씨	4	39	1914.09	孔子年報(續) / 呂圭亨	
190	姜氏	강씨	31	39	1930.08	地方報告〉孝烈行蹟〉[韓鳳燮 等의 보고]	
191	江氏	강씨	19	25	1918.12	三洙瑣談(續) / 元泳義	
192	康樂洙	강악수	19	20	1918.12	雲山郡文廟祭官案序 / 申鉉求	
193	剛庵	강암	12	19	1916.12	送剛庵副學賀魯庵閣下陞內閣首輔序 / 金允植	李容植
194	剛庵	강암	12	20	1916.12	送剛庵副學賀魯庵閣下陞內閣首輔序 / 金允植	李容植

번호	원문	현대어(독음)	호	쪽	발행일	기사명 / 필자	비고
195	剛庵	강암	12	21	1916.12	謹呈雲養先生書 / 寺內正毅	李容植
196	剛庵	강암	17	75	1918.07	地方報告〉[金在昌 등의 報告]	李容植
197	江永	강영	10	25	1916.03	經學淺知錄 / 金文演	원문은 永
198	江永	강영	11	18	1916.06	經學管見(續) / 尹寧求	
199	江永	강영	13	6	1917.03	經學管見(續) / 尹寧求	
200	江永	강영	21	21	1921.03	經學管見(續) / 尹寧求	
201	江永	강영	34	5	1932.03	最近經學考 / 權純九	
202	姜永默	강영묵	20	38	1920.03	求禮郡文廟重修捐義錄小序 / 金商翊	
203	姜永文	강영문	20	38	1920.03	求禮郡文廟重修捐義錄小序 / 金商翊	
204	姜永孫	강영손	37	72	1934.10	明倫學院第五回入學許可者名簿	
205	姜永孫	강영손	41	35	1937.02	文廟春季釋奠狀況	
206	姜永孫	강영손	42	71	1937.12	第五回卒業式狀況及第八回新入生名簿〉第五回卒業生名簿	
207	姜永信	강영신	27	86	1926.12	地方報告〉[高彦柱 等의 報告]	
208	姜永澈	강영철	20	36	1920.03	求禮郡文廟重修捐義錄小序 / 金商翊	
209	姜永邰	강영태	26	91	1925.12	地方報告〉[姜永邰의 報告]	
210	姜永邰	강영태	27	77	1926.12	地方報告〉[姜永邰의 報告]	
211	姜永邰	강영태	27	78	1926.12	地方報告〉[姜永邰의 報告]	
212	姜永邰	강영태	33	36	1931.12	聲討顚末	
213	康王	강왕	15	18	1917.10	詩經蔫辨 / 金文演	
214	康王	강왕	15	19	1917.10	詩經蔫辨 / 金文演	
215	康龍晥	강용환	16	70	1918.03	地方報告〉[姜龍晥의 報告]	
216	康龍晥	강용환	17	71	1918.07	地方報告〉[姜龍晥의 報告]	
217	康龍晥	강용환	19	80	1918.12	地方報告〉[康龍晥의 報告]	
218	姜嫄	강원	16	16	1918.03	詩經蔫辨 / 金文演	
219	江沅	강원	34	5	1932.03	最近經學考 / 權純九	원문은 沅
220	江原善槌	강원선퇴	39	31	1935.10	東京斯文會主催儒道大會狀況	에하라젠즈치
221	江原善槌	강원선퇴	40	60	1936.08	鄭茂亭先生追悼錄〉節山博士輓茂亭太史揭載斯文會誌次韻却寄 / 江原善槌	에하라젠즈치
222	江原善槌	강원선퇴	45	31	1940.12	朝鮮儒林大會(朝鮮儒道聯合會創立總會) 會錄槪要〉朝鮮儒道聯合會役員名簿(昭和十四年十一月一日現在)	에하라젠즈치
223	姜渭聘	강위빙	43	21	1938.12	江華忠烈祠享祀位次及祝文式	
224	康允泰	강윤태	30	73	1929.12	地方報告〉[康允泰의 報告]	
225	姜利溫	강이온	22	72	1922.03	地方報告〉[宋圭鎭의 報告]	
226	姜履祚	강이조	37	16	1934.10	烈婦慶州崔氏紀行碑銘 / 鄭萬朝	

번호	원문	현대어(독음)	호	쪽	발행일	기사명 / 필자	비고
227	姜翼	강익	43	19	1938.12	敎化編年(續) / 李大榮	
228	康益夏	강익하	45	39	1940.12	朝鮮儒林大會(朝鮮儒道聯合會創立總會) 會錄槪要〉朝鮮儒道聯合會役員名簿(昭和十四年十一月一日現在)	
229	姜仁馨	강인형	26	41	1925.12	日誌大要	
230	康子	강자	6	35	1915.03	孔子年報(續) / 呂圭亨	
231	康子	강자	7	23	1915.06	孔子年報(續) / 呂圭亨	
232	康齋	강재	10	23	1916.03	經學淺知錄 / 金文演	
233	姜才淳	강재순	20	38	1920.03	求禮郡文廟重修捐義錄小序 / 金商翊	
234	康再玉	강재옥	38	48	1935.03	文廟釋奠狀況〉地方文廟秋期釋奠狀況表	
235	姜在元	강재원	20	37	1920.03	求禮郡文廟重修捐義錄小序 / 金商翊	
236	康在弘	강재홍	16	34	1918.03	日誌大要	
237	姜篆	강전	46	28	1941.12	孝烈行跡報告 其四 / 金在宇	원문은 篆
238	岡田	강전	30	4	1929.12	中學漢文論(文貴在譯者) / 鹽谷 溫	오카다 료헤이 (岡田良平)
239	岡田	강전	31	14	1930.08	講題 我國近時의 立法과 儒道와의 關係 / 武部欽一	
240	岡田啓介	강전계개	39	26	1935.10	湯島聖堂孔子祭典狀況〉祝辭 / 岡田啓介	오카다 게이스케
241	岡田正之	강전정지	25	39	1924.12	日誌大要	오카다 마사유키
242	康節	강절	41	14	1937.02	正心에 對하야 / 李輔相	邵雍, 邵康節
243	康節	강절	42	50	1937.12	文廟享祀位次及聖賢姓名爵號考 / 金完鎭	邵雍, 邵康節
244	姜貞秀	강정수	27	73	1926.12	地方報告〉[沈能九 等의 報告]	
245	姜貞秀	강정수	27	74	1926.12	地方報告〉[沈能九 等의 報告]	
246	姜濟鏡	강제경	23	88	1922.12	地方報告〉[乾元祠 新建 關聯 報告]	
247	康鍾應	강종응	37	17	1934.10	茂長文廟重修記 / 金寗漢	
248	姜周馨	강주형	28	74	1927.12	地方報告〉[姜周馨의 報告]	
249	康仲珍	강중진	12	40	1916.12	賢關記聞(續) / 李大榮	
250	姜芝馨	강지형	36	26	1933.12	文廟釋奠狀況〉[姜芝馨의 보고]	
251	姜振九	강진구	45	34	1940.12	朝鮮儒林大會(朝鮮儒道聯合會創立總會) 會錄槪要〉朝鮮儒道聯合會役員名簿(昭和十四年十一月一日現在)	
252	姜珍秀	강진수	11	80	1916.06	地方報告〉[李敏獻의 報告]	
253	姜珍秀	강진수	11	81	1916.06	地方報告〉[李敏獻의 報告]	원문은 珍秀

번호	원문	현대어(독음)	호	쪽	발행일	기사명 / 필자	비고
254	姜晋川	강진천	28	77	1927.12	地方報告〉[李錫龍 等의 報告]	
255	姜瓚秀	강찬수	19	37	1918.12	日誌大要	
256	姜燦永	강찬영	20	36	1920.03	求禮郡文廟重修捐義錄小序 / 金商翊	
257	姜昌杰	강창걸	33	36	1931.12	聲討顚末	
258	姜昶秀	강창수	20	22	1920.03	求禮郡文廟重修記 / 金商翊	
259	姜昌淑	강창숙	33	53	1931.12	文廟釋奠狀況〉[姜尙祖의 보고]	
260	姜昌熙	강창희	31	33	1930.08	日誌大要	
261	江川潤卿	강천윤경	46	24	1941.12	經學院日誌大要(昭和十四年七月ヨリ昭和十六年六月マテ)	
262	江川潤卿	강천윤경	47	41	1943.01	釋奠狀況〉昭和十七年秋季釋奠狀況	
263	江川潤卿	강천윤경	48	54	1944.04	釋奠狀況〉祭器の獻納と代替品の奉納	
264	江川潤卿	강천윤경	48	62	1944.04	經學院日誌大要(昭和十七年七月ヨリ昭和十八年六月マテ)	
265	江川潤卿	강천윤경	48	63	1944.04	感謝一束	
266	姜哲鎬	강철호	33	36	1931.12	聲討顚末	
267	姜哲鎬	강철호	38	47	1935.03	文廟釋奠狀況〉地方文廟秋期釋奠狀況表	
268	江摠	강총	14	7	1917.07	經學管見(續) / 尹寧求	
269	姜秋琴	강추금	28	4	1927.12	朝鮮詩文變遷論 / 鄭萬朝	姜瑋
270	姜泰甲	강태갑	22	73	1922.03	地方報告〉[成樂賢의 報告]	
271	姜泰杰	강태걸	45	32	1940.12	朝鮮儒林大會(朝鮮儒道聯合會創立總會) 會錄槪要〉朝鮮儒道聯合會役員名簿(昭和十四年十一月一日現在)	
272	姜泰根	강태근	46	28	1941.12	孝烈行跡報告 其四 / 金在宇	
273	姜太民	강태민	41	25	1937.02	一. 孝烈行蹟〉[李學魯의 보고]	
274	姜泰永	강태영	47	38	1943.01	釋奠狀況〉昭和十七年春季釋奠狀況	
275	姜泰仁	강태인	26	79	1925.12	地方報告〉[宋相弼의 報告]	
276	姜台欽	강태흠	23	88	1922.12	地方報告〉[乾元祠 新建 關聯 報告]	
277	姜泰熙	강태희	33	34	1931.12	聲討顚末	
278	姜泰熙	강태희	34	34	1932.03	地方儒林狀況〉[鄭汶鉉의 보고]	
279	姜弼成	강필성	45	21	1940.12	朝鮮儒林大會(朝鮮儒道聯合會創立總會) 會錄槪要〉朝鮮儒道聯合會役員名簿(昭和十四年十一月一日現在)	
280	康弼祐	강필우	45	32	1940.12	朝鮮儒林大會(朝鮮儒道聯合會創立總會) 會錄槪要〉朝鮮儒道聯合會役員名簿(昭和十四年十一月一日現在)	
281	姜弼重	강필중	29	80	1928.12	地方報告〉[柳春錫 等의 報告]	
282	姜弼重	강필중	29	81	1928.12	地方報告〉[柳春錫 等의 報告]	

번호	원문	현대어(독음)	호	쪽	발행일	기사명 / 필자	비고
283	姜鶴瑞	강학서	38	47	1935.03	文廟釋奠狀況〉地方文廟秋期釋奠狀況表	
284	姜鶴榮	강학영	48	56	1944.04	一. 孝烈行跡報告 其二 / 姜鶴榮	홍원문묘 直員
285	姜翰馨	강한형	23	88	1922.12	地方報告〉[乾元祠 新建 關聯 報告]	
286	姜海尙	강해상	28	48	1927.12	日誌大要	
287	姜海遇	강해우	23	88	1922.12	地方報告〉[乾元祠 新建 關聯 報告]	
288	康獻大王	강헌대왕	7	31	1915.06	文廟碑銘并序	조선 태조
289	姜賢秀	강현수	27	58	1926.12	日誌大要	
290	姜賢秀	강현수	45	30	1940.12	朝鮮儒林大會(朝鮮儒道聯合會創立總會) 會錄槪要〉朝鮮儒道聯合會役員名簿(昭和十四年十一月一日現在)	
291	姜顯永	강호영	33	37	1931.12	聲討顚末	
292	姜淮仲	강회중	23	88	1922.12	地方報告〉[乾元祠 新建 關聯 報告]	
293	康侯	강후	44	36	1939.10	經儒學 / 金誠鎭	胡安國의 號
294	康侯	강후	42	57	1937.12	文廟享祀位次及聖賢姓名爵號考 / 金完鎭	胡安國의 號
295	姜厚植	강후식	24	59	1923.12	日誌大要	
296	姜彙泳	강휘영	39	39	1935.10	孝烈行蹟〉[羅壽宇 等의 보고]	원문은 彙泳
297	姜興業	강흥업	43	21	1938.12	江華忠烈祠享祀位次及祝文式	
298	康熙	강희	11	25	1916.06	經學淺知錄(續) / 金文演	
299	康熙	강희	12	10	1916.12	經學管見(續) / 尹寧求	
300	康熙	강희	14	8	1917.07	經學管見(續) / 尹寧求	
301	康熙	강희	14	10	1917.07	經學管見(續) / 尹寧求	
302	康熙	강희	15	5	1917.10	經學管見(續) / 尹寧求	
303	康熙帝	강희제	13	2	1917.03	經學管見(續) / 尹寧求	
304	康熙帝	강희제	47	14	1943.01	儒道の復興 / 俞萬兼	
305	姜希宅	강희택	37	28	1934.10	孝烈行蹟〉[申彦鳳 等의 보고]	
306	開	개	4	42	1914.09	孔子年報(續) / 呂圭亨	
307	蓋公	개공	4	5	1914.09	學說 / 呂圭亨	
308	開國公	개국공	33	39	1931.12	地方儒林狀況〉[李大榮의 보고]〉書院狀況	
309	介甫	개보	40	11	1936.08	心田開發論 / 柳萬馨	
310	開封伯	개봉백	8	35	1915.09	賢關記聞 / 李大榮	呂祖謙
311	開封伯	개봉백	42	47	1937.12	文廟享祀位次及聖賢姓名爵號考 / 金完鎭	呂祖謙
312	開封伯	개봉백	42	57	1937.12	文廟享祀位次及聖賢姓名爵號考 / 金完鎭	呂祖謙
313	皆挈	개설	48	50	1944.04	嘉言善行 / 李敬植	
314	開陽伯	개양백	42	54	1937.12	文廟享祀位次及聖賢姓名爵號考 / 金完鎭	顏何
315	開蔡	개채	30	[11]	1929.12	李龍眠畵宣聖及七十二弟子像贊(金石萃編)	

번호	원문	현대어(독음)	호	쪽	발행일	기사명 / 필자	비고
316	莒伯	거백	30	[3]	1929.12	李龍眠畵宣聖及七十二弟子像贊(金石萃編)	
317	莒伯	거백	42	51	1937.12	文廟享祀位次及聖賢姓名爵號考 / 金完鎭	公冶長
318	蘧伯玉	거백옥	2	70	1914.03	講說〉講題 必愼其獨(大正二年十一月八日第四回講演)〉敷演 / 李容稙	
319	蘧伯玉	거백옥	4	56	1914.09	講說〉講題 文質彬彬然後君子(大正三年六月十三日第六回講演)	
320	蘧伯玉	거백옥	5	43	1914.12	孔子年報(續) / 呂圭亨	
321	蘧伯玉	거백옥	5	46	1914.12	孔子年報(續) / 呂圭亨	
322	蘧伯玉	거백옥	12	68	1916.12	講說〉講題 女爲君子儒無爲小人儒(大正五年五月十三日開城郡鄕校講演) / 李容稙	
323	蘧伯玉	거백옥	15	37	1917.10	講說〉講題 子曰君子之道四某未能一焉所求乎子以事父未能也所求乎臣以事君未能也所求乎弟以事兄未能也所求乎朋友先施之未能也(大正六年五月十二日第二十三回講演)〉續演 / 呂圭亨	
324	蘧伯玉	거백옥	40	50	1936.08	鄭茂亭先生追悼錄〉輓詞 / 李學魯	
325	莒父伯	거보백	30	[8]	1929.12	李龍眠畵宣聖及七十二弟子像贊(金石萃編)	
326	莒父伯	거보백	42	54	1937.12	文廟享祀位次及聖賢姓名爵號考 / 金完鎭	廉潔
327	鉅野伯	거야백	30	[7]	1929.12	李龍眠畵宣聖及七十二弟子像贊(金石萃編)	
328	鉅野伯	거야백	42	54	1937.12	文廟享祀位次及聖賢姓名爵號考 / 金完鎭	縣成
329	鉅野侯	거야후	42	52	1937.12	文廟享祀位次及聖賢姓名爵號考 / 金完鎭	公西赤
330	鉅野侯	거야후	42	46	1937.12	文廟享祀位次及聖賢姓名爵號考 / 金完鎭	公西赤
331	遽瑗	거원	30	[9]	1929.12	李龍眠畵宣聖及七十二弟子像贊(金石萃編)	
332	遽瑗	거원	42	47	1937.12	文廟享祀位次及聖賢姓名爵號考 / 金完鎭	內黃侯, 遽伯玉
333	蘧瑗	거원	2	71	1914.03	講說〉講題 必愼其獨(大正二年十一月八日第四回講演)〉敷演 / 鄭鳳時	
334	蘧瑗	거원	8	35	1915.09	賢關記聞 / 李大榮	
335	蘧瑗	거원	30	[12]	1929.12	李龍眠畵宣聖及七十二弟子像贊(金石萃編)	
336	蘧瑗	거원	42	55	1937.12	文廟享祀位次及聖賢姓名爵號考 / 金完鎭	內黃侯, 원문은 姓蘧名瑗
337	鉅平侯	거평후	8	35	1915.09	賢關記聞 / 李大榮	公夏首
338	鉅平侯	거평후	42	47	1937.12	文廟享祀位次及聖賢姓名爵號考 / 金完鎭	公夏首
339	鉅平侯	거평후	42	53	1937.12	文廟享祀位次及聖賢姓名爵號考 / 金完鎭	公夏首
340	建國公	건국공	42	57	1937.12	文廟享祀位次及聖賢姓名爵號考 / 金完鎭	蔡沈
341	建寧伯	건녕백	42	47	1937.12	文廟享祀位次及聖賢姓名爵號考 / 金完鎭	胡安國
342	建寧伯	건녕백	42	57	1937.12	文廟享祀位次及聖賢姓名爵號考 / 金完鎭	胡安國

번호	원문	현대어(독음)	호	쪽	발행일	기사명 / 필자	비고
343	建寧伯	건녕백	8	35	1915.09	賢關記聞 / 李大榮	胡安國
344	乾隆	건륭	11	26	1916.06	經學淺知録(續) / 金文演	
345	乾隆	건륭	14	10	1917.07	經學管見(續) / 尹寧求	
346	乾隆	건륭	15	2	1917.10	經學管見(續) / 尹寧求	
347	乾隆	건륭	15	6	1917.10	經學管見(續) / 尹寧求	
348	乾隆帝	건륭제	47	14	1943.01	儒道の復興 / 俞萬兼	
349	建城侯	건성후	8	35	1915.09	賢關記聞 / 李大榮	樂欬
350	建城侯	건성후	42	54	1937.12	文廟享祀位次及聖賢姓名爵號考 / 金完鎭	樂欬
351	建城侯	건성후	42	46	1937.12	文廟享祀位次及聖賢姓名爵號考 / 金完鎭	樂欬
352	巾川	건천	23	80	1922.12	地方報告〉[河泰洪의 報告]	程廣, 고려의 문신
353	桀	걸	1	68	1913.12	講說〉大正二年九月四日第二回演講〉(講章此之謂絜矩之道) / 李容稷	
354	桀	걸	2	10	1914.03	華山問答 / 李李容稙	
355	桀	걸	2	61	1914.03	講說〉講題 克己復禮(大正二年十月十一日第三回講演) / 張錫周	
356	桀	걸	2	72	1914.03	講說〉講題 必愼其獨(大正二年十一月八日第四回講演)〉敷演 / 李鼎煥	
357	桀	걸	3	35	1914.06	孔子年報(續) / 呂圭亨	
358	桀	걸	4	43	1914.09	孔子年報(續) / 呂圭亨	
359	桀	걸	5	88	1914.12	關東講說〉講題 道不遠人 / 池台源	
360	桀	걸	6	64	1915.03	地方報告〉[金光鉉 巡講]	
361	桀	걸	8	11	1915.09	華山問答(續) / 李容稙	
362	桀	걸	8	48	1915.09	講說〉講題 苟日新日日新又日新(大政四年四月十七日第十一回講演)〉敷演 / 鄭鳳時	
363	桀	걸	9	55	1915.12	講說〉講題 三人行必有我師(大正四年六月十二日第十三回講演) / 鄭鳳時	
364	桀	걸	15	21	1917.10	經義問對 / 李載烈	
365	桀	걸	15	31	1917.10	日誌大要	
366	桀	걸	16	49	1918.03	講說〉講題 存其心養其性所以事天也(大正六年十月十四日江陵郡講演) / 李容稙	
367	桀	걸	17	44	1918.07	講說〉講題 君子有大道必忠信以得之驕泰以失之(大正六年十一月十日第二十六回講演) / 李容稙	
368	桀	걸	24	74	1923.12	講說〉講題 大學之道在明明德在新民 / 申泰岳	
369	桀	걸	26	21	1925.12	三洙瑣談(續) / 元泳義	
370	桀	걸	26	30	1925.12	釋奠에 就ㅎ야(續) / 佐藤廣治	
371	桀	걸	39	3	1935.10	性善說 / 李學魯	

번호	원문	현대어(독음)	호	쪽	발행일	기사명 / 필자	비고
372	桀溺	걸닉	24	64	1923.12	講說〉講題 知天命說 / 服部宇之吉	
373	桀溺	걸닉	25	16	1924.12	三洙瑣談(續) / 元泳義	
374	桀王	걸왕	46	63	1941.12	講演及講習〉時局と婦道實踐(講演速記) / 永田種秀	
375	黔婁	검루	28	75	1927.12	地方報告〉[李勉應의 報告]	
376	激公宜	격공의	10	46	1916.03	賢關記聞(續) / 李大榮	
377	格庵趙氏	격암 조씨	6	10	1915.03	華山問答(續) / 李容稙	
378	格庵趙氏	격암 조씨	7	7	1915.06	華山問答(續) / 李容稙	
379	格庵趙氏	격암 조씨	15	13	1917.10	四書小註辨疑(續) / 李鶴在	
380	幵官氏	견관씨	3	29	1914.06	孔子年報(續) / 呂圭亨	
381	甄城侯	견성후	42	54	1937.12	文廟享祀位次及聖賢姓名爵號考 / 金完鎮	秦祖
382	甄城侯	견성후	8	35	1915.09	賢關記聞 / 李大榮	秦祖
383	甄城侯	견성후	42	47	1937.12	文廟享祀位次及聖賢姓名爵號考 / 金完鎮	秦祖
384	沔陽伯	견양백	30	[4]	1929.12	李龍眠畵宣聖及七十二弟子像贊(金石萃編)	
385	沔陽伯	견양백	42	55	1937.12	文廟享祀位次及聖賢姓名爵號考 / 金完鎮	秦非
386	沔源侯	견원후	42	54	1937.12	文廟享祀位次及聖賢姓名爵號考 / 金完鎮	燕汲
387	沔源侯	견원후	42	46	1937.12	文廟享祀位次及聖賢姓名爵號考 / 金完鎮	燕汲
388	兼山郭氏	겸산 곽씨	15	13	1917.10	四書小註辨疑(續) / 李鶴在	
389	鎌塚扶	겸총결	31	60	1930.08	明倫學院職員名簿	가마츠카 다스쿠
390	鎌塚扶	겸총부	31	54	1930.08	事務報告 / 神尾弌春	가마츠카 다스쿠
391	鎌塚扶	겸총부	31	60	1930.08	明倫學院職員名簿	가마츠카 다스쿠
392	鎌塚扶	겸총부	34	55	1932.03	明倫學院職員名簿	가마츠카 다스쿠
393	鎌塚扶	겸총부	35	73	1932.12	明倫學院職員名簿	가마츠카 다스쿠
394	鎌塚扶	겸총부	36	64	1933.12	明倫學院職員名簿	가마츠카 다스쿠
395	鎌塚扶	겸총부	37	66	1934.10	明倫學院職員名簿	가마츠카 다스쿠
396	鎌塚扶	겸총부	39	49	1935.10	日誌大要	가마츠카 다스쿠
397	景公	경공	4	38	1914.09	孔子年報(續) / 呂圭亨	
398	景公	경공	4	39	1914.09	孔子年報(續) / 呂圭亨	
399	景公	경공	4	42	1914.09	孔子年報(續) / 呂圭亨	
400	景公	경공	5	37	1914.12	孔子年報(續) / 呂圭亨	

번호	원문	현대어(독음)	호	쪽	발행일	기사명 / 필자	비고
401	景公	경공	5	38	1914.12	孔子年報(續) / 呂圭亨	
402	景公	경공	12	27	1916.12	孔門問同答異 / 鄭淳默	
403	景公	경공	17	64	1918.07	地方報告〉[鄭鳳時의 報告]	
404	景公	경공	40	10	1936.08	朝鮮儒教의 大觀 / 鄭鳳時	
405	敬教	경교	33	10	1931.12	孝子司甕院奉事白公行狀 / 成樂賢	白明洙
406	慶基南	경기남	9	51	1915.12	日誌大要	
407	景能賢	경능현	39	41	1935.10	孝烈行蹟〉[景能賢 等의 보고]	
408	敬德王	경덕왕	19	19	1918.12	雲山郡文廟祭官案序 / 申鉉求	
409	景濂	경렴	1	40	1913.12	近世事十條 / 李商永	
410	景蠻	경만	31	5	1930.08	經學源流 / 權純九	
411	京房	경방	1	17	1913.12	經學當明者 一 / 呂圭亨	
412	京房	경방	1	18	1913.12	經學當明者 一 / 呂圭亨	
413	京房	경방	3	9	1914.06	論四經讀法(上篇) / 呂圭亨	
414	京房	경방	8	4	1915.09	經說 本論附 / 韓晩容	
415	京房	경방	9	18	1915.12	經學管見(下) / 尹寧求	
416	京房	경방	21	2	1921.03	論說(寄書第二) / 呂圭亨	
417	景伯	경백	30	[9]	1929.12	李龍眠畵宣聖及七十二弟子像贊(金石萃編)	
418	敬夫	경부	42	57	1937.12	文廟享祀位次及聖賢姓名爵號考 / 金完鎭	張栻
419	經山	경산	11	56	1916.06	賢關記聞(續) / 李大榮	鄭元容
420	敬翔	경상	4	43	1914.09	孔子年報(續) / 呂圭亨	
421	庚桑楚	경상초	6	37	1915.03	孔子年報(續) / 呂圭亨	
422	景星	경성	12	7	1916.12	經學管見(續) / 尹寧求	
423	景星	경성	12	8	1916.12	經學管見(續) / 尹寧求	
424	敬叔	경숙	3	30	1914.06	孔子年報(續) / 呂圭亨	
425	敬叔	경숙	8	22	1915.09	孔子年報(續) / 呂圭亨	
426	京氏	경씨	6	2	1915.03	緖論 / 呂圭亨	
427	慶氏	경씨	12	15	1916.12	孟子緖論 / 金文演	
428	磬氏	경씨	6	30	1915.03	樂器圖說(續)	
429	涇野	경야	10	23	1916.03	經學淺知錄 / 金文演	
430	耿弇	경엄	12	14	1916.12	孟子緖論 / 金文演	
431	敬王	경왕	14	66	1917.07	地方報告〉[宋在永의 報告]〉釋奠祭文 / 黃羲民	周의 姫丐
432	敬王	경왕	34	49	1932.03	評議員會狀況	周의 姫丐
433	敬王	경왕	44	30	1939.10	儒教의 起源과 流派 / 李昇圭	周의 姫丐
434	慶源輔	경원보	2	64	1914.03	講說〉講題 克己復禮(大正二年十月十一日第三回講演)〉敷演 / 李鼎煥	
435	景帝	경제	31	5	1930.08	經學源流 / 權純九	

번호	원문	현대어(독음)	호	쪽	발행일	기사명 / 필자	비고
436	景宗	경종	10	48	1916.03	賢關記聞(續) / 李大榮	
437	景宗	경종	32	42	1930.12	地方報告〉地方儒林狀況〉[成樂賢의 報告]	
438	慶州金氏	경주 김씨	29	19	1928.12	孺人慶州金氏烈行紀蹟碑 / 金完鎮	
439	慶州金氏	경주 김씨	35	37	1932.12	孝烈行蹟〉[洪光鉉 等의 보고]	
440	慶州李氏	경주 이씨	26	77	1925.12	地方報告〉[羅壽佑 等의 報告]	
441	慶州李氏	경주 이씨	33	11	1931.12	孝子司饔院奉事白公行狀 / 成樂賢	
442	慶州鄭氏	경주 정씨	26	92	1925.12	地方報告〉[金煥容 等의 報告]	
443	景差	경차	3	9	1914.06	論四經讀法(上篇) / 呂圭亨	
444	景差	경차	9	16	1915.12	經學管見(上) / 尹寧求	
445	景春	경춘	11	13	1916.06	經學說(續) / 李容植	
446	景春	경춘	17	30	1918.07	洙澳問答 / 元泳義	
447	敬軒	경헌	10	23	1916.03	經學淺知錄 / 金文演	
448	景浩	경호	42	58	1937.12	文廟享祀位次及聖賢姓名爵號考 / 金完鎮	李滉
449	慶勳	경훈	16	62	1918.03	地方報告〉[尹炳益의 報告]	
450	慶勳	경훈	17	18	1918.07	堤川郡鄉校儒林契券序 / 金允植	
451	慶勳	경훈	37	27	1934.10	孝烈行蹟〉[慶勳의 보고]	
452	溪	계	29	28	1928.12	三洙瑣談(續) / 元泳義	
453	季康子	계강자	6	50	1915.03	論語分類一覽 / 金文演	
454	季康子	계강자	6	54	1915.03	論語分類一覽 / 金文演	
455	季康子	계강자	12	27	1916.12	孔門問同答異 / 鄭淳默	
456	季康子	계강자	12	28	1916.12	孔門問同答異 / 鄭淳默	
457	季康子	계강자	14	67	1917.07	地方報告〉[宋在永의 報告]〉釋奠祭文 / 黃義民	
458	季康子	계강자	26	20	1925.12	三洙瑣談(續) / 元泳義	
459	桂珖淳	계광순	46	32	1941.12	明倫專門學院日誌大要(昭和十四年七月ヨリ昭和十六年六月マデ)	
460	桂珖淳	계광순	47	45	1943.01	經學院日誌大要(昭和十六年七月ヨリ昭和十七年六月マテ)	
461	桂珖淳	계광순	48	61	1944.04	經學院日誌大要(昭和十七年七月ヨリ昭和十八年六月マテ)	
462	季良	계량	7	30	1915.06	文廟碑銘并序	
463	季路	계로	3	31	1914.06	孔子年報(續) / 呂圭亨	
464	季路	계로	42	49	1937.12	文廟享祀位次及聖賢姓名爵號考 / 金完鎮	仲由, 子路
465	季路	계로	42	59	1937.12	文廟享祀位次及聖賢姓名爵號考 / 金完鎮	顏無繇
466	啓聖公	계성공	10	46	1916.03	賢關記聞(續) / 李大榮	공자의 부친 叔梁紇
467	啓聖公	계성공	10	47	1916.03	賢關記聞(續) / 李大榮	공자의 부친 叔梁紇

번호	원문	현대어(독음)	호	쪽	발행일	기사명 / 필자	비고
468	啓聖公	계성공	42	59	1937.12	文廟享祀位次及聖賢姓名爵號考 / 金完鎭	叔梁紇
469	啓聖王	계성왕	10	47	1916.03	賢關記聞(續) / 李大榮	공자의 부친 叔梁紇
470	啓聖王	계성왕	42	59	1937.12	文廟享祀位次及聖賢姓名爵號考 / 金完鎭	叔梁紇
471	季孫	계손	4	43	1914.09	孔子年報(續) / 呂圭亨	
472	季孫	계손	4	44	1914.09	孔子年報(續) / 呂圭亨	
473	季孫	계손	5	41	1914.12	孔子年報(續) / 呂圭亨	
474	季孫	계손	7	24	1915.06	孔子年報(續) / 呂圭亨	
475	季孫	계손	8	22	1915.09	孔子年報(續) / 呂圭亨	
476	桂承浩	계승호	18	45	1918.09	日誌大要	
477	季氏	계씨	3	30	1914.06	孔子年報(續) / 呂圭亨	
478	季氏	계씨	3	34	1914.06	孔子年報(續) / 呂圭亨	
479	季氏	계씨	4	40	1914.09	孔子年報(續) / 呂圭亨	
480	季氏	계씨	4	41	1914.09	孔子年報(續) / 呂圭亨	
481	季氏	계씨	5	39	1914.12	孔子年報(續) / 呂圭亨	
482	季氏	계씨	5	41	1914.12	孔子年報(續) / 呂圭亨	
483	季氏	계씨	6	52	1915.03	論語分類一覽 / 金文演	
484	季氏	계씨	7	23	1915.06	孔子年報(續) / 呂圭亨	
485	季氏	계씨	7	44	1915.06	論語分類一覽(續) / 金文演	
486	季氏	계씨	8	19	1915.09	孔子年報(續) / 呂圭亨	
487	季氏	계씨	10	16	1916.03	經學管見(續) / 尹寧求	
488	季氏	계씨	26	19	1925.12	三洙瑣談(續) / 元泳義	
489	季氏	계씨	26	21	1925.12	三洙瑣談(續) / 元泳義	
490	季氏	계씨	44	37	1939.10	經儒學 / 金誠鎭	河間獻王 劉德
491	季氏	계씨	46	10	1941.12	大學序文先儒論辨 / 金誠鎭	季孫 斯, 魯의 季孫氏
492	季野	계야	11	25	1916.06	經學淺知錄(續) / 金文演	
493	桂陽王	계양왕	14	7	1917.07	經學管見(續) / 尹寧求	
494	溪翁	계옹	40	43	1936.08	成竹似先生追悼錄〉挽故成均館博士成竹似先生 / 李學魯	
495	季次	계차	30	[4]	1929.12	李龍眠畵宣聖及七十二弟子像贊(金石萃編)	
496	季次	계차	42	51	1937.12	文廟享祀位次及聖賢姓名爵號考 / 金完鎭	公晳哀
497	桂燦謙	계찬겸	41	55	1937.02	定州儒林會發會式狀況	
498	季札	계찰	16	17	1918.03	詩經蔿辨 / 金文演	
499	季平子	계평자	4	38	1914.09	孔子年報(續) / 呂圭亨	
500	季平子	계평자	4	41	1914.09	孔子年報(續) / 呂圭亨	

번호	원문	현대어(독음)	호	쪽	발행일	기사명 / 필자	비고
501	桂鶴瑞	계학서	39	54	1935.10	文廟釋奠狀況〉地方文廟春期釋奠狀況表	원문은 桂鶴端으로 오기
502	桂鶴瑞	계학서	38	49	1935.03	文廟釋奠狀況〉地方文廟秋期釋奠狀況表	
503	桂鶴瑞	계학서	40	37	1936.08	文廟釋奠狀況〉[地方文廟春期釋奠狀況表]	
504	季桓子	계환자	4	41	1914.09	孔子年報(續) / 呂圭亨	季孫 斯, 魯의 季孫氏
505	季桓子	계환자	4	44	1914.09	孔子年報(續) / 呂圭亨	季孫 斯, 魯의 季孫氏
506	季桓子	계환자	5	39	1914.12	孔子年報(續) / 呂圭亨	季孫 斯, 魯의 季孫氏
507	季桓子	계환자	6	35	1915.03	孔子年報(續) / 呂圭亨	季孫 斯, 魯의 季孫氏
508	季桓子	계환자	6	49	1915.03	論語分類一覽 / 金文演	季孫 斯, 魯의 季孫氏
509	季桓子	계환자	9	28	1915.12	孔子年報(續) / 呂圭亨	季孫 斯, 魯의 季孫氏
510	季桓子	계환자	44	30	1939.10	儒教의 起源과 流派 / 李昇圭	季孫 斯, 魯의 季孫氏
511	桂孝突	계효채	16	60	1918.03	地方報告〉[宣川郡 鄕校 鄕約契 組織의 請要]	
512	告	고	5	86	1914.12	關東講說〉講題 道不遠人 / 崔舜鉉	
513	皐	고	1	2	1913.12	經學院雜誌序 / 鄭鳳時	皐陶
514	皐	고	8	2	1915.09	儒教論 / 呂圭亨	皐陶
515	皐	고	10	8	1916.03	經學說 / 李容稙	皐陶
516	皐	고	16	48	1918.03	講說〉講題 存其心養其性所以事天也(大正六年十月十四日江陵郡講演) / 李容稙	皐陶
517	皐	고	26	50	1925.12	講說〉講題 儒者之地位及義務 / 李大榮	皐陶
518	皐	고	44	40	1939.10	經儒學 / 金誠鎭	皐陶
519	賈	고	40	47	1936.08	鄭茂亭先生追悼錄〉吊辭 / 鄭鳳時 等	
520	高	고	10	8	1916.03	經學說 / 李容稙	殷 高宗
521	杲	고	5	54	1914.12	容思衍(續) / 李鼎煥	
522	瞽	고	15	13	1917.10	四書小註辨疑(續) / 李鶴在	舜의 부친 瞽瞍
523	顧涇陽	고경양	10	23	1916.03	經學淺知錄 / 金文演	顧憲成
524	高擎柱	고경주	35	76	1932.12	明倫學院昭和七年度第三回入學許可者名簿	
525	高擎柱	고경주	36	25	1933.12	文廟釋奠狀況〉[秋期釋奠 擧行]	
526	高擎柱	고경주	37	46	1934.10	文廟釋奠狀況〉[秋期釋奠 擧行]	
527	高擎柱	고경주	37	69	1934.10	明倫學院第三回卒業生名簿	
528	高景泰	고경태	20	37	1920.03	求禮郡文廟重修捐義錄小序 / 金商翊	

번호	원문	현대어(독음)	호	쪽	발행일	기사명 / 필자	비고
529	高啓春	고계춘	30	72	1929.12	地方報告〉[林炳棹의 報告]	
530	高啓春	고계춘	30	73	1929.12	地方報告〉[林炳棹의 報告]	
531	高拱	고공	12	10	1916.12	經學管見(續) / 尹寧求	
532	古公亶父	고공단보	16	16	1918.03	詩經蔫辨 / 金文演	
533	顧廣圻	고광기	34	5	1932.03	最近經學考 / 權純九	
534	高光文	고광문	20	36	1920.03	求禮郡文廟重修捐義錄小序 / 金商翊	
535	高光鏞	고광용	33	35	1931.12	聲討顚末	
536	高光俊	고광준	26	95	1925.12	地方報告〉[高光俊 等의 報告]	
537	高光俊	고광준	26	96	1925.12	地方報告〉[高光俊 等의 報告]	
538	高光俊	고광준	27	75	1926.12	地方報告〉[高光俊 等의 報告]	
539	高光俊	고광준	27	76	1926.12	地方報告〉[高光俊 等의 報告]	
540	高光表	고광표	20	38	1920.03	求禮郡文廟重修捐義錄小序 / 金商翊	
541	古橋	고교	31	36	1930.08	地方報告〉各郡文廟釋奠狀況〉[張珍奎의 보고]	후루하시 다쿠히로 (古橋卓四郎)
542	高橋	고교	10	68	1916.03	講說〉儒教의 根本義(大正四年十月九日第十五回講演)	다카하시 도루 (高橋 亨)
543	高橋	고교	40	25	1936.08	平壤文廟移建落成式竝儒林大會狀況	다카하시 사토시 (高橋敏)
544	高橋茂	고교무	33	18	1931.12	壽松帖〉敬賀鄭提學先生喜壽 / 高橋茂	다카하시 시게루
545	高橋茂一郎	고교무일랑	40	59	1936.08	鄭茂亭先生追悼錄〉節山博士軏茂亭太史揭載斯文會誌次韻却寄 / 橋茂一郎	다카하시 시게이치로
546	高橋文次郎	고교문차랑	14	65	1917.07	地方報告〉[宋在永의 報告]	다카하시 분지로
547	高橋文次郎	고교문차랑	14	70	1917.07	地方報告〉[宋在永의 報告]〉聖訓奉答文 / 高橋文次郎	다카하시 분지로
548	高橋敏	고교민	40	17	1936.08	平壤文廟移轉紀跡碑文 / 高橋敏	다카하시 사토시
549	高橋敏	고교민	45	21	1940.12	朝鮮儒林大會(朝鮮儒道聯合會創立總會) 會錄槪要〉朝鮮儒道聯合會役員名簿(昭和十四年十一月一日現在)	다카하시 사토시
550	高橋濱吉	고교빈길	45	22	1940.12	朝鮮儒林大會(朝鮮儒道聯合會創立總會) 會錄槪要〉朝鮮儒道聯合會役員名簿(昭和十四年十一月一日現在)	다카하시 하마키치
551	高橋一	고교일	3	[0]	1914.06	[經學院視察團旅行紀念]	
552	高橋亭	고교정	9	46	1915.12	日誌大要	다카하시 데이

ㄱ

번호	원문	현대어(독음)	호	쪽	발행일	기사명 / 필자	비고
553	高橋亨	고교정	31	54	1930.08	事務報告 / 神尾弌春	다카하시 데이
554	高橋亨	고교정	31	60	1930.08	明倫學院職員名簿	다카하시 데이
555	高橋亨	고교정	35	72	1932.12	明倫學院職員名簿	다카하시 데이
556	高橋亨	고교정	39	30	1935.10	東京斯文會主催儒道大會狀況	다카하시 데이
557	高橋翠村	고교취촌	31	24	1930.08	靜雲精舍存藁序 / 鄭萬朝	다카하시 스이손
558	高橋亨	고교형	1	59	1913.12	本院職員錄 大正二年十二月 日 現在	다카하시 도루
559	高橋亨	고교형	10	64	1916.03	講說〉儒敎의 根本義(大正四年十月九日第十五回講演)	다카하시 도루
560	高橋亨	고교형	15	34	1917.10	日誌大要	다카하시 도루
561	高橋亨	고교형	15	69	1917.10	講說〉大邱高等普通學校講演(大正六年五月十六日)〉儒敎의 庶民的 發展 / 高橋亨	다카하시 도루
562	高橋亨	고교형	17	23	1918.07	安東高山書院重興祝詞 / 高橋亨	다카하시 도루
563	高橋亨	고교형	19	36	1918.12	日誌大要	다카하시 도루
564	高橋亨	고교형	31	60	1930.08	明倫學院職員名簿	다카하시 도루
565	高橋亨	고교형	33	28	1931.12	聲討顚末	다카하시 도루
566	高橋亨	고교형	34	54	1932.03	東洋思想講習會狀況	다카하시 도루
567	高橋亨	고교형	34	55	1932.03	明倫學院職員名簿	다카하시 도루
568	高橋亨	고교형	34	56	1932.03	明倫學院評議會員名簿	다카하시 도루
569	高橋亨	고교형	35	72	1932.12	明倫學院職員名簿	다카하시 도루
570	高橋亨	고교형	36	64	1933.12	明倫學院職員名簿	다카하시 도루
571	高橋亨	고교형	36	66	1933.12	明倫學院評議員名簿	다카하시 도루
572	高橋亨	고교형	37	65	1934.10	明倫學院職員名簿	다카하시 도루

번호	원문	현대어(독음)	호	쪽	발행일	기사명 / 필자	비고
573	高橋亨	고교형	37	67	1934.10	明倫學院評議員名簿	다카하시 도루
574	高橋亨	고교형	39	30	1935.10	東京斯文會主催儒道大會狀況	다카하시 도루
575	高橋亨	고교형	39	50	1935.10	日誌大要	다카하시 도루
576	高橋亨	고교형	41	60	1937.02	明倫學院職員名簿(昭和十一年一月一日現在)	다카하시 도루
577	高橋亨	고교형	41	62	1937.02	明倫學院評議員名簿(昭和十一年一月一日)	다카하시 도루
578	高橋亨	고교형	42	34	1937.12	日誌大要	다카하시 도루
579	高橋亨	고교형	45	22	1940.12	朝鮮儒林大會(朝鮮儒道聯合會創立總會) 會錄槪要〉朝鮮儒道聯合會役員名簿(昭和十四年十一月一日現在)	다카하시 도루
580	高橋亨	고교형	46	33	1941.12	明倫專門學院日誌大要(昭和十四年七月ヨリ昭和十六年六月マデ)	다카하시 도루
581	高橋亨三	고교형삼	33	24	1931.12	日誌大要	다카하시 교조
582	高奎相	고규상	25	71	1924.12	地方報告〉[高奎相의 報告]	
583	高基謨	고기모	33	38	1931.12	聲討顛末	
584	高基顠	고기전	27	84	1926.12	地方報告〉[高基顠의 報告]	
585	高基顠	고기전	28	71	1927.12	地方報告〉[高基顠의 報告]	
586	高堂生	고당생	1	8	1913.12	論說 / 呂圭亨	前漢의 유학자
587	高堂生	고당생	10	17	1916.03	經學管見(續) / 尹寧求	前漢의 유학자
588	高堂生	고당생	12	11	1916.12	孟子緖論 / 金文演	前漢의 유학자
589	高堂生	고당생	31	4	1930.08	經學源流 / 權純九	前漢의 유학자
590	高堂生	고당생	42	46	1937.12	文廟享祀位次及聖賢姓名爵號考 / 金完鎭	萊蕪伯
591	高堂生	고당생	42	56	1937.12	文廟享祀位次及聖賢姓名爵號考 / 金完鎭	萊蕪伯, 원문은 姓高堂名生
592	高堂生	고당생	44	37	1939.10	經儒學 / 金誠鎭	前漢의 유학자
593	高唐侯	고당후	42	54	1937.12	文廟享祀位次及聖賢姓名爵號考 / 金完鎭	邦異
594	高堂侯	고당후	42	47	1937.12	文廟享祀位次及聖賢姓名爵號考 / 金完鎭	邦異, 高唐侯

번호	원문	현대어(독음)	호	쪽	발행일	기사명 / 필자	비고
595	高大汝	고대여	1	39	1913.12	近世事十條 / 李商永	
596	高島光得	고도광득	48	63	1944.04	經學院日誌大要(昭和十七年七月ヨリ昭和十八年六月マテ)	
597	高力得雄	고력득웅	46	24	1941.12	經學院日誌大要(昭和十四年七月ヨリ昭和十六年六月マテ)	고리키 도쿠오
598	高靈申氏	고령 신씨	25	77	1924.12	地方報告〉[高彦柱 等의 報告]	
599	高瀨	고뢰	31	14	1930.08	講題 我國近時의 立法과 儒道와의 關係 / 武部欽一	
600	庫勒納	고륵납	12	10	1916.12	經學管見(續) / 尹寧求	淸의 정치인
601	高明輝	고명휘	42	38	1937.12	文廟春季釋奠狀況	
602	高明輝	고명휘	42	71	1937.12	第五回卒業式狀況及第八回新入生名簿〉第八回入學許可者名簿	
603	高明輝	고명휘	43	59	1938.12	文廟秋季釋奠狀況	
604	高明輝	고명휘	43	66	1938.12	文廟春季釋奠狀況	
605	高明輝	고명휘	44	79	1939.10	文廟秋季釋奠狀況	
606	高明輝	고명휘	44	87	1939.10	文廟春季釋奠狀況	
607	高明輝	고명휘	46	14	1941.12	釋奠狀況〉昭和十四年秋季釋奠狀況	
608	高木	고목	35	64	1932.12	評議員會狀況〉事業經過報告 / 高木善人	다카키 요시토 (高木善人)
609	高木德彌	고목덕미	45	31	1940.12	朝鮮儒林大會(朝鮮儒道聯合會創立總會) 會錄槪要〉朝鮮儒道聯合會役員名簿(昭和十四年十一月一日現在)	다카키 도쿠야
610	高木善人	고목선인	34	32	1932.03	日誌大要	다카키 요시토
611	高木善人	고목선인	34	54	1932.03	明倫學院職員名簿	다카키 요시토
612	高木善人	고목선인	34	55	1932.03	明倫學院職員名簿	다카키 요시토
613	高木善人	고목선인	35	27	1932.12	日誌大要	다카키 요시토
614	高木善人	고목선인	35	62	1932.12	評議員會狀況〉事業經過報告 / 高木善人	다카키 요시토
615	高木善人	고목선인	35	63	1932.12	評議員會狀況〉事業經過報告 / 高木善人	다카키 요시토
616	高木善人	고목선인	35	65	1932.12	第一回學生卒業式狀況〉學事狀況報告 / 高木善人	다카키 요시토
617	高文均	고문균	39	59	1935.10	明倫學院第六回入學許可者名簿(昭和十年度)	
618	高文均	고문균	41	35	1937.02	文廟春季釋奠狀況	

ㄱ

번호	원문	현대어(독음)	호	쪽	발행일	기사명 / 필자	비고
619	高尾	고미	46	42	1941.12	江原道儒道聯合會結成式	다카오 진조 (高尾甚造)
620	高尾	고미	46	43	1941.12	江原道儒道聯合會結成式	다카오 진조 (高尾甚造)
621	高尾甚造	고미심조	46	48	1941.12	江原道儒道聯合會結成式〉會長挨拶要旨 / 高尾甚造	다카오 진조
622	高密伯	고밀백	8	35	1915.09	賢關記聞 / 李大榮	鄭玄
623	高密伯	고밀백	42	56	1937.12	文廟享祀位次及聖賢姓名爵號考 / 金完鎭	鄭玄
624	高密伯	고밀백	42	47	1937.12	文廟享祀位次及聖賢姓名爵號考 / 金完鎭	鄭玄
625	高密侯	고밀후	42	51	1937.12	文廟享祀位次及聖賢姓名爵號考 / 金完鎭	公冶長
626	高密侯	고밀후	42	47	1937.12	文廟享祀位次及聖賢姓名爵號考 / 金完鎭	公冶長
627	高攀龍	고반룡	21	19	1921.03	經學管見(續) / 尹寧求	
628	郜伯	고백	30	[9]	1929.12	李龍眠畫宣聖及七十二弟子像贊(金石萃編)	
629	郜伯	고백	42	52	1937.12	文廟享祀位次及聖賢姓名爵號考 / 金完鎭	公西赤
630	高秉翼	고병익	37	56	1934.10	文廟釋奠狀況〉[高秉翼의 보고]	
631	高秉翼	고병익	38	48	1935.03	文廟釋奠狀況〉地方文廟秋期釋奠狀況表	
632	高秉翼	고병익	39	54	1935.10	文廟釋奠狀況〉地方文廟春期釋奠狀況表	
633	高秉翼	고병익	40	37	1936.08	文廟釋奠狀況〉[地方文廟春期釋奠狀況表]	
634	高秉昊	고병호	16	58	1918.03	地方報告〉[鄭鳳時의 報告]	
635	高峯	고봉	30	31	1929.12	三洙瑣談(續) / 元泳義	
636	高峯健郎	고봉건랑	48	52	1944.04	釋奠狀況〉昭和十八年春季釋奠狀況	
637	高峰健郎	고봉건랑	48	54	1944.04	釋奠狀況〉昭和十八年秋季釋奠狀況	
638	高士奇	고사기	15	3	1917.10	經學管見(續) / 尹寧求	
639	高似孫	고사손	20	14	1920.03	經學管見(續) / 尹寧求	
640	高似孫	고사손	20	17	1920.03	經學管見(續) / 尹寧求	
641	高山景植	고산경식	46	33	1941.12	明倫專門學院日誌大要(昭和十四年七月ヨリ 昭和十六年六月マデ)	崔景植
642	高山贊信	고산찬신	48	52	1944.04	釋奠狀況〉昭和十八年春季釋奠狀況	
643	高山贊信	고산찬신	48	54	1944.04	釋奠狀況〉昭和十八年秋季釋奠狀況	
644	高相	고상	9	18	1915.12	經學管見(下) / 尹寧求	
645	考城伯	고성백	8	35	1915.09	賢關記聞 / 李大榮	戴聖
646	考城伯	고성백	42	56	1937.12	文廟享祀位次及聖賢姓名爵號考 / 金完鎭	戴聖
647	考城伯	고성백	42	47	1937.12	文廟享祀位次及聖賢姓名爵號考 / 金完鎭	戴聖
648	高誠柱	고성주	33	35	1931.12	聲討顚末	
649	高昭子	고소자	4	38	1914.09	孔子年報(續) / 呂圭亨	
650	高昭子	고소자	4	39	1914.09	孔子年報(續) / 呂圭亨	
651	瞽瞍	고수	2	34	1914.03	孔子年譜 / 呂圭亨	

번호	원문	현대어(독음)	호	쪽	발행일	기사명 / 필자	비고
652	瞽瞍	고수	12	15	1916.12	孟子緖論 / 金文演	
653	瞽瞍	고수	27	34	1926.12	三洙瑣談(續) / 元泳義	
654	高守洪	고수홍	20	38	1920.03	求禮郡文廟重修捐義錄小序 / 金商翊	
655	高柴	고시	4	49	1914.09	容思衍 / 李鼎煥	
656	高柴	고시	7	46	1915.06	論語分類一覽(續) / 金文演	
657	高柴	고시	12	57	1916.12	講說〉講題 博學於文約之以禮(大正五年五月十三日第十八回講演) / 李容植	
658	高柴	고시	28	75	1927.12	地方報告〉[李勉應의 報告]	
659	高柴	고시	30	[5]	1929.12	李龍眠畵宣聖及七十二弟子像贊(金石萃編)	
660	高柴	고시	42	47	1937.12	文廟享祀位次及聖賢姓名爵號考 / 金完鎭	共城侯
661	高柴	고시	42	51	1937.12	文廟享祀位次及聖賢姓名爵號考 / 金完鎭	共城侯, 원문은 姓高名柴
662	古市橋之助	고시교지조	19	36	1918.12	日誌大要	후루이치 하시노스케
663	高辛	고신	9	21	1915.12	經學管見(下) / 尹寧求	帝嚳 高辛氏
664	高辛	고신	10	10	1916.03	經學管見(續) / 尹寧求	帝嚳 高辛氏
665	高辛	고신	16	16	1918.03	詩經蔦辨 / 金文演	帝嚳 高辛氏
666	高辛	고신	16	17	1918.03	詩經蔦辨 / 金文演	帝嚳 高辛氏
667	高辛	고신	44	32	1939.10	經儒學 / 金誠鎭	帝嚳 高辛氏
668	高辛	고신	44	34	1939.10	經儒學 / 金誠鎭	帝嚳 高辛氏
669	高氏	고씨	25	23	1924.12	釋奠에 就하야(續) / 佐藤廣治	
670	高安彦	고안언	48	51	1944.04	釋奠狀況〉昭和十八年春季釋奠狀況	고 야스히코
671	高安彦	고안언	48	52	1944.04	釋奠狀況〉昭和十八年秋季釋奠狀況	고 야스히코
672	高陽氏	고양씨	27	33	1926.12	三洙瑣談(續) / 元泳義	
673	高彦謙	고언겸	40	21	1936.08	敎化編年(續) / 李大榮	
674	高彦柱	고언주	24	90	1923.12	地方報告〉[李永玉妻朱氏의 孝烈 關聯 報告]	
675	高彦柱	고언주	25	77	1924.12	地方報告〉[高彦柱 等의 報告]	
676	高彦柱	고언주	27	86	1926.12	地方報告〉[高彦柱 等의 報告]	
677	高彦柱	고언주	27	87	1926.12	地方報告〉[高彦柱 等의 報告]	
678	高彦柱	고언주	28	80	1927.12	地方報告〉[高彦柱의 報告]	
679	顧炎武	고염무	10	23	1916.03	經學淺知錄 / 金文演	원문은 炎武
680	顧炎武	고염무	11	17	1916.06	經學管見(續) / 尹寧求	
681	顧炎武	고염무	11	18	1916.06	經學管見(續) / 尹寧求	
682	顧炎武	고염무	12	13	1916.12	孟子緖論 / 金文演	원문은 炎武
683	顧炎武	고염무	18	9	1918.09	經學管見(續) / 尹寧求	
684	顧炎武	고염무	18	11	1918.09	經學管見(續) / 尹寧求	

번호	원문	현대어(독음)	호	쪽	발행일	기사명 / 필자	비고
685	顧炎武	고염무	20	20	1920.03	經學管見(續) / 尹寧求	
686	顧炎武	고염무	20	21	1920.03	經學管見(續) / 尹寧求	
687	顧炎武	고염무	26	24	1925.12	釋奠에 就ㅎ야(續) / 佐藤廣治	
688	顧炎武	고염무	26	25	1925.12	釋奠에 就ㅎ야(續) / 佐藤廣治	원문은 顧氏
689	顧炎武	고염무	26	26	1925.12	釋奠에 就ㅎ야(續) / 佐藤廣治	원문은 顧氏
690	顧炎武	고염무	34	4	1932.03	最近經學考 / 權純九	
691	高宛侯	고완후	42	46	1937.12	文廟享祀位次及聖賢姓名爵號考 / 金完鎭	漆雕徒父
692	高宛侯	고완후	42	53	1937.12	文廟享祀位次及聖賢姓名爵號考 / 金完鎭	漆雕徒父
693	皐陶	고요	5	43	1914.12	孔子年報(續) / 呂圭亨	
694	皐陶	고요	6	47	1915.03	論語考證 / 金文演	
695	皐陶	고요	9	16	1915.12	經學管見(上) / 尹寧求	
696	皐陶	고요	11	41	1916.06	經義答問 / 黃敦秀	
697	皐陶	고요	12	33	1916.12	讀書私記(續) / 洪鍾佶	
698	皐陶	고요	12	34	1916.12	讀書私記(續) / 洪鍾佶	
699	皐陶	고요	39	2	1935.10	性善說 / 李學魯	
700	皐陶	고요	44	34	1939.10	經儒學 / 金誠鎭	
701	高墉柱	고용주	20	22	1920.03	求禮郡文廟重修記 / 金商翊	
702	高墉柱	고용주	20	37	1920.03	求禮郡文廟重修捐義錄小序 / 金商翊	
703	高墉柱	고용주	20	39	1920.03	求禮文廟修繕同志會發起會席上演說 / 高墉柱	
704	高墉柱	고용주	20	50	1920.03	講說〉孔子誕辰及其道義辨 / 高墉柱	
705	高墉柱	고용주	20	53	1920.03	地方報告〉[權鳳洙의 報告]	
706	高墉柱	고용주	20	54	1920.03	地方報告〉[權鳳洙의 報告]	
707	高容桓	고용환	20	37	1920.03	求禮郡文廟重修捐義錄小序 / 金商翊	
708	孤雲	고운	42	57	1937.12	文廟享祀位次及聖賢姓名爵號考 / 金完鎭	崔致遠
709	孤雲	고운	44	60	1939.10	朝鮮詩學考 / 李昇圭	崔致遠
710	高元勳	고원훈	36	33	1933.12	文廟釋奠狀況〉[鄭來和의 보고]	
711	高元勳	고원훈	45	22	1940.12	朝鮮儒林大會(朝鮮儒道聯合會創立總會) 會錄概要〉朝鮮儒道聯合會役員名簿(昭和十四年十一月一日現在)	
712	高元勳	고원훈	45	24	1940.12	朝鮮儒林大會(朝鮮儒道聯合會創立總會) 會錄概要〉朝鮮儒道聯合會役員名簿(昭和十四年十一月一日現在)	
713	高元勳	고원훈	45	47	1940.12	京畿道儒道聯合會結成式	
714	高元勳	고원훈	45	104	1940.12	慶尙北道儒道聯合會結成式	
715	高元勳	고원훈	45	129	1940.12	平安北道儒道聯合會結成式	
716	高元勳	고원훈	46	42	1941.12	江原道儒道聯合會結成式	
717	顧越	고월	32	4	1930.12	經學源流(續) / 權純九	

번호	원문	현대어(독음)	호	쪽	발행일	기사명 / 필자	비고
718	高洧	고유	20	38	1920.03	求禮郡文廟重修捐義錄小序 / 金商翊	
719	高誘	고유	6	48	1915.03	論語考證 / 金文演	
720	高誘	고유	16	1	1918.03	經學管見(續) / 尹寧求	
721	高誘	고유	24	33	1923.12	釋奠에 就하야 / 佐藤廣治	
722	高允	고윤	2	69	1914.03	講說〉講題 必愼其獨(大正二年十一月八日第四回講演)〉敷演 / 李容稙	
723	高允	고윤	2	70	1914.03	講說〉講題 必愼其獨(大正二年十一月八日第四回講演)〉敷演 / 李容稙	
724	高允	고윤	32	3	1930.12	經學源流(續) / 權純九	
725	高潤	고윤	20	36	1920.03	求禮郡文廟重修捐義錄小序 / 金商翊	
726	高應漢	고응한	45	39	1940.12	朝鮮儒林大會(朝鮮儒道聯合會創立總會) 會錄槪要〉朝鮮儒道聯合會役員名簿(昭和十四年十一月一日現在)	
727	告子	고자	1	25	1913.12	庸言 / 金允植	
728	告子	고자	1	28	1913.12	庸言 / 金允植	
729	告子	고자	7	3	1915.06	學說 / 呂圭亨	
730	告子	고자	8	71	1915.09	地方報告〉[崔東吉의 報告]	
731	告子	고자	10	4	1916.03	經論 / 金元祐	
732	告子	고자	11	49	1916.06	讀書私記(第八號續) / 洪鐘佶	
733	告子	고자	12	75	1916.12	講說〉講題 善養吾浩然之氣(大正五年九月二十九日海州郡鄕校講演) / 李容稙	
734	告子	고자	19	3	1918.12	學說 / 呂龍鉉	
735	告子	고자	29	28	1928.12	三洙瑣談(續) / 元泳義	
736	告子	고자	30	30	1929.12	三洙瑣談(續) / 元泳義	
737	告子	고자	35	7	1932.12	心性情理氣圖解 / 元弘植	
738	告子	고자	36	3	1933.12	經義問對(續) / 韓昌愚	
739	告子	고자	38	27	1935.03	性理	
740	告子	고자	39	3	1935.10	性善說 / 李學魯	
741	高適	고적	47	48	1943.01	一. 孝烈行跡報告 其二 / 鄭奉禧	원문은 適
742	高廸允	고적윤	18	81	1918.09	地方報告〉[高廸允의 報告]	
743	考亭	고정	12	7	1916.12	經學管見(續) / 尹寧求	朱熹
744	考亭	고정	43	50	1938.12	鄭松里先生追悼錄〉吊辭 / 李迪雨 等	朱熹
745	顧亭林	고정림	10	23	1916.03	經學淺知錄 / 金文演	顧炎武
746	顧亭林	고정림	12	13	1916.12	孟子緒論 / 金文演	顧炎武
747	顧亭林	고정림	12	14	1916.12	孟子緒論 / 金文演	顧炎武
748	顧亭林	고정림	12	15	1916.12	孟子緒論 / 金文演	顧炎武
749	顧亭林	고정림	12	16	1916.12	孟子緒論 / 金文演	顧炎武

번호	원문	현대어(독음)	호	쪽	발행일	기사명 / 필자	비고
750	顧亭林	고정림	12	17	1916.12	孟子緖論 / 金文演	顧炎武
751	高帝	고제	10	33	1916.03	典祀廳記 / 李淑瑊 撰	
752	高濟賢	고제현	16	58	1918.03	地方報告〉[鄭鳳時의 報告]	
753	高祖	고조	19	8	1918.12	經學管見(續) / 尹寧求	
754	高祖	고조	25	5	1924.12	論語疑義問答(續) / 鄭萬朝	
755	高祖	고조	46	2	1941.12	興學養材 / 崔浩然	漢의 劉邦
756	高祖	고조	8	50	1915.09	講說〉講題 苟日新日日新又日新(大政四年四月十七日第十一回講演)〉續演 / 呂圭亨	
757	高兆基	고조기	47	35	1943.01	朝鮮詩學考(第十四號續) / 李昇圭	원문은 高基兆로 오기됨
758	高宗	고종	10	16	1916.03	經學管見(續) / 尹寧求	
759	高宗	고종	16	8	1918.03	經學管見(續) / 尹寧求	
760	高宗	고종	19	12	1918.12	經學管見(續) / 尹寧求	
761	高宗	고종	22	11	1922.03	經學講論 / 成樂賢	
762	高宗	고종	27	9	1926.12	烈女申婦張孺人碑 / 金完鎭	
763	高宗	고종	27	76	1926.12	地方報告〉[申泰岳의 報告]	
764	高宗	고종	30	[1]	1929.12	李龍眠畵宣聖及七十二弟子像贊(金石萃編)	宋의 高宗, 趙構
765	高宗	고종	32	40	1930.12	地方報告〉地方儒林狀況〉[成樂賢의 報告]	
766	高宗	고종	32	42	1930.12	地方報告〉地方儒林狀況〉[成樂賢의 報告]	
767	高宗	고종	32	43	1930.12	地方報告〉地方儒林狀況〉[成樂賢의 報告]	
768	高宗	고종	33	8	1931.12	孺人羅州林氏孝烈碑 / 成樂賢	
769	高宗	고종	33	11	1931.12	孝子司饔院奉事白公行狀 / 成樂賢	
770	高宗	고종	35	1	1932.12	宗教說 / 權純九	
771	高宗	고종	36	38	1933.12	孝烈行蹟〉[金基銖 等의 보고]	
772	高宗	고종	37	37	1934.10	地方儒林狀況〉[李大榮의 보고]〉書院狀況	
773	高宗	고종	37	38	1934.10	地方儒林狀況〉[李大榮의 보고]〉書院狀況	
774	高宗	고종	40	15	1936.08	鄭隱溪翁六十一壽序 / 權純九	
775	高宗	고종	42	48	1937.12	文廟享祀位次及聖賢姓名爵號考 / 金完鎭	唐의 高宗, 李治
776	高宗	고종	42	58	1937.12	文廟享祀位次及聖賢姓名爵號考 / 金完鎭	조선
777	高宗	고종	44	31	1939.10	儒教의 起源과 流派 / 李昇圭	唐의 李治
778	高宗	고종	44	36	1939.10	經儒學 / 金誠鎭	宋의 趙構, 南宋 초대황제
779	高宗	고종	44	59	1939.10	朝鮮詩學考 / 李昇圭	唐의 李治
780	高宗	고종	48	45	1944.04	朝鮮詩學考(前號續) / 李昇圭	고려의 王曒

번호	원문	현대어(독음)	호	쪽	발행일	기사명 / 필자	비고
781	顧從義	고종의	20	19	1920.03	經學管見(續) / 尹寧求	
782	顧從義	고종의	20	21	1920.03	經學管見(續) / 尹寧求	
783	孤竹君	고죽군	6	48	1915.03	論語考證 / 金文演	
784	高俊相	고준상	23	57	1922.12	日誌大要	
785	高峻海	고준해	26	46	1925.12	日誌大要	
786	高智周	고지주	10	13	1916.03	經學管見(續) / 尹寧求	
787	高賛奎	고찬규	30	80	1929.12	地方報告〉[李瀅鎬의 報告]	
788	高昶錫	고창석	47	48	1943.01	一. 孝烈行跡報告 其二 / 鄭奉禧	
789	古川秀吉	고천수길	23	81	1922.12	地方報告〉[蔡奎璧의 報告]	
790	古川次郎	고천차랑	48	62	1944.04	經學院日誌大要(昭和十七年七月ヨリ昭和十八年六月マテ)	후루카와 지로
791	高哲勳	고철훈	27	59	1926.12	日誌大要	
792	高致安	고치안	47	48	1943.01	一. 孝烈行跡報告 其二 / 鄭奉禧	원문은 致安, 高昶錫의 부친
793	高澤柱	고택주	20	37	1920.03	求禮郡文廟重修捐義錄小序 / 金商翊	
794	古澤進一	고택진일	47	7	1943.01	戶籍整備入選標語	후루사와 신이치
795	考彭	고팽	12	9	1916.12	經學管見(續) / 尹寧求	
796	古賀精里	고하정리	18	55	1918.09	講說〉講題 內地의 宋學(大正七年五月十一日第二十八回講演) / 今關壽麿	고가 세이리
797	高漢鴻	고한홍	45	40	1940.12	朝鮮儒林大會(朝鮮儒道聯合會創立總會) 會錄概要〉朝鮮儒道聯合會役員名簿(昭和十四年十一月一日現在)	
798	高亨福	고형복	30	80	1929.12	地方報告〉[李瀅鎬의 報告]	원문은 亨福
799	高好範	고호범	9	51	1915.12	日誌大要	
800	高浩永	고호영	29	44	1928.12	日誌大要	
801	高皇帝	고황제	9	30	1915.12	孔子年報(續) / 呂圭亨	
802	高興柳氏	고흥 유씨	26	92	1925.12	地方報告〉[金煥容 等의 報告]	
803	高義駿	고희준	28	74	1927.12	地方報告〉[李德基의 報告]	
804	穀	곡	11	5	1916.06	經論 / 韓晩容	
805	谷多喜磨	곡다희마	28	20	1927.12	掌議에 關흔 規程(續)	다니 다키마
806	谷多喜磨	곡다희마	45	32	1940.12	朝鮮儒林大會(朝鮮儒道聯合會創立總會) 會錄概要〉朝鮮儒道聯合會役員名簿(昭和十四年十一月一日現在)	다니 다키마
807	穀梁	곡량	2	31	1914.03	孔子年譜 / 呂圭亨	
808	穀梁赤	곡량적	10	14	1916.03	經學管見(續) / 尹寧求	전국시대 유학자

번호	원문	현대어(독음)	호	쪽	발행일	기사명 / 필자	비고
809	穀梁赤	곡량적	31	4	1930.08	經學源流 / 權純九	전국시대 유학자
810	穀梁赤	곡량적	42	46	1937.12	文廟享祀位次及聖賢姓名爵號考 / 金完鎭	睢陽伯
811	穀梁赤	곡량적	42	55	1937.12	文廟享祀位次及聖賢姓名爵號考 / 金完鎭	睢陽伯, 원문은 姓穀梁名赤
812	穀梁赤	곡량적	44	36	1939.10	經儒學 / 金誠鎭	전국시대 유학자
813	曲阜伯	곡부백	42	47	1937.12	文廟享祀位次及聖賢姓名爵號考 / 金完鎭	孔安國
814	曲阜伯	곡부백	42	56	1937.12	文廟享祀位次及聖賢姓名爵號考 / 金完鎭	孔安國
815	曲阜侯	곡부후	10	46	1916.03	賢關記聞(續) / 李大榮	안자의 부친 顔無繇
816	曲阜侯	곡부후	10	47	1916.03	賢關記聞(續) / 李大榮	안자의 부친 顔無繇
817	曲阜侯	곡부후	10	49	1916.03	賢關記聞(續) / 李大榮	안자의 부친 顔無繇
818	曲阜侯	곡부후	42	59	1937.12	文廟享祀位次及聖賢姓名爵號考 / 金完鎭	顔無繇
819	曲阜侯	곡부후	42	48	1937.12	文廟享祀位次及聖賢姓名爵號考 / 金完鎭	顔無繇
820	谷時中	곡시중	18	53	1918.09	講說〉講題 內地의 宋學(大正七年五月十一日第二十八回講演) / 今關壽麿	다니 지츄
821	谷應泰	곡응태	15	3	1917.10	經學管見(續) / 尹寗求	명말청초의 역사가
822	鯀	곤	2	77	1914.03	地方報告〉[李鶴在의 報告]	
823	鯀	곤	2	80	1914.03	地方報告〉[李鶴在의 報告]	
824	鯀	곤	15	13	1917.10	四書小註辨疑(續) / 李鶴在	禹의 부친 鯀
825	袞公	곤공	7	41	1915.06	論語考證(續) / 金文演	
826	公	공	11	5	1916.06	經論 / 韓晩容	
827	孔	공	1	33	1913.12	天下文明說 / 李學魯	
828	孔	공	1	36	1913.12	寺內總督教育方針談	
829	孔	공	1	45	1913.12	日誌大要	
830	孔	공	1	54	1913.12	日誌大要	
831	孔	공	1	72	1913.12	講說〉大正二年九月四日第二回演講〉(講章此之謂絜矩之道)〉結辭 / 趙重應	
832	孔	공	2	87	1914.03	地方報告〉[黃敦秀의 報告]	
833	孔	공	2	98	1914.03	地方報告〉[鄭鳳時의 報告]	
834	孔	공	3	45	1914.06	講士視察見聞所記 / 呂圭亨	
835	孔	공	3	57	1914.06	日誌大要	

번호	원문	현대어(독음)	호	쪽	발행일	기사명 / 필자	비고
836	孔	공	3	60	1914.06	日誌大要	
837	孔	공	5	76	1914.12	講說>講題 道也者不可須臾離也(大正三年九月二十九日第七回講演)>講說 / 宇佐美勝夫	
838	孔	공	5	77	1914.12	講說>講題 道也者不可須臾離也(大正三年九月二十九日第七回講演)>講說 / 宇佐美勝夫	
839	孔	공	5	96	1914.12	關東講說>講題 道不遠人 / 吳致翊	
840	孔	공	6	58	1915.03	講說>講題 善養吾浩然之氣(大正三年十一月二十一日第九回講演) / 李容稙	
841	孔	공	6	64	1915.03	地方報告>[金光鉉 巡講]	
842	孔	공	7	2	1915.06	學說 / 呂圭亨	
843	孔	공	8	3	1915.09	儒敎論 / 呂圭亨	
844	孔	공	10	9	1916.03	經學說 / 李容稙	
845	孔	공	10	31	1916.03	享官廳記 / 洪貴達 撰	
846	孔	공	10	48	1916.03	賢關記聞(續) / 李大榮	
847	孔	공	10	77	1916.03	地方報告>[成樂賢의 報告]	
848	孔	공	10	78	1916.03	地方報告>[成樂賢의 報告]	
849	孔	공	10	80	1916.03	地方報告>[成樂賢의 報告]	
850	孔	공	10	81	1916.03	地方報告>[成樂賢의 報告]	
851	孔	공	10	94	1916.03	地方報告>[韓昌愚의 報告]	
852	孔	공	11	1	1916.06	經論 / 韓晚容	
853	孔	공	11	35	1916.06	丕闡堂記 / 宋時烈	
854	孔	공	12	6	1916.12	經學管見(續) / 尹寧求	
855	孔	공	12	72	1916.12	講說>講題 善養吾浩然之氣(大正五年九月二十九日海州郡鄕校講演) / 李容稙	
856	孔	공	12	74	1916.12	講說>講題 善養吾浩然之氣(大正五年九月二十九日海州郡鄕校講演) / 李容稙	
857	孔	공	12	78	1916.12	地方報告>[韓昌愚의 報告]	
858	孔	공	12	79	1916.12	地方報告>[韓昌愚의 報告]	
859	孔	공	12	87	1916.12	地方報告>[朴長鴻의 報告]	
860	孔	공	12	[3]	1916.12	立太子禮獻頌文 / 李人稙	
861	孔	공	13	11	1917.03	原敎 / 鄭崙秀	
862	孔	공	13	11	1917.03	原儒 / 鄭崙秀	
863	孔	공	13	50	1917.03	講說>立身致富之要訣(大正五年六月十日第十九回講演) / 村上唯吉	
864	孔	공	15	49	1917.10	講說>光州郡鄕校演講(大正六年四月二十六日)>講題 子莫執中執中爲近之執中無權猶執一也 / 李容稙	

번호	원문	현대어(독음)	호	쪽	발행일	기사명 / 필자	비고
865	孔	공	15	54	1917.10	講說〉光州郡鄕校講演(大正六年四月二十六日)〉說論(賞品授與式日) / 元應常	
866	孔	공	15	61	1917.10	講說〉大邱高等普通學校講演(大正六年五月十六日)〉講題 志於道據於德依於仁游於藝 / 李容稙	
867	孔	공	16	18	1918.03	開窓問對 / 朴昇東	
868	孔	공	16	48	1918.03	講說〉講題 存其心養其性所以事天也(大正六年十月十四日江陵郡講演) / 李容稙	
869	孔	공	16	49	1918.03	講說〉講題 存其心養其性所以事天也(大正六年十月十四日江陵郡講演) / 李容稙	
870	孔	공	17	49	1918.07	講說〉講題 國民道德은 何也오(大正六年十一月十日第二十六回講演) / 立柄敎俊	
871	孔	공	17	51	1918.07	講說〉講題 國民道德은 何也오(大正六年十一月十日第二十六回講演) / 立柄敎俊	
872	孔	공	17	68	1918.07	地方報告〉[韓昌愚의 報告]	
873	孔	공	18	4	1918.09	學說 / 李明宰	
874	孔	공	18	6	1918.09	學說 / 李明宰	
875	孔	공	18	61	1918.09	講說〉講題 道在邇而求諸遠事在易而求諸難(大正七年五月十五日義州郡鄕校講演)〉告詞(賞品授與式時) / 梁鳳濟	
876	孔	공	19	20	1918.12	雲山郡文廟祭官案序 / 申鉉求	
877	孔	공	21	2	1921.03	論說(寄書第二) / 呂圭亨	
878	孔	공	21	4	1921.03	老生常談 / 金完鎭	
879	孔	공	22	4	1922.03	禮辭(於儒道振興會臨時總會席上) / 金完鎭	
880	孔	공	22	14	1922.03	經學講論 / 成樂賢	
881	孔	공	22	70	1922.03	講說〉子路人告之以有過則喜 / 成樂賢	
882	孔	공	23	14	1922.12	經義問答 / 韓昌愚	
883	孔	공	23	75	1922.12	講說〉講題 不出家而成敎於國 / 成樂賢	
884	孔	공	23	78	1922.12	講說〉講題 儒道 / 鄭準民	
885	孔	공	25	54	1924.12	講說〉講題 儒家之自衛策 / 金完鎭	
886	孔	공	26	68	1925.12	講說〉講題 邦有道貧且賤焉恥也 / 成樂賢	
887	孔	공	27	15	1926.12	易經講解總說 / 元泳義	
888	孔	공	29	28	1928.12	三洙瑣談(續) / 元泳義	
889	孔	공	29	48	1928.12	講說〉講題 學所以明人倫 / 成樂賢	
890	孔	공	29	[2]	1928.12	訓示 / 山梨半造	
891	孔	공	30	26	1929.12	中庸問對(續) / 沈璿澤	
892	孔	공	30	52	1929.12	講說〉講題 仰至聖孔夫子 / 福士末之助	

ㄱ

번호	원문	현대어(독음)	호	쪽	발행일	기사명 / 필자	비고
893	孔	공	30	58	1929.12	講說〉講題 朝鮮의 在한 聖學道統 : 李退溪先生을 憶함 / 赤木萬二郎	
894	孔	공	30	67	1929.12	講說〉講題 朝鮮의 在한 聖學道統 : 李退溪先生을 憶함 / 赤木萬二郎	
895	孔	공	34	4	1932.03	最近經學考 / 權純九	
896	孔	공	35	29	1932.12	地方儒林狀況〉[李奎寧 等의 보고]	
897	孔	공	35	60	1932.12	評議員會狀況〉演示 / 林 武樹	
898	孔	공	37	63	1934.10	第四回評議員會狀況〉演示 / 渡邊豊日子	
899	孔	공	39	17	1935.10	湯島聖堂孔子祭典狀況	
900	孔	공	39	[1]	1935.10	儒教의 使命에 邁往함을 望함 / 宇垣一成	
901	孔	공	39	[2]	1935.10	儒教의 使命에 邁往함을 望함 / 宇垣一成	
902	孔	공	40	30	1936.08	平壤文廟移建落成式竝儒林大會狀況	
903	孔	공	41	4	1937.02	孔孟의 眞精神 / 羅一鳳	
904	孔	공	41	5	1937.02	孔孟의 眞精神 / 羅一鳳	
905	孔	공	41	6	1937.02	孔孟의 眞精神 / 羅一鳳	
906	孔	공	42	64	1937.12	婚姻儀禮 經學院使用規程(昭和十二年五月二十六日社教第一〇三號認可)	
907	孔	공	45	1	1940.12	慶會樓招宴ニ於ケル總督挨拶要旨 / 南 次郎	
908	孔	공	45	10	1940.12	朝鮮儒林大會(朝鮮儒道聯合會創立總會) 會錄概要〉朝鮮儒林大會ニ於ケル總督告辭要旨 / 南 次郎	
909	孔	공	45	60	1940.12	忠淸北道儒道聯合會結成式〉忠淸北道儒道聯合會結成式會長告辭要旨 / 俞萬兼	
910	孔	공	45	99	1940.12	全羅南道儒道聯合會結成要項〉全羅南道儒道聯合會結成式會長告辭要旨 / 新貝 肇	
911	孔	공	45	127	1940.12	平安南道儒道聯合會結成式〉平安南道儒道聯合會結成式會長告辭要旨 / 石田千太郎	
912	孔	공	45	141	1940.12	咸鏡南道儒道聯合會結成式〉咸鏡南道儒道聯合會結成式會長式辭要旨 / 笹川恭三郎	
913	孔	공	45	146	1940.12	咸鏡北道儒道聯合會結成式〉咸鏡北道儒道聯合會結成式會長式辭要旨 / 兒嶋高信	
914	孔	공	46	37	1941.12	全羅南道儒林大會〉會長訓示要旨 / 武永憲樹	
915	孔	공	47	42	1943.01	釋奠狀況〉小磯總督招宴挨拶要旨 / 小磯國昭	
916	共姜	공강	11	81	1916.06	地方報告〉[李敏獻의 報告]	
917	共姜	공강	14	76	1917.07	地方報告〉[尹錫衡의 報告]	
918	孔玠	공개	20	29	1920.03	三洙瑣談(續) / 元泳義	원문은 玠
919	公肩定	공견정	8	35	1915.09	賢關記聞 / 李大榮	
920	公肩定	공견정	42	46	1937.12	文廟享祀位次及聖賢姓名爵號考 / 金完鎭	梁父侯

번호	원문	현대어(독음)	호	쪽	발행일	기사명 / 필자	비고
921	公肩定	공견정	42	53	1937.12	文廟享祀位次及聖賢姓名爵號考 / 金完鎭	梁父侯, 원문은 姓公肩名定
922	孔慶瀾	공경란	39	30	1935.10	東京斯文會主催儒道大會狀況	
923	公穀	공곡	14	9	1917.07	經學管見(續) / 尹寧求	
924	孔廣森	공광삼	10	25	1916.03	經學淺知錄 / 金文演	원문은 廣森
925	孔廣森	공광삼	34	5	1932.03	最近經學考 / 權純九	
926	孔丘	공구	2	32	1914.03	孔子年譜 / 呂圭亨	
927	孔丘	공구	3	29	1914.06	孔子年報(續) / 呂圭亨	
928	孔丘	공구	5	37	1914.12	孔子年報(續) / 呂圭亨	
929	孔丘	공구	6	38	1915.03	孔子年報(續) / 呂圭亨	
930	孔丘	공구	36	16	1933.12	思想의 善導에 就하야(特히 朝鮮事情에 鑑하야)(續) / 尹相鶴	
931	孔丘	공구	42	48	1937.12	文廟享祀位次及聖賢姓名爵號考 / 金完鎭	원문은 姓孔諱丘
932	孔仇	공구	36	16	1933.12	思想의 善導에 就하야(特히 朝鮮事情에 鑑하야)(續) / 尹相鶴	
933	孔求	공구	20	29	1920.03	三洙瑣談(續) / 元泳義	원문은 求
934	龔邱伯	공구백	42	55	1937.12	文廟享祀位次及聖賢姓名爵號考 / 金完鎭	穀梁赤
935	龔邱侯	공구후	42	51	1937.12	文廟享祀位次及聖賢姓名爵號考 / 金完鎭	南宮适
936	孔珪泳	공규영	23	84	1922.12	地方報告>[柳雲赫의 報告]	
937	公伋	공급	42	49	1937.12	文廟享祀位次及聖賢姓名爵號考 / 金完鎭	子思, 원문은 伋
938	孔箕	공기	20	29	1920.03	三洙瑣談(續) / 元泳義	원문은 箕
939	孔頎	공기	9	32	1915.12	賢關記聞(續) / 李大榮	
940	孔頎	공기	37	23	1934.10	教化編年 / 李大榮	
941	孔基柱	공기주	20	37	1920.03	求禮郡文廟重修捐義錄小序 / 金商翊	
942	孔吉	공길	20	30	1920.03	三洙瑣談(續) / 元泳義	
943	孔端友	공단우	20	29	1920.03	三洙瑣談(續) / 元泳義	원문은 端友
944	孔端操	공단조	20	29	1920.03	三洙瑣談(續) / 元泳義	원문은 端操
945	公達	공달	6	48	1915.03	論語考證 / 金文演	叔齊의 字
946	孔達	공달	20	29	1920.03	三洙瑣談(續) / 元泳義	
947	孔德一	공덕일	20	30	1920.03	三洙瑣談(續) / 元泳義	원문은 德一
948	恭度公	공도공	32	23	1930.12	金夫人烈行碑銘幷序 / 沈璿澤	
949	工藤	공등	16	33	1918.03	日誌大要	
950	工藤	공등	22	58	1922.03	日誌大要	구토 가즈키 (工藤一記)

번호	원문	현대어(독음)	호	쪽	발행일	기사명 / 필자	비고
951	工藤英一	공등영일	21	60	1921.03	掌議에 關ᄒ 規程	구토 에이이치
952	工藤一記	공등일기	22	21	1922.03	經學院釋奠祭拜時告文 / 工藤一記等	구토 가즈키
953	工藤一記	공등일기	22	23	1922.03	故講士荷亭呂公圭亨祭文	구토 가즈키
954	工藤一記	공등일기	22	57	1922.03	日誌大要	구토 가즈키
955	孔鯉	공리	10	46	1916.03	賢關記聞(續) / 李大榮	
956	孔鯉	공리	42	48	1937.12	文廟享祀位次及聖賢姓名爵號考 / 金完鎭	泗水候
957	孔鯉	공리	42	59	1937.12	文廟享祀位次及聖賢姓名爵號考 / 金完鎭	泗水候, 원문은 姓孔名鯉, 공자의 子
958	公林	공림	7	23	1915.06	孔子年報(續) / 呂圭亨	
959	孔明	공명	4	5	1914.09	學說 / 呂圭亨	
960	公明宣	공명선	3	65	1914.06	講說〉講題 孝子所以事君也弟者所以事長也慈者所以使衆也(大正三年三月三日第五回講演) / 李容稙	
961	公明宣	공명선	6	42	1915.03	容思衍(續) / 李鼎煥	
962	公明宣	공명선	21	69	1921.03	三洙瑣談(續) / 元泳義	
963	公明宣	공명선	22	13	1922.03	經學講論 / 成樂賢	
964	公明宣	공명선	40	7	1936.08	儒敎의 眞髓 / 鄭萬朝	
965	恭穆公	공목공	23	88	1922.12	地方報告〉[乾元祠 新建 關聯 報告]	金著
966	孔武	공무	20	29	1920.03	三洙瑣談(續) / 元泳義	원문은 武
967	恭愍	공민	19	29	1918.12	賢關記聞(續) / 李大榮	
968	恭愍	공민	21	64	1921.03	賢關記聞(續) / 李大榮	
969	恭愍王	공민왕	10	53	1916.03	賢關記聞(續) / 李大榮	
970	恭愍王	공민왕	18	28	1918.09	三洙瑣談 / 元泳義	
971	恭愍王	공민왕	20	30	1920.03	三洙瑣談(續) / 元泳義	
972	恭愍王	공민왕	40	9	1936.08	朝鮮儒敎의 大觀 / 鄭鳳時	
973	恭愍王	공민왕	41	15	1937.02	延州夏王廟重修記 / 鄭鳳時	
974	孔防叔	공방숙	2	27	1914.03	孔子年譜 / 呂圭亨	
975	孔防叔	공방숙	20	29	1920.03	三洙瑣談(續) / 元泳義	
976	共伯	공백	30	[5]	1929.12	李龍眠畵宣聖及七十二弟子像贊(金石萃編)	
977	孔白	공백	20	29	1920.03	三洙瑣談(續) / 元泳義	원문은 白
978	公伯僚	공백료	30	[9]	1929.12	李龍眠畵宣聖及七十二弟子像贊(金石萃編)	
979	公伯僚	공백료	30	[12]	1929.12	李龍眠畵宣聖及七十二弟子像贊(金石萃編)	
980	公伯寮	공백료	10	51	1916.03	賢關記聞(續) / 李大榮	
981	孔璠	공번	20	29	1920.03	三洙瑣談(續) / 元泳義	원문은 璠
982	孔父	공보	30	[10]	1929.12	李龍眠畵宣聖及七十二弟子像贊(金石萃編)	

번호	원문	현대어(독음)	호	쪽	발행일	기사명 / 필자	비고
983	孔父嘉	공보가	20	29	1920.03	三洙瑣談(續) / 元泳義	
984	孔鮒	공부	3	36	1914.06	孔子年報(續) / 呂圭亨	
985	孔鮒	공부	4	7	1914.09	學說 / 呂圭亨	
986	孔鮒	공부	4	8	1914.09	學說 / 呂圭亨	
987	孔鮒	공부	20	29	1920.03	三洙瑣談(續) / 元泳義	원문은 鮒
988	孔鮒	공부	21	14	1921.03	經學管見(續) / 尹寧求	
989	孔父嘉	공부가	2	27	1914.03	孔子年譜 / 呂圭亨	
990	孔夫子	공부자	1	60	1913.12	講說〉大正二年六月十四日第一回演講〉(講章益者三友損者三友) / 李容稷	
991	孔夫子	공부자	1	66	1913.12	講說〉大正二年六月十四日第一回演講〉(講章益者三友損者三友)〉結辭 / 李人稙	
992	孔夫子	공부자	1	67	1913.12	講說〉大正二年六月十四日第一回演講〉(講章益者三友損者三友)〉結辭 / 李人稙	
993	孔夫子	공부자	1	74	1913.12	講說〉大正二年九月四日第二回演講〉(講章此之謂絜矩之道)〉結辭 / 趙重應	
994	孔夫子	공부자	1	85	1913.12	地方報告 大正元年始〉[成樂賢의 報告]	
995	孔夫子	공부자	1	88	1913.12	地方報告 大正元年始〉[成樂賢의 報告]	
996	孔夫子	공부자	2	11	1914.03	華山問答 / 李容稙	
997	孔夫子	공부자	2	16	1914.03	格致管見 / 李鼎煥	
998	孔夫子	공부자	2	17	1914.03	格致管見 / 李鼎煥	
999	孔夫子	공부자	2	57	1914.03	日誌大要	
1000	孔夫子	공부자	2	64	1914.03	講說〉講題 克己復禮(大正二年十月十一日第三回講演)〉敷演 / 李鼎煥	
1001	孔夫子	공부자	2	82	1914.03	地方報告〉[韓昌愚의 報告]	
1002	孔夫子	공부자	2	84	1914.03	地方報告〉[金光鉉의 報告]	
1003	孔夫子	공부자	2	91	1914.03	地方報告〉[成樂賢의 報告]	
1004	孔夫子	공부자	3	67	1914.06	講說〉講題 孝子所以事君也弟者所以事長也慈者所以使衆也(大正三年三月三日第五回講演)〉敷演 / 李鶴在	
1005	孔夫子	공부자	4	12	1914.09	華山問答(第二號續) / 李容稙	
1006	孔夫子	공부자	5	13	1914.12	華山問答(續) / 李容稙	
1007	孔夫子	공부자	6	63	1915.03	地方報告〉[韓昌愚 巡講]	
1008	孔夫子	공부자	6	69	1915.03	地方報告〉[成樂賢 巡講]	
1009	孔夫子	공부자	8	9	1915.09	華山問答(續) / 李容稙	
1010	孔夫子	공부자	8	43	1915.09	日誌大要	
1011	孔夫子	공부자	8	65	1915.09	地方報告〉[成樂賢의 報告]	
1012	孔夫子	공부자	8	66	1915.09	地方報告〉[成樂賢의 報告]	

ㄱ

번호	원문	현대어(독음)	호	쪽	발행일	기사명 / 필자	비고
1013	孔夫子	공부자	10	74	1916.03	地方報告〉[成樂賢의 報告]	
1014	孔夫子	공부자	10	79	1916.03	地方報告〉[成樂賢의 報告]	
1015	孔夫子	공부자	11	66	1916.06	講說〉講題 人能弘道(大正四年三月十一日第十六回講演) / 李容稙	
1016	孔夫子	공부자	11	[1]	1916.06	經學院講士에 對흔 總督閣下의 訓話 要領(大正五年三月十三日總督官邸에서)	
1017	孔夫子	공부자	12	3	1916.12	經學說(續) / 李容稙	
1018	孔夫子	공부자	12	81	1916.12	地方報告〉[鄭準民의 報告]	
1019	孔夫子	공부자	13	50	1917.03	講說〉講題 人有不爲也而後可以有爲(大正五年九月七日第二十回講演) / 李容稙	
1020	孔夫子	공부자	14	65	1917.07	地方報告〉[宋在永의 報告]〉釋奠祭文 / 黃羲民	
1021	孔夫子	공부자	14	67	1917.07	地方報告〉[宋在永의 報告]〉釋奠祭文 / 黃羲民	
1022	孔夫子	공부자	14	68	1917.07	地方報告〉[宋在永의 報告]〉釋奠祭文 / 黃羲民	
1023	孔夫子	공부자	14	69	1917.07	地方報告〉[宋在永의 報告]〉聖訓奉答文 / 高橋文次郎	
1024	孔夫子	공부자	15	45	1917.10	講說〉講題 己所不欲勿施於人(大正六年六月十六日第二十四回講演) / 李容稙	
1025	孔夫子	공부자	15	60	1917.10	講說〉大邱高等普通學校講演(大正六年五月十六日)〉講題 志於道據於德依於仁游於藝 / 李容稙	
1026	孔夫子	공부자	15	69	1917.10	講說〉大邱高等普通學校講演(大正六年五月十六日)〉來賓李根中講七月章要旨 / 李根中	
1027	孔夫子	공부자	16	54	1918.03	地方報告〉[成樂賢의 報告]	
1028	孔夫子	공부자	16	64	1918.03	地方報告〉[劉光澤의 報告] / 姜星熙	
1029	孔夫子	공부자	16	69	1918.03	地方報告〉[洪性肅의 報告]	
1030	孔夫子	공부자	16	73	1918.03	地方報告〉[宋在永의 報告]〉新政과 儒生의 義務 / 黃羲民	
1031	孔夫子	공부자	16	75	1918.03	地方報告〉[宋在永의 報告]〉新政과 儒生의 義務 / 黃羲民	
1032	孔夫子	공부자	16	76	1918.03	地方報告〉[宋在永의 報告]〉獎學에 就ㅎ야 / 淺井安行	
1033	孔夫子	공부자	16	77	1918.03	地方報告〉[宋在永의 報告]〉獎學에 就ㅎ야 / 淺井安行	
1034	孔夫子	공부자	18	46	1918.09	講說〉講題 見義不爲無勇也(大正七年五月十一日第二十八回講演) / 李容稙	
1035	孔夫子	공부자	18	49	1918.09	講說〉講題 內地의 宋學(大正七年五月十一日第二十八回講演) / 今關壽麿	
1036	孔夫子	공부자	18	74	1918.09	地方報告〉[成樂賢의 報告]	
1037	孔夫子	공부자	20	34	1920.03	金堤郡鄕校靑衿契發起通文	

번호	원문	현대어(독음)	호	쪽	발행일	기사명 / 필자	비고
1038	孔夫子	공부자	22	13	1922.03	經學講論 / 成樂賢	
1039	孔夫子	공부자	22	22	1922.03	經學院釋奠祭拜時告文 / 工藤一記等	
1040	孔夫子	공부자	22	60	1922.03	講說〉一貫之道 / 宇野哲人	
1041	孔夫子	공부자	22	66	1922.03	講說〉文質彬彬然後君子(大正十年六月十五日禮山郡白日場講演) / 成樂賢	
1042	孔夫子	공부자	22	83	1922.03	地方報告〉[盧一愚의 報告]	
1043	孔夫子	공부자	23	14	1922.12	孔夫子忌辰四十周甲追慕辭 / 李學魯	
1044	孔夫子	공부자	23	38	1922.12	孔夫子忌辰四十周甲追慕禮式及紀念事業發起文	
1045	孔夫子	공부자	23	39	1922.12	孔夫子忌辰四十周甲追慕禮式及紀念事業發起文	
1046	孔夫子	공부자	23	46	1922.12	(孔夫子忌辰四十周甲追慕禮式奠爵禮)告文	
1047	孔夫子	공부자	23	49	1922.12	孔夫子忌辰四十周甲追慕韻 / 韓昌愚	
1048	孔夫子	공부자	23	61	1922.12	講說〉講題 凡有血氣者莫不尊親(大正十一年五月七日追慕禮式時) / 李魯學	
1049	孔夫子	공부자	23	65	1922.12	講說〉講題 師道(大正十一年五月七日追慕禮式時) / 赤木萬二郎	
1050	孔夫子	공부자	23	66	1922.12	講說〉講題 師道(大正十一年五月七日追慕禮式時) / 赤木萬二郎	
1051	孔夫子	공부자	23	67	1922.12	講說〉講題 師道(大正十一年五月七日追慕禮式時) / 赤木萬二郎	
1052	孔夫子	공부자	23	68	1922.12	講說〉講題 師道(大正十一年五月七日追慕禮式時) / 赤木萬二郎	
1053	孔夫子	공부자	23	73	1922.12	講說〉講題 周公孔子之道(大正十一年八月二十八日) / 今井彥三郎	
1054	孔夫子	공부자	24	12	1923.12	經學院釋奠祭拜時告文 / 服部宇之吉	
1055	孔夫子	공부자	24	76	1923.12	講說〉講題 設爲庠序學校以敎之皆所明人倫也 / 李學魯	
1056	孔夫子	공부자	25	12	1924.12	湯島詩帖序 / 鄭萬朝	
1057	孔夫子	공부자	26	50	1925.12	講說〉講題 儒者之地位及義務 / 李大榮	
1058	孔夫子	공부자	28	48	1927.12	日誌大要	
1059	孔夫子	공부자	28	66	1927.12	講說〉講題 孔夫子의 集大成 / 兒島獻吉郎	
1060	孔夫子	공부자	28	76	1927.12	地方報告〉[曹圭大의 報告]	
1061	孔夫子	공부자	29	49	1928.12	講說〉講題 學所以明人倫 / 成樂賢	
1062	孔夫子	공부자	29	55	1928.12	講說〉講題 道德的精神 / 白井成允	
1063	孔夫子	공부자	29	56	1928.12	講說〉講題 道德的精神 / 白井成允	
1064	孔夫子	공부자	29	57	1928.12	講說〉講題 道德的精神 / 白井成允	
1065	孔夫子	공부자	29	59	1928.12	講說〉講題 道德的精神 / 白井成允	

번호	원문	현대어(독음)	호	쪽	발행일	기사명 / 필자	비고
1066	孔夫子	공부자	29	60	1928.12	講說〉講題 道德的精神 / 白井成允	
1067	孔夫子	공부자	29	61	1928.12	講說〉講題 道德的精神 / 白井成允	
1068	孔夫子	공부자	29	62	1928.12	講說〉講題 道德的精神 / 白井成允	
1069	孔夫子	공부자	29	64	1928.12	講說〉講題 道德的精神 / 白井成允	
1070	孔夫子	공부자	29	65	1928.12	講說〉講題 道德的精神 / 白井成允	
1071	孔夫子	공부자	29	66	1928.12	講說〉講題 道德的精神 / 白井成允	
1072	孔夫子	공부자	29	67	1928.12	講說〉講題 道德的精神 / 白井成允	
1073	孔夫子	공부자	29	53	1928.12	講說〉講題 道德的精神 / 白井成允	
1074	孔夫子	공부자	30	42	1929.12	日誌大要	
1075	孔夫子	공부자	30	46	1929.12	講說〉講題 旣庶矣富之旣富矣敎之 / 鄭鳳時	
1076	孔夫子	공부자	30	50	1929.12	講說〉講題 仰至聖孔夫子 / 福士末之助	
1077	孔夫子	공부자	30	51	1929.12	講說〉講題 仰至聖孔夫子 / 福士末之助	
1078	孔夫子	공부자	30	52	1929.12	講說〉講題 仰至聖孔夫子 / 福士末之助	
1079	孔夫子	공부자	30	57	1929.12	講說〉講題 朝鮮의 在한 聖學道統 : 李退溪先生을 憶함 / 赤木萬二郎	
1080	孔夫子	공부자	30	58	1929.12	講說〉講題 朝鮮의 在한 聖學道統 : 李退溪先生을 憶함 / 赤木萬二郎	
1081	孔夫子	공부자	30	59	1929.12	講說〉講題 朝鮮의 在한 聖學道統 : 李退溪先生을 憶함 / 赤木萬二郎	
1082	孔夫子	공부자	30	62	1929.12	講說〉講題 朝鮮의 在한 聖學道統 : 李退溪先生을 憶함 / 赤木萬二郎	
1083	孔夫子	공부자	30	63	1929.12	講說〉講題 朝鮮의 在한 聖學道統 : 李退溪先生을 憶함 / 赤木萬二郎	
1084	孔夫子	공부자	31	22	1930.08	講題 儒者爲人所需 / 李大榮	
1085	孔夫子	공부자	31	51	1930.08	開式辭 / 鄭萬朝	
1086	孔夫子	공부자	32	11	1930.12	講題 現代世相과 儒學의 本領 / 渡邊信治	
1087	孔夫子	공부자	32	46	1930.12	地方報告〉各郡文廟釋奠狀況〉[柳兢烈의 보고]	
1088	孔夫子	공부자	33	11	1931.12	孝子司甕院奉事白公行狀 / 成樂賢	
1089	孔夫子	공부자	33	15	1931.12	聞曲阜兵變上蔣中正書 / 李學魯	
1090	孔夫子	공부자	33	23	1931.12	日誌大要	
1091	孔夫子	공부자	33	24	1931.12	日誌大要	
1092	孔夫子	공부자	33	26	1931.12	聲討顚末	
1093	孔夫子	공부자	33	27	1931.12	聲討顚末	
1094	孔夫子	공부자	33	29	1931.12	聲討顚末	
1095	孔夫子	공부자	33	30	1931.12	聲討顚末	
1096	孔夫子	공부자	33	31	1931.12	聲討顚末	
1097	孔夫子	공부자	34	2	1932.03	生三事一論 / 李學魯	

번호	원문	현대어(독음)	호	쪽	발행일	기사명 / 필자	비고
1098	孔夫子	공부자	34	26	1932.03	教化事業에 關한 建議書 / 韓基邦	
1099	孔夫子	공부자	36	26	1933.12	文廟釋奠狀況〉[盧秉寅의 보고]	
1100	孔夫子	공부자	36	33	1933.12	文廟釋奠狀況〉[盧秉寅의 보고]	
1101	孔夫子	공부자	36	57	1933.12	第二回學生卒業式狀況〉誨告 / 鄭萬朝	
1102	孔夫子	공부자	36	63	1933.12	第二回學生卒業式狀況〉答辭 / 金鍾國	
1103	孔夫子	공부자	37	1	1934.10	心學說 / 李學魯	
1104	孔夫子	공부자	37	2	1934.10	心學說 / 李學魯	
1105	孔夫子	공부자	37	9	1934.10	東洋에 斯文이 有함 / 福士末之助	
1106	孔夫子	공부자	37	13	1934.10	東洋에 斯文이 有함 / 福士末之助	
1107	孔夫子	공부자	37	15	1934.10	東洋에 斯文이 有함 / 福士末之助	
1108	孔夫子	공부자	38	27	1935.03	東洋에斯文이有함(續) / 福士末之助	
1109	孔夫子	공부자	39	19	1935.10	湯島聖堂孔子祭典狀況〉孔子祭神位及陳設圖昭和十年四月三十日 / 材團法人 斯文會祭典部	
1110	孔夫子	공부자	39	25	1935.10	湯島聖堂孔子祭典狀況〉式辭 / 松田源治	
1111	孔夫子	공부자	39	27	1935.10	湯島聖堂孔子祭典狀況〉祝辭 / 後藤文夫	
1112	孔夫子	공부자	39	28	1935.10	湯島聖堂孔子祭典狀況〉祝辭 / 橫山助成	
1113	孔夫子	공부자	39	30	1935.10	東京斯文會主催儒道大會狀況	
1114	孔夫子	공부자	39	33	1935.10	東京斯文會主催儒道大會狀況〉祝辭 / 松田源治	
1115	孔夫子	공부자	39	37	1935.10	東京斯文會主催儒道大會狀況〉演說要旨 / 鄭萬朝	
1116	孔夫子	공부자	39	42	1935.10	地方儒林狀況〉[南錫和의 보고]	
1117	孔夫子	공부자	40	4	1936.08	儒教의 眞髓 / 鄭萬朝	
1118	孔夫子	공부자	40	6	1936.08	儒教의 眞髓 / 鄭萬朝	
1119	孔夫子	공부자	40	26	1936.08	平壤文廟移建落成式竝儒林大會狀況	
1120	孔夫子	공부자	40	27	1936.08	平壤文廟移建落成式竝儒林大會狀況	
1121	孔夫子	공부자	40	28	1936.08	平壤文廟移建落成式竝儒林大會狀況	
1122	孔夫子	공부자	40	29	1936.08	平壤文廟移建落成式竝儒林大會狀況	
1123	孔夫子	공부자	40	[1]	1936.08	總督의 挨拶(昭和十年八月二十九日經學院講士招待會席上)	
1124	孔夫子	공부자	41	53	1937.02	敬神崇祖의 觀念 / 金完鎭	
1125	孔夫子	공부자	41	55	1937.02	定州儒林會發會式狀況	
1126	孔夫子	공부자	42	44	1937.12	文廟釋奠祭文改正에關한件(昭和十二年五月十八日院通牒)	
1127	孔夫子	공부자	42	45	1937.12	文廟釋奠祭文改正에關한件(昭和十二年五月十八日院通牒)	

번호	원문	현대어(독음)	호	쪽	발행일	기사명 / 필자	비고
1128	孔夫子	공부자	43	46	1938.12	訓辭 / 尹德榮	
1129	孔夫子	공부자	44	16	1939.10	時局의 認識과 儒林의 覺醒(昭和十三年 十月 十五日 秋季釋奠後 經學院 明倫堂 講演) / 尹德榮	
1130	孔夫子	공부자	44	17	1939.10	時局의 認識과 儒林의 覺醒(昭和十三年 十月 十五日 秋季釋奠後 經學院 明倫堂 講演) / 尹德榮	
1131	孔夫子	공부자	44	18	1939.10	時局의 認識과 儒林의 覺醒(昭和十三年 十月 十五日 秋季釋奠後 經學院 明倫堂 講演) / 尹德榮	
1132	孔夫子	공부자	44	19	1939.10	時局의 認識과 儒林의 覺醒(昭和十三年 十月 十五日 秋季釋奠後 經學院 明倫堂 講演) / 尹德榮	
1133	孔夫子	공부자	44	20	1939.10	時局의 認識과 儒林의 覺醒(昭和十三年 十月 十五日 秋季釋奠後 經學院 明倫堂 講演) / 尹德榮	
1134	孔夫子	공부자	44	75	1939.10	日誌大要(自昭和十三年六月 至昭和十三年十二月)	
1135	孔夫子	공부자	45	14	1940.12	朝鮮儒林大會(朝鮮儒道聯合會創立總會) 會錄槪要〉朝鮮儒林大會ニ於ケル經學院大提學 訓示要旨 / 尹德榮	
1136	孔夫子	공부자	45	46	1940.12	朝鮮儒道聯合會總裁推戴式〉總裁挨拶要旨 / 大野綠一郎	
1137	孔夫子	공부자	45	54	1940.12	京畿道儒道聯合會結成式〉京畿道儒道聯合會結成式ニ於ケル朝鮮儒道聯合會長告辭要旨 / 尹德榮	
1138	孔夫子	공부자	45	55	1940.12	京畿道儒道聯合會結成式〉京畿道儒道聯合會結成式ニ於ケル朝鮮儒道聯合會長告辭要旨 / 尹德榮	
1139	孔夫子	공부자	45	74	1940.12	忠淸南道儒道聯合會結成式〉忠淸南道儒道聯合會結成式道知事告辭要旨 / 李聖根	
1140	孔夫子	공부자	45	85	1940.12	忠淸南道儒道聯合會結成式〉東亞ノ建設ト儒道ノ精神 / 安寅植	
1141	孔夫子	공부자	45	91	1940.12	忠淸南道儒道聯合會結成式〉東亞ノ建設ト儒道ノ精神 / 安寅植	
1142	孔夫子	공부자	46	49	1941.12	江原道儒道聯合會結成式〉經學院大提學告辭要旨 / 朴澤相駿	
1143	孔夫子	공부자	46	50	1941.12	江原道儒道聯合會結成式〉經學院大提學告辭要旨 / 朴澤相駿	
1144	孔腐子	공부자	33	26	1931.12	聲討顚末	
1145	公賓	공빈	7	23	1915.06	孔子年報(續) / 呂圭亨	

번호	원문	현대어(독음)	호	쪽	발행일	기사명 / 필자	비고
1146	公山佛肹	공사필힐	4	7	1914.09	學說 / 呂圭亨	
1147	孔思晦	공사회	10	47	1916.03	賢關記聞(續) / 李大榮	
1148	公山	공산	4	42	1914.09	孔子年報(續) / 呂圭亨	
1149	公山弗狃	공산불뉴	4	41	1914.09	孔子年報(續) / 呂圭亨	
1150	公山弗狃	공산불뉴	5	39	1914.12	孔子年報(續) / 呂圭亨	
1151	公山弗狃	공산불뉴	5	41	1914.12	孔子年報(續) / 呂圭亨	
1152	公山弗狃	공산불뉴	26	19	1925.12	三洙瑣談(續) / 元泳義	
1153	公山不擾	공산불요	6	49	1915.03	論語分類一覽 / 金文演	
1154	公山弗擾	공산불요	7	51	1915.06	讀書私記 / 洪鐘佶	
1155	公山氏	공산씨	26	19	1925.12	三洙瑣談(續) / 元泳義	
1156	公森太郎	공삼태랑	45	31	1940.12	朝鮮儒林大會(朝鮮儒道聯合會創立總會) 會錄槪要>朝鮮儒道聯合會役員名簿(昭和十四年十一月一日現在)	기미모리다로
1157	龔翔麟	공상린	20	15	1920.03	經學管見(續) / 尹寧求	
1158	孔祥勉	공상면	39	30	1935.10	東京斯文會主催儒道大會狀況	
1159	孔瑞麟	공서린	20	30	1920.03	三洙瑣談(續) / 元泳義	원문은 瑞麟
1160	公西興如	공서여여	42	47	1937.12	文廟享祀位次及聖賢姓名爵號考 / 金完鎭	臨朐侯
1161	公西興如	공서여여	42	55	1937.12	文廟享祀位次及聖賢姓名爵號考 / 金完鎭	臨朐侯, 원문은 姓公西名興如
1162	公西赤	공서적	9	25	1915.12	孔子年報(續) / 呂圭亨	公西華
1163	公西赤	공서적	30	[9]	1929.12	李龍眠畵宣聖及七十二弟子像贊(金石萃編)	公西華
1164	公西赤	공서적	42	46	1937.12	文廟享祀位次及聖賢姓名爵號考 / 金完鎭	鉅野侯
1165	公西赤	공서적	42	52	1937.12	文廟享祀位次及聖賢姓名爵號考 / 金完鎭	鉅野侯, 원문은 姓公西名赤
1166	公西蒧	공서점	30	[3]	1929.12	李龍眠畵宣聖及七十二弟子像贊(金石萃編)	
1167	公西蒧	공서점	42	46	1937.12	文廟享祀位次及聖賢姓名爵號考 / 金完鎭	徐城侯
1168	公西蒧	공서점	42	55	1937.12	文廟享祀位次及聖賢姓名爵號考 / 金完鎭	徐城侯, 원문은 姓公西名蒧
1169	公西華	공서화	11	72	1916.06	講說>浴乎沂風乎舞雩詠而歸(大正五年四月八日第十七回講演) / 鄭鳳時	
1170	公西華	공서화	11	73	1916.06	講說>浴乎沂風乎舞雩詠而歸(大正五年四月八日第十七回講演) / 鄭鳳時	
1171	公西華	공서화	11	74	1916.06	講說>浴乎沂風乎舞雩詠而歸(大正五年四月八日第十七回講演) / 鄭鳳時	
1172	公西華	공서화	11	75	1916.06	講說>浴乎沂風乎舞雩詠而歸(大正五年四月八日第十七回講演) / 呂圭亨	

번호	원문	현대어(독음)	호	쪽	발행일	기사명 / 필자	비고
1173	公西華	공서화	30	52	1929.12	講說〉講題 仰至聖孔夫子 / 福士末之助	公西赤
1174	公西華	공서화	37	7	1934.10	東洋에 斯文이 有함 / 福士末之助	公西赤
1175	公晳	공석	30	[4]	1929.12	李龍眠畵宣聖及七十二弟子像贊(金石萃編)	
1176	公晳哀	공석애	42	47	1937.12	文廟享祀位次及聖賢姓名爵號考 / 金完鎭	北海侯
1177	公晳哀	공석애	42	51	1937.12	文廟享祀位次及聖賢姓名爵號考 / 金完鎭	北海侯, 원문은 姓公晳名哀
1178	孔聖	공성	5	36	1914.12	樂器圖說	孔子
1179	孔聖	공성	14	36	1917.07	京城文廟仲春釋奠陪觀恭賦 / 今關壽麿	孔子
1180	孔聖	공성	19	28	1918.12	賢關記聞(續) / 李大榮	孔子
1181	孔聖	공성	33	8	1931.12	朱夫子誕降八百年紀念祭告文 / 鄭鳳時	孔子
1182	孔聖	공성	39	35	1935.10	東京斯文會主催儒道大會狀況〉演說要旨 / 大倉喜七郎	孔子
1183	孔聖	공성	42	60	1937.12	文廟享祀位次及聖賢姓名爵號考 / 金完鎭	孔子
1184	孔聖	공성	43	16	1938.12	敎化編年(續) / 李大榮	孔子
1185	孔聖	공성	44	33	1939.10	經儒學 / 金誠鎭	孔子
1186	共城伯	공성백	42	51	1937.12	文廟享祀位次及聖賢姓名爵號考 / 金完鎭	高柴
1187	孔聖初	공성초	45	40	1940.12	朝鮮儒林大會(朝鮮儒道聯合會創立總會) 會錄槪要〉朝鮮儒道聯合會役員名簿(昭和十四年十一月一日現在)	
1188	孔聖學	공성학	27	7	1926.12	開城郡文廟重修記 / 崔基鉉	원문은 孔侯聖學
1189	孔聖學	공성학	33	21	1931.12	壽松帖〉敬賀鄭提學先生喜壽 / 孔聖學	
1190	孔聖學	공성학	34	56	1932.03	明倫學院評議會員名簿	
1191	孔聖學	공성학	36	66	1933.12	明倫學院評議員名簿	
1192	孔聖學	공성학	37	67	1934.10	明倫學院評議員名簿	
1193	孔聖學	공성학	39	17	1935.10	湯島聖堂孔子祭典狀況	
1194	孔聖學	공성학	39	30	1935.10	東京斯文會主催儒道大會狀況	
1195	孔聖學	공성학	39	31	1935.10	東京斯文會主催儒道大會狀況	
1196	孔聖學	공성학	39	50	1935.10	日誌大要	
1197	孔聖學	공성학	40	31	1936.08	平壤文廟移建落成式竝儒林大會狀況	
1198	孔聖學	공성학	40	40	1936.08	成竹似先生追悼錄〉挽故成均館博士成竹似先生 / 孔聖學	
1199	孔聖學	공성학	40	53	1936.08	鄭茂亭先生追悼錄〉輓詞 / 李尙鎬	
1200	孔聖學	공성학	41	41	1937.02	經學院先職諸先生追悼式狀況〉追悼辭 / 孔聖學	
1201	孔聖學	공성학	41	43	1937.02	經學院永年勤續職員褒彰式狀況〉祝辭 / 孔聖學	

번호	원문	현대어(독음)	호	쪽	발행일	기사명 / 필자	비고
1202	孔聖學	공성학	41	62	1937.02	明倫學院評議員名簿(昭和十一年一月一日)	
1203	孔聖學	공성학	43	44	1938.12	故大提學鄭鳳時先生輓詞 / 孔聖學	
1204	孔聖學	공성학	45	23	1940.12	朝鮮儒林大會(朝鮮儒道聯合會創立總會) 會錄槪要〉朝鮮儒道聯合會役員名簿(昭和十四年十一月一日現在)	
1205	孔聖學	공성학	45	117	1940.12	黃海道儒道聯合會結成式	
1206	孔聖學	공성학	46	14	1941.12	釋奠狀況〉昭和十五年春季釋奠狀況	
1207	孔聖學	공성학	46	16	1941.12	釋奠狀況〉昭和十五年秋季釋奠狀況	
1208	孔聖學	공성학	46	17	1941.12	釋奠狀況〉昭和十六年春季釋奠狀況	
1209	孔聖學	공성학	46	24	1941.12	經學院日誌大要(昭和十四年七月ヨリ昭和十六年六月マテ)	
1210	孔聖學	공성학	46	33	1941.12	明倫專門學院日誌大要(昭和十四年七月ヨリ昭和十六年六月マデ)	
1211	孔聖學	공성학	46	42	1941.12	江原道儒道聯合會結成式	
1212	孔聖學	공성학	47	36	1943.01	釋奠狀況〉昭和十六年秋季釋奠狀況	
1213	孔聖學	공성학	47	38	1943.01	釋奠狀況〉昭和十七年春季釋奠狀況	
1214	孔聖學	공성학	47	41	1943.01	釋奠狀況〉昭和十七年秋季釋奠狀況	
1215	孔聖學	공성학	47	45	1943.01	經學院日誌大要(昭和十六年七月ヨリ昭和十七年六月マテ)	
1216	孔聖學	공성학	48	51	1944.04	釋奠狀況〉昭和十八年春季釋奠狀況	
1217	孔聖學	공성학	48	62	1944.04	經學院日誌大要(昭和十七年七月ヨリ昭和十八年六月マテ)	
1218	共城侯	공성후	42	51	1937.12	文廟享祀位次及聖賢姓名爵號考 / 金完鎭	高柴
1219	共城侯	공성후	42	47	1937.12	文廟享祀位次及聖賢姓名爵號考 / 金完鎭	高柴
1220	孔昭	공소	20	30	1920.03	三洙瑣談(續) / 元泳義	원문은 昭
1221	孔紹	공소	20	30	1920.03	三洙瑣談(續) / 元泳義	원문은 紹
1222	孔昭潤	공소윤	39	16	1935.10	湯島聖堂孔子祭典狀況	
1223	孔昭潤	공소윤	39	30	1935.10	東京斯文會主催儒道大會狀況	
1224	公孫	공손	5	42	1914.12	孔子年報(續) / 呂圭亨	
1225	公孫	공손	10	73	1916.03	地方報告〉[成樂賢의 報告]	
1226	公孫	공손	46	4	1941.12	興學養材 / 崔浩然	公孫弘
1227	公孫尼子	공손니자	1	18	1913.12	經學當明者 二 / 呂圭亨	公孫尼
1228	公孫尼子	공손니자	10	17	1916.03	經學管見(續) / 尹寧求	公孫尼
1229	公孫尼子	공손니자	44	37	1939.10	經儒學 / 金誠鎭	公孫尼
1230	公孫龍	공손룡	42	52	1937.12	文廟享祀位次及聖賢姓名爵號考 / 金完鎭	枝江侯, 원문은 姓公孫名龍
1231	公孫龍	공손룡	30	[8]	1929.12	李龍眠畵宣聖及七十二弟子像贊(金石萃編)	

번호	원문	현대어(독음)	호	쪽	발행일	기사명 / 필자	비고
1232	公孫龍	공손룡	42	47	1937.12	文廟享祀位次及聖賢姓名爵號考 / 金完鎭	枝江侯
1233	公孫氏	공손씨	10	20	1916.03	經學管見(續) / 尹寧求	
1234	公孫氏	공손씨	31	4	1930.08	經學源流 / 權純九	
1235	公孫衍	공손연	17	30	1918.07	洙澳問答 / 元泳義	원문은 衍
1236	公孫貿	공손질	2	69	1914.03	講說〉講題 必愼其獨(大正二年十一月八日第四回講演)〉敷演 / 李容稙	
1237	公孫丑	공손추	6	60	1915.03	講說〉講題 善養吾浩然之氣(大正三年十一月二十一日第九回講演) / 李容稙	
1238	公孫丑	공손추	11	13	1916.06	經學說(續) / 李容稙	
1239	公孫丑	공손추	12	11	1916.12	孟子緖論 / 金文演	
1240	公孫丑	공손추	12	34	1916.12	讀書私記(續) / 洪鍾佶	
1241	公孫丑	공손추	17	30	1918.07	洙澳問答 / 元泳義	
1242	公孫丑	공손추	18	25	1918.09	三洙瑣談 / 元泳義	
1243	孔巽軒	공손헌	10	25	1916.03	經學淺知錄 / 金文演	孔廣森
1244	公孫弘	공손홍	1	8	1913.12	論說 / 呂圭亨	
1245	公孫弘	공손홍	4	4	1914.09	學說 / 呂圭亨	
1246	公孫弘	공손홍	6	42	1915.03	容思衍(續) / 李鼎煥	
1247	公孫弘	공손홍	13	11	1917.03	原儒 / 鄭崙秀	
1248	公孫弘	공손홍	27	19	1926.12	經義問對 / 韓昌愚	
1249	公輸子	공수자	24	73	1923.12	講說〉講題 盈科而後進 / 鄭準民	
1250	孔叔梁紇	공숙량흘	42	48	1937.12	文廟享祀位次及聖賢姓名爵號考 / 金完鎭	齊國公, 공자의 父
1251	孔叔梁紇	공숙량흘	42	59	1937.12	文廟享祀位次及聖賢姓名爵號考 / 金完鎭	齊國公, 원문은 姓孔名叔梁紇, 공자의 父
1252	公叔氏	공숙씨	5	45	1914.12	孔子年報(續) / 呂圭亨	
1253	公叔氏	공숙씨	26	19	1925.12	三洙瑣談(續) / 元泳義	
1254	龔勝	공승	6	37	1915.03	孔子年報(續) / 呂圭亨	
1255	公信	공신	6	48	1915.03	論語考證 / 金文演	伯夷의 字
1256	孔愼	공신	20	29	1920.03	三洙瑣談(續) / 元泳義	원문은 愼
1257	公愼氏	공신씨	4	44	1914.09	孔子年報(續) / 呂圭亨	
1258	孔氏	공씨	10	22	1916.03	經學淺知錄 / 金文演	
1259	孔氏	공씨	10	46	1916.03	賢關記聞(續) / 李大榮	공자의 부친 叔梁紇
1260	孔氏	공씨	10	46	1916.03	賢關記聞(續) / 李大榮	자사의 부친 孔鯉

번호	원문	현대어(독음)	호	쪽	발행일	기사명 / 필자	비고
1261	孔氏	공씨	42	43	1937.12	文廟釋奠期日改正ノ件(昭和十二年二月十二日學祕第九號總督府學務局長通牒)	齊國公, 叔梁紇
1262	孔顏	공안	21	17	1921.03	經學管見(續) / 尹寧求	
1263	孔安國	공안국	7	38	1915.06	論語考證(續) / 金文演	
1264	孔安國	공안국	9	21	1915.12	經學管見(下) / 尹寧求	
1265	孔安國	공안국	11	18	1916.06	經學管見(續) / 尹寧求	
1266	孔安國	공안국	20	29	1920.03	三洙瑣談(續) / 元泳義	원문은 安國
1267	孔安國	공안국	22	62	1922.03	講說〉一貫之道 / 宇野哲人	
1268	孔安國	공안국	24	62	1923.12	講說〉講題 知天命說 / 服部宇之吉	
1269	孔安國	공안국	24	63	1923.12	講說〉講題 知天命說 / 服部宇之吉	
1270	孔安國	공안국	24	66	1923.12	講說〉講題 知天命說 / 服部宇之吉	
1271	孔安國	공안국	25	64	1924.12	講說〉講題 儒教者의 辯 / 朴箕陽	
1272	孔安國	공안국	31	6	1930.08	經學源流 / 權純九	
1273	孔安國	공안국	32	7	1930.12	經學源流(續) / 權純九	
1274	孔安國	공안국	42	47	1937.12	文廟享祀位次及聖賢姓名爵號考 / 金完鎭	曲阜伯
1275	孔安國	공안국	42	56	1937.12	文廟享祀位次及聖賢姓名爵號考 / 金完鎭	曲阜伯, 원문은 姓孔名安國
1276	孔安國	공안국	44	34	1939.10	經儒學 / 金誠鎭	
1277	公冶長	공야장	7	46	1915.06	論語分類一覽(續) / 金文演	
1278	公冶長	공야장	42	47	1937.12	文廟享祀位次及聖賢姓名爵號考 / 金完鎭	高密侯
1279	公冶長	공야장	42	51	1937.12	文廟享祀位次及聖賢姓名爵號考 / 金完鎭	侯 高密侯, 원문은 姓公冶名長
1280	孔若古	공약고	2	30	1914.03	孔子年譜 / 呂圭亨	
1281	孔若蒙	공약몽	20	29	1920.03	三洙瑣談(續) / 元泳義	원문은 若蒙
1282	孔若虛	공약허	20	29	1920.03	三洙瑣談(續) / 元泳義	원문은 若虛
1283	公羊	공양	2	31	1914.03	孔子年譜 / 呂圭亨	
1284	公羊	공양	8	21	1915.09	孔子年報(續) / 呂圭亨	
1285	公羊高	공양고	10	14	1916.03	經學管見(續) / 尹寧求	齊의 유학자
1286	公羊高	공양고	31	4	1930.08	經學源流 / 權純九	齊의 유학자
1287	公羊高	공양고	42	47	1937.12	文廟享祀位次及聖賢姓名爵號考 / 金完鎭	臨淄伯
1288	公羊高	공양고	42	55	1937.12	文廟享祀位次及聖賢姓名爵號考 / 金完鎭	臨淄伯, 원문은 姓公羊名高
1289	公羊高	공양고	44	36	1939.10	經儒學 / 金誠鎭	齊의 유학자
1290	公羊墨守	공양묵수	10	14	1916.03	經學管見(續) / 尹寧求	

번호	원문	현대어(독음)	호	쪽	발행일	기사명 / 필자	비고
1291	公羊氏	공양씨	2	30	1914.03	孔子年譜 / 呂圭亨	
1292	恭讓王	공양왕	17	7	1918.07	經學管見(續) / 尹寧求	
1293	公良孺	공양유	5	45	1914.12	孔子年報(續) / 呂圭亨	
1294	公良孺	공양유	42	53	1937.12	文廟享祀位次及聖賢姓名爵號考 / 金完鎭	牟平侯, 원문은 姓公良名孺
1295	公良孺	공양유	42	46	1937.12	文廟享祀位次及聖賢姓名爵號考 / 金完鎭	牟平侯
1296	公羊子	공양자	2	30	1914.03	孔子年譜 / 呂圭亨	
1297	公羊子	공양자	20	51	1920.03	講說〉孔子誕辰及其道義辨 / 高墉柱	
1298	孔延年	공연년	20	29	1920.03	三洙瑣談(續) / 元泳義	원문은 延年
1299	孔穎達	공영달	1	8	1913.12	論說 / 呂圭亨	
1300	孔穎達	공영달	4	8	1914.09	學說 / 呂圭亨	
1301	孔穎達	공영달	9	22	1915.12	經學管見(下) / 尹寧求	
1302	孔穎達	공영달	10	13	1916.03	經學管見(續) / 尹寧求	
1303	孔穎達	공영달	10	15	1916.03	經學管見(續) / 尹寧求	
1304	孔穎達	공영달	10	20	1916.03	經學管見(續) / 尹寧求	
1305	孔穎達	공영달	11	3	1916.06	經論 / 韓晩容	
1306	孔穎達	공영달	15	17	1917.10	詩經蒭辨 / 金文演	
1307	孔穎達	공영달	16	2	1918.03	經學管見(續) / 尹寧求	
1308	孔穎達	공영달	18	25	1918.09	三洙瑣談 / 元泳義	
1309	孔穎達	공영달	25	18	1924.12	釋奠에 就하야(續) / 佐藤廣治	
1310	孔穎達	공영달	25	19	1924.12	釋奠에 就하야(續) / 佐藤廣治	
1311	孔穎達	공영달	25	20	1924.12	釋奠에 就하야(續) / 佐藤廣治	
1312	孔穎達	공영달	25	25	1924.12	釋奠에 就하야(續) / 佐藤廣治	
1313	孔穎達	공영달	32	5	1930.12	經學源流(續) / 權純九	
1314	孔穎達	공영달	41	43	1937.02	經學院永年勤續職員褒彰式狀況〉祝辭 / 李學魯	
1315	孔榮麟	공영린	24	96	1923.12	地方報告〉[孔榮麟의 報告]	
1316	孔榮麟	공영린	27	72	1926.12	地方報告〉[孔榮麟의 報告]	
1317	孔榮麟	공영린	27	81	1926.12	地方報告〉[孔榮麟의 報告]	
1318	孔榮麟	공영린	28	71	1927.12	地方報告〉[孔榮麟의 報告]	
1319	孔永煥	공영환	26	87	1925.12	地方報告〉[沈璿澤의 報告]	
1320	孔浣	공완	20	29	1920.03	三洙瑣談(續) / 元泳義	원문은 浣
1321	孔佑道	공우도	20	36	1920.03	求禮郡文廟重修捐義錄小序 / 金商翊	
1322	孔元措	공원조	20	29	1920.03	三洙瑣談(續) / 元泳義	원문은 元措
1323	孔元孝	공원효	20	29	1920.03	三洙瑣談(續) / 元泳義	원문은 元孝

번호	원문	현대어(독음)	호	쪽	발행일	기사명 / 필자	비고
1324	公劉	공유	16	17	1918.03	詩經蔦辨 / 金文演	
1325	孔維	공유	10	18	1916.03	經學管見(續) / 尹寧求	
1326	公宜	공의	42	48	1937.12	文廟享祀位次及聖賢姓名爵號考 / 金完鎮	孟激
1327	孔義東	공의동	39	17	1935.10	湯島聖堂孔子祭典狀況	
1328	孔義東	공의동	39	30	1935.10	東京斯文會主催儒道大會狀況	
1329	孔子	공자	1	2	1913.12	經學院雜誌序 / 鄭鳳時	
1330	孔子	공자	1	7	1913.12	論說 / 呂圭亨	
1331	孔子	공자	1	8	1913.12	論說 / 呂圭亨	
1332	孔子	공자	1	13	1913.12	論說 / 呂圭亨	
1333	孔子	공자	1	18	1913.12	經學當明者 二 / 呂圭亨	
1334	孔子	공자	1	19	1913.12	經學當明者 二 / 呂圭亨	
1335	孔子	공자	1	20	1913.12	經學當明者 三 / 呂圭亨	
1336	孔子	공자	1	21	1913.12	經學當明者 三 / 呂圭亨	
1337	孔子	공자	1	31	1913.12	天下文明說 / 李學魯	
1338	孔子	공자	1	49	1913.12	日誌大要	
1339	孔子	공자	1	62	1913.12	講說〉大正二年六月十四日第一回演講〉(講章益者三友損者三友)〉敷演 / 權寧瑀	
1340	孔子	공자	1	63	1913.12	講說〉大正二年六月十四日第一回演講〉(講章益者三友損者三友)〉敷演 / 權寧瑀	
1341	孔子	공자	1	64	1913.12	講說〉大正二年六月十四日第一回演講〉(講章益者三友損者三友)〉敷演 / 李光鍾	
1342	孔子	공자	1	65	1913.12	講說〉大正二年六月十四日第一回演講〉(講章益者三友損者三友)〉續演 / 呂圭亨	
1343	孔子	공자	1	70	1913.12	講說〉大正二年九月四日第二回演講〉(講章此之謂絜矩之道)〉敷演 / 鄭鳳時	
1344	孔子	공자	1	72	1913.12	講說〉大正二年九月四日第二回演講〉(講章此之謂絜矩之道)〉結辭 / 趙重應	
1345	孔子	공자	1	73	1913.12	講說〉大正二年九月四日第二回演講〉(講章此之謂絜矩之道)〉結辭 / 趙重應	
1346	孔子	공자	1	74	1913.12	講說〉大正二年九月四日第二回演講〉(講章此之謂絜矩之道)〉結辭 / 趙重應	
1347	孔子	공자	1	76	1913.12	地方報告 大正元年始〉[黃敦秀의 報告]	
1348	孔子	공자	1	78	1913.12	地方報告 大正元年始〉[黃敦秀의 報告]	
1349	孔子	공자	1	86	1913.12	地方報告 大正元年始〉[成樂賢의 報告]	
1350	孔子	공자	2	1	1914.03	經學院雜誌 第二號 序 / 呂圭亨	
1351	孔子	공자	2	6	1914.03	華山問答 / 李容稙	
1352	孔子	공자	2	12	1914.03	經學當明者五之續論 / 呂圭亨	
1353	孔子	공자	2	28	1914.03	孔子年譜 / 呂圭亨	

번호	원문	현대어(독음)	호	쪽	발행일	기사명 / 필자	비고
1354	孔子	공자	2	29	1914.03	孔子年譜 / 呂圭亨	
1355	孔子	공자	2	30	1914.03	孔子年譜 / 呂圭亨	
1356	孔子	공자	2	31	1914.03	孔子年譜 / 呂圭亨	
1357	孔子	공자	2	32	1914.03	孔子年譜 / 呂圭亨	
1358	孔子	공자	2	33	1914.03	孔子年譜 / 呂圭亨	
1359	孔子	공자	2	34	1914.03	孔子年譜 / 呂圭亨	
1360	孔子	공자	2	41	1914.03	箚記	
1361	孔子	공자	2	42	1914.03	箚記	
1362	孔子	공자	2	54	1914.03	日誌大要	
1363	孔子	공자	2	73	1914.03	講說〉講題 必愼其獨(大正二年十一月八日第四回講演)〉續演 / 呂圭亨	
1364	孔子	공자	2	82	1914.03	地方報告〉[韓昌愚의 報告]	
1365	孔子	공자	2	94	1914.03	地方報告〉[黃敦秀의 報告]	
1366	孔子	공자	3	1	1914.06	經學院雜誌 第三號 序 / 呂圭亨	
1367	孔子	공자	3	3	1914.06	雜誌說 / 朴長鴻	
1368	孔子	공자	3	5	1914.06	儒敎尊尙說 / 張錫周	
1369	孔子	공자	3	6	1914.06	儒敎尊尙說 / 張錫周	
1370	孔子	공자	3	7	1914.06	儒敎尊尙說 / 張錫周	
1371	孔子	공자	3	9	1914.06	論四經讀法(上篇) / 呂圭亨	
1372	孔子	공자	3	10	1914.06	論四經讀法(上篇) / 呂圭亨	
1373	孔子	공자	3	29	1914.06	孔子年報(續) / 呂圭亨	
1374	孔子	공자	3	31	1914.06	孔子年報(續) / 呂圭亨	
1375	孔子	공자	3	33	1914.06	孔子年報(續) / 呂圭亨	
1376	孔子	공자	3	34	1914.06	孔子年報(續) / 呂圭亨	
1377	孔子	공자	3	35	1914.06	孔子年報(續) / 呂圭亨	
1378	孔子	공자	3	36	1914.06	孔子年報(續) / 呂圭亨	
1379	孔子	공자	3	37	1914.06	孔子年報(續) / 呂圭亨	
1380	孔子	공자	3	40	1914.06	講士視察見聞所記 / 呂圭亨	
1381	孔子	공자	3	42	1914.06	講士視察見聞所記 / 呂圭亨	
1382	孔子	공자	3	44	1914.06	講士視察見聞所記 / 呂圭亨	
1383	孔子	공자	3	59	1914.06	日誌大要	
1384	孔子	공자	3	62	1914.06	講說〉講題 孝子所以事君也弟者所以事長也慈者所以使衆也(大正三年三月三日第五回講演) / 李容稙	
1385	孔子	공자	3	64	1914.06	講說〉講題 孝子所以事君也弟者所以事長也慈者所以使衆也(大正三年三月三日第五回講演) / 李容稙	

번호	원문	현대어(독음)	호	쪽	발행일	기사명 / 필자	비고
1386	孔子	공자	4	1	1914.09	經學院雜誌 第四號 序 / 朴齊斌	
1387	孔子	공자	4	2	1914.09	學說 / 呂圭亨	
1388	孔子	공자	4	3	1914.09	學說 / 呂圭亨	
1389	孔子	공자	4	4	1914.09	學說 / 呂圭亨	
1390	孔子	공자	4	6	1914.09	學說 / 呂圭亨	
1391	孔子	공자	4	7	1914.09	學說 / 呂圭亨	
1392	孔子	공자	4	8	1914.09	學說 / 呂圭亨	
1393	孔子	공자	4	9	1914.09	學說 / 呂圭亨	
1394	孔子	공자	4	38	1914.09	孔子年報(續) / 呂圭亨	
1395	孔子	공자	4	39	1914.09	孔子年報(續) / 呂圭亨	
1396	孔子	공자	4	40	1914.09	孔子年報(續) / 呂圭亨	
1397	孔子	공자	4	41	1914.09	孔子年報(續) / 呂圭亨	
1398	孔子	공자	4	42	1914.09	孔子年報(續) / 呂圭亨	
1399	孔子	공자	4	43	1914.09	孔子年報(續) / 呂圭亨	
1400	孔子	공자	4	44	1914.09	孔子年報(續) / 呂圭亨	
1401	孔子	공자	4	45	1914.09	孔子年報(續) / 呂圭亨	
1402	孔子	공자	4	47	1914.09	容思衍 / 李鼎煥	
1403	孔子	공자	4	49	1914.09	容思衍 / 李鼎煥	
1404	孔子	공자	4	65	1914.09	地方報告〉[黃敦秀의 報告]	
1405	孔子	공자	5	3	1914.12	孔教卽東亞之宗敎 / 金文演	
1406	孔子	공자	5	4	1914.12	孔教卽東亞之宗敎 / 金文演	
1407	孔子	공자	5	5	1914.12	孔教卽東亞之宗敎 / 金文演	
1408	孔子	공자	5	6	1914.12	孔教卽東亞之宗敎 / 金文演	
1409	孔子	공자	5	7	1914.12	道也者不可須臾離論 / 李鶴在	
1410	孔子	공자	5	11	1914.12	華山問答(續) / 李容稙	
1411	孔子	공자	5	15	1914.12	華山問答(續) / 李容稙	
1412	孔子	공자	5	16	1914.12	經義講論 十六條 / 李商永	
1413	孔子	공자	5	17	1914.12	經義講論 十六條 / 李商永	
1414	孔子	공자	5	20	1914.12	格致管見(續) / 李鼎煥	
1415	孔子	공자	5	21	1914.12	格致管見(續) / 李鼎煥	
1416	孔子	공자	5	38	1914.12	孔子年報(續) / 呂圭亨	
1417	孔子	공자	5	39	1914.12	孔子年報(續) / 呂圭亨	
1418	孔子	공자	5	40	1914.12	孔子年報(續) / 呂圭亨	
1419	孔子	공자	5	41	1914.12	孔子年報(續) / 呂圭亨	
1420	孔子	공자	5	42	1914.12	孔子年報(續) / 呂圭亨	
1421	孔子	공자	5	43	1914.12	孔子年報(續) / 呂圭亨	

번호	원문	현대어(독음)	호	쪽	발행일	기사명 / 필자	비고
1422	孔子	공자	5	44	1914.12	孔子年報(續) / 呂圭亨	
1423	孔子	공자	5	45	1914.12	孔子年報(續) / 呂圭亨	
1424	孔子	공자	5	46	1914.12	孔子年報(續) / 呂圭亨	
1425	孔子	공자	5	48	1914.12	容思衍(續) / 李鼎煥	
1426	孔子	공자	5	51	1914.12	容思衍(續) / 李鼎煥	
1427	孔子	공자	5	52	1914.12	容思衍(續) / 李鼎煥	
1428	孔子	공자	5	53	1914.12	容思衍(續) / 李鼎煥	
1429	孔子	공자	5	66	1914.12	日誌大要	
1430	孔子	공자	5	67	1914.12	日誌大要	
1431	孔子	공자	5	73	1914.12	講說〉講題 道也者不可須臾離也(大正三年九月二十九日第七回講演)〉敷演 / 鄭鳳時	
1432	孔子	공자	5	74	1914.12	講說〉講題 道也者不可須臾離也(大正三年九月二十九日第七回講演)〉續演 / 呂圭亨	
1433	孔子	공자	5	75	1914.12	講說〉講題 道也者不可須臾離也(大正三年九月二十九日第七回講演)〉續演 / 呂圭亨	
1434	孔子	공자	5	78	1914.12	講說〉講題 道也者不可須臾離也(大正三年九月二十九日第七回講演)〉講說 / 宇佐美勝夫	
1435	孔子	공자	5	81	1914.12	講說〉講題 謹庠序之敎申之以孝悌之義(大正三年十月十日第八回講演) / 李容稙	
1436	孔子	공자	5	83	1914.12	講說〉講題 謹庠序之敎申之以孝悌之義(大正三年十月十日第八回講演)〉敷演 / 鄭鳳時	
1437	孔子	공자	5	84	1914.12	講說〉講題 謹庠序之敎申之以孝悌之義(大正三年十月十日第八回講演)〉續演 / 呂圭亨	
1438	孔子	공자	5	85	1914.12	講說〉講題 謹庠序之敎申之以孝悌之義(大正三年十月十日第八回講演)〉續演 / 呂圭亨	
1439	孔子	공자	5	89	1914.12	關東講說〉講題 道不遠人 / 池台源	
1440	孔子	공자	6	2	1915.03	緖論 / 呂圭亨	
1441	孔子	공자	6	3	1915.03	緖論 / 呂圭亨	
1442	孔子	공자	6	5	1915.03	緖論 / 呂圭亨	
1443	孔子	공자	6	7	1915.03	書雜誌後 / 黃敦秀	
1444	孔子	공자	6	9	1915.03	華山問答(續) / 李容稙	
1445	孔子	공자	6	10	1915.03	華山問答(續) / 李容稙	
1446	孔子	공자	6	11	1915.03	華山問答(續) / 李容稙	
1447	孔子	공자	6	13	1915.03	華山問答(續) / 李容稙	
1448	孔子	공자	6	19	1915.03	新舊曆法解說 / 洪鐘佶	
1449	孔子	공자	6	35	1915.03	孔子年報(續) / 呂圭亨	
1450	孔子	공자	6	36	1915.03	孔子年報(續) / 呂圭亨	
1451	孔子	공자	6	37	1915.03	孔子年報(續) / 呂圭亨	

번호	원문	현대어(독음)	호	쪽	발행일	기사명 / 필자	비고
1452	孔子	공자	6	38	1915.03	孔子年報(續) / 呂圭亨	
1453	孔子	공자	6	39	1915.03	孔子年報(續) / 呂圭亨	
1454	孔子	공자	6	40	1915.03	孔子年報(續) / 呂圭亨	
1455	孔子	공자	6	45	1915.03	論語考證 / 金文演	
1456	孔子	공자	6	46	1915.03	論語考證 / 金文演	
1457	孔子	공자	6	66	1915.03	地方報告>[金光鉉 巡講]	
1458	孔子	공자	7	5	1915.06	華山問答(續) / 李容植	
1459	孔子	공자	7	6	1915.06	華山問答(續) / 李容植	
1460	孔子	공자	7	7	1915.06	華山問答(續) / 李容植	
1461	孔子	공자	7	23	1915.06	孔子年報(續) / 呂圭亨	
1462	孔子	공자	7	24	1915.06	孔子年報(續) / 呂圭亨	
1463	孔子	공자	7	25	1915.06	孔子年報(續) / 呂圭亨	
1464	孔子	공자	7	27	1915.06	孔子年報(續) / 呂圭亨	
1465	孔子	공자	7	28	1915.06	孔子年報(續) / 呂圭亨	
1466	孔子	공자	7	32	1915.06	文廟碑銘并序	
1467	孔子	공자	7	34	1915.06	容思衍(續) / 李鼎煥	
1468	孔子	공자	7	40	1915.06	論語考證(續) / 金文演	
1469	孔子	공자	7	41	1915.06	論語考證(續) / 金文演	
1470	孔子	공자	7	49	1915.06	讀書私記 / 洪鐘佶	
1471	孔子	공자	7	69	1915.06	講說>講題 孔子聖之時者也(大政四年三月十八日第十回講演) / 李容植	
1472	孔子	공자	7	70	1915.06	講說>講題 孔子聖之時者也(大政四年三月十八日第十回講演) / 李容植	
1473	孔子	공자	7	71	1915.06	講說>講題 孔子聖之時者也(大政四年三月十八日第十回講演) / 李容植	
1474	孔子	공자	7	72	1915.06	講說>講題 孔子聖之時者也(大政四年三月十八日第十回講演)>敷演 / 鄭鳳時	
1475	孔子	공자	7	73	1915.06	講說>講題 孔子聖之時者也(大政四年三月十八日第十回講演)>敷演 / 鄭鳳時	
1476	孔子	공자	7	74	1915.06	講說>講題 孔子聖之時者也(大政四年三月十八日第十回講演)>敷演 / 梁鳳濟	
1477	孔子	공자	7	76	1915.06	講說>講題 孔子聖之時者也(大政四年三月十八日第十回講演)>敷演 / 梁鳳濟	
1478	孔子	공자	7	78	1915.06	講說>講題 孔子聖之時者也(大政四年三月十八日第十回講演)>續演 / 呂圭亨	
1479	孔子	공자	8	2	1915.09	儒敎論 / 呂圭亨	
1480	孔子	공자	8	3	1915.09	儒敎論 / 呂圭亨	
1481	孔子	공자	8	3	1915.09	經說 本論附 / 韓晩容	

번호	원문	현대어(독음)	호	쪽	발행일	기사명 / 필자	비고
1482	孔子	공자	8	5	1915.09	經說 本論附 / 韓晩容	
1483	孔子	공자	8	6	1915.09	經說 本論附 / 韓晩容	
1484	孔子	공자	8	7	1915.09	經說 本論附 / 韓晩容	
1485	孔子	공자	8	10	1915.09	華山問答(續) / 李容稙	
1486	孔子	공자	8	11	1915.09	華山問答(續) / 李容稙	
1487	孔子	공자	8	19	1915.09	孔子年報(續) / 呂圭亨	
1488	孔子	공자	8	20	1915.09	孔子年報(續) / 呂圭亨	
1489	孔子	공자	8	21	1915.09	孔子年報(續) / 呂圭亨	
1490	孔子	공자	8	22	1915.09	孔子年報(續) / 呂圭亨	
1491	孔子	공자	8	26	1915.09	容思衍(續) / 李鼎煥	
1492	孔子	공자	8	39	1915.09	賢關記聞 / 李大榮	
1493	孔子	공자	8	44	1915.09	日誌大要	
1494	孔子	공자	8	46	1915.09	講說〉講題 苟日新日日新又日新(大政四年四月十七日第十一回講演) / 李容稙	
1495	孔子	공자	8	48	1915.09	講說〉講題 苟日新日日新又日新(大政四年四月十七日第十一回講演)〉敷演 / 鄭鳳時	
1496	孔子	공자	8	54	1915.09	講說〉講題 道不遠人(大政四年五月八日第十二回講演)〉敷演 / 鄭鳳時	
1497	孔子	공자	8	60	1915.09	地方報告〉[李鶴在의 報告]	
1498	孔子	공자	8	63	1915.09	地方報告〉[韓昌愚의 報告]	
1499	孔子	공자	8	64	1915.09	地方報告〉[韓昌愚의 報告]	
1500	孔子	공자	8	68	1915.09	地方報告〉[成樂賢의 報告]	
1501	孔子	공자	9	6	1915.12	經說(續) / 韓晩容	
1502	孔子	공자	9	14	1915.12	經學管見(上) / 尹寧求	
1503	孔子	공자	9	17	1915.12	經學管見(上) / 尹寧求	
1504	孔子	공자	9	17	1915.12	經學管見(下) / 尹寧求	
1505	孔子	공자	9	18	1915.12	經學管見(下) / 尹寧求	
1506	孔子	공자	9	20	1915.12	經學管見(下) / 尹寧求	
1507	孔子	공자	9	21	1915.12	經學管見(下) / 尹寧求	
1508	孔子	공자	9	22	1915.12	經學管見(下) / 尹寧求	
1509	孔子	공자	9	25	1915.12	孔子年報(續) / 呂圭亨	
1510	孔子	공자	9	26	1915.12	孔子年報(續) / 呂圭亨	
1511	孔子	공자	9	27	1915.12	孔子年報(續) / 呂圭亨	
1512	孔子	공자	9	28	1915.12	孔子年報(續) / 呂圭亨	
1513	孔子	공자	9	46	1915.12	日誌大要	
1514	孔子	공자	9	52	1915.12	講說〉講題 三人行必有我師(大正四年六月十二日第十三回講演) / 朴箕陽	

번호	원문	현대어(독음)	호	쪽	발행일	기사명 / 필자	비고
1515	孔子	공자	9	53	1915.12	講說〉講題 三人行必有我師(大正四年六月十二日第十三回講演) / 朴箕陽	
1516	孔子	공자	9	54	1915.12	講說〉講題 三人行必有我師(大正四年六月十二日第十三回講演) / 朴箕陽	
1517	孔子	공자	9	58	1915.12	講說〉講題 三人行必有我師(大正四年六月十二日第十三回講演) / 呂圭亨	
1518	孔子	공자	9	59	1915.12	講說〉講題 三人行必有我師(大正四年六月十二日第十三回講演) / 呂圭亨	
1519	孔子	공자	9	60	1915.12	講說〉講題 三人行必有我師(大正四年六月十二日第十三回講演) / 呂圭亨	
1520	孔子	공자	10	4	1916.03	經論 / 金元祐	
1521	孔子	공자	10	8	1916.03	經學說 / 李容稙	
1522	孔子	공자	10	10	1916.03	經學管見(續) / 尹寧求	
1523	孔子	공자	10	12	1916.03	經學管見(續) / 尹寧求	
1524	孔子	공자	10	13	1916.03	經學管見(續) / 尹寧求	
1525	孔子	공자	10	14	1916.03	經學管見(續) / 尹寧求	
1526	孔子	공자	10	15	1916.03	經學管見(續) / 尹寧求	
1527	孔子	공자	10	17	1916.03	經學管見(續) / 尹寧求	
1528	孔子	공자	10	19	1916.03	經學管見(續) / 尹寧求	
1529	孔子	공자	10	20	1916.03	經學管見(續) / 尹寧求	
1530	孔子	공자	10	21	1916.03	經學淺知錄 / 金文演	
1531	孔子	공자	10	33	1916.03	典祀廳記 / 李淑瑊 撰	
1532	孔子	공자	10	63	1916.03	講說〉講題 生財有大道(大正四年十月九日第十五回講演) / 李容稙	
1533	孔子	공자	10	64	1916.03	講說〉儒敎의 根本義(大正四年十月九日第十五回講演)	
1534	孔子	공자	10	65	1916.03	講說〉儒敎의 根本義(大正四年十月九日第十五回講演)	
1535	孔子	공자	10	66	1916.03	講說〉儒敎의 根本義(大正四年十月九日第十五回講演)	
1536	孔子	공자	10	67	1916.03	講說〉儒敎의 根本義(大正四年十月九日第十五回講演)	
1537	孔子	공자	11	68	1916.06	講說〉講題 人能弘道(大正四年三月十一日第十六回講演)〉續演 / 呂圭亨	
1538	孔子	공자	10	70	1916.03	地方報告〉[黃敦秀의 報告]	
1539	孔子	공자	10	71	1916.03	地方報告〉[成樂賢의 報告]	
1540	孔子	공자	10	72	1916.03	地方報告〉[成樂賢의 報告]	
1541	孔子	공자	10	73	1916.03	地方報告〉[成樂賢의 報告]	

번호	원문	현대어(독음)	호	쪽	발행일	기사명 / 필자	비고
1542	孔子	공자	10	74	1916.03	地方報告>[成樂賢의 報告]	
1543	孔子	공자	10	88	1916.03	地方報告>[李鶴在의 報告]	
1544	孔子	공자	10	94	1916.03	地方報告>[韓昌愚의 報告]	
1545	孔子	공자	11	7	1916.06	經論 / 韓晩容	
1546	孔子	공자	11	9	1916.06	經論 / 韓晩容	
1547	孔子	공자	11	11	1916.06	經學說(續) / 李容稙	
1548	孔子	공자	11	13	1916.06	經學說(續) / 李容稙	
1549	孔子	공자	11	23	1916.06	經學管見(續) / 尹寗求	
1550	孔子	공자	11	52	1916.06	讀書私記(第八號續) / 洪鐘佶	
1551	孔子	공자	11	75	1916.06	講說>浴乎沂風乎舞雩詠而歸(大正五年四月八日第十七回講演) / 呂圭亨	
1552	孔子	공자	11	82	1916.06	地方報告>[黃敦秀의 報告]	
1553	孔子	공자	11	[1]	1916.06	經學院講士에 對호 總督閣下의 訓話 要領(大正五年三月十三日總督官邸에서)	
1554	孔子	공자	12	11	1916.12	孟子緒論 / 金文演	
1555	孔子	공자	12	12	1916.12	孟子緒論 / 金文演	
1556	孔子	공자	12	33	1916.12	讀書私記(續) / 洪鍾佶	
1557	孔子	공자	12	34	1916.12	讀書私記(續) / 洪鍾佶	
1558	孔子	공자	12	35	1916.12	讀書私記(續) / 洪鍾佶	
1559	孔子	공자	12	65	1916.12	講說>二宮尊德翁의 人物及道德(大正五年五月十三日第十八回講演) / 太田秀穗	
1560	孔子	공자	12	76	1916.12	講說>講題 善養吾浩然之氣(大正五年九月二十九日海州郡鄉校講演) / 李容稙	
1561	孔子	공자	12	77	1916.12	講說>講題 善養吾浩然之氣(大正五年九月二十九日海州郡鄉校講演) / 李容稙	
1562	孔子	공자	12	80	1916.12	地方報告>[韓昌愚의 報告]	
1563	孔子	공자	13	43	1917.03	講說>講題 五畝之宅樹之以桑(大正五年六月十日第十九回講演) / 李容稙	
1564	孔子	공자	13	45	1917.03	講說>立身致富之要訣(大正五年六月十日第十九回講演) / 村上唯吉	
1565	孔子	공자	13	51	1917.03	講說>講題 人有不爲也而後可以有爲(大正五年九月七日第二十回講演) / 李容稙	
1566	孔子	공자	14	2	1917.07	經學管見(續) / 尹寗求	
1567	孔子	공자	14	3	1917.07	經學管見(續) / 尹寗求	
1568	孔子	공자	14	19	1917.07	庸學問對 / 朴長鴻	
1569	孔子	공자	14	42	1917.07	日誌大要	
1570	孔子	공자	14	52	1917.07	講說>講題 德之不修學之不講聞義不能徒不善不能改是吾憂也(大正六年四月十四日第二十二回講演) / 李容稙	

번호	원문	현대어(독음)	호	쪽	발행일	기사명 / 필자	비고
1571	孔子	공자	14	53	1917.07	講說〉講題 德之不修學之不講聞義不能徒不善不能改是吾憂也(大正六年四月十四日第二十二回講演) / 李容稙	
1572	孔子	공자	14	70	1917.07	地方報告〉[宋在永의 報告]〉儒生 各位에 望함 / 大塚誠太郎	
1573	孔子	공자	14	71	1917.07	地方報告〉[宋在永의 報告]〉儒生 各位에 望함 / 大塚誠太郎	
1574	孔子	공자	14	80	1917.07	地方報告〉[金光鉉의 報告]	
1575	孔子	공자	14	82	1917.07	地方報告〉[金光鉉의 報告]	
1576	孔子	공자	14	83	1917.07	地方報告〉[金光鉉의 報告]	
1577	孔子	공자	14	84	1917.07	地方報告〉[金光鉉의 報告]	
1578	孔子	공자	14	87	1917.07	地方報告〉[黃敦秀의 報告]〉講演要旨說 / 黃敦秀	
1579	孔子	공자	14	89	1917.07	地方報告〉[黃敦秀의 報告]〉講演要旨說 / 黃敦秀	
1580	孔子	공자	15	17	1917.10	詩經蔫辨 / 金文演	
1581	孔子	공자	15	18	1917.10	詩經蔫辨 / 金文演	
1582	孔子	공자	15	35	1917.10	講說〉講題 子曰君子之道四某未能一焉所求乎子以事父未能也所求乎臣以事君未能也所求乎弟以事兄未能也所求乎朋友先施之未能也(大正六年五月十二日第二十三回講演) / 朴齊斌	
1583	孔子	공자	15	36	1917.10	講說〉講題 子曰君子之道四某未能一焉所求乎子以事父未能也所求乎臣以事君未能也所求乎弟以事兄未能也所求乎朋友先施之未能也(大正六年五月十二日第二十三回講演) / 朴齊斌	
1584	孔子	공자	15	37	1917.10	講說〉講題 子曰君子之道四某未能一焉所求乎子以事父未能也所求乎臣以事君未能也所求乎弟以事兄未能也所求乎朋友先施之未能也(大正六年五月十二日第二十三回講演)〉續演 / 呂圭亨	
1585	孔子	공자	15	38	1917.10	講說〉講題 子曰君子之道四某未能一焉所求乎子以事父未能也所求乎臣以事君未能也所求乎弟以事兄未能也所求乎朋友先施之未能也(大正六年五月十二日第二十三回講演)〉續演 / 呂圭亨	
1586	孔子	공자	15	42	1917.10	講說〉講題 朝鮮工業의 促進〉續演(大正六年五月十二日第二十三回講演) / 俞星濬	
1587	孔子	공자	15	50	1917.10	講說〉光州郡鄕校演講(大正六年四月二十六日)〉講題 子莫執中執中爲近之執中無權猶執一也 / 李容稙	
1588	孔子	공자	15	51	1917.10	講說〉光州郡鄕校講演(大正六年四月二十六日)〉開講辭告 / 宮木又七	

ㄱ

번호	원문	현대어(독음)	호	쪽	발행일	기사명 / 필자	비고
1589	孔子	공자	15	53	1917.10	講說〉光州郡鄕校講演(大正六年四月二十六日)〉說諭(賞品授與式日) / 元應常	
1590	孔子	공자	15	69	1917.10	講說〉大邱高等普通學校講演(大正六年五月十六日)〉儒敎의 庶民的 發展 / 高橋亨	
1591	孔子	공자	15	70	1917.10	講說〉大邱高等普通學校講演(大正六年五月十六日)〉儒敎의 庶民的 發展 / 高橋亨	
1592	孔子	공자	15	71	1917.10	講說〉大邱高等普通學校講演(大正六年五月十六日)〉儒敎의 庶民的 發展 / 高橋亨	
1593	孔子	공자	15	73	1917.10	講說〉大邱高等普通學校講演(大正六年五月十六日)〉儒敎의 庶民的 發展 / 高橋亨	
1594	孔子	공자	15	74	1917.10	講說〉大邱高等普通學校講演(大正六年五月十六日)〉儒敎의 庶民的 發展 / 高橋亨	
1595	孔子	공자	15	80	1917.10	地方報告〉[成樂賢의 報告]	
1596	孔子	공자	15	82	1917.10	地方報告〉[成樂賢의 報告]	
1597	孔子	공자	16	7	1918.03	經學管見(續) / 尹寧求	
1598	孔子	공자	16	44	1918.03	講說〉講題 林放問禮之本(大正六年九月二十七日平壤府鄕校講演) / 朴齊斌	
1599	孔子	공자	16	45	1918.03	講說〉講題 林放問禮之本(大正六年九月二十七日平壤府鄕校講演) / 朴齊斌	
1600	孔子	공자	16	46	1918.03	講說〉講題 林放問禮之本(大正六年九月二十七日平壤府鄕校講演) / 朴齊斌	
1601	孔子	공자	16	51	1918.03	講說〉講題 存其心養其性所以事天也(大正六年十月十四日江陵郡講演)〉續演 / 鄭鳳時	
1602	孔子	공자	16	71	1918.03	地方報告〉[宋在永의 報告]〉新政과 儒生의 義務 / 黃義民	
1603	孔子	공자	16	77	1918.03	地方報告〉[宋在永의 報告]〉獎學에 就ㅎ야 / 淺井安行	
1604	孔子	공자	17	4	1918.07	經學管見(續) / 尹寧求	
1605	孔子	공자	17	12	1918.07	論語釋義 / 李明宰	
1606	孔子	공자	17	14	1918.07	論語釋義 / 李明宰	
1607	孔子	공자	17	30	1918.07	洙澳問答 / 元泳義	
1608	孔子	공자	17	37	1918.07	經義問對 / 呂圭台	
1609	孔子	공자	17	46	1918.07	講說〉講題 君子有大道必忠信以得之驕泰以失之(大正六年十一月十日第二十六回講演)〉續演 / 呂圭亨	
1610	孔子	공자	17	49	1918.07	講說〉講題 國民道德은 何也오(大正六年十一月十日第二十六回講演) / 立柄敎俊	
1611	孔子	공자	17	52	1918.07	講說〉講題 國民道德은 何也오(大正六年十一月十日第二十六回講演) / 立柄敎俊	

번호	원문	현대어(독음)	호	쪽	발행일	기사명 / 필자	비고
1612	孔子	공자	17	73	1918.07	地方報告〉[李秉會의 報告]	
1613	孔子	공자	17	76	1918.07	地方報告〉[金在昌 등의 報告]	
1614	孔子	공자	17	77	1918.07	地方報告〉[金在昌 등의 報告]	
1615	孔子	공자	18	3	1918.09	學說 / 李明宰	
1616	孔子	공자	18	5	1918.09	學說 / 李明宰	
1617	孔子	공자	18	25	1918.09	三洙瑣談 / 元泳義	
1618	孔子	공자	18	27	1918.09	三洙瑣談 / 元泳義	
1619	孔子	공자	18	50	1918.09	講說〉講題 內地의 宋學(大正七年五月十一日第二十八回講演) / 今關壽麿	
1620	孔子	공자	18	60	1918.09	講說〉講題 道在邇而求諸遠事在易而求諸難(大正七年五月十五日義州郡鄉校講演)〉敷演 / 梁鳳濟	
1621	孔子	공자	18	61	1918.09	講說〉講題 道在邇而求諸遠事在易而求諸難(大正七年五月十五日義州郡鄉校講演)〉告詞(賞品授與式時) / 梁鳳濟	
1622	孔子	공자	18	63	1918.09	地方報告〉[黃敦秀의 報告]	
1623	孔子	공자	18	64	1918.09	地方報告〉[黃敦秀의 報告]	
1624	孔子	공자	18	72	1918.09	地方報告〉[劉光澤의 報告] / 劉光澤	
1625	孔子	공자	18	76	1918.09	地方報告〉[成樂賢의 報告]	
1626	孔子	공자	19	19	1918.12	雲山郡文廟祭官案序 / 申鉉求	
1627	孔子	공자	19	23	1918.12	三洙瑣談(續) / 元泳義	
1628	孔子	공자	19	39	1918.12	講說〉講題 君子所以異於人者以其存心也君子以仁存心以禮存心(大正七年六月八日第二十九回講演) / 李容植	
1629	孔子	공자	19	70	1918.12	講說〉講題 孟懿子問孝(大正七年十一月十六日第三十二回講演) / 朴齊斌	
1630	孔子	공자	20	4	1920.03	論語釋義(第十七號續) / 李明宰	
1631	孔子	공자	20	5	1920.03	論語釋義(第十七號續) / 李明宰	
1632	孔子	공자	20	24	1920.03	求禮郡文廟重修記 / 金商翊	
1633	孔子	공자	20	30	1920.03	三洙瑣談(續) / 元泳義	
1634	孔子	공자	20	31	1920.03	三洙瑣談(續) / 元泳義	
1635	孔子	공자	20	32	1920.03	洪川郡文廟重修費附寄募集勸誘文 / 金東勳	
1636	孔子	공자	20	36	1920.03	求禮郡文廟重修捐義錄小序 / 金商翊	
1637	孔子	공자	20	39	1920.03	求禮文廟修繕同志會發起會席上演說 / 高墉柱	
1638	孔子	공자	20	50	1920.03	講說〉孔子誕辰及其道義辨 / 高墉柱	
1639	孔子	공자	20	51	1920.03	講說〉孔子誕辰及其道義辨 / 高墉柱	
1640	孔子	공자	20	53	1920.03	地方報告〉[權鳳洙의 報告]	
1641	孔子	공자	21	14	1921.03	經學管見(續) / 尹寧求	

번호	원문	현대어(독음)	호	쪽	발행일	기사명 / 필자	비고
1642	孔子	공자	21	31	1921.03	歸厚契帖序 / 鄭鳳時	
1643	孔子	공자	21	70	1921.03	三洙瑣談(續) / 元泳義	
1644	孔子	공자	21	85	1921.03	見陽城文廟前杏樹枯枝復生感而有題 / 黃敦秀	
1645	孔子	공자	22	12	1922.03	經學講論 / 成樂賢	
1646	孔子	공자	22	62	1922.03	講說〉一貫之道 / 宇野哲人	
1647	孔子	공자	23	23	1922.12	通川郡文廟重修記 / 朴箕陽	
1648	孔子	공자	23	48	1922.12	三洙瑣談(二十一號續) / 元泳義	
1649	孔子	공자	23	61	1922.12	日誌大要	
1650	孔子	공자	23	62	1922.12	講說〉講題 凡有血氣者莫不尊親(大正十一年五月七日追慕禮式時) / 李魯學	
1651	孔子	공자	23	69	1922.12	講說〉講題 周公孔子之道(大正十一年八月二十八日) / 今井彦三郎	
1652	孔子	공자	23	70	1922.12	講說〉講題 周公孔子之道(大正十一年八月二十八日) / 今井彦三郎	
1653	孔子	공자	23	72	1922.12	講說〉講題 周公孔子之道(大正十一年八月二十八日) / 今井彦三郎	
1654	孔子	공자	23	73	1922.12	講說〉講題 周公孔子之道(大正十一年八月二十八日) / 今井彦三郎	
1655	孔子	공자	23	74	1922.12	講說〉講題 周公孔子之道(大正十一年八月二十八日) / 今井彦三郎	
1656	孔子	공자	24	16	1923.12	平康郡鄕校重修記 / 鄭萬朝	
1657	孔子	공자	24	27	1923.12	釋奠에 就하야 / 佐藤廣治	
1658	孔子	공자	24	28	1923.12	釋奠에 就하야 / 佐藤廣治	
1659	孔子	공자	24	31	1923.12	釋奠에 就하야 / 佐藤廣治	
1660	孔子	공자	24	32	1923.12	釋奠에 就하야 / 佐藤廣治	
1661	孔子	공자	24	61	1923.12	講說〉講題 知天命說 / 服部宇之吉	
1662	孔子	공자	24	62	1923.12	講說〉講題 知天命說 / 服部宇之吉	
1663	孔子	공자	24	63	1923.12	講說〉講題 知天命說 / 服部宇之吉	
1664	孔子	공자	24	64	1923.12	講說〉講題 知天命說 / 服部宇之吉	
1665	孔子	공자	24	65	1923.12	講說〉講題 知天命說 / 服部宇之吉	
1666	孔子	공자	24	66	1923.12	講說〉講題 知天命說 / 服部宇之吉	
1667	孔子	공자	24	67	1923.12	講說〉講題 知天命說 / 服部宇之吉	
1668	孔子	공자	24	68	1923.12	講說〉講題 知天命說 / 服部宇之吉	
1669	孔子	공자	24	69	1923.12	講說〉講題 溫故而知新 / 沈璿澤	
1670	孔子	공자	24	72	1923.12	講說〉講題 盈科而後進 / 鄭準民	
1671	孔子	공자	24	75	1923.12	講說〉講題 大學之道在明明德在新民 / 申泰岳	
1672	孔子	공자	24	75	1923.12	講說〉講題 設爲庠序學校以敎之皆所明人倫也 / 李學魯	

번호	원문	현대어(독음)	호	쪽	발행일	기사명 / 필자	비고
1673	孔子	공자	24	76	1923.12	講說〉講題 設爲庠序學校以敎之皆所明人倫也 / 李學魯	
1674	孔子	공자	24	80	1923.12	講說〉講題 儒道 / 鄭鳳時	
1675	孔子	공자	24	82	1923.12	講說〉講題 時代之儒敎 / 金完鎭	
1676	孔子	공자	24	85	1923.12	講說〉講題 時代之儒敎 / 金完鎭	
1677	孔子	공자	25	1	1924.12	無形至大論 / 李學魯	
1678	孔子	공자	25	5	1924.12	論語疑義問答(續) / 鄭萬朝	
1679	孔子	공자	25	6	1924.12	論語疑義問答(續) / 鄭萬朝	
1680	孔子	공자	25	16	1924.12	三洙瑣談(續) / 元泳義	
1681	孔子	공자	25	28	1924.12	釋奠에 就하야(續) / 佐藤廣治	
1682	孔子	공자	25	61	1924.12	講說〉講題 三綱五倫說 / 鄭準民	
1683	孔子	공자	25	62	1924.12	講說〉講題 三綱五倫說 / 鄭準民	
1684	孔子	공자	25	63	1924.12	講說〉講題 儒敎者의 辯 / 朴箕陽	
1685	孔子	공자	25	70	1924.12	講說〉講題 事親如事天 / 李學魯	
1686	孔子	공자	26	1	1925.12	仁義와 現代思潮 / 服部宇之吉	
1687	孔子	공자	26	2	1925.12	仁義와 現代思潮 / 服部宇之吉	
1688	孔子	공자	26	4	1925.12	仁義와 現代思潮 / 服部宇之吉	
1689	孔子	공자	26	11	1925.12	四書講解總說 / 元泳義	
1690	孔子	공자	26	12	1925.12	四書講解總說 / 元泳義	
1691	孔子	공자	26	13	1925.12	四書講解總說 / 元泳義	
1692	孔子	공자	26	19	1925.12	三洙瑣談(續) / 元泳義	
1693	孔子	공자	26	20	1925.12	三洙瑣談(續) / 元泳義	
1694	孔子	공자	26	23	1925.12	三洙瑣談(續) / 元泳義	
1695	孔子	공자	26	24	1925.12	釋奠에 就ㅎ야(續) / 佐藤廣治	
1696	孔子	공자	26	25	1925.12	釋奠에 就ㅎ야(續) / 佐藤廣治	
1697	孔子	공자	26	27	1925.12	釋奠에 就ㅎ야(續) / 佐藤廣治	
1698	孔子	공자	26	46	1925.12	日誌大要	
1699	孔子	공자	26	50	1925.12	講說〉講題 儒者之地位及義務 / 李大榮	
1700	孔子	공자	26	62	1925.12	講說〉講題 君子時中 / 沈璿澤	
1701	孔子	공자	26	65	1925.12	講說〉講題 德者本也財者末也 / 鄭鳳時	
1702	孔子	공자	26	66	1925.12	講說〉講題 德者本也財者末也 / 鄭鳳時	
1703	孔子	공자	27	17	1926.12	易經講解總說 / 元泳義	
1704	孔子	공자	27	21	1926.12	經義問對 / 韓昌愚	
1705	孔子	공자	27	30	1926.12	三洙瑣談(續) / 元泳義	
1706	孔子	공자	27	43	1926.12	釋奠에 就ㅎ야(續) / 佐藤廣治	
1707	孔子	공자	27	44	1926.12	釋奠에 就ㅎ야(續) / 佐藤廣治	

번호	원문	현대어(독음)	호	쪽	발행일	기사명 / 필자	비고
1708	孔子	공자	27	45	1926.12	釋奠에 就ㅎ야(續) / 佐藤廣治	
1709	孔子	공자	27	46	1926.12	釋奠에 就ㅎ야(續) / 佐藤廣治	
1710	孔子	공자	27	47	1926.12	釋奠에 就ㅎ야(續) / 佐藤廣治	
1711	孔子	공자	27	48	1926.12	釋奠에 就ㅎ야(續) / 佐藤廣治	
1712	孔子	공자	27	49	1926.12	釋奠에 就ㅎ야(續) / 佐藤廣治	
1713	孔子	공자	27	50	1926.12	釋奠에 就ㅎ야(續) / 佐藤廣治	
1714	孔子	공자	27	68	1926.12	講說〉講題 子以四敎文行忠信 / 鄭鳳時	
1715	孔子	공자	28	7	1927.12	理氣分合論 / 李學魯	
1716	孔子	공자	28	55	1927.12	講說〉講題 謹庠序之敎申之以孝悌之義 / 鄭鳳時	
1717	孔子	공자	28	59	1927.12	講說〉講題 播百穀敷五敎 / 金完鎭	
1718	孔子	공자	28	60	1927.12	講說〉講題 播百穀敷五敎 / 金完鎭	
1719	孔子	공자	28	65	1927.12	講說〉講題 吾道一以貫之 / 沈璿澤	
1720	孔子	공자	28	67	1927.12	講說〉講題 孔夫子의 集大成 / 兒島獻吉郎	
1721	孔子	공자	28	68	1927.12	講說〉講題 孔夫子의 集大成 / 兒島獻吉郎	
1722	孔子	공자	28	69	1927.12	講說〉講題 孔夫子의 集大成 / 兒島獻吉郎	
1723	孔子	공자	28	70	1927.12	講說〉講題 孔夫子의 集大成 / 兒島獻吉郎	
1724	孔子	공자	29	1	1928.12	儒道說 / 鄭鳳時	
1725	孔子	공자	29	4	1928.12	儒道說 / 鄭鳳時	
1726	孔子	공자	29	14	1928.12	鳳山郡鄕校重修記 / 鄭萬朝	
1727	孔子	공자	29	15	1928.12	鳳山郡鄕校重修記 / 鄭萬朝	
1728	孔子	공자	29	17	1928.12	龍井文廟刱建記 / 金璜鎭	
1729	孔子	공자	29	18	1928.12	龍井文廟刱建記 / 金璜鎭	
1730	孔子	공자	29	28	1928.12	三洙瑣談(續) / 元泳義	
1731	孔子	공자	29	46	1928.12	講說〉講題 學所以明人倫 / 鄭萬朝	
1732	孔子	공자	29	51	1928.12	講說〉講題 生事愛敬死事哀戚 / 李學魯	
1733	孔子	공자	29	52	1928.12	講說〉講題 生事愛敬死事哀戚 / 李學魯	
1734	孔子	공자	29	54	1928.12	講說〉講題 道德的精神 / 白井成允	
1735	孔子	공자	29	55	1928.12	講說〉講題 道德的精神 / 白井成允	
1736	孔子	공자	30	3	1929.12	仁義說示友人 / 鄭萬朝	
1737	孔子	공자	30	15	1929.12	中學漢文論(文貴在譯者) / 鹽谷 溫	
1738	孔子	공자	30	17	1929.12	送金亨三歸堤川 / 兪鎭贊	
1739	孔子	공자	30	24	1929.12	中庸問對(續) / 崔基鉉	
1740	孔子	공자	30	26	1929.12	中庸問對(續) / 崔基鉉	
1741	孔子	공자	30	47	1929.12	講說〉講題 旣庶矣富之旣富矣敎之 / 鄭鳳時	
1742	孔子	공자	30	49	1929.12	講說〉講題 旣庶矣富之旣富矣敎之 / 李學魯	

번호	원문	현대어(독음)	호	쪽	발행일	기사명 / 필자	비고
1743	孔子	공자	30	50	1929.12	講說〉講題 仰至聖孔夫子 / 福士末之助	
1744	孔子	공자	30	51	1929.12	講說〉講題 仰至聖孔夫子 / 福士末之助	
1745	孔子	공자	30	52	1929.12	講說〉講題 仰至聖孔夫子 / 福士末之助	
1746	孔子	공자	30	55	1929.12	講說〉講題 仰至聖孔夫子 / 福士末之助	
1747	孔子	공자	30	56	1929.12	講說〉講題 仰至聖孔夫子 / 福士末之助	
1748	孔子	공자	30	[1]	1929.12	李龍眠畵宣聖及七十二弟子像贊(金石萃編)	
1749	孔子	공자	31	2	1930.08	經學源流 / 權純九	
1750	孔子	공자	31	3	1930.08	經學源流 / 權純九	
1751	孔子	공자	31	4	1930.08	經學源流 / 權純九	
1752	孔子	공자	31	5	1930.08	經學源流 / 權純九	
1753	孔子	공자	31	7	1930.08	講題 我國近時의 立法과 儒道와의 關係 / 武部欽一	
1754	孔子	공자	31	11	1930.08	講題 我國近時의 立法과 儒道와의 關係 / 武部欽一	
1755	孔子	공자	31	16	1930.08	講題 修身齊家治國平天下 / 成樂賢	
1756	孔子	공자	31	18	1930.08	講題 德者本也財者末也 / 成樂賢	
1757	孔子	공자	31	22	1930.08	講題 儒者爲人所需 / 李大榮	
1758	孔子	공자	31	23	1930.08	講題 儒者爲人所需 / 李大榮	
1759	孔子	공자	31	25	1930.08	靜雲精舍存藁序 / 鄭萬朝	
1760	孔子	공자	31	56	1930.08	祝辭 / 志賀潔	
1761	孔子	공자	31	59	1930.08	院則三篇 / 鄭萬朝	
1762	孔子	공자	32	7	1930.12	經學源流(續) / 權純九	
1763	孔子	공자	32	16	1930.12	講題 現代世相과 儒學의 本領 / 渡邊信治	
1764	孔子	공자	32	17	1930.12	講題 現代世相과 儒學의 本領 / 渡邊信治	
1765	孔子	공자	32	18	1930.12	講題 現代世相과 儒學의 本領 / 渡邊信治	
1766	孔子	공자	32	19	1930.12	講題 現代世相과 儒學의 本領 / 渡邊信治	
1767	孔子	공자	32	29	1930.12	學校視察日記 / 俞鎭賛	
1768	孔子	공자	32	31	1930.12	學校視察日記 / 俞鎭賛	
1769	孔子	공자	33	4	1931.12	經筵問對箚記 / 權純九	
1770	孔子	공자	33	6	1931.12	海州郡文廟重修記 / 鄭萬朝	
1771	孔子	공자	33	7	1931.12	海州郡文廟重修記 / 鄭萬朝	
1772	孔子	공자	33	16	1931.12	聞曲阜兵變上蔣中正書 / 李學魯	
1773	孔子	공자	33	26	1931.12	聲討顚末	
1774	孔子	공자	34	1	1932.03	生三事一論 / 李學魯	
1775	孔子	공자	34	33	1932.03	地方儒林狀況〉[姜錫奎 等의 보고]	
1776	孔子	공자	34	48	1932.03	評議員會狀況	

번호	원문	현대어(독음)	호	쪽	발행일	기사명 / 필자	비고
1777	孔子	공자	34	51	1932.03	評議員會狀況	
1778	孔子	공자	34	52	1932.03	評議員會狀況	
1779	孔子	공자	35	1	1932.12	宗教說 / 權純九	
1780	孔子	공자	35	2	1932.12	宗教說 / 權純九	
1781	孔子	공자	35	4	1932.12	經傳解釋通例 / 李學魯	
1782	孔子	공자	35	5	1932.12	經傳解釋通例 / 李學魯	
1783	孔子	공자	35	7	1932.12	心性情理氣圖解 / 元弘植	
1784	孔子	공자	35	9	1932.12	心性情理氣圖解 / 元弘植	
1785	孔子	공자	35	68	1932.12	第一回學生卒業式狀況〉祝辭 / 山田三良	
1786	孔子	공자	36	2	1933.12	經義問對(續) / 韓昌愚	
1787	孔子	공자	36	5	1933.12	經義問對(續) / 韓昌愚	
1788	孔子	공자	36	61	1933.12	第二回學生卒業式狀況〉祝辭 / 渡邊信治	
1789	孔子	공자	37	5	1934.10	天道人道說 / 元弘植	
1790	孔子	공자	37	7	1934.10	東洋에 斯文이 有함 / 福士末之助	
1791	孔子	공자	37	8	1934.10	東洋에 斯文이 有함 / 福士末之助	
1792	孔子	공자	37	9	1934.10	東洋에 斯文이 有함 / 福士末之助	
1793	孔子	공자	37	10	1934.10	東洋에 斯文이 有함 / 福士末之助	
1794	孔子	공자	37	11	1934.10	東洋에 斯文이 有함 / 福士末之助	
1795	孔子	공자	37	12	1934.10	東洋에 斯文이 有함 / 福士末之助	
1796	孔子	공자	37	13	1934.10	東洋에 斯文이 有함 / 福士末之助	
1797	孔子	공자	37	14	1934.10	東洋에 斯文이 有함 / 福士末之助	
1798	孔子	공자	37	15	1934.10	東洋에 斯文이 有함 / 福士末之助	
1799	孔子	공자	37	16	1934.10	烈婦慶州崔氏紀行碑銘 / 鄭萬朝	
1800	孔子	공자	37	18	1934.10	祭宜齋朴司成文 / 生徒一同	
1801	孔子	공자	38	19	1935.03	改正朔不易時月論 / 權純九	
1802	孔子	공자	38	22	1935.03	東洋에斯文이有함(續) / 福士末之助	
1803	孔子	공자	38	24	1935.03	東洋에斯文이有함(續) / 福士末之助	
1804	孔子	공자	38	29	1935.03	太學志慶詩帖序	
1805	孔子	공자	38	41	1935.03	日誌大要	
1806	孔子	공자	39	2	1935.10	性善說 / 李學魯	
1807	孔子	공자	39	5	1935.10	關東四會說 / 鄭鳳時	
1808	孔子	공자	39	7	1935.10	送李君往浙江序 / 金文演	
1809	孔子	공자	39	13	1935.10	精神指導에 對하야(每日申報 昭和十年 七月 十四日 心田開發에 關한 寄稿) / 安寅植	
1810	孔子	공자	39	17	1935.10	湯島聖堂孔子祭典狀況〉聖堂復興由來 / 財團 法人 斯文會	

번호	원문	현대어(독음)	호	쪽	발행일	기사명 / 필자	비고
1811	孔子	공자	39	21	1935.10	湯島聖堂孔子祭典狀況〉祭典次第	
1812	孔子	공자	39	24	1935.10	湯島聖堂孔子祭典狀況〉孔子頌德歌 / 材團法人 斯文會	
1813	孔子	공자	39	26	1935.10	湯島聖堂孔子祭典狀況〉祝辭 / 湯淺倉平	
1814	孔子	공자	39	27	1935.10	湯島聖堂孔子祭典狀況〉祝辭 / 湯淺倉平	
1815	孔子	공자	39	34	1935.10	東京斯文會主催儒道大會狀況〉演說要旨 / 井上哲次郎	
1816	孔子	공자	39	38	1935.10	東京斯文會主催儒道大會狀況〉演說要旨 / 矢野恒太	
1817	孔子	공자	40	3	1936.08	儒敎의 眞髓 / 鄭萬朝	
1818	孔子	공자	40	7	1936.08	儒敎의 眞髓 / 鄭萬朝	
1819	孔子	공자	40	9	1936.08	朝鮮儒敎의 大觀 / 鄭鳳時	
1820	孔子	공자	40	10	1936.08	朝鮮儒敎의 大觀 / 鄭鳳時	
1821	孔子	공자	40	12	1936.08	心田開發에 對한 儒敎 / 鄭鳳時	
1822	孔子	공자	40	13	1936.08	心田開發에 對한 儒敎 / 鄭鳳時	
1823	孔子	공자	40	15	1936.08	鄭隱溪翁六十一壽序 / 權純九	
1824	孔子	공자	41	8	1937.02	天地人 / 羅一鳳	
1825	孔子	공자	41	10	1937.02	我 / 金誠鎭	
1826	孔子	공자	41	16	1937.02	博士王仁傳 / 李學魯	
1827	孔子	공자	42	43	1937.12	文廟釋奠期日改正ノ件(昭和十二年二月十二日學祕第九號總督府學務局長通牒)	
1828	孔子	공자	42	44	1937.12	文廟釋奠祭文改正에關한件(昭和十二年五月十八日院通牒)	
1829	孔子	공자	42	45	1937.12	文廟釋奠祭文改正에關한件(昭和十二年五月十八日院通牒)	
1830	孔子	공자	42	60	1937.12	文廟享祀位次及聖賢姓名爵號考 / 金完鎭	
1831	孔子	공자	42	61	1937.12	文廟享祀位次及聖賢姓名爵號考 / 金完鎭	
1832	孔子	공자	44	28	1939.10	儒敎의 起源과 流派 / 李昇圭	
1833	孔子	공자	44	29	1939.10	儒敎의 起源과 流派 / 李昇圭	
1834	孔子	공자	44	30	1939.10	儒敎의 起源과 流派 / 李昇圭	
1835	孔子	공자	44	31	1939.10	儒敎의 起源과 流派 / 李昇圭	
1836	孔子	공자	44	33	1939.10	經儒學 / 金誠鎭	
1837	孔子	공자	44	34	1939.10	經儒學 / 金誠鎭	
1838	孔子	공자	44	35	1939.10	經儒學 / 金誠鎭	
1839	孔子	공자	44	36	1939.10	經儒學 / 金誠鎭	
1840	孔子	공자	44	37	1939.10	經儒學 / 金誠鎭	
1841	孔子	공자	44	38	1939.10	經儒學 / 金誠鎭	

번호	원문	현대어(독음)	호	쪽	발행일	기사명 / 필자	비고
1842	孔子	공자	44	40	1939.10	經儒學 / 金誠鎭	
1843	孔子	공자	44	41	1939.10	經儒學 / 金誠鎭	
1844	孔子	공자	44	44	1939.10	大學主旨 / 崔浩然	
1845	孔子	공자	44	55	1939.10	文藝原流 / 崔浩然	
1846	孔子	공자	44	56	1939.10	文藝原流 / 崔浩然	
1847	孔子	공자	45	84	1940.12	忠淸南道儒道聯合會結成式〉東亞ノ建設ト儒道ノ精神 / 安寅植	
1848	孔子	공자	46	2	1941.12	興學養材 / 崔浩然	
1849	孔子	공자	46	9	1941.12	大學序文先儒論辨 / 金誠鎭	
1850	孔子	공자	46	10	1941.12	大學序文先儒論辨 / 金誠鎭	
1851	孔子	공자	46	64	1941.12	講演及講習〉時局と婦道實踐(講演速記) / 永田種秀	
1852	孔子	공자	47	14	1943.01	儒道の復興 / 俞萬兼	
1853	孔子	공자	47	15	1943.01	儒道の復興 / 俞萬兼	
1854	孔子	공자	47	27	1943.01	論語要義 / 崔浩然	
1855	孔子	공자	47	28	1943.01	論語要義 / 崔浩然	
1856	孔子	공자	47	30	1943.01	儒林覺醒論 / 金誠鎭	
1857	孔子	공자	47	31	1943.01	儒林覺醒論 / 金誠鎭	
1858	孔子	공자	48	24	1944.04	(十月十五日於經學院秋季釋典)時局と儒道 / 鈴川壽男	
1859	孔子	공자	48	25	1944.04	(十月十五日於經學院秋季釋典)時局と儒道 / 鈴川壽男	
1860	孔子	공자	48	49	1944.04	嘉言善行 / 李敬植	
1861	龔自珍	공자진	34	5	1932.03	最近經學考 / 權純九	
1862	孔張	공장	20	29	1920.03	三洙瑣談(續) / 元泳義	
1863	孔臧	공장	21	14	1921.03	經學管見(續) / 尹寧求	
1864	孔在瓚	공재찬	21	93	1921.03	日誌大要	
1865	孔在哲	공재철	39	31	1935.10	東京斯文會主催儒道大會狀況	조선유교회 宗理司長
1866	孔在煥	공재환	26	81	1925.12	地方報告〉[孔在煥의 報告]	
1867	孔傳	공전	16	7	1918.03	經學管見(續) / 尹寧求	
1868	公祖句玆	공조구자	30	[8]	1929.12	李龍眠畵宣聖及七十二弟子像贊(金石萃編)	
1869	公祖句玆	공조구자	42	46	1937.12	文廟享祀位次及聖賢姓名爵號考 / 金完鎭	卽墨侯
1870	公祖句玆	공조구자	42	54	1937.12	文廟享祀位次及聖賢姓名爵號考 / 金完鎭	卽墨侯, 원문은 姓公祖名句玆
1871	孔穿	공천	20	29	1920.03	三洙瑣談(續) / 元泳義	원문은 穿

번호	원문	현대어(독음)	호	쪽	발행일	기사명 / 필자	비고
1872	孔喆鎔	공철용	2	25	1914.03	奉呈經學院 / 曹澤承	
1873	孔叢子	공총자	3	29	1914.06	孔子年報(續) / 呂圭亨	
1874	孔叢子	공총자	21	14	1921.03	經學管見(續) / 尹寧求	
1875	孔忠	공충	20	29	1920.03	三洙瑣談(續) / 元泳義	원문은 忠
1876	孔忠	공충	30	[7]	1929.12	李龍眠畵宣聖及七十二弟子像贊(金石萃編)	
1877	孔忠	공충	42	46	1937.12	文廟享祀位次及聖賢姓名爵號考 / 金完鎭	郈城侯
1878	孔忠	공충	42	55	1937.12	文廟享祀位次及聖賢姓名爵號考 / 金完鎭	郈城侯, 원문은 姓孔名忠
1879	孔冲遠	공충원	11	26	1916.06	經學淺知錄(續) / 金文演	
1880	公冶長	공치장	30	[3]	1929.12	李龍眠畵宣聖及七十二弟子像贊(金石萃編)	
1881	孔濯	공탁	45	38	1940.12	朝鮮儒林大會(朝鮮儒道聯合會創立總會) 會錄槪要〉朝鮮儒道聯合會役員名簿(昭和十四年十一月一日現在)	
1882	公夏首	공하수	8	35	1915.09	賢關記聞 / 李大榮	
1883	公夏首	공하수	42	47	1937.12	文廟享祀位次及聖賢姓名爵號考 / 金完鎭	鉅平侯
1884	公夏首	공하수	42	53	1937.12	文廟享祀位次及聖賢姓名爵號考 / 金完鎭	鉅平侯, 원문은 姓公夏名首
1885	公華	공화	7	23	1915.06	孔子年報(續) / 呂圭亨	
1886	孔悝	공회	20	29	1920.03	三洙瑣談(續) / 元泳義	
1887	寡悔	과회	9	34	1915.12	賢關記聞(續) / 李大榮	盧守愼
1888	霍光	곽광	1	21	1913.12	經學當明者 三 / 呂圭亨	
1889	霍光	곽광	2	70	1914.03	講說〉講題 必愼其獨(大正二年十一月八日第四回講演)〉敷演 / 李容稙	
1890	霍光	곽광	4	47	1914.09	容思衍 / 李鼎煥	
1891	郭琦	곽기	37	21	1934.10	敎化編年 / 李大榮	
1892	郭基爛	곽기란	20	38	1920.03	求禮郡文廟重修捐義錄小序 / 金商翊	
1893	郭斗館	곽두관	15	31	1917.10	日誌大要	
1894	霍里子高	곽리자고	44	57	1939.10	朝鮮詩學考 / 李昇圭	麗玉의 夫
1895	郭萬柱	곽만주	37	33	1934.10	孝烈行蹟〉[忠淸北道知事의 보고]	
1896	郭璞	곽박	1	22	1913.12	經學當明者 四 / 呂圭亨	
1897	郭璞	곽박	3	55	1914.06	禮器圖說(續)	
1898	郭璞	곽박	12	22	1916.12	舞器圖說(續)	
1899	郭璞	곽박	15	4	1917.10	經學管見(續) / 尹寧求	
1900	郭琇	곽수	16	6	1918.03	經學管見(續) / 尹寧求	
1901	郭守敬	곽수경	6	15	1915.03	格致管見(續) / 李鼎煥	

번호	원문	현대어(독음)	호	쪽	발행일	기사명 / 필자	비고
1902	郭氏	곽씨	35	45	1932.12	孝烈行蹟〉[利川郡鄕校의 보고]	
1903	郭良翰	곽양한	19	11	1918.12	經學管見(續) / 尹寧求	
1904	郭雍	곽옹	12	7	1916.12	經學管見(續) / 尹寧求	
1905	郭鍾琯	곽종관	37	29	1934.10	孝烈行蹟〉[柳興容 等의 보고]	
1906	郭鍾錫	곽종석	1	46	1913.12	日誌大要	
1907	郭鍾錫	곽종석	1	51	1913.12	日誌大要	
1908	郭宗昌	곽종창	20	20	1920.03	經學管見(續) / 尹寧求	
1909	郭鍾玹	곽종현	30	79	1929.12	地方報告〉[李東薰의 報告]	
1910	郭址浩	곽지호	26	97	1925.12	地方報告〉[金炳庸 等의 報告]	
1911	郭最瑞	곽최서	35	28	1932.12	地方儒林狀況〉[李奎寧 等의 보고]	
1912	郭忠孝	곽충효	12	7	1916.12	經學管見(續) / 尹寧求	
1913	郭河	곽하	28	75	1927.12	地方報告〉[李勉應의 報告]	
1914	郭憲鎔	곽헌용	22	53	1922.03	日誌大要	
1915	郭憲鎔	곽헌용	22	54	1922.03	日誌大要	
1916	管	관	6	1	1915.03	緖論 / 呂圭亨	管子
1917	管	관	6	60	1915.03	講說〉講題 善養吾浩然之氣(大正三年十一月二十一日第九回講演) / 李容稙	
1918	管	관	17	30	1918.07	洙澳問答 / 元泳義	管仲
1919	管	관	24	8	1923.12	經義問對(續) / 沈璿澤	管仲
1920	管	관	26	11	1925.12	四書講解總說 / 元泳義	
1921	管	관	47	28	1943.01	論語要義 / 崔浩然	管仲
1922	關	관	7	3	1915.06	學說 / 呂圭亨	
1923	關	관	11	7	1916.06	經論 / 韓晚容	
1924	關	관	30	1	1929.12	雜誌第三十號發行說 / 權純九	關中, 橫渠 張載가 강학한 곳으로 장재를 가리킴
1925	關	관	30	38	1929.12	杏壇 / 元弘植	
1926	關	관	37	2	1934.10	心學說 / 李學魯	
1927	關	관	40	16	1936.08	文房四友說 / 韓昌愚	
1928	管鮑	관구	22	71	1922.03	講說〉以文會友以友輔仁 / 鄭鳳時	
1929	關藤	관등	37	55	1934.10	文廟釋奠狀況〉[文錫烈의 보고]	세키후지 다다히라 (關藤唯平)
1930	寬夫	관부	42	56	1937.12	文廟享祀位次及聖賢姓名爵號考 / 金完鎭	董仲舒
1931	關北全氏	관북 전씨	34	7	1932.03	節婦全氏碑 / 權純九	
1932	管城君	관성군	46	27	1941.12	孝烈行跡報告 其三 / 朴尙錫	陸普의 작위

번호	원문	현대어(독음)	호	쪽	발행일	기사명 / 필자	비고
1933	關屋貞三郎	관옥정삼랑	7	54	1915.06	日誌大要	세키야 데이자부로
1934	關屋貞三郎	관옥정삼랑	7	68	1915.06	日誌大要	세키야 데이자부로
1935	關屋貞三郎	관옥정삼랑	8	45	1915.09	日誌大要	세키야 데이자부로
1936	關屋貞三郎	관옥정삼랑	9	38	1915.12	日誌大要	세키야 데이자부로
1937	關屋貞三郎	관옥정삼랑	14	20	1917.07	朝鮮教育의 方針과 日韓併合의 眞義 / 關屋貞三郎	세키야 데이자부로
1938	關屋貞三郎	관옥정삼랑	16	32	1918.03	日誌大要	세키야 데이자부로
1939	關屋貞三郎	관옥정삼랑	17	42	1918.07	日誌大要	세키야 데이자부로
1940	關屋貞三郎	관옥정삼랑	44	13	1939.10	內鮮一體の具現に就て / 南 次郎	세키야 데이자부로
1941	關屋貞三郎	관옥정삼랑	45	20	1940.12	朝鮮儒林大會(朝鮮儒道聯合會創立總會) 會錄槪要〉朝鮮儒道聯合會役員名簿(昭和十四年十一月一日現在)	세키야 데이자부로
1942	關羽	관우	10	15	1916.03	經學管見(續) / 尹寧求	
1943	管原道眞	관원도진	41	17	1937.02	博士王仁傳 / 李學魯	
1944	菅原道眞	관원도진	3	40	1914.06	講士視察見聞所記 / 呂圭亨	스가와라 미치자네
1945	菅原氏	관원씨	3	40	1914.06	講士視察見聞所記 / 呂圭亨	
1946	管原淸治	관원청치	20	54	1920.03	地方報告〉[權鳳洙의 報告]	스가와라 세이지
1947	管幼安	관유안	31	21	1930.08	講題 窮塞禍患不以動其心行吾義而已 / 李學魯	
1948	關尹	관윤	3	37	1914.06	孔子年報(續) / 呂圭亨	
1949	關尹子	관윤자	12	63	1916.12	講說〉二宮尊德翁의 人物及道德(大正五年五月十三日第十八回講演) / 太田秀穗	周 關令尹喜
1950	管子	관자	1	84	1913.12	地方報告 大正元年始〉[成樂賢의 報告]	
1951	管子	관자	5	4	1914.12	孔敎卽東亞之宗敎 / 金文演	
1952	管子	관자	6	5	1915.03	緖論 / 呂圭亨	
1953	管子	관자	12	61	1916.12	講說〉二宮尊德翁의 人物及道德(大正五年五月十三日第十八回講演) / 太田秀穗	
1954	管子	관자	15	17	1917.10	詩經蔫辨 / 金文演	
1955	管子	관자	17	67	1918.07	地方報告〉[鄭鳳時의 報告]	
1956	管子	관자	24	71	1923.12	講說〉講題 溫故而知新 / 沈璿澤	

번호	원문	현대어(독음)	호	쪽	발행일	기사명 / 필자	비고
1957	管子	관자	26	64	1925.12	講說〉講題 德者本也財者末也 / 鄭鳳時	
1958	管子	관자	28	55	1927.12	講說〉講題 謹庠序之敎申之以孝悌之義 / 鄭鳳時	
1959	管子	관자	29	4	1928.12	儒道說 / 鄭鳳時	
1960	管子	관자	29	50	1928.12	講說〉講題 學所以明人倫 / 成樂賢	
1961	管子	관자	30	47	1929.12	講說〉講題 旣庶矣富之旣富矣敎之 / 鄭鳳時	
1962	管子	관자	31	17	1930.08	講題 德者本也財者末也 / 成樂賢	
1963	管子	관자	36	3	1933.12	經義問對(續) / 韓昌愚	
1964	管子	관자	39	6	1935.10	關東四會說 / 鄭鳳時	
1965	管子	관자	45	84	1940.12	忠淸南道儒道聯合會結成式〉東亞ノ建設ト儒道ノ精神 / 安寅植	
1966	管子	관자	46	9	1941.12	大學序文先儒論辨 / 金誠鎭	
1967	貫長卿	관장경	10	13	1916.03	經學管見(續) / 尹寧求	
1968	關壯繆	관장무	1	20	1913.12	經學當明者 三 / 呂圭亨	관우
1969	管仲	관중	3	37	1914.06	孔子年報(續) / 呂圭亨	
1970	管仲	관중	6	52	1915.03	論語分類一覽 / 金文演	
1971	管仲	관중	6	53	1915.03	論語分類一覽 / 金文演	
1972	管仲	관중	8	2	1915.09	儒敎論 / 呂圭亨	
1973	管仲	관중	8	5	1915.09	經說 本論附 / 韓晩容	
1974	管仲	관중	10	19	1916.03	經學管見(續) / 尹寧求	
1975	管仲	관중	10	65	1916.03	講說〉儒敎의 根本義(大正四年十月九日第十五回講演)	
1976	管仲	관중	23	11	1922.12	經義問對(續) / 沈璿澤	
1977	管仲	관중	24	9	1923.12	經義問對(續) / 沈璿澤	
1978	管仲	관중	30	24	1929.12	中庸問對(續) / 崔基鉉	
1979	管仲	관중	41	19	1937.02	夜歸亭記 / 權純九	
1980	管仲	관중	44	40	1939.10	經儒學 / 金誠鎭	
1981	光	광	8	11	1915.09	華山問答(續) / 李容稙	宋光宗
1982	廣江澤次郎	광강택차랑	47	46	1943.01	經學院日誌大要(昭和十六年七月ヨリ昭和十七年六月マテ)	히로에 사와지로
1983	光格天皇	광격 천황	48	48	1944.04	嘉言善行 / 李敬植	고카쿠 천황
1984	光格天皇	광격 천황	48	50	1944.04	嘉言善行 / 李敬植	고카쿠 천황
1985	廣瀨	광뢰	46	32	1941.12	明倫專門學院日誌大要(昭和十四年七月ヨリ昭和十六年六月マテ)	히로세 히사타다 (廣瀨久忠)
1986	光明院	광명원	18	51	1918.09	講說〉講題 內地의 宋學(大正七年五月十一日第二十八回講演) / 今關壽麿	고묘인. 고묘천황(光明天皇)의 院号

ㄱ

번호	원문	현대어(독음)	호	쪽	발행일	기사명 / 필자	비고
1987	光武	광무	1	13	1913.12	論說 / 呂圭亨	
1988	光武	광무	46	2	1941.12	興學養材 / 崔浩然	後漢 초대황제 劉秀
1989	光山金氏	광산 김씨	27	78	1926.12	地方報告〉[姜永郃의 報告]	
1990	光山金氏	광산 김씨	38	37	1935.03	孝烈行蹟〉[全永萬 等의 보고]	
1991	光山晃植	광산면식	46	16	1941.12	釋奠狀況〉昭和十五年秋季釋奠狀況	
1992	光山晃植	광산면식	46	18	1941.12	釋奠狀況〉昭和十六年春季釋奠狀況	
1993	廣成子	광성자	6	37	1915.03	孔子年報(續) / 呂圭亨	
1994	光仁	광인	48	49	1944.04	嘉言善行 / 李敬植	고닌 천황
1995	匡人	광인	26	18	1925.12	三洙瑣談(續) / 元泳義	
1996	匡鼎	광정	1	17	1913.12	經學當明者 一 / 呂圭亨	
1997	光宗	광종	20	30	1920.03	三洙瑣談(續) / 元泳義	
1998	光宗	광종	47	33	1943.01	朝鮮詩學考(第十四號續) / 李昇圭	고려의 王昭
1999	光州潘氏	광주 반씨	26	81	1925.12	地方報告〉[孔在煥의 報告]	
2000	廣州李氏	광주 이씨	26	88	1925.12	地方報告〉[金澤 等의 報告]	
2001	廣州李氏	광주 이씨	30	71	1929.12	地方報告〉[崔仁鶴 等의 報告]	
2002	廣州李氏	광주 이씨	30	81	1929.12	地方報告〉[池玩洙의 報告]	
2003	廣州李氏	광주 이씨	46	26	1941.12	孝烈行跡報告 其二 / 安龍善	
2004	光緖	광진	5	44	1914.12	孔子年報(續) / 呂圭亨	
2005	光緖	광진	5	46	1914.12	孔子年報(續) / 呂圭亨	
2006	光緖	광진	7	27	1915.06	孔子年報(續) / 呂圭亨	
2007	廣川	광천	10	2	1916.03	經論 / 金元祐	董仲舒
2008	廣川	광천	10	31	1916.03	享官廳記 / 洪貴達 撰	
2009	廣川君	광천군	10	30	1916.03	享官廳記 / 洪貴達 撰	
2010	廣川伯	광천백	8	35	1915.09	賢關記聞 / 李大榮	董仲舒
2011	廣川伯	광천백	42	56	1937.12	文廟享祀位次及聖賢姓名爵號考 / 金完鎭	董仲舒
2012	廣川伯	광천백	42	47	1937.12	文廟享祀位次及聖賢姓名爵號考 / 金完鎭	董仲舒
2013	光海	광해	10	51	1916.03	賢關記聞(續) / 李大榮	
2014	光海	광해	12	39	1916.12	賢關記聞(續) / 李大榮	
2015	光海	광해	37	38	1934.10	地方儒林狀況〉[李大榮의 보고]〉書院狀況	
2016	光海君	광해군	42	57	1937.12	文廟享祀位次及聖賢姓名爵號考 / 金完鎭	조선, 李琿
2017	匡衡	광형	10	19	1916.03	經學管見(續) / 尹寧求	
2018	匡衡	광형	12	4	1916.12	經學說(續) / 李容稙	
2019	匡衡	광형	16	16	1918.03	詩經蔿辨 / 金文演	
2020	匡衡	광형	20	30	1920.03	三洙瑣談(續) / 元泳義	
2021	蒯瞆	괴외	5	46	1914.12	孔子年報(續) / 呂圭亨	衛의 莊公

ㄱ

번호	원문	현대어(독음)	호	쪽	발행일	기사명 / 필자	비고
2022	剷瓆	괴외	6	39	1915.03	孔子年報(續) / 呂圭亨	
2023	剷瓆	괴외	6	40	1915.03	孔子年報(續) / 呂圭亨	원문은 瓆
2024	剷瓆	괴외	12	14	1916.12	孟子緖論 / 金文演	
2025	橋吉藏	교길장	44	81	1939.10	日誌大要(自昭和十三年六月 至昭和十三年十二月)	하시 기치조
2026	鄡單	교단	8	35	1915.09	賢關記聞 / 李大榮	
2027	鄡單	교단	30	[12]	1929.12	李龍眠畵宣聖及七十二弟子像贊(金石萃編)	
2028	鄡單	교단	42	46	1937.12	文廟享祀位次及聖賢姓名爵號考 / 金完鎭	聊城侯
2029	鄡單	교단	42	53	1937.12	文廟享祀位次及聖賢姓名爵號考 / 金完鎭	聊城侯, 원문은 姓鄡名單
2030	膠東侯	교동후	8	35	1915.09	賢關記聞 / 李大榮	
2031	膠東侯	교동후	42	47	1937.12	文廟享祀位次及聖賢姓名爵號考 / 金完鎭	后處
2032	膠東侯	교동후	42	53	1937.12	文廟享祀位次及聖賢姓名爵號考 / 金完鎭	后處
2033	橋本左內	교본좌내	48	24	1944.04	(十月十五日於經學院秋季釋典)時局と儒道 / 鈴川壽男	하시모토 사나이
2034	丘	구	4	41	1914.09	孔子年報(續) / 呂圭亨	孔丘
2035	丘	구	5	46	1914.12	孔子年報(續) / 呂圭亨	孔丘
2036	丘	구	6	52	1915.03	論語分類一覽 / 金文演	孔丘
2037	丘	구	14	65	1917.07	地方報告>[宋在永의 報告])釋奠祭文 / 黃羲民	孔丘
2038	丘	구	44	28	1939.10	儒敎의 起源과 流派 / 李昇圭	孔丘
2039	歐	구	1	21	1913.12	經學當明者 三 / 呂圭亨	歐陽修
2040	歐	구	14	9	1917.07	經學管見(續) / 尹寧求	
2041	歐	구	40	16	1936.08	文房四友說 / 韓昌愚	
2042	求	구	11	72	1916.06	講說>浴乎沂風乎舞雩詠而歸(大正五年四月八日第十七回講演) / 鄭鳳時	公西赤
2043	求	구	11	73	1916.06	講說>浴乎沂風乎舞雩詠而歸(大正五年四月八日第十七回講演) / 鄭鳳時	公西赤
2044	臼季	구계	7	34	1915.06	容思衍(續) / 李鼎煥	
2045	蜗谿	구계	36	38	1933.12	孝烈行蹟>[李奎燮 等의 보고]	
2046	鳩摩羅什	구마라습	6	3	1915.03	緖論 / 呂圭亨	구마라집, 쿠마라지바, 인도의 승려
2047	邱明	구명	11	5	1916.06	經論 / 韓晩容	
2048	具明會	구명회	44	79	1939.10	文廟秋季釋奠狀況	
2049	丘文莊	구문장	10	22	1916.03	經學淺知錄 / 金文演	
2050	久保喜久夫	구보희구부	39	23	1935.10	湯島聖堂孔子祭典狀況>孔子祭舞樂曲目竝配役	구보 기쿠오

번호	원문	현대어(독음)	호	쪽	발행일	기사명 / 필자	비고
2051	具本衡	구본형	25	44	1924.12	日誌大要	
2052	九峯	구봉	12	6	1916.12	經學管見(續) / 尹寧求	蔡沈
2053	九峰	구봉	19	24	1918.12	三洙瑣談(續) / 元泳義	蔡沈
2054	具奉漢	구봉한	20	38	1920.03	求禮郡文廟重修捐義錄小序 / 金商翊	
2055	具富會	구부회	36	32	1933.12	文廟釋奠狀況〉[李時雨의 보고]	
2056	朐山侯	구산후	42	47	1937.12	文廟享祀位次及聖賢姓名爵號考 / 金完鎮	鄭國
2057	朐山侯	구산후	42	54	1937.12	文廟享祀位次及聖賢姓名爵號考 / 金完鎮	鄭國
2058	九聖	구성	44	33	1939.10	經儒學 / 金誠鎮	
2059	駒城大榮	구성대영	46	17	1941.12	釋奠狀況〉昭和十六年春季釋奠狀況	李大榮
2060	駒城大榮	구성대영	46	33	1941.12	明倫專門學院日誌大要(昭和十四年七月ヨリ昭和十六年六月マデ)	李大榮
2061	駒城大榮	구성대영	47	36	1943.01	釋奠狀況〉昭和十六年秋季釋奠狀況	李大榮
2062	駒城大榮	구성대영	47	38	1943.01	釋奠狀況〉昭和十七年春季釋奠狀況	李大榮
2063	駒城大榮	구성대영	47	41	1943.01	釋奠狀況〉昭和十七年秋季釋奠狀況	李大榮
2064	駒城大榮	구성대영	48	51	1944.04	釋奠狀況〉昭和十八年春季釋奠狀況	李大榮
2065	駒城大榮	구성대영	48	62	1944.04	經學院日誌大要(昭和十七年七月ヨリ昭和十八年六月マテ)	李大榮
2066	具聲會	구성회	44	78	1939.10	文廟秋季釋奠狀況	
2067	具詢	구순	30	72	1929.12	地方報告〉[林炳棹의 報告]	
2068	具詢	구순	30	73	1929.12	地方報告〉[林炳棹의 報告]	
2069	緱氏伯	구씨백	42	47	1937.12	文廟享祀位次及聖賢姓名爵號考 / 金完鎮	杜子春
2070	緱氏伯	구씨백	42	56	1937.12	文廟享祀位次及聖賢姓名爵號考 / 金完鎮	杜子春
2071	久庵	구암	22	24	1922.03	故副提學久庵朴公齊斌祭文	朴齊斌
2072	久庵	구암	22	47	1922.03	故經學院副提學久庵朴公挽詞 / 鄭萬朝	朴齊斌
2073	歐陽	구양	40	55	1936.08	鄭茂亭先生追悼錄〉輓詞 / 金承烈	
2074	歐陽	구양	44	34	1939.10	經儒學 / 金誠鎮	歐陽生
2075	歐陽公	구양공	15	16	1917.10	詩經蔫辨 / 金文演	歐陽脩
2076	歐陽公	구양공	44	23	1939.10	躬行論 / 崔浩然	歐陽脩
2077	歐陽忞	구양민	18	8	1918.09	經學管見(續) / 尹寧求	
2078	歐陽生	구양생	9	21	1915.12	經學管見(下) / 尹寧求	
2079	歐陽修	구양수	10	3	1916.03	經論 / 金元祐	
2080	歐陽修	구양수	10	11	1916.03	經學管見(續) / 尹寧求	
2081	歐陽修	구양수	19	8	1918.12	經學管見(續) / 尹寧求	
2082	歐陽修	구양수	20	15	1920.03	經學管見(續) / 尹寧求	
2083	歐陽修	구양수	46	12	1941.12	嘉言善行 / 李昇圭	
2084	歐陽脩	구양수	8	34	1915.09	賢關記聞 / 李大榮	

번호	원문	현대어(독음)	호	쪽	발행일	기사명 / 필자	비고
2085	歐陽脩	구양수	14	9	1917.07	經學管見(續) / 尹寧求	
2086	歐陽脩	구양수	17	6	1918.07	經學管見(續) / 尹寧求	
2087	歐陽脩	구양수	21	11	1921.03	經學管見(續) / 尹寧求	
2088	歐陽脩	구양수	25	28	1924.12	釋奠에 就하야(續) / 佐藤廣治	
2089	歐陽脩	구양수	32	7	1930.12	經學源流(續) / 權純九	
2090	毆陽修	구양수	1	19	1913.12	經學當明者 二 / 呂圭亨	
2091	毆陽修	구양수	1	21	1913.12	經學當明者 三 / 呂圭亨	
2092	歐陽守道	구양수도	10	18	1916.03	經學管見(續) / 尹寧求	
2093	歐陽新畢錫	구양신필석	10	18	1916.03	經學管見(續) / 尹寧求	
2094	歐陽氏	구양씨	7	26	1915.06	孔子年報(續) / 呂圭亨	
2095	歐陽氏	구양씨	8	37	1915.09	賢關記聞 / 李大榮	
2096	歐陽永叔	구양영숙	3	61	1914.06	日誌大要	
2097	歐陽永叔	구양영숙	3	69	1914.06	講說〉講題 孝子所以事君也弟者所以事長也慈者所以使衆也(大正三年三月三日第五回講演)〉續演 / 呂圭亨	
2098	歐陽永叔	구양영숙	8	5	1915.09	經說 本論附 / 韓晩容	
2099	歐陽永叔	구양영숙	19	3	1918.12	學說 / 呂龍鉉	
2100	毆陽永叔	구양영숙	3	1	1914.06	經學院雜誌 第三號 序 / 呂圭亨	
2101	歐陽澈	구양철	10	47	1916.03	賢關記聞(續) / 李大榮	宋의 太學生
2102	毆陽澈	구양철	30	40	1929.12	日誌大要	宋의 太學生
2103	歐陽詹	구양첨	46	3	1941.12	興學養材 / 崔浩然	唐의 유학자
2104	歐陽歙	구양흡	41	43	1937.02	經學院永年勤續職員褒彰式狀況〉祝辭 / 李學魯	
2105	具然學	구연학	23	40	1922.12	孔夫子忌辰四十周甲追慕禮式及紀念事業發起文	
2106	具然學	구연학	23	57	1922.12	日誌大要	
2107	具然海	구연해	43	33	1938.12	皇軍慰問詩 / 具然海	
2108	具然奐	구연환	26	85	1925.12	地方報告〉[具然奐의 報告]	
2109	具然興	구연흥	20	38	1920.03	求禮郡文廟重修捐義錄小序 / 金商翊	
2110	具元書	구원서	33	35	1931.12	聲討顚末	
2111	具元書	구원서	40	64	1936.08	第四回卒業式狀況及第七回新入生名簿〉明倫學院第一會研究科入學許可者名簿	
2112	具元書	구원서	42	38	1937.12	文廟春季釋奠狀況	
2113	具元書	구원서	42	72	1937.12	第五回卒業式狀況及第八回新入生名簿〉研究科現在學生名簿	
2114	具元書	구원서	43	67	1938.12	文廟春季釋奠狀況	
2115	具元書	구원서	44	79	1939.10	文廟秋季釋奠狀況	

번호	원문	현대어(독음)	호	쪽	발행일	기사명 / 필자	비고
2116	具元書	구원서	45	37	1940.12	朝鮮儒林大會(朝鮮儒道聯合會創立總會) 會錄概要〉朝鮮儒道聯合會役員名簿(昭和十四年十一月一日現在)	
2117	具元書	구원서	47	37	1943.01	釋奠狀況〉昭和十六年秋季釋奠狀況	
2118	具元書	구원서	47	38	1943.01	釋奠狀況〉昭和十七年春季釋奠狀況	
2119	具元書	구원서	48	52	1944.04	釋奠狀況〉昭和十八年春季釋奠狀況	
2120	具元書	구원서	48	53	1944.04	釋奠狀況〉昭和十八年秋季釋奠狀況	
2121	具元一	구원일	43	21	1938.12	江華忠烈祠享祀位次及祝文式	
2122	久邇宮邦彦	구이궁방언	30	43	1929.12	日誌大要	구니노미야 구니요시
2123	具翊書	구익서	33	36	1931.12	聲討顚末	
2124	具滋璟	구자경	45	24	1940.12	朝鮮儒林大會(朝鮮儒道聯合會創立總會) 會錄概要〉朝鮮儒道聯合會役員名簿(昭和十四年十一月一日現在)	
2125	具慈祿	구자록	33	58	1931.12	[판권사항]	
2126	具滋昇	구자승	28	83	1927.12	地方報告〉[具滋昇의 報告]	
2127	句井彊	구정강	42	47	1937.12	文廟享祀位次及聖賢姓名爵號考 / 金完鎭	滏陽侯
2128	句井彊	구정강	42	53	1937.12	文廟享祀位次及聖賢姓名爵號考 / 金完鎭	滏陽侯, 원문은 姓句名井彊
2129	丘濬	구준	42	60	1937.12	文廟享祀位次及聖賢姓名爵號考 / 金完鎭	
2130	邱濬	구준	26	25	1925.12	釋奠에 就ᄒ야(續) / 佐藤廣治	
2131	邱濬	구준	26	26	1925.12	釋奠에 就ᄒ야(續) / 佐藤廣治	
2132	邱濬	구준	26	28	1925.12	釋奠에 就ᄒ야(續) / 佐藤廣治	
2133	具瓚書	구찬서	23	40	1922.12	孔夫子忌辰四十周甲追慕禮式及紀念事業發起文	
2134	具瓚書	구찬서	23	57	1922.12	日誌大要	
2135	具昌祖	구창조	45	29	1940.12	朝鮮儒林大會(朝鮮儒道聯合會創立總會) 會錄概要〉朝鮮儒道聯合會役員名簿(昭和十四年十一月一日現在)	
2136	句踐	구천	6	38	1915.03	孔子年報(續) / 呂圭亨	
2137	丘忠煥	구충환	39	39	1935.10	孝烈行蹟〉[羅燾宇 等의 보고]	
2138	具鉉祿	구현록	33	58	1931.12	[판권사항]	
2139	具亨祖	구형조	33	35	1931.12	聲討顚末	
2140	鞠景仁	국경인	33	9	1931.12	司直金公墓碑銘并序 / 金完鎭	
2141	國僑	국교	15	37	1917.10	講說〉講題 子曰君子之道四某未能一焉所求乎子以事父未能也所求乎臣以事君未能也所求乎弟以事兄未能也所求乎朋友先施之未能也(大正六年五月十二日第二十三回講演)〉續演 / 呂圭亨	

번호	원문	현대어(독음)	호	쪽	발행일	기사명 / 필자	비고
2142	國本晚鎔	국본만용	48	52	1944.04	釋奠狀況〉昭和十八年春季釋奠狀況	
2143	國本晚鎔	국본만용	48	53	1944.04	釋奠狀況〉昭和十八年秋季釋奠狀況	
2144	國本尙弼	국본상필	46	18	1941.12	釋奠狀況〉昭和十六年春季釋奠狀況	李尙弼
2145	國本尙弼	국본상필	47	37	1943.01	釋奠狀況〉昭和十六年秋季釋奠狀況	李尙弼
2146	國本尙弼	국본상필	47	39	1943.01	釋奠狀況〉昭和十七年春季釋奠狀況	李尙弼
2147	國本永植	국본영식	47	36	1943.01	釋奠狀況〉昭和十六年秋季釋奠狀況	
2148	國本永植	국본영식	47	37	1943.01	釋奠狀況〉昭和十六年秋季釋奠狀況	
2149	國本宅來	국본택래	47	38	1943.01	釋奠狀況〉昭和十七年春季釋奠狀況	
2150	鞠聖錫	국성석	35	76	1932.12	明倫學院昭和七年度第三回入學許可者名簿	
2151	鞠聖錫	국성석	36	25	1933.12	文廟釋奠狀況〉[秋期釋奠 擧行]	
2152	鞠聖錫	국성석	37	45	1934.10	文廟釋奠狀況〉[秋期釋奠 擧行]	
2153	鞠聖錫	국성석	37	51	1934.10	文廟釋奠狀況〉[春期釋奠 擧行]	
2154	鞠聖錫	국성석	37	69	1934.10	明倫學院第三回卒業生名簿	
2155	鞠聖錫	국성석	38	44	1935.03	文廟釋奠狀況〉[秋期釋奠 擧行]	
2156	鞠聖錫	국성석	39	52	1935.10	文廟釋奠狀況〉[春期釋奠 擧行]	
2157	鞠聖錫	국성석	39	56	1935.10	第三回卒業生名簿(新規第一回昭和十年三月)	
2158	鞠聖錫	국성석	43	50	1938.12	鄭松里先生追悼錄〉吊辭 / 李泳珪 等	
2159	鞠承敦	국승돈	40	63	1936.08	第四回卒業式狀況及第七回新入生名簿〉明倫學院第七回入學許可者名簿	
2160	鞠承敦	국승돈	42	38	1937.12	文廟春季釋奠狀況	
2161	鞠承敦	국승돈	44	79	1939.10	文廟秋季釋奠狀況	
2162	國子	국자	2	52	1914.03	日誌大要	韓愈, 韓退之
2163	國子	국자	38	31	1935.03	太學志慶詩帖序	韓愈, 韓退之
2164	菊池氏	국지씨	48	23	1944.04	(十月十五日於經學院秋季釋典)時局と儒道 / 鈴川壽男	기쿠치시
2165	鞠埰雄	국채웅	45	31	1940.12	朝鮮儒林大會(朝鮮儒道聯合會創立總會) 會錄槪要〉朝鮮儒道聯合會役員名簿(昭和十四年十一月一日現在)	
2166	菊初	국초	13	37	1917.03	日誌大要	
2167	菊村	국촌	22	72	1922.03	地方報告〉[宋圭鎭의 報告]	崔哲
2168	菊村光雄	국촌광웅	48	52	1944.04	釋奠狀況〉昭和十八年春季釋奠狀況	
2169	菊村光雄	국촌광웅	48	54	1944.04	釋奠狀況〉昭和十八年秋季釋奠狀況	
2170	君實	군실	42	56	1937.12	文廟享祀位次及聖賢姓名爵號考 / 金完鎭	司馬光
2171	屈	굴	40	47	1936.08	鄭茂亭先生追悼錄〉吊辭 / 鄭鳳時 等	
2172	屈宋	굴송	11	5	1916.06	經論 / 韓晚容	

번호	원문	현대어(독음)	호	쪽	발행일	기사명 / 필자	비고
2173	屈宋	굴송	40	16	1936.08	文房四友說 / 韓昌愚	
2174	屈原	굴원	3	9	1914.06	論四經讀法(上篇) / 呂圭亨	
2175	屈原	굴원	6	37	1915.03	孔子年報(續) / 呂圭亨	
2176	屈原	굴원	9	16	1915.12	經學管見(上) / 尹寧求	
2177	屈原	굴원	16	15	1918.03	詩經薦辨 / 金文演	
2178	屈原	굴원	26	26	1925.12	釋奠에 就ᄒ야(續) / 佐藤廣治	
2179	堀井伍長	굴정오장	44	80	1939.10	日誌大要(自昭和十三年六月 至昭和十三年十二月)	호리이 고쵸
2180	堀正一	굴정일	45	25	1940.12	朝鮮儒林大會(朝鮮儒道聯合會創立總會) 會錄槪要〉朝鮮儒道聯合會役員名簿(昭和十四年十一月一日現在)	호리 쇼이치
2181	堀杏庵	굴행암	18	52	1918.09	講說〉講題 內地의 宋學(大正七年五月十一日 第二十八回講演) / 今關壽麿	호리 교안
2182	宮	궁	39	26	1935.10	湯島聖堂孔子祭典狀況〉祝辭 / 岡田啓介	후시미노미야 히로야스오(伏見宮博恭王)
2183	宮	궁	39	28	1935.10	湯島聖堂孔子祭典狀況〉祝辭 / 橫山助成	후시미노미야 히로야스오(伏見宮博恭王)
2184	宮島敏雄	궁도민웅	45	39	1940.12	朝鮮儒林大會(朝鮮儒道聯合會創立總會) 會錄槪要〉朝鮮儒道聯合會役員名簿(昭和十四年十一月一日現在)	미야지마 도시오
2185	宮木又七	궁목우칠	15	30	1917.10	日誌大要	미야기 마타시치
2186	宮木又七	궁목우칠	15	51	1917.10	講說〉光州郡鄕校講演(大正六年四月二十六日)〉開講辭告 / 宮木又七	미야기 마타시치
2187	宮本觀鎭	궁본관진	46	24	1941.12	經學院日誌大要(昭和十四年七月ヨリ昭和十六年六月マテ)	
2188	宮本觀鎭	궁본관진	47	47	1943.01	經學院日誌大要(昭和十六年七月ヨリ昭和十七年六月マテ)	
2189	宮本元	궁본원	45	22	1940.12	朝鮮儒林大會(朝鮮儒道聯合會創立總會) 會錄槪要〉朝鮮儒道聯合會役員名簿(昭和十四年十一月一日現在)	미야모토 하지메
2190	宮本幸作	궁본행작	48	62	1944.04	經學院日誌大要(昭和十七年七月ヨリ昭和十八年六月マテ)	
2191	弓削元寶	궁삭원보	48	49	1944.04	嘉言善行 / 李敬植	유게 노 간호, 원문은 弓削元實로 오기됨

번호	원문	현대어(독음)	호	쪽	발행일	기사명 / 필자	비고
2192	弓削幸太郎	궁삭행태랑	25	41	1924.12	日誌大要	유게 고타로
2193	弓裔	궁예	32	32	1930.12	視察不二農場贈藤井組合長 / 李學魯	
2194	權	권	13	5	1917.03	經學管見(續) / 尹寧求	明 寧王
2195	權	권	37	45	1934.10	文廟釋奠狀況〉[秋期釋奠 擧行]	權重顯
2196	權甲采	권갑채	25	44	1924.12	日誌大要	
2197	權甲采	권갑채	25	45	1924.12	日誌大要	
2198	權耉	권구	1	38	1913.12	近世事十條 / 李商永	원문은 耉
2199	權俱	권구	10	30	1916.03	享官廳記 / 洪貴達 撰	
2200	權近	권근	11	26	1916.06	經學淺知錄(續) / 金文演	원문은 近
2201	權近	권근	11	53	1916.06	賢關記聞(續) / 李大榮	
2202	權近	권근	11	54	1916.06	賢關記聞(續) / 李大榮	
2203	權近	권근	28	2	1927.12	朝鮮詩文變遷論 / 鄭萬朝	원문은 近
2204	權近	권근	37	21	1934.10	教化編年 / 李大榮	
2205	權璣淵	권기연	45	41	1940.12	朝鮮儒林大會(朝鮮儒道聯合會創立總會) 會錄概要〉朝鮮儒道聯合會役員名簿(昭和十四年十一月一日現在)	
2206	權蹈	권도	13	28	1917.03	賢關記聞(續) / 李大榮	
2207	權藤四郎介	권등사랑개	45	26	1940.12	朝鮮儒林大會(朝鮮儒道聯合會創立總會) 會錄概要〉朝鮮儒道聯合會役員名簿(昭和十四年十一月一日現在)	곤도 시로스케
2208	權擎	권람	37	23	1934.10	教化編年 / 李大榮	
2209	權綸	권륜	8	24	1915.09	尊經閣記 / 徐居正 撰	
2210	權炳	권병	46	5	1941.12	大學序文先儒論辨 / 金誠鎭	원문은 權氏炳
2211	權炳烈	권병렬	39	53	1935.10	文廟釋奠狀況〉地方文廟春期釋奠狀況表	
2212	權炳烈	권병렬	40	37	1936.08	文廟釋奠狀況〉[地方文廟春期釋奠狀況表]	
2213	權丙夏	권병하	38	46	1935.03	文廟釋奠狀況〉地方文廟秋期釋奠狀況表	
2214	權炳河	권병하	20	58	1920.03	地方報告〉[權炳河의 報告]	
2215	權炳河	권병하	20	59	1920.03	地方報告〉[權炳河의 報告]	
2216	權炳河	권병하	24	17	1923.12	平康郡鄉校重修記 / 鄭萬朝	
2217	權炳河	권병하	24	88	1923.12	地方報告〉[權炳河의 報告]	
2218	權鳳洙	권봉수	20	22	1920.03	求禮郡文廟重修記 / 金商翊	
2219	權鳳洙	권봉수	20	36	1920.03	求禮郡文廟重修捐義錄小序 / 金商翊	
2220	權鳳洙	권봉수	20	43	1920.03	求禮郡文廟重修落成式韻 / 權鳳洙	
2221	權鳳洙	권봉수	20	53	1920.03	地方報告〉[權鳳洙의 報告]	
2222	權祥洙	권상수	20	37	1920.03	求禮郡文廟重修捐義錄小序 / 金商翊	
2223	權相佑	권상우	38	47	1935.03	文廟釋奠狀況〉地方文廟秋期釋奠狀況表	

번호	원문	현대어(독음)	호	쪽	발행일	기사명 / 필자	비고
2224	權尙夏	권상하	10	46	1916.03	賢關記聞(續) / 李大榮	
2225	權尙夏	권상하	11	27	1916.06	經學淺知錄(續) / 金文演	원문은 尙夏
2226	權石洲	권석주	28	3	1927.12	朝鮮詩文變遷論 / 鄭萬朝	權韠
2227	權遂庵	권수암	11	27	1916.06	經學淺知錄(續) / 金文演	權尙夏
2228	權遂庵	권수암	32	40	1930.12	地方報告>地方儒林狀況>[成樂賢의 報告]	
2229	權純九	권순구	23	40	1922.12	孔夫子忌辰四十周甲追慕禮式及紀念事業發起文	
2230	權純九	권순구	23	56	1922.12	日誌大要	
2231	權純九	권순구	29	35	1928.12	大樹帖 / 權純九	
2232	權純九	권순구	30	1	1929.12	雜誌第三十號發行說 / 權純九	
2233	權純九	권순구	30	40	1929.12	日誌大要	
2234	權純九	권순구	30	42	1929.12	日誌大要	
2235	權純九	권순구	31	2	1930.08	經學源流 / 權純九	
2236	權純九	권순구	31	27	1930.08	壽星帖 / 院僚一同	
2237	權純九	권순구	31	31	1930.08	日誌大要	
2238	權純九	권순구	32	2	1930.12	經學源流(續) / 權純九	
2239	權純九	권순구	32	31	1930.12	視察不二農場贈藤井組合長 / 權純九	
2240	權純九	권순구	32	35	1930.12	崧陽書院叅拜敬次板上韻 / 權純九	
2241	權純九	권순구	33	3	1931.12	經筵問對箚記 / 權純九	
2242	權純九	권순구	33	18	1931.12	壽松帖>敬賀鄭提學先生喜壽 / 權純九	
2243	權純九	권순구	33	29	1931.12	聲討顚末	
2244	權純九	권순구	34	3	1932.03	最近經學考 / 權純九	
2245	權純九	권순구	34	7	1932.03	節婦全氏碑 / 權純九	
2246	權純九	권순구	35	1	1932.12	宗教說 / 權純九	
2247	權純九	권순구	35	12	1932.12	池石庵琓洙六十一壽序 / 權純九	
2248	權純九	권순구	35	22	1932.12	孝壽帖>賀韻 / 權純九	
2249	權純九	권순구	36	1	1933.12	窮養達施論 / 權純九	
2250	權純九	권순구	37	3	1934.10	自力更生 / 權純九	
2251	權純九	권순구	37	19	1934.10	學說 / 權純九	
2252	權純九	권순구	38	19	1935.03	改正朔不易時月論 / 權純九	
2253	權純九	권순구	38	41	1935.03	日誌大要	
2254	權純九	권순구	38	52	1935.03	第五會評議員會狀況	
2255	權純九	권순구	39	1	1935.10	心田開發論 / 權純九	
2256	權純九	권순구	39	50	1935.10	日誌大要	
2257	權純九	권순구	40	1	1936.08	推廣善端說 / 權純九	
2258	權純九	권순구	40	15	1936.08	鄭隱溪翁六十一壽序 / 權純九	

번호	원문	현대어(독음)	호	쪽	발행일	기사명 / 필자	비고
2259	權純九	권순구	40	39	1936.08	成竹似先生追悼錄〉挽故成均館博士成竹似先生 / 權純九	
2260	權純九	권순구	40	50	1936.08	鄭茂亭先生追悼錄〉哀辭 / 權純九	
2261	權純九	권순구	41	19	1937.02	夜歸亭記 / 權純九	
2262	權純九	권순구	41	59	1937.02	經學院講士名簿(昭和十一年十一月一日)	
2263	權純九	권순구	42	34	1937.12	日誌大要	
2264	權純九	권순구	43	10	1938.12	善惡皆天理論 / 權純九	
2265	權純九	권순구	43	39	1938.12	故大提學鄭鳳時先生輓詞 / 權純九	
2266	權純九	권순구	45	27	1940.12	朝鮮儒林大會(朝鮮儒道聯合會創立總會) 會錄概要〉朝鮮儒道聯合會役員名簿(昭和十四年十一月一日現在)	
2267	權純九	권순구	46	16	1941.12	釋奠狀況〉昭和十五年秋季釋奠狀況	
2268	權純九	권순구	46	24	1941.12	經學院日誌大要(昭和十四年七月ヨリ昭和十六年六月マテ)	
2269	權純元	권순원	30	37	1929.12	雪重帖 / 權純元	
2270	權順長	권순장	43	21	1938.12	江華忠烈祠享祀位次及祝文式	
2271	權諰	권시	11	27	1916.06	經學淺知錄(續) / 金文演	원문은 諰
2272	權氏	권씨	24	23	1923.12	悼權婦人文 / 鄭濟善	
2273	權陽采	권양채	23	22	1922.12	益山郡礪山文廟重修記 / 成岐運	
2274	權陽采	권양채	23	88	1922.12	地方報告〉[李芳雨의 報告]	
2275	權陽村	권양촌	11	26	1916.06	經學淺知錄(續) / 金文演	權近
2276	權陽村	권양촌	28	2	1927.12	朝鮮詩文變遷論 / 鄭萬朝	權近
2277	權陽村	권양촌	44	43	1939.10	大學主旨 / 崔浩然	權近
2278	權淵	권연	45	36	1940.12	朝鮮儒林大會(朝鮮儒道聯合會創立總會) 會錄概要〉朝鮮儒道聯合會役員名簿(昭和十四年十一月一日現在)	
2279	權寧麟	권영린	43	37	1938.12	皇軍慰問詩 / 權寧麟	
2280	權寧萬	권영만	27	53	1926.12	日誌大要	
2281	權寧錫	권영석	45	38	1940.12	朝鮮儒林大會(朝鮮儒道聯合會創立總會) 會錄概要〉朝鮮儒道聯合會役員名簿(昭和十四年十一月一日現在)	
2282	權寧瑀	권영우	1	56	1913.12	日誌大要	
2283	權寧瑀	권영우	1	62	1913.12	講說〉大正二年六月十四日第一回演講〉(講章益者三友損者三友)〉敷演 / 權寧瑀	
2284	權寧瑀	권영우	4	60	1914.09	講說〉講題 文質彬彬然後君子(大正三年六月十三日第六回講演)	
2285	權寧踽	권영우	4	53	1914.09	日誌大要	
2286	權寧一	권영일	25	72	1924.12	地方報告〉[權寧一 等의 報告]	

번호	원문	현대어(독음)	호	쪽	발행일	기사명 / 필자	비고
2287	權寧浩	권영호	39	50	1935.10	日誌大要	
2288	權五成	권오성	30	45	1929.12	日誌大要	
2289	權容信	권용신	16	31	1918.03	日誌大要	
2290	權容信	권용신	23	59	1922.12	日誌大要	
2291	權容植	권용직	38	46	1935.03	文廟釋奠狀況〉地方文廟秋期釋奠狀況表	
2292	權容植	권용직	39	53	1935.10	文廟釋奠狀況〉地方文廟春期釋奠狀況表	
2293	權容漢	권용한	7	54	1915.06	日誌大要	
2294	權容漢	권용한	9	39	1915.12	日誌大要	
2295	權容漢	권용한	9	40	1915.12	日誌大要	
2296	權容漢	권용한	14	39	1917.07	日誌大要	
2297	權容漢	권용한	17	42	1918.07	日誌大要	
2298	權容漢	권용한	19	30	1918.12	日誌大要	
2299	權容漢	권용한	19	31	1918.12	日誌大要	
2300	權容漢	권용한	20	47	1920.03	日誌大要	
2301	權容漢	권용한	20	49	1920.03	日誌大要	
2302	權容漢	권용한	21	93	1921.03	日誌大要	
2303	權容漢	권용한	22	54	1922.03	日誌大要	
2304	權容漢	권용한	22	58	1922.03	日誌大要	
2305	權容漢	권용한	23	60	1922.12	日誌大要	
2306	權容漢	권용한	24	59	1923.12	日誌大要	
2307	權彝鼎	권이정	38	45	1935.03	文廟釋奠狀況〉地方文廟秋期釋奠狀況表	
2308	權彝鼎	권이정	39	52	1935.10	文廟釋奠狀況〉地方文廟春期釋奠狀況表	
2309	權益相	권익상	37	25	1934.10	孝烈行蹟〉[權益相의 보고]	
2310	權益相	권익상	45	20	1940.12	朝鮮儒林大會(朝鮮儒道聯合會創立總會) 會錄概要〉朝鮮儒道聯合會役員名簿(昭和十四年十一月一日現在)	
2311	權益銓	권익전	31	29	1930.08	日誌大要	
2312	權益銓	권익전	31	30	1930.08	日誌大要	
2313	權仁采	권인채	23	81	1922.12	地方報告〉[蔡奎璧의 報告]	
2314	權子厚	권자후	40	18	1936.08	教化編年(續) / 李大榮	
2315	權載祺	권재기	33	37	1931.12	聲討顛末	
2316	權載錄	권재록	40	36	1936.08	文廟釋奠狀況〉[地方文廟春期釋奠狀況表]	
2317	權在吾	권재오	26	93	1925.12	地方報告〉[權在吾 等의 報告]	
2318	權在源	권재원	36	35	1933.12	文廟釋奠狀況〉[權在源의 보고]	
2319	權碩	권전	10	51	1916.03	賢關記聞(續) / 李大榮	
2320	權踶	권제	11	54	1916.06	賢關記聞(續) / 李大榮	

번호	원문	현대어(독음)	호	쪽	발행일	기사명 / 필자	비고
2321	權蹲	권준	37	21	1934.10	敎化編年 / 李大榮	
2322	權重國	권중국	15	20	1917.10	經義問對 / 權重國	
2323	權重林	권중림	33	37	1931.12	聲討顚末	
2324	權重林	권중림	38	35	1935.03	地方儒林狀況〉[權重林의 보고]	
2325	權重林	권중림	39	53	1935.10	文廟釋奠狀況〉地方文廟春期釋奠狀況表	
2326	權重林	권중림	40	36	1936.08	文廟釋奠狀況〉[地方文廟春期釋奠狀況表]	
2327	權重林	권중림	43	25	1938.12	孝烈行蹟〉[權重林의 보고]	
2328	權重林	권중림	38	46	1935.03	文廟釋奠狀況〉地方文廟秋期釋奠狀況表	
2329	權燦宇	권찬우	31	35	1930.08	地方報告〉各郡文廟釋奠狀況〉[權燦宇의 보고]	
2330	權炭翁	권탄옹	1	38	1913.12	近世事十條 / 李商永	權諰
2331	權炭翁	권탄옹	11	27	1916.06	經學淺知錄(續) / 金文演	權諰
2332	權泰甲	권태갑	32	45	1930.12	地方報告〉各郡文廟釋奠狀況〉[權泰甲의 보고]	
2333	權泰均	권태균	25	88	1924.12	[판권사항]	
2334	權泰均	권태균	27	89	1926.12	[판권사항]	
2335	權泰卨	권태설	36	30	1933.12	文廟釋奠狀況〉[權泰卨의 보고]	
2336	權泰壤	권태양	16	80	1918.03	地方報告〉[權泰壤의 報告]	
2337	權泰煥	권태환	45	25	1940.12	朝鮮儒林大會(朝鮮儒道聯合會創立總會) 會錄槪要〉朝鮮儒道聯合會役員名簿(昭和十四年十一月一日現在)	
2338	權宅洙	권택수	20	38	1920.03	求禮郡文廟重修捐義錄小序 / 金商翊	
2339	權平直	권평직	46	15	1941.12	釋奠狀況〉昭和十五年春季釋奠狀況	
2340	權鞸	권필	28	3	1927.12	朝鮮詩文變遷論 / 鄭萬朝	원문은 韠
2341	權韠	권필	12	39	1916.12	賢關記聞(續) / 李大榮	
2342	權鴻洙	권홍수	20	37	1920.03	求禮郡文廟重修捐義錄小序 / 金商翊	
2343	權鴻洙	권홍수	20	42	1920.03	求禮郡文廟重修落成式韻 / 權鴻洙	
2344	權壎	권훈	45	36	1940.12	朝鮮儒林大會(朝鮮儒道聯合會創立總會) 會錄槪要〉朝鮮儒道聯合會役員名簿(昭和十四年十一月一日現在)	
2345	闕黨童子	궐당동자	7	47	1915.06	論語分類一覽(續) / 金文演	
2346	歸震川	귀진천	37	19	1934.10	學說 / 權純九	
2347	邽巽	규손	30	[6]	1929.12	李龍眠畵宣聖及七十二弟子像贊(金石萃編)	
2348	邽巽	규손	42	47	1937.12	文廟享祀位次及聖賢姓名爵號考 / 金完鎭	高堂侯, 高唐侯
2349	邽巽	규손	42	54	1937.12	文廟享祀位次及聖賢姓名爵號考 / 金完鎭	高堂侯, 원문은 姓邽名巽
2350	均	균	15	13	1917.10	四書小註辨疑(續) / 李鶴在	商均, 舜의 子

번호	원문	현대어(독음)	호	쪽	발행일	기사명 / 필자	비고
2351	橘逸勢	귤일세	48	48	1944.04	嘉言善行 / 李敬植	다치바나노 하야나리
2352	基督	그리스도(기독)	12	63	1916.12	講說〉二宮尊德翁의 人物及道德(大正五年五月十三日第十八回講演) / 太田秀穗	
2353	基督	그리스도(기독)	29	60	1928.12	講說〉講題 道德的精神 / 白井成允	
2354	基督	그리스도(기독)	39	13	1935.10	精神指導에 對하야(每日申報 昭和十年 七月十四日 心田開發에 關한 寄稿) / 安寅植	
2355	郤縠	극곡	25	5	1924.12	論語疑義問答(續) / 鄭萬朝	晉의 정치가
2356	棘子成	극자성	4	55	1914.09	講說〉講題 文質彬彬然後君子(大正三年六月十三日第六回講演)	
2357	近江聖人	근강성인	15	74	1917.10	講說〉大邱高等普通學校講演(大正六年五月十六日)〉儒教의 庶民的 發展 / 高橋亨	나카에 도쥬(中江藤樹)
2358	近藤儀一	근등의일	45	22	1940.12	朝鮮儒林大會(朝鮮儒道聯合會創立總會) 會錄槪要〉朝鮮儒道聯合會役員名簿(昭和十四年十一月一日現在)	곤도 기이치
2359	根牟子	근모자	10	11	1916.03	經學管見(續) / 尹寧求	
2360	根牟子	근모자	44	35	1939.10	經儒學 / 金誠鎭	
2361	謹甫	근보	32	41	1930.12	地方報告〉地方儒林狀況〉[成樂賢의 報告]	成三問
2362	靳輔	근보	16	6	1918.03	經學管見(續) / 尹寧求	
2363	近衛	근위	44	5	1939.10	內鮮一體の具現に就て / 南 次郎	고노에 후미마로(近衛文麿)
2364	近衞	근위	45	79	1940.12	忠淸南道儒道聯合會結成式〉東亞ノ建設ト儒道ノ精神 / 安寅植	고노에 후미마로(近衞文麿)
2365	根津庸策	근진용책	48	61	1944.04	經學院日誌大要(昭和十七年七月ヨリ昭和十八年六月マテ)	네즈 요사크
2366	近肖古王	근초고왕	8	35	1915.09	賢關記聞 / 李大榮	
2367	近肖古王	근초고왕	40	9	1936.08	朝鮮儒敎의 大觀 / 鄭鳳時	
2368	近肖古王	근초고왕	41	16	1937.02	博士王仁傳 / 李學魯	
2369	近肖王	근초왕	18	27	1918.09	三洙瑣談 / 元泳義	
2370	錦谷	금곡	30	81	1929.12	地方報告〉[林炳棹 等의 報告]	
2371	今關壽麿	금관수마	13	33	1917.03	贈冥冥先生 / 今關壽麿	이마제키 도시마로
2372	今關壽麿	금관수마	14	36	1917.07	京城文廟仲春釋奠陪觀恭賦 / 今關壽麿	이마제키 도시마로
2373	今關壽麿	금관수마	18	43	1918.09	日誌大要	이마제키 도시마로

ㄱ

번호	원문	현대어(독음)	호	쪽	발행일	기사명 / 필자	비고
2374	今關壽麿	금관수마	18	48	1918.09	講說〉講題 內地의 宋學(大正七年五月十一日 第二十八回講演) / 今關壽麿	이마제키 도시마로
2375	今關壽麿	금관수마	19	32	1918.12	日誌大要	이마제키 도시마로
2376	琴牢	금뢰	7	26	1915.06	孔子年報(續) / 呂圭亨	원문은 牢
2377	琴牢	금뢰	30	[10]	1929.12	李龍眠畵宣聖及七十二弟子像贊(金石萃編)	
2378	琴牢	금뢰	30	[12]	1929.12	李龍眠畵宣聖及七十二弟子像贊(金石萃編)	
2379	金陵黃氏	금릉 황씨	20	5	1920.03	中庸章句問對(續) / 朴長鴻	
2380	金本昞基	금본병기	47	37	1943.01	釋奠狀況〉昭和十六年秋季釋奠狀況	
2381	金山錫燁	금산석엽	47	44	1943.01	感謝一束	
2382	琴瑞淵	금서연	31	37	1930.08	地方報告〉各郡文廟釋奠狀況〉[琴瑞淵의 보고]	
2383	錦城羅氏	금성 나씨	27	71	1926.12	地方報告〉[鄭大仲 等의 報告]	
2384	金城武吉	금성무길	47	41	1943.01	釋奠狀況〉昭和十七年秋季釋奠狀況	
2385	琴榮奭	금영석	27	72	1926.12	地方報告〉[琴榮奭의 報告]	
2386	琴榮奭	금영석	45	37	1940.12	朝鮮儒林大會(朝鮮儒道聯合會創立總會) 會錄概要〉朝鮮儒道聯合會役員名簿(昭和十四年十一月一日現在)	
2387	金雨峰	금우봉	41	31	1937.02	題金雨峯吹笛山房	
2388	金日面	금일면	27	86	1926.12	地方報告〉[高彦柱 等의 報告]	
2389	琴張	금장	42	47	1937.12	文廟享祀位次及聖賢姓名爵號考 / 金完鎭	陽平侯
2390	琴張	금장	42	55	1937.12	文廟享祀位次及聖賢姓名爵號考 / 金完鎭	陽平侯, 원문은 姓琴名張
2391	金章宗	금 장종	9	22	1915.12	經學管見(下) / 尹寧求	金의 章宗, 完顔璟
2392	今井彦三郎	금정언삼랑	23	61	1922.12	日誌大要	이마루 히코사부로
2393	今井彦三郎	금정언삼랑	23	69	1922.12	講說〉講題 周公孔子之道(大正十一年八月二十八日) / 今井彦三郎	이마루 히코사부로
2394	今井田	금정전	33	25	1931.12	日誌大要	이마이다 기요노리 (今井田淸德)
2395	今井田	금정전	35	29	1932.12	文廟釋奠狀況	이마이다 기요노리 (今井田淸德)
2396	今井田	금정전	37	43	1934.10	日誌大要	이마이다 기요노리 (今井田淸德)

번호	원문	현대어(독음)	호	쪽	발행일	기사명 / 필자	비고
2397	今井田	금정전	39	50	1935.10	日誌大要	이마이다 기요노리 (今井田淸德)
2398	今井田	금정전	40	34	1936.08	文廟釋奠狀況〉[秋期釋奠 擧行]	이마이다 기요노리 (今井田淸德)
2399	今井田	금정전	41	34	1937.02	文廟春季釋奠狀況	이마이다 기요노리 (今井田淸德)
2400	今井田淸德	금정전청덕	41	33	1937.02	日誌大要	이마이다 기요노리
2401	今津明	금진명	12	53	1916.12	日誌大要	이마즈 아키라
2402	今津明	금진명	13	53	1917.03	講說〉朝鮮의 化學工業(大正五年九月七日第二十回講演) / 今津 明	이마즈 아키라
2403	金次郎	금차랑	48	48	1944.04	嘉言善行 / 李敬植	긴지로, 니노미야 손토쿠(二宮尊德)의 兒名
2404	金天氏	금천씨	38	19	1935.03	改正朔不易時月論 / 權純九	
2405	今村	금촌	31	31	1930.08	日誌大要	이마무라 다케시 (今村武志)
2406	金村東轍	금촌동철	45	41	1940.12	朝鮮儒林大會(朝鮮儒道聯合會創立總會) 會錄槪要〉朝鮮儒道聯合會役員名簿(昭和十四年十一月一日現在)	
2407	金村東轍	금촌동철	45	42	1940.12	朝鮮儒林大會(朝鮮儒道聯合會創立總會) 會錄槪要〉朝鮮儒道聯合會役員名簿(昭和十四年十一月一日現在)	
2408	今村完道	금촌완도	39	31	1935.10	東京斯文會主催儒道大會狀況	이마무라 간도
2409	今村豊	금촌풍	44	83	1939.10	日誌大要(自昭和十三年六月 至昭和十三年十二月)	이마무라 유타카
2410	金澤庄三郎	금택장삼랑	45	21	1940.12	朝鮮儒林大會(朝鮮儒道聯合會創立總會) 會錄槪要〉朝鮮儒道聯合會役員名簿(昭和十四年十一月一日現在)	가나자와 쇼자부로
2411	金鄕侯	금향후	42	46	1937.12	文廟享祀位次及聖賢姓名爵號考 / 金完鎭	澹臺滅明
2412	金鄕侯	금향후	42	51	1937.12	文廟享祀位次及聖賢姓名爵號考 / 金完鎭	澹臺滅明
2413	及德	급덕	44	37	1939.10	經儒學 / 金誠鎭	前漢의 경학자 戴德
2414	及部龍岡	급부용강	48	52	1944.04	釋奠狀況〉昭和十八年春季釋奠狀況	

번호	원문	현대어(독음)	호	쪽	발행일	기사명 / 필자	비고
2415	及部龍岡	급부용강	48	53	1944.04	釋奠狀況〉昭和十八年秋季釋奠狀況	
2416	汲冢	급총	15	17	1917.10	詩經蔦辨 / 金文演	
2417	肯東	긍동	40	41	1936.08	成竹似先生追悼錄〉挽故成均館博士成竹似先生 / 沈璿澤	
2418	肯東	긍동	40	51	1936.08	鄭茂亭先生追悼錄〉輓詞 / 金東振	
2419	夔	기	1	2	1913.12	經學院雜誌序 / 鄭鳳時	
2420	夔	기	7	33	1915.06	容思衍(續) / 李鼎煥	
2421	夔	기	8	2	1915.09	儒教論 / 呂圭亨	
2422	夔	기	8	51	1915.09	講說〉講題 苟日新日日新又日新(大政四年四月十七日第十一回講演)〉續演 / 呂圭亨	
2423	夔	기	10	8	1916.03	經學說 / 李容稙	
2424	夔	기	10	9	1916.03	經學說 / 李容稙	
2425	夔	기	10	10	1916.03	經學管見(續) / 尹寧求	
2426	夔	기	12	33	1916.12	讀書私記(續) / 洪鍾佶	
2427	夔	기	12	34	1916.12	讀書私記(續) / 洪鍾佶	
2428	夔	기	16	48	1918.03	講說〉講題 存其心養其性所以事天也(大正六年十月十四日江陵郡講演) / 李容稙	
2429	夔	기	26	50	1925.12	講說〉講題 儒者之地位及義務 / 李大榮	
2430	夔	기	36	5	1933.12	經義問對(續) / 韓昌愚	
2431	夔	기	44	40	1939.10	經儒學 / 金誠鎭	后夔, 舜대 樂官
2432	沂	기	8	24	1915.09	尊經閣記 / 徐居正 撰	沂國公, 子思
2433	箕	기	1	24	1913.12	經學當明者 五 / 呂圭亨	
2434	箕	기	7	30	1915.06	文廟碑銘并序	
2435	箕	기	23	75	1922.12	講說〉講題 不出家而成敎於國 / 成樂賢	
2436	箕	기	25	47	1924.12	講說〉講題 郁郁乎文哉 / 成樂賢	
2437	箕	기	26	68	1925.12	講說〉講題 邦有道貧且賤焉恥也 / 成樂賢	
2438	箕	기	29	48	1928.12	講說〉講題 學所以明人倫 / 成樂賢	
2439	箕	기	39	4	1935.10	關東四會說 / 鄭鳳時	箕子
2440	箕	기	40	9	1936.08	朝鮮儒敎의 大觀 / 鄭鳳時	箕子
2441	夔缺	기결	7	34	1915.06	容思衍(續) / 李鼎煥	郤缺
2442	奇高峯	기고봉	30	31	1929.12	三洙瑣談(續) / 元泳義	奇大升
2443	奇高峰	기고봉	9	34	1915.12	賢關記聞(續) / 李大榮	奇大升
2444	奇高峰	기고봉	11	27	1916.06	經學淺知錄(續) / 金文演	奇大升
2445	己光五	기광오	25	75	1924.12	地方報告〉[梁鳳濟의 報告]	원문은 己氏 臺官光五

번호	원문	현대어(독음)	호	쪽	발행일	기사명 / 필자	비고
2446	杞國公	기국공	42	59	1937.12	文廟享祀位次及聖賢姓名爵號考 / 金完鎭	顔無繇
2447	沂國公	기국공	4	36	1914.09	樂章	子思
2448	沂國公	기국공	10	51	1916.03	賢關記聞(續) / 李大榮	子思
2449	沂國公	기국공	42	49	1937.12	文廟享祀位次及聖賢姓名爵號考 / 金完鎭	子思
2450	沂國述聖公	기국술성공	2	36	1914.03	大成殿神位圖	子思
2451	沂國述聖公	기국술성공	42	49	1937.12	文廟享祀位次及聖賢姓名爵號考 / 金完鎭	公伋, 子思
2452	沂國述聖公	기국술성공	42	46	1937.12	文廟享祀位次及聖賢姓名爵號考 / 金完鎭	子思
2453	奇大升	기대승	9	34	1915.12	賢關記聞(續) / 李大榮	원문은 大升
2454	奇大升	기대승	11	27	1916.06	經學淺知錄(續) / 金文演	원문은 大升
2455	奇齡	기령	11	20	1916.06	經學管見(續) / 尹寧求	
2456	杞伯	기백	30	[6]	1929.12	李龍眠畵宣聖七十二弟子像贊(金石萃編)	
2457	杞伯	기백	42	59	1937.12	文廟享祀位次及聖賢姓名爵號考 / 金完鎭	顔無繇
2458	紀伯	기백	30	[6]	1929.12	李龍眠畵宣聖七十二弟子像贊(金石萃編)	
2459	紀伯	기백	42	52	1937.12	文廟享祀位次及聖賢姓名爵號考 / 金完鎭	冉孺
2460	奇峯	기봉	17	24	1918.07	安東高山書院重興祝詞 / 高橋亨	
2461	期思伯	기사백	30	[8]	1929.12	李龍眠畵宣聖七十二弟子像贊(金石萃編)	
2462	期思伯	기사백	42	54	1937.12	文廟享祀位次及聖賢姓名爵號考 / 金完鎭	公祖句玆
2463	奇奭鎭	기석진	27	88	1926.12	地方報告>[奇奭鎭 等의 報告]	
2464	箕聖	기성	16	29	1918.03	崇仁殿參拜後吟 / 鄭鳳鉉	
2465	箕聖	기성	25	52	1924.12	講說>講題 儒素 / 金完鎭	
2466	箕聖	기성	25	54	1924.12	講說>講題 儒家之自衛策 / 金完鎭	
2467	箕聖	기성	25	60	1924.12	講說>講題 三綱五倫說 / 鄭準民	
2468	箕聖	기성	26	56	1925.12	講說>講題 今日吾人之急先務 / 鄭鳳時	
2469	箕聖	기성	29	2	1928.12	儒道說 / 鄭鳳時	
2470	箕聖	기성	40	30	1936.08	平壤文廟移建落成式竝儒林大會狀況	
2471	沂水數	기수후	42	49	1937.12	文廟享祀位次及聖賢姓名爵號考 / 金完鎭	子思
2472	淇陽伯	기양백	42	53	1937.12	文廟享祀位次及聖賢姓名爵號考 / 金完鎭	句井彊
2473	箕子	기자	8	58	1915.09	地方報告>[金光鉉의 報告]	
2474	箕子	기자	10	65	1916.03	講說>儒教의 根本義(大正四年十月九日第十五回講演)	
2475	箕子	기자	11	1	1916.06	經論 / 韓晩容	
2476	箕子	기자	16	46	1918.03	講說>講題 林放問禮之本(大正六年九月二十七日平壤府鄉校講演) / 朴齊斌	
2477	箕子	기자	16	47	1918.03	講說>講題 林放問禮之本(大正六年九月二十七日平壤府鄉校講演) / 朴齊斌	
2478	箕子	기자	16	68	1918.03	地方報告>[劉光澤의 報告] / 姜星熙	

번호	원문	현대어(독음)	호	쪽	발행일	기사명 / 필자	비고
2479	箕子	기자	19	21	1918.12	安州郡鄉校重修記 / 金允植	
2480	箕子	기자	28	1	1927.12	朝鮮詩文變遷論 / 鄭萬朝	
2481	箕子	기자	28	2	1927.12	朝鮮詩文變遷論 / 鄭萬朝	
2482	箕子	기자	29	51	1928.12	講說〉講題 生事愛敬死事哀戚 / 李學魯	
2483	箕子	기자	31	58	1930.08	明倫學院記 / 鄭萬朝	
2484	箕子	기자	36	15	1933.12	思想의 善導에 就하야(特히 朝鮮事情에 鑑하야)(續) / 尹相鶴	
2485	箕子	기자	39	2	1935.10	性善說 / 李學魯	
2486	箕子	기자	41	18	1937.02	博士王仁傳 / 李學魯	
2487	箕子	기자	44	57	1939.10	朝鮮詩學考 / 李昇圭	
2488	磯田三津二	기전삼진이	28	52	1927.12	日誌大要〉修理工事一覽表	
2489	基泰	기태	18	78	1918.09	地方報告〉[尹定普의 報告]	
2490	基夏	기하	18	78	1918.09	地方報告〉[尹定普의 報告]	
2491	基夏	기하	18	79	1918.09	地方報告〉[尹定普의 報告]	
2492	祈鄉侯	기향후	8	35	1915.09	賢關記聞 / 李大榮	罕父黑
2493	祈鄉侯	기향후	42	46	1937.12	文廟享祀位次及聖賢姓名爵號考 / 金完鎭	罕父黑
2494	祈鄉侯	기향후	42	54	1937.12	文廟享祀位次及聖賢姓名爵號考 / 金完鎭	罕父黑
2495	吉基淳	길기순	28	87	1927.12	地方報告〉[吉基淳 等의 報告]	
2496	佶甫	길보	36	37	1933.12	孝烈行蹟〉[金基銖 等의 보고]	
2497	吉甫	길보	11	3	1916.06	經論 / 韓晩容	
2498	吉甫	길보	25	5	1924.12	論語疑義問答(續) / 鄭萬朝	
2499	吉備眞備	길비진비	41	17	1937.02	博士王仁傳 / 李學魯	
2500	吉山璟守	길산경수	47	7	1943.01	戶籍整備入選標語	
2501	吉元植	길원식	24	94	1923.12	地方報告〉[吉元植의 報告]	
2502	吉長	길장	3	13	1914.06	錄學校編纂敎科書鹽谷世弘氏所撰中江藤樹一段 / 呂圭亨	
2503	吉再	길재	40	21	1936.08	敎化編年(續) / 李大榮	
2504	吉再	길재	48	48	1944.04	嘉言善行 / 李敬植	
2505	吉田繼衛	길전계위	30	80	1929.12	地方報告〉[崔文吉의 報告]	강릉군수
2506	吉田勝久馬	길전등구마	16	61	1918.03	地方報告〉[朴晋遠의 報告]	요시다 가츠히사마
2507	吉田松陰	길전송음	48	24	1944.04	(十月十五日於經學院秋季釋典)時局と儒道 / 鈴川壽男	요시다 쇼인
2508	吉田松陰	길전송음	48	25	1944.04	(十月十五日於經學院秋季釋典)時局と儒道 / 鈴川壽男	요시다 쇼인
2509	吉田松陰	길전송음	48	35	1944.04	國民座右銘	요시다 쇼인

번호	원문	현대어(독음)	호	쪽	발행일	기사명 / 필자	비고
2510	吉田貞治	길전정치	45	29	1940.12	朝鮮儒林大會(朝鮮儒道聯合會創立總會) 會錄槪要〉朝鮮儒道聯合會役員名簿(昭和十四年十一月一日現在)	요시다 죠지
2511	吉田平治郎	길전평치랑	45	25	1940.12	朝鮮儒林大會(朝鮮儒道聯合會創立總會) 會錄槪要〉朝鮮儒道聯合會役員名簿(昭和十四年十一月一日現在)	요시다 헤이지로
2512	吉次	길차	3	13	1914.06	錄學校編纂敎科書鹽谷世弘氏所撰中江藤樹一段 / 呂圭亨	
2513	吉川廣家	길천광가	48	49	1944.04	嘉言善行 / 李敬植	기카와 히로이에
2514	吉川元春	길천원춘	48	50	1944.04	嘉言善行 / 李敬植	기카와 모토하루
2515	吉憲泰	길헌태	37	36	1934.10	地方儒林狀況〉[羅昌集 等의 보고]	
2516	金	김	20	45	1920.03	日誌大要	金允植
2517	金	김	21	90	1921.03	日誌大要	金完鎭
2518	金	김	22	52	1922.03	日誌大要	金完鎭
2519	金	김	22	55	1922.03	日誌大要	金完鎭
2520	金	김	23	53	1922.12	日誌大要	金完鎭
2521	金	김	24	53	1923.12	日誌大要	金完鎭
2522	金	김	25	45	1924.12	日誌大要	金完鎭
2523	金	김	28	44	1927.12	日誌大要	金完鎭
2524	金	김	28	45	1927.12	日誌大要	金完鎭
2525	金	김	28	46	1927.12	日誌大要	金完鎭
2526	金	김	28	49	1927.12	日誌大要	金完鎭
2527	金	김	29	40	1928.12	日誌大要	金完鎭
2528	金	김	29	41	1928.12	日誌大要	金完鎭
2529	金	김	29	42	1928.12	日誌大要	金完鎭
2530	金	김	29	45	1928.12	日誌大要	金完鎭
2531	金	김	31	30	1930.08	日誌大要	金完鎭
2532	金	김	32	38	1930.12	日誌大要	金完鎭
2533	金	김	32	40	1930.12	地方報告〉地方儒林狀況〉[成樂賢의 報告]	金綠
2534	金	김	33	40	1931.12	地方儒林狀況〉[李大榮의 보고]〉書院狀況	金宏弼
2535	金	김	36	8	1933.12	居然亭記 / 李學魯	金平默
2536	金	김	39	49	1935.10	日誌大要	金完鎭
2537	金	김	40	25	1936.08	平壤文廟移建落成式竝儒林大會狀況	金完鎭
2538	金	김	40	26	1936.08	平壤文廟移建落成式竝儒林大會狀況	金完鎭
2539	金	김	40	29	1936.08	平壤文廟移建落成式竝儒林大會狀況	金完鎭

번호	원문	현대어(독음)	호	쪽	발행일	기사명 / 필자	비고
2540	金	김	41	38	1937.02	經學院先職諸先生追悼式狀況	金完鎭
2541	金	김	41	38	1937.02	經學院先職諸先生追悼式狀況	金大羽
2542	金	김	44	73	1939.10	日誌大要(自昭和十三年六月 至昭和十三年十二月)	金完鎭
2543	金	김	44	75	1939.10	日誌大要(自昭和十三年六月 至昭和十三年十二月)	金完鎭
2544	金	김	44	76	1939.10	日誌大要(自昭和十三年六月 至昭和十三年十二月)	金完鎭
2545	金	김	44	77	1939.10	日誌大要(自昭和十三年六月 至昭和十三年十二月)	金完鎭
2546	金	김	44	80	1939.10	日誌大要(自昭和十三年六月 至昭和十三年十二月)	金完鎭
2547	金夫人	김 부인	32	22	1930.12	金夫人烈行碑銘并序 / 沈璿澤	
2548	金夫人	김 부인	32	23	1930.12	金夫人烈行碑銘并序 / 沈璿澤	
2549	金榦	김간	11	27	1916.06	經學淺知錄(續) / 金文演	원문은 榦
2550	金甲先	김갑선	37	33	1934.10	孝烈行蹟〉[忠淸北道知事의 보고]	
2551	金甲淳	김갑순	45	26	1940.12	朝鮮儒林大會(朝鮮儒道聯合會創立總會) 會錄槪要〉朝鮮儒道聯合會役員名簿(昭和十四年十一月一日現在)	
2552	金甲植	김갑식	44	82	1939.10	日誌大要(自昭和十三年六月 至昭和十三年十二月)	
2553	金甲喜	김갑희	29	19	1928.12	孺人慶州金氏烈行紀蹟碑 / 金完鎭	원문은 甲喜
2554	金江湖	김강호	11	26	1916.06	經學淺知錄(續) / 金文演	金叔滋
2555	金鏗壽	김갱수	10	30	1916.03	享官廳記 / 洪貴達 撰	
2556	金鏡	김경	33	9	1931.12	司直金公墓碑銘并序 / 金完鎭	원문은 鏡
2557	金慶孫	김경손	40	22	1936.08	敎化編年(續) / 李大榮	
2558	金慶雲	김경운	41	25	1937.02	一. 孝烈行蹟〉[文孟坤의 보고]	
2559	金警齋	김경재	15	83	1917.10	地方報告〉[秋永求의 報告]	
2560	金璟濟	김경제	43	71	1938.12	[명륜학원 행사]	
2561	金璟中	김경중	45	21	1940.12	朝鮮儒林大會(朝鮮儒道聯合會創立總會) 會錄槪要〉朝鮮儒道聯合會役員名簿(昭和十四年十一月一日現在)	
2562	金慶鎭	김경진	45	26	1940.12	朝鮮儒林大會(朝鮮儒道聯合會創立總會) 會錄槪要〉朝鮮儒道聯合會役員名簿(昭和十四年十一月一日現在)	
2563	金景河	김경하	31	38	1930.08	地方報告〉各郡文廟釋奠狀況〉[金景河의 보고]	
2564	金敬煥	김경환	20	38	1920.03	求禮郡文廟重修捐義錄小序 / 金商翊	
2565	金暻義	김경희	22	76	1922.03	地方報告〉[劉德豊의 報告]	
2566	金桂沫	김계말	20	38	1920.03	求禮郡文廟重修捐義錄小序 / 金商翊	

번호	원문	현대어(독음)	호	쪽	발행일	기사명 / 필자	비고
2567	金啓鍾	김계종	35	37	1932.12	文廟釋奠狀況〉[李鍾貞의 보고]	
2568	金係行	김계행	10	30	1916.03	享官廳記 / 洪貴達 撰	
2569	金股燮	김고섭	36	25	1933.12	文廟釋奠狀況〉[金容濬의 보고]	
2570	金高訓	김고훈	48	49	1944.04	嘉言善行 / 李敬植	신라 사신
2571	金公	김공	14	11	1917.07	平澤文廟重修記 / 金允植	太守
2572	金公植	김공식	22	55	1922.03	日誌大要	
2573	金鎔九	김관구	19	20	1918.12	雲山郡文廟祭官案序 / 申鉉求	
2574	金寬善	김관선	31	32	1930.08	日誌大要	
2575	金寬善	김관선	31	33	1930.08	日誌大要	
2576	金觀洙	김관수	24	55	1923.12	日誌大要	
2577	金觀顥	김관옹	36	38	1933.12	孝烈行蹟〉[李奎燮 等의 보고]	원문은 莎湖處士金公觀顥
2578	金寬河	김관하	40	37	1936.08	文廟釋奠狀況〉[地方文廟春期釋奠狀況表]	
2579	金寬鉉	김관현	45	25	1940.12	朝鮮儒林大會(朝鮮儒道聯合會創立總會) 會錄槪要〉朝鮮儒道聯合會役員名簿(昭和十四年十一月一日現在)	
2580	金琯鉉	김관현	11	80	1916.06	地方報告〉[李敏獻의 報告]	
2581	金觀鎬	김관호	16	31	1918.03	日誌大要	
2582	金寬喜	김관희	16	28	1918.03	保寧郡藍浦鄕校重修韻 / 金寬喜	
2583	金光容晋	김광용진	47	39	1943.01	釋奠狀況〉昭和十七年春季釋奠狀況	
2584	金光容晋	김광용진	47	42	1943.01	釋奠狀況〉昭和十七年秋季釋奠狀況	
2585	金光赫	김광혁	43	29	1938.12	儒林特志〉[姜錫圭의 보고]〉祭需品奉納者氏名及物名	
2586	金光鉉	김광현	1	55	1913.12	日誌大要	
2587	金光鉉	김광현	1	58	1913.12	本院職員錄 大正二年十二月 日 現在	
2588	金光鉉	김광현	2	25	1914.03	經學院講筵吟 / 朴昇東	
2589	金光鉉	김광현	2	51	1914.03	日誌大要	
2590	金光鉉	김광현	2	58	1914.03	日誌大要	
2591	金光鉉	김광현	2	83	1914.03	地方報告〉[金光鉉의 報告]	
2592	金光鉉	김광현	3	56	1914.06	日誌大要	
2593	金光鉉	김광현	3	60	1914.06	日誌大要	
2594	金光鉉	김광현	3	61	1914.06	日誌大要	
2595	金光鉉	김광현	3	[0]	1914.06	[經學院視察團旅行紀念]	
2596	金光鉉	김광현	6	64	1915.03	地方報告〉[金光鉉 巡講]	
2597	金光鉉	김광현	8	58	1915.09	地方報告〉[金光鉉의 報告]	
2598	金光鉉	김광현	9	[19]	1915.12	卽位大禮式獻頌文 / 金光鉉	

번호	원문	현대어(독음)	호	쪽	발행일	기사명 / 필자	비고
2599	金光鉉	김광현	11	59	1916.06	講演日吟 / 金光鉉	
2600	金光鉉	김광현	12	82	1916.12	地方報告〉[金光鉉의 報告]	
2601	金光鉉	김광현	12	[9]	1916.12	立太子禮獻頌文 / 金光鉉	
2602	金光鉉	김광현	14	79	1917.07	地方報告〉[金光鉉의 報告]	
2603	金光鉉	김광현	14	82	1917.07	地方報告〉[金光鉉의 報告]	
2604	金光鉉	김광현	16	33	1918.03	日誌大要	
2605	金光鉉	김광현	22	52	1922.03	日誌大要	
2606	金乖崖	김괴애	9	31	1915.12	賢關記聞(續) / 李大榮	金守溫
2607	金宏弼	김굉필	10	51	1916.03	賢關記聞(續) / 李大榮	
2608	金宏弼	김굉필	11	26	1916.06	經學淺知錄(續) / 金文演	원문은 宏弼
2609	金宏弼	김굉필	25	41	1924.12	日誌大要	
2610	金宏弼	김굉필	30	35	1929.12	祭粢料傳達式狀況	
2611	金宏弼	김굉필	30	58	1929.12	講說〉講題 朝鮮의 在한 聖學道統 : 李退溪先生을 憶함 / 赤木萬二郎	
2612	金宏弼	김굉필	33	39	1931.12	地方儒林狀況〉[李大榮의 보고]〉書院狀況	원문은 金先生宏弼
2613	金宏弼	김굉필	40	21	1936.08	敎化編年(續) / 李大榮	
2614	金宏弼	김굉필	41	21	1937.02	敎化編年(續) / 李大榮	
2615	金宏弼	김굉필	41	23	1937.02	敎化編年(續) / 李大榮	
2616	金宏弼	김굉필	42	47	1937.12	文廟享祀位次及聖賢姓名爵號考 / 金完鎮	文敬公
2617	金宏弼	김굉필	42	57	1937.12	文廟享祀位次及聖賢姓名爵號考 / 金完鎮	文敬公
2618	金宏弼	김굉필	42	58	1937.12	文廟享祀位次及聖賢姓名爵號考 / 金完鎮	
2619	金宏弼	김굉필	44	49	1939.10	嘉言善行 / 李昇圭	
2620	金教淳	김교순	35	45	1932.12	孝烈行蹟〉[利川郡鄕校의 보고]	
2621	金教鎔	김교용	26	73	1925.12	地方報告〉[金完鎮의 報告]	
2622	金教準	김교준	45	35	1940.12	朝鮮儒林大會(朝鮮儒道聯合會創立總會) 會錄槪要〉朝鮮儒道聯合會役員名簿(昭和十四年十一月一日現在)	
2623	金教中	김교중	27	52	1926.12	日誌大要	
2624	金教中	김교중	29	38	1928.12	日誌大要	
2625	金教中	김교중	29	39	1928.12	日誌大要	
2626	金教哲	김교철	45	38	1940.12	朝鮮儒林大會(朝鮮儒道聯合會創立總會) 會錄槪要〉朝鮮儒道聯合會役員名簿(昭和十四年十一月一日現在)	
2627	金坵	김구	48	47	1944.04	朝鮮詩學考(前號續) / 李昇圭	고려말 문신
2628	金綠	김구	32	40	1930.12	地方報告〉地方儒林狀況〉[成樂賢의 報告]	원문은 綠
2629	金鉤	김구	8	38	1915.09	賢關記聞 / 李大榮	

번호	원문	현대어(독음)	호	쪽	발행일	기사명 / 필자	비고
2630	金鈞	김구	37	22	1934.10	教化編年 / 李大榮	
2631	金九如	김구여	48	57	1944.04	一. 孝烈行跡報告 其三 / 李暐演	
2632	金九容	김구용	11	26	1916.06	經學淺知錄(續) / 金文演	원문은 九容
2633	金國光	김국광	40	20	1936.08	教化編年(續) / 李大榮	
2634	金國東	김국동	12	85	1916.12	地方報告>[李培來의 報告]	
2635	金國憲	김국헌	38	45	1935.03	文廟釋奠狀況>地方文廟秋期釋奠狀況表	
2636	金國煥	김국환	39	54	1935.10	文廟釋奠狀況>地方文廟春期釋奠狀況表	
2637	金權吉	김권길	26	77	1925.12	地方報告>[羅燾佑 等의 報告]	
2638	金權培	김권배	27	86	1926.12	地方報告>[高彦柱 等의 報告]	
2639	金權三	김권삼	31	37	1930.08	地方報告>各郡文廟釋奠狀況>[金權三의 보고]	
2640	金權三	김권삼	38	46	1935.03	文廟釋奠狀況>地方文廟秋期釋奠狀況表	
2641	金龜述	김귀술	23	87	1922.12	地方報告>[金煥容의 報告]	원문은 龜述
2642	金圭	김규	19	22	1918.12	安州郡鄉校重修記 / 金允植	
2643	金圭	김규	20	55	1920.03	地方報告>[金圭의 報告]	
2644	金珪僕	김규복	46	14	1941.12	釋奠狀況>昭和十四年秋季釋奠狀況	
2645	金圭昇	김규승	22	53	1922.03	日誌大要	
2646	金圭昇	김규승	22	54	1922.03	日誌大要	
2647	金奎源	김규원	19	75	1918.12	地方報告>[金奎源의 報告]	
2648	金奎應	김규응	45	40	1940.12	朝鮮儒林大會(朝鮮儒道聯合會創立總會) 會錄概要>朝鮮儒道聯合會役員名簿(昭和十四年十一月一日現在)	
2649	金奎哲	김규철	33	24	1931.12	日誌大要	
2650	金奎哲	김규철	33	25	1931.12	日誌大要	
2651	金奎哲	김규철	37	42	1934.10	日誌大要	
2652	金奎哲	김규철	38	41	1935.03	日誌大要	
2653	金奎哲	김규철	39	49	1935.10	日誌大要	
2654	金奎哲	김규철	40	32	1936.08	日誌大要	
2655	金奎哲	김규철	41	33	1937.02	日誌大要	
2656	金珪漢	김규한	44	91	1939.10	明倫專門學院記事>本科第十回入學許可者	
2657	金奎煥	김규환	33	37	1931.12	聲討顚末	
2658	金克己	김극기	48	45	1944.04	朝鮮詩學考(前號續) / 李昇圭	
2659	金克己	김극기	47	33	1943.01	朝鮮詩學考(第十四號續) / 李昇圭	
2660	金謹恭	김근공	11	27	1916.06	經學淺知錄(續) / 金文演	원문은 謹恭
2661	金近淳	김근순	11	54	1916.06	賢關記聞(續) / 李大榮	
2662	金謹鏞	김근용	39	50	1935.10	日誌大要	

번호	원문	현대어(독음)	호	쪽	발행일	기사명 / 필자	비고
2663	金謹鏞	김근용	45	38	1940.12	朝鮮儒林大會(朝鮮儒道聯合會創立總會) 會錄槪要〉朝鮮儒道聯合會役員名簿(昭和十四年十一月一日現在)	
2664	金兢洙	김긍수	45	35	1940.12	朝鮮儒林大會(朝鮮儒道聯合會創立總會) 會錄槪要〉朝鮮儒道聯合會役員名簿(昭和十四年十一月一日現在)	
2665	金基德	김기덕	45	32	1940.12	朝鮮儒林大會(朝鮮儒道聯合會創立總會) 會錄槪要〉朝鮮儒道聯合會役員名簿(昭和十四年十一月一日現在)	
2666	金基惇	김기돈	20	37	1920.03	求禮郡文廟重修捐義錄小序 / 金商翊	
2667	金基斗	김기두	32	46	1930.12	地方報告〉各郡文廟釋奠狀況〉[金基斗의 보고]	
2668	金基斗	김기두	33	37	1931.12	聲討顚末	
2669	金基斗	김기두	33	44	1931.12	文廟釋奠狀況〉[金基斗의 보고]	
2670	金基斗	김기두	33	50	1931.12	文廟釋奠狀況〉[金基斗의 보고]	
2671	金基斗	김기두	35	31	1932.12	文廟釋奠狀況〉[金基斗의 보고]	
2672	金基洛	김기락	37	30	1934.10	孝烈行蹟〉[博川文廟直員의 보고]	
2673	金基魯	김기로	38	47	1935.03	文廟釋奠狀況〉地方文廟秋期釋奠狀況表	
2674	金基明	김기명	20	38	1920.03	求禮郡文廟重修捐義錄小序 / 金商翊	
2675	金箕範	김기범	26	94	1925.12	地方報告〉[尹暻學 等의 報告]	원문은 箕範
2676	金基炳	김기병	37	47	1934.10	文廟釋奠狀況〉[金基炳의 보고]	
2677	金基炳	김기병	37	52	1934.10	文廟釋奠狀況〉[金基炳의 보고]	
2678	金基炳	김기병	38	50	1935.03	文廟釋奠狀況〉地方文廟秋期釋奠狀況表	
2679	金基炳	김기병	39	54	1935.10	文廟釋奠狀況〉地方文廟春期釋奠狀況表	
2680	金基善	김기선	27	75	1926.12	地方報告〉[高光俊 等의 報告]	원문은 金公基善
2681	金基世	김기세	37	50	1934.10	文廟釋奠狀況〉[金基世의 보고]	
2682	金基銖	김기수	33	37	1931.12	聲討顚末	
2683	金基銖	김기수	36	38	1933.12	孝烈行蹟〉[金基銖 等의 보고]	
2684	金箕淑	김기숙	27	78	1926.12	地方報告〉[姜永祁의 報告]	원문은 箕淑
2685	金基淳	김기순	20	37	1920.03	求禮郡文廟重修捐義錄小序 / 金商翊	
2686	金璣淵	김기연	31	38	1930.08	地方報告〉孝烈行蹟〉[金璣淵의 보고]	
2687	金璣淵	김기연	31	39	1930.08	地方報告〉孝烈行蹟〉[金璣淵의 보고]	
2688	金基榮	김기영	20	38	1920.03	求禮郡文廟重修捐義錄小序 / 金商翊	
2689	金基永	김기영	18	45	1918.09	日誌大要	
2690	金基永	김기영	45	40	1940.12	朝鮮儒林大會(朝鮮儒道聯合會創立總會) 會錄槪要〉朝鮮儒道聯合會役員名簿(昭和十四年十一月一日現在)	
2691	金麒榮	김기영	12	86	1916.12	地方報告〉[金麒榮의 報告]	

번호	원문	현대어(독음)	호	쪽	발행일	기사명 / 필자	비고
2692	金淇郁	김기욱	20	49	1920.03	日誌大要	
2693	金基宗	김기종	23	84	1922.12	地方報告〉[柳雲赫의 報告]	
2694	金基俊	김기준	27	53	1926.12	日誌大要	
2695	金基初	김기초	26	87	1925.12	地方報告〉[沈璿澤의 報告]	
2696	金琪邰	김기태	13	49	1917.03	講說〉立身致富之要訣(大正五年六月十日第十九回講演) / 村上唯吉	
2697	金琪邰	김기태	45	28	1940.12	朝鮮儒林大會(朝鮮儒道聯合會創立總會) 會錄槪要〉朝鮮儒道聯合會役員名簿(昭和十四年十一月一日現在)	
2698	金基鉉	김기현	20	37	1920.03	求禮郡文廟重修捐義錄小序 / 金商翊	
2699	金基鉉	김기현	23	88	1922.12	地方報告〉[乾元祠 新建 關聯 報告]	
2700	金基衡	김기형	25	82	1924.12	地方報告〉[金基衡의 報告]	
2701	金基衡	김기형	26	75	1925.12	地方報告〉[金基衡의 報告]	
2702	金技瀅	김기형	45	40	1940.12	朝鮮儒林大會(朝鮮儒道聯合會創立總會) 會錄槪要〉朝鮮儒道聯合會役員名簿(昭和十四年十一月一日現在)	
2703	金基壕	김기호	14	74	1917.07	地方報告〉[金俊璜의 報告]	
2704	金基壕	김기호	19	22	1918.12	安州郡鄕校重修記 / 金允植	
2705	金基泓	김기홍	20	60	1920.03	地方報告〉[金聲基의 報告]	
2706	金基洪	김기홍	20	38	1920.03	求禮郡文廟重修捐義錄小序 / 金商翊	
2707	金基鴻	김기홍	45	27	1940.12	朝鮮儒林大會(朝鮮儒道聯合會創立總會) 會錄槪要〉朝鮮儒道聯合會役員名簿(昭和十四年十一月一日現在)	
2708	金基煥	김기환	45	38	1940.12	朝鮮儒林大會(朝鮮儒道聯合會創立總會) 會錄槪要〉朝鮮儒道聯合會役員名簿(昭和十四年十一月一日現在)	
2709	金氣煥	김기환	22	73	1922.03	地方報告〉[成樂賢의 報告]	
2710	金基厚	김기후	23	87	1922.12	地方報告〉[金煥容의 報告]	
2711	金奇欽	김기흠	26	92	1925.12	地方報告〉[金煥容 等의 報告]	
2712	金吉順	김길순	48	56	1944.04	一. 孝烈行跡報告 其一 / 李載炫	
2713	金쏨년	김쏨년	13	49	1917.03	講說〉立身致富之要訣(大正五年六月十日第十九回講演) / 村上唯吉	
2714	金洛吉	김낙길	38	49	1935.03	文廟釋奠狀況〉地方文廟秋期釋奠狀況表	
2715	金洛濟	김낙제	37	27	1934.10	孝烈行蹟〉[朴仁焌의 보고]	
2716	金樂俊	김낙준	33	46	1931.12	文廟釋奠狀況〉[金樂俊의 보고]	
2717	金洛珍	김낙진	38	46	1935.03	文廟釋奠狀況〉地方文廟秋期釋奠狀況表	
2718	金蘭溪	김난계	11	9	1916.06	經論 / 韓晩容	
2719	金蘭洙	김난수	47	50	1943.01	一. 孝烈行跡報告 其五 / 金蘭洙	은진문묘 直員

번호	원문	현대어(독음)	호	쪽	발행일	기사명 / 필자	비고
2720	金南溪	김남계	28	77	1927.12	地方報告〉[李錫龍 等의 報告]	
2721	金南圭	김남규	29	19	1928.12	孺人慶州金氏烈行紀蹟碑 / 金完鎭	
2722	金南植	김남식	16	36	1918.03	日誌大要	
2723	金南喆	김남철	16	36	1918.03	日誌大要	
2724	金魯賢	김노현	33	9	1931.12	孺人羅州林氏孝烈碑 / 成樂賢	
2725	金農岩	김농암	12	1	1916.12	經學院雜誌序 / 金允植	金昌協
2726	金農岩	김농암	28	3	1927.12	朝鮮詩文變遷論 / 鄭萬朝	金昌協
2727	金農巖	김농암	11	27	1916.06	經學淺知錄(續) / 金文演	金昌協
2728	金雷山	김뇌산	28	2	1927.12	朝鮮詩文變遷論 / 鄭萬朝	金富軾, 원문은 雷川으로 오기됨
2729	金訥一	김눌일	12	55	1916.12	日誌大要	
2730	金瑭	김당	41	20	1937.02	教化編年(續) / 李大榮	
2731	金大權	김대권	20	38	1920.03	求禮郡文廟重修捐義錄小序 / 金商翊	
2732	金臺山	김대산	28	4	1927.12	朝鮮詩文變遷論 / 鄭萬朝	金邁淳
2733	金大淵	김대연	38	29	1935.03	太學掌議衿錄帖序	
2734	金大永	김대영	25	38	1924.12	日誌大要	
2735	金大羽	김대우	41	1	1937.02	迎春隨想 國體明徵與教學刷新 / 金大羽	
2736	金大羽	김대우	41	33	1937.02	日誌大要	
2737	金大羽	김대우	41	34	1937.02	日誌大要	
2738	金大羽	김대우	41	60	1937.02	明倫學院職員名簿(昭和十一年一月一日現在)	
2739	金大羽	김대우	42	18	1937.12	支那事變에 對하야 / 金大羽	
2740	金大羽	김대우	42	34	1937.12	日誌大要	
2741	金大羽	김대우	44	89	1939.10	明倫專門學院記事	
2742	金大羽	김대우	45	24	1940.12	朝鮮儒林大會(朝鮮儒道聯合會創立總會) 會錄概要〉朝鮮儒道聯合會役員名簿(昭和十四年十一月一日現在)	
2743	金大羽	김대우	45	102	1940.12	全羅南道儒道聯合會結成要項〉全羅南道儒道聯合會結成式道參與官訓話要旨 / 金大羽	
2744	金大有	김대유	41	24	1937.02	教化編年(續) / 李大榮	
2745	金大鉉	김대현	38	46	1935.03	文廟釋奠狀況〉地方文廟秋期釋奠狀況表	
2746	金大鉉	김대현	39	53	1935.10	文廟釋奠狀況〉地方文廟春期釋奠狀況表	
2747	金大顯	김대현	25	38	1924.12	日誌大要	
2748	金大顯	김대현	44	79	1939.10	文廟秋季釋奠狀況	
2749	金大顯	김대현	45	38	1940.12	朝鮮儒林大會(朝鮮儒道聯合會創立總會) 會錄概要〉朝鮮儒道聯合會役員名簿(昭和十四年十一月一日現在)	

번호	원문	현대어(독음)	호	쪽	발행일	기사명 / 필자	비고
2750	金大顯	김대현	47	38	1943.01	釋奠狀況>昭和十七年春季釋奠狀況	
2751	金大煥	김대환	15	31	1917.10	日誌大要	
2752	金德誠	김덕성	37	39	1934.10	地方儒林狀況>[李大榮의 보고]>書院狀況	원문은 金忠貞公德誠
2753	金德洙	김덕수	37	31	1934.10	孝烈行蹟>[佳慶學院 講士의 보고]	
2754	金德淵	김덕연	19	20	1918.12	雲山郡文廟祭官案序 / 申鉉求	원문은 金公德淵
2755	金德鎭	김덕진	32	40	1930.12	地方報告>地方儒林狀況>[成樂賢의 報告]	
2756	金德漢	김덕한	45	25	1940.12	朝鮮儒林大會(朝鮮儒道聯合會創立總會) 會錄概要>朝鮮儒道聯合會役員名簿(昭和十四年十一月一日現在)	
2757	金德憲	김덕헌	18	77	1918.09	地方報告>[劉錫祚의 報告]	
2758	金德顯	김덕현	44	78	1939.10	文廟秋季釋奠狀況	
2759	金德顯	김덕현	44	79	1939.10	文廟秋季釋奠狀況	
2760	金度權	김도권	20	37	1920.03	求禮郡文廟重修捐義錄小序 / 金商翊	
2761	金道彦	김도언	23	87	1922.12	地方報告>[金煥容의 報告]	
2762	金燉	김돈	43	32	1938.12	皇軍慰問詩 / 金燉	
2763	金東圭	김동규	45	34	1940.12	朝鮮儒林大會(朝鮮儒道聯合會創立總會) 會錄概要>朝鮮儒道聯合會役員名簿(昭和十四年十一月一日現在)	
2764	金東烈	김동렬	20	53	1920.03	地方報告>[李芳雨의 報告]	
2765	金東溟	김동명	3	49	1914.06	講士視察見聞所記 / 呂圭亨	
2766	金東峯	김동봉	8	70	1915.09	地方報告>[崔東吉의 報告]	
2767	金東燮	김동섭	35	76	1932.12	明倫學院昭和七年度第三回入學許可者名簿	
2768	金東燮	김동섭	36	25	1933.12	文廟釋奠狀況>[秋期釋奠 擧行]	
2769	金東燮	김동섭	36	30	1933.12	文廟釋奠狀況>[春期釋奠 擧行]	
2770	金東燮	김동섭	37	51	1934.10	文廟釋奠狀況>[春期釋奠 擧行]	
2771	金東燮	김동섭	37	69	1934.10	明倫學院第三回卒業生名簿	
2772	金東燮	김동섭	38	44	1935.03	文廟釋奠狀況>[秋期釋奠 擧行]	
2773	金東燮	김동섭	39	52	1935.10	文廟釋奠狀況>[春期釋奠 擧行]	
2774	金東燮	김동섭	39	56	1935.10	第三回卒業式狀況	
2775	金東燮	김동섭	39	57	1935.10	第三回卒業生名簿(新規第一回昭和十年三月)	
2776	金東洙	김동수	37	71	1934.10	明倫學院第五回入學許可者名簿	
2777	金東洙	김동수	40	35	1936.08	文廟釋奠狀況>[秋期釋奠 擧行]	
2778	金東洙	김동수	41	35	1937.02	文廟春季釋奠狀況	
2779	金東玉	김동옥	44	99	1939.10	[판권사항]	

번호	원문	현대어(독음)	호	쪽	발행일	기사명 / 필자	비고
2780	金東完	김동완	45	30	1940.12	朝鮮儒林大會(朝鮮儒道聯合會創立總會) 會錄槪要〉朝鮮儒道聯合會役員名簿(昭和十四年十一月一日現在)	
2781	金東益	김동익	45	37	1940.12	朝鮮儒林大會(朝鮮儒道聯合會創立總會) 會錄槪要〉朝鮮儒道聯合會役員名簿(昭和十四年十一月一日現在)	
2782	金東漸	김동점	44	83	1939.10	日誌大要(自昭和十三年六月 至昭和十三年十二月)	
2783	金東準	김동준	19	75	1918.12	地方報告〉[許炯의 報告]	광양군수
2784	金東振	김동진	1	6	1913.12	經學院雜誌祝辭 / 金東振	
2785	金東振	김동진	1	46	1913.12	日誌大要	
2786	金東振	김동진	1	58	1913.12	本院職員錄 大正二年十二月 日 現在	
2787	金東振	김동진	2	51	1914.03	日誌大要	
2788	金東振	김동진	2	58	1914.03	日誌大要	
2789	金東振	김동진	2	75	1914.03	地方報告〉[金東振의 報告]	
2790	金東振	김동진	3	61	1914.06	日誌大要	
2791	金東振	김동진	3	[0]	1914.06	[經學院視察團旅行紀念]	
2792	金東振	김동진	8	45	1915.09	日誌大要	
2793	金東振	김동진	9	[12]	1915.12	卽位大禮式獻頌文 / 金東振	
2794	金東振	김동진	11	59	1916.06	明倫堂聽講 / 金東振	
2795	金東振	김동진	12	46	1916.12	奉讀經學院雜誌 / 金東振	
2796	金東振	김동진	12	[7]	1916.12	立太子禮獻頌文 / 金東振	
2797	金東振	김동진	13	32	1917.03	贈讀經學院雜誌諸賢 / 金東振	
2798	金東振	김동진	14	37	1917.07	隨李副學行經學講演于井邑武城書院崔孤雲書院以武城聞絃歌之聲懸題試士仍次其韻 / 金東振	
2799	金東振	김동진	15	30	1917.10	日誌大要	
2800	金東振	김동진	15	32	1917.10	日誌大要	
2801	金東振	김동진	15	57	1917.10	講說〉泰仁鄕校講演(大正六年五月一日)〉講題士不可以不弘毅任重而道遠〉續演 / 金東振	
2802	金東振	김동진	16	55	1918.03	地方報告〉[金東振의 報告]	
2803	金東振	김동진	18	20	1918.09	茂朱郡鄕校重修記 / 金允植	원문은 金君東振
2804	金東振	김동진	22	46	1922.03	源泉 / 金東振	
2805	金東振	김동진	22	48	1922.03	故經學院副提學久庵朴公挽詞 / 金東振	
2806	金東振	김동진	23	17	1922.12	孔夫子忌辰四十周甲追慕辭 / 金東振	
2807	金東振	김동진	23	53	1922.12	日誌大要	
2808	金東振	김동진	28	38	1927.12	壽星詩帖 / 金東振	

번호	원문	현대어(독음)	호	쪽	발행일	기사명 / 필자	비고
2809	金東振	김동진	28	40	1927.12	東石申講士挽章 / 金東振	
2810	金東振	김동진	29	20	1928.12	日三省箴 / 金東振	
2811	金東振	김동진	29	30	1928.12	讀經學院雜誌有感 / 金東振	
2812	金東振	김동진	29	32	1928.12	聚奎帖 / 金東振	
2813	金東振	김동진	29	35	1928.12	大樹帖 / 金東振	
2814	金東振	김동진	30	37	1929.12	雪重帖 / 金東振	
2815	金東振	김동진	31	27	1930.08	壽星帖 / 院僚一同	
2816	金東振	김동진	32	32	1930.12	視察不二農場贈藤井組合長 / 金東振	
2817	金東振	김동진	32	34	1930.12	崧陽書院紊拜敬次板上韻 / 金東振	
2818	金東振	김동진	33	19	1931.12	壽松帖〉敬賀鄭提學先生喜壽 / 金東振	
2819	金東振	김동진	33	29	1931.12	聲討顚末	
2820	金東振	김동진	35	23	1932.12	孝壽帖〉賀韻 / 金東振	
2821	金東振	김동진	40	45	1936.08	成竹似先生追悼錄〉挽故成均館博士成竹似先生 / 金東振	
2822	金東振	김동진	40	51	1936.08	鄭茂亭先生追悼錄〉輓詞 / 金東振	
2823	金東振	김동진	41	31	1937.02	題金雨峯吹笛山房	
2824	金東振	김동진	41	32	1937.02	日誌大要	
2825	金東振	김동진	41	33	1937.02	日誌大要	
2826	金東振	김동진	43	44	1938.12	故大提學鄭鳳時先生輓詞 / 金東振	
2827	金東鎭	김동진	28	42	1927.12	日誌大要	
2828	金東鎭	김동진	29	37	1928.12	日誌大要	
2829	金東燦	김동찬	45	33	1940.12	朝鮮儒林大會(朝鮮儒道聯合會創立總會) 會錄概要〉朝鮮儒道聯合會役員名簿(昭和十四年十一月一日現在)	
2830	金東河	김동하	17	74	1918.07	地方報告〉[金東河의 報告]	
2831	金東河	김동하	19	81	1918.12	地方報告〉[金東河의 報告]	
2832	金東河	김동하	43	37	1938.12	皇軍慰問詩 / 金東河	
2833	金東豪	김동호	33	49	1931.12	文廟釋奠狀況〉[本院秋期釋奠에 대한 보고]	
2834	金東豪	김동호	34	59	1932.03	明倫學院昭和六年度入學許可者名簿	
2835	金東豪	김동호	36	25	1933.12	文廟釋奠狀況〉[秋期釋奠 擧行]	
2836	金東豪	김동호	36	69	1933.12	明倫學院第二回卒業生名簿	
2837	金東豪	김동호	37	62	1934.10	第四回評議員會狀況〉事業經過報告 / 兪萬兼	
2838	金東勳	김동훈	20	32	1920.03	洪川郡文廟重修費附寄募集勸誘文 / 金東勳	
2839	金東勳	김동훈	20	33	1920.03	洪川郡鄕約契設立勸諭文 / 金東勳	
2840	金東勳	김동훈	20	54	1920.03	地方報告〉[金東勳의 報告]	
2841	金東勳	김동훈	20	55	1920.03	地方報告〉[金東勳의 報告]	

ㄱ

번호	원문	현대어(독음)	호	쪽	발행일	기사명 / 필자	비고
2842	金東勳	김동훈	45	22	1940.12	朝鮮儒林大會(朝鮮儒道聯合會創立總會) 會錄槪要〉朝鮮儒道聯合會役員名簿(昭和十四年十一月一日現在)	
2843	金東昕	김동흔	33	35	1931.12	聲討顚末	
2844	金東熙	김동희	33	34	1931.12	聲討顚末	
2845	金斗成	김두성	27	76	1926.12	地方報告〉[高光俊 等의 報告]	원문은 金公斗成
2846	金斗洙	김두수	8	43	1915.09	日誌大要	淮陽郡 鄕校 直員
2847	金斗洙	김두수	11	81	1916.06	地方報告〉[金斗洙의 報告]	
2848	金斗洙	김두수	12	84	1916.12	地方報告〉[金斗洙의 報告]	
2849	金斗洙	김두수	14	60	1917.07	地方報告〉[金斗洙의 報告]	
2850	金斗洙	김두수	16	60	1918.03	地方報告〉[劉錫祚의 報告]	
2851	金斗洙	김두수	18	77	1918.09	地方報告〉[劉錫祚의 報告]	
2852	金斗演	김두연	33	36	1931.12	聲討顚末	
2853	金㪷鎭	김두진	26	46	1925.12	日誌大要	
2854	金斗鉉	김두현	23	88	1922.12	地方報告〉[乾元祠 新建 關聯 報告]	
2855	金斗煥	김두환	40	31	1936.08	平壤文廟移建落成式竝儒林大會狀況	
2856	金斗煥	김두환	40	38	1936.08	文廟釋奠狀況〉[地方文廟春期釋奠狀況表]	
2857	金得林	김득림	33	34	1931.12	聲討顚末	
2858	金燐	김린	26	46	1925.12	日誌大要	
2859	金滿籯	김만영	14	11	1917.07	平澤文廟重修記 / 金允植	
2860	金末	김말	8	38	1915.09	賢關記聞 / 李大榮	
2861	金末	김말	11	26	1916.06	經學淺知錄(續) / 金文演	원문은 金文良末
2862	金邁淳	김매순	28	4	1927.12	朝鮮詩文變遷論 / 鄭萬朝	원문은 邁淳
2863	金梅月	김매월	9	31	1915.12	賢關記聞(續) / 李大榮	金時習
2864	金冕周	김면주	25	83	1924.12	地方報告〉[金夏源의 報告]	
2865	金明圭	김명규	24	59	1923.12	日誌大要	
2866	金明圭	김명규	27	53	1926.12	日誌大要	
2867	金明德	김명덕	20	37	1920.03	求禮郡文廟重修捐義錄小序 / 金商翊	
2868	金明汝	김명여	45	36	1940.12	朝鮮儒林大會(朝鮮儒道聯合會創立總會) 會錄槪要〉朝鮮儒道聯合會役員名簿(昭和十四年十一月一日現在)	
2869	金明淵	김명연	38	45	1935.03	文廟釋奠狀況〉地方文廟秋期釋奠狀況表	
2870	金明濬	김명준	45	22	1940.12	朝鮮儒林大會(朝鮮儒道聯合會創立總會) 會錄槪要〉朝鮮儒道聯合會役員名簿(昭和十四年十一月一日現在)	

번호	원문	현대어(독음)	호	쪽	발행일	기사명 / 필자	비고
2871	金慕齋	김모재	11	27	1916.06	經學淺知錄(續) / 金文演	金安國
2872	金茂圭	김무규	36	53	1933.12	評議員會狀況〉事業經過報告 / 俞萬兼	
2873	金無滯	김무체	11	26	1916.06	經學淺知錄(續) / 金文演	
2874	金文簡	김문간	12	40	1916.12	賢關記聞(續) / 李大榮	
2875	金文溟	김문명	38	49	1935.03	文廟釋奠狀況〉地方文廟秋期釋奠狀況表	
2876	金文軾	김문식	24	14	1923.12	彝峯金公遺墟碑文 / 成岐運	원문은 文軾
2877	金文安公	김문안공	19	19	1918.12	雲山郡文廟祭官案序 / 申鉉求	
2878	金文演	김문연	5	3	1914.12	孔教卽東亞之宗教 / 金文演	
2879	金文演	김문연	6	45	1915.03	論語考證 / 金文演	
2880	金文演	김문연	6	48	1915.03	論語分類一覽 / 金文演	
2881	金文演	김문연	7	38	1915.06	論語考證(續) / 金文演	
2882	金文演	김문연	7	42	1915.06	論語分類一覽(續) / 金文演	
2883	金文演	김문연	10	21	1916.03	經學淺知錄 / 金文演	
2884	金文演	김문연	11	25	1916.06	經學淺知錄(續) / 金文演	
2885	金文演	김문연	12	11	1916.12	孟子緒論 / 金文演	
2886	金文演	김문연	15	16	1917.10	詩經蔦辨 / 金文演	
2887	金文演	김문연	16	14	1918.03	詩經蔦辨 / 金文演	
2888	金文演	김문연	33	7	1931.12	深谷書院重修記 / 金文演	
2889	金文演	김문연	39	7	1935.10	送李君往浙江序 / 金文演	
2890	金文演	김문연	45	32	1940.12	朝鮮儒林大會(朝鮮儒道聯合會創立總會) 會錄槪要〉朝鮮儒道聯合會役員名簿(昭和十四年十一月一日現在)	
2891	金文玉	김문옥	44	83	1939.10	日誌大要(自昭和十三年六月 至昭和十三年十二月)	
2892	金文長	김문장	11	26	1916.06	經學淺知錄(續) / 金文演	金末, 원문은 金文良으로 오기됨
2893	金文鉉	김문현	21	95	1921.03	地方報告〉[金文鉉의 報告]	
2894	金文顯	김문현	45	39	1940.12	朝鮮儒林大會(朝鮮儒道聯合會創立總會) 會錄槪要〉朝鮮儒道聯合會役員名簿(昭和十四年十一月一日現在)	
2895	金文煥	김문환	20	53	1920.03	地方報告〉[李芳雨의 報告]	
2896	金文煥	김문환	23	21	1922.12	益山郡礪山文廟重修記 / 成岐運	
2897	金文煥	김문환	23	22	1922.12	益山郡礪山文廟重修記 / 成岐運	
2898	金珀濟	김박제	38	45	1935.03	文廟釋奠狀況〉地方文廟秋期釋奠狀況表	
2899	金泮	김반	8	38	1915.09	賢關記聞 / 李大榮	
2900	金泮	김반	11	26	1916.06	經學淺知錄(續) / 金文演	원문은 泮

ㄱ

번호	원문	현대어(독음)	호	쪽	발행일	기사명 / 필자	비고
2901	金泮	김반	37	21	1934.10	教化編年 / 李大榮	
2902	金伯乙	김백을	27	59	1926.12	日誌大要	
2903	金伯乙	김백을	29	44	1928.12	日誌大要	
2904	金伯乙	김백을	36	23	1933.12	日誌大要	
2905	金法敏	김법민	44	59	1939.10	朝鮮詩學考 / 李昇圭	신라 文武王
2906	金秉球	김병구	26	76	1925.12	地方報告〉[尹時薰의 報告]	
2907	金炳奎	김병규	31	38	1930.08	地方報告〉孝烈行蹟〉[金璣淵의 보고]	
2908	金炳奎	김병규	33	22	1931.12	壽松帖〉敬賀鄭提學先生喜壽 / 金炳奎	
2909	金炳奎	김병규	33	29	1931.12	聲討顚末	
2910	金炳奎	김병규	34	57	1932.03	明倫學院評議會員名簿	
2911	金炳奎	김병규	35	24	1932.12	孝壽帖〉賀韻 / 金炳奎	
2912	金炳奎	김병규	36	67	1933.12	明倫學院評議員名簿	
2913	金炳奎	김병규	37	68	1934.10	明倫學院評議員名簿	
2914	金炳奎	김병규	40	40	1936.08	成竹似先生追悼錄〉挽故成均館博士成竹似先生 / 金炳奎	
2915	金炳奎	김병규	40	54	1936.08	鄭茂亭先生追悼錄〉輓詞 / 黃錫龍	
2916	金炳奎	김병규	41	63	1937.02	明倫學院評議員名簿(昭和十一年一月一日)	
2917	金炳奎	김병규	43	43	1938.12	故大提學鄭鳳時先生輓詞 / 金炳奎	
2918	金炳奎	김병규	44	93	1939.10	明倫專門學院記事〉研究科第二回入學許可者	
2919	金炳奎	김병규	45	27	1940.12	朝鮮儒林大會(朝鮮儒道聯合會創立總會) 會錄槪要〉朝鮮儒道聯合會役員名簿(昭和十四年十一月一日現在)	
2920	金秉圭	김병규	46	33	1941.12	明倫專門學院日誌大要(昭和十四年七月ヨリ昭和十六年六月マデ)	
2921	金秉洌	김병렬	33	38	1931.12	聲討顚末	
2922	金秉洌	김병렬	38	49	1935.03	文廟釋奠狀況〉地方文廟秋期釋奠狀況表	
2923	金炳明	김병명	26	46	1925.12	日誌大要	
2924	金柄穆	김병목	45	29	1940.12	朝鮮儒林大會(朝鮮儒道聯合會創立總會) 會錄槪要〉朝鮮儒道聯合會役員名簿(昭和十四年十一月一日現在)	
2925	金炳奭	김병석	45	37	1940.12	朝鮮儒林大會(朝鮮儒道聯合會創立總會) 會錄槪要〉朝鮮儒道聯合會役員名簿(昭和十四年十一月一日現在)	
2926	金秉璿	김병선	47	49	1943.01	一. 孝烈行跡報告 其四 / 姜東明	
2927	金炳洙	김병수	33	53	1931.12	文廟釋奠狀況〉[姜尙祖의 보고]	
2928	金秉洙	김병수	28	85	1927.12	地方報告〉[金秉洙의 報告]	
2929	金秉洙	김병수	30	73	1929.12	地方報告〉[金秉洙의 報告]	
2930	金秉璹	김병숙	29	75	1928.12	地方報告〉[沈璿澤의 報告]	장성군수

번호	원문	현대어(독음)	호	쪽	발행일	기사명 / 필자	비고
2931	金秉洵	김병순	43	30	1938.12	皇軍慰問詩 / 金秉洵	
2932	金炳寔	김병식	35	28	1932.12	地方儒林狀況〉[金炳寔 等의 보고]	
2933	金炳彦	김병언	20	38	1920.03	求禮郡文廟重修捐義錄小序 / 金商翊	
2934	金炳儼	김병엄	22	53	1922.03	日誌大要	
2935	金炳儼	김병엄	22	54	1922.03	日誌大要	
2936	金炳庸	김병용	26	97	1925.12	地方報告〉[金炳庸 等의 報告]	
2937	金炳庸	김병용	27	70	1926.12	地方報告〉[金炳庸 等의 報告]	
2938	金炳庸	김병용	30	75	1929.12	地方報告〉[金炳庸 等의 報告]	
2939	金秉祐	김병우	37	26	1934.10	孝烈行蹟〉[慶勳의 보고]	
2940	金秉旭	김병욱	44	92	1939.10	明倫專門學院記事〉研究科第二回入學許可者	
2941	金秉旭	김병욱	45	23	1940.12	朝鮮儒林大會(朝鮮儒道聯合會創立總會) 會錄概要〉朝鮮儒道聯合會役員名簿(昭和十四年十一月一日現在)	
2942	金秉旭	김병욱	45	24	1940.12	朝鮮儒林大會(朝鮮儒道聯合會創立總會) 會錄概要〉朝鮮儒道聯合會役員名簿(昭和十四年十一月一日現在)	
2943	金秉旭	김병욱	45	56	1940.12	忠淸北道儒道聯合會結成式	
2944	金秉旭	김병욱	45	117	1940.12	黃海道儒道聯合會結成式	
2945	金秉旭	김병욱	45	135	1940.12	咸鏡南道儒道聯合會結成式	
2946	金炳裕	김병유	40	38	1936.08	文廟釋奠狀況〉[地方文廟春期釋奠狀況表]	
2947	金秉泰	김병태	45	24	1940.12	朝鮮儒林大會(朝鮮儒道聯合會創立總會) 會錄概要〉朝鮮儒道聯合會役員名簿(昭和十四年十一月一日現在)	
2948	金秉泰	김병태	45	122	1940.12	黃海道儒道聯合會結成式〉黃海道儒道聯合會結成式會長告辭要旨 / 金秉泰	황해도지사
2949	金炳八	김병팔	45	30	1940.12	朝鮮儒林大會(朝鮮儒道聯合會創立總會) 會錄概要〉朝鮮儒道聯合會役員名簿(昭和十四年十一月一日現在)	
2950	金炳學	김병학	21	95	1921.03	地方報告〉[金文鉉의 報告]	
2951	金秉憲	김병헌	44	86	1939.10	文廟春季釋奠狀況	
2952	金秉鉉	김병현	14	64	1917.07	地方報告〉[金秉鉉의 報告]	
2953	金炳鎬	김병호	46	16	1941.12	釋奠狀況〉昭和十五年秋季釋奠狀況	
2954	金本丙基	김본병기	48	54	1944.04	釋奠狀況〉昭和十八年秋季釋奠狀況	
2955	金本昞基	김본병기	47	37	1943.01	釋奠狀況〉昭和十六年秋季釋奠狀況	
2956	金鳳權	김봉권	20	37	1920.03	求禮郡文廟重修捐義錄小序 / 金商翊	
2957	金鳳奎	김봉규	43	28	1938.12	儒林特志〉[姜錫圭의 보고]〉祭需品奉納者氏名及物名	

번호	원문	현대어(독음)	호	쪽	발행일	기사명 / 필자	비고
2958	金奉斗	김봉두	15	58	1917.10	講說〉泰仁鄉校講演(大正六年五月一日)〉開講趣旨說 / 金奉斗	정읍군수
2959	金奉梅	김봉매	32	49	1930.12	地方報告〉各郡文廟釋奠狀況〉[金泰彦의 보고]	
2960	金鳳文	김봉문	39	58	1935.10	明倫學院第六回入學許可者名簿(昭和十年度)	
2961	金鳳文	김봉문	41	19	1937.02	夜歸亭記 / 權純九	원문은 金君鳳文
2962	金鳳文	김봉문	42	38	1937.12	文廟春季釋奠狀況	
2963	金鳳文	김봉문	43	73	1938.12	第六回卒業式狀況及第九回新入生名簿〉第六回卒業生名簿	
2964	金鳳述	김봉술	23	87	1922.12	地方報告〉[金煥容의 報告]	원문은 鳳述
2965	金鳳振	김봉진	37	72	1934.10	明倫學院第五回入學許可者名簿	
2966	金鳳振	김봉진	39	52	1935.10	文廟釋奠狀況〉[春期釋奠 擧行]	
2967	金鳳振	김봉진	40	35	1936.08	文廟釋奠狀況〉[秋期釋奠 擧行]	
2968	金鳳振	김봉진	41	35	1937.02	文廟春季釋奠狀況	
2969	金鳳振	김봉진	41	37	1937.02	文廟秋季釋奠狀況	
2970	金鳳振	김봉진	42	71	1937.12	第五回卒業式狀況及第八回新入生名簿〉第五回卒業生名簿	
2971	金鳳振	김봉진	43	37	1938.12	皇軍慰問詩 / 金鳳振	
2972	金鳳振	김봉진	43	60	1938.12	文廟秋季釋奠狀況	
2973	金鳳振	김봉진	45	37	1940.12	朝鮮儒林大會(朝鮮儒道聯合會創立總會) 會錄概要〉朝鮮儒道聯合會役員名簿(昭和十四年十一月一日現在)	
2974	金鳳賢	김봉현	44	53	1939.10	孝烈行蹟〉[韓容復의 보고]	원문은 鳳賢
2975	金富軾	김부식	1	24	1913.12	經學當明者 五 / 呂圭亨	
2976	金富軾	김부식	28	2	1927.12	朝鮮詩文變遷論 / 鄭萬朝	원문은 富軾
2977	金富軾	김부식	47	33	1943.01	朝鮮詩學考(第十四號續) / 李昇圭	
2978	金富軾	김부식	47	34	1943.01	朝鮮詩學考(第十四號續) / 李昇圭	
2979	金富軾	김부식	47	35	1943.01	朝鮮詩學考(第十四號續) / 李昇圭	원문은 富軾
2980	金思謙	김사겸	15	33	1917.10	日誌大要	
2981	金沙溪	김사계	11	27	1916.06	經學淺知錄(續) / 金文演	金長生
2982	金沙溪	김사계	37	38	1934.10	地方儒林狀況〉[李大榮의 보고]〉書院狀況	金長生
2983	金思敏	김사민	36	37	1933.12	孝烈行蹟〉[金思敏 等의 보고]	
2984	金思敏	김사민	38	47	1935.03	文廟釋奠狀況〉地方文廟秋期釋奠狀況表	
2985	金思卨	김사설	16	53	1918.03	地方報告〉[金思卨의 報告]	
2986	金思卨	김사설	16	60	1918.03	地方報告〉[金思卨의 報告]	
2987	金思說	김사설	45	35	1940.12	朝鮮儒林大會(朝鮮儒道聯合會創立總會) 會錄概要〉朝鮮儒道聯合會役員名簿(昭和十四年十一月一日現在)	

번호	원문	현대어(독음)	호	쪽	발행일	기사명 / 필자	비고
2988	金思演	김사연	45	23	1940.12	朝鮮儒林大會(朝鮮儒道聯合會創立總會) 會錄槪要〉朝鮮儒道聯合會役員名簿(昭和十四年十一月一日現在)	
2989	金思演	김사연	45	24	1940.12	朝鮮儒林大會(朝鮮儒道聯合會創立總會) 會錄槪要〉朝鮮儒道聯合會役員名簿(昭和十四年十一月一日現在)	
2990	金思演	김사연	45	47	1940.12	京畿道儒道聯合會結成式	
2991	金思演	김사연	45	104	1940.12	慶尙北道儒道聯合會結成式	
2992	金思演	김사연	45	129	1940.12	平安北道儒道聯合會結成式	
2993	金思演	김사연	45	135	1940.12	咸鏡南道儒道聯合會結成式	
2994	金思演	김사연	46	51	1941.12	講演及講習〉主婦講演會	
2995	金思齋	김사재	11	27	1916.06	經學淺知錄(續) / 金文演	金正國
2996	金思贊	김사찬	22	79	1922.03	地方報告〉[楊平郡 鄕校 重修 關聯 報告]	
2997	金思豊	김사풍	15	33	1917.10	日誌大要	
2998	金思洪	김사홍	45	35	1940.12	朝鮮儒林大會(朝鮮儒道聯合會創立總會) 會錄槪要〉朝鮮儒道聯合會役員名簿(昭和十四年十一月一日現在)	
2999	金山豪成	김산호성	47	42	1943.01	釋奠狀況〉昭和十七年秋季釋奠狀況	
3000	金三孫	김삼손	33	9	1931.12	司直金公墓碑銘幷序 / 金完鎭	원문은 三孫
3001	金三淵	김삼연	11	27	1916.06	經學淺知錄(續) / 金文演	金昌翁
3002	金三淵	김삼연	16	15	1918.03	詩經蔫辨 / 金文演	金昌翁
3003	金三鉉	김삼현	43	24	1938.12	孝烈行蹟〉[金三鉉의 보고]	부여문묘 直員
3004	金參鉉	김삼현	38	45	1935.03	文廟釋奠狀況〉地方文廟秋期釋奠狀況表	
3005	金尙	김상	11	26	1916.06	經學淺知錄(續) / 金文演	
3006	金商褧	김상경	17	76	1918.07	地方報告〉[金在昌 등의 報告]	
3007	金相國	김상국	11	56	1916.06	賢關記聞(續) / 李大榮	金載瓚
3008	金相國	김상국	36	9	1933.12	居然亭記 / 李學魯	
3009	金商圭	김상규	27	87	1926.12	地方報告〉[成秉鎬 等의 報告]	
3010	金相斗	김상두	47	49	1943.01	一. 孝烈行跡報告 其三 / 鄭奉禧	
3011	金商璉	김상련	27	82	1926.12	地方報告〉[金商璉의 報告]	
3012	金商璉	김상련	27	81	1926.12	地方報告〉[金商璉의 報告]	
3013	金相烈	김상렬	45	36	1940.12	朝鮮儒林大會(朝鮮儒道聯合會創立總會) 會錄槪要〉朝鮮儒道聯合會役員名簿(昭和十四年十一月一日現在)	
3014	金相麟	김상린	38	48	1935.03	文廟釋奠狀況〉地方文廟秋期釋奠狀況表	
3015	金相麟	김상린	39	54	1935.10	文廟釋奠狀況〉地方文廟春期釋奠狀況表	
3016	金尙明	김상명	20	38	1920.03	求禮郡文廟重修捐義錄小序 / 金商翊	

번호	원문	현대어(독음)	호	쪽	발행일	기사명 / 필자	비고
3017	金尙默	김상묵	23	40	1922.12	孔夫子忌辰四十周甲追慕禮式及紀念事業發起文	
3018	金相默	김상묵	29	73	1928.12	地方報告>[金相默의 報告]	
3019	金相默	김상묵	37	56	1934.10	文廟釋奠狀況>[金孝泰의 보고]	
3020	金相範	김상범	45	36	1940.12	朝鮮儒林大會(朝鮮儒道聯合會創立總會) 會錄槪要>朝鮮儒道聯合會役員名簿(昭和十四年十一月一日現在)	
3021	金相馥	김상복	27	77	1926.12	地方報告>[姜永邰의 報告]	
3022	金相鳳	김상봉	45	41	1940.12	朝鮮儒林大會(朝鮮儒道聯合會創立總會) 會錄槪要>朝鮮儒道聯合會役員名簿(昭和十四年十一月一日現在)	
3023	金相淵	김상연	37	46	1934.10	文廟釋奠狀況>[秋期釋奠 擧行]	
3024	金祥演	김상연	18	44	1918.09	日誌大要	
3025	金尙容	김상용	7	32	1915.06	文廟碑銘幷序	
3026	金尙容	김상용	43	20	1938.12	江華忠烈祠享祀位次及祝文式	
3027	金相宇	김상우	20	37	1920.03	求禮郡文廟重修捐義錄小序 / 金商翊	
3028	金相乙	김상을	16	34	1918.03	日誌大要	
3029	金商翊	김상익	20	22	1920.03	求禮郡文廟重修記 / 金商翊	
3030	金商翊	김상익	20	24	1920.03	求禮郡儒林會規序 / 金商翊	
3031	金商翊	김상익	20	35	1920.03	求禮郡文廟重修捐義錄小序 / 金商翊	
3032	金商翊	김상익	20	54	1920.03	地方報告>[權鳳洙의 報告]	
3033	金祥準	김상준	20	38	1920.03	求禮郡文廟重修捐義錄小序 / 金商翊	
3034	金相稷	김상직	33	36	1931.12	聲討顚末	
3035	金商喆	김상철	32	49	1930.12	地方報告>各郡文廟釋奠狀況>[金泰彦의 보고]	
3036	金尙憲	김상헌	11	54	1916.06	賢關記聞(續) / 李大榮	
3037	金尙憲	김상헌	28	3	1927.12	朝鮮詩文變遷論 / 鄭萬朝	원문은 尙憲
3038	金相赫	김상혁	26	74	1925.12	地方報告>[金鳳浩 等의 報告]	
3039	金尙鉉	김상현	10	52	1916.03	賢關記聞(續) / 李大榮	
3040	金尙鉉	김상현	42	38	1937.12	文廟春季釋奠狀況	
3041	金尙鉉	김상현	42	72	1937.12	第五回卒業式狀況及第八回新入生名簿>第八回入學許可者名簿	
3042	金尙鉉	김상현	43	60	1938.12	文廟秋季釋奠狀況	
3043	金相亨	김상형	45	26	1940.12	朝鮮儒林大會(朝鮮儒道聯合會創立總會) 會錄槪要>朝鮮儒道聯合會役員名簿(昭和十四年十一月一日現在)	
3044	金象浩	김상호	38	47	1935.03	文廟釋奠狀況>地方文廟秋期釋奠狀況表	
3045	金尙會	김상회	45	26	1940.12	朝鮮儒林大會(朝鮮儒道聯合會創立總會) 會錄槪要>朝鮮儒道聯合會役員名簿(昭和十四年十一月一日現在)	

번호	원문	현대어(독음)	호	쪽	발행일	기사명 / 필자	비고
3046	金相焄	김상훈	24	96	1923.12	地方報告〉[孔榮麟의 報告]	
3047	金瑞圭	김서규	15	76	1917.10	地方報告〉[金世能의 報告]	安邊郡守
3048	金瑞圭	김서규	19	84	1918.12	地方報告〉[金世能의 報告]	安邊郡守
3049	金瑞圭	김서규	21	95	1921.03	地方報告〉[朴萬亨의 報告]	安邊郡守
3050	金瑞圭	김서규	33	53	1931.12	文廟釋奠狀況〉[鄭來和의 보고]	
3051	金瑞圭	김서규	34	29	1932.03	賀崔君崙熙大庭稼圃詞伯七一長筵 / 金瑞圭	
3052	金瑞鎭	김서진	19	83	1918.12	地方報告〉[金瑞鎭의 報告]	
3053	金錫坤	김석곤	26	78	1925.12	地方報告〉[朴熏陽 等의 報告]	원문은 金公錫坤
3054	金奭基	김석기	45	25	1940.12	朝鮮儒林大會(朝鮮儒道聯合會創立總會) 會錄概要〉朝鮮儒道聯合會役員名簿(昭和十四年十一月一日現在)	
3055	金錫鍊	김석련	43	29	1938.12	儒林特志〉[姜錫圭의 보고]〉祭需品奉納者氏名及物名	
3056	金錫用	김석용	20	56	1920.03	地方報告〉[趙翰誠 등의 報告]	
3057	金錫用	김석용	20	58	1920.03	地方報告〉[趙翰誠 등의 報告]	
3058	金錫晶	김석정	20	57	1920.03	地方報告〉[趙翰誠 등의 報告]	
3059	金錫冑	김석주	10	51	1916.03	賢關記聞(續) / 李大榮	
3060	金錫弘	김석홍	41	21	1937.02	敎化編年(續) / 李大榮	
3061	金宣用	김선용	33	53	1931.12	文廟釋奠狀況〉[姜尙祖의 보고]	
3062	金善泰	김선태	27	14	1926.12	崔孝子實記 / 沈璿澤	
3063	金性權	김성권	20	36	1920.03	求禮郡文廟重修捐義錄小序 / 金商翊	
3064	金星權	김성권	45	40	1940.12	朝鮮儒林大會(朝鮮儒道聯合會創立總會) 會錄概要〉朝鮮儒道聯合會役員名簿(昭和十四年十一月一日現在)	
3065	金聖圭	김성규	45	39	1940.12	朝鮮儒林大會(朝鮮儒道聯合會創立總會) 會錄概要〉朝鮮儒道聯合會役員名簿(昭和十四年十一月一日現在)	
3066	金聲圭	김성규	29	38	1928.12	日誌大要	
3067	金晟均	김성균	20	36	1920.03	求禮郡文廟重修捐義錄小序 / 金商翊	
3068	金晟均	김성균	45	32	1940.12	朝鮮儒林大會(朝鮮儒道聯合會創立總會) 會錄概要〉朝鮮儒道聯合會役員名簿(昭和十四年十一月一日現在)	
3069	金聖基	김성기	16	57	1918.03	地方報告〉[鄭鳳時의 報告]	
3070	金聲基	김성기	20	60	1920.03	地方報告〉[金聲基의 報告]	
3071	金性達	김성달	44	84	1939.10	日誌大要(自昭和十三年六月 至昭和十三年十二月)	
3072	金性東	김성동	12	85	1916.12	地方報告〉[李培來의 報告]	

번호	원문	현대어(독음)	호	쪽	발행일	기사명 / 필자	비고
3073	金聖烈	김성렬	21	97	1921.03	地方報告>[金聖烈의 報告]	
3074	金聖烈	김성렬	23	85	1922.12	地方報告>[金聖烈의 報告]	
3075	金聖烈	김성렬	24	95	1923.12	地方報告>[金聖烈의 報告]	
3076	金聖烈	김성렬	24	96	1923.12	地方報告>[孔榮麟의 報告]	
3077	金聖烈	김성렬	25	74	1924.12	地方報告>[金聖烈의 報告]	
3078	金聖烈	김성렬	25	83	1924.12	地方報告>[金聖烈의 報告]	
3079	金聖烈	김성렬	26	82	1925.12	地方報告>[金聖烈의 報告]	
3080	金聖烈	김성렬	36	24	1933.12	日誌大要	
3081	金聖烈	김성렬	36	67	1933.12	明倫學院評議員名簿	
3082	金聖烈	김성렬	37	68	1934.10	明倫學院評議員名簿	
3083	金聖烈	김성렬	40	41	1936.08	成竹似先生追悼錄>挽故成均館博士成竹似先生 / 金聖烈	
3084	金聖烈	김성렬	40	54	1936.08	鄭茂亭先生追悼錄>輓詞 / 黃錫龍	
3085	金聖烈	김성렬	41	63	1937.02	明倫學院評議員名簿(昭和十一年一月一日)	
3086	金聖烈	김성렬	41	63	1937.02	明倫學院評議員名簿(昭和十一年一月一日)	
3087	金聖烈	김성렬	43	43	1938.12	故大提學鄭鳳時先生輓詞 / 金聖烈	
3088	金聖烈	김성렬	45	27	1940.12	朝鮮儒林大會(朝鮮儒道聯合會創立總會) 會錄槪要>朝鮮儒道聯合會役員名簿(昭和十四年十一月一日現在)	
3089	金聖烈	김성렬	46	33	1941.12	明倫專門學院日誌大要(昭和十四年七月ヨリ昭和十六年六月マデ)	
3090	金聲麟	김성린	38	49	1935.03	文廟釋奠狀況>地方文廟秋期釋奠狀況表	
3091	金性洙	김성수	45	23	1940.12	朝鮮儒林大會(朝鮮儒道聯合會創立總會) 會錄槪要>朝鮮儒道聯合會役員名簿(昭和十四年十一月一日現在)	
3092	金聲淑	김성숙	37	53	1934.10	文廟釋奠狀況>[金聲淑의 보고]	
3093	金聲淑	김성숙	38	48	1935.03	文廟釋奠狀況>地方文廟秋期釋奠狀況表	
3094	金聲淑	김성숙	39	54	1935.10	文廟釋奠狀況>地方文廟春期釋奠狀況表	
3095	金成玉	김성옥	9	51	1915.12	日誌大要	
3096	金誠一	김성일	11	54	1916.06	賢關記聞(續) / 李大榮	
3097	金性在	김성재	23	26	1922.12	山淸郡明倫堂重建記 / 金翰植	
3098	金性在	김성재	23	27	1922.12	山淸郡明倫堂重建記 / 金翰植	
3099	金性在	김성재	23	86	1922.12	地方報告>[金性在의 報告]	
3100	金性在	김성재	25	75	1924.12	地方報告>[金性在의 報告]	
3101	金誠濟	김성제	33	35	1931.12	聲討顚末	
3102	金性稷	김성직	21	90	1921.03	日誌大要	
3103	金誠鎭	김성진	38	41	1935.03	日誌大要	

번호	원문	현대어(독음)	호	쪽	발행일	기사명 / 필자	비고
3104	金誠鎮	김성진	38	52	1935.03	第五會評議員會狀況	
3105	金誠鎮	김성진	40	55	1936.08	鄭茂亭先生追悼錄〉輓詞 / 黃錫龍	
3106	金誠鎮	김성진	41	9	1937.02	我 / 金誠鎮	
3107	金誠鎮	김성진	41	61	1937.02	明倫學院職員名簿(昭和十一年一月一日現在)	
3108	金誠鎮	김성진	44	23	1939.10	槿告讀者諸氏 / 金誠鎮	
3109	金誠鎮	김성진	44	32	1939.10	經儒學 / 金誠鎮	
3110	金誠鎮	김성진	44	45	1939.10	嘉言善行을 記載함에 就하야 / 金誠鎮	
3111	金誠鎮	김성진	45	34	1940.12	朝鮮儒林大會(朝鮮儒道聯合會創立總會)會錄槪要〉朝鮮儒道聯合會役員名簿(昭和十四年十一月一日現在)	
3112	金誠鎮	김성진	46	4	1941.12	大學序文先儒論辨 / 金誠鎮	
3113	金誠鎮	김성진	46	17	1941.12	釋奠狀況〉昭和十六年春季釋奠狀況	
3114	金誠鎮	김성진	47	28	1943.01	儒林覺醒論 / 金誠鎮	
3115	金誠鎮	김성진	48	40	1944.04	儒道綱領 / 金誠鎮	
3116	金聲倬	김성탁	38	48	1935.03	文廟釋奠狀況〉地方文廟秋期釋奠狀況表	
3117	金聖弼	김성필	18	45	1918.09	日誌大要	
3118	金盛漢	김성한	35	42	1932.12	孝烈行蹟〉[徐榮必 等의 보고]	
3119	金成化	김성화	37	35	1934.10	地方儒林狀況〉[許淸의 보고]	
3120	金性熙	김성희	27	72	1926.12	地方報告〉[琴榮奭의 報告]	
3121	金世卿	김세경	26	41	1925.12	日誌大要	
3122	金世能	김세능	15	76	1917.10	地方報告〉[金世能의 報告]	
3123	金世能	김세능	19	84	1918.12	地方報告〉[金世能의 報告]	
3124	金世才	김세재	1	38	1913.12	近世事十條 / 李商永	
3125	金世珍	김세진	21	27	1921.03	鄭信國傳 / 鄭崙秀	
3126	金世顯	김세현	43	66	1938.12	文廟春季釋奠狀況	
3127	金世顯	김세현	45	26	1940.12	朝鮮儒林大會(朝鮮儒道聯合會創立總會)會錄槪要〉朝鮮儒道聯合會役員名簿(昭和十四年十一月一日現在)	
3128	金松	김송	37	65	1934.10	第三回學生卒業式狀況	
3129	金松	김송	35	77	1932.12	明倫學院昭和七年度第三回入學許可者名簿	
3130	金松	김송	36	30	1933.12	文廟釋奠狀況〉[春期釋奠 擧行]	
3131	金松	김송	37	46	1934.10	文廟釋奠狀況〉[秋期釋奠 擧行]	
3132	金松	김송	37	69	1934.10	明倫學院第三回卒業生名簿	
3133	金松	김송	39	52	1935.10	文廟釋奠狀況〉[春期釋奠 擧行]	
3134	金松	김송	39	57	1935.10	第三回卒業生名簿(新規第一回昭和十年三月)	
3135	金松	김송	45	37	1940.12	朝鮮儒林大會(朝鮮儒道聯合會創立總會)會錄槪要〉朝鮮儒道聯合會役員名簿(昭和十四年十一月一日現在)	

번호	원문	현대어(독음)	호	쪽	발행일	기사명 / 필자	비고
3136	金松亭	김송정	11	26	1916.06	經學淺知錄(續) / 金文演	金泮
3137	金璲	김수	23	87	1922.12	地方報告〉[金煥容의 報告]	
3138	金秀南	김수남	43	21	1938.12	江華忠烈祠享祀位次及祝文式	
3139	金守溫	김수온	9	31	1915.12	賢關記聞(續) / 李大榮	원문은 守溫
3140	金守溫	김수온	40	21	1936.08	敎化編年(續) / 李大榮	
3141	金洙源	김수원	42	38	1937.12	文廟春季釋奠狀況	
3142	金洙源	김수원	42	72	1937.12	第五回卒業式狀況及第八回新入生名簿〉第八回入學許可者名簿	
3143	金洙源	김수원	43	60	1938.12	文廟秋季釋奠狀況	
3144	金洙源	김수원	43	74	1938.12	第六回卒業式狀況及第九回新入生名簿〉第九回入學許可者名簿	
3145	金洙源	김수원	44	79	1939.10	文廟秋季釋奠狀況	
3146	金洙源	김수원	44	86	1939.10	文廟春季釋奠狀況	
3147	金洙源	김수원	44	87	1939.10	文廟春季釋奠狀況	
3148	金收一	김수일	25	12	1924.12	湯島詩帖序 / 鄭萬朝	원문은 雨峯 金君收一
3149	金壽哲	김수철	14	62	1917.07	地方報告〉[金壽哲의 報告]	
3150	金壽哲	김수철	33	37	1931.12	聲討顚末	
3151	金壽漢	김수한	26	41	1925.12	日誌大要	
3152	金壽漢	김수한	26	45	1925.12	日誌大要	
3153	金壽恒	김수항	21	62	1921.03	賢關記聞(續) / 李大榮	
3154	金壽恒	김수항	15	25	1917.10	賢關記聞(十三號續) / 李大榮	
3155	金壽興	김수흥	10	48	1916.03	賢關記聞(續) / 李大榮	
3156	金叔滋	김숙자	11	26	1916.06	經學淺知錄(續) / 金文演	원문은 叔滋
3157	金舜東	김순동	45	37	1940.12	朝鮮儒林大會(朝鮮儒道聯合會創立總會) 會錄槪要〉朝鮮儒道聯合會役員名簿(昭和十四年十一月一日現在)	
3158	金舜鳳	김순봉	25	83	1924.12	地方報告〉[金夏源의 報告]	
3159	金淳興	김순흥	45	40	1940.12	朝鮮儒林大會(朝鮮儒道聯合會創立總會) 會錄槪要〉朝鮮儒道聯合會役員名簿(昭和十四年十一月一日現在)	
3160	金崇文	김숭문	26	89	1925.12	地方報告〉[尹柱英의 報告]	
3161	金昇圭	김승규	33	32	1931.12	聲討顚末	
3162	金昇熹	김승도	21	97	1921.03	地方報告〉[金昇熹의 報告]	
3163	金承烈	김승렬	35	27	1932.12	日誌大要	
3164	金承烈	김승렬	35	73	1932.12	明倫學院職員名簿	
3165	金承烈	김승렬	36	20	1933.12	澹園姜講師挽 / 金承烈	

번호	원문	현대어(독음)	호	쪽	발행일	기사명 / 필자	비고
3166	金承烈	김승렬	36	53	1933.12	評議員會狀況〉事業經過報告 / 俞萬兼	
3167	金承烈	김승렬	36	65	1933.12	明倫學院職員名簿	
3168	金承烈	김승렬	37	66	1934.10	明倫學院職員名簿	
3169	金承烈	김승렬	38	32	1935.03	祭時軒崔講師文 / 明倫學院職員一同	
3170	金承烈	김승렬	38	40	1935.03	日誌大要	
3171	金承烈	김승렬	39	46	1935.10	挽崔講師崙熙 / 金承烈	
3172	金承烈	김승렬	40	55	1936.08	鄭茂亭先生追悼錄〉輓詞 / 黃錫龍	
3173	金承烈	김승렬	41	61	1937.02	明倫學院職員名簿(昭和十一年一月一日現在)	
3174	金承烈	김승렬	41	61	1937.02	明倫學院職員名簿(昭和十一年一月一日現在)	
3175	金承烈	김승렬	45	34	1940.12	朝鮮儒林大會(朝鮮儒道聯合會創立總會) 會錄槪要〉朝鮮儒道聯合會役員名簿(昭和十四年十一月一日現在)	
3176	金承烈	김승렬	46	32	1941.12	明倫專門學院日誌大要(昭和十四年七月ヨリ昭和十六年六月マデ)	
3177	金承烈	김승렬	46	33	1941.12	明倫專門學院日誌大要(昭和十四年七月ヨリ昭和十六年六月マデ)	
3178	金承潞	김승로	28	44	1927.12	日誌大要	
3179	金昇錄	김승록	35	77	1932.12	明倫學院昭和七年度第三回入學許可者名簿	
3180	金昇錄	김승록	36	25	1933.12	文廟釋奠狀況〉[秋期釋奠 擧行]	
3181	金昇錄	김승록	37	46	1934.10	文廟釋奠狀況〉[秋期釋奠 擧行]	
3182	金昇錄	김승록	37	51	1934.10	文廟釋奠狀況〉[春期釋奠 擧行]	
3183	金昇錄	김승록	37	69	1934.10	明倫學院第三回卒業生名簿	
3184	金勝鏞	김승용	31	61	1930.08	入學許可者名簿	
3185	金勝鏞	김승용	32	38	1930.12	日誌大要	
3186	金勝鏞	김승용	33	43	1931.12	文廟釋奠狀況	
3187	金勝鏞	김승용	33	49	1931.12	文廟釋奠狀況〉[本院秋期釋奠에 대한 보고]	
3188	金勝鏞	김승용	34	32	1932.03	日誌大要	
3189	金勝鏞	김승용	35	74	1932.12	明倫學院第一回卒業生名簿	
3190	金承元	김승원	26	77	1925.12	地方報告〉[羅燾佑 等의 報告]	
3191	金承印	김승인	12	39	1916.12	賢關記聞(續) / 李大榮	
3192	金承祚	김승조	27	77	1926.12	地方報告〉[姜永郚의 報告]	원문은 承祚
3193	金升鎭	김승진	45	23	1940.12	朝鮮儒林大會(朝鮮儒道聯合會創立總會) 會錄槪要〉朝鮮儒道聯合會役員名簿(昭和十四年十一月一日現在)	
3194	金承振	김승진	16	36	1918.03	日誌大要	
3195	金昇弼	김승필	29	79	1928.12	地方報告〉[魏大源의 報告]	
3196	金蓍	김시	23	88	1922.12	地方報告〉[乾元祠 新建 關聯 報告]	

번호	원문	현대어(독음)	호	쪽	발행일	기사명 / 필자	비고
3197	金始經	김시경	25	38	1924.12	日誌大要	
3198	金時景	김시경	39	54	1935.10	文廟釋奠狀況〉地方文廟春期釋奠狀況表	
3199	金時景	김시경	40	38	1936.08	文廟釋奠狀況〉[地方文廟春期釋奠狀況表]	
3200	金時習	김시습	9	31	1915.12	賢關記聞(續) / 李大榮	원문은 時習
3201	金是鏞	김시용	33	36	1931.12	聲討顚末	
3202	金始元	김시원	40	64	1936.08	第四回卒業式狀況及第七回新入生名簿〉明倫學院第一會研究科入學許可者名簿	
3203	金始元	김시원	41	37	1937.02	文廟秋季釋奠狀況	
3204	金始元	김시원	42	72	1937.12	第五回卒業式狀況及第八回新入生名簿〉研究科現在學生名簿	
3205	金始元	김시원	43	59	1938.12	文廟秋季釋奠狀況	
3206	金始元	김시원	44	79	1939.10	文廟秋季釋奠狀況	
3207	金始元	김시원	44	87	1939.10	文廟春季釋奠狀況	
3208	金始元	김시원	45	36	1940.12	朝鮮儒林大會(朝鮮儒道聯合會創立總會) 會錄槪要〉朝鮮儒道聯合會役員名簿(昭和十四年十一月一日現在)	
3209	金始元	김시원	47	38	1943.01	釋奠狀況〉昭和十七年春季釋奠狀況	
3210	金時一	김시일	33	34	1931.12	聲討顚末	
3211	金時一	김시일	33	45	1931.12	文廟釋奠狀況〉[金時一의 보고]	
3212	金時一	김시일	33	56	1931.12	孝烈行蹟〉[金時一 等의 보고]	
3213	金時一	김시일	35	34	1932.12	文廟釋奠狀況〉[金時一의 보고]	
3214	金時華	김시화	16	82	1918.03	地方報告〉[金時華의 報告]	
3215	金時華	김시화	17	22	1918.07	朔州郡儒林植樹組合契券序 / 金允植	원문은 金君時華
3216	金時華	김시화	26	76	1925.12	地方報告〉[金基衡의 報告]	
3217	金杖	김식	24	51	1923.12	牙山郡新昌鄕校東齋重修韻 / 金杖	
3218	金湜	김식	11	27	1916.06	經學淺知錄(續) / 金文演	원문은 金老泉湜
3219	金湜	김식	40	19	1936.08	敎化編年(續) / 李大榮	
3220	金湜	김식	43	15	1938.12	敎化編年(續) / 李大榮	
3221	金湜	김식	43	16	1938.12	敎化編年(續) / 李大榮	
3222	金信錫	김신석	45	26	1940.12	朝鮮儒林大會(朝鮮儒道聯合會創立總會) 會錄槪要〉朝鮮儒道聯合會役員名簿(昭和十四年十一月一日現在)	
3223	金臣鎭	김신진	27	52	1926.12	日誌大要	
3224	金信熙	김신희	23	50	1922.12	孔夫子忌辰四十周甲追慕韻 / 金信熙	
3225	金實根	김실근	35	76	1932.12	明倫學院昭和七年度第三回入學許可者名簿	
3226	金實根	김실근	37	51	1934.10	文廟釋奠狀況〉[春期釋奠 擧行]	

번호	원문	현대어(독음)	호	쪽	발행일	기사명 / 필자	비고
3227	金實根	김실근	37	69	1934.10	明倫學院第三回卒業生名簿	
3228	金實根	김실근	39	52	1935.10	文廟釋奠狀況〉[春期釋奠 擧行]	
3229	金實根	김실근	39	57	1935.10	第三回卒業生名簿(新規第一回昭和十年三月)	
3230	金氏	김씨	19	76	1918.12	地方報告〉[崔榮則의 報告]	
3231	金氏	김씨	28	13	1927.12	孝烈婦金氏碑 / 李大榮	
3232	金氏	김씨	28	79	1927.12	地方報告〉[金鍾烈의 報告]	
3233	金安國	김안국	9	34	1915.12	賢關記聞(續) / 李大榮	
3234	金安國	김안국	11	27	1916.06	經學淺知錄(續) / 金文演	원문은 安國
3235	金安國	김안국	43	15	1938.12	敎化編年(續) / 李大榮	
3236	金若魯	김약로	23	88	1922.12	地方報告〉[乾元祠 新建 關聯 報告]	
3237	金若玄	김약현	23	88	1922.12	地方報告〉[乾元祠 新建 關聯 報告]	
3238	金良鑑	김양감	19	19	1918.12	雲山郡文廟祭官案序 / 申鉉求	원문은 良鑑
3239	金良權	김양권	27	75	1926.12	地方報告〉[高光俊 等의 報告]	원문은 良權
3240	金暘圭	김양규	26	41	1925.12	日誌大要	
3241	金暘圭	김양규	26	42	1925.12	日誌大要	
3242	金麗星	김여성	30	81	1929.12	地方報告〉[金麗星의 報告]	
3243	金然機	김연기	15	33	1917.10	日誌大要	
3244	金演凊	김연설	25	38	1924.12	日誌大要	
3245	金演性	김연성	26	35	1925.12	江陵文廟重修落成韻 / 金演性	
3246	金演性	김연성	31	35	1930.08	地方報告〉各郡文廟釋奠狀況〉[金演性의 보고]	
3247	金演性	김연성	31	37	1930.08	地方報告〉各郡文廟釋奠狀況〉[金演性의 보고]	
3248	金演性	김연성	32	48	1930.12	地方報告〉各郡文廟釋奠狀況〉[金演性의 보고]	
3249	金演性	김연성	33	47	1931.12	文廟釋奠狀況〉[金演性의 보고]	
3250	金演性	김연성	35	34	1932.12	文廟釋奠狀況〉[金演性의 보고]	
3251	金年洙	김연수	45	29	1940.12	朝鮮儒林大會(朝鮮儒道聯合會創立總會) 會錄概要〉朝鮮儒道聯合會役員名簿(昭和十四年十一月一日現在)	
3252	金璉植	김연식	14	82	1917.07	地方報告〉[金光鉉의 報告]	
3253	金然灝	김연호	14	75	1917.07	地方報告〉[趙相河 등의 報告]	
3254	金演後	김연후	16	36	1918.03	日誌大要	
3255	金永杰	김영걸	46	17	1941.12	釋奠狀況〉昭和十六年春季釋奠狀況	
3256	金榮九	김영구	28	77	1927.12	地方報告〉[鄭性謨 等의 報告]	
3257	金永奎	김영규	27	75	1926.12	地方報告〉[高光俊 等의 報告]	원문은 永奎
3258	金永奎	김영규	30	74	1929.12	地方報告〉[金永奎의 報告]	
3259	金永奎	김영규	30	78	1929.12	地方報告〉[金永奎의 報告]	
3260	金永近	김영근	44	76	1939.10	日誌大要(自昭和十三年六月 至昭和十三年十二月)	

번호	원문	현대어(독음)	호	쪽	발행일	기사명 / 필자	비고
3261	金永近	김영근	45	23	1940.12	朝鮮儒林大會(朝鮮儒道聯合會創立總會) 會錄概要〉朝鮮儒道聯合會役員名簿(昭和十四年十一月一日現在)	
3262	金榮琦	김영기	48	52	1944.04	釋奠狀況〉昭和十八年春季釋奠狀況	
3263	金永驥	김영기	24	54	1923.12	日誌大要	
3264	金永東	김영동	39	59	1935.10	明倫學院第六回入學許可者名簿(昭和十年度)	
3265	金永東	김영동	41	37	1937.02	文廟秋季釋奠狀況	
3266	金永東	김영동	42	38	1937.12	文廟春季釋奠狀況	
3267	金永東	김영동	43	59	1938.12	文廟秋季釋奠狀況	
3268	金永東	김영동	43	73	1938.12	第六回卒業式狀況及第九回新入生名簿〉第六回卒業生名簿	
3269	金永斗	김영두	46	22	1941.12	經學院日誌大要(昭和十四年七月ヨリ昭和十六年六月マテ)	
3270	金永稑	김영륙	20	37	1920.03	求禮郡文廟重修捐義錄小序 / 金商翊	
3271	金永萬	김영만	27	74	1926.12	地方報告〉[沈能九 等의 報告]	
3272	金永萬	김영만	34	8	1932.03	烈女水原白氏碑銘 竝序 / 沈璿澤	
3273	金永萬	김영만	34	9	1932.03	烈女水原白氏碑銘 竝序 / 沈璿澤	원문은 永萬
3274	金永萬	김영만	38	37	1935.03	孝烈行蹟〉[全永萬 等의 보고]	
3275	金泳穆	김영목	24	94	1923.12	地方報告〉[吉元植의 報告]	화천군 유도천명회지회장
3276	金永默	김영묵	37	47	1934.10	文廟釋奠狀況〉[姜時燦의 보고]	부령군수
3277	金榮培	김영배	20	37	1920.03	求禮郡文廟重修捐義錄小序 / 金商翊	
3278	金永培	김영배	45	24	1940.12	朝鮮儒林大會(朝鮮儒道聯合會創立總會) 會錄概要〉朝鮮儒道聯合會役員名簿(昭和十四年十一月一日現在)	
3279	金永鳳	김영봉	46	15	1941.12	釋奠狀況〉昭和十五年春季釋奠狀況	
3280	金永石	김영석	45	38	1940.12	朝鮮儒林大會(朝鮮儒道聯合會創立總會) 會錄概要〉朝鮮儒道聯合會役員名簿(昭和十四年十一月一日現在)	
3281	金永鮮	김영선	33	38	1931.12	聲討顛末	
3282	金英善	김영선	25	44	1924.12	日誌大要	
3283	金永壽	김영수	33	34	1931.12	聲討顛末	
3284	金永水	김영수	19	37	1918.12	日誌大要	
3285	金英洙	김영수	45	25	1940.12	朝鮮儒林大會(朝鮮儒道聯合會創立總會) 會錄概要〉朝鮮儒道聯合會役員名簿(昭和十四年十一月一日現在)	
3286	金榮淑	김영숙	20	38	1920.03	求禮郡文廟重修捐義錄小序 / 金商翊	
3287	金永臣	김영신	26	82	1925.12	地方報告〉[李憲國의 報告]	

번호	원문	현대어(독음)	호	쪽	발행일	기사명 / 필자	비고
3288	金永雅夫	김영아부	47	46	1943.01	經學院日誌大要(昭和十六年七月ヨリ昭和十七年六月マテ)	
3289	金英淵	김영연	20	36	1920.03	求禮郡文廟重修捐義錄小序 / 金商翊	
3290	金永完	김영완	45	35	1940.12	朝鮮儒林大會(朝鮮儒道聯合會創立總會) 會錄概要〉朝鮮儒道聯合會役員名簿(昭和十四年十一月一日現在)	
3291	金永毅	김영의	41	61	1937.02	明倫學院職員名簿(昭和十一年一月一日現在)	
3292	金永毅	김영의	44	89	1939.10	明倫專門學院記事	
3293	金永毅	김영의	45	34	1940.12	朝鮮儒林大會(朝鮮儒道聯合會創立總會) 會錄概要〉朝鮮儒道聯合會役員名簿(昭和十四年十一月一日現在)	
3294	金永毅	김영의	46	32	1941.12	明倫專門學院日誌大要(昭和十四年七月ヨリ昭和十六年六月マテ)	
3295	金永毅	김영의	46	33	1941.12	明倫專門學院日誌大要(昭和十四年七月ヨリ昭和十六年六月マテ)	
3296	金永仁	김영인	27	75	1926.12	地方報告〉[高光俊 等의 報告]	원문은 永仁
3297	金永濟	김영제	38	49	1935.03	文廟釋奠狀況〉地方文廟秋期釋奠狀況表	
3298	金永周	김영주	25	82	1924.12	地方報告〉[金永周의 報告]	
3299	金寧鎭	김영진	45	29	1940.12	朝鮮儒林大會(朝鮮儒道聯合會創立總會) 會錄概要〉朝鮮儒道聯合會役員名簿(昭和十四年十一月一日現在)	
3300	金英鎭	김영진	45	25	1940.12	朝鮮儒林大會(朝鮮儒道聯合會創立總會) 會錄概要〉朝鮮儒道聯合會役員名簿(昭和十四年十一月一日現在)	
3301	金永弼	김영필	23	87	1922.12	地方報告〉[金煥容의 報告]	
3302	金永弼	김영필	45	30	1940.12	朝鮮儒林大會(朝鮮儒道聯合會創立總會) 會錄概要〉朝鮮儒道聯合會役員名簿(昭和十四年十一月一日現在)	
3303	金永弼	김영필	46	24	1941.12	經學院日誌大要(昭和十四年七月ヨリ昭和十六年六月マテ)	
3304	金泳夏	김영하	45	41	1940.12	朝鮮儒林大會(朝鮮儒道聯合會創立總會) 會錄概要〉朝鮮儒道聯合會役員名簿(昭和十四年十一月一日現在)	
3305	金寗漢	김영한	35	11	1932.12	慶壽帖序 / 金寗漢	
3306	金寗漢	김영한	37	16	1934.10	茂長文廟重修記 / 金寗漢	
3307	金甯漢	김영한	24	14	1923.12	興陽郡學重修記 / 金甯漢	
3308	金甯漢	김영한	39	47	1935.10	挽崔講師崙熙 / 金甯漢	
3309	金榮鉉	김영현	20	37	1920.03	求禮郡文廟重修捐義錄小序 / 金商翊	
3310	金榮浩	김영호	33	37	1931.12	聲討顚末	

번호	원문	현대어(독음)	호	쪽	발행일	기사명 / 필자	비고
3311	金永勳	김영훈	45	39	1940.12	朝鮮儒林大會(朝鮮儒道聯合會創立總會) 會錄概要〉朝鮮儒道聯合會役員名簿(昭和十四年十一月一日現在)	
3312	金禮蒙	김예몽	37	22	1934.10	教化編年 / 李大榮	
3313	金玉鉉	김옥현	38	35	1935.03	地方儒林狀況〉[權重林의 보고]	옥천군수
3314	金玉鉉	김옥현	45	41	1940.12	朝鮮儒林大會(朝鮮儒道聯合會創立總會) 會錄概要〉朝鮮儒道聯合會役員名簿(昭和十四年十一月一日現在)	
3315	金琓洙	김완수	41	32	1937.02	日誌大要	
3316	金琓洙	김완수	45	27	1940.12	朝鮮儒林大會(朝鮮儒道聯合會創立總會) 會錄概要〉朝鮮儒道聯合會役員名簿(昭和十四年十一月一日現在)	
3317	金琬洙	김완수	41	59	1937.02	經學院講士名簿(昭和十一年十一月一日)	
3318	金琬洙	김완수	43	42	1938.12	故大提學鄭鳳時先生輓詞 / 金琬澤	
3319	金琬洙	김완수	43	51	1938.12	鄭松里先生追悼錄〉哀辭 / 金琬洙	
3320	金完中	김완중	45	39	1940.12	朝鮮儒林大會(朝鮮儒道聯合會創立總會) 會錄概要〉朝鮮儒道聯合會役員名簿(昭和十四年十一月一日現在)	
3321	金完鎭	김완진	18	31	1918.09	上林忠淸南道長官頒桐苗事業顚末 / 金完鎭	
3322	金完鎭	김완진	18	41	1918.09	上林忠淸南道長官頒桐苗事業顚末 / 金完鎭	아산군수
3323	金完鎭	김완진	18	45	1918.09	日誌大要	
3324	金完鎭	김완진	18	46	1918.09	日誌大要	
3325	金完鎭	김완진	19	30	1918.12	日誌大要	
3326	金完鎭	김완진	19	31	1918.12	日誌大要	
3327	金完鎭	김완진	19	32	1918.12	日誌大要	
3328	金完鎭	김완진	19	37	1918.12	日誌大要	
3329	金完鎭	김완진	20	46	1920.03	日誌大要	
3330	金完鎭	김완진	20	49	1920.03	日誌大要	
3331	金完鎭	김완진	21	3	1921.03	老生常談 / 金完鎭	
3332	金完鎭	김완진	21	72	1921.03	鄕校財産沿革 / 金完鎭	
3333	金完鎭	김완진	21	89	1921.03	日誌大要	
3334	金完鎭	김완진	21	92	1921.03	日誌大要	
3335	金完鎭	김완진	22	2	1922.03	禮辭(於儒道振興會臨時總會席上) / 金完鎭	
3336	金完鎭	김완진	22	49	1922.03	故經學院副提學久庵朴公挽詞 / 金完鎭	
3337	金完鎭	김완진	22	53	1922.03	日誌大要	
3338	金完鎭	김완진	22	57	1922.03	日誌大要	
3339	金完鎭	김완진	23	28	1922.12	祭華陰鄭司成文	

번호	원문	현대어(독음)	호	쪽	발행일	기사명 / 필자	비고
3340	金完鎭	김완진	23	39	1922.12	孔夫子忌辰四十周甲追慕禮式及紀念事業發起文	
3341	金完鎭	김완진	23	54	1922.12	日誌大要	
3342	金完鎭	김완진	23	56	1922.12	日誌大要	
3343	金完鎭	김완진	23	58	1922.12	日誌大要	
3344	金完鎭	김완진	24	50	1923.12	湯島聖堂祭典祭拜志感 / 金完鎭	
3345	金完鎭	김완진	24	52	1923.12	在平山鄕校咏壇杏 / 金完鎭	
3346	金完鎭	김완진	24	54	1923.12	日誌大要	
3347	金完鎭	김완진	24	56	1923.12	日誌大要	
3348	金完鎭	김완진	24	57	1923.12	日誌大要	
3349	金完鎭	김완진	24	58	1923.12	日誌大要	
3350	金完鎭	김완진	24	81	1923.12	講說〉講題 時代之儒敎 / 金完鎭	
3351	金完鎭	김완진	24	91	1923.12	地方報告〉[金完鎭의 報告]	
3352	金完鎭	김완진	25	34	1924.12	日誌大要	
3353	金完鎭	김완진	25	37	1924.12	日誌大要	
3354	金完鎭	김완진	25	39	1924.12	日誌大要	
3355	金完鎭	김완진	25	46	1924.12	日誌大要	
3356	金完鎭	김완진	25	48	1924.12	講說〉講題 儒道 / 鄭鳳時	
3357	金完鎭	김완진	25	50	1924.12	講說〉講題 儒素 / 金完鎭	
3358	金完鎭	김완진	25	53	1924.12	講說〉講題 儒家之自衛策 / 金完鎭	
3359	金完鎭	김완진	25	71	1924.12	地方報告〉[鄭鳳時의 報告]	
3360	金完鎭	김완진	25	76	1924.12	地方報告〉[金完鎭 等의 報告]	
3361	金完鎭	김완진	26	9	1925.12	江陵郡鄕校重修記 / 鄭萬朝	원문은 完鎭
3362	金完鎭	김완진	26	36	1925.12	出張江陵鄕校次重修落成韻 / 金完鎭	
3363	金完鎭	김완진	26	40	1925.12	日誌大要	
3364	金完鎭	김완진	26	43	1925.12	日誌大要	
3365	金完鎭	김완진	26	45	1925.12	日誌大要	
3366	金完鎭	김완진	26	48	1925.12	日誌大要	
3367	金完鎭	김완진	26	70	1925.12	講說〉講題 儒家事業 / 金完鎭	
3368	金完鎭	김완진	26	73	1925.12	地方報告〉[金完鎭의 報告]	
3369	金完鎭	김완진	26	96	1925.12	地方報告〉[金完鎭의 報告]	
3370	金完鎭	김완진	27	9	1926.12	烈女申婦張孺人碑 / 金完鎭	
3371	金完鎭	김완진	27	52	1926.12	日誌大要	
3372	金完鎭	김완진	27	54	1926.12	日誌大要	
3373	金完鎭	김완진	27	58	1926.12	日誌大要	
3374	金完鎭	김완진	27	60	1926.12	日誌大要	

번호	원문	현대어(독음)	호	쪽	발행일	기사명 / 필자	비고
3375	金完鎭	김완진	27	62	1926.12	講說〉講題 儒是 / 金完鎭	
3376	金完鎭	김완진	28	16	1927.12	祭碧棲梁講士文 / 金完鎭	
3377	金完鎭	김완진	28	39	1927.12	碧棲梁講士挽章 / 金完鎭	
3378	金完鎭	김완진	28	40	1927.12	東石申講士挽章 / 金完鎭	
3379	金完鎭	김완진	28	43	1927.12	日誌大要	
3380	金完鎭	김완진	28	45	1927.12	日誌大要	
3381	金完鎭	김완진	28	46	1927.12	日誌大要	
3382	金完鎭	김완진	28	47	1927.12	日誌大要	
3383	金完鎭	김완진	28	58	1927.12	講說〉講題 播百穀敷五教 / 金完鎭	
3384	金完鎭	김완진	28	76	1927.12	地方報告〉[金完鎭의 報告]	
3385	金完鎭	김완진	28	78	1927.12	地方報告〉[金完鎭의 報告]	원문은 金完鎭로 오기됨
3386	金完鎭	김완진	29	19	1928.12	孺人慶州金氏烈行紀蹟碑 / 金完鎭	
3387	金完鎭	김완진	29	21	1928.12	祭勿齋金講士文 / 院僚一同	
3388	金完鎭	김완진	29	22	1928.12	祭晩松吳講士文 / 金完鎭	
3389	金完鎭	김완진	29	33	1928.12	聚奎帖 / 金完鎭	
3390	金完鎭	김완진	29	35	1928.12	大樹帖 / 金完鎭	
3391	金完鎭	김완진	29	38	1928.12	日誌大要	
3392	金完鎭	김완진	29	40	1928.12	日誌大要	
3393	金完鎭	김완진	29	41	1928.12	日誌大要	
3394	金完鎭	김완진	29	42	1928.12	日誌大要	
3395	金完鎭	김완진	29	43	1928.12	日誌大要	
3396	金完鎭	김완진	29	79	1928.12	地方報告〉[金完鎭의 報告]	
3397	金完鎭	김완진	30	4	1929.12	中學漢文論(文貴在譯者) / 鹽谷 溫	
3398	金完鎭	김완진	30	37	1929.12	雪重帖 / 金完鎭	
3399	金完鎭	김완진	30	39	1929.12	日誌大要	
3400	金完鎭	김완진	30	40	1929.12	日誌大要	
3401	金完鎭	김완진	30	41	1929.12	日誌大要	
3402	金完鎭	김완진	30	43	1929.12	日誌大要	
3403	金完鎭	김완진	30	45	1929.12	日誌大要	
3404	金完鎭	김완진	30	71	1929.12	地方報告〉[金完鎭의 報告]	
3405	金完鎭	김완진	31	28	1930.08	壽星帖 / 院僚一同	
3406	金完鎭	김완진	31	29	1930.08	日誌大要	
3407	金完鎭	김완진	31	31	1930.08	日誌大要	
3408	金完鎭	김완진	31	32	1930.08	日誌大要	
3409	金完鎭	김완진	31	54	1930.08	事務報告 / 神尾弌春	

번호	원문	현대어(독음)	호	쪽	발행일	기사명 / 필자	비고
3410	金完鎭	김완진	31	60	1930.08	明倫學院職員名簿	
3411	金完鎭	김완진	32	20	1930.12	講題 現代世相과 儒學의 本領 / 渡邊信治	
3412	金完鎭	김완진	32	26	1930.12	教化事業懇談 / 金完鎭	
3413	金完鎭	김완진	32	33	1930.12	視察不二農場贈藤井組合長 / 金完鎭	
3414	金完鎭	김완진	32	36	1930.12	日誌大要	
3415	金完鎭	김완진	32	37	1930.12	日誌大要	
3416	金完鎭	김완진	33	9	1931.12	司直金公墓碑銘幷序 / 金完鎭	
3417	金完鎭	김완진	33	20	1931.12	壽松帖〉敬賀鄭提學先生喜壽 / 金完鎭	
3418	金完鎭	김완진	33	29	1931.12	聲討顚末	
3419	金完鎭	김완진	33	42	1931.12	文廟釋奠狀況	
3420	金完鎭	김완진	33	49	1931.12	文廟釋奠狀況〉[本院秋期釋奠에 대한 보고]	
3421	金完鎭	김완진	34	9	1932.03	四禮常變告祝序 / 金完鎭	
3422	金完鎭	김완진	34	29	1932.03	賀崔君崙熙大庭稼圃詞伯七一長筵 / 金完鎭	
3423	金完鎭	김완진	34	31	1932.03	日誌大要	
3424	金完鎭	김완진	34	54	1932.03	明倫學院職員名簿	
3425	金完鎭	김완진	35	23	1932.12	孝壽帖〉賀韻 / 金完鎭	
3426	金完鎭	김완진	35	28	1932.12	日誌大要	
3427	金完鎭	김완진	35	30	1932.12	文廟釋奠狀況	
3428	金完鎭	김완진	35	72	1932.12	明倫學院職員名簿	
3429	金完鎭	김완진	36	21	1933.12	澹圃姜講師挽 / 金完鎭	
3430	金完鎭	김완진	36	25	1933.12	文廟釋奠狀況〉[秋期釋奠 舉行]	
3431	金完鎭	김완진	36	29	1933.12	文廟釋奠狀況〉[春期釋奠 舉行]	
3432	金完鎭	김완진	36	65	1933.12	明倫學院職員名簿	
3433	金完鎭	김완진	37	43	1934.10	日誌大要	
3434	金完鎭	김완진	37	45	1934.10	文廟釋奠狀況〉[秋期釋奠 舉行]	
3435	金完鎭	김완진	37	51	1934.10	文廟釋奠狀況〉[春期釋奠 舉行]	
3436	金完鎭	김완진	37	66	1934.10	明倫學院職員名簿	
3437	金完鎭	김완진	38	41	1935.03	日誌大要	
3438	金完鎭	김완진	38	43	1935.03	文廟釋奠狀況〉[秋期釋奠 舉行]	
3439	金完鎭	김완진	39	17	1935.10	湯島聖堂孔子祭典狀況	
3440	金完鎭	김완진	39	30	1935.10	東京斯文會主催儒道大會狀況	
3441	金完鎭	김완진	39	45	1935.10	挽崔講師崙熙 / 金完鎭	
3442	金完鎭	김완진	39	50	1935.10	日誌大要	
3443	金完鎭	김완진	39	51	1935.10	文廟釋奠狀況〉[春期釋奠 舉行]	
3444	金完鎭	김완진	40	31	1936.08	平壤文廟移建落成式竝儒林大會狀況	
3445	金完鎭	김완진	40	33	1936.08	日誌大要	

번호	원문	현대어(독음)	호	쪽	발행일	기사명 / 필자	비고
3446	金完鎭	김완진	40	34	1936.08	日誌大要	
3447	金完鎭	김완진	40	35	1936.08	文廟釋奠狀況〉[秋期釋奠 擧行]	
3448	金完鎭	김완진	40	45	1936.08	成竹似先生追悼錄〉挽故成均館博士成竹似先生 / 金完鎭	
3449	金完鎭	김완진	40	55	1936.08	鄭茂亭先生追悼錄〉輓詞 / 金承烈	
3450	金完鎭	김완진	40	59	1936.08	鄭茂亭先生追悼錄〉節山博士輓茂亭太史揭載斯文會誌次韻却寄 / 金完鎭	
3451	金完鎭	김완진	41	32	1937.02	日誌大要	
3452	金完鎭	김완진	41	35	1937.02	文廟春季釋奠狀況	
3453	金完鎭	김완진	41	37	1937.02	文廟秋季釋奠狀況	
3454	金完鎭	김완진	41	50	1937.02	敬神崇祖의 觀念 / 金完鎭	
3455	金完鎭	김완진	41	58	1937.02	經學院職員名簿(昭和十一年十一月一日)	
3456	金完鎭	김완진	41	62	1937.02	明倫學院職員名簿(昭和十一年一月一日現在)	
3457	金完鎭	김완진	42	26	1937.12	時局對處須知 / 金完鎭	
3458	金完鎭	김완진	42	34	1937.12	日誌大要	
3459	金完鎭	김완진	42	35	1937.12	日誌大要	
3460	金完鎭	김완진	42	37	1937.12	日誌大要	
3461	金完鎭	김완진	42	38	1937.12	文廟春季釋奠狀況	
3462	金完鎭	김완진	42	45	1937.12	文廟享祀位次及聖賢姓名爵號考 / 金完鎭	
3463	金完鎭	김완진	43	14	1938.12	信川鄕校重修記 / 金完鎭	
3464	金完鎭	김완진	43	39	1938.12	故大提學鄭鳳時先生輓詞 / 金完鎭	
3465	金完鎭	김완진	43	59	1938.12	文廟秋季釋奠狀況	
3466	金完鎭	김완진	43	66	1938.12	文廟春季釋奠狀況	
3467	金完鎭	김완진	44	77	1939.10	日誌大要(自昭和十三年六月 至昭和十三年十二月)	
3468	金完鎭	김완진	44	78	1939.10	文廟秋季釋奠狀況	
3469	金完鎭	김완진	44	80	1939.10	日誌大要(自昭和十三年六月 至昭和十三年十二月)	
3470	金完鎭	김완진	44	81	1939.10	日誌大要(自昭和十三年六月 至昭和十三年十二月)	
3471	金完鎭	김완진	44	82	1939.10	日誌大要(自昭和十三年六月 至昭和十三年十二月)	
3472	金完鎭	김완진	45	30	1940.12	朝鮮儒林大會(朝鮮儒道聯合會創立總會) 會錄槪要〉朝鮮儒道聯合會役員名簿(昭和十四年十一月一日現在)	
3473	金堯承	김요승	33	34	1931.12	聲討顚末	
3474	金墉	김용	39	52	1935.10	文廟釋奠狀況〉地方文廟春期釋奠狀況表	
3475	金鏞國	김용국	36	25	1933.12	文廟釋奠狀況〉[秋期釋奠 擧行]	

번호	원문	현대어(독음)	호	쪽	발행일	기사명 / 필자	비고
3476	金容圭	김용규	37	73	1934.10	[판권사항]	
3477	金容奎	김용규	34	34	1932.03	孝烈行蹟〉[鄭來和 等의 보고]	
3478	金龍起	김용기	30	44	1929.12	日誌大要	
3479	金龍起	김용기	31	30	1930.08	日誌大要	
3480	金容汏	김용대	20	37	1920.03	求禮郡文廟重修捐義錄小序 / 金商翊	
3481	金容文	김용문	31	61	1930.08	入學許可者名簿	
3482	金容文	김용문	32	37	1930.12	日誌大要	
3483	金容文	김용문	33	43	1931.12	文廟釋奠狀況	
3484	金容文	김용문	35	30	1932.12	文廟釋奠狀況	
3485	金容文	김용문	35	74	1932.12	明倫學院第一回卒業生名簿	
3486	金容鳳	김용봉	20	49	1920.03	日誌大要	
3487	金容斌	김용빈	25	42	1924.12	日誌大要	
3488	金容斌	김용빈	30	35	1929.12	祭粢料傳達式狀況	
3489	金溶善	김용선	20	53	1920.03	地方報告〉[李芳雨의 報告]	
3490	金溶善	김용선	23	21	1922.12	益山郡礪山文廟重修記 / 成岐運	
3491	金容秀	김용수	20	37	1920.03	求禮郡文廟重修捐義錄小序 / 金商翊	
3492	金容璹	김용숙	25	42	1924.12	日誌大要	
3493	金容璹	김용숙	30	35	1929.12	祭粢料傳達式狀況	
3494	金容珣	김용순	25	42	1924.12	日誌大要	
3495	金容珣	김용순	28	45	1927.12	日誌大要	
3496	金容珣	김용순	30	35	1929.12	祭粢料傳達式狀況	
3497	金容述	김용술	23	88	1922.12	地方報告〉[乾元祠 新建 關聯 報告]	
3498	金溶植	김용식	32	50	1930.12	地方報告〉孝烈行蹟〉[柳星烈 等의 보고]	
3499	金容雨	김용우	23	84	1922.12	地方報告〉[柳雲赫의 報告]	
3500	金容雲	김용운	44	78	1939.10	文廟秋季釋奠狀況	
3501	金容雲	김용운	44	79	1939.10	文廟秋季釋奠狀況	
3502	金容雲	김용운	44	86	1939.10	文廟春季釋奠狀況	
3503	金容雲	김용운	45	34	1940.12	朝鮮儒林大會(朝鮮儒道聯合會創立總會) 會錄槪要〉朝鮮儒道聯合會役員名簿(昭和十四年十一月一日現在)	
3504	金容雲	김용운	46	13	1941.12	釋奠狀況〉昭和十四年秋季釋奠狀況	
3505	金容雲	김용운	46	15	1941.12	釋奠狀況〉昭和十五年春季釋奠狀況	
3506	金容雲	김용운	46	16	1941.12	釋奠狀況〉昭和十五年秋季釋奠狀況	
3507	金容雲	김용운	47	38	1943.01	釋奠狀況〉昭和十七年春季釋奠狀況	
3508	金容雲	김용운	47	41	1943.01	釋奠狀況〉昭和十七年秋季釋奠狀況	
3509	金容雲	김용운	48	51	1944.04	釋奠狀況〉昭和十八年春季釋奠狀況	

번호	원문	현대어(독음)	호	쪽	발행일	기사명 / 필자	비고
3510	金容雲	김용운	48	52	1944.04	釋奠狀況〉昭和十八年春季釋奠狀況	
3511	金容雲	김용운	48	53	1944.04	釋奠狀況〉昭和十八年秋季釋奠狀況	
3512	金容偉	김용위	30	44	1929.12	日誌大要	
3513	金容偉	김용위	31	32	1930.08	日誌大要	
3514	金容偉	김용위	31	33	1930.08	日誌大要	
3515	金容儀	김용의	15	32	1917.10	日誌大要	
3516	金容益	김용익	30	16	1929.12	白川鄕校重修記 / 鄭鳳時	
3517	金容在	김용재	20	36	1920.03	求禮郡文廟重修捐義錄小序 / 金商翊	
3518	金容濬	김용준	33	37	1931.12	聲討顚末	
3519	金容濬	김용준	33	44	1931.12	文廟釋奠狀況〉[金容濬의 보고]	
3520	金容濬	김용준	33	52	1931.12	文廟釋奠狀況〉[金容濬의 보고]	
3521	金容濬	김용준	35	31	1932.12	文廟釋奠狀況〉[金容濬의 보고]	
3522	金容濬	김용준	36	26	1933.12	文廟釋奠狀況〉[金容濬의 보고]	
3523	金容濬	김용준	36	31	1933.12	文廟釋奠狀況〉[金容濬의 보고]	
3524	金容濬	김용준	37	46	1934.10	文廟釋奠狀況〉[金容濬의 보고]	
3525	金容晉	김용진	45	35	1940.12	朝鮮儒林大會(朝鮮儒道聯合會創立總會) 會錄槪要〉朝鮮儒道聯合會役員名簿(昭和十四年十一月一日現在)	
3526	金容晉	김용진	44	87	1939.10	文廟春季釋奠狀況	
3527	金容晉	김용진	46	14	1941.12	釋奠狀況〉昭和十四年秋季釋奠狀況	
3528	金容晉	김용진	46	15	1941.12	釋奠狀況〉昭和十五年春季釋奠狀況	
3529	金容鎭	김용진	45	23	1940.12	朝鮮儒林大會(朝鮮儒道聯合會創立總會) 會錄槪要〉朝鮮儒道聯合會役員名簿(昭和十四年十一月一日現在)	
3530	金湧鎭	김용진	20	38	1920.03	求禮郡文廟重修捐義錄小序 / 金商翊	
3531	金用鎭	김용진	31	62	1930.08	入學許可者名簿	
3532	金用鎭	김용진	32	37	1930.12	日誌大要	
3533	金用鎭	김용진	32	38	1930.12	日誌大要	
3534	金用鎭	김용진	33	43	1931.12	文廟釋奠狀況	
3535	金用燦	김용찬	28	44	1927.12	日誌大要	
3536	金容喆	김용철	47	49	1943.01	一. 孝烈行跡報告 其三 / 鄭奉禧	원문은 容喆, 金相斗의 子
3537	金容鶴	김용학	26	47	1925.12	日誌大要	
3538	金用漢	김용한	45	35	1940.12	朝鮮儒林大會(朝鮮儒道聯合會創立總會) 會錄槪要〉朝鮮儒道聯合會役員名簿(昭和十四年十一月一日現在)	
3539	金容玹	김용현	27	76	1926.12	地方報告〉[高光俊 等의 報告]	원문은 容玹

번호	원문	현대어(독음)	호	쪽	발행일	기사명 / 필자	비고
3540	金用賢	김용현	44	53	1939.10	孝烈行蹟>[韓容復의 보고]	
3541	金用鉉	김용현	20	37	1920.03	求禮郡文廟重修捐義錄小序 / 金商翊	
3542	金雨峰	김우봉	26	9	1925.12	江陵郡鄕校重修記 / 鄭萬朝	金完鎭
3543	金宇植	김우식	19	77	1918.12	地方報告>[林炳棹의 報告]	
3544	金宇顒	김우옹	11	54	1916.06	賢關記聞(續) / 李大榮	
3545	金禹鏞	김우용	28	13	1927.12	孝烈婦金氏碑 / 李大榮	원문은 禹鏞
3546	金禹鏞	김우용	28	79	1927.12	地方報告>[金鍾烈의 報告]	
3547	金祐濟	김우제	28	80	1927.12	地方報告>[金祐濟의 報告]	
3548	金祐濟	김우제	28	82	1927.12	地方報告>[金祐濟의 報告]	
3549	金禹赫	김우혁	39	54	1935.10	文廟釋奠狀況>地方文廟春期釋奠狀況表	
3550	金禹赫	김우혁	40	38	1936.08	文廟釋奠狀況>[地方文廟春期釋奠狀況表]	
3551	金雲養	김운양	7	69	1915.06	日誌大要	金允植
3552	金雲養	김운양	18	77	1918.09	地方報告>[朴晉遠의 報告]	金允植
3553	金源玗	김원두	16	58	1918.03	地方報告>[鄭鳳時의 報告]	
3554	金元培	김원배	45	40	1940.12	朝鮮儒林大會(朝鮮儒道聯合會創立總會) 會錄槪要>朝鮮儒道聯合會役員名簿(昭和十四年十一月一日現在)	
3555	金源百	김원백	27	58	1926.12	日誌大要	
3556	金元榮	김원영	36	32	1933.12	文廟釋奠狀況>[李時雨의 보고]	
3557	金元祐	김원우	10	1	1916.03	經論 / 金元祐	
3558	金偉濟	김위제	41	55	1937.02	定州儒林會發會式狀況	
3559	金魏鎭	김위진	44	84	1939.10	日誌大要(自昭和十三年六月 至昭和十三年十二月)	
3560	金裕問	김유문	14	39	1917.07	日誌大要	
3561	金裕問	김유문	19	30	1918.12	日誌大要	
3562	金裕問	김유문	19	31	1918.12	日誌大要	
3563	金庾信	김유신	33	39	1931.12	地方儒林狀況>[李大榮의 보고]>書院狀況	원문은 金先生庾信
3564	金孺人	김유인	27	87	1926.12	地方報告>[成秉鎬 等의 報告]	
3565	金幼孜	김유자	10	16	1916.03	經學管見(續) / 尹寧求	
3566	金有濟	김유제	1	44	1913.12	日誌大要	
3567	金有濟	김유제	1	58	1913.12	本院職員錄 大正二年十二月 日 現在	
3568	金有濟	김유제	5	68	1914.12	日誌大要	
3569	金有濟	김유제	5	69	1914.12	日誌大要	
3570	金潤卿	김윤경	12	85	1916.12	地方報告>[金潤卿의 報告]	
3571	金潤卿	김윤경	14	72	1917.07	地方報告>[金潤卿의 報告]	
3572	金潤卿	김윤경	40	34	1936.08	日誌大要	

번호	원문	현대어(독음)	호	쪽	발행일	기사명 / 필자	비고
3573	金潤卿	김윤경	45	39	1940.12	朝鮮儒林大會(朝鮮儒道聯合會創立總會) 會錄概要〉朝鮮儒道聯合會役員名簿(昭和十四年十一月一日現在)	
3574	金允坤	김윤곤	25	81	1924.12	地方報告〉[金允坤의 報告]	
3575	金倫權	김윤권	20	37	1920.03	求禮郡文廟重修捐義錄小序 / 金商翊	
3576	金潤東	김윤동	45	37	1940.12	朝鮮儒林大會(朝鮮儒道聯合會創立總會) 會錄概要〉朝鮮儒道聯合會役員名簿(昭和十四年十一月一日現在)	
3577	金允文	김윤문	16	62	1918.03	地方報告〉[金允文의 報告]	
3578	金允相	김윤상	16	36	1918.03	日誌大要	
3579	金潤昇	김윤승	20	36	1920.03	求禮郡文廟重修捐義錄小序 / 金商翊	
3580	金允植	김윤식	1	25	1913.12	庸言 / 金允植	
3581	金允植	김윤식	7	67	1915.06	日誌大要	
3582	金允植	김윤식	8	41	1915.09	警告學界 / 經學院	원문은 允植
3583	金允植	김윤식	12	1	1916.12	經學院雜誌序 / 金允植	
3584	金允植	김윤식	12	19	1916.12	送剛庵副學賀魯庵閣下陞內閣首輔序 / 金允植	
3585	金允植	김윤식	12	20	1916.12	送剛庵副學賀魯庵閣下陞內閣首輔序 / 金允植	
3586	金允植	김윤식	12	51	1916.12	日誌大要	
3587	金允植	김윤식	12	[0]	1916.12	經學院大提學子爵金允植閣下	
3588	金允植	김윤식	12	[1]	1916.12	立太子禮獻頌文 / 金允植	
3589	金允植	김윤식	13	1	1917.03	明德說存疑 / 金允植	
3590	金允植	김윤식	13	7	1917.03	慕聖修契序 / 金允植	
3591	金允植	김윤식	13	8	1917.03	尊慕契序 / 金允植	
3592	金允植	김윤식	13	9	1917.03	孔聖遺訓講話序 / 金允植	
3593	金允植	김윤식	13	36	1917.03	日誌大要	
3594	金允植	김윤식	13	39	1917.03	日誌大要	
3595	金允植	김윤식	14	11	1917.07	平澤文廟重修記 / 金允植	
3596	金允植	김윤식	14	38	1917.07	日誌大要	
3597	金允植	김윤식	16	9	1918.03	旌善郡鄕校青衿錄序 / 金允植	
3598	金允植	김윤식	16	31	1918.03	日誌大要	
3599	金允植	김윤식	17	18	1918.07	堤川郡鄕校儒林契券序 / 金允植	
3600	金允植	김윤식	17	19	1918.07	咸悅鄕校重修記 / 金允植	
3601	金允植	김윤식	17	22	1918.07	朔州郡儒林植樹組合契券序 / 金允植	
3602	金允植	김윤식	17	40	1918.07	日誌大要	
3603	金允植	김윤식	18	19	1918.09	博川郡鄕校儒林契券序 / 金允植	
3604	金允植	김윤식	18	20	1918.09	茂朱郡鄕校重修記 / 金允植	
3605	金允植	김윤식	18	21	1918.09	瑞興郡鄕校重修記 / 金允植	

번호	원문	현대어(독음)	호	쪽	발행일	기사명 / 필자	비고
3606	金允植	김윤식	19	17	1918.12	會寧郡鄕校慕聖契序 / 金允植	
3607	金允植	김윤식	19	21	1918.12	安州郡鄕校重修記 / 金允植	
3608	金允植	김윤식	20	47	1920.03	日誌大要	
3609	金潤晶	김윤정	15	32	1917.10	日誌大要	
3610	金潤晶	김윤정	15	33	1917.10	日誌大要	
3611	金潤晶	김윤정	15	58	1917.10	講說〉泰仁鄕校講演(大正六年五月一日)〉說諭(賞品授與式後) / 金潤晶	
3612	金潤晶	김윤정	25	42	1924.12	日誌大要	
3613	金潤晶	김윤정	45	25	1940.12	朝鮮儒林大會(朝鮮儒道聯合會創立總會) 會錄槪要〉朝鮮儒道聯合會役員名簿(昭和十四年十一月一日現在)	
3614	金殷東	김은동	33	32	1931.12	聲討顚末	
3615	金殷善	김은선	28	48	1927.12	日誌大要	
3616	金殷燮	김은섭	35	77	1932.12	明倫學院昭和七年度第三回入學許可者名簿	
3617	金殷燮	김은섭	36	25	1933.12	文廟釋奠狀況〉[秋期釋奠 擧行]	
3618	金殷燮	김은섭	37	46	1934.10	文廟釋奠狀況〉[秋期釋奠 擧行]	
3619	金殷燮	김은섭	37	51	1934.10	文廟釋奠狀況〉[春期釋奠 擧行]	
3620	金殷燮	김은섭	37	69	1934.10	明倫學院第三回卒業生名簿	
3621	金殷燮	김은섭	39	51	1935.10	文廟釋奠狀況〉[春期釋奠 擧行]	
3622	金殷燮	김은섭	39	57	1935.10	第三回卒業生名簿(新規第一回昭和十年三月)	
3623	金殷埴	김은식	24	60	1923.12	日誌大要	
3624	金殷埴	김은식	27	12	1926.12	經學院贊辭 / 金殷埴	
3625	金殷埴	김은식	28	42	1927.12	日誌大要	
3626	金殷鎬	김은호	23	86	1922.12	地方報告〉[金性在의 報告]	
3627	金應燮	김응섭	45	28	1940.12	朝鮮儒林大會(朝鮮儒道聯合會創立總會) 會錄槪要〉朝鮮儒道聯合會役員名簿(昭和十四年十一月一日現在)	
3628	金應鉉	김응현	37	36	1934.10	地方儒林狀況〉[羅昌集 等의 보고]	
3629	金應煥	김응환	29	75	1928.12	地方報告〉[沈璿澤의 報告]	
3630	金應喜	김응희	26	94	1925.12	地方報告〉[徐廷汲 等의 報告]	
3631	金應喜	김응희	26	95	1925.12	地方報告〉[徐廷汲 等의 報告]	
3632	金儀卿	김의경	23	57	1922.12	日誌大要	
3633	金宜東	김의동	25	44	1924.12	日誌大要	
3634	金宜東	김의동	45	28	1940.12	朝鮮儒林大會(朝鮮儒道聯合會創立總會) 會錄槪要〉朝鮮儒道聯合會役員名簿(昭和十四年十一月一日現在)	
3635	金毅鎭	김의진	20	46	1920.03	日誌大要	

번호	원문	현대어(독음)	호	쪽	발행일	기사명 / 필자	비고
3636	金義珍	김의진	11	26	1916.06	經學淺知錄(續) / 金文演	
3637	金利鳳	김이봉	32	43	1930.12	地方報告>地方儒林狀況>[成樂賢의 報告]	
3638	金履祥	김이상	11	22	1916.06	經學管見(續) / 尹寧求	
3639	金履祥	김이상	12	6	1916.12	經學管見(續) / 尹寧求	
3640	金履祥	김이상	12	7	1916.12	經學管見(續) / 尹寧求	
3641	金履祥	김이상	15	2	1917.10	經學管見(續) / 尹寧求	
3642	金履燮	김이섭	45	31	1940.12	朝鮮儒林大會(朝鮮儒道聯合會創立總會) 會錄槪要>朝鮮儒道聯合會役員名簿(昭和十四年十一月一日現在)	
3643	金离翰	김이한	33	37	1931.12	聲討顚末	
3644	金履行	김이행	36	37	1933.12	孝烈行蹟>[金基銖 等의 보고]	
3645	金益兼	김익겸	43	21	1938.12	江華忠烈祠享祀位次及祝文式	
3646	金益東	김익동	45	37	1940.12	朝鮮儒林大會(朝鮮儒道聯合會創立總會) 會錄槪要>朝鮮儒道聯合會役員名簿(昭和十四年十一月一日現在)	
3647	金翊洙	김익수	38	47	1935.03	文廟釋奠狀況>地方文廟秋期釋奠狀況表	
3648	金益俊	김익준	33	34	1931.12	聲討顚末	
3649	金益鎭	김익진	44	92	1939.10	明倫專門學院記事>硏究科第二回入學許可者	
3650	金益鎭	김익진	46	14	1941.12	釋奠狀況>昭和十四年秋季釋奠狀況	
3651	金益鎭	김익진	46	15	1941.12	釋奠狀況>昭和十五年春季釋奠狀況	
3652	金益鎭	김익진	46	16	1941.12	釋奠狀況>昭和十五年秋季釋奠狀況	
3653	金益鎭	김익진	46	17	1941.12	釋奠狀況>昭和十六年春季釋奠狀況	
3654	金益鎭	김익진	47	37	1943.01	釋奠狀況>昭和十六年秋季釋奠狀況	
3655	金益賢	김익현	44	53	1939.10	孝烈行蹟>[韓容復의 보고]	
3656	金翊渾	김익혼	19	82	1918.12	地方報告>[朴晩赫의 報告]	
3657	金益桓	김익환	31	35	1930.08	地方報告>各郡文廟釋奠狀況>[金益桓의 보고]	
3658	金益煌	김익황	19	22	1918.12	安州郡鄕校重修記 / 金允植	
3659	金益熙	김익희	11	54	1916.06	賢關記聞(續) / 李大榮	
3660	金仁山	김인산	30	21	1929.12	大學問對(續) / 沈璿澤	
3661	金寅燮	김인섭	38	45	1935.03	文廟釋奠狀況>地方文廟秋期釋奠狀況表	
3662	金麟壽	김인수	28	85	1927.12	地方報告>[金麟壽의 報告]	
3663	金仁梧	김인오	45	34	1940.12	朝鮮儒林大會(朝鮮儒道聯合會創立總會) 會錄槪要>朝鮮儒道聯合會役員名簿(昭和十四年十一月一日現在)	
3664	金寅初	김인초	48	51	1944.04	釋奠狀況>昭和十八年春季釋奠狀況	
3665	金仁宅	김인택	37	46	1934.10	文廟釋奠狀況>[金仁宅의 보고]	
3666	金仁宅	김인택	37	53	1934.10	文廟釋奠狀況>[金仁宅의 보고]	

번호	원문	현대어(독음)	호	쪽	발행일	기사명 / 필자	비고
3667	金仁宅	김인택	38	49	1935.03	文廟釋奠狀況〉地方文廟秋期釋奠狀況表	
3668	金麟漢	김인한	22	58	1922.03	日誌大要	
3669	金麟漢	김인한	23	59	1922.12	日誌大要	
3670	金麟漢	김인한	24	59	1923.12	日誌大要	
3671	金麟漢	김인한	29	39	1928.12	日誌大要	
3672	金麟漢	김인한	41	34	1937.02	日誌大要	
3673	金麟厚	김인후	10	52	1916.03	賢關記聞(續) / 李大榮	
3674	金麟厚	김인후	11	27	1916.06	經學淺知錄(續) / 金文演	원문은 麟厚
3675	金麟厚	김인후	25	42	1924.12	日誌大要	
3676	金麟厚	김인후	30	35	1929.12	祭粢料傳達式狀況	
3677	金麟厚	김인후	30	58	1929.12	講說〉講題 朝鮮의 在한 聖學道統 : 李退溪先生을 憶함 / 赤木萬二郎	
3678	金麟厚	김인후	42	48	1937.12	文廟享祀位次及聖賢姓名爵號考 / 金完鎭	文正公
3679	金麟厚	김인후	42	58	1937.12	文廟享祀位次及聖賢姓名爵號考 / 金完鎭	文正公
3680	金馹孫	김일손	11	26	1916.06	經學淺知錄(續) / 金文演	원문은 馹孫
3681	金馹孫	김일손	40	21	1936.08	敎化編年(續) / 李大榮	
3682	金一濟	김일제	9	51	1915.12	日誌大要	
3683	金林惠基	김임덕기	48	52	1944.04	釋奠狀況〉昭和十八年春季釋奠狀況	
3684	金林惠基	김임덕기	48	54	1944.04	釋奠狀況〉昭和十八年秋季釋奠狀況	
3685	金子勝國	김자승국	48	52	1944.04	釋奠狀況〉昭和十八年春季釋奠狀況	
3686	金子勝明	김자승명	48	53	1944.04	釋奠狀況〉昭和十八年秋季釋奠狀況	
3687	金子煥	김자환	38	37	1935.03	孝烈行蹟〉[徐丙奎 等의 보고]	
3688	金長生	김장생	10	52	1916.03	賢關記聞(續) / 李大榮	
3689	金長生	김장생	11	27	1916.06	經學淺知錄(續) / 金文演	원문은 長生
3690	金長生	김장생	11	53	1916.06	賢關記聞(續) / 李大榮	
3691	金長生	김장생	25	42	1924.12	日誌大要	
3692	金長生	김장생	30	35	1929.12	祭粢料傳達式狀況	
3693	金長生	김장생	30	58	1929.12	講說〉講題 朝鮮의 在한 聖學道統 : 李退溪先生을 憶함 / 赤木萬二郎	
3694	金長生	김장생	42	47	1937.12	文廟享祀位次及聖賢姓名爵號考 / 金完鎭	文元公
3695	金長生	김장생	42	58	1937.12	文廟享祀位次及聖賢姓名爵號考 / 金完鎭	文元公
3696	金張暐	김장위	19	10	1918.12	經學管見(續) / 尹寧求	
3697	金璋煥	김장환	20	53	1920.03	地方報告〉[李芳雨의 報告]	
3698	金張晞	김장희	10	18	1916.03	經學管見(續) / 尹寧求	
3699	金在瓘	김재관	7	54	1915.06	日誌大要	
3700	金在瓘	김재관	12	52	1916.12	日誌大要	

ㄱ

번호	원문	현대어(독음)	호	쪽	발행일	기사명 / 필자	비고
3701	金在瓘	김재관	12	53	1916.12	日誌大要	
3702	金在瓘	김재관	16	31	1918.03	日誌大要	
3703	金在敎	김재교	29	38	1928.12	日誌大要	
3704	金在根	김재근	20	37	1920.03	求禮郡文廟重修捐義錄小序 / 金商翊	
3705	金在鍊	김재련	9	51	1915.12	日誌大要	
3706	金在魯	김재로	10	53	1916.03	賢關記聞(續) / 李大榮	
3707	金在善	김재선	43	28	1938.12	儒林特志〉[姜錫圭의 보고]〉祭需品奉納者氏名及物名	
3708	金在涉	김재섭	20	36	1920.03	求禮郡文廟重修捐義錄小序 / 金商翊	
3709	金在英	김재영	21	90	1921.03	日誌大要	
3710	金在宇	김재우	46	28	1941.12	孝烈行跡報告 其四 / 金在宇	연산문묘 直員
3711	金在儀	김재의	20	38	1920.03	求禮郡文廟重修捐義錄小序 / 金商翊	
3712	金在翼	김재익	23	57	1922.12	日誌大要	
3713	金載正	김재정	43	29	1938.12	儒林特志〉[姜錫圭의 보고]〉祭需品奉納者氏名及物名	
3714	金在鍾	김재종	41	27	1937.02	一. 孝烈行蹟〉[曺勉承의 보고]	
3715	金在俊	김재준	26	94	1925.12	地方報告〉[尹暻學 等의 報告]	
3716	金在鎭	김재진	27	10	1926.12	梅洞雅會集序 / 崔定鉉	
3717	金載瓚	김재찬	11	56	1916.06	賢關記聞(續) / 李大榮	원문은 載瓚
3718	金在昌	김재창	17	75	1918.07	地方報告〉[金在昌 등의 報告]	
3719	金在平	김재평	38	49	1935.03	文廟釋奠狀況〉地方文廟秋期釋奠狀況表	
3720	金在顯	김재현	37	32	1934.10	孝烈行蹟〉[忠淸北道知事의 보고]	
3721	金在弘	김재홍	26	46	1925.12	日誌大要	
3722	金在瓛	김재환	34	60	1932.03	[판권사항]	
3723	金在羲	김재희	23	88	1922.12	地方報告〉[乾元祠 新建 關聯 報告]	
3724	金迪河	김적하	33	37	1931.12	聲討顚末	
3725	金田庭龜	김전정구	47	42	1943.01	釋奠狀況〉昭和十七年秋季釋奠狀況	
3726	金佔畢	김점필	28	2	1927.12	朝鮮詩文變遷論 / 鄭萬朝	金宗直
3727	金淨	김정	11	27	1916.06	經學淺知錄(續) / 金文演	원문은 淨
3728	金淨	김정	41	22	1937.02	敎化編年(續) / 李大榮	
3729	金淨	김정	41	24	1937.02	敎化編年(續) / 李大榮	
3730	金淨	김정	43	15	1938.12	敎化編年(續) / 李大榮	
3731	金正國	김정국	11	27	1916.06	經學淺知錄(續) / 金文演	원문은 正國
3732	金正琦	김정기	44	91	1939.10	明倫專門學院記事〉本科第十回入學許可者	
3733	金正祿	김정록	45	39	1940.12	朝鮮儒林大會(朝鮮儒道聯合會創立總會) 會錄槪要〉朝鮮儒道聯合會役員名簿(昭和十四年十一月一日現在)	

번호	원문	현대어(독음)	호	쪽	발행일	기사명 / 필자	비고
3734	金貞範	김정범	24	90	1923.12	地方報告〉[金貞範의 報告]	
3735	金貞範	김정범	24	96	1923.12	地方報告〉[金貞範의 報告]	
3736	金定錫	김정석	45	27	1940.12	朝鮮儒林大會(朝鮮儒道聯合會創立總會) 會錄槪要〉朝鮮儒道聯合會役員名簿(昭和十四年十一月一日現在)	
3737	金正淵	김정연	20	38	1920.03	求禮郡文廟重修捐義錄小序 / 金商翊	
3738	金鼎鎭	김정진	45	30	1940.12	朝鮮儒林大會(朝鮮儒道聯合會創立總會) 會錄槪要〉朝鮮儒道聯合會役員名簿(昭和十四年十一月一日現在)	
3739	金禎泰	김정태	13	49	1917.03	講說〉立身致富之要訣(大正五年六月十日第十九回講演) / 村上唯吉	광주군수
3740	金禎泰	김정태	15	30	1917.10	日誌大要	광주군수
3741	金禎泰	김정태	15	50	1917.10	講說〉光州郡鄕校講演(大正六年四月二十六日)〉開講主意說 / 金禎泰	광주군수
3742	金貞咸	김정함	30	81	1929.12	地方報告〉[池玩洙의 報告]	원문은 貞咸
3743	金貞恒	김정항	30	81	1929.12	地方報告〉[池玩洙의 報告]	원문은 貞恒
3744	金定鉉	김정현	19	81	1918.12	地方報告〉[朴仁陽의 報告]	연백군수
3745	金正鉉	김정현	20	37	1920.03	求禮郡文廟重修捐義錄小序 / 金商翊	
3746	金正浩	김정호	45	29	1940.12	朝鮮儒林大會(朝鮮儒道聯合會創立總會) 會錄槪要〉朝鮮儒道聯合會役員名簿(昭和十四年十一月一日現在)	
3747	金正浩	김정호	46	24	1941.12	經學院日誌大要(昭和十四年七月ヨリ昭和十六年六月マテ)	
3748	金正浩	김정호	47	36	1943.01	釋奠狀況〉昭和十六年秋季釋奠狀況	
3749	金正會	김정회	34	58	1932.03	明倫學院昭和六年度入學許可者名簿	
3750	金正會	김정회	36	25	1933.12	文廟釋奠狀況〉[秋期釋奠 擧行]	
3751	金正會	김정회	36	67	1933.12	明倫學院第二回卒業生名簿	
3752	金正會	김정회	40	35	1936.08	文廟釋奠狀況〉[秋期釋奠 擧行]	
3753	金正會	김정회	40	48	1936.08	鄭茂亭先生追悼錄〉吊辭 / 金正會	
3754	金正會	김정회	45	37	1940.12	朝鮮儒林大會(朝鮮儒道聯合會創立總會) 會錄槪要〉朝鮮儒道聯合會役員名簿(昭和十四年十一月一日現在)	
3755	金井希雄	김정희웅	48	52	1944.04	釋奠狀況〉昭和十八年春季釋奠狀況	
3756	金堤金氏	김제 김씨	47	49	1943.01	一. 孝烈行跡報告 其四 / 姜東明	
3757	金鍾國	김종국	33	50	1931.12	文廟釋奠狀況〉[本院秋期釋奠에 대한 보고]	
3758	金鍾國	김종국	34	58	1932.03	明倫學院昭和六年度入學許可者名簿	
3759	金鍾國	김종국	36	29	1933.12	文廟釋奠狀況〉[春期釋奠 擧行]	
3760	金鍾國	김종국	36	30	1933.12	文廟釋奠狀況〉[春期釋奠 擧行]	

번호	원문	현대어(독음)	호	쪽	발행일	기사명 / 필자	비고
3761	金鍾國	김종국	36	55	1933.12	第二回學生卒業式狀況	
3762	金鍾國	김종국	36	62	1933.12	第二回學生卒業式狀況〉答辭 / 金鍾國	
3763	金鍾國	김종국	36	67	1933.12	明倫學院第二回卒業生名簿	
3764	金鍾國	김종국	37	62	1934.10	第四回評議員會狀況〉事業經過報告 / 俞萬兼	
3765	金鍾國	김종국	45	37	1940.12	朝鮮儒林大會(朝鮮儒道聯合會創立總會) 會錄槪要〉朝鮮儒道聯合會役員名簿(昭和十四年十一月一日現在)	
3766	金鍾剋	김종극	36	71	1933.12	明倫學院第四回入學許可者名簿	
3767	金鍾剋	김종극	37	51	1934.10	文廟釋奠狀況〉[春期釋奠 擧行]	
3768	金鍾剋	김종극	37	72	1934.10	明倫學院第五回入學許可者名簿	
3769	金鍾剋	김종극	38	43	1935.03	文廟釋奠狀況〉[秋期釋奠 擧行]	
3770	金鍾剋	김종극	38	44	1935.03	文廟釋奠狀況〉[秋期釋奠 擧行]	
3771	金鍾剋	김종극	40	35	1936.08	文廟釋奠狀況〉[秋期釋奠 擧行]	
3772	金鍾剋	김종극	42	71	1937.12	第五回卒業式狀況及第八回新入生名簿〉第五回卒業生名簿	
3773	金鍾烈	김종렬	28	13	1927.12	孝烈婦金氏碑 / 李大榮	원문은 金君鍾烈
3774	金鍾烈	김종렬	28	72	1927.12	地方報告〉[金鍾烈의 報告]	
3775	金鍾烈	김종렬	28	79	1927.12	地方報告〉[金鍾烈의 報告]	
3776	金鍾烈	김종렬	29	77	1928.12	地方報告〉[金鍾烈의 報告]	
3777	金鍾律	김종률	27	86	1926.12	地方報告〉[高彦柱 等의 報告]	원문은 鍾律
3778	金鍾林	김종림	38	46	1935.03	文廟釋奠狀況〉地方文廟秋期釋奠狀況表	
3779	金鍾林	김종림	39	53	1935.10	文廟釋奠狀況〉地方文廟春期釋奠狀況表	
3780	金鍾林	김종림	40	36	1936.08	文廟釋奠狀況〉[地方文廟春期釋奠狀況表]	
3781	金鍾萬	김종만	36	70	1933.12	明倫學院第四回入學許可者名簿	
3782	金鍾萬	김종만	37	46	1934.10	文廟釋奠狀況〉[秋期釋奠 擧行]	
3783	金鍾萬	김종만	37	51	1934.10	文廟釋奠狀況〉[春期釋奠 擧行]	
3784	金鍾萬	김종만	38	44	1935.03	文廟釋奠狀況〉[秋期釋奠 擧行]	
3785	金鍾萬	김종만	39	52	1935.10	文廟釋奠狀況〉[春期釋奠 擧行]	
3786	金鍾萬	김종만	40	35	1936.08	文廟釋奠狀況〉[秋期釋奠 擧行]	
3787	金鍾萬	김종만	40	61	1936.08	第四回卒業式狀況及第七回新入生名簿〉第四回卒業生名簿	
3788	金鍾萬	김종만	41	35	1937.02	文廟春季釋奠狀況	
3789	金宗文	김종문	26	89	1925.12	地方報告〉[尹柱英의 報告]	
3790	金鍾奭	김종석	29	44	1928.12	日誌大要	
3791	金鍾奭	김종석	45	29	1940.12	朝鮮儒林大會(朝鮮儒道聯合會創立總會) 會錄槪要〉朝鮮儒道聯合會役員名簿(昭和十四年十一月一日現在)	

번호	원문	현대어(독음)	호	쪽	발행일	기사명 / 필자	비고
3792	金鍾聲	김종성	44	82	1939.10	日誌大要(自昭和十三年六月 至昭和十三年 十二月)	
3793	金鍾完	김종완	27	59	1926.12	日誌大要	
3794	金鍾雲	김종운	39	41	1935.10	孝烈行蹟〉[李元植 等의 보고]	
3795	金宗直	김종직	11	26	1916.06	經學淺知錄(續) / 金文演	원문은 宗直
3796	金宗直	김종직	12	40	1916.12	賢關記聞(續) / 李大榮	원문은 宗直
3797	金宗直	김종직	28	2	1927.12	朝鮮詩文變遷論 / 鄭萬朝	원문은 宗直
3798	金宗直	김종직	40	21	1936.08	敎化編年(續) / 李大榮	
3799	金宗直	김종직	41	23	1937.02	敎化編年(續) / 李大榮	
3800	金鍾振	김종진	28	52	1927.12	日誌大要〉修理工事一覽表	
3801	金鐘顯	김종현	20	42	1920.03	求禮郡文廟重修落成式韻 / 金鐘顯	
3802	金宗鎬	김종호	40	37	1936.08	文廟釋奠狀況〉[地方文廟春期釋奠狀況表]	
3803	金鍾護	김종호	23	57	1922.12	日誌大要	
3804	金鍾華	김종화	40	36	1936.08	文廟釋奠狀況〉[地方文廟春期釋奠狀況表]	
3805	金鍾鏵	김종화	38	47	1935.03	文廟釋奠狀況〉地方文廟秋期釋奠狀況表	
3806	金鍾鏵	김종화	39	53	1935.10	文廟釋奠狀況〉地方文廟春期釋奠狀況表	
3807	金鍾鏵	김종화	41	28, 29	1937.02	二. 儒林特志〉[金鍾鏵의 보고]	
3808	金鍾鏵	김종화	46	29	1941.12	孝烈行跡報告 其五 / 金鍾鏵	
3809	金宗奐	김종환	44	53	1939.10	孝烈行蹟〉[韓容復의 보고]	원문은 宗奐
3810	金鐘孝	김종효	20	37	1920.03	求禮郡文廟重修捐義錄小序 / 金商翊	
3811	金周植	김주식	23	27	1922.12	山淸郡明倫堂重建記 / 金翰植	
3812	金周植	김주식	23	86	1922.12	地方報告〉[金性在의 報告]	
3813	金俊東	김준동	23	59	1922.12	日誌大要	
3814	金俊東	김준동	24	55	1923.12	日誌大要	
3815	金俊榮	김준영	25	83	1924.12	地方報告〉[金夏源의 報告]	
3816	金駿永	김준영	25	41	1924.12	日誌大要	
3817	金駿永	김준영	25	44	1924.12	日誌大要	
3818	金駿永	김준영	30	35	1929.12	祭粢料傳達式狀況	
3819	金駿永	김준영	33	40	1931.12	地方儒林狀況〉[李大榮의 보고]〉書院狀況	
3820	金濬容	김준용	35	39	1932.12	孝烈行蹟〉[金濬容 等의 보고]	
3821	金濬容	김준용	35	40	1932.12	孝烈行蹟〉[金濬容 等의 보고]	
3822	金俊漢	김준한	25	38	1924.12	日誌大要	
3823	金俊漢	김준한	25	39	1924.12	日誌大要	
3824	金俊桓	김준환	20	38	1920.03	求禮郡文廟重修捐義錄小序 / 金商翊	
3825	金俊璜	김준황	14	74	1917.07	地方報告〉[金俊璜의 報告]	

번호	원문	현대어(독음)	호	쪽	발행일	기사명 / 필자	비고
3826	金俊璜	김준황	17	70	1918.07	地方報告〉[金俊璜의 報告]	
3827	金俊璜	김준황	19	22	1918.12	安州郡鄕校重修記 / 金允植	원문은 金君俊璜
3828	金仲年	김중년	43	66	1938.12	文廟春季釋奠狀況	
3829	金重洙	김중수	23	54	1922.12	日誌大要	
3830	金重鼎	김중정	16	60	1918.03	地方報告〉[崔升鉉의 報告]	
3831	金重顯	김중현	25	38	1924.12	日誌大要	
3832	金重顯	김중현	43	66	1938.12	文廟春季釋奠狀況	
3833	金重顯	김중현	44	86	1939.10	文廟春季釋奠狀況	
3834	金重顯	김중현	45	39	1940.12	朝鮮儒林大會(朝鮮儒道聯合會創立總會) 會錄槪要〉朝鮮儒道聯合會役員名簿(昭和十四年十一月一日現在)	
3835	金重煥	김중환	20	61	1920.03	[판권사항]	
3836	金重煥	김중환	21	99	1921.03	[판권사항]	
3837	金重煥	김중환	22	84	1922.03	[판권사항]	
3838	金重熙	김중희	37	48	1934.10	文廟釋奠狀況〉[金鍾熙의 보고]	
3839	金重熙	김중희	37	55	1934.10	文廟釋奠狀況〉[金鍾熙의 보고]	
3840	金重熙	김중희	38	39	1935.03	孝烈行蹟〉[金熏熙의 보고]	
3841	金重熙	김중희	38	50	1935.03	文廟釋奠狀況〉地方文廟秋期釋奠狀況表	
3842	金知泮	김지반	33	49	1931.12	文廟釋奠狀況〉[本院秋期釋奠에 대한 보고]	
3843	金知泮	김지반	34	59	1932.03	明倫學院昭和六年度入學許可者名簿	
3844	金知泮	김지반	36	30	1933.12	文廟釋奠狀況〉[春期釋奠 擧行]	
3845	金知泮	김지반	36	69	1933.12	明倫學院第二回卒業生名簿	
3846	金知泮	김지반	36	72	1933.12	明倫學院第二回補習科生名簿	
3847	金知泮	김지반	37	46	1934.10	文廟釋奠狀況〉[秋期釋奠 擧行]	
3848	金知泮	김지반	37	51	1934.10	文廟釋奠狀況〉[春期釋奠 擧行]	
3849	金知泮	김지반	37	70	1934.10	明倫學院補習科第二回修了生名簿	
3850	金智相基	김지상기	48	52	1944.04	釋奠狀況〉昭和十八年春季釋奠狀況	
3851	金智相基	김지상기	48	53	1944.04	釋奠狀況〉昭和十八年秋季釋奠狀況	
3852	金知源	김지원	35	77	1932.12	明倫學院昭和七年度第三回入學許可者名簿	
3853	金知源	김지원	36	25	1933.12	文廟釋奠狀況〉[秋期釋奠 擧行]	
3854	金知源	김지원	37	46	1934.10	文廟釋奠狀況〉[秋期釋奠 擧行]	
3855	金知源	김지원	37	51	1934.10	文廟釋奠狀況〉[春期釋奠 擧行]	
3856	金知源	김지원	37	70	1934.10	明倫學院第三回卒業生名簿	
3857	金知源	김지원	39	51	1935.10	文廟釋奠狀況〉[春期釋奠 擧行]	
3858	金知源	김지원	39	57	1935.10	第三回卒業生名簿(新規第一回昭和十年三月)	

번호	원문	현대어(독음)	호	쪽	발행일	기사명 / 필자	비고
3859	金振甲	김진갑	39	59	1935.10	聽講生	
3860	金震權	김진권	32	50	1930.12	地方報告〉孝烈行蹟〉[柳星烈 等의 보고]	원문은 震權
3861	金鎭圭	김진규	8	38	1915.09	賢關記聞 / 李大榮	
3862	金鎭圭	김진규	11	57	1916.06	賢關記聞(續) / 李大榮	
3863	金鎭圭	김진규	17	33	1918.07	賢關記聞(續) / 李大榮	
3864	金鎭圭	김진규	32	41	1930.12	地方報告〉地方儒林狀況〉[成樂賢의 報告]	원문은 金公鎭圭
3865	金眞極	김진극	24	55	1923.12	日誌大要	
3866	金眞極	김진극	33	36	1931.12	聲討顚末	
3867	金振達	김진달	22	58	1922.03	日誌大要	
3868	金振玟	김진민	32	21	1930.12	坡州郡鄕校明倫堂重修記 / 鄭萬朝	원문은 金君振玟
3869	金振玟	김진민	32	22	1930.12	坡州郡鄕校明倫堂重修記 / 李學魯	
3870	金振世	김진세	38	45	1935.03	文廟釋奠狀況〉地方文廟秋期釋奠狀況表	
3871	金晉洙	김진수	45	27	1940.12	朝鮮儒林大會(朝鮮儒道聯合會創立總會) 會錄槪要〉朝鮮儒道聯合會役員名簿(昭和十四年十一月一日現在)	
3872	金振彦	김진언	42	58	1937.12	文廟享祀位次及聖賢姓名爵號考 / 金完鎭	원문은 振彦
3873	金振政	김진정	32	43	1930.12	地方報告〉地方儒林狀況〉[李學魯의 報告]	
3874	金振泰	김진태	39	60	1935.10	聽講生	
3875	金振泰	김진태	41	35	1937.02	文廟春季釋奠狀況	
3876	金振泰	김진태	41	37	1937.02	文廟秋季釋奠狀況	
3877	金振泰	김진태	42	38	1937.12	文廟春季釋奠狀況	
3878	金振泰	김진태	43	59	1938.12	文廟秋季釋奠狀況	
3879	金振泰	김진태	43	72	1938.12	第六回卒業式狀況及第九回新入生名簿〉第六回卒業生名簿	
3880	金振泰	김진태	44	87	1939.10	文廟春季釋奠狀況	
3881	金振河	김진하	30	44	1929.12	日誌大要	
3882	金振鶴	김진학	43	24	1938.12	孝烈行蹟〉[安秉斗의 보고]	
3883	金鎭漢	김진한	23	40	1922.12	孔夫子忌辰四十周甲追慕禮式及紀念事業發起文	
3884	金鎭漢	김진한	23	56	1922.12	日誌大要	
3885	金鎭漢	김진한	23	57	1922.12	日誌大要	
3886	金震衡	김진형	31	39	1930.08	地方報告〉孝烈行蹟〉[金璣淵의 보고]	
3887	金振濩	김진호	29	44	1928.12	日誌大要	
3888	金碩	김질	40	19	1936.08	敎化編年(續) / 李大榮	
3889	金集	김집	10	52	1916.03	賢關記聞(續) / 李大榮	

번호	원문	현대어(독음)	호	쪽	발행일	기사명 / 필자	비고
3890	金集	김집	11	27	1916.06	經學淺知錄(續) / 金文演	원문은 集
3891	金集	김집	25	42	1924.12	日誌大要	
3892	金集	김집	30	35	1929.12	祭粢料傳達式狀況	
3893	金集	김집	30	58	1929.12	講說>講題 朝鮮의 在한 聖學道統 : 李退溪先生을 憶함 / 赤木萬二郎	
3894	金集	김집	42	47	1937.12	文廟享祀位次及聖賢姓名爵號考 / 金完鎭	文敬公
3895	金集	김집	42	58	1937.12	文廟享祀位次及聖賢姓名爵號考 / 金完鎭	文敬公
3896	金璨熙	김찬희	40	37	1936.08	文廟釋奠狀況>[地方文廟春期釋奠狀況表]	
3897	金昌根	김창근	43	28	1938.12	儒林特志>[姜錫圭의 보고]>祭需品奉納者氏名及物名	
3898	金昌福	김창복	20	36	1920.03	求禮郡文廟重修捐義錄小序 / 金商翊	
3899	金昌洙	김창수	45	26	1940.12	朝鮮儒林大會(朝鮮儒道聯合會創立總會) 會錄槪要>朝鮮儒道聯合會役員名簿(昭和十四年十一月一日現在)	
3900	金昌湜	김창식	31	38	1930.08	地方報告>孝烈行蹟>[朴英鉉 等의 보고]	
3901	金昌業	김창업	43	14	1938.12	信川鄕校重修記 / 金完鎭	
3902	金昌玉	김창옥	20	23	1920.03	求禮郡文廟重修記 / 金商翊	
3903	金昌玉	김창옥	20	36	1920.03	求禮郡文廟重修捐義錄小序 / 金商翊	
3904	金昌宇	김창우	33	39	1931.12	地方儒林狀況>[李大榮의 보고]>書院狀況	
3905	金昶源	김창원	2	3	1914.03	祝辭 / 金昶源	
3906	金昌一	김창일	33	44	1931.12	文廟釋奠狀況>[邊允學의 보고]	
3907	金昌河	김창하	37	55	1934.10	文廟釋奠狀況>[金昌河의 보고]	
3908	金昌河	김창하	38	50	1935.03	文廟釋奠狀況>地方文廟秋期釋奠狀況表	
3909	金昌海	김창해	26	96	1925.12	地方報告>[高光俊 等의 報告]	
3910	金昌赫	김창혁	20	38	1920.03	求禮郡文廟重修捐義錄小序 / 金商翊	
3911	金昌鉉	김창현	16	56	1918.03	地方報告>[金東振의 報告]	
3912	金昌鉉	김창현	18	20	1918.09	茂朱郡鄕校重修記 / 金允植	원문은 金君昌鉉
3913	金昌協	김창협	48	45	1944.04	朝鮮詩學考(前號續) / 李昇圭	
3914	金昌協	김창협	11	27	1916.06	經學淺知錄(續) / 金文演	원문은 昌協
3915	金昌協	김창협	28	3	1927.12	朝鮮詩文變遷論 / 鄭萬朝	원문은 昌協
3916	金昌鎬	김창호	33	34	1931.12	聲討顚末	
3917	金昌翕	김창흡	11	27	1916.06	經學淺知錄(續) / 金文演	원문은 昌翕
3918	金昌翕	김창흡	16	15	1918.03	詩經蔦辨 / 金文演	원문은 昌翕
3919	金昌翕	김창흡	28	3	1927.12	朝鮮詩文變遷論 / 鄭萬朝	원문은 昌翕
3920	金昌禧	김창희	20	46	1920.03	日誌大要	
3921	金采坤	김채곤	20	37	1920.03	求禮郡文廟重修捐義錄小序 / 金商翊	

번호	원문	현대어(독음)	호	쪽	발행일	기사명 / 필자	비고
3922	金處中	김처중	29	77	1928.12	地方報告〉[金鍾烈의 報告]	
3923	金惕菴	김척암	11	27	1916.06	經學淺知錄(續) / 金文演	金謹恭
3924	金惕若齋	김척약재	11	26	1916.06	經學淺知錄(續) / 金文演	金九容
3925	金川基八	김천기팔	47	41	1943.01	釋奠狀況〉昭和十七年秋季釋奠狀況	
3926	金川臺奎	김천대규	48	53	1944.04	釋奠狀況〉昭和十八年秋季釋奠狀況	
3927	金川聖	김천성	46	25	1941.12	經學院日誌大要(昭和十四年七月ヨリ昭和十六年六月マテ)	李聖根
3928	金天順	김천순	19	76	1918.12	地方報告〉[崔榮則의 報告]	원문은 天順
3929	金川兌奎	김천태규	48	52	1944.04	釋奠狀況〉昭和十八年春季釋奠狀況	
3930	金鐵堅	김철견	33	9	1931.12	司直金公墓碑銘并序 / 金完鎭	원문 鐵堅
3931	金澈元	김철원	26	45	1925.12	日誌大要	
3932	金喆允	김철윤	25	44	1924.12	日誌大要	
3933	金喆允	김철윤	33	37	1931.12	聲討顚末	
3934	金喆允	김철윤	33	45	1931.12	文廟釋奠狀況〉[金喆允의 보고]	
3935	金喆允	김철윤	33	51	1931.12	文廟釋奠狀況〉[金喆允의 보고]	
3936	金哲周	김철주	37	32	1934.10	孝烈行蹟〉[全羅北道知事의 보고]	
3937	金哲濬	김철준	32	49	1930.12	地方報告〉各郡文廟釋奠狀況〉[金哲濬의 보고]	
3938	金哲濬	김철준	33	35	1931.12	聲討顚末	
3939	金哲濬	김철준	33	48	1931.12	文廟釋奠狀況〉[金哲濬의 보고]	
3940	金哲濬	김철준	33	54	1931.12	文廟釋奠狀況〉[金哲濬의 보고]	
3941	金淸陰	김청음	28	3	1927.12	朝鮮詩文變遷論 / 鄭萬朝	金尙憲
3942	金村東轍	김촌동철	46	51	1941.12	講演及講習〉主婦講演會	金東轍
3943	金春益	김춘익	46	17	1941.12	釋奠狀況〉昭和十六年春季釋奠狀況	
3944	金春秋	김춘추	8	35	1915.09	賢關記聞 / 李大榮	
3945	金忠植	김충식	45	31	1940.12	朝鮮儒林大會(朝鮮儒道聯合會創立總會) 會錄概要〉朝鮮儒道聯合會役員名簿(昭和十四年十一月一日現在)	
3946	金沖菴	김충암	11	27	1916.06	經學淺知錄(續) / 金文演	金淨
3947	金忠鎭	김충진	21	90	1921.03	日誌大要	
3948	金忠鎭	김충진	26	41	1925.12	日誌大要	
3949	金忠鎭	김충진	29	39	1928.12	日誌大要	
3950	金忠鎭	김충진	29	44	1928.12	日誌大要	
3951	金忠鎭	김충진	45	39	1940.12	朝鮮儒林大會(朝鮮儒道聯合會創立總會) 會錄概要〉朝鮮儒道聯合會役員名簿(昭和十四年十一月一日現在)	
3952	金取息	김취식	23	22	1922.12	益山郡礪山文廟重修記 / 成岐運	
3953	金致圭	김치규	32	23	1930.12	金夫人烈行碑銘并序 / 沈璿澤	원문은 致圭

번호	원문	현대어(독음)	호	쪽	발행일	기사명 / 필자	비고
3954	金佗	김타	33	9	1931.12	司直金公墓碑銘幷序 / 金完鎭	원문은 佗
3955	金鐸	김탁	45	37	1940.12	朝鮮儒林大會(朝鮮儒道聯合會創立總會) 會錄槪要〉朝鮮儒道聯合會役員名簿(昭和十四年十一月一日現在)	
3956	金濯纓	김탁영	11	26	1916.06	經學淺知錄(續) / 金文演	金馹孫
3957	金台卿	김태경	38	49	1935.03	文廟釋奠狀況〉地方文廟秋期釋奠狀況表	
3958	金泰基	김태기	15	33	1917.10	日誌大要	
3959	金泰斗	김태두	15	32	1917.10	日誌大要	
3960	金泰錫	김태석	45	24	1940.12	朝鮮儒林大會(朝鮮儒道聯合會創立總會) 會錄槪要〉朝鮮儒道聯合會役員名簿(昭和十四年十一月一日現在)	
3961	金胎星	김태성	12	49	1916.12	日誌大要	
3962	金泰彦	김태언	32	48	1930.12	地方報告〉各郡文廟釋奠狀況〉[金泰彦의 보고]	
3963	金台俊	김태준	33	25	1931.12	日誌大要	
3964	金台俊	김태준	33	49	1931.12	文廟釋奠狀況〉[本院秋期釋奠에 대한 보고]	
3965	金台俊	김태준	34	55	1932.03	明倫學院職員名簿	
3966	金台俊	김태준	35	25	1932.12	孝壽帖〉賀韻 / 金台俊	
3967	金台俊	김태준	35	27	1932.12	日誌大要	
3968	金台俊	김태준	35	30	1932.12	文廟釋奠狀況	
3969	金台俊	김태준	35	63	1932.12	評議員會狀況〉事業經過報告 / 高木善人	
3970	金台俊	김태준	35	73	1932.12	明倫學院職員名簿	
3971	金台俊	김태준	36	25	1933.12	文廟釋奠狀況〉[秋期釋奠 擧行]	
3972	金台俊	김태준	36	29	1933.12	文廟釋奠狀況〉[春期釋奠 擧行]	
3973	金台俊	김태준	36	30	1933.12	文廟釋奠狀況〉[春期釋奠 擧行]	
3974	金台俊	김태준	36	65	1933.12	明倫學院職員名簿	
3975	金台俊	김태준	37	45	1934.10	文廟釋奠狀況〉[秋期釋奠 擧行]	
3976	金台俊	김태준	37	51	1934.10	文廟釋奠狀況〉[春期釋奠 擧行]	
3977	金台俊	김태준	37	66	1934.10	明倫學院職員名簿	
3978	金台俊	김태준	38	43	1935.03	文廟釋奠狀況〉[秋期釋奠 擧行]	
3979	金台俊	김태준	39	51	1935.10	文廟釋奠狀況〉[春期釋奠 擧行]	
3980	金台俊	김태준	40	35	1936.08	文廟釋奠狀況〉[秋期釋奠 擧行]	
3981	金台俊	김태준	41	35	1937.02	文廟春季釋奠狀況	
3982	金台俊	김태준	41	37	1937.02	文廟秋季釋奠狀況	
3983	金台俊	김태준	41	59	1937.02	經學院職員名簿(昭和十一年十一月一日)	
3984	金台俊	김태준	41	61	1937.02	明倫學院職員名簿(昭和十一年一月一日現在)	
3985	金台俊	김태준	42	38	1937.12	文廟春季釋奠狀況	
3986	金台俊	김태준	43	59	1938.12	文廟秋季釋奠狀況	

번호	원문	현대어(독음)	호	쪽	발행일	기사명 / 필자	비고
3987	金台俊	김태준	43	66	1938.12	文廟春季釋奠狀況	
3988	金台俊	김태준	44	78	1939.10	文廟秋季釋奠狀況	
3989	金台俊	김태준	44	86	1939.10	文廟春季釋奠狀況	
3990	金台俊	김태준	44	89	1939.10	明倫專門學院記事	
3991	金台俊	김태준	44	92	1939.10	明倫專門學院記事>研究科第二回入學許可者	
3992	金台俊	김태준	45	34	1940.12	朝鮮儒林大會(朝鮮儒道聯合會創立總會) 會錄槪要>朝鮮儒道聯合會役員名簿(昭和十四年十一月一日現在)	
3993	金台俊	김태준	46	13	1941.12	釋奠狀況>昭和十四年秋季釋奠狀況	
3994	金台俊	김태준	46	33	1941.12	明倫專門學院日誌大要(昭和十四年七月ヨリ昭和十六年六月マデ)	
3995	金泰鎭	김태진	31	32	1930.08	日誌大要	
3996	金泰鎭	김태진	31	33	1930.08	日誌大要	
3997	金泰鎭	김태진	38	45	1935.03	文廟釋奠狀況>地方文廟秋期釋奠狀況表	
3998	金泰熙	김태희	45	40	1940.12	朝鮮儒林大會(朝鮮儒道聯合會創立總會) 會錄槪要>朝鮮儒道聯合會役員名簿(昭和十四年十一月一日現在)	
3999	金澤	김택	26	88	1925.12	地方報告>[金澤 等의 報告]	
4000	金澤廣次	김택광차	46	33	1941.12	明倫專門學院日誌大要(昭和十四年七月ヨリ昭和十六年六月マデ)	
4001	金澤東	김택동	40	63	1936.08	第四回卒業式狀況及第七回新入生名簿>明倫學院第七回入學許可者名簿	
4002	金澤東	김택동	42	38	1937.12	文廟春季釋奠狀況	
4003	金澤東	김택동	43	59	1938.12	文廟秋季釋奠狀況	
4004	金澤東	김택동	43	66	1938.12	文廟春季釋奠狀況	
4005	金澤東	김택동	44	79	1939.10	文廟秋季釋奠狀況	
4006	金澤東	김택동	44	87	1939.10	文廟春季釋奠狀況	
4007	金澤東	김택동	45	37	1940.12	朝鮮儒林大會(朝鮮儒道聯合會創立總會) 會錄槪要>朝鮮儒道聯合會役員名簿(昭和十四年十一月一日現在)	
4008	金澤東	김택동	47	39	1943.01	釋奠狀況>昭和十七年春季釋奠狀況	
4009	金澤東	김택동	47	42	1943.01	釋奠狀況>昭和十七年秋季釋奠狀況	
4010	金澤東	김택동	48	52	1944.04	釋奠狀況>昭和十八年春季釋奠狀況	
4011	金澤龍	김택룡	20	46	1920.03	日誌大要	
4012	金澤龍	김택룡	33	55	1931.12	孝烈行蹟>[朴鳳鎬 等의 보고]	
4013	金宅壽	김택수	30	77	1929.12	地方報告>[金宅壽의 報告]	
4014	金宅洙	김택수	45	40	1940.12	朝鮮儒林大會(朝鮮儒道聯合會創立總會) 會錄槪要>朝鮮儒道聯合會役員名簿(昭和十四年十一月一日現在)	

번호	원문	현대어(독음)	호	쪽	발행일	기사명 / 필자	비고
4015	金澤淳	김택순	20	37	1920.03	求禮郡文廟重修捐義錄小序 / 金商翊	
4016	金澤榮	김택영	48	43	1944.04	朝鮮詩學考(前號續) / 李昇圭	
4017	金澤永	김택영	36	27	1933.12	文廟釋奠狀況〉[金澤永의 보고]	
4018	金澤琬洙	김택완수	46	24	1941.12	經學院日誌大要(昭和十四年七月ヨリ昭和十六年六月マテ)	金琬洙
4019	金澤柱	김택주	20	37	1920.03	求禮郡文廟重修捐義錄小序 / 金商翊	
4020	金澤珍	김택진	20	37	1920.03	求禮郡文廟重修捐義錄小序 / 金商翊	
4021	金宅鉉	김택현	25	75	1924.12	地方報告〉[梁鳳濟의 報告]	
4022	金宅浩	김택호	23	50	1922.12	孔夫子忌辰四十周甲追慕韻 / 金宅浩	
4023	金八守	김팔수	19	37	1918.12	日誌大要	
4024	金弼龜	김필구	29	76	1928.12	地方報告〉[沈璿澤의 報告]	
4025	金必洙	김필수	25	38	1924.12	日誌大要	
4026	金必洙	김필수	25	39	1924.12	日誌大要	
4027	金弼昌	김필창	33	56	1931.12	孝烈行蹟〉[申大均 等의 보고]	
4028	金河庚	김하경	33	46	1931.12	文廟釋奠狀況〉[金河庚의 보고]	
4029	金河西	김하서	1	39	1913.12	近世事十條 / 李商永	金麟厚
4030	金河西	김하서	11	27	1916.06	經學淺知錄(續) / 金文演	金麟厚
4031	金河西	김하서	28	45	1927.12	日誌大要	金麟厚
4032	金河璉	김하연	29	37	1928.12	日誌大要	
4033	金河璉	김하연	29	42	1928.12	日誌大要	
4034	金夏源	김하원	25	83	1924.12	地方報告〉[金夏源의 報告]	
4035	金夏潤	김하윤	46	17	1941.12	釋奠狀況〉昭和十六年春季釋奠狀況	
4036	金河漢	김하한	20	37	1920.03	求禮郡文廟重修捐義錄小序 / 金商翊	
4037	金鶴九	김학구	35	44	1932.12	孝烈行蹟〉[金鶴九 等의 보고]	
4038	金學權	김학권	20	36	1920.03	求禮郡文廟重修捐義錄小序 / 金商翊	
4039	金鶴斗	김학두	37	71	1934.10	明倫學院第五回入學許可者名簿	
4040	金鶴斗	김학두	38	43	1935.03	文廟釋奠狀況〉[秋期釋奠 擧行]	
4041	金鶴斗	김학두	40	35	1936.08	文廟釋奠狀況〉[秋期釋奠 擧行]	
4042	金鶴斗	김학두	42	71	1937.12	第五回卒業式狀況及第八回新入生名簿〉第五回卒業生名簿	
4043	金鶴齡	김학령	33	9	1931.12	司直金公墓碑銘并序 / 金完鎭	원문은 鶴齡
4044	金學柱	김학주	20	53	1920.03	地方報告〉[李芳雨의 報告]	
4045	金學柱	김학주	23	21	1922.12	益山郡礪山文廟重修記 / 成岐運	
4046	金漢甲	김한갑	38	31	1935.03	橫城鄕校重修記 / 鄭鳳時	원문은 金君漢甲
4047	金漢甲	김한갑	38	35	1935.03	地方儒林狀況〉[李元稙의 보고]	

번호	원문	현대어(독음)	호	쪽	발행일	기사명 / 필자	비고
4048	金漢奎	김한규	45	29	1940.12	朝鮮儒林大會(朝鮮儒道聯合會創立總會) 會錄概要〉朝鮮儒道聯合會役員名簿(昭和十四年十一月一日現在)	
4049	金漢睦	김한목	23	40	1922.12	孔夫子忌辰四十周甲追慕禮式及紀念事業發起文	
4050	金漢睦	김한목	45	26	1940.12	朝鮮儒林大會(朝鮮儒道聯合會創立總會) 會錄概要〉朝鮮儒道聯合會役員名簿(昭和十四年十一月一日現在)	
4051	金漢碩	김한석	20	37	1920.03	求禮郡文廟重修捐義錄小序 / 金商翊	
4052	金漢昇	김한승	43	32	1938.12	皇軍慰問詩 / 金漢昇	
4053	金翰植	김한식	23	24	1922.12	山淸郡鄕校明倫堂重建上樑文 / 金翰植	산청군수
4054	金翰植	김한식	23	86	1922.12	地方報告〉[金性在의 報告]	산청군수
4055	金寒暄堂	김한훤당	11	26	1916.06	經學淺知錄(續) / 金文演	金宏弼
4056	金漢鍾	김한종	43	31	1938.12	皇軍慰問詩 / 金漢鍾	
4057	金漢柱	김한주	26	36	1925.12	江陵文廟重修落成韻 / 金漢柱	
4058	金漢鎬	김한호	44	82	1939.10	日誌大要(自昭和十三年六月 至昭和十三年十二月)	
4059	金恒鍊	김항련	33	47	1931.12	文廟釋奠狀況〉[金恒鍊의 보고]	
4060	金恒鍊	김항련	35	35	1932.12	文廟釋奠狀況〉[金恒鍊의 보고]	
4061	金恒穆	김항목	24	55	1923.12	日誌大要	
4062	金海金氏	김해 김씨	25	78	1924.12	地方報告〉[韓永錫 等의 報告]	
4063	金海金氏	김해 김씨	26	91	1925.12	地方報告〉[姜永邰의 報告]	
4064	金海金氏	김해 김씨	27	11	1926.12	烈婦崔氏旌閭重修記 / 崔定鉉	
4065	金海金氏	김해 김씨	27	85	1926.12	地方報告〉[高基顥의 報告]	
4066	金海金氏	김해 김씨	28	71	1927.12	地方報告〉[高基顥의 報告]	
4067	金海金氏	김해 김씨	33	55	1931.12	孝烈行蹟〉[李模泰 等의 보고]	
4068	金海石	김해석	11	57	1916.06	賢關記聞(續) / 李大榮	金載瓚
4069	金海秀	김해수	45	36	1940.12	朝鮮儒林大會(朝鮮儒道聯合會創立總會) 會錄概要〉朝鮮儒道聯合會役員名簿(昭和十四年十一月一日現在)	
4070	金海雄	김해웅	30	81	1929.12	地方報告〉[池玩洙의 報告]	
4071	金海正洙	김해정수	47	41	1943.01	釋奠狀況〉昭和十七年秋季釋奠狀況	
4072	金海豪	김해호	39	40	1935.10	孝烈行蹟〉[宋聲淳의 보고]	원문은 金公海豪
4073	金憲默	김헌묵	14	79	1917.07	地方報告〉[方致燁의 報告]	
4074	金鉉	김현	17	4	1918.07	經學管見(續) / 尹寧求	
4075	金鉉謙	김현겸	24	55	1923.12	日誌大要	
4076	金鉉謙	김현겸	46	13	1941.12	釋奠狀況〉昭和十四年秋季釋奠狀況	

번호	원문	현대어(독음)	호	쪽	발행일	기사명 / 필자	비고
4077	金顯奎	김현규	38	46	1935.03	文廟釋奠狀況〉地方文廟秋期釋奠狀況表	
4078	金顯道	김현도	35	78	1932.12	[판권사항]	
4079	金顯道	김현도	36	73	1933.12	[판권사항]	
4080	金顯道	김현도	40	65	1936.08	[판권사항]	
4081	金顯道	김현도	41	64	1937.02	[판권사항]	
4082	金顯道	김현도	42	74	1937.12	[판권사항]	
4083	金顯道	김현도	43	75	1938.12	[판권사항]	
4084	金顯洙	김현수	18	19	1918.09	博川郡鄕校儒林契券序 / 金允植	원문은 金君顯洙
4085	金賢植	김현식	33	37	1931.12	聲討顚末	
4086	金顯興	김현흥	16	58	1918.03	地方報告〉[鄭鳳時의 報告]	
4087	金炯賓	김형빈	37	29	1934.10	孝烈行蹟〉[柳智煥의 보고]	
4088	金亨三	김형삼	30	16	1929.12	送金亨三歸堤川 / 兪鎭贊	
4089	金亨三	김형삼	30	17	1929.12	送金亨三歸堤川 / 兪鎭贊	원문은 亨三
4090	金炯淳	김형순	29	39	1928.12	日誌大要	
4091	金亨煜	김형욱	38	48	1935.03	文廟釋奠狀況〉地方文廟秋期釋奠狀況表	
4092	金炯運	김형운	41	28	1937.02	二. 儒林特志〉[金鍾鏵의 보고]	영암군수
4093	金炯祚	김형조	16	58	1918.03	地方報告〉[鄭鳳時의 報告]	
4094	金衡鎭	김형진	20	49	1920.03	日誌大要	
4095	金瑚	김호	32	23	1930.12	金夫人烈行碑銘幷序 / 沈璿澤	원문은 瑚
4096	金虎圭	김호규	45	33	1940.12	朝鮮儒林大會(朝鮮儒道聯合會創立總會) 會錄槪要〉朝鮮儒道聯合會役員名簿(昭和十四年十一月一日現在)	
4097	金湖榮	김호영	33	36	1931.12	聲討顚末	
4098	金湖榮	김호영	38	48	1935.03	文廟釋奠狀況〉地方文廟秋期釋奠狀況表	
4099	金湖榮	김호영	39	54	1935.10	文廟釋奠狀況〉地方文廟春期釋奠狀況表	
4100	金湖榮	김호영	40	37	1936.08	文廟釋奠狀況〉[地方文廟春期釋奠狀況表]	
4101	金琥重	김호중	33	35	1931.12	聲討顚末	
4102	金湖鉉	김호현	20	37	1920.03	求禮郡文廟重修捐義錄小序 / 金商翊	
4103	金鎬顯	김호현	44	86	1939.10	文廟春季釋奠狀況	
4104	金鎬顯	김호현	45	33	1940.12	朝鮮儒林大會(朝鮮儒道聯合會創立總會) 會錄槪要〉朝鮮儒道聯合會役員名簿(昭和十四年十一月一日現在)	
4105	金鎬顯	김호현	45	41	1940.12	朝鮮儒林大會(朝鮮儒道聯合會創立總會) 會錄槪要〉朝鮮儒道聯合會役員名簿(昭和十四年十一月一日現在)	
4106	金鎬顯	김호현	46	14	1941.12	釋奠狀況〉昭和十四年秋季釋奠狀況	

번호	원문	현대어(독음)	호	쪽	발행일	기사명 / 필자	비고
4107	金鎬顯	김호현	46	15	1941.12	釋奠狀況〉昭和十五年春季釋奠狀況	
4108	金洪	김홍	23	88	1922.12	地方報告〉[乾元祠 新建 關聯 報告]	
4109	金鈇	김홍	18	11	1918.09	經學管見(續) / 尹寧求	
4110	金洪櫓	김홍로	33	37	1931.12	聲討顛末	
4111	金洪櫓	김홍로	37	36	1934.10	地方儒林狀況〉[羅昌集 等의 보고]	
4112	金洪秀	김홍수	45	35	1940.12	朝鮮儒林大會(朝鮮儒道聯合會創立總會) 會錄槪要〉朝鮮儒道聯合會役員名簿(昭和十四年十一月一日現在)	
4113	金洪彦	김홍언	20	37	1920.03	求禮郡文廟重修捐義錄小序 / 金商翊	
4114	金洪鏞	김홍용	34	35	1932.03	孝烈行蹟〉[李鍾甲 等의 보고]	
4115	金弘郁	김홍욱	29	19	1928.12	孺人慶州金氏烈行紀蹟碑 / 金完鎭	원문은 弘郁
4116	金洪鎭	김홍진	47	37	1943.01	釋奠狀況〉昭和十六年秋季釋奠狀況	
4117	金化俊	김화준	45	24	1940.12	朝鮮儒林大會(朝鮮儒道聯合會創立總會) 會錄槪要〉朝鮮儒道聯合會役員名簿(昭和十四年十一月一日現在)	
4118	金化俊	김화준	45	64	1940.12	忠淸北道儒道聯合會結成式〉明倫會聯合總會提案事項(提案可決) / 金化俊	
4119	金龢鎭	김화진	45	40	1940.12	朝鮮儒林大會(朝鮮儒道聯合會創立總會) 會錄槪要〉朝鮮儒道聯合會役員名簿(昭和十四年十一月一日現在)	
4120	金煥容	김환용	23	87	1922.12	地方報告〉[金煥容의 報告]	
4121	金煥容	김환용	23	88	1922.12	地方報告〉[乾元祠 新建 關聯 報告]	
4122	金煥容	김환용	26	92	1925.12	地方報告〉[金煥容 等의 報告]	
4123	金煥容	김환용	27	59	1926.12	日誌大要	
4124	金煥周	김환주	26	92	1925.12	地方報告〉[金煥容 等의 報告]	
4125	金黃元	김황원	48	43	1944.04	朝鮮詩學考(前號續) / 李昇圭	
4126	金黃中	김황중	45	36	1940.12	朝鮮儒林大會(朝鮮儒道聯合會創立總會) 會錄槪要〉朝鮮儒道聯合會役員名簿(昭和十四年十一月一日現在)	
4127	金璜鎭	김황진	29	17	1928.12	龍井文廟刱建記 / 金璜鎭	
4128	金璜鎭	김황진	41	33	1937.02	日誌大要	
4129	金璜鎭	김황진	41	37	1937.02	文廟秋季釋奠狀況	
4130	金璜鎭	김황진	41	59	1937.02	經學院職員名簿(昭和十一年十一月一日)	
4131	金璜鎭	김황진	41	62	1937.02	明倫學院職員名簿(昭和十一年十一月一日現在)	
4132	金璜鎭	김황진	42	38	1937.12	文廟春季釋奠狀況	
4133	金璜鎭	김황진	43	58	1938.12	文廟秋季釋奠狀況	
4134	金璜鎭	김황진	43	66	1938.12	文廟春季釋奠狀況	
4135	金璜鎭	김황진	44	78	1939.10	文廟秋季釋奠狀況	

번호	원문	현대어(독음)	호	쪽	발행일	기사명 / 필자	비고
4136	金璜鎭	김황진	44	86	1939.10	文廟春季釋奠狀況	
4137	金璜鎭	김황진	44	89	1939.10	明倫專門學院記事	
4138	金璜鎭	김황진	45	28	1940.12	朝鮮儒林大會(朝鮮儒道聯合會創立總會) 會錄槪要〉朝鮮儒道聯合會役員名簿(昭和十四年十一月一日現在)	
4139	金璜鎭	김황진	46	13	1941.12	釋奠狀況〉昭和十四年秋季釋奠狀況	
4140	金璜鎭	김황진	46	14	1941.12	釋奠狀況〉昭和十五年春季釋奠狀況	
4141	金璜鎭	김황진	48	53	1944.04	釋奠狀況〉昭和十八年秋季釋奠狀況	
4142	金璜鎭	김황진	48	62	1944.04	經學院日誌大要(昭和十七年七月ヨリ昭和十八年六月マテ)	
4143	金璜鎭	김황진	48	64	1944.04	[판권사항]	
4144	金懷鍊	김회련	23	88	1922.12	地方報告〉[乾元祠 新建 關聯 報告]	
4145	金孝子	김효자	1	38	1913.12	近世事十條 / 李商永	
4146	金孝鎭	김효진	19	30	1918.12	日誌大要	
4147	金孝鎭	김효진	19	31	1918.12	日誌大要	
4148	金孝鎭	김효진	20	49	1920.03	日誌大要	
4149	金孝鎭	김효진	21	90	1921.03	日誌大要	
4150	金孝鎭	김효진	21	93	1921.03	日誌大要	
4151	金孝鎭	김효진	24	59	1923.12	日誌大要	
4152	金孝鎭	김효진	27	59	1926.12	日誌大要	
4153	金孝鎭	김효진	28	44	1927.12	日誌大要	
4154	金孝鎭	김효진	28	48	1927.12	日誌大要	
4155	金孝鎭	김효진	29	39	1928.12	日誌大要	
4156	金孝鎭	김효진	30	42	1929.12	日誌大要	
4157	金孝鎭	김효진	31	30	1930.08	日誌大要	
4158	金孝泰	김효태	37	56	1934.10	文廟釋奠狀況〉[金孝泰의 보고]	
4159	金孝泰	김효태	38	49	1935.03	文廟釋奠狀況〉地方文廟秋期釋奠狀況表	
4160	金孝泰	김효태	39	54	1935.10	文廟釋奠狀況〉地方文廟春期釋奠狀況表	
4161	金孝泰	김효태	40	38	1936.08	文廟釋奠狀況〉[地方文廟春期釋奠狀況表]	
4162	金侯	김후	16	54	1918.03	地方報告〉[成樂賢의 報告]	郡守
4163	金侯衛道	김후위도	32	22	1930.12	坡州郡鄕校明倫堂重修記 / 李學魯	
4164	金厚齋	김후재	11	27	1916.06	經學淺知錄(續) / 金文演	金榦
4165	金勛卿	김훈경	33	21	1931.12	壽松帖〉敬賀鄭提學先生喜壽 / 金勛卿	
4166	金勛卿	김훈경	33	29	1931.12	聲討顚末	
4167	金勛卿	김훈경	34	57	1932.03	明倫學院評議會員名簿	
4168	金勛卿	김훈경	35	24	1932.12	孝壽帖〉賀韻 / 金勛卿	
4169	金勛卿	김훈경	36	67	1933.12	明倫學院評議員名簿	

번호	원문	현대어(독음)	호	쪽	발행일	기사명 / 필자	비고
4170	金勛卿	김훈경	37	68	1934.10	明倫學院評議員名簿	
4171	金勛卿	김훈경	40	41	1936.08	成竹似先生追悼錄〉挽故成均館博士成竹似先生 / 金勛卿	
4172	金勛卿	김훈경	41	63	1937.02	明倫學院評議員名簿(昭和十一年一月一日)	
4173	金勛卿	김훈경	43	43	1938.12	故大提學鄭鳳時先生輓詞 / 金勳卿	
4174	金勛卿	김훈경	44	88	1939.10	明倫專門學院記事	
4175	金烜濟	김훤제	23	22	1922.12	益山郡礪山文廟重修記 / 成岐運	
4176	金興國	김흥국	36	39	1933.12	孝烈行蹟〉[韓啓東의 보고]	
4177	金興巖	김흥암	31	61	1930.08	入學許可者名簿	
4178	金興巖	김흥암	33	43	1931.12	文廟釋奠狀況	
4179	金興巖	김흥암	33	49	1931.12	文廟釋奠狀況〉[本院秋期釋奠에 대한 보고]	
4180	金禧奉	김희봉	44	92	1939.10	明倫專門學院記事〉研究科第二回入學許可者	
4181	金禧奉	김희봉	46	14	1941.12	釋奠狀況〉昭和十四年秋季釋奠狀況	
4182	金禧奉	김희봉	46	15	1941.12	釋奠狀況〉昭和十五年春季釋奠狀況	
4183	金禧奉	김희봉	46	16	1941.12	釋奠狀況〉昭和十五年秋季釋奠狀況	
4184	金禧奉	김희봉	46	18	1941.12	釋奠狀況〉昭和十六年春季釋奠狀況	
4185	金熺泳	김희영	14	75	1917.07	地方報告〉[趙相河 등의 報告]	
4186	金熙綽	김희작	33	29	1931.12	聲討顚末	
4187	金熙綽	김희작	34	57	1932.03	明倫學院評議會員名簿	
4188	金熙綽	김희작	36	23	1933.12	日誌大要	
4189	金希祖	김희조	23	88	1922.12	地方報告〉[乾元祠 新建 關聯 報告]	
4190	金熙俊	김희준	45	40	1940.12	朝鮮儒林大會(朝鮮儒道聯合會創立總會) 會錄槪要〉朝鮮儒道聯合會役員名簿(昭和十四年十一月一日現在)	
4191	金熙曾	김희증	31	62	1930.08	入學許可者名簿	
4192	金熙曾	김희증	32	37	1930.12	日誌大要	
4193	金熙曾	김희증	33	43	1931.12	文廟釋奠狀況	
4194	金熙曾	김희증	35	30	1932.12	文廟釋奠狀況	
4195	金熙曾	김희증	35	65	1932.12	第一回學生卒業式狀況	
4196	金熙曾	김희증	35	75	1932.12	明倫學院第一回卒業生名簿	
4197	金禧泰	김희태	47	37	1943.01	釋奠狀況〉昭和十六年秋季釋奠狀況	
4198	金禧泰	김희태	47	39	1943.01	釋奠狀況〉昭和十七年春季釋奠狀況	
4199	羅奎善	나규선	16	57	1918.03	地方報告〉[鄭鳳時의 報告]	
4200	羅壽線	나도선	25	87	1924.12	地方報告〉[羅壽線 等의 通牒]	
4201	羅壽線	나도선	33	36	1931.12	聲討顚末	
4202	羅壽佑	나도우	26	77	1925.12	地方報告〉[羅壽佑 等의 報告]	

번호	원문	현대어(독음)	호	쪽	발행일	기사명 / 필자	비고
4203	羅燾佑	나도우	26	80	1925.12	地方報告>[羅燾佑 等의 報告]	
4204	羅燾宇	나도우	37	25	1934.10	孝烈行蹟>[羅燾宇 等의 보고]	
4205	羅燾宇	나도우	37	28	1934.10	孝烈行蹟>[羅燾宇 等의 보고]	
4206	羅燾宇	나도우	39	40	1935.10	孝烈行蹟>[羅燾宇 等의 보고]	
4207	羅燾宇	나도우	39	44	1935.10	地方儒林狀況>[羅燾宇의 보고]	
4208	羅東鉉	나동현	14	75	1917.07	地方報告>[趙相河 등의 報告]	
4209	羅東鉉	나동현	20	35	1920.03	金堤郡鄕校靑衿契發起通文	
4210	羅東鉉	나동현	20	58	1920.03	地方報告>[趙翰誠 등의 報告]	
4211	羅東鉉	나동현	21	93	1921.03	地方報告>[趙翰誠의 報告]	
4212	羅東鉉	나동현	21	96	1921.03	地方報告>[羅東鉉의 報告]	
4213	羅栢炯	나백형	27	71	1926.12	地方報告>[鄭大仲 等의 報告]	원문은 栢炯
4214	羅栢炯	나백형	27	72	1926.12	地方報告>[鄭大仲 等의 報告]	원문은 栢炯
4215	羅璧	나벽	25	16	1924.12	三洙瑣談(續) / 元泳義	
4216	羅庇	나비	33	8	1931.12	孺人羅州林氏孝烈碑 / 成樂賢	원문은 庇
4217	羅山	나산	10	21	1916.03	經學淺知錄 / 金文演	
4218	羅相縞	나상호	25	44	1924.12	日誌大要	
4219	羅錫璂	나석기	41	33	1937.02	日誌大要	
4220	羅錫璂	나석기	41	60	1937.02	經學院講士名簿(昭和十一年十一月一日)	
4221	羅錫璂	나석기	43	41	1938.12	故大提學鄭鳳時先生輓詞 / 羅錫璂	
4222	羅錫璂	나석기	45	27	1940.12	朝鮮儒林大會(朝鮮儒道聯合會創立總會) 會錄槪要>朝鮮儒道聯合會役員名簿(昭和十四年十一月一日現在)	
4223	羅錫璣	나석기	33	36	1931.12	聲討顚末	
4224	羅承鎭	나승진	33	8	1931.12	孺人羅州林氏孝烈碑 / 成樂賢	원문은 承鎭
4225	羅氏	나씨	23	20	1922.12	孔夫子忌辰四十周甲追慕辭 / 申泰岳	
4226	羅闍	나염	19	25	1918.12	三洙瑣談(續) / 元泳義	
4227	羅念菴	나염암	10	23	1916.03	經學淺知錄 / 金文演	羅洪先
4228	羅以俊	나이준	10	52	1916.03	賢關記聞(續) / 李大榮	
4229	羅以俊	나이준	21	26	1921.03	鄭信國傳 / 鄭崙秀	
4230	羅以俊	나이준	21	27	1921.03	鄭信國傳 / 鄭崙秀	
4231	羅一鳳	나일봉	33	25	1931.12	日誌大要	
4232	羅一鳳	나일봉	35	24	1932.12	孝壽帖>賀韻 / 羅一鳳	
4233	羅一鳳	나일봉	37	43	1934.10	日誌大要	
4234	羅一鳳	나일봉	37	44	1934.10	日誌大要	
4235	羅一鳳	나일봉	38	42	1935.03	日誌大要	
4236	羅一鳳	나일봉	40	33	1936.08	日誌大要	

번호	원문	현대어(독음)	호	쪽	발행일	기사명 / 필자	비고
4237	羅一鳳	나일봉	40	44	1936.08	成竹似先生追悼錄〉挽故成均館博士成竹似先生 / 羅一鳳	
4238	羅一鳳	나일봉	40	52	1936.08	鄭茂亭先生追悼錄〉輓詞 / 李尙鎬	
4239	羅一鳳	나일봉	40	65	1936.08	[판권사항]	
4240	羅一鳳	나일봉	41	4	1937.02	孔孟의 眞精神 / 羅一鳳	
4241	羅一鳳	나일봉	41	6	1937.02	天地人 / 羅一鳳	
4242	羅一鳳	나일봉	41	32	1937.02	日誌大要	
4243	羅一鳳	나일봉	41	37	1937.02	文廟秋季釋奠狀況	
4244	羅一鳳	나일봉	41	58	1937.02	經學院職員名簿(昭和十一年十一月一日)	
4245	羅一鳳	나일봉	41	62	1937.02	明倫學院職員名簿(昭和十一年一月一日現在)	
4246	羅一鳳	나일봉	41	64	1937.02	[판권사항]	
4247	羅一鳳	나일봉	42	35	1937.12	日誌大要	
4248	羅一鳳	나일봉	42	37	1937.12	文廟春季釋奠狀況	
4249	羅一鳳	나일봉	42	38	1937.12	文廟春季釋奠狀況	
4250	羅一鳳	나일봉	42	74	1937.12	[판권사항]	
4251	羅一鳳	나일봉	43	39	1938.12	故大提學鄭鳳時先生輓詞 / 羅一鳳	
4252	羅一鳳	나일봉	43	53	1938.12	日誌大要	
4253	羅一鳳	나일봉	43	58	1938.12	文廟秋季釋奠狀況	
4254	羅一鳳	나일봉	43	60	1938.12	文廟秋季釋奠狀況	
4255	羅一鳳	나일봉	43	66	1938.12	文廟春季釋奠狀況	
4256	羅一鳳	나일봉	43	67	1938.12	文廟春季釋奠狀況	
4257	羅一鳳	나일봉	43	75	1938.12	[판권사항]	
4258	羅一鳳	나일봉	44	75	1939.10	日誌大要(自昭和十三年六月 至昭和十三年十二月)	원문은 一鳳
4259	羅一鳳	나일봉	44	78	1939.10	文廟秋季釋奠狀況	
4260	羅一鳳	나일봉	44	79	1939.10	文廟秋季釋奠狀況	
4261	羅一鳳	나일봉	44	81	1939.10	日誌大要(自昭和十三年六月 至昭和十三年十二月)	
4262	羅一鳳	나일봉	44	82	1939.10	日誌大要(自昭和十三年六月 至昭和十三年十二月)	
4263	羅一鳳	나일봉	45	30	1940.12	朝鮮儒林大會(朝鮮儒道聯合會創立總會) 會錄概要〉朝鮮儒道聯合會役員名簿(昭和十四年十一月一日現在)	
4264	羅一鳳	나일봉	46	24	1941.12	經學院日誌大要(昭和十四年七月ヨリ昭和十六年六月マテ)	
4265	羅一鳳	나일봉	48	53	1944.04	釋奠狀況〉昭和十八年秋季釋奠狀況	
4266	那鍾奭	나종석	20	38	1920.03	求禮郡文廟重修捐義錄小序 / 金商翊	

번호	원문	현대어(독음)	호	쪽	발행일	기사명 / 필자	비고
4267	羅從彦	나종언	8	35	1915.09	賢關記聞 / 李大榮	
4268	羅從彦	나종언	9	19	1915.12	經學管見(下) / 尹寧求	
4269	羅從彦	나종언	10	51	1916.03	賢關記聞(續) / 李大榮	
4270	羅從彦	나종언	42	47	1937.12	文廟享祀位次及聖賢姓名爵號考 / 金完鎭	文質公
4271	羅從彦	나종언	42	57	1937.12	文廟享祀位次及聖賢姓名爵號考 / 金完鎭	文質公, 원문은 姓羅名從彦
4272	羅州林氏	나주 임씨	33	8	1931.12	孺人羅州林氏孝烈碑 / 成樂賢	
4273	羅昌集	나창집	37	36	1934.10	地方儒林狀況>[羅昌集 等의 보고]	
4274	那波活所	나파활소	18	52	1918.09	講說>講題 內地의 宋學(大正七年五月十一日第二十八回講演) / 今關壽麿	나바 갓쇼
4275	ナッポレオン	나폴레옹	46	59	1941.12	講演及講習>時局と婦道實踐(講演速記) / 永田種秀	napoléon
4276	ナッポレオン	나폴레옹	46	60	1941.12	講演及講習>時局と婦道實踐(講演速記) / 永田種秀	napoléon
4277	ナポレオン	나폴레옹	46	62	1941.12	講演及講習>時局と婦道實踐(講演速記) / 永田種秀	napoléon
4278	나보레온三世	나폴레옹3세	17	61	1918.07	講說>講題 朝鮮氣象에 就ᄒ야(大正七年三月二十一日第二十七回講演) / 平田德太郎	
4279	羅泌	나필	15	4	1917.10	經學管見(續) / 尹寧求	
4280	羅泌	나필	20	51	1920.03	講說>孔子誕辰及其道義辨 / 高墉柱	
4281	羅賢洙	나현수	33	8	1931.12	孺人羅州林氏孝烈碑 / 成樂賢	원문은 賢洙
4282	羅鎬	나호	14	61	1917.07	地方報告>[黃敦秀의 報告]	
4283	羅鎬	나호	16	10	1918.03	陽城鄕校明倫堂重修記 / 金允植	원문은 羅侯名鎬
4284	羅鎬	나호	16	58	1918.03	地方報告>[南相台의 報告]	
4285	羅鎬	나호	16	59	1918.03	地方報告>[南相台의 報告]	
4286	羅洪集	나홍집	20	38	1920.03	求禮郡文廟重修捐義錄小序 / 金商翊	
4287	羅侯	나후	16	59	1918.03	地方報告>[南相台의 報告]	
4288	洛	낙	5	94	1914.12	關東講說>講題 道不遠人 / 鄭顯成	洛陽의 程顥, 程頤 형제(이들이 살던 洛陽)
4289	洛	낙	7	3	1915.06	學說 / 呂圭亨	
4290	洛	낙	10	4	1916.03	經論 / 金元祐	洛陽의 程顥, 程頤 형제(이들이 살던 洛陽)
4291	洛	낙	10	21	1916.03	經學淺知錄 / 金文演	

번호	원문	현대어(독음)	호	쪽	발행일	기사명 / 필자	비고
4292	洛	낙	11	7	1916.06	經論 / 韓晩容	
4293	洛	낙	12	7	1916.12	經學管見(續) / 尹寧求	洛陽의 程顥, 程頤 형제 (이들이 살던 洛陽)
4294	洛	낙	21	2	1921.03	論說(寄書第二) / 呂圭亨	
4295	洛	낙	30	1	1929.12	雜誌第三十號發行說 / 權純九	洛陽의 程顥, 程頤 형제 (이들이 살던 洛陽)
4296	洛	낙	30	38	1929.12	杏壇 / 元弘植	
4297	洛	낙	37	2	1934.10	心學說 / 李學魯	
4298	洛	낙	40	16	1936.08	文房四友說 / 韓昌愚	
4299	洛國公	낙국공	2	36	1914.03	大成殿神位圖	程頤
4300	洛國公	낙국공	10	51	1916.03	賢關記聞(續) / 李大榮	程頤
4301	洛國公	낙국공	8	35	1915.09	賢關記聞 / 李大榮	程頤
4302	洛國公	낙국공	42	50	1937.12	文廟享祀位次及聖賢姓名爵號考 / 金完鎭	程頤
4303	洛國公	낙국공	42	46	1937.12	文廟享祀位次及聖賢姓名爵號考 / 金完鎭	程頤
4304	珞琭子	낙녹자	2	29	1914.03	孔子年譜 / 呂圭亨	
4305	洛伯	낙백	42	52	1937.12	文廟享祀位次及聖賢姓名爵號考 / 金完鎭	秦商
4306	樂成王	낙성왕	44	57	1939.10	朝鮮詩學考 / 李昇圭	기자조선의 왕
4307	樂壽伯	낙수백	42	46	1937.12	文廟享祀位次及聖賢姓名爵號考 / 金完鎭	毛萇
4308	樂壽伯	낙수백	42	56	1937.12	文廟享祀位次及聖賢姓名爵號考 / 金完鎭	毛萇
4309	樂申	낙신	33	11	1931.12	孝子司饔院奉事白公行狀 / 成樂賢	
4310	樂正克	낙정극	11	13	1916.06	經學說(續) / 李容稙	
4311	樂平侯	낙평후	42	47	1937.12	文廟享祀位次及聖賢姓名爵號考 / 金完鎭	原亢
4312	樂平侯	낙평후	42	54	1937.12	文廟享祀位次及聖賢姓名爵號考 / 金完鎭	原亢
4313	樂平侯	낙평후	8	35	1915.09	賢關記聞 / 李大榮	原亢
4314	蘭溪	난계	33	56	1931.12	孝烈行蹟〉[金時一 等의 보고]	咸傳霖
4315	蘭坡	난파	40	40	1936.08	成竹似先生追悼錄〉挽故成均館博士成竹似先生 / 姜錫圭	姜錫圭
4316	蘭坡	난파	40	52	1936.08	鄭茂亭先生追悼錄〉輓詞 / 李尙鎬	姜錫圭
4317	南	남	41	36	1937.02	文廟秋季釋奠狀況	미나미 지로 (南次郞)
4318	南	남	42	14	1937.12	北支事變에 直面하야 輕擧妄動을 愼戒하라 / 三橋孝一郞	미나미 지로 (南次郞)

번호	원문	현대어(독음)	호	쪽	발행일	기사명 / 필자	비고
4319	南	남	42	37	1937.12	文廟春季釋奠狀況	미나미 지로 (南次郞)
4320	南	남	43	58	1938.12	文廟秋季釋奠狀況	미나미 지로 (南次郞)
4321	南	남	43	65	1938.12	文廟春季釋奠狀況	미나미 지로 (南次郞)
4322	南	남	44	3	1939.10	內鮮一體の具現に就て / 南 次郞	미나미 지로 (南次郞)
4323	南	남	44	19	1939.10	時局의 認識과 儒林의 覺醒(昭和十三年 十月 十五日 秋季釋奠後 經學院 明倫堂 講演) / 尹德榮	미나미 지로 (南次郞)
4324	南	남	44	77	1939.10	文廟秋季釋奠狀況	미나미 지로 (南次郞)
4325	南	남	44	82	1939.10	日誌大要(自昭和十三年六月 至昭和十三年 十二月)	미나미 지로 (南次郞)
4326	南	남	44	85	1939.10	文廟春季釋奠狀況	미나미 지로 (南次郞)
4327	南	남	45	1	1940.12	慶會樓ニ於ケル南總督ノ招宴	미나미 지로 (南次郞)
4328	南	남	45	4	1940.12	[朝鮮儒林大會(朝鮮儒道聯合會創立總會)ノ 開催]	미나미 지로 (南次郞)
4329	南	남	45	6	1940.12	朝鮮儒林大會(朝鮮儒道聯合會創立總會) 會 錄槪要	미나미 지로 (南次郞)
4330	南	남	45	43	1940.12	朝鮮儒道聯合會總裁推戴式	미나미 지로 (南次郞)
4331	南	남	45	61	1940.12	忠淸北道儒道聯合會結成式〉忠淸北道儒道聯 合會結成式會長告辭要旨 / 兪萬兼	미나미 지로 (南次郞)
4332	南	남	45	101	1940.12	全羅南道儒道聯合會結成要項〉全羅南道儒道 聯合會結成式道參與官訓話要旨 / 金大羽	미나미 지로 (南次郞)
4333	南	남	46	13	1941.12	釋奠狀況〉昭和十四年秋季釋奠狀況	미나미 지로 (南次郞)
4334	南	남	46	14	1941.12	釋奠狀況〉昭和十五年春季釋奠狀況	미나미 지로 (南次郞)
4335	南	남	46	15	1941.12	釋奠狀況〉昭和十五年秋季釋奠狀況	미나미 지로 (南次郞)
4336	南	남	47	5	1943.01	朝鮮同胞ニ徵兵制施行 / 南 次郞	미나미 지로 (南次郞)
4337	南	남	47	19	1943.01	儒道の復興 / 兪萬兼	미나미 지로 (南次郞)
4338	南	남	47	36	1943.01	釋奠狀況〉昭和十六年秋季釋奠狀況	미나미 지로 (南次郞)

번호	원문	현대어(독음)	호	쪽	발행일	기사명 / 필자	비고
4339	南	남	47	37	1943.01	釋奠狀況>昭和十七年春季釋奠狀況	미나미 지로 (南次郎)
4340	南	남	47	39	1943.01	釋奠狀況>南總督招宴挨拶要旨(昭和十七年四月十五日) / 南 次郎	미나미 지로 (南次郎)
4341	南溪	남계	15	83	1917.10	地方報告>[秋永求의 報告]	
4342	南溪	남계	46	9	1941.12	大學序文先儒論辨 / 金誠鎭	朴世采
4343	鹽谷溫	남곡온	40	58	1936.08	鄭茂亭先生追悼錄>奉輓鄭茂亭先生 / 鹽谷溫	
4344	南袞	남곤	8	39	1915.09	賢關記聞 / 李大榮	
4345	南宮敬叔	남궁경숙	3	29	1914.06	孔子年報(續) / 呂圭亨	
4346	南宮敬叔	남궁경숙	3	35	1914.06	孔子年報(續) / 呂圭亨	
4347	南宮敬叔	남궁경숙	6	35	1915.03	孔子年報(續) / 呂圭亨	
4348	南宮敬叔	남궁경숙	8	22	1915.09	孔子年報(續) / 呂圭亨	
4349	南宮敬叔	남궁경숙	24	64	1923.12	講說>講題 知天命說 / 服部宇之吉	
4350	南宮敬叔	남궁경숙	24	66	1923.12	講說>講題 知天命說 / 服部宇之吉	
4351	南宮敬叔	남궁경숙	26	23	1925.12	三洙瑣談(續) / 元泳義	
4352	南宮括	남궁괄	30	[8]	1929.12	李龍眠畵宣聖及七十二弟子像贊(金石萃編)	
4353	南宮适	남궁괄	5	81	1914.12	講說>講題 謹庠序之教申之以孝悌之義(大正三年十月十日第八回講演) / 李容植	
4354	南宮适	남궁괄	7	39	1915.06	論語考證(續) / 金文演	
4355	南宮适	남궁괄	7	40	1915.06	論語考證(續) / 金文演	
4356	南宮适	남궁괄	42	46	1937.12	文廟享祀位次及聖賢姓名爵號考 / 金完鎭	汝陽侯
4357	南宮适	남궁괄	42	51	1937.12	文廟享祀位次及聖賢姓名爵號考 / 金完鎭	원문은 汝陽侯姓南 宮名适
4358	南宮涑	남궁속	1	55	1913.12	日誌大要	
4359	南宮營	남궁영	16	61	1918.03	地方報告>[朴晋遠의 報告]	
4360	南宮營	남궁영	39	50	1935.10	日誌大要	
4361	南宮營	남궁영	45	24	1940.12	朝鮮儒林大會(朝鮮儒道聯合會創立總會) 會錄槪要>朝鮮儒道聯合會役員名簿(昭和十四年十一月一日現在)	
4362	南吉祐	남길우	16	59	1918.03	地方報告>[南相台의 報告]	
4363	南塘	남당	5	49	1914.12	容思衍(續) / 李鼎煥	陳柏
4364	南塘	남당	35	8	1932.12	心性情理氣圖解 / 元弘植	
4365	南塘	남당	46	5	1941.12	大學序文先儒論辨 / 金誠鎭	韓元震
4366	南塘	남당	46	6	1941.12	大學序文先儒論辨 / 金誠鎭	韓元震
4367	南塘	남당	46	8	1941.12	大學序文先儒論辨 / 金誠鎭	韓元震
4368	南塘	남당	46	9	1941.12	大學序文先儒論辨 / 金誠鎭	韓元震

번호	원문	현대어(독음)	호	쪽	발행일	기사명 / 필자	비고
4369	南塘翁	남당옹	29	27	1928.12	三洙瑣談(續) / 元泳義	
4370	南頓侯	남돈후	42	47	1937.12	文廟享祀位次及聖賢姓名爵號考 / 金完鎭	陳亢
4371	南頓侯	남돈후	42	55	1937.12	文廟享祀位次及聖賢姓名爵號考 / 金完鎭	陳亢
4372	南陵伯	남릉백	30	[10]	1929.12	李龍眠畵宣聖及七十二弟子像贊(金石萃編)	
4373	南陵侯	남릉후	42	55	1937.12	文廟享祀位次及聖賢姓名爵號考 / 金完鎭	琴張
4374	楠木正成	남목정성	46	56	1941.12	講演及講習〉時局と婦道實踐(講演速記) / 永田種秀	구스노키마사시게
4375	楠木正成	남목정성	48	23	1944.04	(十月十五日於經學院秋季釋典)時局と儒道 / 鈴川壽男	구스노키마사시게
4376	楠木正行	남목정행	46	56	1941.12	講演及講習〉時局と婦道實踐(講演速記) / 永田種秀	구스노키마사츠라
4377	南百祐	남백우	45	27	1940.12	朝鮮儒林大會(朝鮮儒道聯合會創立總會) 會錄槪要〉朝鮮儒道聯合會役員名簿(昭和十四年十一月一日現在)	
4378	藍山	남산	35	32	1932.12	文廟釋奠狀況〉[白文興의 보고]	白晦純
4379	南相均	남상균	44	90	1939.10	明倫專門學院記事〉本科第十回入學許可者	
4380	南相愚	남상우	35	75	1932.12	明倫學院昭和七年度第三回入學許可者名簿	
4381	南相愚	남상우	36	25	1933.12	文廟釋奠狀況〉[秋期釋奠 擧行]	
4382	南相愚	남상우	37	45	1934.10	文廟釋奠狀況〉[秋期釋奠 擧行]	
4383	南相愚	남상우	37	46	1934.10	文廟釋奠狀況〉[秋期釋奠 擧行]	
4384	南相愚	남상우	37	68	1934.10	明倫學院第三回卒業生名簿	
4385	南相愚	남상우	38	43	1935.03	文廟釋奠狀況〉[秋期釋奠 擧行]	
4386	南相愚	남상우	39	51	1935.10	文廟釋奠狀況〉[春期釋奠 擧行]	
4387	南相愚	남상우	39	56	1935.10	第三回卒業生名簿(新規第一回昭和十年三月)	
4388	南相翊	남상익	46	24	1941.12	經學院日誌大要(昭和十四年七月ヨリ昭和十六年六月マテ)	
4389	南相翊	남상익	47	38	1943.01	釋奠狀況〉昭和十七年春季釋奠狀況	
4390	南相台	남상태	16	58	1918.03	地方報告〉[南相台의 報告]	
4391	南相台	남상태	16	59	1918.03	地方報告〉[南相台의 報告]	
4392	南石祐	남석우	45	36	1940.12	朝鮮儒林大會(朝鮮儒道聯合會創立總會) 會錄槪要〉朝鮮儒道聯合會役員名簿(昭和十四年十一月一日現在)	
4393	南錫祐	남석우	40	38	1936.08	文廟釋奠狀況〉[地方文廟春期釋奠狀況表]	
4394	南錫和	남석화	37	55	1934.10	文廟釋奠狀況〉[南錫和의 보고]	
4395	南錫和	남석화	38	49	1935.03	文廟釋奠狀況〉地方文廟秋期釋奠狀況表	
4396	南錫和	남석화	39	42	1935.10	地方儒林狀況〉[南錫和의 보고]	
4397	南錫和	남석화	39	55	1935.10	文廟釋奠狀況〉地方文廟春期釋奠狀況表	
4398	南錫和	남석화	40	37	1936.08	文廟釋奠狀況〉[地方文廟春期釋奠狀況表]	

번호	원문	현대어(독음)	호	쪽	발행일	기사명 / 필자	비고
4399	南淵祐	남연우	38	45	1935.03	文廟釋奠狀況〉地方文廟秋期釋奠狀況表	
4400	南容	남용	7	45	1915.06	論語分類一覽(續) / 金文演	
4401	南容	남용	20	29	1920.03	三洙瑣談(續) / 元泳義	
4402	南宇鎭	남우진	38	44	1935.03	文廟釋奠狀況〉地方文廟秋期釋奠狀況表	
4403	南宇鎭	남우진	39	52	1935.10	文廟釋奠狀況〉地方文廟春期釋奠狀況表	
4404	南原君	남원군	8	24	1915.09	尊經閣記 / 徐居正 撰	
4405	南原範錫	남원범석	46	33	1941.12	明倫專門學院日誌大要(昭和十四年七月ヨリ 昭和十六年六月マデ)	
4406	南元福	남원복	30	80	1929.12	地方報告〉[申鍾榮 等의 報告]	
4407	南殷老	남은노	1	38	1913.12	近世事十條 / 李商永	진산군수
4408	南二星	남이성	12	42	1916.12	賢關記聞(續) / 李大榮	
4409	南子	남자	5	43	1914.12	孔子年報(續) / 呂圭亨	衛靈公의 부인
4410	南子	남자	5	44	1914.12	孔子年報(續) / 呂圭亨	
4411	南子	남자	6	49	1915.03	論語分類一覽 / 金文演	
4412	南子	남자	11	21	1916.06	經學管見(續) / 尹寧求	
4413	南子	남자	28	65	1927.12	講說〉講題 吾道一以貫之 / 沈璿澤	
4414	南章熙	남장희	45	25	1940.12	朝鮮儒林大會(朝鮮儒道聯合會創立總會) 會錄槪要〉朝鮮儒道聯合會役員名簿(昭和十四年十一月一日現在)	
4415	藍田呂氏	남전여씨	20	33	1920.03	洪川郡鄕約契設立勸諭文 / 金東勳	
4416	南廷國	남정국	29	74	1928.12	地方報告〉[南廷國의 報告]	
4417	南廷圭	남정규	45	28	1940.12	朝鮮儒林大會(朝鮮儒道聯合會創立總會) 會錄槪要〉朝鮮儒道聯合會役員名簿(昭和十四年十一月一日現在)	
4418	南廷晙	남정준	20	53	1920.03	地方報告〉[李芳雨의 報告]	
4419	南廷晙	남정준	23	21	1922.12	益山郡礪山文廟重修記 / 成岐運	
4420	南廷學	남정학	26	86	1925.12	地方報告〉[沈璿澤의 報告]	
4421	南次郎	남차랑	41	33	1937.02	日誌大要	미나미 지로
4422	南次郎	남차랑	41	[2]	1937.02	諭告 / 南次郎	미나미 지로
4423	南次郎	남차랑	43	6	1938.12	陸軍特別志願兵令 竝 改正朝鮮敎育令에 對한 總督 諭告 / 南 次郎	미나미 지로
4424	南次郎	남차랑	43	49	1938.12	鄭松里先生追悼錄〉吊辭 / 南 次郎	미나미 지로
4425	南次郎	남차랑	44	1	1939.10	朝鮮總督府令第四十九號 / 南 次郎	미나미 지로
4426	南次郎	남차랑	44	2	1939.10	朝鮮總督府訓令第二十九號 / 南 次郎	미나미 지로
4427	南次郎	남차랑	45	2	1940.12	慶會樓招宴ニ於ケル總督挨拶要旨 / 南 次郎	미나미 지로

번호	원문	현대어(독음)	호	쪽	발행일	기사명 / 필자	비고
4428	南次郎	남차랑	45	11	1940.12	朝鮮儒林大會(朝鮮儒道聯合會創立總會) 會錄 概要〉朝鮮儒林大會ニ於ケル總督告辭要旨 / 南 次郎	미나미 지로
4429	南次郎	남차랑	45	54	1940.12	京畿道儒道聯合會結成式〉京畿道儒道聯合會 結成式ニ於ケル總督告辭要旨 / 南 次郎	미나미 지로
4430	南次郎	남차랑	46	12	1941.12	經學院規程中一部改正ノ件 / 南 次郎	미나미 지로
4431	南次郎	남차랑	46	31	1941.12	明倫專門學院規程中一部改正ノ件 / 南 次郎	미나미 지로
4432	南次郎	남차랑	46	34	1941.12	鄉校財産管理規則改正ノ件 / 南 次郎	미나미 지로
4433	南次郎	남차랑	46	48	1941.12	江原道儒道聯合會結成式〉總督告辭要旨 / 南 次郎	미나미 지로
4434	南次郎	남차랑	47	40	1943.01	釋奠狀況〉南總督招宴挨拶要旨(昭和十七年四 月十五日) / 南 次郎	미나미 지로
4435	南次郎	남차랑	47	52	1943.01	朝鮮總督府令第百六號 / 南 次郎	미나미 지로
4436	藍采和	남채화	9	5	1915.12	經說(續) / 韓晩容	
4437	南哲一郎	남철일랑	47	37	1943.01	釋奠狀況〉昭和十六年秋季釋奠狀況	
4438	南秋江	남추강	1	38	1913.12	近世事十條 / 李商永	
4439	南忠恕	남충서	1	38	1913.12	近世事十條 / 李商永	원문은 忠恕
4440	南坡	남파	40	44	1936.08	成竹似先生追悼錄〉挽故成均館博士成竹似先 生 / 李尙鎬	李尙鎬
4441	南坡	남파	40	51	1936.08	鄭茂亭先生追悼錄〉輓詞 / 李尙鎬	李尙鎬
4442	南平文氏	남평 문씨	26	80	1925.12	地方報告〉[羅矗佑 等의 報告]	
4443	南平文氏	남평 문씨	27	75	1926.12	地方報告〉[高光俊 等의 報告]	
4444	南豐	남풍	6	46	1915.03	論語考證 / 金文演	曾鞏
4445	南赫	남혁	33	11	1931.12	孝子司饔院奉事白公行狀 / 成樂賢	
4446	南華侯	남화후	42	47	1937.12	文廟享祀位次及聖賢姓名爵號考 / 金完鎭	左人郢
4447	南華侯	남화후	42	54	1937.12	文廟享祀位次及聖賢姓名爵號考 / 金完鎭	左人郢
4448	南孝溫	남효온	40	21	1936.08	敎化編年(續) / 李大榮	
4449	琅玕	낭간	32	41	1930.12	地方報告〉地方儒林狀況[成樂賢의 報告]	柳誠源
4450	瑯琊公	낭야공	42	49	1937.12	文廟享祀位次及聖賢姓名爵號考 / 金完鎭	閔子騫
4451	琅琊伯	낭야백	30	[6]	1929.12	李龍眠畫宣聖及七十二弟子像贊(金石萃編)	
4452	琅琊伯	낭야백	42	53	1937.12	文廟享祀位次及聖賢姓名爵號考 / 金完鎭	顔高
4453	朗州崔氏	낭주 최씨	11	80	1916.06	地方報告〉[李敏獻의 報告]	
4454	朗州崔氏	낭주 최씨	31	38	1930.08	地方報告〉孝烈行蹟〉[朴英鉉 等의 보고]	
4455	朗州崔氏	낭주 최씨	35	38	1932.12	孝烈行蹟〉[魏啓龍 等의 보고]	
4456	乃木	내목	46	56	1941.12	講演及講習〉時局と婦道實踐(講演速記) / 永田種秀	노기 마레스케 (乃木希典)
4457	萊蕪伯	내무백	42	56	1937.12	文廟享祀位次及聖賢姓名爵號考 / 金完鎭	高堂生

번호	원문	현대어(독음)	호	쪽	발행일	기사명 / 필자	비고
4458	萊無伯	내무백	42	54	1937.12	文廟享祀位次及聖賢姓名爵號考 / 金完鎭	原亢
4459	萊蕪伯	내무백	42	46	1937.12	文廟享祀位次及聖賢姓名爵號考 / 金完鎭	高堂生
4460	萊無侯	내무후	10	47	1916.03	賢關記聞(續) / 李大榮	曾點
4461	萊無候	내무후	10	46	1916.03	賢關記聞(續) / 李大榮	曾點
4462	萊蕪侯	내무후	10	49	1916.03	賢關記聞(續) / 李大榮	曾點
4463	萊蕪侯	내무후	42	59	1937.12	文廟享祀位次及聖賢姓名爵號考 / 金完鎭	曾點
4464	萊蕪侯	내무후	42	48	1937.12	文廟享祀位次及聖賢姓名爵號考 / 金完鎭	曾點
4465	萊朱	내주	12	33	1916.12	讀書私記(續) / 洪鍾佶	
4466	來重	내중	33	10	1931.12	陽川朴公遺墟碑 / 魏大源	
4467	內黃侯	내황후	42	55	1937.12	文廟享祀位次及聖賢姓名爵號考 / 金完鎭	蘧瑗, 蘧伯玉
4468	內黃侯	내황후	8	35	1915.09	賢關記聞 / 李大榮	蘧瑗, 蘧伯玉
4469	內黃侯	내황후	42	47	1937.12	文廟享祀位次及聖賢姓名爵號考 / 金完鎭	蘧瑗, 蘧伯玉
4470	老	노	1	12	1913.12	論說 / 呂圭亨	
4471	老	노	4	6	1914.09	學說 / 呂圭亨	
4472	老	노	5	86	1914.12	關東講說〉講題 道不遠人 / 崔舜鉉	
4473	老	노	5	94	1914.12	關東講說〉講題 道不遠人 / 鄭顯成	
4474	老	노	5	97	1914.12	關東講說〉講題 道不遠人 / 吳致翊	
4475	老	노	6	1	1915.03	緒論 / 呂圭亨	
4476	老	노	8	2	1915.09	儒敎論 / 呂圭亨	
4477	老	노	8	23	1915.09	明倫堂記 / 成侃 撰	
4478	老	노	9	54	1915.12	講題 三人行必有我師(大正四年六月十二日第十三回講演) / 朴箕陽	
4479	老	노	10	20	1916.03	經學管見(續) / 尹寧求	
4480	老	노	11	2	1916.06	經論 / 韓晩容	
4481	老	노	11	3	1916.06	經論 / 韓晩容	
4482	老	노	11	21	1916.06	經學管見(續) / 尹寧求	
4483	老	노	12	12	1916.12	孟子緒論 / 金文演	
4484	老	노	13	53	1917.03	講說〉講題 人有不爲也而後可以有爲(大正五年九月七日第二十回講演)〉續演 / 呂圭亨	
4485	老	노	15	71	1917.10	講說〉大邱高等普通學校講演(大正六年五月十六日)〉儒敎의 庶民的 發展 / 高橋亨	
4486	老	노	15	72	1917.10	講說〉大邱高等普通學校講演(大正六年五月十六日)〉儒敎의 庶民的 發展 / 高橋亨	
4487	老	노	21	69	1921.03	三洙瑣談(續) / 元泳義	

번호	원문	현대어(독음)	호	쪽	발행일	기사명 / 필자	비고
4488	老	노	23	74	1922.12	講說〉講題 周公孔子之道(大正十一年八月二十八日) / 今井彦三郎	
4489	老	노	26	11	1925.12	四書講解總說 / 元泳義	
4490	老	노	26	24	1925.12	三洙瑣談(續) / 元泳義	
4491	老	노	27	23	1926.12	中庸問對 / 沈璿澤	
4492	老	노	30	16	1929.12	送金亨三歸堤川 / 俞鎭贊	
4493	老	노	31	24	1930.08	靜雲精舍存藁序 / 鄭萬朝	
4494	老	노	39	11	1935.10	精神指導에 對하야(每日申報 昭和十年 七月十四日 心田開發에 關한 寄稿) / 安寅植	
4495	老	노	40	12	1936.08	心田開發에 對한 儒敎 / 鄭鳳時	
4496	老	노	47	28	1943.01	論語要義 / 崔浩然	
4497	魯	노	3	35	1914.06	孔子年報(續) / 呂圭亨	
4498	魯	노	3	38	1914.06	講士視察見聞所記 / 呂圭亨	
4499	魯	노	4	43	1914.09	孔子年報(續) / 呂圭亨	
4500	魯襄公	노양공	42	48	1937.12	文廟享祀位次及聖賢姓名爵號考 / 金完鎭	魯의 襄公
4501	魯公	노공	4	2	1914.09	學說 / 呂圭亨	
4502	魯公	노공	4	57	1914.09	講說〉講題 文質彬彬然後君子(大正三年六月十三日第六回講演)	
4503	魯公	노공	5	39	1914.12	孔子年報(續) / 呂圭亨	魯의 定公
4504	魯公	노공	5	54	1914.12	容思衍(續) / 李鼎煥	范質, 원문은 范魯公質
4505	魯公	노공	14	67	1917.07	地方報告〉[宋在永의 報告]〉釋奠祭文 / 黃羲民	魯의 定公
4506	魯公	노공	24	24	1923.12	三洙瑣談(續) / 元泳義	伯禽
4507	魯公	노공	26	22	1925.12	三洙瑣談(續) / 元泳義	
4508	魯恭王	노공왕	44	34	1939.10	經儒學 / 金誠鎭	前漢의 제후왕 劉餘
4509	魯國公主	노국 공주	20	30	1920.03	三洙瑣談(續) / 元泳義	
4510	魯國長公主	노국 장공주	19	29	1918.12	賢關記聞(續) / 李大榮	
4511	盧杞	노기	8	11	1915.09	華山問答(續) / 李容稙	
4512	魯論	노논	1	19	1913.12	經學當明者 二 / 呂圭亨	
4513	盧旦	노단	11	26	1916.06	經學淺知錄(續) / 金文演	
4514	老聃	노담	1	22	1913.12	經學當明者 四 / 呂圭亨	老子
4515	老聃	노담	1	65	1913.12	講說〉大正二年六月十四日第一回演講〉(講章 益者三友損者三友)〉續演 / 呂圭亨	老子
4516	老聃	노담	3	35	1914.06	孔子年報(續) / 呂圭亨	老子
4517	老聃	노담	3	36	1914.06	孔子年報(續) / 呂圭亨	老子

번호	원문	현대어(독음)	호	쪽	발행일	기사명 / 필자	비고
4518	老聃	노담	3	37	1914.06	孔子年報(續) / 呂圭亨	老子
4519	老聃	노담	6	46	1915.03	論語考證 / 金文演	老子
4520	老聃	노담	9	59	1915.12	講說〉講題 三人行必有我師(大正四年六月十二日第十三回講演) / 呂圭亨	老子
4521	老聃	노담	14	66	1917.07	地方報告〉[宋在永의 報告]〉釋奠祭文 / 黃義民	老子
4522	老聃	노담	21	68	1921.03	三洙瑣談(續) / 元泳義	老子
4523	老聃	노담	25	16	1924.12	三洙瑣談(續) / 元泳義	老子
4524	老聃	노담	33	1	1931.12	古今制器不同論 / 李學魯	老子
4525	老聃	노담	47	28	1943.01	論語要義 / 崔浩然	老子
4526	露堂	노당	15	84	1917.10	地方報告〉[秋永求의 報告]	
4527	盧德一	노덕일	14	79	1917.07	地方報告〉[方致燁의 報告]	
4528	魯悼公	노도공	16	1	1918.03	經學管見(續) / 尹寧求	魯의 悼公
4529	盧斗原	노두원	20	38	1920.03	求禮郡文廟重修捐義錄小序 / 金商翊	
4530	老萊	노래	35	22	1932.12	孝壽帖〉賀韻 / 俞鎭贊	
4531	老萊子	노래자	3	64	1914.06	講說〉講題 孝子所以事君也弟者所以事長也慈者所以使衆也(大正三年三月三日第五回講演) / 李容稙	
4532	盧明愚	노명우	28	43	1927.12	日誌大要	
4533	盧文弨	노문초	10	25	1916.03	經學淺知錄 / 金文演	원문은 文弨
4534	魯伯	노백	30	[7]	1929.12	李龍眠畵宣聖及七十二弟子像贊(金石萃編)	
4535	魯伯	노백	42	55	1937.12	文廟享祀位次及聖賢姓名爵號考 / 金完鎭	申根
4536	盧柄彦	노병언	15	31	1917.10	日誌大要	
4537	盧秉寅	노병인	36	26	1933.12	文廟釋奠狀況〉[盧秉寅의 보고]	
4538	盧秉寅	노병인	36	33	1933.12	文廟釋奠狀況〉[盧秉寅의 보고]	
4539	盧秉稷	노병직	12	85	1916.12	地方報告〉[李培來의 報告]	
4540	盧炳鉉	노병현	20	38	1920.03	求禮郡文廟重修捐義錄小序 / 金商翊	
4541	盧鳳洪	노봉홍	12	85	1916.12	地方報告〉[李培來의 報告]	
4542	魯夫子	노부자	9	8	1915.12	經學先務之要 / 朴長鴻	
4543	魯丕	노비	10	19	1916.03	經學管見(續) / 尹寧求	
4544	蘆沙	노사	30	29	1929.12	三洙瑣談(續) / 元泳義	
4545	盧思愼	노사신	8	24	1915.09	尊經閣記 / 徐居正 撰	
4546	盧思愼	노사신	40	19	1936.08	教化編年(續) / 李大榮	
4547	盧相者	노상기	29	70	1928.12	地方報告〉[成護永 等의 報告]	원문은 光州 盧氏相者
4548	盧相東	노상동	26	73	1925.12	地方報告〉[金完鎭의 報告]	
4549	魯昭公	노소공	4	38	1914.09	孔子年報(續) / 呂圭亨	魯의 稠
4550	魯昭公	노소공	14	66	1917.07	地方報告〉[宋在永의 報告]〉釋奠祭文 / 黃義民	魯의 稠

번호	원문	현대어(독음)	호	쪽	발행일	기사명 / 필자	비고
4551	盧蘇齋	노소재	9	34	1915.12	賢關記聞(續) / 李大榮	盧守愼
4552	盧蘇齋	노소재	1	37	1913.12	近世事十條 / 李商永	盧守愼
4553	盧蘇齋	노소재	44	50	1939.10	嘉言善行 / 李昇圭	盧守愼, 원문은 蘇齊로 오기됨
4554	盧守愼	노수신	8	39	1915.09	賢關記聞 / 李大榮	
4555	盧守愼	노수신	9	34	1915.12	賢關記聞(續) / 李大榮	원문은 守愼
4556	盧守愼	노수신	24	91	1923.12	地方報告〉[尹益模의 報告]	원문은 蘇齋 盧公
4557	魯叔	노숙	4	42	1914.09	孔子年報(續) / 呂圭亨	
4558	魯叔	노숙	26	19	1925.12	三洙瑣談(續) / 元泳義	
4559	魯叔陵	노숙릉	10	19	1916.03	經學管見(續) / 尹寧求	魯丕
4560	盧舜治	노순치	3	36	1914.06	孔子年報(續) / 呂圭亨	
4561	盧升鉉	노승현	33	36	1931.12	聲討顚末	
4562	盧植	노식	8	35	1915.09	賢關記聞 / 李大榮	
4563	盧植	노식	42	46	1937.12	文廟享祀位次及聖賢姓名爵號考 / 金完鎭	良鄕伯
4564	盧植	노식	42	56	1937.12	文廟享祀位次及聖賢姓名爵號考 / 金完鎭	良鄕伯, 원문은 姓盧名植
4565	魯申公	노신공	31	4	1930.08	經學源流 / 權純九	
4566	老氏	노씨	8	55	1915.09	講說〉講題 道不遠人(大政四年五月八日第十二回講演)〉敷演 / 沈鍾舜	老子
4567	老氏	노씨	9	4	1915.12	經說(續) / 韓晩容	老子
4568	老氏	노씨	9	5	1915.12	經說(續) / 韓晩容	老子
4569	老氏	노씨	9	27	1915.12	孔子年報(續) / 呂圭亨	老子
4570	老氏	노씨	19	73	1918.12	講說〉講題 孟懿子問孝(大正七年十一月十六日第三十二回講演) / 朴齊斌	老子
4571	老氏	노씨	46	10	1941.12	大學序文先儒論辨 / 金誠鎭	老子
4572	魯氏	노씨	27	69	1926.12	地方報告〉[醴泉郡守의 報告]	
4573	魯庵	노암	12	19	1916.12	送剛庵副學賀魯庵閣下陞內閣首輔序 / 金允植	
4574	魯哀	노애	10	33	1916.03	典祀廳記 / 李淑瑊 撰	
4575	魯哀	노애	23	18	1922.12	孔夫子忌辰四十周甲追慕辭 / 沈璿澤	
4576	魯哀公	노애공	8	19	1915.09	孔子年報(續) / 呂圭亨	魯의 將
4577	魯哀公	노애공	9	25	1915.12	孔子年報(續) / 呂圭亨	魯의 將
4578	魯哀公	노애공	10	14	1916.03	經學管見(續) / 尹寧求	魯의 將
4579	魯哀公	노애공	14	67	1917.07	地方報告〉[宋在永의 報告]〉釋奠祭文 / 黃義民	魯의 將
4580	魯哀公	노애공	18	27	1918.09	三洙瑣談 / 元泳義	魯의 將

번호	원문	현대어(독음)	호	쪽	발행일	기사명 / 필자	비고
4581	魯哀公	노애공	19	25	1918.12	三洙瑣談(續) / 元泳義	魯의 将
4582	魯哀公	노애공	20	50	1920.03	講說>孔子誕辰及其道義辨 / 高墉柱	魯의 将
4583	魯哀公	노애공	27	48	1926.12	釋奠에 就ᄒᆞ야(續) / 佐藤廣治	魯의 将
4584	魯哀公	노애공	41	4	1937.02	孔孟의 眞精神 / 羅一鳳	魯의 将
4585	魯襄公	노양공	2	27	1914.03	孔子年譜 / 呂圭亨	魯의 午
4586	魯襄公	노양공	14	65	1917.07	地方報告>[宋在永의 報告]>釋奠祭文 / 黃羲民	魯의 午
4587	魯襄公	노양공	19	23	1918.12	三洙瑣談(續) / 元泳義	魯의 午
4588	魯襄公	노양공	20	50	1920.03	講說>孔子誕辰及其道義辨 / 高墉柱	魯의 午
4589	魯璵	노여	48	47	1944.04	朝鮮詩學考(前號續) / 李昇圭	
4590	盧玉溪	노옥계	27	19	1926.12	經義問對 / 韓昌愚	
4591	盧元	노원	32	3	1930.12	經學源流(續) / 權純九	
4592	魯遠	노원	10	20	1916.03	經學管見(續) / 尹寧求	
4593	路允廸	노윤적	18	13	1918.09	經學管見(續) / 尹寧求	
4594	盧允鎬	노윤호	20	38	1920.03	求禮郡文廟重修捐義錄小序 / 金商翊	
4595	魯訔	노은	16	8	1918.03	經學管見(續) / 尹寧求	
4596	盧宜瑞	노의서	27	10	1926.12	梅洞雅會集序 / 崔定鉉	원문은 盧君宜瑞
4597	盧鎰	노일	45	35	1940.12	朝鮮儒林大會(朝鮮儒道聯合會創立總會) 會錄概要>朝鮮儒道聯合會役員名簿(昭和十四年十一月一日現在)	
4598	盧一愚	노일우	22	82	1922.03	地方報告>[盧一愚의 報告]	
4599	老子	노자	3	30	1914.06	孔子年報(續) / 呂圭亨	
4600	老子	노자	3	35	1914.06	孔子年報(續) / 呂圭亨	
4601	老子	노자	3	36	1914.06	孔子年報(續) / 呂圭亨	
4602	老子	노자	3	37	1914.06	孔子年報(續) / 呂圭亨	
4603	老子	노자	4	3	1914.09	學說 / 呂圭亨	
4604	老子	노자	5	4	1914.12	孔教卽東亞之宗教 / 金文演	
4605	老子	노자	5	75	1914.12	講說>講題 道也者不可須臾離也(大正三年九月二十九日第七回講演)>續演 / 呂圭亨	
4606	老子	노자	6	3	1915.03	緖論 / 呂圭亨	
4607	老子	노자	6	37	1915.03	孔子年報(續) / 呂圭亨	
4608	老子	노자	6	46	1915.03	論語考證 / 金文演	
4609	老子	노자	6	47	1915.03	論語考證 / 金文演	
4610	老子	노자	8	62	1915.09	地方報告>[韓昌愚의 報告]	
4611	老子	노자	9	53	1915.12	講說>講題 三人行必有我師(大正四年六月十二日第十三回講演) / 朴箕陽	

번호	원문	현대어(독음)	호	쪽	발행일	기사명 / 필자	비고
4612	老子	노자	9	59	1915.12	講說〉講題 三人行必有我師(大正四年六月十二日第十三回講演) / 呂圭亨	
4613	老子	노자	10	13	1916.03	經學管見(續) / 尹寧求	
4614	老子	노자	10	17	1916.03	經學管見(續) / 尹寧求	
4615	老子	노자	10	65	1916.03	講說〉儒敎의 根本義(大正四年十月九日第十五回講演)	
4616	老子	노자	11	15	1916.06	經學管見(續) / 尹寧求	
4617	老子	노자	14	3	1917.07	經學管見(續) / 尹寧求	
4618	老子	노자	16	45	1918.03	講說〉講題 林放問禮之本(大正六年九月二十七日平壤府鄕校講演) / 朴齊斌	
4619	老子	노자	22	12	1922.03	經學講論 / 成樂賢	
4620	老子	노자	23	72	1922.12	講說〉講題 周公孔子之道(大正十一年八月二十八日) / 今井彦三郎	
4621	老子	노자	25	16	1924.12	三洙瑣談(續) / 元泳義	
4622	老子	노자	26	2	1925.12	仁義와 現代思潮 / 服部宇之吉	
4623	盧載潤	노재윤	33	38	1931.12	聲討顚末	
4624	盧在一	노재일	32	21	1930.12	坡州郡鄕校明倫堂重修記 / 鄭萬朝	원문은 盧君在一
4625	盧在一	노재일	32	22	1930.12	坡州郡鄕校明倫堂重修記 / 李學魯	
4626	盧在一	노재일	32	43	1930.12	地方報告〉地方儒林狀況〉[李學魯의 報告]	
4627	魯定公	노정공	9	28	1915.12	孔子年報(續) / 呂圭亨	魯의 定公
4628	盧鼎熙	노정희	45	33	1940.12	朝鮮儒林大會(朝鮮儒道聯合會創立總會) 會錄槪要〉朝鮮儒道聯合會役員名簿(昭和十四年十一月一日現在)	
4629	盧直鉉	노직현	20	37	1920.03	求禮郡文廟重修捐義錄小序 / 金商翊	
4630	盧昌成	노창성	45	33	1940.12	朝鮮儒林大會(朝鮮儒道聯合會創立總會) 會錄槪要〉朝鮮儒道聯合會役員名簿(昭和十四年十一月一日現在)	
4631	老泉	노천	11	27	1916.06	經學淺知錄(續) / 金文演	金湜
4632	老彭	노팽	1	62	1913.12	講說〉大正二年六月十四日第一回演講〉(講章 益者三友損者三友)〉敷演 / 權寧瑀	
4633	老彭	노팽	6	46	1915.03	論語考證 / 金文演	
4634	老彭	노팽	9	59	1915.12	講說〉講題 三人行必有我師(大正四年六月十二日第十三回講演) / 呂圭亨	
4635	盧抱經	노포경	10	25	1916.03	經學淺知錄 / 金文演	盧文弨
4636	盧鶴容	노학용	12	85	1916.12	地方報告〉[李培來의 報告]	
4637	盧弘植	노홍식	19	80	1918.12	地方報告〉[盧弘植의 報告]	
4638	魯華童	노화동	39	58	1935.10	明倫學院第六回入學許可者名簿(昭和十年度)	

번호	원문	현대어(독음)	호	쪽	발행일	기사명 / 필자	비고
4639	魯華童	노화동	41	37	1937.02	文廟秋季釋奠狀況	
4640	魯華童	노화동	42	38	1937.12	文廟春季釋奠狀況	
4641	魯華童	노화동	43	59	1938.12	文廟秋季釋奠狀況	
4642	魯華童	노화동	43	71	1938.12	第六回卒業式狀況及第九回新入生名簿	
4643	魯華童	노화동	43	73	1938.12	第六回卒業式狀況及第九回新入生名簿〉第六回卒業生名簿	
4644	魯桓公	노환공	4	40	1914.09	孔子年報(續) / 呂圭亨	魯의 桓公
4645	盧孝孫	노효손	12	9	1916.12	經學管見(續) / 尹寧求	
4646	盧欽永	노흠영	15	31	1917.10	日誌大要	
4647	魯僖	노희	10	13	1916.03	經學管見(續) / 尹寧求	
4648	論介	논개	24	92	1923.12	地方報告〉[韓克洙의 報告]	
4649	農	농	21	68	1921.03	三洙瑣談(續) / 元泳義	
4650	聾庵	농암	23	87	1922.12	地方報告〉[金煥容의 報告]	金永弼
4651	農巖	농암	46	7	1941.12	大學序文先儒論辨 / 金誠鎮	金昌協
4652	農巖	농암	48	45	1944.04	朝鮮詩學考(前號續) / 李昇圭	金昌協
4653	農隱	농은	37	28	1934.10	孝烈行蹟〉[申彦鳳 等의 보고]	姜敏璜
4654	賴山陽	뇌산양	48	21	1944.04	(四月十五日於經學院春季釋典)櫻と日本精神 / 白神壽吉	라이 산요
4655	雷園	뇌원	43	52	1938.12	故大提學柳正秀先生追悼錄	柳正秀
4656	賴朝	뇌조	48	22	1944.04	(十月十五日於經學院秋季釋典)時局と儒道 / 鈴川壽男	미나모토노 요리토모 (源賴朝)
4657	瀨川晉	뇌천진	38	41	1935.03	日誌大要	스스무 세가와
4658	瀨川晉	뇌천진	39	30	1935.10	東京斯文會主催儒道大會狀況	스스무 세가와
4659	雷澤侯	뇌택후	42	47	1937.12	文廟享祀位次及聖賢姓名爵號考 / 金完鎮	顔高
4660	雷澤侯	뇌택후	42	53	1937.12	文廟享祀位次及聖賢姓名爵號考 / 金完鎮	顔高
4661	陵羽	능우	1	22	1913.12	經學當明者 四 / 呂圭亨	
4662	陵通	능통	7	38	1915.06	論語考證(續) / 金文演	
4663	尼父	니부	18	27	1918.09	三洙瑣談 / 元泳義	孔子
4664	尼父	니부	42	48	1937.12	文廟享祀位次及聖賢姓名爵號考 / 金完鎮	孔子
4665	尼父	니부	44	31	1939.10	儒教의 起源과 流派 / 李昇圭	孔子
4666	多久元	다구원	39	23	1935.10	湯島聖堂孔子祭典狀況〉孔子祭舞樂曲目竝配役	
4667	茶山	다산	5	23	1914.12	格致管見(續) / 李鼎煥	丁鏞, 丁若鏞, 원문은 茶山丁氏鏞

번호	원문	현대어(독음)	호	쪽	발행일	기사명 / 필자	비고
4668	多重雄	다중웅	39	23	1935.10	湯島聖堂孔子祭典狀況〉孔子祭舞樂曲目竝配役	
4669	多忠紀	다충기	39	23	1935.10	湯島聖堂孔子祭典狀況〉孔子祭舞樂曲目竝配役	
4670	多忠保	다충보	39	23	1935.10	湯島聖堂孔子祭典狀況〉孔子祭舞樂曲目竝配役	
4671	多忠雄	다충웅	39	23	1935.10	湯島聖堂孔子祭典狀況〉孔子祭舞樂曲目竝配役	
4672	多忠長	다충장	39	23	1935.10	湯島聖堂孔子祭典狀況〉孔子祭舞樂曲目竝配役	
4673	多忠朝	다충조	39	22	1935.10	湯島聖堂孔子祭典狀況〉孔子祭舞樂曲目竝配役	
4674	多忠行	다충행	39	23	1935.10	湯島聖堂孔子祭典狀況〉孔子祭舞樂曲目竝配役	
4675	檀	단	1	24	1913.12	經學當明者 五 / 呂圭亨	
4676	檀	단	23	75	1922.12	講說〉講題 不出家而成敎於國 / 成樂賢	
4677	檀	단	25	47	1924.12	講說〉講題 郁郁乎文哉 / 成樂賢	
4678	檀	단	26	68	1925.12	講說〉講題 邦有道貧且賤焉恥也 / 成樂賢	
4679	檀	단	29	48	1928.12	講說〉講題 學所以明人倫 / 成樂賢	
4680	檀	단	39	4	1935.10	關東四會說 / 鄭鳳時	檀君
4681	檀	단	40	9	1936.08	朝鮮儒敎의 大觀 / 鄭鳳時	檀君
4682	丹溪	단계	23	88	1922.12	地方報告〉[乾元祠 新建 關聯 報告]	金若魯
4683	檀君	단군	16	47	1918.03	講說〉講題 林放問禮之本(大正六年九月二十七日平壤府鄉校講演) / 朴齊斌	
4684	檀君	단군	16	68	1918.03	地方報告〉[劉光澤의 報告] / 姜星熙	
4685	檀君	단군	17	7	1918.07	經學管見(續) / 尹寧求	
4686	檀君	단군	19	21	1918.12	安州郡鄉校重修記 / 金允植	
4687	檀君	단군	25	52	1924.12	講說〉講題 儒素 / 金完鎭	
4688	檀君	단군	44	56	1939.10	朝鮮詩學考 / 李昇圭	
4689	檀君	단군	44	57	1939.10	朝鮮詩學考 / 李昇圭	
4690	端木賜	단목사	2	36	1914.03	大成殿神位圖	子貢, 黎公
4691	端木賜	단목사	30	[2]	1929.12	李龍眠畫宣聖及七十二弟子像贊(金石萃編)	子貢
4692	端木賜	단목사	42	46	1937.12	文廟享祀位次及聖賢姓名爵號考 / 金完鎭	黎公
4693	端木賜	단목사	42	49	1937.12	文廟享祀位次及聖賢姓名爵號考 / 金完鎭	黎公, 원문은 姓端木名賜
4694	端廟	단묘	25	87	1924.12	地方報告〉[羅燾線 等의 通牒]	
4695	單伯	단백	30	[10]	1929.12	李龍眠畫宣聖及七十二弟子像贊(金石萃編)	

번호	원문	현대어(독음)	호	쪽	발행일	기사명 / 필자	비고
4696	單父伯	단보백	42	51	1937.12	文廟享祀位次及聖賢姓名爵號考 / 金完鎭	宓不齊
4697	單父侯	단보후	42	51	1937.12	文廟享祀位次及聖賢姓名爵號考 / 金完鎭	宓不齊
4698	單父侯	단보후	42	47	1937.12	文廟享祀位次及聖賢姓名爵號考 / 金完鎭	宓不齊
4699	丹山宗洽	단산종흡	48	52	1944.04	釋奠狀況〉昭和十八年春季釋奠狀況	
4700	丹山宗洽	단산종흡	48	53	1944.04	釋奠狀況〉昭和十八年秋季釋奠狀況	
4701	檀神	단신	40	30	1936.08	平壤文廟移建落成式竝儒林大會狀況	단군
4702	丹荄氏	단아씨	4	19	1914.09	格致管見(續) / 李鼎煥	
4703	丹陽禹氏	단양 우씨	38	37	1935.03	孝烈行蹟〉[徐丙奎 等의 보고]	
4704	丹陽公	단양공	42	50	1937.12	文廟享祀位次及聖賢姓名爵號考 / 金完鎭	言偃
4705	段揚爾	단양이	3	61	1914.06	日誌大要	
4706	端人高氏	단인 고씨	26	74	1925.12	地方報告〉[姜道尙 等의 報告]	
4707	檀祖	단조	16	68	1918.03	地方報告〉[劉光澤의 報告] / 姜星熙	단군
4708	檀祖	단조	29	51	1928.12	講說〉講題 生事愛敬死事哀戚 / 李學魯	단군
4709	丹鳥氏	단조씨	38	19	1935.03	改正朔不易時月論 / 權純九	
4710	端宗	단종	21	65	1921.03	賢關記聞(續) / 李大榮	
4711	端宗	단종	37	21	1934.10	敎化編年 / 李大榮	
4712	丹朱	단주	5	84	1914.12	講說〉講題 謹庠序之敎申之以孝悌之義(大正三年十月十日第八回講演)〉敷演 / 鄭鳳時	
4713	丹朱	단주	7	39	1915.06	論語考證(續) / 金文演	
4714	丹朱	단주	7	40	1915.06	論語考證(續) / 金文演	
4715	丹下	단하	47	38	1943.01	釋奠狀況〉昭和十七年春季釋奠狀況	단게 이쿠타로 (丹下郁太郎)
4716	達可	달가	42	57	1937.12	文廟享祀位次及聖賢姓名爵號考 / 金完鎭	鄭夢周
4717	妲己	달기	46	63	1941.12	講演及講習〉時局と婦道實踐(講演速記) / 永田種秀	
4718	達磨	달마	11	21	1916.06	經學管見(續) / 尹寧求	
4719	達爾文	달이문	41	6	1937.02	孔孟의 眞精神 / 羅一鳳	
4720	達巷黨人	달항당인	7	26	1915.06	孔子年報(續) / 呂圭亨	
4721	達巷黨人	달항당인	7	40	1915.06	論語考證(續) / 金文演	
4722	澹臺	담대	33	7	1931.12	海州郡文廟重修記 / 鄭萬朝	澹臺滅明
4723	澹臺滅明	담대멸명	4	47	1914.09	容思衍 / 李鼎煥	金鄕侯
4724	澹臺滅明	담대멸명	7	45	1915.06	論語分類一覽(續) / 金文演	金鄕侯
4725	澹臺滅明	담대멸명	30	[3]	1929.12	李龍眠畵宣聖及七十二弟子像贊(金石萃編)	金鄕侯
4726	澹臺滅明	담대멸명	42	46	1937.12	文廟享祀位次及聖賢姓名爵號考 / 金完鎭	金鄕侯
4727	澹臺滅明	담대멸명	42	51	1937.12	文廟享祀位次及聖賢姓名爵號考 / 金完鎭	金鄕侯, 원문은 姓澹臺名威明

번호	원문	현대어(독음)	호	쪽	발행일	기사명 / 필자	비고
4728	澹臺滅明	담대멸명	46	6	1941.12	大學序文先儒論辨 / 金誠鎭	金鄕侯
4729	譚綸	담륜	16	6	1918.03	經學管見(續) / 尹寧求	
4730	郯伯	담백	30	[8]	1929.12	李龍眠畫宣聖及七十二弟子像贊(金石萃編)	
4731	郯伯	담백	42	51	1937.12	文廟享祀位次及聖賢姓名爵號考 / 金完鎭	南宮适
4732	郯子	담자	1	65	1913.12	講說〉大正二年六月十四日第一回演講〉(講章 益者三友損者三友)〉續演 / 呂圭亨	
4733	郯子	담자	3	32	1914.06	孔子年報(續) / 呂圭亨	
4734	郯子	담자	8	62	1915.09	地方報告〉[韓昌愚의 報告]	
4735	郯子	담자	9	53	1915.12	講說〉講題 三人行必有我師(大正四年六月 十二日第十三回講演) / 朴箕陽	
4736	郯子	담자	14	66	1917.07	地方報告〉[宋在永의 報告]〉釋奠祭文 / 黃義民	
4737	郯子	담자	21	68	1921.03	三洙瑣談(續) / 元泳義	
4738	啖助	담조	10	15	1916.03	經學管見(續) / 尹寧求	
4739	澹圃	담포	36	6	1933.12	祭澹圃姜講師文 / 明倫學院職員一同	
4740	澹圃	담포	36	7	1933.12	祭澹圃姜講師文 / 明倫學院生徒一同	
4741	澹圃	담포	36	20	1933.12	澹圃姜講師挽 / 鄭萬朝	
4742	澹圃	담포	36	21	1933.12	澹圃姜講師挽 / 金完鎭	
4743	唐	당	1	31	1913.12	天下文明說 / 李學魯	陶唐氏, 堯
4744	唐	당	1	33	1913.12	天下文明說 / 李學魯	陶唐氏, 堯
4745	唐	당	2	93	1914.03	地方報告〉[成樂賢의 報告]	
4746	唐	당	8	20	1915.09	孔子年報(續) / 呂圭亨	
4747	唐	당	12	81	1916.12	地方報告〉[鄭準民의 報告]	
4748	唐	당	13	4	1917.03	經學管見(續) / 尹寧求	陶唐氏, 堯
4749	唐	당	14	67	1917.07	地方報告〉[宋在永의 報告]〉釋奠祭文 / 黃義民	陶唐氏, 堯
4750	唐	당	23	14	1922.12	經義問答 / 韓昌愚	陶唐氏, 堯
4751	唐	당	23	17	1922.12	孔夫子忌辰四十周甲追慕辭 / 金東振	
4752	唐	당	26	15	1925.12	四書講解總說 / 元泳義	
4753	唐	당	26	59	1925.12	講說〉講題 今日吾人之急先務 / 鄭鳳時	陶唐氏, 堯
4754	唐	당	27	21	1926.12	經義問對 / 韓昌愚	
4755	唐	당	29	15	1928.12	坡州郡文廟齋則序 / 李學魯	
4756	唐	당	31	3	1930.08	經學源流 / 權純九	
4757	唐	당	33	16	1931.12	聞曲阜兵變上蔣中正書 / 李學魯	
4758	唐	당	35	1	1932.12	宗敎說 / 權純九	
4759	唐	당	36	5	1933.12	經義問對(續) / 韓昌愚	
4760	唐	당	41	18	1937.02	博士王仁傳 / 李學魯	
4761	唐	당	44	32	1939.10	經儒學 / 金誠鎭	陶唐氏, 堯

번호	원문	현대어(독음)	호	쪽	발행일	기사명 / 필자	비고
4762	唐	당	44	34	1939.10	經儒學 / 金誠鎭	陶唐氏, 堯
4763	唐	당	44	44	1939.10	大學主旨 / 崔浩然	陶唐氏, 堯
4764	唐	당	48	46	1944.04	朝鮮詩學考(前號續) / 李昇圭	陶唐氏, 堯
4765	唐夫人	당 부인	11	81	1916.06	地方報告〉[李敏獻의 報告]	
4766	唐甄	당견	10	24	1916.03	經學淺知錄 / 金文演	원문은 甄
4767	唐庚	당경	21	11	1921.03	經學管見(續) / 尹寧求	
4768	唐勒	당륵	3	9	1914.06	論四經讀法(上篇) / 呂圭亨	
4769	唐勒	당륵	9	16	1915.12	經學管見(上) / 尹寧求	
4770	唐武宗	당무종	3	43	1914.06	講士視察見聞所記 / 呂圭亨	
4771	棠山	당산	33	11	1931.12	孝子司甕院奉事白公行狀 / 成樂賢	惟咸
4772	堂色侯	당색후	42	54	1937.12	文廟享祀位次及聖賢姓名爵號考 / 金完鎭	顔何
4773	棠西崔公	당서최공	31	26	1930.08	祭棠西崔講士文 / 鄭喆永	
4774	當陽侯	당양후	42	53	1937.12	文廟享祀位次及聖賢姓名爵號考 / 金完鎭	任不齊
4775	當陽侯	당양후	42	46	1937.12	文廟享祀位次及聖賢姓名爵號考 / 金完鎭	任不齊
4776	唐堯	당요	9	5	1915.12	經說(續) / 韓晩容	陶唐氏, 堯
4777	唐堯	당요	9	23	1915.12	樂器圖說(續)	陶唐氏, 堯
4778	唐堯	당요	43	40	1938.12	故大提學鄭鳳時先生輓詞 / 李學魯	陶唐氏, 堯
4779	唐虞	당우	2	26	1914.03	奉呈經學院 / 崔行敏	陶唐氏, 堯
4780	唐虞	당우	5	40	1914.12	孔子年報(續) / 呂圭亨	陶唐氏, 堯
4781	唐虞	당우	7	25	1915.06	孔子年報(續) / 呂圭亨	陶唐氏, 堯
4782	唐虞	당우	9	10	1915.12	格致管見(續) / 李鼎煥	陶唐氏, 堯
4783	唐虞	당우	9	20	1915.12	經學管見(下) / 尹寧求	陶唐氏, 堯
4784	唐虞	당우	9	21	1915.12	經學管見(下) / 尹寧求	陶唐氏, 堯
4785	唐虞	당우	9	22	1915.12	經學管見(下) / 尹寧求	陶唐氏, 堯
4786	唐虞	당우	9	[3]	1915.12	卽位大禮式獻頌文 / 朴齊純	陶唐氏, 堯
4787	唐虞	당우	11	36	1916.06	受賜鍾尊記 / 辛碩祖	陶唐氏, 堯
4788	唐虞	당우	18	4	1918.09	學說 / 李明宰	陶唐氏, 堯
4789	唐潤喆	당윤철	36	33	1933.12	文廟釋奠狀況〉[盧秉寅의 보고]	
4790	堂邑侯	당읍후	42	46	1937.12	文廟享祀位次及聖賢姓名爵號考 / 金完鎭	顔何
4791	堂邑候	당읍후	8	35	1915.09	賢關記聞 / 李大榮	顔何
4792	唐寅	당인	46	11	1941.12	嘉言善行 / 李昇圭	원문은 唐伯虎寅
4793	唐宗	당종	23	8	1922.12	經義問對(續) / 沈璿澤	唐 太宗 李世民
4794	唐宗	당종	34	4	1932.03	最近經學考 / 權純九	唐 太宗 李世民

번호	원문	현대어(독음)	호	쪽	발행일	기사명 / 필자	비고
4795	唐宗	당종	43	19	1938.12	敎化編年(續) / 李大榮	唐 太宗 李世民
4796	唐鑄萬	당주만	10	24	1916.03	經學淺知錄 / 金文演	
4797	唐太宗	당태종	15	65	1917.10	講說〉大邱高等普通學校講演(大正六年五月十六日)〉常棣章講說 / 朴昇東	
4798	唐太宗	당태종	32	5	1930.12	經學源流(續) / 權純九	
4799	唐太宗	당태종	42	48	1937.12	文廟享祀位次及聖賢姓名爵號考 / 金完鎭	
4800	唐憲宗	당헌종	3	43	1914.06	講士視察見聞所記 / 呂圭亨	
4801	唐玄宗	당현종	11	18	1916.06	經學管見(續) / 尹寧求	
4802	唐玄宗	당현종	18	27	1918.09	三洙瑣談 / 元泳義	
4803	唐玄宗	당현종	27	46	1926.12	釋奠에 就ㅎ야(續) / 佐藤廣治	
4804	戴	대	10	25	1916.03	經學淺知錄 / 金文演	戴震
4805	戴	대	34	4	1932.03	最近經學考 / 權純九	戴震
4806	大卿	대경	40	46	1936.08	鄭茂亭先生追悼錄〉先生의 畧歷	鄭萬朝
4807	戴溪	대계	11	22	1916.06	經學管見(續) / 尹寧求	
4808	大谷勝眞	대곡승진	35	26	1932.12	日誌大要	오타니 쇼신
4809	大久保	대구보	12	60	1916.12	講說〉二宮尊德翁의 人物及道德(大正五年五月十三日第十八回講演) / 太田秀穗	오쿠보 다다자네 (大久保忠眞)
4810	大槻弌也	대규일야	16	32	1918.03	日誌大要	오츠키 가즈야
4811	大槻弌也	대규일야	16	40	1918.03	講說〉講題 養生法에 就하야(大正六年九月二十二日第二十五回講演) / 大槻弌也	오츠키 가즈야
4812	大楠公	대남공	48	23	1944.04	(十月十五日於經學院秋季釋典)時局と儒道 / 鈴川壽男	구스노키 마사시게 (楠木正成)
4813	戴德	대덕	1	18	1913.12	經學當明者 二 / 呂圭亨	
4814	戴德	대덕	10	17	1916.03	經學管見(續) / 尹寧求	前漢의 경학자
4815	戴德	대덕	44	37	1939.10	經儒學 / 金誠鎭	前漢의 경학자
4816	戴東原	대동원	10	25	1916.03	經學淺知錄 / 金文演	戴震
4817	大連	대련	29	52	1928.12	講說〉講題 生事愛敬死事哀戚 / 李學魯	
4818	大毛公	대모공	6	5	1915.03	緖論 / 呂圭亨	毛亨
4819	大毛公	대모공	10	11	1916.03	經學管見(續) / 尹寧求	毛亨
4820	大毛公	대모공	31	4	1930.08	經學源流 / 權純九	毛亨
4821	大毛公	대모공	44	35	1939.10	經儒學 / 金誠鎭	毛亨
4822	大伴部博麻	대반부박마	48	49	1944.04	嘉言善行 / 李敬植	오토모베노 하카마

번호	원문	현대어(독음)	호	쪽	발행일	기사명 / 필자	비고
4823	大保吉藤	대보길등	44	74	1939.10	日誌大要(自昭和十三年六月 至昭和十三年十二月)	오보 요시후지
4824	大夫田氏	대부전씨	4	39	1914.09	孔子年報(續) / 呂圭亨	陳恒
4825	大姒	대사	26	32	1925.12	釋奠에 就ㅎ야(續) / 佐藤廣治	문왕의 비, 무왕의 모
4826	大山	대산	17	24	1918.07	安東高山書院重興祝詞 / 高橋亨	李象靖
4827	大山	대산	46	5	1941.12	大學序文先儒論辨 / 金誠鎭	李象靖
4828	大山	대산	46	6	1941.12	大學序文先儒論辨 / 金誠鎭	李象靖
4829	大山	대산	46	7	1941.12	大學序文先儒論辨 / 金誠鎭	李象靖
4830	大山	대산	46	8	1941.12	大學序文先儒論辨 / 金誠鎭	李象靖
4831	大山	대산	46	9	1941.12	大學序文先儒論辨 / 金誠鎭	李象靖
4832	大山	대산	48	42	1944.04	儒道綱領 / 金誠鎭	李象靖
4833	大山文義	대산문의	46	18	1941.12	釋奠狀況〉昭和十六年春季釋奠狀況	
4834	大山文義	대산문의	47	37	1943.01	釋奠狀況〉昭和十六年秋季釋奠狀況	
4835	大山勇夫	대산용부	42	22	1937.12	支那事變에 對하야 / 金大羽	오야마 이사오
4836	大西茂一	대서무일	20	24	1920.03	求禮郡儒林會規序 / 金商翊	오니시 모이치, 구례군 서기
4837	大西茂一	대서무일	20	53	1920.03	地方報告〉[權鳳洙의 報告]	오니시 모이치, 구례군 서기
4838	大石岩雄	대석암웅	44	84	1939.10	日誌大要(自昭和十三年六月 至昭和十三年十二月)	오이시 이와오 (大石岩雄)
4839	大石良雄	대석양웅	48	35	1944.04	國民座右銘	오이시 요시오
4840	大成	대성	18	27	1918.09	三洙瑣談 / 元泳義	
4841	大聖	대성	22	80	1922.03	地方報告〉[楊平郡 鄕校 重修 關聯 報告]	孔子
4842	戴聖	대성	8	35	1915.09	賢關記聞 / 李大榮	前漢의 경학자
4843	戴聖	대성	42	47	1937.12	文廟享祀位次及聖賢姓名爵號考 / 金完鎭	考城伯
4844	戴聖	대성	42	56	1937.12	文廟享祀位次及聖賢姓名爵號考 / 金完鎭	考城伯, 원문은 姓戴名聖
4845	戴聖	대성	44	37	1939.10	經儒學 / 金誠鎭	前漢의 경학자
4846	大聖孔子	대성공자	23	43	1922.12	孔夫子忌辰四十周甲追慕禮式奠爵禮順序(大正十一年五月七日上午九時陰歷壬戌四月十一日)	

번호	원문	현대어(독음)	호	쪽	발행일	기사명 / 필자	비고
4847	大聖孔子	대성공자	34	49	1932.03	評議員會狀況	
4848	大聖孔子	대성공자	39	14	1935.10	農村振興과 儒林의 覺醒(每日申報社說抄錄) －時運時變에 適應하라	
4849	大聖孔子	대성공자	44	28	1939.10	儒敎의 起源과 流派 / 李昇圭	
4850	大成至聖 文宣王	대성지성 문선왕	2	36	1914.03	大成殿神位圖	孔子의 諡號
4851	大成至聖 文宣王	대성지성 문선왕	18	27	1918.09	三洙瑣談 / 元泳義	孔子의 諡號
4852	大成至聖 文宣王	대성지성 문선왕	18	28	1918.09	三洙瑣談 / 元泳義	孔子의 諡號
4853	大成至聖 文宣王	대성지성 문선왕	28	67	1927.12	講說〉講題 孔夫子의 集大成 / 兒島獻吉郞	孔子의 諡號
4854	大成至聖 文宣王	대성지성 문선왕	39	29	1935.10	湯島聖堂孔子祭典狀況〉告文 / 鄭萬朝	孔子의 諡號
4855	大成至聖 文宣王	대성지성 문선왕	42	44	1937.12	文廟釋奠祭文改正에關한件(昭和十二年五月 十八日院通牒)	孔子의 諡號
4856	大成至聖 文宣王	대성지성 문선왕	44	31	1939.10	儒敎의 起源과 流派 / 李昇圭	孔子의 諡號
4857	大成至聖 文宣王	대성지성 문선왕	42	48	1937.12	文廟享祀位次及聖賢姓名爵號考 / 金完鎭	孔子의 諡號
4858	大小夏侯	대소하후	44	34	1939.10	經儒學 / 金誠鎭	大夏侯氏(夏 侯勝)와 小 夏侯氏(夏侯 建)
4859	大舜	대순	2	92	1914.03	地方報告〉[成樂賢의 報告]	
4860	大舜	대순	5	14	1914.12	華山問答(續) / 李容稙	
4861	大舜	대순	9	59	1915.12	講說〉講題 三人行必有我師(大正四年六月 十二日第十三回講演) / 呂圭亨	
4862	大舜	대순	15	66	1917.10	講說〉大邱高等普通學校講演(大正六年五月十 六日)〉慶南講士鄭準民講演要旨 / 鄭準民	
4863	大舜	대순	22	10	1922.03	中庸說 / 李學魯	
4864	大舜	대순	23	4	1922.12	中庸說(續) / 李學魯	
4865	大舜	대순	23	5	1922.12	中庸說(續) / 李學魯	
4866	大舜	대순	27	28	1926.12	中庸問對 / 沈璿澤	
4867	大舜	대순	28	6	1927.12	理氣分合論 / 李學魯	
4868	大舜	대순	30	23	1929.12	中庸問對(續) / 崔基鉉	
4869	大舜	대순	30	28	1929.12	中庸問對(續) / 崔基鉉	
4870	大舜	대순	35	4	1932.12	經傳解釋通例 / 李學魯	
4871	戴氏	대씨	10	25	1916.03	經學淺知錄 / 金文演	戴震

번호	원문	현대어(독음)	호	쪽	발행일	기사명 / 필자	비고
4872	大野	대야	41	36	1937.02	文廟秋季釋奠狀況	오노 로쿠이치로 (大野綠一郎)
4873	大野	대야	42	37	1937.12	文廟春季釋奠狀況	오노 로쿠이치로 (大野綠一郎)
4874	大野	대야	43	58	1938.12	文廟秋季釋奠狀況	오노 로쿠이치로 (大野綠一郎)
4875	大野	대야	43	65	1938.12	文廟春季釋奠狀況	오노 로쿠이치로 (大野綠一郎)
4876	大野	대야	44	82	1939.10	日誌大要(自昭和十三年六月 至昭和十三年十二月)	오노 로쿠이치로 (大野綠一郎)
4877	大野	대야	44	85	1939.10	文廟春季釋奠狀況	오노 로쿠이치로 (大野綠一郎)
4878	大野	대야	45	9	1940.12	朝鮮儒林大會(朝鮮儒道聯合會創立總會) 會錄槪要	오노 로쿠이치로 (大野綠一郎)
4879	大野	대야	45	43	1940.12	朝鮮儒道聯合會總裁推戴式	오노 로쿠이치로 (大野綠一郎)
4880	大野	대야	45	71	1940.12	忠淸南道儒道聯合會結成式〉忠淸南道儒道聯合會結成式會長式辭要旨 / 李聖根	오노 로쿠이치로 (大野綠一郎)
4881	大野	대야	46	14	1941.12	釋奠狀況〉昭和十五年春季釋奠狀況	오노 로쿠이치로 (大野綠一郎)
4882	大野	대야	46	15	1941.12	釋奠狀況〉昭和十五年秋季釋奠狀況	오노 로쿠이치로 (大野綠一郎)
4883	大野	대야	46	17	1941.12	釋奠狀況〉昭和十六年春季釋奠狀況	오노 로쿠이치로 (大野綠一郎)
4884	大野	대야	47	37	1943.01	釋奠狀況〉昭和十七年春季釋奠狀況	오노 로쿠이치로 (大野綠一郎)

번호	원문	현대어(독음)	호	쪽	발행일	기사명 / 필자	비고
4885	大野	대야	46	21	1941.12	經學院日誌大要(昭和十四年七月ヨリ昭和十六年六月マテ)	오노 로쿠이치로 (大野綠一郎)
4886	大野	대야	48	51	1944.04	釋奠狀況〉昭和十八年春季釋奠狀況	오노 겐이치 (大野謙一)
4887	大野	대야	48	52	1944.04	釋奠狀況〉昭和十八年秋季釋奠狀況	오노 겐이치 (大野謙一)
4888	大野綠一郎	대야녹일랑	41	33	1937.02	日誌大要	오노 로쿠이치로
4889	大野綠一郎	대야녹일랑	45	20	1940.12	朝鮮儒林大會(朝鮮儒道聯合會創立總會) 會錄槪要〉朝鮮儒道聯合會役員名簿(昭和十四年十一月一日現在)	오노 로쿠이치로
4890	大野綠一郎	대야녹일랑	45	47	1940.12	朝鮮儒道聯合會總裁推戴式〉總裁挨拶要旨 / 大野綠一郎	오노 로쿠이치로
4891	大野綠一郎	대야녹일랑	45	[0]	1940.12	總裁 大野綠一郎 閣下	오노 로쿠이치로
4892	大野綠一郎	대야녹일랑	46	19	1941.12	政務總監招宴挨拶要旨 / 大野綠一郎	오노 로쿠이치로
4893	大野雉雄	대야치웅	44	81	1939.10	日誌大要(自昭和十三年六月 至昭和十三年十二月)	
4894	大堯	대요	9	[11]	1915.12	卽位大禮式獻頌文 / 韓昌愚	堯임금
4895	大禹	대우	1	31	1913.12	天下文明說 / 李學魯	禹임금
4896	大禹	대우	6	47	1915.03	論語考證 / 金文演	禹임금
4897	大禹	대우	12	78	1916.12	地方報告〉[黃敦秀의 報告]	禹임금
4898	大禹	대우	13	1	1917.03	明德說存疑 / 金允植	禹임금
4899	大禹	대우	16	73	1918.03	地方報告〉[宋在永의 報告]〉新政과 儒生의 義務 / 黃羲民	禹임금
4900	大禹	대우	26	62	1925.12	講說〉講題 君子時中 / 沈璿澤	禹임금
4901	大禹	대우	44	34	1939.10	經儒學 / 金誠鎭	禹임금
4902	大柔	대유	32	40	1930.12	地方報告〉地方儒林狀況〉[成樂賢의 報告]	金綵
4903	大猷	대유	42	57	1937.12	文廟享祀位次及聖賢姓名爵號考 / 金完鎭	金宏弼
4904	帶隱	대은	40	43	1936.08	成竹似先生追悼錄〉挽故成均館博士成竹似先生 / 吳鳳泳	
4905	帶隱	대은	40	50	1936.08	鄭茂亭先生追悼錄〉輓詞 / 李學魯	
4906	大隱翁	대은옹	1	22	1913.12	經學當明者 四 / 呂圭亨	
4907	大庭	대정	44	34	1939.10	經儒學 / 金誠鎭	炎帝 神農氏
4908	大正	대정	10	56	1916.03	日誌大要	다이쇼 천황
4909	大正	대정	18	57	1918.09	講說〉講題 內地의 宋學(大正七年五月十一日第二十八回講演) / 今關壽麿	다이쇼 천황

번호	원문	현대어(독음)	호	쪽	발행일	기사명 / 필자	비고
4910	大正	대정	28	46	1927.12	日誌大要	다이쇼 천황
4911	大正	대정	29	41	1928.12	日誌大要	다이쇼 천황
4912	大正	대정	48	20	1944.04	(四月十五日於經學院春季釋典)櫻と日本精神 / 白神壽吉	다이쇼 천황
4913	大井昌威	대정창위	46	33	1941.12	明倫專門學院日誌大要(昭和十四年七月ヨリ 昭和十六年六月マデ)	
4914	碓井忠平	대정충평	45	23	1940.12	朝鮮儒林大會(朝鮮儒道聯合會創立總會) 會錄概要〉朝鮮儒道聯合會役員名簿(昭和十四年十一月一日現在)	우스이 츄헤이
4915	大提學	대제학	7	68	1915.06	日誌大要	朴齊純
4916	大提學	대제학	9	42	1915.12	日誌大要	朴齊純
4917	大提學	대제학	9	43	1915.12	日誌大要	朴齊純
4918	大提學	대제학	10	64	1916.03	講說〉儒敎의 根本義(大正四年十月九日第十五回講演)	朴齊純
4919	大提學	대제학	14	86	1917.07	地方報告〉[黃敦秀의 報告]〉講演要旨說 / 黃敦秀	金允植
4920	大提學	대제학	14	87	1917.07	地方報告〉[黃敦秀의 報告]〉講演要旨說 / 黃敦秀	金允植
4921	大提學	대제학	14	89	1917.07	地方報告〉[黃敦秀의 報告]〉講演要旨說 / 黃敦秀	金允植
4922	大提學	대제학	17	41	1918.07	日誌大要	金允植
4923	大提學	대제학	19	30	1918.12	日誌大要	金允植
4924	大提學	대제학	20	47	1920.03	日誌大要	金允植
4925	大提學	대제학	44	83	1939.10	日誌大要(自昭和十三年六月 至昭和十三年十二月)	尹德榮
4926	大提學	대제학	45	85	1940.12	忠淸南道儒道聯合會結成式〉東亞ノ建設ト儒道ノ精神 / 安寅植	尹德榮
4927	大提學	대제학	47	22	1943.01	吾人の進軍譜 / 林 茂樹	朴相駿, 朴澤相駿
4928	大提學	대제학	12	50	1916.12	日誌大要	朴齊純
4929	大祖神	대조신	48	18	1944.04	(四月十五日於經學院春季釋典)櫻と日本精神 / 白神壽吉	오오야가미
4930	代宗	대종	20	18	1920.03	經學管見(續) / 尹寧求	
4931	大竹十郎	대죽십랑	45	22	1940.12	朝鮮儒林大會(朝鮮儒道聯合會創立總會) 會錄概要〉朝鮮儒道聯合會役員名簿(昭和十四年十一月一日現在)	오타케 쥬로
4932	戴震	대진	10	25	1916.03	經學淺知錄 / 金文演	원문은 震
4933	戴震	대진	34	5	1932.03	最近經學考 / 權純九	

번호	원문	현대어(독음)	호	쪽	발행일	기사명 / 필자	비고
4934	大倉	대창	39	31	1935.10	東京斯文會主催儒道大會狀況	오쿠라 기시치로 (大倉喜七郎)
4935	大倉喜七郎	대창희칠랑	39	35	1935.10	東京斯文會主催儒道大會狀況〉演說要旨 / 大倉喜七郎	오쿠라 기시치로
4936	大鵃鵑	대초료	41	17	1937.02	博士王仁傳 / 李學魯	
4937	大鵃鵑	대초료	41	18	1937.02	博士王仁傳 / 李學魯	
4938	大塚	대총	26	44	1925.12	日誌大要	오츠카 츠네사부로 (大塚常三郎)
4939	大塚九二	대총구이	44	83	1939.10	日誌大要(自昭和十三年六月 至昭和十三年十二月)	오츠카 히사츠구
4940	大塚常三郎	대총상삼랑	25	41	1924.12	日誌大要	오츠카 츠네사부로
4941	大塚誠太郎	대총성태랑	14	65	1917.07	地方報告〉[宋在永의 報告]	오츠카 세이타로, 평창군 서기
4942	大塚誠太郎	대총성태랑	14	72	1917.07	地方報告〉[宋在永의 報告]〉儒生 各位에 望함 / 大塚誠太郎	오츠카 세이타로, 평창군 서기
4943	大塚退野	대총퇴야	30	66	1929.12	講說〉講題 朝鮮의 在한 聖學道統 : 李退溪先生을 憶함 / 赤木萬二郎	오츠카 다이야
4944	大平文夫	대평문부	47	37	1943.01	釋奠狀況〉昭和十六年秋季釋奠狀況	오히라 후미오
4945	大平文夫	대평문부	47	39	1943.01	釋奠狀況〉昭和十七年春季釋奠狀況	오히라 후미오
4946	大平文夫	대평문부	48	52	1944.04	釋奠狀況〉昭和十八年春季釋奠狀況	오히라 후미오
4947	大平文夫	대평문부	48	54	1944.04	釋奠狀況〉昭和十八年秋季釋奠狀況	오히라 후미오
4948	大夏侯	대하후	1	17	1913.12	經學當明者 一 / 呂圭亨	
4949	德谷	덕곡	46	27	1941.12	孝烈行跡報告 其三 / 朴尙錫	陸麗의 號
4950	德久國次	덕구국차	47	47	1943.01	經學院日誌大要(昭和十六年七月ヨリ昭和十七年六月マデ)	
4951	德民	덕민	48	50	1944.04	嘉言善行 / 李敬植	호소이 도쿠민 (細井德民)
4952	德本鍾觀	덕본종관	46	16	1941.12	釋奠狀況〉昭和十五年秋季釋奠狀況	
4953	德山朝光	덕산조광	47	42	1943.01	釋奠狀況〉昭和十七年秋季釋奠狀況	
4954	德山虎太郎	덕산호태랑	46	33	1941.12	明倫專門學院日誌大要(昭和十四年七月ヨリ昭和十六年六月マデ)	

번호	원문	현대어(독음)	호	쪽	발행일	기사명 / 필자	비고
4955	德壽宮殿下	덕수궁 전하	20	45	1920.03	日誌大要	高宗
4956	德壽宮殿下	덕수궁 전하	20	48	1920.03	日誌大要	高宗
4957	德原壯一	덕원장일	47	47	1943.01	經學院日誌大要(昭和十六年七月ヨリ昭和十七年六月マテ)	
4958	德宗	덕종	19	8	1918.12	經學管見(續) / 尹寧求	唐의 德宗, 李适
4959	德從子	덕종자	1	18	1913.12	經學當明者 二 / 呂圭亨	
4960	德川	덕천	31	7	1930.08	講題 我國近時의 立法과 儒道와의 關係 / 武部欽一	도쿠가와 이에야스(德川家康)
4961	德川	덕천	39	16	1935.10	湯島聖堂孔子祭典狀況	도쿠가와 이에사토(德川家達)
4962	德川	덕천	39	31	1935.10	東京斯文會主催儒道大會狀況	도쿠가와 이에사토(德川家達)
4963	德川	덕천	30	64	1929.12	講說〉講題 朝鮮의 在한 聖學道統 : 李退溪先生을 憶함 / 赤木萬二郞	도쿠가와 이에쓰나(德川家綱)
4964	德川家康	덕천가강	18	53	1918.09	講說〉講題 內地의 宋學(大正七年五月十一日第二十八回講演) / 今關壽麿	도쿠가와 이에야스
4965	德川家康	덕천가강	38	23	1935.03	東洋에斯文이有함(續) / 福士末之助	도쿠가와 이에야스
4966	德川家達	덕천가달	39	18	1935.10	湯島聖堂孔子祭典狀況〉聖堂復興由來 / 財團法人 斯文會	도쿠가와 이에사토
4967	德川家達	덕천가달	39	32	1935.10	東京斯文會主催儒道大會狀況〉式辭 / 德川家達	도쿠가와 이에사토
4968	德川家達	덕천가달	47	13	1943.01	儒道の復興 / 俞萬兼	도쿠가와 이에사토
4969	德川光圀	덕천광국	18	52	1918.09	講說〉講題 內地의 宋學(大正七年五月十一日第二十八回講演) / 今關壽麿	도쿠가와 미쓰쿠니
4970	德川光圀	덕천광국	18	55	1918.09	講說〉講題 內地의 宋學(大正七年五月十一日第二十八回講演) / 今關壽麿	도쿠가와 미쓰쿠니
4971	德川光圀	덕천광국	18	56	1918.09	講說〉講題 內地의 宋學(大正七年五月十一日第二十八回講演) / 今關壽麿	도쿠가와 미쓰쿠니
4972	德川圀順	덕천국순	39	18	1935.10	湯島聖堂孔子祭典狀況〉聖堂復興由來 / 財團法人 斯文會	도쿠가와 구니유키
4973	德川氏	덕천씨	17	49	1918.07	講說〉講題 國民道德은 何也오(大正六年十一月十日第二十六回講演) / 立柄敎俊	도쿠가와 이에야스(德川家康)

번호	원문	현대어(독음)	호	쪽	발행일	기사명 / 필자	비고
4974	德川氏	덕천씨	48	31	1944.04	國に報ゆる誠心 / 勝海舟	
4975	德漢部氏	덕한부씨	41	18	1937.02	博士王仁傳 / 李學魯	
4976	德玄	덕현	26	78	1925.12	地方報告〉[朴熏陽 等의 報告]	
4977	陶處士	도 처사	40	43	1936.08	成竹似先生追悼錄〉挽故成均館博士成竹似先生 / 尹相浩	
4978	道鏡	도경	48	49	1944.04	嘉言善行 / 李敬植	도쿄, 유게노 도쿄(弓削道鏡), 나라시대 승려
4979	道光	도광	11	25	1916.06	經學淺知錄(續) / 金文演	
4980	도구다 가우지아	도구다 가우지아	14	23	1917.07	朝鮮教育의 方針과 日韓併合의 眞義 / 關屋貞三郎	
4981	道國公	도국공	2	36	1914.03	大成殿神位圖	周惇頤
4982	道國公	도국공	8	35	1915.09	賢關記聞 / 李大榮	周惇頤
4983	道國公	도국공	10	51	1916.03	賢關記聞(續) / 李大榮	周惇頤
4984	道國公	도국공	42	46	1937.12	文廟享祀位次及聖賢姓名爵號考 / 金完鎭	周惇頤
4985	道國公	도국공	42	50	1937.12	文廟享祀位次及聖賢姓名爵號考 / 金完鎭	周惇頤
4986	도그다ー스픠ー아	도그다스피아	14	22	1917.07	朝鮮教育의 方針과 日韓併合의 眞義 / 關屋貞三郎	미국인
4987	陶唐	도당	6	47	1915.03	論語考證 / 金文演	
4988	陶唐	도당	41	43	1937.02	經學院永年勤續職員褒彰式狀況〉祝辭 / 李學魯	
4989	都穆	도목	18	9	1918.09	經學管見(續) / 尹寧求	
4990	都穆	도목	20	19	1920.03	經學管見(續) / 尹寧求	
4991	道武	도무	32	3	1930.12	經學源流(續) / 權純九	
4992	渡邊	도변	37	45	1934.10	文廟釋奠狀況〉[秋期釋奠 擧行]	와타나베 도요히코(渡邊豊日子)
4993	渡邊	도변	37	45	1934.10	文廟釋奠狀況〉[秋期釋奠 擧行] / 渡邊信治	와타나베 신지(渡邊信治)
4994	渡邊	도변	38	18	1935.03	無用의繁禮는社會進步를阻害 / 渡邊豊日子	와타나베 도요히코(渡邊豊日子)
4995	渡邊	도변	38	43	1935.03	文廟釋奠狀況〉[秋期釋奠 擧行]	와타나베 도요히코(渡邊豊日子)
4996	渡邊	도변	39	50	1935.10	日誌大要	와타나베 도요히코(渡邊豊日子)

번호	원문	현대어(독음)	호	쪽	발행일	기사명 / 필자	비고
4997	渡邊	도변	40	34	1936.08	文廟釋奠狀況〉[秋期釋奠 擧行]	와타나베 도요히코 (渡邊豊日子)
4998	渡邊	도변	30	43	1929.12	日誌大要	와타나베 시노부 (渡邊忍)
4999	渡邊	도변	44	84	1939.10	日誌大要(自昭和十三年六月 至昭和十三年十二月)	와타나베 도요히코 (渡邊豊日子)
5000	渡邊	도변	45	110	1940.12	慶尙南道儒道聯合會結成式	와타나베 도요히코 (渡邊豊日子)
5001	渡邊	도변	45	117	1940.12	黃海道儒道聯合會結成式	와타나베 도요히코 (渡邊豊日子)
5002	渡邊	도변	45	135	1940.12	咸鏡南道儒道聯合會結成式	와타나베 도요히코 (渡邊豊日子)
5003	渡邊	도변	46	22	1941.12	經學院日誌大要(昭和十四年七月ヨリ昭和十六年六月マテ)	와타나베 도요히코 (渡邊豊日子)
5004	渡邊	도변	47	36	1943.01	釋奠狀況〉昭和十六年秋季釋奠狀況	와타나베 도요히코 (渡邊豊日子)
5005	渡邊	도변	47	38	1943.01	釋奠狀況〉昭和十七年春季釋奠狀況	와타나베 도요히코 (渡邊豊日子)
5006	渡邊	도변	47	41	1943.01	釋奠狀況〉昭和十七年秋季釋奠狀況	와타나베 도요히코 (渡邊豊日子)
5007	渡邊	도변	48	51	1944.04	釋奠狀況〉昭和十八年春季釋奠狀況	와타나베 도요히코 (渡邊豊日子)
5008	渡邊	도변	48	52	1944.04	釋奠狀況〉昭和十八年秋季釋奠狀況	와타나베 도요히코 (渡邊豊日子)
5009	渡邊	도변	48	54	1944.04	釋奠狀況〉祭器の獻納と代替品の奉納	와타나베 도요히코 (渡邊豊日子)
5010	渡邊彌幸	도변미행	45	25	1940.12	朝鮮儒林大會(朝鮮儒道聯合會創立總會) 會錄概要〉朝鮮儒道聯合會役員名簿(昭和十四年十一月一日現在)	

번호	원문	현대어(독음)	호	쪽	발행일	기사명 / 필자	비고
5011	渡邊信治	도변신치	32	38	1930.12	日誌大要	와타나베 신지
5012	渡邊信治	도변신치	36	59	1933.12	第二回學生卒業式狀況>祝辭 / 渡邊信治	와타나베 신지
5013	渡邊信治	도변신치	45	22	1940.12	朝鮮儒林大會(朝鮮儒道聯合會創立總會) 會錄槪要>朝鮮儒道聯合會役員名簿(昭和十四年十一月一日現在)	와타나베 신지
5014	渡邊忍	도변인	30	35	1929.12	祭粢料傳達式狀況	와타나베 시노부
5015	渡邊忍	도변인	31	57	1930.08	祝辭 / 渡邊忍	와타나베 시노부
5016	渡邊長六	도변장육	44	82	1939.10	日誌大要(自昭和十三年六月 至昭和十三年十二月)	와타나베 쵸로쿠
5017	渡邊春藏	도변춘장	14	63	1917.07	地方報告>[金壽哲의 報告]	와타나베 하루조
5018	渡邊豐日子	도변풍일자	37	63	1934.10	第四回評議員會狀況>演示 / 渡邊豐日子	와타나베 도요히코
5019	渡邊豐日子	도변풍일자	41	33	1937.02	日誌大要	와타나베 도요히코
5020	渡邊豐日子	도변풍일자	45	22	1940.12	朝鮮儒林大會(朝鮮儒道聯合會創立總會) 會錄槪要>朝鮮儒道聯合會役員名簿(昭和十四年十一月一日現在)	와타나베 도요히코
5021	渡邊豐日子	도변풍일자	45	24	1940.12	朝鮮儒林大會(朝鮮儒道聯合會創立總會) 會錄槪要>朝鮮儒道聯合會役員名簿(昭和十四年十一月一日現在)	와타나베 도요히코
5022	渡邊豐日子	도변풍일자	46	68	1941.12	講演及講習>行事日程(於經學院明倫堂)	와타나베 도요히코
5023	渡邊豐日子	도변풍일자	48	26	1944.04	年頭自戒 / 渡邊豐日子	와타나베 도요히코
5024	渡邊豐日子	도변풍일자	44	83	1939.10	日誌大要(自昭和十三年六月 至昭和十三年十二月)	와타나베 도요히코
5025	島本愛之助	도본애지조	29	40	1928.12	日誌大要	시마모토 아이노스케
5026	陶山	도산	43	50	1938.12	鄭松里先生追悼錄>吊辭 / 李逎雨 等	李滉
5027	陶洙	도수	39	30	1935.10	東京斯文會主催儒道大會狀況	
5028	都始澤	도시택	32	51	1930.12	地方報告>孝烈行蹟[都始澤 等의 보고]	
5029	陶庵	도암	46	5	1941.12	大學序文先儒論辨 / 金誠鎭	李縡
5030	陶庵	도암	46	6	1941.12	大學序文先儒論辨 / 金誠鎭	李縡
5031	陶庵	도암	46	8	1941.12	大學序文先儒論辨 / 金誠鎭	李縡
5032	陶庵	도암	46	9	1941.12	大學序文先儒論辨 / 金誠鎭	李縡

번호	원문	현대어(독음)	호	쪽	발행일	기사명 / 필자	비고
5033	都梁李氏	도양이씨	20	5	1920.03	中庸章句問對(續) / 朴長鴻	
5034	陶淵明	도연명	40	39	1936.08	成竹似先生追悼錄〉成竹似自輓詩	
5035	稻葉岩吉	도엽암길	38	41	1935.03	日誌大要	이나바 이와키치
5036	稻垣茂一	도원무일	30	40	1929.12	日誌大要	이나가키 모이치
5037	都留範	도유범	27	81	1926.12	地方報告〉[朴庚禧의 報告]	
5038	陶潛	도잠	10	19	1916.03	經學管見(續) / 尹寧求	陶淵明
5039	陶潛	도잠	16	8	1918.03	經學管見(續) / 尹寧求	陶淵明
5040	陶潛	도잠	31	4	1930.08	經學源流 / 權純九	陶淵明
5041	陶潛	도잠	40	41	1936.08	成竹似先生追悼錄〉挽故成均館博士成竹似先生 / 沈璿澤	陶淵明
5042	陶潛	도잠	44	39	1939.10	經儒學 / 金誠鎭	陶淵明
5043	度宗	도종	24	32	1923.12	釋奠에 就하야 / 佐藤廣治	宋의 度宗
5044	度宗	도종	42	49	1937.12	文廟享祀位次及聖賢姓名爵號考 / 金完鎭	宋의 度宗, 趙禥
5045	陶宗儀	도종의	20	18	1920.03	經學管見(續) / 尹寧求	范鑾
5046	陶朱	도주	16	53	1918.03	講說〉講題 存其心養其性所以事天也(大正六年十月十四日江陵郡講演)〉續演 / 鄭鳳時	范鑾
5047	陶朱	도주	26	58	1925.12	講說〉講題 今日吾人之急先務 / 鄭鳳時	范鑾
5048	陶朱	도주	26	65	1925.12	講說〉講題 德者本也財者末也 / 鄭鳳時	范鑾
5049	陶朱	도주	31	18	1930.08	講題 德者本也財者末也 / 成樂賢	范鑾
5050	都昌宇	도창우	16	58	1918.03	地方報告〉[鄭鳳時의 報告]	
5051	盜蹠	도척	6	64	1915.03	地方報告〉[金光鉉 巡講]	
5052	盜蹠	도척	34	11	1932.03	祭任君龍宰文 / 明倫學院生徒一同	
5053	盜跖	도척	2	72	1914.03	講說〉講題 必愼其獨(大正二年十一月八日第四回講演)〉敷演 / 李鼎煥	원문은 跖
5054	盜跖	도척	11	11	1916.06	經學說(續) / 李容稙	원문은 跖
5055	盜跖	도척	16	49	1918.03	講說〉講題 存其心養其性所以事天也(大正六年十月十四日江陵郡講演) / 李容稙	원문은 跖
5056	盜跖	도척	17	55	1918.07	講說〉講題 君子無終食之間違仁造次必於是顚沛必於是(大正七年三月二十一日第二十七回講演) / 李容稙	원문은 跖
5057	盜跖	도척	24	74	1923.12	講說〉講題 大學之道在明明德在新民 / 申泰岳	원문은 跖
5058	陶荊州	도형주	24	20	1923.12	讀書私記(十三號續) / 洪鍾佶	
5059	陶弘景	도홍경	9	5	1915.12	經說(續) / 韓晩容	
5060	陶弘景	도홍경	16	8	1918.03	經學管見(續) / 尹寧求	
5061	獨孤津	독고진	33	49	1931.12	文廟釋奠狀況〉[本院秋期釋奠에 대한 보고]	

ㄷ

번호	원문	현대어(독음)	호	쪽	발행일	기사명 / 필자	비고
5062	獨孤津	독고진	34	32	1932.03	日誌大要	
5063	獨孤津	독고진	34	59	1932.03	明倫學院昭和六年度入學許可者名簿	
5064	獨孤津	독고진	36	25	1933.12	文廟釋奠狀況〉[秋期釋奠 擧行]	
5065	獨孤津	독고진	36	30	1933.12	文廟釋奠狀況〉[春期釋奠 擧行]	
5066	獨孤津	독고진	36	55	1933.12	第二回學生卒業式狀況	
5067	獨孤津	독고진	36	69	1933.12	明倫學院第二回卒業生名簿	
5068	獨孤津	독고진	45	37	1940.12	朝鮮儒林大會(朝鮮儒道聯合會創立總會) 會錄槪要〉朝鮮儒道聯合會役員名簿(昭和十四年十一月一日現在)	
5069	敦艮齋	돈간재	11	56	1916.06	賢關記聞(續) / 李大榮	尹星駿
5070	遯庵	돈암	40	30	1936.08	平壤文廟移建落成式竝儒林大會狀況	鮮于浹
5071	董	동	40	16	1936.08	文房四友說 / 韓昌愚	
5072	董康	동강	39	30	1935.10	東京斯文會主催儒道大會狀況	
5073	董康	동강	39	31	1935.10	東京斯文會主催儒道大會狀況	
5074	東谷	동곡	23	88	1922.12	地方報告〉[乾元祠 新建 關聯 報告]	金在羲
5075	東林繁	동림번	46	24	1941.12	經學院日誌大要(昭和十四年七月ヨリ昭和十六年六月マテ)	李恩雨
5076	東牟伯	동모백	42	53	1937.12	文廟享祀位次及聖賢姓名爵號考 / 金完鎭	公良孺
5077	東武伯	동무백	30	[6]	1929.12	李龍眠畵宣聖及七十二弟子像贊(金石萃編)	
5078	東武伯	동무백	42	54	1937.12	文廟享祀位次及聖賢姓名爵號考 / 金完鎭	顔之僕
5079	東方朔	동방삭	2	17	1914.03	格致管見 / 李鼎煥	
5080	東方聖儒	동방성유	45	74	1940.12	忠淸南道儒道聯合會結成式〉忠淸南道儒道聯合會結成式道知事告辭要旨 / 李聖根	李滉
5081	東峯	동봉	48	45	1944.04	朝鮮詩學考(前號續) / 李昇圭	金克己
5082	東峯	동봉	48	46	1944.04	朝鮮詩學考(前號續) / 李昇圭	
5083	董斯張	동사장	18	10	1918.09	經學管見(續) / 尹寧求	
5084	董生	동생	3	65	1914.06	講說〉講題 孝子所以事君也弟者所以事長也慈者所以使衆也(大正三年三月三日第五回講演) / 李容稙	董邵南
5085	董生	동생	3	66	1914.06	講說〉講題 孝子所以事君也弟者所以事長也慈者所以使衆也(大正三年三月三日第五回講演) / 李容稙	
5086	董生	동생	41	19	1937.02	夜歸亭記 / 權純九	
5087	董生	동생	46	4	1941.12	興學養材 / 崔浩然	董仲舒
5088	董生	동생	46	28	1941.12	孝烈行跡報告 其三 / 朴尙錫	董仲舒
5089	東晳	동석	15	4	1917.10	經學管見(續) / 尹寧求	
5090	東石	동석	28	14	1927.12	祭東石申講士文 / 鄭喆永	
5091	東石	동석	28	40	1927.12	東石申講士挽章 / 李大榮	

번호	원문	현대어(독음)	호	쪽	발행일	기사명 / 필자	비고
5092	董召南	동소남	12	4	1916.12	經學說(續) / 李容稙	
5093	董邵南	동소남	3	65	1914.06	講說〉講題 孝子所以事君也弟者所以事長也慈者所以使衆也(大正三年三月三日第五回講演) / 李容稙	원문은 邵南
5094	涷水	동수	38	29	1935.03	太學掌議衿錄帖序	
5095	東阿侯	동아후	42	47	1937.12	文廟享祀位次及聖賢姓名爵號考 / 金完鎭	巫馬施
5096	東阿侯	동아후	42	52	1937.12	文廟享祀位次及聖賢姓名爵號考 / 金完鎭	巫馬施
5097	東巖	동암	46	4	1941.12	大學序文先儒論辨 / 金誠鎭	柳長源
5098	侗菴	동암	18	55	1918.09	講說〉講題 內地의 宋學(大正七年五月十一日第二十八回講演) / 今關壽麿	고가 도안(古賀侗菴)
5099	東野	동야	30	68	1929.12	講說〉講題 朝鮮의 在한 聖學道統：李退溪先生을 憶함 / 赤木萬二郎	모토다 나가자네(元田永孚)
5100	董養	동양	10	47	1916.03	賢關記聞(續) / 李大榮	
5101	董養	동양	10	48	1916.03	賢關記聞(續) / 李大榮	
5102	董養	동양	30	40	1929.12	日誌大要	晉나라 太學生
5103	東陽許氏	동양 허씨	13	18	1917.03	四書小註辨疑(續) / 李鶴在	
5104	東陽許氏	동양 허씨	13	19	1917.03	四書小註辨疑(續) / 李鶴在	
5105	東陽許氏	동양 허씨	14	28	1917.07	四書小註辨疑(續) / 李鶴在	
5106	東陽許氏	동양 허씨	17	8	1918.07	四書小註辨疑(續) / 李鶴在	
5107	東塢	동오	40	45	1936.08	成竹似先生追悼錄〉挽故成均館博士成竹似先生 / 金東振	
5108	東園康元	동원강원	46	33	1941.12	明倫專門學院日誌大要(昭和十四年七月ヨリ昭和十六年六月マデ)	李康元
5109	董越	동월	18	13	1918.09	經學管見(續) / 尹寧求	
5110	董越	동월	41	23	1937.02	敎化編年(續) / 李大榮	
5111	東儀兼泰	동의겸태	39	23	1935.10	湯島聖堂孔子祭典狀況〉孔子祭舞樂曲目竝配役	도기 가네야스
5112	東儀文盛	동의문성	39	23	1935.10	湯島聖堂孔子祭典狀況〉孔子祭舞樂曲目竝配役	도기 후미모리
5113	東儀俊輔	동의준보	39	22	1935.10	湯島聖堂孔子祭典狀況〉孔子祭舞樂曲目竝配役	도기 도시스케
5114	東儀和太郎	동의화태랑	39	23	1935.10	湯島聖堂孔子祭典狀況〉孔子祭舞樂曲目竝配役	도기 마사타로
5115	董子	동자	1	3	1913.12	經學院雜誌序 / 鄭鳳時	
5116	董子	동자	4	13	1914.09	華山問答(第二號續) / 李容稙	
5117	董子	동자	5	73	1914.12	講說〉講題 道也者不可須臾離也(大正三年九月二十九日第七回講演)〉敷演 / 鄭鳳時	

번호	원문	현대어(독음)	호	쪽	발행일	기사명 / 필자	비고
5118	董子	동자	13	10	1917.03	原敎 / 鄭崙秀	
5119	董子	동자	18	66	1918.09	地方報告〉[黃敦秀의 報告]	董仲舒
5120	董子	동자	21	70	1921.03	三洙瑣談(續) / 元泳義	
5121	董子	동자	25	1	1924.12	無形至大論 / 李學魯	
5122	董子	동자	31	5	1930.08	經學源流 / 權純九	
5123	董子	동자	37	2	1934.10	心學說 / 李學魯	
5124	董子	동자	41	3	1937.02	正心 / 李大榮	
5125	董長志	동장지	44	93	1939.10	明倫專門學院記事〉研究科第二回入學許可者	
5126	董長志	동장지	45	28	1940.12	朝鮮儒林大會(朝鮮儒道聯合會創立總會) 會錄槪要〉朝鮮儒道聯合會役員名簿(昭和十四年十一月一日現在)	
5127	董鼎	동정	11	20	1916.06	經學管見(續) / 尹寧求	
5128	董鼎	동정	19	74	1918.12	講說〉講題 孟懿子問孝(大正七年十一月十六日第三十二回講演)〉續演 / 呂圭亨	
5129	銅鞮伯	동제백	42	53	1937.12	文廟享祀位次及聖賢姓名爵號考 / 金完鎭	6單
5130	東條	동조	48	64	1944.04	編纂後記	도조 히데키(東條英機)
5131	董仲舒	동중서	1	8	1913.12	論說 / 呂圭亨	
5132	董仲舒	동중서	1	11	1913.12	論說 / 呂圭亨	
5133	董仲舒	동중서	1	17	1913.12	經學當明者 一 / 呂圭亨	
5134	董仲舒	동중서	1	20	1913.12	經學當明者 三 / 呂圭亨	
5135	董仲舒	동중서	1	31	1913.12	天下文明說 / 李學魯	
5136	董仲舒	동중서	6	1	1915.03	緖論 / 呂圭亨	
5137	董仲舒	동중서	6	5	1915.03	緖論 / 呂圭亨	
5138	董仲舒	동중서	8	35	1915.09	賢關記聞 / 李大榮	
5139	董仲舒	동중서	9	45	1915.12	日誌大要	
5140	董仲舒	동중서	10	2	1916.03	經論 / 金元祐	
5141	董仲舒	동중서	10	14	1916.03	經學管見(續) / 尹寧求	
5142	董仲舒	동중서	10	21	1916.03	經學淺知錄 / 金文演	
5143	董仲舒	동중서	10	51	1916.03	賢關記聞(續) / 李大榮	
5144	董仲舒	동중서	16	48	1918.03	講說〉講題 存其心養其性所以事天也(大正六年十月十四日江陵郡講演) / 李容稙	
5145	董仲舒	동중서	26	6	1925.12	仁義와 現代思潮 / 服部宇之吉	
5146	董仲舒	동중서	31	4	1930.08	經學源流 / 權純九	
5147	董仲舒	동중서	42	47	1937.12	文廟享祀位次及聖賢姓名爵號考 / 金完鎭	廣川伯
5148	董仲舒	동중서	42	56	1937.12	文廟享祀位次及聖賢姓名爵號考 / 金完鎭	廣川伯, 원문은 姓董名仲舒

번호	원문	현대어(독음)	호	쪽	발행일	기사명 / 필자	비고
5149	同春堂	동춘당	42	58	1937.12	文廟享祀位次及聖賢姓名爵號考 / 金完鎭	宋浚吉
5150	董卓	동탁	8	11	1915.09	華山問答(續) / 李容稙	
5151	東坡	동파	3	37	1914.06	孔子年報(續) / 呂圭亨	
5152	東坡	동파	5	46	1914.12	孔子年報(續) / 呂圭亨	
5153	東坡	동파	11	6	1916.06	經論 / 韓晚容	
5154	東坡	동파	32	7	1930.12	經學源流(續) / 權純九	
5155	東平	동평	36	2	1933.12	窮養達施論 / 權純九	東平馬氏
5156	東平公	동평공	42	49	1937.12	文廟享祀位次及聖賢姓名爵號考 / 金完鎭	冉耕
5157	東平馬氏	동평마씨	36	1	1933.12	窮養達施論 / 權純九	
5158	東平伯	동평백	30	[11]	1929.12	李龍眠畵宣聖及七十二弟子像贊(金石萃編)	
5159	東平伯	동평백	42	52	1937.12	文廟享祀位次及聖賢姓名爵號考 / 金完鎭	冉季
5160	杜	두	32	4	1930.12	經學源流(續) / 權純九	杜佑
5161	杜	두	40	16	1936.08	文房四友說 / 韓昌愚	杜甫
5162	杜公瞻	두공첨	18	12	1918.09	經學管見(續) / 尹寧求	
5163	杜大珪	두대규	17	2	1918.07	經學管見(續) / 尹寧求	
5164	杜大珪	두대규	17	3	1918.07	經學管見(續) / 尹寧求	
5165	杜道七	두도칠	38	46	1935.03	文廟釋奠狀況〉地方文廟秋期釋奠狀況表	
5166	竇鳴犢	두명독	5	45	1914.12	孔子年報(續) / 呂圭亨	
5167	杜撫	두무	10	13	1916.03	經學管見(續) / 尹寧求	
5168	杜甫	두보	28	4	1927.12	朝鮮詩文變遷論 / 鄭萬朝	
5169	杜甫	두보	37	19	1934.10	學說 / 權純九	
5170	杜甫	두보	45	89	1940.12	忠淸南道儒道聯合會結成式〉東亞ノ建設ト儒道ノ精神 / 安寅植	
5171	杜氏	두씨	32	5	1930.12	經學源流(續) / 權純九	
5172	杜預	두예	1	17	1913.12	經學當明者 一 / 呂圭亨	
5173	杜預	두예	2	30	1914.03	孔子年譜 / 呂圭亨	
5174	杜預	두예	6	5	1915.03	緖論 / 呂圭亨	
5175	杜預	두예	8	21	1915.09	孔子年報(續) / 呂圭亨	
5176	杜預	두예	10	15	1916.03	經學管見(續) / 尹寧求	
5177	杜預	두예	10	51	1916.03	賢關記聞(續) / 李大榮	
5178	杜預	두예	12	14	1916.12	孟子緖論 / 金文演	
5179	杜預	두예	12	17	1916.12	孟子緖論 / 金文演	
5180	杜預	두예	20	50	1920.03	講說〉孔子誕辰及其道義辨 / 高墉柱	
5181	杜預	두예	20	51	1920.03	講說〉孔子誕辰及其道義辨 / 高墉柱	
5182	杜預	두예	44	36	1939.10	經儒學 / 金誠鎭	
5183	杜佑	두우	19	8	1918.12	經學管見(續) / 尹寧求	

번호	원문	현대어(독음)	호	쪽	발행일	기사명 / 필자	비고
5184	杜佑	두우	19	9	1918.12	經學管見(續) / 尹寧求	
5185	杜佑	두우	19	10	1918.12	經學管見(續) / 尹寧求	
5186	杜元凱	두원개	4	6	1914.09	學說 / 呂圭亨	
5187	杜元凱	두원개	11	2	1916.06	經論 / 韓晩容	
5188	杜元凱	두원개	11	4	1916.06	經論 / 韓晩容	
5189	杜元凱	두원개	31	6	1930.08	經學源流 / 權純九	
5190	杜子春	두자춘	19	24	1918.12	三洙瑣談(續) / 元泳義	
5191	杜子春	두자춘	42	47	1937.12	文廟享祀位次及聖賢姓名爵號考 / 金完鎭	緱氏伯
5192	杜子春	두자춘	42	56	1937.12	文廟享祀位次及聖賢姓名爵號考 / 金完鎭	緱氏伯, 원문은 姓杜名子春
5193	竇太后	두태후	10	13	1916.03	經學管見(續) / 尹寧求	
5194	杜鎬	두호	19	74	1918.12	講說〉講題 孟懿子問孝(大正七年十一月十六日第三十二回講演)〉續演 / 呂圭亨	
5195	杜鎬	두호	37	20	1934.10	學說 / 權純九	
5196	竇后	두후	1	8	1913.12	論說 / 呂圭亨	
5197	杜欽	두흠	15	18	1917.10	詩經蔫辨 / 金文演	
5198	遁村	둔촌	46	27	1941.12	孝烈行跡報告 其二 / 安龍善	李集
5199	藤谷	등곡	36	55	1933.12	評議員會狀況〉事業經過報告 / 俞萬兼	후지타니 소준 (藤谷宗順)
5200	藤谷宗順	등곡종순	35	27	1932.12	日誌大要	후지타니 소준
5201	藤谷宗順	등곡종순	35	73	1932.12	明倫學院職員名簿	후지타니 소준
5202	藤谷宗順	등곡종순	36	53	1933.12	評議員會狀況〉事業經過報告 / 俞萬兼	후지타니 소준
5203	藤谷宗順	등곡종순	36	64	1933.12	明倫學院職員名簿	후지타니 소준
5204	藤谷宗順	등곡종순	37	45	1934.10	日誌大要	후지타니 소준
5205	藤谷宗順	등곡종순	38	52	1935.03	第五會評議員會狀況	후지타니 소준
5206	藤公	등공	32	32	1930.12	視察不二農場贈藤井組合長 / 金東振	
5207	滕君	등군	24	2	1923.12	論語疑義問答 / 鄭萬朝	
5208	鄧林氏	등림씨	11	67	1916.06	講說〉講題 人能弘道(大正四年三月十一日第十六回講演)〉續演 / 呂圭亨	
5209	藤木修三	등목수삼	45	31	1940.12	朝鮮儒林大會(朝鮮儒道聯合會創立總會) 會錄概要〉朝鮮儒道聯合會役員名簿(昭和十四年十一月一日現在)	후지키 슈조

번호	원문	현대어(독음)	호	쪽	발행일	기사명 / 필자	비고
5210	登武子	등무자	5	39	1914.12	孔子年報(續) / 呂圭亨	
5211	滕文公	등문공	40	1	1936.08	推廣善端說 / 權純九	
5212	滕伯	등백	30	[9]	1929.12	李龍眠畵宣聖及七十二弟子像贊(金石萃編)	
5213	滕伯	등백	42	51	1937.12	文廟享祀位次及聖賢姓名爵號考 / 金完鎭	漆雕開
5214	鄧伯道	등백도	12	6	1916.12	經學說(續) / 李容稙	
5215	藤本外次	등본외차	45	148	1940.12	[판권사항]	후지모토 소토지
5216	藤本外次	등본외차	46	72	1941.12	[판권사항]	후지모토 소토지
5217	藤本外次	등본외차	47	52	1943.01	[판권사항]	후지모토 소토지
5218	藤本外次	등본외차	48	64	1944.04	[판권사항]	후지모토 소토지
5219	滕世子	등세자	12	17	1916.12	孟子緒論 / 金文演	
5220	藤樹	등수	3	14	1914.06	錄學校編纂教科書鹽谷世弘氏所撰中江藤樹一段 / 呂圭亨	나카에 도쥬(中江藤樹)
5221	藤樹	등수	15	75	1917.10	講說〉大邱高等普通學校講演(大正六年五月十六日)〉儒教의 庶民的 發展 / 高橋亨	나카에 도쥬(中江藤樹)
5222	藤樹	등수	30	63	1929.12	講說〉講題 朝鮮의 在한 聖學道統：李退溪先生을 憶함 / 赤木萬二郎	나카에 도쥬(中江藤樹)
5223	藤樹	등수	30	64	1929.12	講說〉講題 朝鮮의 在한 聖學道統：李退溪先生을 憶함 / 赤木萬二郎	나카에 도쥬(中江藤樹)
5224	藤樹	등수	3	13	1914.06	錄學校編纂教科書鹽谷世弘氏所撰中江藤樹一段 / 呂圭亨	나카에 도쥬(中江藤樹)
5225	藤野	등야	25	76	1924.12	地方報告〉[崔泳鵬의 報告]	藤野十太郎, 회령군수
5226	藤原藤房	등원등방	48	23	1944.04	(十月十五日於經學院秋季釋典)時局と儒道 / 鈴川壽男	후지와라노 후지후사, 마데노코지후지후사(万里小路藤房)
5227	藤原惺窩	등원성와	18	52	1918.09	講說〉講題 內地의 宋學(大正七年五月十一日第二十八回講演) / 今關壽麿	후지와라 세이카
5228	藤原松窩	등원송와	41	17	1937.02	博士王仁傳 / 李學魯	
5229	藤原俊基	등원준기	48	23	1944.04	(十月十五日於經學院秋季釋典)時局と儒道 / 鈴川壽男	후지와라노 도시모토(藤原俊基)
5230	藤原喜藏	등원희장	45	24	1940.12	朝鮮儒林大會(朝鮮儒道聯合會創立總會) 會錄槪要〉朝鮮儒道聯合會役員名簿(昭和十四年十一月一日現在)	후지와라 기조

번호	원문	현대어(독음)	호	쪽	발행일	기사명 / 필자	비고
5231	藤田東湖	등전동호	48	19	1944.04	(四月十五日於經學院春季釋典)櫻と日本精神 / 白神壽吉	후지타 도코
5232	藤田東湖	등전동호	48	39	1944.04	儒敎の進むべき道 / 朱柄乾	후지타 도코
5233	藤田嗣章	등전사장	3	57	1914.06	日誌大要	후지타 츠구아키라
5234	藤井	등정	32	31	1930.12	視察不二農場贈藤井組合長 / 鄭萬朝	후지이 간타로 (藤井寬太郎)
5235	藤川	등천	18	45	1918.09	日誌大要	후지카와 도시사부로 (藤川利三郎)
5236	藤川利三郎	등천리삼랑	18	61	1918.09	講說>講題 道在邇而求諸遠事在易而求諸難(大正七年五月十五日義州郡鄕校講演)>告詞(賞品授與式時) / 梁鳳濟	후지카와 도시사부로
5237	藤川利三郎	등천리삼랑	18	44	1918.09	日誌大要	후지카와 도시사부로
5238	藤塚	등총	28	45	1927.12	日誌大要	후지츠카 지카시 (藤塚鄰)
5239	藤塚鄰	등총린	28	44	1927.12	日誌大要	후지츠카 지카시
5240	藤塚鄰	등총린	31	54	1930.08	事務報告 / 神尾弍春	후지츠카 지카시
5241	藤塚鄰	등총린	33	24	1931.12	日誌大要	후지츠카 지카시
5242	藤塚鄰	등총린	34	54	1932.03	東洋思想講習會狀況	후지츠카 지카시
5243	藤塚鄰	등총린	34	56	1932.03	明倫學院評議會員名簿	후지츠카 지카시
5244	藤塚鄰	등총린	45	22	1940.12	朝鮮儒林大會(朝鮮儒道聯合會創立總會) 會錄槪要>朝鮮儒道聯合會役員名簿(昭和十四年十一月一日現在)	후지츠카 지카시
5245	藤塚鄰	등총린	31	60	1930.08	明倫學院職員名簿	후지츠카 지카시
5246	藤塚鄰	등총린	35	26	1932.12	日誌大要	후지츠카 지카시
5247	藤塚鄰	등총린	35	73	1932.12	明倫學院職員名簿	후지츠카 지카시
5248	藤塚鄰	등총린	36	53	1933.12	評議員會狀況>事業經過報告 / 俞萬兼	후지츠카 지카시

번호	원문	현대어(독음)	호	쪽	발행일	기사명 / 필자	비고
5249	藤塚鄰	등총린	36	64	1933.12	明倫學院職員名簿	후지츠카 지카시
5250	藤塚鄰	등총린	36	66	1933.12	明倫學院評議員名簿	후지츠카 지카시
5251	藤塚鄰	등총린	37	65	1934.10	明倫學院職員名簿	후지츠카 지카시
5252	藤塚鄰	등총린	37	67	1934.10	明倫學院評議員名簿	후지츠카 지카시
5253	藤塚鄰	등총린	41	60	1937.02	明倫學院職員名簿(昭和十一年一月一日現在)	후지츠카 지카시
5254	藤塚鄰	등총린	46	32	1941.12	明倫專門學院日誌大要(昭和十四年七月ヨリ 昭和十六年六月マデ)	후지츠카 지카시
5255	ラウレル	라우렐	48	9	1944.04	大東亞共同宣言の解説	José Paciano Laurel, 필리핀 대통령
5256	ラウレル	라우렐	48	6	1944.04	大東亞共同宣言の解説	José Paciano Laurel, 필리핀 대통령
5257	ラウレル	라우렐	48	11	1944.04	大東亞共同宣言の解説	José Paciano Laurel, 필리핀 대통령
5258	레-닌	레닌	34	50	1932.03	評議員會狀況	Lenin, Vladimir Il'Ich
5259	레린	레닌	44	68	1939.10	一億一心滅私奉公 長期戰에 對應 消費節約에 主婦의 協力이 必要	Lenin, Vladimir Il'Ich
5260	厲	려	7	25	1915.06	孔子年報(續) / 呂圭亨	
5261	厲	려	11	49	1916.06	讀書私記(第八號續) / 洪鐘佶	
5262	厲	려	11	50	1916.06	讀書私記(第八號續) / 洪鐘佶	
5263	厲	려	15	17	1917.10	詩經蔫辨 / 金文演	
5264	厲	려	38	21	1935.03	改正朔不易時月論 / 權純九	
5265	黎鉬	려목	5	37	1914.12	孔子年報(續) / 呂圭亨	
5266	濂	렴	10	4	1916.03	經論 / 金元祐	濂溪 周敦頤
5267	濂	렴	11	7	1916.06	經論 / 韓晩容	
5268	濂	렴	29	28	1928.12	三洙瑣談(續) / 元泳義	

번호	원문	현대어(독음)	호	쪽	발행일	기사명 / 필자	비고
5269	로이도 조-지	로이드 조지	38	26	1935.03	東洋에斯文이有함(續) / 福士末之助	David Lloyd George, 영국 총리
5270	록크	로크	10	37	1916.03	敎育 / 朴稚祥	John Locke
5271	柳	류	32	41	1930.12	地方報告〉地方儒林狀況〉[成樂賢의 報告]	柳誠源
5272	柳	류	40	16	1936.08	文房四友說 / 韓昌愚	柳宗元
5273	柳	류	40	47	1936.08	鄭茂亭先生追悼錄〉吊辭 / 鄭鳳時 等	
5274	柳	류	40	54	1936.08	鄭茂亭先生追悼錄〉輓詞 / 黃錫龍	柳宗元
5275	柳	류	40	59	1936.08	鄭茂亭先生追悼錄〉節山博士輓茂亭太史揭載 斯文會誌次韻却寄 / 橋茂一郎	柳宗元
5276	柳	류	43	57	1938.12	日誌大要	柳正秀
5277	柳脚	류각	40	16	1936.08	文房四友說 / 韓昌愚	
5278	柳澗	류간	23	80	1922.12	地方報告〉[河泰洪의 報告]	
5279	柳諫	류간	10	52	1916.03	賢關記聞(續) / 李大榮	
5280	柳監	류감	11	26	1916.06	經學淺知錄(續) / 金文演	
5281	柳開	류개	11	5	1916.06	經論 / 韓晩容	
5282	柳公	류공	25	87	1924.12	地方報告〉[羅壽線 等의 通牒]	柳軒(柳自湄 의 子), 원 문은 柳公諱 輊即諱軒
5283	柳觀	류관	37	21	1934.10	敎化編年 / 李大榮	
5284	柳圭政	류규정	35	37	1932.12	文廟釋奠狀況〉[李鍾貞의 보고]	
5285	柳奎昶	류규창	27	83	1926.12	地方報告〉[李奎煥의 報告]	
5286	柳均善	류균선	33	37	1931.12	聲討顚末	
5287	柳根壽	류근수	34	59	1932.03	明倫學院昭和六年度入學許可者名簿	
5288	柳根植	류근식	20	37	1920.03	求禮郡文廟重修捐義錄小序 / 金商翊	
5289	柳兢烈	류긍렬	32	46	1930.12	地方報告〉各郡文廟釋奠狀況〉[柳兢烈의 보고]	
5290	柳兢烈	류긍렬	36	26	1933.12	文廟釋奠狀況〉[盧秉寅의 보고]	
5291	柳兢烈	류긍렬	37	56	1934.10	文廟釋奠狀況〉[金孝泰의 보고]	
5292	柳冀	류기	25	72	1924.12	地方報告〉[權寧一 等의 報告]	
5293	柳冀芳	류기방	43	25	1938.12	孝烈行蹟〉[權重林의 보고]	
5294	柳冀書	류기서	33	34	1931.12	聲討顚末	
5295	柳冀五	류기오	25	72	1924.12	地方報告〉[權寧一 等의 報告]	
5296	柳基雨	류기우	33	35	1931.12	聲討顚末	
5297	柳冀政	류기정	25	83	1924.12	地方報告〉[柳冀政의 報告]	
5298	柳基浩	류기호	23	57	1922.12	日誌大要	

번호	원문	현대어(독음)	호	쪽	발행일	기사명 / 필자	비고
5299	柳來亨	류내형	28	38	1927.12	壽星詩帖 / 柳來亨	
5300	柳來亨	류내형	28	52	1927.12	日誌大要	
5301	柳來亨	류내형	30	38	1929.12	雪重帖 / 柳來亨	
5302	柳來亨	류내형	36	24	1933.12	日誌大要	
5303	柳諑	류녹	28	78	1927.12	地方報告〉[柳諑의 報告]	
5304	柳達淳	류달순	43	14	1938.12	信川鄉校重修記 / 金完鎭	
5305	柳戀	류당	10	52	1916.03	賢關記聞(續) / 李大榮	
5306	柳大中	류대중	37	32	1934.10	孝烈行蹟〉[全羅北道知事의 보고]	
5307	柳東烈	류동렬	28	43	1927.12	日誌大要	
5308	柳東烈	류동렬	28	44	1927.12	日誌大要	
5309	柳東韶	류동소	38	47	1935.03	文廟釋奠狀況〉地方文廟秋期釋奠狀況表	
5310	柳得恭	류득공	28	4	1927.12	朝鮮詩文變遷論 / 鄭萬朝	원문은 得恭
5311	柳萬馨	류만형	40	11	1936.08	心田開發論 / 柳萬馨	
5312	柳萬馨	류만형	40	31	1936.08	平壤文廟移建落成式竝儒林大會狀況	
5313	柳萬馨	류만형	44	82	1939.10	日誌大要(自昭和十三年六月 至昭和十三年十二月)	
5314	柳萬馨	류만형	45	30	1940.12	朝鮮儒林大會(朝鮮儒道聯合會創立總會) 會錄概要〉朝鮮儒道聯合會役員名簿(昭和十四年十一月一日現在)	
5315	柳文根	류문근	20	35	1920.03	金堤郡鄉校靑衿契發起通文	
5316	柳文根	류문근	20	58	1920.03	地方報告〉[趙翰誠 등의 報告]	
5317	柳文根	류문근	21	93	1921.03	地方報告〉[趙翰誠의 報告]	
5318	柳文植	류문식	31	32	1930.08	日誌大要	
5319	柳文植	류문식	33	43	1931.12	文廟釋奠狀況	
5320	柳眉巖	류미암	1	39	1913.12	近世事十條 / 李商永	柳希春
5321	柳眉菴	류미암	11	27	1916.06	經學淺知錄(續) / 金文演	柳希春
5322	柳磻溪	류반계	13	44	1917.03	講說〉講題 五畝之宅樹之以桑(大正五年六月十日第十九回講演) / 李容植	柳馨遠
5323	柳芳	류방	16	1	1918.03	經學管見(續) / 尹寗求	
5324	柳炳一	류병일	35	28	1932.12	地方儒林狀況〉[李奎寧 等의 보고]	
5325	柳秉台	류병태	20	37	1920.03	求禮郡文廟重修捐義錄小序 / 金商翊	
5326	柳譜	류보	44	57	1939.10	朝鮮詩學考 / 李昇圭	
5327	柳福岩	류복암	42	35	1937.12	日誌大要	
5328	柳福巖	류복암	37	71	1934.10	明倫學院第五回入學許可者名簿	
5329	柳福巖	류복암	40	35	1936.08	文廟釋奠狀況〉[秋期釋奠 擧行]	
5330	柳福巖	류복암	41	37	1937.02	文廟秋季釋奠狀況	

번호	원문	현대어(독음)	호	쪽	발행일	기사명 / 필자	비고
5331	柳福巖	류복암	42	70	1937.12	第五回卒業式狀況及第八回新入生名簿〉第五回卒業生名簿	
5332	柳庠烈	류상렬	21	97	1921.03	地方報告〉[柳庠烈의 報告]	
5333	柳生繁雄	류생번웅	45	22	1940.12	朝鮮儒林大會(朝鮮儒道聯合會創立總會) 會錄槪要〉朝鮮儒道聯合會役員名簿(昭和十四年十一月一日現在)	야규 시게오
5334	柳西峯	류서봉	11	27	1916.06	經學淺知錄(續) / 金文演	柳藕
5335	柳錫錄	류석록	33	35	1931.12	聲討顚末	
5336	柳星烈	류성렬	32	50	1930.12	地方報告〉孝烈行蹟〉[柳星烈 等의 보고]	
5337	柳誠源	류성원	32	41	1930.12	地方報告〉地方儒林狀況〉[成樂賢의 報告]	원문은 誠源
5338	柳晟潤	류성윤	37	43	1934.10	日誌大要	
5339	柳省齋	류성재	36	9	1933.12	居然亭記 / 李學魯	
5340	柳崇祖	류숭조	41	21	1937.02	敎化編年(續) / 李大榮	
5341	柳承烈	류승렬	40	63	1936.08	第四回卒業式狀況及第七回新入生名簿〉明倫學院第七回入學許可者名簿	
5342	柳承烈	류승렬	41	37	1937.02	文廟秋季釋奠狀況	
5343	柳承烈	류승렬	42	38	1937.12	文廟春季釋奠狀況	
5344	柳承烈	류승렬	43	59	1938.12	文廟秋季釋奠狀況	
5345	柳承烈	류승렬	43	66	1938.12	文廟春季釋奠狀況	
5346	柳承烈	류승렬	43	67	1938.12	文廟春季釋奠狀況	
5347	柳承烈	류승렬	44	79	1939.10	文廟秋季釋奠狀況	
5348	柳承烈	류승렬	44	79	1939.10	文廟秋季釋奠狀況	
5349	柳承烈	류승렬	44	87	1939.10	文廟春季釋奠狀況	
5350	柳承烈	류승렬	44	87	1939.10	文廟春季釋奠狀況	
5351	柳承冕	류승면	39	54	1935.10	文廟釋奠狀況〉地方文廟春期釋奠狀況表	
5352	柳承冕	류승면	40	38	1936.08	文廟釋奠狀況〉[地方文廟春期釋奠狀況表]	
5353	柳承佑	류승우	45	23	1940.12	朝鮮儒林大會(朝鮮儒道聯合會創立總會) 會錄槪要〉朝鮮儒道聯合會役員名簿(昭和十四年十一月一日現在)	
5354	柳承海	류승해	29	17	1928.12	新興郡文廟刱建記 / 魏大源	
5355	柳承桓	류승환	20	37	1920.03	求禮郡文廟重修捐義錄小序 / 金商翊	
5356	柳氏	류씨	21	98	1921.03	地方報告〉[柳庠烈의 報告]	柳自湄
5357	柳然彪	류연표	36	31	1933.12	文廟釋奠狀況〉[柳然彪의 보고]	
5358	柳然彪	류연표	37	54	1934.10	文廟釋奠狀況〉[柳然彪의 보고]	
5359	柳然彪	류연표	38	46	1935.03	文廟釋奠狀況〉地方文廟秋期釋奠狀況表	
5360	柳然彪	류연표	39	53	1935.10	文廟釋奠狀況〉地方文廟春期釋奠狀況表	
5361	柳然彪	류연표	40	36	1936.08	文廟釋奠狀況〉[地方文廟春期釋奠狀況表]	

번호	원문	현대어(독음)	호	쪽	발행일	기사명 / 필자	비고
5362	柳永模	류영모	20	38	1920.03	求禮郡文廟重修捐義錄小序 / 金商翊	
5363	柳泳錫	류영석	24	54	1923.12	日誌大要	
5364	柳泠齋	류영재	28	4	1927.12	朝鮮詩文變遷論 / 鄭萬朝	柳得恭
5365	柳玩	류완	20	35	1920.03	金堤郡鄕校靑衿契發起通文	
5366	柳玩	류완	20	58	1920.03	地方報告〉[趙翰誠 등의 報告]	
5367	柳玩	류완	21	93	1921.03	地方報告〉[趙翰誠의 報告]	
5368	柳藕	류우	11	27	1916.06	經學淺知錄(續) / 金文演	원문은 藕
5369	柳雲	류운	41	24	1937.02	敎化編年(續) / 李大榮	
5370	柳雲	류운	43	15	1938.12	敎化編年(續) / 李大榮	
5371	柳運永	류운영	31	29	1930.08	日誌大要	
5372	柳雲赫	류운혁	23	84	1922.12	地方報告〉[柳雲赫의 報告]	
5373	柳雲赫	류운혁	24	95	1923.12	地方報告〉[柳雲赫의 報告]	
5374	劉瑜	류유	1	22	1913.12	經學當明者 四 / 呂圭亨	東漢 사람
5375	柳應龜	류응귀	12	55	1916.12	日誌大要	
5376	柳應龍	류응룡	12	55	1916.12	日誌大要	
5377	柳應泰	류응태	20	38	1920.03	求禮郡文廟重修捐義錄小序 / 金商翊	
5378	柳宜燮	류의섭	20	37	1920.03	求禮郡文廟重修捐義錄小序 / 金商翊	
5379	柳翼冕	류익면	35	41	1932.12	孝烈行蹟〉[李根洙의 보고]	원문은 翼冕
5380	柳翼星	류익성	35	41	1932.12	孝烈行蹟〉[李根洙의 보고]	
5381	柳翼昌	류익창	35	41	1932.12	孝烈行蹟〉[李根洙의 보고]	원문은 翼昌
5382	柳寅九	류인구	26	83	1925.12	地方報告〉[黃圭轍의 報告]	
5383	柳寅斗	류인두	43	26	1938.12	孝烈行蹟〉[李昌威의 보고]	
5384	柳仁秀	류인수	19	78	1918.12	地方報告〉[朴贊穆의 報告]	신계군수
5385	柳自湄	류자미	21	97	1921.03	地方報告〉[柳庠烈의 報告]	
5386	柳自湄	류자미	25	87	1924.12	地方報告〉[羅壽線 等의 通牒]	원문은 西山柳先生 諱自湄
5387	柳子厚	류자후	10	16	1916.03	經學管見(續) / 尹寧求	
5388	柳長源	류장원	46	7	1941.12	大學序文先儒論辨 / 金誠鎭	
5389	柳長源	류장원	46	10	1941.12	大學序文先儒論辨 / 金誠鎭	
5390	柳在洙	류재수	43	31	1938.12	皇軍慰問詩 / 柳在洙	
5391	柳在馨	류재형	42	36	1937.12	日誌大要	
5392	柳在馨	류재형	43	14	1938.12	信川鄕校重修記 / 金完鎭	
5393	柳在洪	류재홍	46	17	1941.12	釋奠狀況〉昭和十六年春季釋奠狀況	
5394	柳正秀	류정수	39	50	1935.10	日誌大要	
5395	柳正秀	류정수	43	30	1938.12	皇軍慰問詩 / 柳正秀	

번호	원문	현대어(독음)	호	쪽	발행일	기사명 / 필자	비고
5396	柳正秀	류정수	43	38	1938.12	故大提學鄭鳳時先生輓詞 / 柳正秀	
5397	柳正秀	류정수	43	52	1938.12	故大提學柳正秀先生追悼錄	
5398	柳正秀	류정수	43	71	1938.12	[명륜학원 행사]	
5399	柳正秀	류정수	43	72	1938.12	第六回卒業式狀況及第九回新入生名簿	
5400	柳正秀	류정수	43	56	1938.12	日誌大要	
5401	柳正浩	류정호	20	37	1920.03	求禮郡文廟重修捐義錄小序 / 金商翊	
5402	柳貞桓	류정환	20	36	1920.03	求禮郡文廟重修捐義錄小序 / 金商翊	
5403	柳朝桓	류조환	23	57	1922.12	日誌大要	
5404	柳種奎	류종규	12	83	1916.12	地方報告〉[趙榮 등의 報告]	
5405	柳種奎	류종규	20	35	1920.03	金堤郡鄕校靑衿契發起通文	
5406	柳種奎	류종규	20	56	1920.03	地方報告〉[趙翰誠 등의 報告]	
5407	柳種奎	류종규	20	58	1920.03	地方報告〉[趙翰誠 등의 報告]	
5408	柳宗烈	류종렬	43	26	1938.12	孝烈行蹟〉[李昌威의 보고]	柳寅斗의 子
5409	柳鍾珉	류종민	40	36	1936.08	文廟釋奠狀況〉[地方文廟春期釋奠狀況表]	
5410	柳宗元	류종원	10	15	1916.03	經學管見(續) / 尹寧求	
5411	柳宗元	류종원	28	2	1927.12	朝鮮詩文變遷論 / 鄭萬朝	
5412	柳仲郢	류중영	7	35	1915.06	容思衍(續) / 李鼎煥	
5413	柳輊	류지	25	87	1924.12	地方報告〉[羅燾線 等의 通牒]	원문은 柳公諱輊, 柳自湄의 子
5414	柳智煥	류지환	37	29	1934.10	孝烈行蹟〉[柳智煥의 보고]	
5415	柳鎭赫	류진혁	18	81	1918.09	地方報告〉[高迺允의 報告]	강동군수
5416	柳川光衛門	류천광위문	47	39	1943.01	釋奠狀況〉昭和十七年春季釋奠狀況	
5417	柳川光衞門	류천광위문	47	37	1943.01	釋奠狀況〉昭和十六年秋季釋奠狀況	
5418	柳川光衞門	류천광위문	47	42	1943.01	釋奠狀況〉昭和十七年秋季釋奠狀況	
5419	柳初陽	류초양	40	35	1936.08	文廟釋奠狀況〉[秋期釋奠 擧行]	
5420	柳春錫	류춘석	29	80	1928.12	地方報告〉[柳春錫 等의 報告]	
5421	柳春錫	류춘석	33	35	1931.12	聲討顚末	
5422	柳春錫	류춘석	35	43	1932.12	孝烈行蹟〉[柳春錫 等의 보고]	
5423	柳致炫	류치현	30	80	1929.12	地方報告〉[李瀅鎬의 報告]	
5424	柳澤英雄	류택영웅	48	63	1944.04	經學院日誌大要(昭和十七年七月ヨリ昭和十八年六月マテ)	
5425	柳澤薰	류택훈	38	36	1935.03	孝烈行蹟〉[李倫在 等의 보고]	
5426	柳豊烈	류풍렬	30	15	1929.12	白川鄕校重修記 / 鄭鳳時	
5427	柳豊烈	류풍렬	31	35	1930.08	地方報告〉各郡文廟釋奠狀況[柳豊烈의 보고]	
5428	柳弼茂	류필무	37	72	1934.10	明倫學院第五回入學許可者名簿	

번호	원문	현대어(독음)	호	쪽	발행일	기사명 / 필자	비고
5429	柳弼茂	류필무	38	43	1935.03	文廟釋奠狀況〉[秋期釋奠 擧行]	
5430	柳弼茂	류필무	40	35	1936.08	文廟釋奠狀況〉[秋期釋奠 擧行]	
5431	柳弼茂	류필무	41	37	1937.02	文廟秋季釋奠狀況	
5432	柳弼茂	류필무	42	71	1937.12	第五回卒業式狀況及第八回新入生名簿〉第五回卒業生名簿	
5433	柳河天	류하천	29	42	1928.12	日誌大要	
5434	柳海春	류해춘	38	45	1935.03	文廟釋奠狀況〉地方文廟秋期釋奠狀況表	
5435	柳軒	류헌	25	87	1924.12	地方報告〉[羅壽線 等의 通牒]	원문은 文簡公西坡諱軒, 柳自湄의 子
5436	柳赫魯	류혁로	45	25	1940.12	朝鮮儒林大會(朝鮮儒道聯合會創立總會) 會錄槪要〉朝鮮儒道聯合會役員名簿(昭和十四年十一月一日現在)	
5437	柳惠	류혜	11	51	1916.06	讀書私記(第八號續) / 洪鐘佶	
5438	柳惠	류혜	30	24	1929.12	中庸問對(續) / 崔基鉉	
5439	柳和相	류화상	45	40	1940.12	朝鮮儒林大會(朝鮮儒道聯合會創立總會) 會錄槪要〉朝鮮儒道聯合會役員名簿(昭和十四年十一月一日現在)	
5440	柳興龍	류흥룡	20	37	1920.03	求禮郡文廟重修捐義錄小序 / 金商翊	
5441	柳興文	류흥문	20	37	1920.03	求禮郡文廟重修捐義錄小序 / 金商翊	
5442	柳興奭	류흥석	31	61	1930.08	入學許可者名簿	
5443	柳興奭	류흥석	32	37	1930.12	日誌大要	
5444	柳興奭	류흥석	33	43	1931.12	文廟釋奠狀況	
5445	柳興奭	류흥석	35	30	1932.12	文廟釋奠狀況	
5446	柳興奭	류흥석	35	74	1932.12	明倫學院第一回卒業生名簿	
5447	柳興善	류흥선	29	44	1928.12	日誌大要	
5448	柳興容	류흥용	33	34	1931.12	聲討顚末	
5449	柳興容	류흥용	33	37	1931.12	聲討顚末	
5450	柳興容	류흥용	37	30	1934.10	孝烈行蹟〉[柳興容 等의 보고]	
5451	柳興宗	류흥종	34	5	1932.03	最近經學考 / 權純九	
5452	柳熙綱	류희강	37	71	1934.10	明倫學院第五回入學許可者名簿	
5453	柳熙綱	류희강	38	43	1935.03	文廟釋奠狀況〉[秋期釋奠 擧行]	
5454	柳熙綱	류희강	38	44	1935.03	文廟釋奠狀況〉[秋期釋奠 擧行]	
5455	柳熙綱	류희강	40	35	1936.08	文廟釋奠狀況〉[秋期釋奠 擧行]	
5456	柳熙綱	류희강	41	37	1937.02	文廟秋季釋奠狀況	
5457	柳熙綱	류희강	42	38	1937.12	文廟春季釋奠狀況	

번호	원문	현대어(독음)	호	쪽	발행일	기사명 / 필자	비고
5458	柳熙綱	류희강	42	70	1937.12	第五回卒業式狀況及第八回新入生名簿〉第五回卒業生名簿	
5459	柳熙綱	류희강	43	67	1938.12	文廟春季釋奠狀況	
5460	柳熙庸	류희용	29	39	1928.12	日誌大要	
5461	柳熙庸	류희용	31	29	1930.08	日誌大要	
5462	柳熙晉	류희진	38	41	1935.03	日誌大要	
5463	柳熙晉	류희진	38	52	1935.03	第五會評議員會狀況	
5464	柳熙晉	류희진	41	61	1937.02	明倫學院職員名簿(昭和十一年一月一日現在)	
5465	柳熙晉	류희진	45	34	1940.12	朝鮮儒林大會(朝鮮儒道聯合會創立總會) 會錄概要〉朝鮮儒道聯合會役員名簿(昭和十四年十一月一日現在)	
5466	柳熙晉	류희진	45	41	1940.12	朝鮮儒林大會(朝鮮儒道聯合會創立總會) 會錄概要〉朝鮮儒道聯合會役員名簿(昭和十四年十一月一日現在)	
5467	柳希春	류희춘	11	27	1916.06	經學淺知錄(續) / 金文演	원문은 希春
5468	柳希春	류희춘	11	54	1916.06	賢關記聞(續) / 李大榮	
5469	루베리에	르베리에	17	61	1918.07	講說〉講題 朝鮮氣象에 就ᄒ야(大正七年三月二十一日第二十七回講演) / 平田德太郎	Urbain Jean Joseph Le Verrie
5470	鯉	리	3	30	1914.06	孔子年報(續) / 呂圭亨	孔鯉
5471	鯉	리	6	40	1915.03	孔子年報(續) / 呂圭亨	孔鯉
5472	鯉	리	12	46	1916.12	奉讀經學院雜誌興感 / 李寅興	孔鯉
5473	鯉	리	14	66	1917.07	地方報告〉[宋在永의 報告]〉釋奠祭文 / 黃義民	孔鯉
5474	鯉	리	20	29	1920.03	三洙瑣談(續) / 元泳義	孔鯉
5475	리–힛히	리비히	19	45	1918.12	講說〉講題 化學과 人生(大正七年六月八日第二十九回講演) / 片山 嵓	Justus von Liebig
5476	馬	마	14	1	1917.07	經言 / 鄭崙秀	司馬遷
5477	馬	마	40	16	1936.08	文房四友說 / 韓昌愚	
5478	馬	마	48	52	1944.04	釋奠狀況〉昭和十八年秋季釋奠狀況	馬永發, 중화민국 경성총영사
5479	馬皇后	마 황후	46	62	1941.12	講演及講習〉時局と婦道實踐(講演速記) / 永田種秀	朱元璋의 황후 馬秀英
5480	馬嘉運	마가운	32	5	1930.12	經學源流(續) / 權純九	
5481	馬季長	마계장	3	42	1914.06	講士視察見聞所記 / 呂圭亨	馬融
5482	마고이	마고이	39	31	1935.10	東京斯文會主催儒道大會狀況	
5483	馬光祖	마광조	18	8	1918.09	經學管見(續) / 尹寧求	

번호	원문	현대어(독음)	호	쪽	발행일	기사명 / 필자	비고
5484	馬端臨	마단림	20	14	1920.03	經學管見(續) / 尹寧求	
5485	馬渡勝雄	마도승웅	48	62	1944.04	經學院日誌大要(昭和十七年七月ヨリ昭和十八年六月マテ)	
5486	馬令	마령	17	6	1918.07	經學管見(續) / 尹寧求	
5487	맑쓰	마르크스	34	50	1932.03	評議員會狀況	Karl Heinrich Marx
5488	馬文升	마문승	16	4	1918.03	經學管見(續) / 尹寧求	
5489	馬瑞臨	마서임	19	9	1918.12	經學管見(續) / 尹寧求	
5490	馬瑞辰	마서진	10	25	1916.03	經學淺知錄 / 金文演	
5491	馬瑞河	마서하	20	36	1920.03	求禮郡文廟重修捐義錄小序 / 金商翊	
5492	馬世振	마세진	31	39	1930.08	地方報告>孝烈行蹟>[金璣淵의 보고]	원문은 世振
5493	馬驌	마숙	15	3	1917.10	經學管見(續) / 尹寧求	
5494	馬氏	마씨	31	39	1930.08	地方報告>孝烈行蹟>[金璣淵의 보고]	
5495	馬野	마야	27	51	1926.12	日誌大要	우마노 세이이치 (馬野精一)
5496	馬野精一	마야정일	27	57	1926.12	日誌大要	우마노 세이이치
5497	馬永發	마영발	48	62	1944.04	經學院日誌大要(昭和十七年七月ヨリ昭和十八年六月マテ)	중화민국 경성총영사
5498	馬宛斯	마완사	10	24	1916.03	經學淺知錄 / 金文演	馬驌
5499	馬元	마원	9	54	1915.12	講說>講題 三人行必有我師(大正四年六月十二日第十三回講演) / 朴箕陽	
5500	馬融	마융	1	18	1913.12	經學當明者 二 / 呂圭亨	
5501	馬融	마융	9	12	1915.12	經學管見(上) / 尹寧求	
5502	馬融	마융	10	17	1916.03	經學管見(續) / 尹寧求	
5503	馬融	마융	10	51	1916.03	賢關記聞(續) / 李大榮	
5504	馬融	마융	14	69	1917.07	地方報告>[宋在永의 報告]>聖訓奉答文 / 高橋文次郎	
5505	馬融	마융	31	4	1930.08	經學源流 / 權純九	
5506	馬融	마융	31	6	1930.08	經學源流 / 權純九	
5507	馬融	마융	44	37	1939.10	經儒學 / 金誠鎭	
5508	馬應奎	마응규	33	56	1931.12	孝烈行蹟>[朴庚禧의 보고]	
5509	馬鍾冀	마종기	20	37	1920.03	求禮郡文廟重修捐義錄小序 / 金商翊	
5510	馬遷	마천	2	34	1914.03	孔子年譜 / 呂圭亨	
5511	利瑪竇	마테오 리치 (리마두)	6	15	1915.03	格致管見(續) / 李鼎煥	Matteo Ricci

번호	원문	현대어(독음)	호	쪽	발행일	기사명 / 필자	비고
5512	利瑪竇	마테오 리치 (리마두)	11	63	1916.06	日誌大要	Matteo Ricci
5513	마틴루터	마틴 루터	39	16	1935.10	農村振興과 儒林의 覺醒(每日申報社說抄錄) -時運時變에 適應하라	Martin Luther
5514	馬玄圭	마현규	45	40	1940.12	朝鮮儒林大會(朝鮮儒道聯合會創立總會) 會 錄槪要〉朝鮮儒道聯合會役員名簿(昭和十四年 十一月一日現在)	
5515	馬洪石	마홍석	44	91	1939.10	明倫專門學院記事〉本科第十回入學許可者	
5516	馬希孟	마희맹	25	30	1924.12	釋奠에 就하야(續) / 佐藤廣治	
5517	莫休符	막휴부	18	12	1918.09	經學管見(續) / 尹寧求	
5518	曼	만	44	59	1939.10	朝鮮詩學考 / 李昇圭	신라 진성여 왕 金曼
5519	萬經	만경	20	21	1920.03	經學管見(續) / 尹寧求	
5520	萬季野	만계야	10	22	1916.03	經學淺知錄 / 金文演	萬斯同
5521	萬季野	만계야	10	24	1916.03	經學淺知錄 / 金文演	
5522	萬橋亨	만교형	36	64	1933.12	明倫學院職員名簿	
5523	曼父	만부	25	15	1924.12	三洙瑣談(續) / 元泳義	
5524	萬斯大	만사대	10	22	1916.03	經學淺知錄 / 金文演	원문은 斯大
5525	萬斯大	만사대	24	30	1923.12	釋奠에 就하야 / 佐藤廣治	
5526	萬斯同	만사동	10	22	1916.03	經學淺知錄 / 金文演	원문은 斯同
5527	萬斯同	만사동	15	6	1917.10	經學管見(續) / 尹寧求	
5528	萬斯同	만사동	17	4	1918.07	經學管見(續) / 尹寧求	
5529	萬斯同	만사동	20	20	1920.03	經學管見(續) / 尹寧求	
5530	萬石君	만석군	26	16	1925.12	欲齊其家先修其身論 / 成樂賢	
5531	萬世之師	만세지사	12	87	1916.12	地方報告〉[朴長鴻의 報告]	孔子
5532	晚松	만송	28	15	1927.12	祭晚松吳講士文 / 朴時陽	
5533	晚松	만송	28	16	1927.12	祭晚松吳講士文 / 成樂賢	
5534	晚松	만송	29	22	1928.12	祭晚松吳講士文 / 金完鎭	
5535	晚雲	만운	35	40	1932.12	孝烈行蹟〉[金濬容 等의 보고]	
5536	萬章	만장	11	13	1916.06	經學說(續) / 李容植	
5537	萬章	만장	12	11	1916.12	孟子緒論 / 金文演	
5538	萬朝	만조	33	18	1931.12	壽松帖	
5539	萬充宗	만충종	10	22	1916.03	經學淺知錄 / 金文演	萬斯大
5540	萬充宗	만충종	10	24	1916.03	經學淺知錄 / 金文演	萬斯大
5541	晚圃	만포	11	56	1916.06	賢關記聞(續) / 李大榮	李勉昇
5542	末	말	42	55	1937.12	文廟享祀位次及聖賢姓名爵號考 / 金完鎭	公羊高

번호	원문	현대어(독음)	호	쪽	발행일	기사명 / 필자	비고
5543	妹喜	말희	46	63	1941.12	講演及講習〉時局と婦道實踐(講演速記) / 永田種秀	夏 桀王의 총비
5544	梅賾	매색	44	34	1939.10	經儒學 / 金誠鎭	東晋 고문학자
5545	梅田國松	매전국송	47	7	1943.01	戶籍整備入選標語	우메다 구니마쓰
5546	梅田雲濱	매전운빈	48	24	1944.04	(十月十五日於經學院秋季釋典)時局と儒道 / 鈴川壽男	우메다 운빈
5547	邁柱	매주	18	10	1918.09	經學管見(續) / 尹寧求	
5548	梅竹堂	매죽당	32	41	1930.12	地方報告〉地方儒林狀況〉[成樂賢의 報告]	成三問
5549	梅竹軒	매죽헌	21	98	1921.03	地方報告〉[柳庠烈의 報告]	成三問
5550	梅下鄭公	매하 정공	28	14	1927.12	祭講士梅下鄭公文 / 李大榮	
5551	梅湖	매호	48	46	1944.04	朝鮮詩學考(前號續) / 李昇圭	陳澕의 號
5552	貉稽	맥계	5	53	1914.12	容思衍(續) / 李鼎煥	
5553	孟	맹	1	36	1913.12	寺內總督敎育方針談	
5554	孟	맹	1	45	1913.12	日誌大要	
5555	孟	맹	1	54	1913.12	日誌大要	
5556	孟	맹	1	72	1913.12	講說〉大正二年九月四日第二回演講〉(講章此之謂絜矩之道)〉結辭 / 趙重應	
5557	孟	맹	2	87	1914.03	地方報告〉[黃敦秀의 報告]	
5558	孟	맹	3	45	1914.06	講士視察見聞所記 / 呂圭亨	
5559	孟	맹	3	57	1914.06	日誌大要	
5560	孟	맹	3	60	1914.06	日誌大要	
5561	孟	맹	4	38	1914.09	孔子年報(續) / 呂圭亨	孟孫氏
5562	孟	맹	5	76	1914.12	講說〉講題 道也者不可須臾離也(大正三年九月二十九日第七回講演)〉講說 / 宇佐美勝夫	
5563	孟	맹	5	77	1914.12	講說〉講題 道也者不可須臾離也(大正三年九月二十九日第七回講演)〉講說 / 宇佐美勝夫	
5564	孟	맹	5	89	1914.12	關東講說〉講題 道不遠人 / 池台源	
5565	孟	맹	5	96	1914.12	關東講說〉講題 道不遠人 / 吳致翊	
5566	孟	맹	7	74	1915.06	講說〉講題 孔子聖之時者也(大政四年三月十八日第十回講演)〉敷演 / 梁鳳濟	
5567	孟	맹	9	34	1915.12	賢關記聞(續) / 李大榮	
5568	孟	맹	10	9	1916.03	經學說 / 李容稙	
5569	孟	맹	10	31	1916.03	享官廳記 / 洪貴達 撰	
5570	孟	맹	10	48	1916.03	賢關記聞(續) / 李大榮	
5571	孟	맹	10	50	1916.03	賢關記聞(續) / 李大榮	

번호	원문	현대어(독음)	호	쪽	발행일	기사명 / 필자	비고
5572	孟	맹	10	77	1916.03	地方報告〉[成樂賢의 報告]	
5573	孟	맹	10	78	1916.03	地方報告〉[成樂賢의 報告]	
5574	孟	맹	10	80	1916.03	地方報告〉[成樂賢의 報告]	
5575	孟	맹	10	81	1916.03	地方報告〉[成樂賢의 報告]	
5576	孟	맹	10	94	1916.03	地方報告〉[韓昌愚의 報告]	
5577	孟	맹	11	1	1916.06	經論 / 韓晩容	
5578	孟	맹	11	35	1916.06	丕闡堂記 / 宋時烈	
5579	孟	맹	12	72	1916.12	講說〉講題 善養吾浩然之氣(大正五年九月二十九日海州郡鄕校講演) / 李容稙	
5580	孟	맹	12	74	1916.12	講說〉講題 善養吾浩然之氣(大正五年九月二十九日海州郡鄕校講演) / 李容稙	
5581	孟	맹	12	78	1916.12	地方報告〉[韓昌愚의 報告]	
5582	孟	맹	12	79	1916.12	地方報告〉[韓昌愚의 報告]	
5583	孟	맹	12	81	1916.12	地方報告〉[鄭準民의 報告]	
5584	孟	맹	12	87	1916.12	地方報告〉[朴長鴻의 報告]	
5585	孟	맹	13	11	1917.03	原儒 / 鄭崙秀	
5586	孟	맹	13	50	1917.03	講說〉立身致富之要訣(大正五年六月十日第十九回講演) / 村上唯吉	
5587	孟	맹	15	54	1917.10	講說〉光州郡鄕校講演(大正六年四月二十六日)〉說諭(賞品授與式日) / 元應常	
5588	孟	맹	15	61	1917.10	講說〉大邱高等普通學校講演(大正六年五月十六日)〉講題 志於道據於德依於仁游於藝 / 李容稙	
5589	孟	맹	16	18	1918.03	閒窓問對 / 朴昇東	
5590	孟	맹	16	48	1918.03	講說〉講題 存其心養其性所以事天也(大正六年十月十四日江陵郡講演) / 李容稙	
5591	孟	맹	16	49	1918.03	講說〉講題 存其心養其性所以事天也(大正六年十月十四日江陵郡講演) / 李容稙	
5592	孟	맹	16	77	1918.03	地方報告〉[宋在永의 報告]〉獎學에 就ᄒ야 / 淺井安行	
5593	孟	맹	17	16	1918.07	中庸章句問對(續) / 朴長鴻	
5594	孟	맹	17	49	1918.07	講說〉講題 國民道德은 何也오(大正六年十一月十日第二十六回講演) / 立柄敎俊	
5595	孟	맹	17	51	1918.07	講說〉講題 國民道德은 何也오(大正六年十一月十日第二十六回講演) / 立柄敎俊	
5596	孟	맹	17	68	1918.07	地方報告〉[韓昌愚의 報告]	
5597	孟	맹	18	4	1918.09	學說 / 李明宰	
5598	孟	맹	18	6	1918.09	學說 / 李明宰	

번호	원문	현대어(독음)	호	쪽	발행일	기사명 / 필자	비고
5599	孟	맹	18	61	1918.09	講說〉講題 道在邇而求諸遠事在易而求諸難 (大正七年五月十五日義州郡鄕校講演)〉告詞 (賞品授與式時) / 梁鳳濟	
5600	孟	맹	19	20	1918.12	雲山郡文廟祭官案序 / 申鉉求	
5601	孟	맹	19	29	1918.12	賢關記聞(續) / 李大榮	
5602	孟	맹	21	2	1921.03	論說(寄書第二) / 呂圭亨	
5603	孟	맹	21	4	1921.03	老生常談 / 金完鎭	
5604	孟	맹	22	4	1922.03	禮辭(於儒道振興會臨時總會席上) / 金完鎭	
5605	孟	맹	22	14	1922.03	經學講論 / 成樂賢	
5606	孟	맹	22	70	1922.03	講說〉子路人告之以有過則喜 / 成樂賢	
5607	孟	맹	23	14	1922.12	經義問答 / 韓昌愚	
5608	孟	맹	23	75	1922.12	講說〉講題 不出家而成敎於國 / 成樂賢	
5609	孟	맹	23	78	1922.12	講說〉講題 儒道 / 鄭準民	
5610	孟	맹	25	54	1924.12	講說〉講題 儒家之自衛策 / 金完鎭	
5611	孟	맹	26	68	1925.12	講說〉講題 邦有道貧且賤焉恥也 / 成樂賢	
5612	孟	맹	29	48	1928.12	講說〉講題 學所以明人倫 / 成樂賢	
5613	孟	맹	29	[2]	1928.12	訓示 / 山梨半造	
5614	孟	맹	30	26	1929.12	中庸問對(續) / 沈璿澤	
5615	孟	맹	30	52	1929.12	講說〉講題 仰至聖孔夫子 / 福士末之助	
5616	孟	맹	30	58	1929.12	講說〉講題 朝鮮의 在한 聖學道統 : 李退溪先生을 憶함 / 赤木萬二郎	
5617	孟	맹	31	6	1930.08	經學源流 / 權純九	孟喜
5618	孟	맹	31	16	1930.08	講題 修身齊家治國平天下 / 成樂賢	
5619	孟	맹	34	4	1932.03	最近經學考 / 權純九	
5620	孟	맹	35	29	1932.12	地方儒林狀況〉[李奎寧 等의 보고]	
5621	孟	맹	35	60	1932.12	評議員會狀況〉演示 / 林 武樹	
5622	孟	맹	37	63	1934.10	第四回評議員會狀況〉演示 / 渡邊豐日子	
5623	孟	맹	39	17	1935.10	湯島聖堂孔子祭典狀況	
5624	孟	맹	39	[1]	1935.10	儒敎의 使命에 邁往함을 望함 / 宇垣一成	
5625	孟	맹	39	[2]	1935.10	儒敎의 使命에 邁往함을 望함 / 宇垣一成	
5626	孟	맹	40	30	1936.08	平壤文廟移建落成式竝儒林大會狀況	
5627	孟	맹	41	4	1937.02	孔孟의 眞精神 / 羅一鳳	
5628	孟	맹	41	5	1937.02	孔孟의 眞精神 / 羅一鳳	
5629	孟	맹	41	6	1937.02	孔孟의 眞精神 / 羅一鳳	
5630	孟	맹	42	64	1937.12	婚姻儀禮 經學院使用規程(昭和十二年五月二十六日社敎第一〇三號認可)	
5631	孟	맹	44	44	1939.10	大學主旨 / 崔浩然	

번호	원문	현대어(독음)	호	쪽	발행일	기사명 / 필자	비고
5632	孟	맹	45	1	1940.12	慶會樓招宴ニ於ケル總督挨拶要旨 / 南 次郎	
5633	孟	맹	45	10	1940.12	朝鮮儒林大會(朝鮮儒道聯合會創立總會) 會錄概要〉朝鮮儒林大會ニ於ケル總督告辭要旨 / 南 次郎	
5634	孟	맹	45	60	1940.12	忠淸北道儒道聯合會結成式〉忠淸北道儒道聯合會結成式會長告辭要旨 / 俞萬兼	
5635	孟	맹	45	99	1940.12	全羅南道儒道聯合會結成要項〉全羅南道儒道聯合會結成式會長告辭要旨 / 新貝 肇	
5636	孟	맹	45	127	1940.12	平安南道儒道聯合會結成式〉平安南道儒道聯合會結成式會長告辭要旨 / 石田千太郎	
5637	孟	맹	45	141	1940.12	咸鏡南道儒道聯合會結成式〉咸鏡南道儒道聯合會結成式會長式辭要旨 / 笹川恭三郎	
5638	孟	맹	45	146	1940.12	咸鏡北道儒道聯合會結成式〉咸鏡北道儒道聯合會結成式會長式辭要旨 / 兒嶋高信	
5639	孟	맹	46	37	1941.12	全羅南道儒林大會〉會長訓示要旨 / 武永憲樹	
5640	孟	맹	47	42	1943.01	釋奠狀況〉小磯總督招宴挨拶要旨 / 小磯國昭	
5641	孟軻	맹가	42	49	1937.12	文廟享祀位次及聖賢姓名爵號考 / 金完鎭	孟子, 원문은 姓孟諱軻
5642	孟軻氏	맹가씨	18	4	1918.09	學說 / 李明宰	
5643	孟康	맹강	7	40	1915.06	論語考證(續) / 金文演	
5644	孟激	맹격	42	48	1937.12	文廟享祀位次及聖賢姓名爵號考 / 金完鎭	맹자의 父
5645	孟激	맹격	42	59	1937.12	文廟享祀位次及聖賢姓名爵號考 / 金完鎭	邾國公, 원문은 姓孟, 맹자의 父
5646	孟卿	맹경	31	5	1930.08	經學源流 / 權純九	
5647	孟公綽	맹공작	3	62	1914.06	講說〉講題 孝子所以事君也弟者所以事長也慈者所以使衆也(大正三年三月三日第五回講演) / 李容稙	
5648	孟郊	맹교	9	54	1915.12	講說〉講題 三人行必有我師(大正四年六月十二日第十三回講演) / 朴箕陽	
5649	孟東野	맹동야	4	8	1914.09	學說 / 呂圭亨	
5650	孟釐子	맹리자	3	29	1914.06	孔子年報(續) / 呂圭亨	
5651	孟武伯	맹무백	3	65	1914.06	講說〉講題 孝子所以事君也弟者所以事長也慈者所以使衆也(大正三年三月三日第五回講演) / 李容稙	
5652	孟武伯	맹무백	7	42	1915.06	論語分類一覽(續) / 金文演	
5653	孟武伯	맹무백	18	61	1918.09	講說〉講題 道在邇而求諸遠事在易而求諸難(大正七年五月十五日義州郡鄕校講演)〉告詞(賞品授與式時) / 梁鳳濟	

번호	원문	현대어(독음)	호	쪽	발행일	기사명 / 필자	비고
5654	孟武伯	맹무백	19	71	1918.12	講說>講題 孟懿子問孝(大正七年十一月十六日第三十二回講演) / 朴齊斌	
5655	孟武伯	맹무백	20	3	1920.03	論語釋義(第十七號續) / 李明宰	
5656	孟武伯	맹무백	20	4	1920.03	論語釋義(第十七號續) / 李明宰	
5657	孟賁	맹분	6	60	1915.03	講說>講題 善養吾浩然之氣(大正三年十一月二十一日第九回講演) / 李容稙	원문은 賁
5658	孟賁	맹분	10	76	1916.03	地方報告>[成樂賢의 報告]	원문은 賁
5659	孟嘗	맹상	13	26	1917.03	讀書私記(續) / 洪鍾佶	
5660	孟孫	맹손	3	65	1914.06	講說>講題 孝子所以事君也弟者所以事長也慈者所以使衆也(大正三年三月三日第五回講演) / 李容稙	
5661	孟孫	맹손	5	39	1914.12	孔子年報(續) / 呂圭亨	
5662	孟孫	맹손	5	41	1914.12	孔子年報(續) / 呂圭亨	
5663	孟孫激	맹손격	42	49	1937.12	文廟享祀位次及聖賢姓名爵號考 / 金完鎭	孟激, 맹자의 父
5664	孟孫氏	맹손씨	10	46	1916.03	賢關記聞(續) / 李大榮	
5665	孟孫氏	맹손씨	10	47	1916.03	賢關記聞(續) / 李大榮	
5666	孟叔季	맹숙계	14	66	1917.07	地方報告>[宋在永의 報告]>釋奠祭文 / 黃羲民	魯의 三桓, 季孫氏와 叔孫氏와 孟孫氏
5667	孟叔季	맹숙계	14	67	1917.07	地方報告>[宋在永의 報告]>釋奠祭文 / 黃羲民	魯의 三桓, 季孫氏와 叔孫氏와 孟孫氏
5668	孟筍	맹순	26	96	1925.12	地方報告>[高光俊 等의 報告]	
5669	孟笋	맹순	26	93	1925.12	地方報告>[權在吾 等의 報告]	
5670	孟施	맹시	12	17	1916.12	孟子緒論 / 金文演	
5671	孟施舍	맹시사	12	16	1916.12	孟子緒論 / 金文演	
5672	孟施舍	맹시사	12	74	1916.12	講說>講題 善養吾浩然之氣(大正五年九月二十九日海州郡鄕校講演) / 李容稙	
5673	孟施舍	맹시사	24	2	1923.12	論語疑義問答 / 鄭萬朝	
5674	孟氏	맹씨	5	29	1914.12	定性書演解 / 呂圭亨	
5675	孟氏	맹씨	9	32	1915.12	賢關記聞(續) / 李大榮	
5676	孟氏	맹씨	10	19	1916.03	經學管見(續) / 尹寧求	
5677	孟氏	맹씨	10	46	1916.03	賢關記聞(續) / 李大榮	맹자의 부친 孟激
5678	孟氏	맹씨	25	68	1924.12	講說>講題 事親如事天 / 李學魯	
5679	孟氏	맹씨	31	4	1930.08	經學源流 / 權純九	

번호	원문	현대어(독음)	호	쪽	발행일	기사명 / 필자	비고
5680	孟永玉	맹영옥	45	40	1940.12	朝鮮儒林大會(朝鮮儒道聯合會創立總會) 會錄槪要〉朝鮮儒道聯合會役員名簿(昭和十四年十一月一日現在)	
5681	孟懿子	맹의자	3	65	1914.06	講說〉講題 孝子所以事君也弟者所以事長也慈者所以使衆也(大正三年三月三日第五回講演) / 李容植	
5682	孟懿子	맹의자	6	64	1915.03	地方報告〉[鄭鳳鉉 巡講]	
5683	孟懿子	맹의자	7	42	1915.06	論語分類一覽(續) / 金文演	
5684	孟懿子	맹의자	11	38	1916.06	經義答問 / 黃敦秀	
5685	孟懿子	맹의자	18	61	1918.09	講說〉講題 道在邇而求諸遠事在易而求諸難(大正七年五月十五日義州郡鄉校講演)〉告詞(賞品授與式時) / 梁鳳濟	
5686	孟懿子	맹의자	19	37	1918.12	日誌大要	
5687	孟懿子	맹의자	19	70	1918.12	講說〉講題 孟懿子問孝(大正七年十一月十六日第三十二回講演) / 朴齊斌	
5688	孟懿子	맹의자	19	71	1918.12	講說〉講題 孟懿子問孝(大正七年十一月十六日第三十二回講演) / 朴齊斌	
5689	孟懿子	맹의자	20	3	1920.03	論語釋義(第十七號續) / 李明宰	
5690	孟懿子	맹의자	24	64	1923.12	講說〉講題 知天命說 / 服部宇之吉	
5691	孟懿子	맹의자	24	66	1923.12	講說〉講題 知天命說 / 服部宇之吉	
5692	孟子	맹자	1	18	1913.12	經學當明者 二 / 呂圭亨	
5693	孟子	맹자	1	25	1913.12	庸言 / 金允植	
5694	孟子	맹자	1	26	1913.12	庸言 / 金允植	
5695	孟子	맹자	1	28	1913.12	庸言 / 金允植	
5696	孟子	맹자	1	70	1913.12	講說〉大正二年九月四日第二回演講〉(講章此之謂絜矩之道)〉敷演 / 鄭鳳時	
5697	孟子	맹자	1	76	1913.12	地方報告 大正元年始〉[黃敦秀의 報告]	
5698	孟子	맹자	1	84	1913.12	地方報告 大正元年始〉[成樂賢의 報告]	
5699	孟子	맹자	1	85	1913.12	地方報告 大正元年始〉[成樂賢의 報告]	
5700	孟子	맹자	2	34	1914.03	孔子年譜 / 呂圭亨	
5701	孟子	맹자	2	36	1914.03	大成殿神位圖	
5702	孟子	맹자	2	68	1914.03	講說〉講題 必愼其獨(大正二年十一月八日第四回講演) / 張錫周	
5703	孟子	맹자	2	86	1914.03	地方報告〉[梁鳳濟의 報告]	
5704	孟子	맹자	2	88	1914.03	地方報告〉[黃敦秀의 報告]	
5705	孟子	맹자	2	91	1914.03	地方報告〉[成樂賢의 報告]	
5706	孟子	맹자	3	30	1914.06	孔子年報(續) / 呂圭亨	
5707	孟子	맹자	3	37	1914.06	孔子年報(續) / 呂圭亨	

번호	원문	현대어(독음)	호	쪽	발행일	기사명 / 필자	비고
5708	孟子	맹자	3	44	1914.06	講士視察見聞所記 / 呂圭亨	
5709	孟子	맹자	3	47	1914.06	講士視察見聞所記 / 呂圭亨	
5710	孟子	맹자	3	57	1914.06	日誌大要	
5711	孟子	맹자	3	58	1914.06	日誌大要	
5712	孟子	맹자	3	63	1914.06	講說〉講題 孝子所以事君也弟者所以事長也慈者所以使衆也(大正三年三月三日第五回講演) / 李容稙	
5713	孟子	맹자	3	64	1914.06	講說〉講題 孝子所以事君也弟者所以事長也慈者所以使衆也(大正三年三月三日第五回講演) / 李容稙	
5714	孟子	맹자	3	68	1914.06	講說〉講題 孝子所以事君也弟者所以事長也慈者所以使衆也(大正三年三月三日第五回講演)〉敷演 / 李鶴在	
5715	孟子	맹자	3	70	1914.06	講說〉講題 孝子所以事君也弟者所以事長也慈者所以使衆也(大正三年三月三日第五回講演)〉續演 / 呂圭亨	
5716	孟子	맹자	4	6	1914.09	學說 / 呂圭亨	
5717	孟子	맹자	4	23	1914.09	張橫渠正蒙書中第七大心編讀解私記 / 呂圭亨	
5718	孟子	맹자	4	24	1914.09	張橫渠正蒙書中第七大心編讀解私記 / 呂圭亨	
5719	孟子	맹자	4	27	1914.09	張橫渠正蒙書中第七大心編讀解私記 / 呂圭亨	
5720	孟子	맹자	4	44	1914.09	孔子年報(續) / 呂圭亨	
5721	孟子	맹자	4	47	1914.09	容思衍 / 李鼎煥	
5722	孟子	맹자	4	49	1914.09	容思衍 / 李鼎煥	
5723	孟子	맹자	5	15	1914.12	華山問答(續) / 李容稙	
5724	孟子	맹자	5	21	1914.12	格致管見(續) / 李鼎煥	
5725	孟子	맹자	5	69	1914.12	日誌大要	
5726	孟子	맹자	5	70	1914.12	講說〉講題 道也者不可須臾離也(大正三年九月二十九日第七回講演) / 李容稙	
5727	孟子	맹자	5	79	1914.12	講說〉講題 謹庠序之敎申之以孝悌之義(大正三年十月十日第八回講演) / 李容稙	
5728	孟子	맹자	5	82	1914.12	講說〉講題 謹庠序之敎申之以孝悌之義(大正三年十月十日第八回講演)〉敷演 / 鄭鳳時	
5729	孟子	맹자	5	83	1914.12	講說〉講題 謹庠序之敎申之以孝悌之義(大正三年十月十日第八回講演)〉敷演 / 鄭鳳時	
5730	孟子	맹자	5	84	1914.12	講說〉講題 謹庠序之敎申之以孝悌之義(大正三年十月十日第八回講演)〉敷演 / 鄭鳳時	
5731	孟子	맹자	5	85	1914.12	講說〉講題 謹庠序之敎申之以孝悌之義(大正三年十月十日第八回講演)〉續演 / 呂圭亨	
5732	孟子	맹자	5	90	1914.12	關東講說〉講題 道不遠人 / 丁相燮	

번호	원문	현대어(독음)	호	쪽	발행일	기사명 / 필자	비고
5733	孟子	맹자	5	95	1914.12	關東講說〉講題 道不遠人 / 鄭顯成	
5734	孟子	맹자	6	3	1915.03	緒論 / 呂圭亨	
5735	孟子	맹자	6	4	1915.03	緒論 / 呂圭亨	
5736	孟子	맹자	6	5	1915.03	緒論 / 呂圭亨	
5737	孟子	맹자	6	7	1915.03	書雜誌後 / 黃敦秀	
5738	孟子	맹자	6	13	1915.03	華山問答(續) / 李容稙	
5739	孟子	맹자	6	58	1915.03	講說〉講題 善養吾浩然之氣(大正三年十一月二十一日第九回講演) / 李容稙	
5740	孟子	맹자	6	59	1915.03	講說〉講題 善養吾浩然之氣(大正三年十一月二十一日第九回講演) / 李容稙	
5741	孟子	맹자	6	60	1915.03	講說〉講題 善養吾浩然之氣(大正三年十一月二十一日第九回講演) / 李容稙	
5742	孟子	맹자	6	61	1915.03	講說〉講題 善養吾浩然之氣(大正三年十一月二十一日第九回講演) / 李容稙	
5743	孟子	맹자	6	62	1915.03	講說〉講題 善養吾浩然之氣(大正三年十一月二十一日第九回講演) / 李容稙	
5744	孟子	맹자	6	63	1915.03	地方報告〉[韓昌愚 巡講]	
5745	孟子	맹자	6	66	1915.03	地方報告〉[金光鉉 巡講]	
5746	孟子	맹자	6	71	1915.03	地方報告〉[李鶴在 巡講]	
5747	孟子	맹자	6	72	1915.03	地方報告〉[李鶴在 巡講]	
5748	孟子	맹자	7	7	1915.06	華山問答(續) / 李容稙	
5749	孟子	맹자	7	34	1915.06	容思衍(續) / 李鼎煥	
5750	孟子	맹자	7	52	1915.06	讀書私記 / 洪鐘佶	
5751	孟子	맹자	7	71	1915.06	講說〉講題 孔子聖之時者也(大政四年三月十八日第十回講演) / 李容稙	
5752	孟子	맹자	7	72	1915.06	講說〉講題 孔子聖之時者也(大政四年三月十八日第十回講演)〉敷演 / 鄭鳳時	
5753	孟子	맹자	7	76	1915.06	講說〉講題 孔子聖之時者也(大政四年三月十八日第十回講演)〉續演 / 呂圭亨	
5754	孟子	맹자	7	78	1915.06	講說〉講題 孔子聖之時者也(大政四年三月十八日第十回講演)〉續演 / 呂圭亨	
5755	孟子	맹자	8	4	1915.09	經說 本論附 / 韓晩容	
5756	孟子	맹자	8	8	1915.09	華山問答(續) / 李容稙	
5757	孟子	맹자	8	11	1915.09	華山問答(續) / 李容稙	
5758	孟子	맹자	8	26	1915.09	容思衍(續) / 李鼎煥	
5759	孟子	맹자	8	32	1915.09	讀書私記(續) / 洪鐘佶	
5760	孟子	맹자	8	33	1915.09	讀書私記(續) / 洪鐘佶	
5761	孟子	맹자	8	34	1915.09	賢關記聞 / 李大榮	

번호	원문	현대어(독음)	호	쪽	발행일	기사명 / 필자	비고
5762	孟子	맹자	8	35	1915.09	賢關記聞 / 李大榮	
5763	孟子	맹자	8	49	1915.09	講說〉講題 苟日新日日新又日新(大政四年四月十七日第十一回講演)〉敷演 / 鄭鳳時	
5764	孟子	맹자	8	56	1915.09	講說〉講題 道不遠人(大政四年五月八日第十二回講演)〉敷演 / 沈鍾舜	
5765	孟子	맹자	8	61	1915.09	地方報告〉[李鶴在의 報告]	
5766	孟子	맹자	8	62	1915.09	地方報告〉[李鶴在의 報告]	
5767	孟子	맹자	8	68	1915.09	地方報告〉[成樂賢의 報告]	
5768	孟子	맹자	8	70	1915.09	地方報告〉[崔東吉의 報告]	
5769	孟子	맹자	8	71	1915.09	地方報告〉[崔東吉의 報告]	
5770	孟子	맹자	9	6	1915.12	經說(續) / 韓晩容	
5771	孟子	맹자	9	9	1915.12	經學先務之要 / 朴長鴻	
5772	孟子	맹자	9	17	1915.12	經學管見(上) / 尹寧求	
5773	孟子	맹자	9	22	1915.12	經學管見(下) / 尹寧求	
5774	孟子	맹자	9	31	1915.12	賢關記聞(續) / 李大榮	
5775	孟子	맹자	9	46	1915.12	日誌大要	
5776	孟子	맹자	9	57	1915.12	講說〉講題 三人行必有我師(大正四年六月十二日第十三回講演) / 沈鐘舜	
5777	孟子	맹자	10	4	1916.03	經論 / 金元祐	
5778	孟子	맹자	10	8	1916.03	經學說 / 李容稙	
5779	孟子	맹자	10	13	1916.03	經學管見(續) / 尹寧求	
5780	孟子	맹자	10	60	1916.03	日誌大要	
5781	孟子	맹자	10	65	1916.03	講說〉儒敎의 根本義(大正四年十月九日第十五回講演)	
5782	孟子	맹자	10	88	1916.03	地方報告〉[李鶴在의 報告]	
5783	孟子	맹자	10	94	1916.03	地方報告〉[韓昌愚의 報告]	
5784	孟子	맹자	11	3	1916.06	經論 / 韓晩容	
5785	孟子	맹자	11	7	1916.06	經論 / 韓晩容	
5786	孟子	맹자	11	8	1916.06	經論 / 韓晩容	
5787	孟子	맹자	11	9	1916.06	經論 / 韓晩容	
5788	孟子	맹자	11	13	1916.06	經學說(續) / 李容稙	
5789	孟子	맹자	11	14	1916.06	經學說(續) / 李容稙	
5790	孟子	맹자	11	15	1916.06	經學管見(續) / 尹寧求	
5791	孟子	맹자	11	17	1916.06	經學管見(續) / 尹寧求	
5792	孟子	맹자	11	46	1916.06	讀書私記(第八號續) / 洪鐘佶	
5793	孟子	맹자	11	47	1916.06	讀書私記(第八號續) / 洪鐘佶	
5794	孟子	맹자	11	48	1916.06	讀書私記(第八號續) / 洪鐘佶	

번호	원문	현대어(독음)	호	쪽	발행일	기사명 / 필자	비고
5795	孟子	맹자	11	49	1916.06	讀書私記(第八號續) / 洪鐘佶	
5796	孟子	맹자	11	50	1916.06	讀書私記(第八號續) / 洪鐘佶	
5797	孟子	맹자	11	51	1916.06	讀書私記(第八號續) / 洪鐘佶	
5798	孟子	맹자	11	52	1916.06	讀書私記(第八號續) / 洪鐘佶	
5799	孟子	맹자	11	[1]	1916.06	經學院講士에 對흔 總督閣下의 訓話 要領(大正五年三月十三日總督官邸에서)	
5800	孟子	맹자	12	12	1916.12	孟子緒論 / 金文演	
5801	孟子	맹자	12	13	1916.12	孟子緒論 / 金文演	
5802	孟子	맹자	12	16	1916.12	孟子緒論 / 金文演	
5803	孟子	맹자	12	33	1916.12	讀書私記(續) / 洪鍾佶	
5804	孟子	맹자	12	34	1916.12	讀書私記(續) / 洪鍾佶	
5805	孟子	맹자	12	59	1916.12	講說〉講題 博學於文約之以禮(大正五年五月十三日第十八回講演) / 呂圭亨	
5806	孟子	맹자	12	72	1916.12	講說〉講題 善養吾浩然之氣(大正五年九月二十九日海州郡鄉校講演) / 李容植	
5807	孟子	맹자	12	76	1916.12	講說〉講題 善養吾浩然之氣(大正五年九月二十九日海州郡鄉校講演) / 李容植	
5808	孟子	맹자	12	77	1916.12	講說〉講題 善養吾浩然之氣(大正五年九月二十九日海州郡鄉校講演) / 李容植	
5809	孟子	맹자	12	80	1916.12	地方報告〉[韓昌愚의 報告]	
5810	孟子	맹자	13	3	1917.03	經學管見(續) / 尹寧求	
5811	孟子	맹자	13	39	1917.03	講說〉講題 五畝之宅樹之以桑(大正五年六月十日第十九回講演) / 李容植	
5812	孟子	맹자	13	40	1917.03	講說〉講題 五畝之宅樹之以桑(大正五年六月十日第十九回講演) / 李容植	
5813	孟子	맹자	13	43	1917.03	講說〉講題 五畝之宅樹之以桑(大正五年六月十日第十九回講演) / 李容植	
5814	孟子	맹자	13	44	1917.03	講說〉講題 五畝之宅樹之以桑(大正五年六月十日第十九回講演)〉續演 / 呂圭亨	
5815	孟子	맹자	13	51	1917.03	講說〉講題 人有不爲也而後可以有爲(大正五年九月七日第二十回講演) / 李容植	
5816	孟子	맹자	13	52	1917.03	講說〉講題 人有不爲也而後可以有爲(大正五年九月七日第二十回講演) / 李容植	
5817	孟子	맹자	13	53	1917.03	講說〉講題 人有不爲也而後可以有爲(大正五年九月七日第二十回講演)〉續演 / 呂圭亨	
5818	孟子	맹자	14	2	1917.07	經學管見(續) / 尹寧求	
5819	孟子	맹자	14	81	1917.07	地方報告〉[金光鉉의 報告]	
5820	孟子	맹자	14	83	1917.07	地方報告〉[金光鉉의 報告]	
5821	孟子	맹자	14	84	1917.07	地方報告〉[金光鉉의 報告]	

번호	원문	현대어(독음)	호	쪽	발행일	기사명 / 필자	비고
5822	孟子	맹자	15	14	1917.10	四書小註辨疑(續) / 李鶴在	
5823	孟子	맹자	15	16	1917.10	詩經蔦辨 / 金文演	
5824	孟子	맹자	15	24	1917.10	經義問對 / 李泰洙	
5825	孟子	맹자	15	50	1917.10	講說〉光州郡鄉校演講(大正六年四月二十六日)〉講題 子莫執中執中爲近之執中無權猶執一也 / 李容稙	
5826	孟子	맹자	15	55	1917.10	講說〉泰仁鄉校講演(大正六年五月一日)〉講題 士不可以不弘毅任重而道遠 / 李容稙	
5827	孟子	맹자	16	10	1918.03	陽城鄉校明倫堂重修記 / 金允植	
5828	孟子	맹자	16	34	1918.03	日誌大要	
5829	孟子	맹자	16	38	1918.03	講說〉講題 聞一善言見一善行若決江河(大正六年九月二十二日第二十五回講演) / 李容稙	
5830	孟子	맹자	16	46	1918.03	講說〉講題 存其心養其性所以事天也(大正六年十月十四日江陵郡講演) / 李容稙	
5831	孟子	맹자	16	48	1918.03	講說〉講題 存其心養其性所以事天也(大正六年十月十四日江陵郡講演) / 李容稙	
5832	孟子	맹자	16	50	1918.03	講說〉講題 存其心養其性所以事天也(大正六年十月十四日江陵郡講演)〉續演 / 鄭鳳時	
5833	孟子	맹자	16	51	1918.03	講說〉講題 存其心養其性所以事天也(大正六年十月十四日江陵郡講演)〉續演 / 鄭鳳時	
5834	孟子	맹자	16	52	1918.03	講說〉講題 存其心養其性所以事天也(大正六年十月十四日江陵郡講演)〉續演 / 鄭鳳時	
5835	孟子	맹자	17	22	1918.07	朔州郡儒林植樹組合契券序 / 金允植	
5836	孟子	맹자	17	29	1918.07	洙澳問答 / 元泳義	
5837	孟子	맹자	17	30	1918.07	洙澳問答 / 元泳義	
5838	孟子	맹자	17	31	1918.07	洙澳問答 / 元泳義	
5839	孟子	맹자	17	32	1918.07	洙澳問答 / 元泳義	
5840	孟子	맹자	17	49	1918.07	講說〉講題 國民道德은 何也오(大正六年十一月十日第二十六回講演) / 立柄教俊	
5841	孟子	맹자	17	56	1918.07	講說〉講題 君子無終食之間違仁造次必於是顚沛必於是(大正七年三月二十一日第二十七回講演)〉續演 / 呂圭亨	
5842	孟子	맹자	17	64	1918.07	地方報告〉[鄭鳳時의 報告]	
5843	孟子	맹자	17	67	1918.07	地方報告〉[鄭鳳時의 報告]	
5844	孟子	맹자	17	69	1918.07	地方報告〉[韓昌愚의 報告]	
5845	孟子	맹자	17	73	1918.07	地方報告〉[李秉會의 報告]	
5846	孟子	맹자	17	76	1918.07	地方報告〉[金在昌 등의 報告]	
5847	孟子	맹자	17	77	1918.07	地方報告〉[金在昌 등의 報告]	

번호	원문	현대어(독음)	호	쪽	발행일	기사명 / 필자	비고
5848	孟子	맹자	17	78	1918.07	地方報告〉[金在昌 등의 報告]	
5849	孟子	맹자	17	79	1918.07	地方報告〉[金在昌 등의 報告]	
5850	孟子	맹자	17	80	1918.07	地方報告〉[金在昌 등의 報告]	
5851	孟子	맹자	17	81	1918.07	地方報告〉[金在昌 등의 報告]	
5852	孟子	맹자	18	5	1918.09	學說 / 李明宰	
5853	孟子	맹자	18	25	1918.09	三洙瑣談 / 元泳義	
5854	孟子	맹자	18	28	1918.09	三洙瑣談 / 元泳義	
5855	孟子	맹자	18	45	1918.09	日誌大要	
5856	孟子	맹자	18	47	1918.09	講說〉講題 見義不爲無勇也(大正七年五月十一日第二十八回講演) / 李容稙	
5857	孟子	맹자	18	50	1918.09	講說〉講題 內地의 宋學(大正七年五月十一日第二十八回講演) / 今關壽麿	
5858	孟子	맹자	18	58	1918.09	講說〉講題 道在邇而求諸遠事在易而求諸難(大正七年五月十五日義州郡鄕校講演) / 李容稙	
5859	孟子	맹자	18	59	1918.09	講說〉講題 道在邇而求諸遠事在易而求諸難(大正七年五月十五日義州郡鄕校講演) / 李容稙	
5860	孟子	맹자	18	64	1918.09	地方報告〉[黃敦秀의 報告]	
5861	孟子	맹자	18	65	1918.09	地方報告〉[黃敦秀의 報告]	
5862	孟子	맹자	18	80	1918.09	地方報告〉[李鶴在의 報告]	
5863	孟子	맹자	19	3	1918.12	學說 / 呂龍鉉	
5864	孟子	맹자	19	4	1918.12	學說 / 呂龍鉉	
5865	孟子	맹자	19	18	1918.12	會寧郡鄕校慕聖契序 / 呂圭亨	
5866	孟子	맹자	19	19	1918.12	會寧郡鄕校慕聖契序 / 呂圭亨	
5867	孟子	맹자	19	39	1918.12	講說〉講題 君子所以異於人者以其存心也君子以仁存心以禮存心(大正七年六月八日第二十九回講演) / 李容稙	
5868	孟子	맹자	19	55	1918.12	講說〉講題 子路人告之以有過則喜(大正七年九月七日第三十回講演) / 李容稙	
5869	孟子	맹자	19	56	1918.12	講說〉講題 子路人告之以有過則喜(大正七年九月七日第三十回講演)〉續演 / 呂圭亨	
5870	孟子	맹자	19	58	1918.12	講說〉講題 孝弟也者其爲仁之本歟(大正七年十月十二日第三十一回講演) / 李容稙	
5871	孟子	맹자	20	32	1920.03	三洙瑣談(續) / 元泳義	
5872	孟子	맹자	20	32	1920.03	洪川郡文廟重修費附募集勸誘文 / 金東勳	
5873	孟子	맹자	21	4	1921.03	老生常談 / 金完鎭	
5874	孟子	맹자	21	20	1921.03	經學管見(續) / 尹寧求	

번호	원문	현대어(독음)	호	쪽	발행일	기사명 / 필자	비고
5875	孟子	맹자	21	68	1921.03	三洙瑣談(續) / 元泳義	
5876	孟子	맹자	21	70	1921.03	三洙瑣談(續) / 元泳義	
5877	孟子	맹자	22	10	1922.03	中庸說 / 李學魯	
5878	孟子	맹자	22	18	1922.03	經義問對 / 沈璿澤	
5879	孟子	맹자	22	69	1922.03	講說〉子路人告之以有過則喜 / 成樂賢	
5880	孟子	맹자	22	83	1922.03	地方報告〉[盧一愚의 報告]	
5881	孟子	맹자	23	7	1922.12	經義問對(續) / 沈璿澤	
5882	孟子	맹자	23	9	1922.12	經義問對(續) / 沈璿澤	
5883	孟子	맹자	23	10	1922.12	經義問對(續) / 沈璿澤	
5884	孟子	맹자	23	11	1922.12	經義問對(續) / 沈璿澤	
5885	孟子	맹자	23	13	1922.12	經義問答 / 韓昌愚	
5886	孟子	맹자	23	14	1922.12	經義問答 / 韓昌愚	
5887	孟子	맹자	23	26	1922.12	山清郡明倫堂重建記 / 金翰植	
5888	孟子	맹자	23	47	1922.12	三洙瑣談(二十一號續) / 元泳義	
5889	孟子	맹자	23	60	1922.12	日誌大要	
5890	孟子	맹자	23	66	1922.12	講說〉講題 師道(大正十一年五月七日追慕禮式時) / 赤木萬二郎	
5891	孟子	맹자	23	70	1922.12	講說〉講題 周公孔子之道(大正十一年八月二十八日) / 今井彦三郎	
5892	孟子	맹자	24	2	1923.12	論語疑義問答 / 鄭萬朝	
5893	孟子	맹자	24	8	1923.12	經義問對(續) / 沈璿澤	
5894	孟子	맹자	24	9	1923.12	經義問對(續) / 沈璿澤	
5895	孟子	맹자	24	10	1923.12	經義問對(續) / 沈璿澤	
5896	孟子	맹자	24	11	1923.12	經義問對(續) / 沈璿澤	
5897	孟子	맹자	24	25	1923.12	三洙瑣談(續) / 元泳義	
5898	孟子	맹자	24	26	1923.12	三洙瑣談(續) / 元泳義	
5899	孟子	맹자	24	72	1923.12	講說〉講題 盈科而後進 / 鄭準民	
5900	孟子	맹자	24	82	1923.12	講說〉講題 時代之儒敎 / 金完鎭	
5901	孟子	맹자	25	1	1924.12	無形至大論 / 李學魯	
5902	孟子	맹자	25	61	1924.12	講說〉講題 三綱五倫說 / 鄭準民	
5903	孟子	맹자	26	1	1925.12	仁義와 現代思潮 / 服部宇之吉	
5904	孟子	맹자	26	2	1925.12	仁義와 現代思潮 / 服部宇之吉	
5905	孟子	맹자	26	7	1925.12	仁義와 現代思潮 / 服部宇之吉	
5906	孟子	맹자	26	11	1925.12	四書講解總說 / 元泳義	
5907	孟子	맹자	26	14	1925.12	四書講解總說 / 元泳義	
5908	孟子	맹자	26	19	1925.12	三洙瑣談(續) / 元泳義	

번호	원문	현대어(독음)	호	쪽	발행일	기사명 / 필자	비고
5909	孟子	맹자	26	24	1925.12	釋奠에 就ㅎ야(續) / 佐藤廣治	
5910	孟子	맹자	26	55	1925.12	講說〉講題 堯舜之道孝悌而已 / 成樂賢	
5911	孟子	맹자	26	58	1925.12	講說〉講題 今日吾人之急先務 / 鄭鳳時	
5912	孟子	맹자	26	66	1925.12	講說〉講題 德者本也財者末也 / 鄭鳳時	
5913	孟子	맹자	27	22	1926.12	經義問對 / 韓昌愚	
5914	孟子	맹자	27	23	1926.12	中庸問對 / 沈璿澤	
5915	孟子	맹자	27	33	1926.12	三洙瑣談(續) / 元泳義	
5916	孟子	맹자	27	68	1926.12	講說〉講題 子以四教文行忠信 / 鄭鳳時	
5917	孟子	맹자	28	54	1927.12	講說〉講題 謹庠序之敎申之以孝悌之義 / 鄭鳳時	
5918	孟子	맹자	28	55	1927.12	講說〉講題 謹庠序之敎申之以孝悌之義 / 鄭鳳時	
5919	孟子	맹자	28	59	1927.12	講說〉講題 播百穀敷五敎 / 金完鎭	
5920	孟子	맹자	28	60	1927.12	講說〉講題 播百穀敷五敎 / 金完鎭	
5921	孟子	맹자	28	67	1927.12	講說〉講題 孔夫子의 集大成 / 兒島獻吉郎	
5922	孟子	맹자	28	68	1927.12	講說〉講題 孔夫子의 集大成 / 兒島獻吉郎	
5923	孟子	맹자	29	4	1928.12	儒道說 / 鄭鳳時	
5924	孟子	맹자	29	27	1928.12	三洙瑣談(續) / 元泳義	
5925	孟子	맹자	29	28	1928.12	三洙瑣談(續) / 元泳義	
5926	孟子	맹자	29	29	1928.12	三洙瑣談(續) / 元泳義	
5927	孟子	맹자	29	46	1928.12	講說〉講題 學所以明人倫 / 鄭萬朝	
5928	孟子	맹자	29	47	1928.12	講說〉講題 學所以明人倫 / 鄭萬朝	
5929	孟子	맹자	29	52	1928.12	講說〉講題 生事愛敬死事哀戚 / 李學魯	
5930	孟子	맹자	30	2	1929.12	仁義說示友人 / 鄭萬朝	
5931	孟子	맹자	30	24	1929.12	中庸問對(續) / 崔基鉉	
5932	孟子	맹자	30	26	1929.12	中庸問對(續) / 崔基鉉	
5933	孟子	맹자	30	28	1929.12	中庸問對(續) / 崔基鉉	
5934	孟子	맹자	30	32	1929.12	三洙瑣談(續) / 元泳義	
5935	孟子	맹자	30	47	1929.12	講說〉講題 旣庶矣富之旣富矣敎之 / 鄭鳳時	
5936	孟子	맹자	30	49	1929.12	講說〉講題 旣庶矣富之旣富矣敎之 / 李學魯	
5937	孟子	맹자	30	52	1929.12	講說〉講題 仰至聖孔夫子 / 福士末之助	
5938	孟子	맹자	30	58	1929.12	講說〉講題 朝鮮의 在한 聖學道統 : 李退溪先生을 憶함 / 赤木萬二郎	
5939	孟子	맹자	30	60	1929.12	講說〉講題 朝鮮의 在한 聖學道統 : 李退溪先生을 憶함 / 赤木萬二郎	
5940	孟子	맹자	30	69	1929.12	講說〉講題 朝鮮의 在한 聖學道統 : 李退溪先生을 憶함 / 赤木萬二郎	

번호	원문	현대어(독음)	호	쪽	발행일	기사명 / 필자	비고
5941	孟子	맹자	31	3	1930.08	經學源流 / 權純九	
5942	孟子	맹자	31	4	1930.08	經學源流 / 權純九	
5943	孟子	맹자	31	11	1930.08	講題 我國近時의 立法과 儒道와의 關係 / 武部欽一	
5944	孟子	맹자	31	12	1930.08	講題 我國近時의 立法과 儒道와의 關係 / 武部欽一	
5945	孟子	맹자	31	14	1930.08	講題 我國近時의 立法과 儒道와의 關係 / 武部欽一	
5946	孟子	맹자	31	18	1930.08	講題 德者本也財者末也 / 成樂賢	
5947	孟子	맹자	31	19	1930.08	講題 德者本也財者末也 / 魏大源	
5948	孟子	맹자	31	20	1930.08	講題 德者本也財者末也 / 魏大源	
5949	孟子	맹자	31	23	1930.08	講題 儒者爲人所需 / 李大榮	
5950	孟子	맹자	31	24	1930.08	講題 儒者爲人所需 / 李大榮	
5951	孟子	맹자	32	13	1930.12	講題 現代世相과 儒學의 本領 / 渡邊信治	
5952	孟子	맹자	32	14	1930.12	講題 現代世相과 儒學의 本領 / 渡邊信治	
5953	孟子	맹자	32	16	1930.12	講題 現代世相과 儒學의 本領 / 渡邊信治	
5954	孟子	맹자	32	21	1930.12	講題 子以四敎文行忠信 / 池琓洙	
5955	孟子	맹자	34	1	1932.03	生三事一論 / 李學魯	
5956	孟子	맹자	34	3	1932.03	天理人欲說 / 元弘植	
5957	孟子	맹자	35	2	1932.12	宗敎說 / 權純九	
5958	孟子	맹자	35	2	1932.12	以好間供勸學說 / 李學魯	
5959	孟子	맹자	35	4	1932.12	經傳解釋通例 / 李學魯	
5960	孟子	맹자	35	5	1932.12	經傳解釋通例 / 李學魯	
5961	孟子	맹자	35	7	1932.12	心性情理氣圖解 / 元弘植	
5962	孟子	맹자	35	9	1932.12	心性情理氣圖解 / 元弘植	
5963	孟子	맹자	36	15	1933.12	思想의 善導에 就하야(特히 朝鮮事情에 鑑하야)(續) / 尹相鶴	
5964	孟子	맹자	36	38	1933.12	孝烈行蹟〉[金基銖 等의 보고]	
5965	孟子	맹자	36	60	1933.12	第二回學生卒業式狀況〉祝辭 / 渡邊信治	
5966	孟子	맹자	37	2	1934.10	心學說 / 李學魯	
5967	孟子	맹자	37	5	1934.10	天道人道說 / 元弘植	
5968	孟子	맹자	37	13	1934.10	東洋에 斯文이 有함 / 福土末之助	
5969	孟子	맹자	37	16	1934.10	烈婦慶州崔氏紀行碑銘 / 鄭萬朝	
5970	孟子	맹자	39	2	1935.10	性善說 / 李學魯	
5971	孟子	맹자	39	3	1935.10	性善說 / 李學魯	
5972	孟子	맹자	39	5	1935.10	關東四會說 / 鄭鳳時	

번호	원문	현대어(독음)	호	쪽	발행일	기사명 / 필자	비고
5973	孟子	맹자	39	9	1935.10	精神指導에 對하야(每日申報 昭和十年 七月十四日 心田開發에 關한 寄稿) / 安寅植	
5974	孟子	맹자	39	14	1935.10	農村振興과 儒林의 覺醒(每日申報社說抄錄)－時運時變에 適應하라	
5975	孟子	맹자	39	15	1935.10	農村振興과 儒林의 覺醒(每日申報社說抄錄)－時運時變에 適應하라	
5976	孟子	맹자	39	19	1935.10	湯島聖堂孔子祭典狀況〉孔子祭神位及陳設圖昭和十年四月三十日 / 材團法人 斯文會祭典部	
5977	孟子	맹자	39	20	1935.10	湯島聖堂孔子祭典狀況〉四配位陣設圖	
5978	孟子	맹자	40	1	1936.08	推廣善端說 / 權純九	
5979	孟子	맹자	40	5	1936.08	儒敎의 眞髓 / 鄭萬朝	
5980	孟子	맹자	40	19	1936.08	敎化編年(續) / 李大榮	
5981	孟子	맹자	42	46	1937.12	文廟享祀位次及聖賢姓名爵號考 / 金完鎭	鄒國亞聖公
5982	孟子	맹자	42	49	1937.12	文廟享祀位次及聖賢姓名爵號考 / 金完鎭	
5983	孟子	맹자	42	60	1937.12	文廟享祀位次及聖賢姓名爵號考 / 金完鎭	
5984	孟子	맹자	43	10	1938.12	善惡皆天理論 / 權純九	
5985	孟子	맹자	43	11	1938.12	善惡皆天理論 / 權純九	
5986	孟子	맹자	44	43	1939.10	大學主旨 / 崔浩然	
5987	孟子	맹자	44	56	1939.10	文藝原流 / 崔浩然	
5988	孟子	맹자	45	88	1940.12	忠淸南道儒道聯合會結成式〉東亞ノ建設ト儒道ノ精神 / 安寅植	
5989	孟子	맹자	45	89	1940.12	忠淸南道儒道聯合會結成式〉東亞ノ建設ト儒道ノ精神 / 安寅植	
5990	孟子	맹자	46	61	1941.12	講演及講習〉時局と婦道實踐(講演速記) / 永田種秀	
5991	孟子	맹자	47	28	1943.01	論語要義 / 崔浩然	
5992	孟子	맹자	48	24	1944.04	(十月十五日於經學院秋季釋典)時局と儒道 / 鈴川壽男	
5993	孟子	맹자	48	25	1944.04	(十月十五日於經學院秋季釋典)時局と儒道 / 鈴川壽男	
5994	孟宗	맹종	33	11	1931.12	孝子司甕院奉事白公行狀 / 成樂賢	
5995	孟仲子	맹중자	10	10	1916.03	經學管見(續) / 尹寧求	
5996	孟仲子	맹중자	12	12	1916.12	孟子緖論 / 金文演	
5997	孟仲子	맹중자	44	35	1939.10	經儒學 / 金誠鎭	
5998	孟皮	맹피	2	28	1914.03	孔子年譜 / 呂圭亨	
5999	孟皮	맹피	15	36	1917.10	講說〉講題 子曰君子之道四某未能一焉所求乎子以事父未能也所求乎臣以事君未能也所求乎弟以事兄未能也所求乎朋友施之未能也(大正六年五月十二日第二十三回講演)〉續演 / 呂圭亨	

번호	원문	현대어(독음)	호	쪽	발행일	기사명 / 필자	비고
6000	孟皮	맹피	20	29	1920.03	三洙瑣談(續) / 元泳義	
6001	孟賢大	맹현대	38	31	1935.03	太學志慶詩帖序	
6002	孟弘述	맹홍술	38	38	1935.03	孝烈行蹟〉[成周錄 等의 보고]	
6003	孟喜	맹희	9	18	1915.12	經學管見(下) / 尹寧求	
6004	孟僖子	맹희자	3	29	1914.06	孔子年報(續) / 呂圭亨	
6005	孟僖子	맹희자	24	64	1923.12	講說〉講題 知天命說 / 服部宇之吉	
6006	孟僖子	맹희자	24	65	1923.12	講說〉講題 知天命說 / 服部宇之吉	
6007	孟僖子	맹희자	24	66	1923.12	講說〉講題 知天命說 / 服部宇之吉	
6008	菟道稚郎子	면도치랑자	22	22	1922.03	經學院釋奠叅拜時告文 / 工藤一記等	우지노와키이라츠코
6009	菟道稚郎子	면도치랑자	24	12	1923.12	經學院釋奠叅拜時告文 / 服部宇之吉	우지노와키이라츠코
6010	勉齋	면재	30	61	1929.12	講說〉講題 朝鮮의 在한 聖學道統 : 李退溪先生을 憶함 / 赤木萬二郎	
6011	明	명	8	11	1915.09	華山問答(續) / 李容稙	唐 明皇
6012	明	명	11	27	1916.06	經學淺知錄(續) / 金文演	唐 明皇
6013	明	명	44	44	1939.10	大學主旨 / 崔浩然	王守仁
6014	明世宗	명 세종	18	27	1918.09	三洙瑣談 / 元泳義	朱厚熜
6015	明世宗	명 세종	18	28	1918.09	三洙瑣談 / 元泳義	朱厚熜
6016	明世宗	명 세종	26	26	1925.12	釋奠에 就ㅎ야(續) / 佐藤廣治	朱厚熜
6017	明太祖	명 태조	33	15	1931.12	聞曲阜兵變上蔣中正書 / 李學魯	
6018	明太祖	명 태조	41	15	1937.02	延州夏王廟重修記 / 鄭鳳時	
6019	明道	명도	4	49	1914.09	容思衍 / 李鼎煥	程顥
6020	明道	명도	5	25	1914.12	定性書演解 / 呂圭亨	程顥
6021	明道	명도	6	44	1915.03	容思衍(續) / 李鼎煥	程顥
6022	明道	명도	8	28	1915.09	容思衍(續) / 李鼎煥	程顥
6023	明道	명도	11	7	1916.06	經論 / 韓晚容	程顥
6024	明道	명도	12	7	1916.12	經學管見(續) / 尹寧求	程顥
6025	明道	명도	35	3	1932.12	擧爾所知論 / 沈璿澤	程顥
6026	明道	명도	36	9	1933.12	居然亭記 / 李學魯	程顥
6027	明道	명도	42	50	1937.12	文廟享祀位次及聖賢姓名爵號考 / 金完鎭	程顥
6028	明道	명도	44	35	1939.10	經儒學 / 金誠鎭	程顥
6029	明道	명도	46	2	1941.12	興學養材 / 崔浩然	程顥
6030	明道	명도	46	11	1941.12	嘉言善行 / 李昇圭	程顥
6031	明廟	명묘	10	53	1916.03	賢關記聞(續) / 李大榮	明宗
6032	明甫	명보	42	58	1937.12	文廟享祀位次及聖賢姓名爵號考 / 金完鎭	宋浚吉

번호	원문	현대어(독음)	호	쪽	발행일	기사명 / 필자	비고
6033	明本靈錫	명본영석	46	16	1941.12	釋奠狀況〉昭和十五年秋季釋奠狀況	
6034	明本靈錫	명본영석	46	17	1941.12	釋奠狀況〉昭和十六年春季釋奠狀況	
6035	明本靈石	명본영석	47	37	1943.01	釋奠狀況〉昭和十六年秋季釋奠狀況	
6036	明本靈錫	명본영석	47	38	1943.01	釋奠狀況〉昭和十七年春季釋奠狀況	
6037	明石時旭	명석시욱	48	52	1944.04	釋奠狀況〉昭和十八年春季釋奠狀況	
6038	明石時旭	명석시욱	48	54	1944.04	釋奠狀況〉昭和十八年秋季釋奠狀況	
6039	明石載植	명석재식	46	16	1941.12	釋奠狀況〉昭和十五年秋季釋奠狀況	
6040	明石載植	명석재식	46	18	1941.12	釋奠狀況〉昭和十六年春季釋奠狀況	
6041	明石載植	명석재식	47	37	1943.01	釋奠狀況〉昭和十六年秋季釋奠狀況	
6042	明石載植	명석재식	47	39	1943.01	釋奠狀況〉昭和十七年春季釋奠狀況	
6043	明洙	명수	33	10	1931.12	孝子司饔院奉事白公行狀 / 成樂賢	
6044	明淳	명순	42	50	1937.12	文廟享祀位次及聖賢姓名爵號考 / 金完鎭	張載
6045	明宇鎭	명우진	37	71	1934.10	明倫學院第五回入學許可者名簿	
6046	明宇鎭	명우진	38	43	1935.03	文廟釋奠狀況〉[秋期釋奠 擧行]	
6047	明宇鎭	명우진	39	51	1935.10	文廟釋奠狀況〉[春期釋奠 擧行]	
6048	明雲鳳	명운봉	40	64	1936.08	第四回卒業式狀況及第七回新入生名簿〉明倫學院第七回入學許可者名簿	
6049	明雲鳳	명운봉	43	67	1938.12	文廟春季釋奠狀況	
6050	明雲鳳	명운봉	44	79	1939.10	文廟秋季釋奠狀況	
6051	明雲鳳	명운봉	44	87	1939.10	文廟春季釋奠狀況	
6052	明義喆	명의철	44	92	1939.10	明倫專門學院記事〉研究科第二回入學許可者	
6053	明義喆	명의철	46	14	1941.12	釋奠狀況〉昭和十四年秋季釋奠狀況	
6054	明義喆	명의철	46	15	1941.12	釋奠狀況〉昭和十五年春季釋奠狀況	
6055	明義喆	명의철	46	16	1941.12	釋奠狀況〉昭和十五年秋季釋奠狀況	
6056	明義喆	명의철	46	17	1941.12	釋奠狀況〉昭和十六年春季釋奠狀況	
6057	明義喆	명의철	46	18	1941.12	釋奠狀況〉昭和十六年春季釋奠狀況	
6058	明義喆	명의철	47	37	1943.01	釋奠狀況〉昭和十六年秋季釋奠狀況	
6059	明義喆	명의철	47	38	1943.01	釋奠狀況〉昭和十七年春季釋奠狀況	
6060	明麟華	명인화	46	17	1941.12	釋奠狀況〉昭和十六年春季釋奠狀況	
6061	明齋	명재	46	9	1941.12	大學序文先儒論辨 / 金誠鎭	尹拯의 號
6062	明帝	명제	1	12	1913.12	論說 / 呂圭亨	
6063	明帝	명제	15	4	1917.10	經學管見(續) / 尹寧求	
6064	明帝	명제	15	18	1917.10	詩經蔿辨 / 金文演	
6065	明帝	명제	24	31	1923.12	釋奠에 就하야 / 佐藤廣治	後漢 明帝
6066	明帝	명제	46	3	1941.12	興學養材 / 崔浩然	東漢의 劉莊
6067	明宗	명종	9	34	1915.12	賢關記聞(續) / 李大榮	

번호	원문	현대어(독음)	호	쪽	발행일	기사명 / 필자	비고
6068	明宗	명종	11	54	1916.06	賢關記聞(續) / 李大榮	
6069	明宗	명종	17	34	1918.07	賢關記聞(續) / 李大榮	
6070	明宗	명종	21	75	1921.03	鄕校財産沿革 / 金完鎭	
6071	明宗	명종	29	16	1928.12	新興郡文廟刱建記 / 魏大源	
6072	明宗	명종	33	39	1931.12	地方儒林狀況〉[李大榮의 보고]〉書院狀況	
6073	明宗	명종	37	37	1934.10	地方儒林狀況〉[李大榮의 보고]〉書院狀況	
6074	明宗	명종	43	17	1938.12	敎化編年(續) / 李大榮	조선의 李恒
6075	命稷	명직	21	27	1921.03	鄭信國傳 / 鄭崙秀	
6076	明治	명치	18	57	1918.09	講說〉講題 內地의 宋學(大正七年五月十一日第二十八回講演) / 今關壽麿	메이지 천황
6077	明治	명치	19	68	1918.12	講說〉講題 普通敎育에 在한 漢文科의 任務(大正七年十月十二日第三十一回講演) / 中村一衛	메이지 천황
6078	明治	명치	30	4	1929.12	中學漢文論(文貴在譯者) / 鹽谷 溫	메이지 천황
6079	明治	명치	48	20	1944.04	(四月十五日於經學院春季釋典)櫻と日本精神 / 白神壽吉	메이지 천황
6080	明治大帝	명치 대제	35	14	1932.12	思想善導에 就하야(特히 朝鮮事情에 鑑하야) / 尹相鶴	메이지 천황
6081	明治大帝	명치 대제	45	52	1940.12	京畿道儒道聯合會結成式〉京畿道儒道聯合會結成式會長式辭要旨 / 甘蔗義邦	메이지 천황
6082	明治大帝	명치 대제	45	78	1940.12	忠淸南道儒道聯合會結成式〉東亞ノ建設ト儒道ノ精神 / 安寅植	메이지 천황
6083	明治大帝	명치 대제	45	115	1940.12	慶尙南道儒道聯合會結成式〉慶尙南道儒道聯合會結成式會長式辭要旨 / 山澤和三郎	메이지 천황
6084	明治天皇	명치 천황	1	50	1913.12	日誌大要	메이지 천황
6085	明治天皇	명치 천황	1	51	1913.12	日誌大要	메이지 천황
6086	明治天皇	명치 천황	1	56	1913.12	日誌大要	메이지 천황
6087	明治天皇	명치 천황	1	75	1913.12	地方報告 大正元年始〉[黃敦秀의 報告]	메이지 천황
6088	明治天皇	명치 천황	10	82	1916.03	地方報告〉[成樂賢의 報告]	메이지 천황
6089	明治天皇	명치 천황	14	69	1917.07	地方報告〉[宋在永의 報告]〉聖訓奉答文 / 高橋文次郎	메이지 천황
6090	明治天皇	명치 천황	16	78	1918.03	地方報告〉[宋在永의 報告]〉獎學에 就ᄒ야 / 淺井安行	메이지 천황
6091	明治天皇	명치 천황	18	55	1918.09	講說〉講題 內地의 宋學(大正七年五月十一日第二十八回講演) / 今關壽麿	메이지 천황
6092	明治天皇	명치 천황	18	56	1918.09	講說〉講題 內地의 宋學(大正七年五月十一日第二十八回講演) / 今關壽麿	메이지 천황
6093	明治天皇	명치 천황	23	68	1922.12	講說〉講題 師道(大正十一年五月七日追慕禮式時) / 赤木萬二郎	메이지 천황

번호	원문	현대어(독음)	호	쪽	발행일	기사명 / 필자	비고
6094	明治天皇	명치 천황	30	14	1929.12	中學漢文論(文貴在譯者) / 鹽谷 溫	메이지 천황
6095	明治天皇	명치 천황	30	68	1929.12	講說〉講題 朝鮮의 在한 聖學道統 : 李退溪先生을 憶함 / 赤木萬二郎	메이지 천황
6096	明治天皇	명치 천황	31	7	1930.08	講題 我國近時의 立法과 儒道와의 關係 / 武部欽一	메이지 천황
6097	明治天皇	명치 천황	31	8	1930.08	講題 我國近時의 立法과 儒道와의 關係 / 武部欽一	메이지 천황
6098	明治天皇	명치 천황	32	19	1930.12	講題 現代世相과 儒學의 本領 / 渡邊信治	메이지 천황
6099	明治天皇	명치 천황	39	23	1935.10	湯島聖堂孔子祭典狀況〉孔子頌德歌 / 財團法人 斯文會	메이지 천황
6100	明治天皇	명치 천황	39	33	1935.10	東京斯文會主催儒道大會狀況〉祝辭 / 松田源治	메이지 천황
6101	明治天皇	명치 천황	45	74	1940.12	忠淸南道儒道聯合會結成式〉忠淸南道儒道聯合會結成式道知事告辭要旨 / 李聖根	메이지 천황
6102	明治天皇	명치 천황	46	64	1941.12	講演及講習〉時局と婦道實踐(講演速記) / 永田種秀	메이지 천황
6103	明治天皇	명치 천황	48	23	1944.04	(十月十五日於經學院秋季釋典)時局と儒道 / 鈴川壽男	메이지 천황
6104	明治皇帝	명치 황제	41	54	1937.02	敬神崇祖의 觀念 / 金完鎭	메이지 천황
6105	明洪武	명홍무	10	53	1916.03	賢關記聞(續) / 李大榮	
6106	毛	모	10	13	1916.03	經學管見(續) / 尹寧求	毛萇
6107	毛	모	19	2	1918.12	學說 / 呂龍鉉	毛萇
6108	毛居正	모거정	11	15	1916.06	經學管見(續) / 尹寧求	
6109	茅坤	모곤	3	36	1914.06	孔子年報(續) / 呂圭亨	
6110	茅坤	모곤	5	41	1914.12	孔子年報(續) / 呂圭亨	
6111	毛公	모공	31	6	1930.08	經學源流 / 權純九	
6112	毛奇齡	모기령	11	17	1916.06	經學管見(續) / 尹寧求	
6113	毛奇齡	모기령	11	20	1916.06	經學管見(續) / 尹寧求	
6114	毛奇齡	모기령	11	23	1916.06	經學管見(續) / 尹寧求	
6115	毛奇齡	모기령	12	7	1916.12	經學管見(續) / 尹寧求	
6116	毛奇齡	모기령	13	2	1917.03	經學管見(續) / 尹寧求	
6117	毛奇齡	모기령	13	5	1917.03	經學管見(續) / 尹寧求	
6118	毛奇齡	모기령	19	11	1918.12	經學管見(續) / 尹寧求	
6119	毛奇齡	모기령	34	4	1932.03	最近經學考 / 權純九	
6120	毛利秀元	모리수원	48	49	1944.04	嘉言善行 / 李敬植	모리 히데모토 (毛利秀元)

번호	원문	현대어(독음)	호	쪽	발행일	기사명 / 필자	비고
6121	毛利元就	모리원취	48	50	1944.04	嘉言善行 / 李敬植	모리 모토나리 (毛利元就)
6122	茅星來	모성래	21	21	1921.03	經學管見(續) / 尹寧求	
6123	毛氏	모씨	10	13	1916.03	經學管見(續) / 尹寧求	
6124	毛氏	모씨	14	2	1917.07	經學管見(續) / 尹寧求	
6125	毛氏	모씨	31	6	1930.08	經學源流 / 權純九	
6126	毛音齡	모음령	12	10	1916.12	經學管見(續) / 尹寧求	
6127	毛嬙	모장	2	72	1914.03	講說〉講題 必愼其獨(大正二年十一月八日第四回講演)〉敷演 / 李鼎煥	
6128	毛萇	모장	8	2	1915.09	儒教論 / 呂圭亨	
6129	毛萇	모장	8	3	1915.09	儒教論 / 呂圭亨	
6130	毛萇	모장	10	11	1916.03	經學管見(續) / 尹寧求	
6131	毛萇	모장	15	16	1917.10	詩經蔦辨 / 金文演	
6132	毛萇	모장	42	46	1937.12	文廟享祀位次及聖賢姓名爵號考 / 金完鎭	樂壽伯
6133	毛萇	모장	42	56	1937.12	文廟享祀位次及聖賢姓名爵號考 / 金完鎭	樂壽伯, 원문은 姓毛名萇
6134	毛萇	모장	44	35	1939.10	經儒學 / 金誠鎭	
6135	毛萇	모장	44	40	1939.10	經儒學 / 金誠鎭	
6136	毛鄭	모정	1	8	1913.12	論說 / 呂圭亨	
6137	牟平侯	모평후	42	46	1937.12	文廟享祀位次及聖賢姓名爵號考 / 金完鎭	公良孺
6138	牟平侯	모평후	42	53	1937.12	文廟享祀位次及聖賢姓名爵號考 / 金完鎭	公良孺
6139	毛亨	모형	10	11	1916.03	經學管見(續) / 尹寧求	
6140	毛亨	모형	44	35	1939.10	經儒學 / 金誠鎭	
6141	穆公	목공	2	32	1914.03	孔子年譜 / 呂圭亨	
6142	穆公	목공	16	15	1918.03	詩經蔦辨 / 金文演	
6143	穆公	목공	39	5	1935.10	關東四會說 / 鄭鳳時	
6144	木口駿三	목구준삼	48	62	1944.04	經學院日誌大要(昭和十七年七月ヨリ昭和十八年六月マテ)	
6145	木金父	목금보	20	29	1920.03	三洙瑣談(續) / 元泳義	
6146	木藤重德	목등중덕	35	27	1932.12	日誌大要	기도 시게노리
6147	木藤重德	목등중덕	35	73	1932.12	明倫學院職員名簿	기도 시게노리
6148	木藤重德	목등중덕	36	53	1933.12	評議員會狀況〉事業經過報告 / 俞萬兼	기도 시게노리
6149	木卜忠範	목복충범	48	54	1944.04	釋奠狀況〉昭和十八年秋季釋奠狀況	

번호	원문	현대어(독음)	호	쪽	발행일	기사명 / 필자	비고
6150	牧山勝遠	목산승원	47	7	1943.01	戶籍整備入選標語	
6151	牧山泳珪	목산영규	47	42	1943.01	釋奠狀況〉昭和十七年秋季釋奠狀況	
6152	牧山泳珪	목산영규	48	52	1944.04	釋奠狀況〉昭和十八年春季釋奠狀況	
6153	牧山泳珪	목산영규	48	53	1944.04	釋奠狀況〉昭和十八年秋季釋奠狀況	
6154	穆生	목생	31	4	1930.08	經學源流 / 權純九	
6155	沐陽侯	목양후	42	52	1937.12	文廟享祀位次及聖賢姓名爵號考 / 金完鎭	伯虔
6156	沐陽侯	목양후	42	46	1937.12	文廟享祀位次及聖賢姓名爵號考 / 金完鎭	伯虔
6157	睦旭相	목욱상	23	54	1922.12	日誌大要	
6158	睦旭相	목욱상	23	55	1922.12	日誌大要	
6159	睦旭相	목욱상	24	59	1923.12	日誌大要	
6160	睦旭相	목욱상	28	48	1927.12	日誌大要	
6161	睦源學	목원학	2	83	1914.03	地方報告〉[金光鉉의 報告]	
6162	牧隱	목은	32	41	1930.12	地方報告〉地方儒林狀況〉[成樂賢의 報告]	李穡
6163	穆帝	목제	37	20	1934.10	學說 / 權純九	
6164	穆宗	목종	42	56	1937.12	文廟享祀位次及聖賢姓名爵號考 / 金完鎭	唐의 穆宗, 李恒
6165	木村亮夫	목촌양부	47	38	1943.01	釋奠狀況〉昭和十七年春季釋奠狀況	
6166	木村亮夫	목촌양부	47	41	1943.01	釋奠狀況〉昭和十七年秋季釋奠狀況	
6167	木村亮夫	목촌양부	48	61	1944.04	經學院日誌大要(昭和十七年七月ヨリ昭和十八年六月マテ)	
6168	木下	목하	10	21	1916.03	經學淺知錄 / 金文演	
6169	木下順庵	목하순암	18	53	1918.09	講說〉講題 內地의 宋學(大正七年五月十一日第二十八回講演) / 今關壽麿	기노시타 준안
6170	睦海均	목해균	37	71	1934.10	明倫學院第五回入學許可者名簿	
6171	睦海均	목해균	40	35	1936.08	文廟釋奠狀況〉[秋期釋奠 擧行]	
6172	睦海均	목해균	41	37	1937.02	文廟秋季釋奠狀況	
6173	睦海均	목해균	42	70	1937.12	第五回卒業式狀況及第八回新入生名簿〉第五回卒業生名簿	
6174	穆呼哩	목호리	17	2	1918.07	經學管見(續) / 尹寧求	
6175	木華黍	목화서	17	2	1918.07	經學管見(續) / 尹寧求	
6176	蒙溪	몽계	40	42	1936.08	成竹似先生追悼錄〉挽故成均館博士成竹似先生 / 李康元	
6177	蒙求	몽구	1	38	1913.12	近世事十條 / 李商永	
6178	蒙伯	몽백	30	[9]	1929.12	李龍眠畵宣聖及七十二弟子像贊(金石萃編)	
6179	蒙伯	몽백	42	51	1937.12	文廟享祀位次及聖賢姓名爵號考 / 金完鎭	商瞿
6180	蒙莊	몽장	9	5	1915.12	經說(續) / 韓晩容	
6181	蒙帝	몽제	43	30	1938.12	皇軍慰問詩 / 柳正秀	

번호	원문	현대어(독음)	호	쪽	발행일	기사명 / 필자	비고
6182	孟德斯鳩	몽테스키외 (맹덕사구)	44	19	1939.10	時局의 認識과 儒林의 覺醒(昭和十三年 十月十五日 秋季釋奠後 經學院 明倫堂 講演) / 尹德榮	Charles De Montesquieu
6183	苗	묘	11	41	1916.06	經義答問 / 黃敦秀	
6184	武	무	1	2	1913.12	經學院雜誌序 / 鄭鳳時	周의 武王
6185	武	무	1	68	1913.12	講說〉大正二年九月四日第二回演講〉(講章此之謂絜矩之道) / 李容稷	周의 武王
6186	武	무	1	70	1913.12	講說〉大正二年九月四日第二回演講〉(講章此之謂絜矩之道)〉敷演 / 鄭鳳時	周의 武王
6187	武	무	1	76	1913.12	地方報告 大正元年始〉[黃敦秀의 報告]	周의 武王
6188	武	무	3	37	1914.06	孔子年報(續) / 呂圭亨	周의 武王
6189	武	무	4	41	1914.09	孔子年報(續) / 呂圭亨	周의 武王
6190	武	무	5	73	1914.12	講說〉講題 道也者不可須臾離也(大正三年九月二十九日第七回講演)〉敷演 / 鄭鳳時	
6191	武	무	6	3	1915.03	緖論 / 呂圭亨	
6192	武	무	6	35	1915.03	孔子年報(續) / 呂圭亨	
6193	武	무	6	60	1915.03	講說〉講題 善養吾浩然之氣(大正三年十一月二十一日第九回講演) / 李容稙	
6194	武	무	6	61	1915.03	講說〉講題 善養吾浩然之氣(大正三年十一月二十一日第九回講演) / 李容稙	
6195	武	무	7	27	1915.06	孔子年報(續) / 呂圭亨	
6196	武	무	7	73	1915.06	講說〉講題 孔子聖之時者也(大政四年三月十八日第十回講演)〉敷演 / 鄭鳳時	
6197	武	무	7	74	1915.06	講說〉講題 孔子聖之時者也(大政四年三月十八日第十回講演)〉敷演 / 梁鳳濟	
6198	武	무	8	22	1915.09	孔子年報(續) / 呂圭亨	
6199	武	무	8	54	1915.09	講說〉講題 道不遠人(大政四年五月八日第十二回講演)〉敷演 / 鄭鳳時	
6200	武	무	9	22	1915.12	經學管見(下) / 尹寧求	
6201	武	무	9	45	1915.12	日誌大要	
6202	武	무	9	55	1915.12	講說〉講題 三人行必有我師(大正四年六月十二日第十三回講演) / 鄭鳳時	
6203	武	무	9	[11]	1915.12	卽位大禮式獻頌文 / 成樂賢	
6204	武	무	11	1	1916.06	經論 / 韓晩容	
6205	武	무	11	49	1916.06	讀書私記(第八號續) / 洪鐘佶	
6206	武	무	11	50	1916.06	讀書私記(第八號續) / 洪鐘佶	
6207	武	무	12	34	1916.12	讀書私記(續) / 洪鍾佶	
6208	武	무	12	72	1916.12	講說〉講題 女爲君子儒無爲小人儒(大正五年五月十三日開城郡鄕校講演) / 李學魯	

번호	원문	현대어(독음)	호	쪽	발행일	기사명 / 필자	비고
6209	武	무	12	76	1916.12	講說〉講題 善養吾浩然之氣(大正五年九月二十九日海州郡鄕校講演) / 李容稙	
6210	武	무	12	87	1916.12	地方報告〉[朴長鴻의 報告]	周의 武王
6211	武	무	12	[2]	1916.12	立太子禮獻頌文 / 李容稙	
6212	武	무	13	11	1917.03	原教 / 鄭崙秀	
6213	武	무	16	48	1918.03	講說〉講題 存其心養其性所以事天也(大正六年十月十四日江陵郡講演) / 李容稙	
6214	武	무	17	16	1918.07	中庸章句問對(續) / 朴長鴻	
6215	武	무	17	44	1918.07	講說〉講題 君子有大道必忠信以得之驕泰以失之(大正六年十一月十日第二十六回講演) / 李容稙	
6216	武	무	17	68	1918.07	地方報告〉[韓昌愚의 報告]	
6217	武	무	18	5	1918.09	學說 / 李明宰	
6218	武	무	18	17	1918.09	中庸章句問對(續) / 朴長鴻	
6219	武	무	18	49	1918.09	講說〉講題 內地의 宋學(大正七年五月十一日第二十八回講演) / 今關壽麿	周의 武王
6220	武	무	18	50	1918.09	講說〉講題 內地의 宋學(大正七年五月十一日第二十八回講演) / 今關壽麿	周의 武王
6221	武	무	18	60	1918.09	講說〉講題 道在邇而求諸遠事在易而求諸難(大正七年五月十五日義州郡鄕校講演)〉敷演 / 梁鳳濟	
6222	武	무	20	7	1920.03	中庸章句問對(續) / 朴長鴻	
6223	武	무	20	31	1920.03	三洙瑣談(續) / 元泳義	
6224	武	무	21	68	1921.03	三洙瑣談(續) / 元泳義	
6225	武	무	22	6	1922.03	中庸說 / 李學魯	
6226	武	무	23	14	1922.12	經義問答 / 韓昌愚	
6227	武	무	23	18	1922.12	孔夫子忌辰四十周甲追慕辭 / 沈璿澤	
6228	武	무	23	65	1922.12	講說〉講題 師道(大正十一年五月七日追慕禮式時) / 赤木萬二郎	
6229	武	무	24	76	1923.12	講說〉講題 設爲庠序學校以敎之皆所明人倫也 / 李學魯	
6230	武	무	24	82	1923.12	講說〉講題 時代之儒敎 / 金完鎭	
6231	武	무	25	49	1924.12	講說〉講題 儒道 / 鄭鳳時	
6232	武	무	26	14	1925.12	四書講解總說 / 元泳義	
6233	武	무	26	21	1925.12	三洙瑣談(續) / 元泳義	
6234	武	무	26	62	1925.12	講說〉講題 君子時中 / 沈璿澤	
6235	武	무	28	9	1927.12	中庸問對(續) / 沈璿澤	
6236	武	무	28	65	1927.12	講說〉講題 吾道一以貫之 / 沈璿澤	

번호	원문	현대어(독음)	호	쪽	발행일	기사명 / 필자	비고
6237	武	무	28	68	1927.12	講說〉講題 孔夫子의 集大成 / 兒島獻吉郎	周의 武王
6238	武	무	29	56	1928.12	講說〉講題 道德的精神 / 白井成允	周의 武王
6239	武	무	30	58	1929.12	講說〉講題 朝鮮의 在한 聖學道統 : 李退溪先生을 憶함 / 赤木萬二郎	周의 武王
6240	武	무	33	15	1931.12	聞曲阜兵變上蔣中正書 / 李學魯	
6241	武	무	34	3	1932.03	天理人欲說 / 元弘植	
6242	武	무	35	1	1932.12	宗教說 / 權純九	
6243	武	무	37	5	1934.10	天道人道說 / 元弘植	
6244	武	무	40	9	1936.08	朝鮮儒教의 大觀 / 鄭鳳時	
6245	武	무	40	12	1936.08	心田開發에 對한 儒教 / 鄭鳳時	
6246	武	무	44	30	1939.10	儒教의 起源과 流派 / 李昇圭	周의 武王
6247	武	무	48	37	1944.04	儒教의 進むべき道 / 朱柄乾	周의 武王
6248	務光	무광	6	37	1915.03	孔子年報(續) / 呂圭亨	
6249	武藤文吾	무등문오	14	33	1917.07	宗教와 國民 / 姜星熙	무토 분고 (武藤文吾)
6250	巫馬期	무마기	19	55	1918.12	講說〉講題 子路人告之以有過則喜(大正七年九月七日第三十回講演)〉續演 / 呂圭亨	
6251	巫馬施	무마시	30	[4]	1929.12	李龍眠畵宣聖及七十二弟子像贊(金石萃編)	
6252	巫馬施	무마시	42	47	1937.12	文廟享祀位次及聖賢姓名爵號考 / 金完鎭	東阿侯
6253	巫馬施	무마시	42	52	1937.12	文廟享祀位次及聖賢姓名爵號考 / 金完鎭	東阿侯, 원문은 姓巫馬名施
6254	武穆	무목	16	8	1918.03	經學管見(續) / 尹寧求	
6255	武伯	무백	12	27	1916.12	孔門問同答異 / 鄭淳默	
6256	巫別	무별	41	16	1937.02	博士王仁傳 / 李學魯	
6257	武部	무부	31	31	1930.08	日誌大要	다케베 긴이치 (武部欽一)
6258	武部	무부	33	23	1931.12	日誌大要	다케베 긴이치 (武部欽一)
6259	武部	무부	33	24	1931.12	日誌大要	다케베 긴이치 (武部欽一)
6260	武部	무부	33	41	1931.12	文廟釋奠狀況	다케베 긴이치 (武部欽一)

번호	원문	현대어(독음)	호	쪽	발행일	기사명 / 필자	비고
6261	武部	무부	34	53	1932.03	評議員會狀況	다케베 긴이치 (武部欽一)
6262	武部欽一	무부흠일	31	7	1930.08	講題 我國近時의 立法과 儒道와의 關係 / 武部欽一	다케베 긴이치
6263	武部欽一	무부흠일	31	33	1930.08	日誌大要	다케베 긴이치
6264	武部欽一	무부흠일	34	45	1932.03	評議員會狀況	다케베 긴이치
6265	武部欽一	무부흠일	34	54	1932.03	東洋思想講習會狀況	다케베 긴이치
6266	武城伯	무성백	30	[7]	1929.12	李龍眠畵宣聖及七十二弟子像贊(金石萃編)	
6267	武城白	무성백	42	53	1937.12	文廟享祀位次及聖賢姓名爵號考 / 金完鎭	漆雕哆
6268	武城侯	무성후	42	46	1937.12	文廟享祀位次及聖賢姓名爵號考 / 金完鎭	縣成
6269	武城侯	무성후	42	54	1937.12	文廟享祀位次及聖賢姓名爵號考 / 金完鎭	縣成
6270	武城候	무성후	42	49	1937.12	文廟享祀位次及聖賢姓名爵號考 / 金完鎭	曾子
6271	ムッソリニ	무솔리니	44	15	1939.10	內鮮一體의 具現에 就て / 南 次郎	Benito Mussolini
6272	茂叔	무숙	42	50	1937.12	文廟享祀位次及聖賢姓名爵號考 / 金完鎭	주돈이
6273	武永	무영	46	34	1941.12	全羅南道儒林大會	嚴昌燮, 武永憲樹
6274	武永憲樹	무영헌수	46	38	1941.12	全羅南道儒林大會〉會長訓示要旨 / 武永憲樹	嚴昌燮
6275	武永憲樹	무영헌수	46	42	1941.12	全羅南道儒林大會〉會長式辭要旨 / 武永憲樹	嚴昌燮
6276	茂翁	무옹	40	53	1936.08	鄭茂亭先生追悼錄〉輓詞 / 李康元	
6277	茂翁	무옹	43	42	1938.12	故大提學鄭鳳時先生輓詞 / 沈璿澤	
6278	茂翁	무옹	43	44	1938.12	故大提學鄭鳳時先生輓詞 / 孔聖學	
6279	武王	무왕	1	31	1913.12	天下文明說 / 李學魯	
6280	武王	무왕	3	64	1914.06	講說〉講題 孝子所以事君也弟者所以事長也慈者所以使衆也(大正三年三月三日第五回講演) / 李容稙	
6281	武王	무왕	5	44	1914.12	孔子年報(續) / 呂圭亨	
6282	武王	무왕	6	34	1915.03	樂器圖說(續)	
6283	武王	무왕	6	38	1915.03	孔子年報(續) / 呂圭亨	
6284	武王	무왕	6	47	1915.03	論語考證 / 金文演	
6285	武王	무왕	8	49	1915.09	講說〉講題 苟日新日日新又日新(大政四年四月十七日第十一回講演)〉敷演 / 沈鍾舜	
6286	武王	무왕	11	1	1916.06	經論 / 韓晩容	
6287	武王	무왕	11	66	1916.06	講說〉講題 人能弘道(大正四年三月十一日第十六回講演) / 李容稙	

번호	원문	현대어(독음)	호	쪽	발행일	기사명 / 필자	비고
6288	武王	무왕	15	14	1917.10	四書小註辨疑(續) / 李鶴在	
6289	武王	무왕	15	15	1917.10	四書小註辨疑(續) / 李鶴在	
6290	武王	무왕	15	17	1917.10	詩經蕘辨 / 金文演	
6291	武王	무왕	19	2	1918.12	學說 / 呂龍鉉	
6292	武王	무왕	19	57	1918.12	講說〉講題 孝弟也者其爲仁之本歟(大正七年十月十二日第三十一回講演) / 李容稙	
6293	武王	무왕	20	28	1920.03	三洙瑣談(續) / 元泳義	
6294	武王	무왕	22	16	1922.03	經義問對 / 沈璿澤	
6295	武王	무왕	24	6	1923.12	中庸說(續) / 李學魯	
6296	武王	무왕	24	9	1923.12	經義問對(續) / 沈璿澤	
6297	武王	무왕	25	6	1924.12	中庸說(續) / 李學魯	
6298	武王	무왕	26	20	1925.12	三洙瑣談(續) / 元泳義	
6299	武王	무왕	26	32	1925.12	釋奠에 就ㅎ야(續) / 佐藤廣治	
6300	武王	무왕	30	28	1929.12	中庸問對(續) / 崔基鉉	
6301	武王	무왕	30	67	1929.12	講說〉講題 朝鮮의 在한 聖學道統 : 李退溪先生을 憶함 / 赤木萬二郎	
6302	武王	무왕	32	34	1930.12	崧陽書院祭拜敬次板上韻 / 韓昌愚	
6303	武王	무왕	36	37	1933.12	孝烈行蹟〉[金基銖 等의 보고]	
6304	武王	무왕	44	36	1939.10	經儒學 / 金誠鎭	
6305	武羽英朝	무우영조	47	37	1943.01	釋奠狀況〉昭和十六年秋季釋奠狀況	압량국민학교 훈도
6306	娑源	무원	36	9	1933.12	居然亭記 / 李學魯	
6307	武人	무인	18	51	1918.09	講說〉講題 內地의 宋學(大正七年五月十一日第二十八回講演) / 今關壽麿	아시카가 다카우지 (足利尊氏)
6308	武子	무자	2	32	1914.03	孔子年譜 / 呂圭亨	
6309	武子	무자	42	56	1937.12	文廟享祀位次及聖賢姓名爵號考 / 金完鎭	范寗
6310	武者鍊三	무자연삼	45	32	1940.12	朝鮮儒林大會(朝鮮儒道聯合會創立總會) 會錄概要〉朝鮮儒道聯合會役員名簿(昭和十四年十一月一日現在)	무샤 렌조
6311	武莊	무장	36	10	1933.12	東萊鄭氏孝行實蹟碑文 / 魏大源	
6312	武藏	무장	48	24	1944.04	(十月十五日於經學院秋季釋典)時局과 儒道 / 鈴川壽男	무사시
6313	武田信玄	무전신현	38	23	1935.03	東洋에斯文이有함(續) / 福士末之助	다케다 신겐
6314	茂亭	무정	35	21	1932.12	孝壽帖 / 鄭萬朝	鄭萬朝
6315	茂亭	무정	40	8	1936.08	朝鮮儒敎의 大觀 / 鄭鳳時	鄭萬朝
6316	茂亭	무정	40	44	1936.08	成竹似先生追悼錄〉挽故成均館博士成竹似先生 / 李學魯	鄭萬朝

번호	원문	현대어(독음)	호	쪽	발행일	기사명 / 필자	비고
6317	茂亭	무정	40	46	1936.08	鄭茂亭先生追悼錄〉先生의 畧歷	鄭萬朝
6318	茂亭	무정	40	49	1936.08	鄭茂亭先生追悼錄〉哀辭 / 朴來陽	鄭萬朝
6319	茂亭	무정	40	50	1936.08	鄭茂亭先生追悼錄〉哀辭 / 朴來陽	鄭萬朝
6320	茂亭	무정	40	51	1936.08	鄭茂亭先生追悼錄〉輓詞 / 金東振	鄭萬朝
6321	茂亭	무정	40	58	1936.08	鄭茂亭先生追悼錄〉節山博士輓茂亭太史揭載斯文會誌次韻却寄	鄭萬朝
6322	茂亭	무정	43	48	1938.12	鄭松里先生追悼錄〉畧歷	鄭萬朝
6323	茂亭	무정	43	51	1938.12	鄭松里先生追悼錄〉哀辭 / 金琬洙	鄭萬朝
6324	武帝	무제	2	17	1914.03	格致管見 / 李鼎煥	漢의 劉徹
6325	武帝	무제	6	42	1915.03	容思衍(續) / 李鼎煥	漢의 劉徹
6326	武帝	무제	15	71	1917.10	講說〉大邱高等普通學校講演(大正六年五月十六日)〉儒敎의 庶民的 發展 / 高橋亨	漢의 劉徹
6327	武帝	무제	18	27	1918.09	三洙瑣談 / 元泳義	漢의 劉徹
6328	武帝	무제	25	25	1924.12	釋奠에 就하야(續) / 佐藤廣治	漢의 劉徹
6329	武帝	무제	31	5	1930.08	經學源流 / 權純九	漢의 劉徹
6330	武帝	무제	32	3	1930.12	經學源流(續) / 權純九	漢의 劉徹
6331	武帝	무제	44	34	1939.10	經儒學 / 金誠鎭	漢의 劉徹
6332	武帝	무제	44	37	1939.10	經儒學 / 金誠鎭	漢의 劉徹
6333	武帝	무제	44	57	1939.10	朝鮮詩學考 / 李昇圭	漢의 劉徹
6334	武宗	무종	16	5	1918.03	經學管見(續) / 尹寧求	明의 武宗
6335	武宗	무종	42	48	1937.12	文廟享祀位次及聖賢姓名爵號考 / 金完鎭	元의 武宗
6336	武宗	무종	42	57	1937.12	文廟享祀位次及聖賢姓名爵號考 / 金完鎭	元의 武宗
6337	武宗	무종	44	31	1939.10	儒敎의 起源과 流派 / 李昇圭	元의 보르지긴 카이산
6338	無懷	무회	9	10	1915.12	格致管見(續) / 李鼎煥	無懷氏
6339	無懷	무회	15	4	1917.10	經學管見(續) / 尹寧求	無懷氏
6340	武侯	무후	2	71	1914.03	講說〉講題 必愼其獨(大正二年十一月八日第四回講演)〉敷演 / 鄭鳳時	
6341	武侯	무후	11	24	1916.06	經學管見(續) / 尹寧求	
6342	武侯	무후	14	6	1917.07	經學管見(續) / 尹寧求	
6343	墨	묵	1	28	1913.12	庸言 / 金允植	
6344	墨	묵	4	6	1914.09	學說 / 呂圭亨	
6345	墨	묵	5	85	1914.12	講說〉講題 謹庠序之敎申之以孝悌之義(大正三年十月十日第八回講演)〉續演 / 呂圭亨	
6346	墨	묵	5	90	1914.12	關東講說〉講題 道不遠人 / 丁相燮	
6347	墨	묵	5	97	1914.12	關東講說〉講題 道不遠人 / 吳致翊	

번호	원문	현대어(독음)	호	쪽	발행일	기사명 / 필자	비고
6348	墨	묵	6	60	1915.03	講說〉講題 善養吾浩然之氣(大正三年十一月二十一日第九回講演) / 李容稙	
6349	墨	묵	13	11	1917.03	原儒 / 鄭崙秀	
6350	墨	묵	15	52	1917.10	講說〉光州郡鄕校演講(大正六年四月二十六日)〉講演結辭 / 鄭崙秀	
6351	墨	묵	16	20	1918.03	閒窓問對 / 朴昇東	
6352	墨	묵	16	51	1918.03	講說〉講題 存其心養其性所以事天也(大正六年十月十四日江陵郡講演)〉續演 / 鄭鳳時	
6353	墨	묵	16	69	1918.03	地方報告〉[劉光澤의 報告] 姜星熙	
6354	墨	묵	18	19	1918.09	博川郡鄕校儒林契券序 / 金允植	
6355	墨	묵	22	4	1922.03	禮辭(於儒道振興會臨時總會席上) / 金完鎭	
6356	墨	묵	25	59	1924.12	講說〉講題 修道之謂教 / 沈璿澤	
6357	墨	묵	26	1	1925.12	仁義와 現代思潮 / 服部宇之吉	
6358	墨	묵	26	13	1925.12	四書講解總說 / 元泳義	
6359	墨	묵	26	70	1925.12	講說〉講題 儒家事業 / 金完鎭	
6360	墨	묵	29	27	1928.12	三洙瑣談(續) / 元泳義	
6361	墨	묵	35	1	1932.12	宗教說 / 權純九	
6362	墨	묵	35	2	1932.12	宗教說 / 權純九	
6363	墨	묵	39	14	1935.10	農村振興과 儒林의 覺醒(每日申報社說抄錄)-時運時變에 適應하라	
6364	墨	묵	40	12	1936.08	心田開發에 對한 儒教 / 鄭鳳時	
6365	墨氏	묵씨	10	7	1916.03	經學說 / 李容稙	
6366	墨氏	묵씨	15	36	1917.10	講說〉講題 子曰君子之道四某未能一焉所求乎子以事父未能也所求乎臣以事君未能也所求乎弟以事兄未能也所求乎朋友先施之未能也(大正六年五月十二日第二十三回講演) / 朴齊斌	
6367	墨氏	묵씨	27	32	1926.12	三洙瑣談(續) / 元泳義	
6368	墨氏	묵씨	38	27	1935.03	性理	
6369	墨氏	묵씨	40	16	1936.08	文房四友說 / 韓昌愚	
6370	默庵	묵암	40	44	1936.08	成竹似先生追悼錄〉挽故成均館博士成竹似先生 / 羅一鳳	
6371	默庵	묵암	40	52	1936.08	鄭茂亭先生追悼錄〉輓詞 / 李尙鎬	羅一鳳
6372	墨子	묵자	3	34	1914.06	孔子年報(續) / 呂圭亨	
6373	墨子	묵자	4	6	1914.09	學說 / 呂圭亨	
6374	墨子	묵자	5	4	1914.12	孔教卽東亞之宗教 / 金文演	
6375	墨子	묵자	6	4	1915.03	緖論 / 呂圭亨	
6376	墨子	묵자	26	2	1925.12	仁義와 現代思潮 / 服部宇之吉	

번호	원문	현대어(독음)	호	쪽	발행일	기사명 / 필자	비고
6377	墨子	묵자	26	5	1925.12	仁義와 現代思潮 / 服部宇之吉	
6378	墨子	묵자	26	6	1925.12	仁義와 現代思潮 / 服部宇之吉	
6379	墨子	묵자	39	2	1935.10	性善說 / 李學魯	
6380	墨翟	묵적	3	37	1914.06	孔子年報(續) / 呂圭亨	
6381	墨翟	묵적	15	49	1917.10	講說〉光州郡鄕校演講(大正六年四月二十六日)〉講題 子莫執中執中爲近之執中無權猶執一也 / 李容稙	
6382	墨翟	묵적	15	50	1917.10	講說〉光州郡鄕校演講(大正六年四月二十六日)〉講題 子莫執中執中爲近之執中無權猶執一也 / 李容稙	
6383	墨翟	묵적	16	50	1918.03	講說〉講題 存其心養其性所以事天也(大正六年十月十四日江陵郡講演)〉續演 / 鄭鳳時	
6384	墨翟	묵적	18	58	1918.09	講說〉講題 道在邇而求諸遠事在易而求諸難(大正七年五月十五日義州郡鄕校講演) / 李容稙	
6385	墨翟	묵적	19	57	1918.12	講說〉講題 孝弟也者其爲仁之本歟(大正七年十月十二日第三十一回講演) / 李容稙	
6386	墨翟	묵적	19	73	1918.12	講說〉講題 孟懿子問孝(大正七年十一月十六日第三十二回講演) / 朴齊斌	
6387	文	문	1	2	1913.12	經學院雜誌序 / 鄭鳳時	周의 文王
6388	文	문	1	70	1913.12	講說〉大正二年九月四日第二回演講〉(講章此之謂絜矩之道)〉敷演 / 鄭鳳時	周의 文王
6389	文	문	1	76	1913.12	地方報告 大正元年始〉[黃敦秀의 報告]	周의 文王
6390	文	문	3	37	1914.06	孔子年報(續) / 呂圭亨	周의 文王
6391	文	문	4	41	1914.09	孔子年報(續) / 呂圭亨	
6392	文	문	5	73	1914.12	講說〉講題 道也者不可須臾離也(大正三年九月二十九日第七回講演)〉敷演 / 鄭鳳時	
6393	文	문	6	3	1915.03	緖論 / 呂圭亨	
6394	文	문	6	35	1915.03	孔子年報(續) / 呂圭亨	
6395	文	문	7	27	1915.06	孔子年報(續) / 呂圭亨	
6396	文	문	7	73	1915.06	講說〉講題 孔子聖之時者也(大政四年三月十八日第十回講演)〉敷演 / 鄭鳳時	
6397	文	문	7	74	1915.06	講說〉講題 孔子聖之時者也(大政四年三月十八日第十回講演)〉敷演 / 梁鳳濟	
6398	文	문	8	22	1915.09	孔子年報(續) / 呂圭亨	
6399	文	문	8	54	1915.09	講說〉講題 道不遠人(大政四年五月八日第十二回講演)〉敷演 / 鄭鳳時	
6400	文	문	9	45	1915.12	日誌大要	

번호	원문	현대어(독음)	호	쪽	발행일	기사명 / 필자	비고
6401	文	문	9	55	1915.12	講說>講題 三人行必有我師(大正四年六月十二日第十三回講演) / 鄭鳳時	
6402	文	문	9	[11]	1915.12	卽位大禮式獻頌文 / 成樂賢	
6403	文	문	11	1	1916.06	經論 / 韓晩容	
6404	文	문	11	49	1916.06	讀書私記(第八號續) / 洪鐘佶	
6405	文	문	11	50	1916.06	讀書私記(第八號續) / 洪鐘佶	
6406	文	문	12	33	1916.12	讀書私記(續) / 洪鍾佶	
6407	文	문	12	76	1916.12	講說>講題 善養吾浩然之氣(大正五年九月二十九日海州郡鄕校講演) / 李容稙	
6408	文	문	12	87	1916.12	地方報告>[朴長鴻의 報告]	周의 文王
6409	文	문	12	[2]	1916.12	立太子禮獻頌文 / 李容稙	
6410	文	문	13	11	1917.03	原敎 / 鄭崙秀	
6411	文	문	14	1	1917.07	經言 / 鄭崙秀	周의 文王
6412	文	문	16	48	1918.03	講說>講題 存其心養其性所以事天也(大正六年十月十四日江陵郡講演) / 李容稙	
6413	文	문	17	30	1918.07	洙澳問答 / 元泳義	周의 文王
6414	文	문	18	5	1918.09	學說 / 李明宰	
6415	文	문	18	17	1918.09	中庸章句問對(續) / 朴長鴻	
6416	文	문	18	49	1918.09	講說>講題 內地의 宋學(大正七年五月十一日第二十八回講演) / 今關壽麿	周의 文王
6417	文	문	18	50	1918.09	講說>講題 內地의 宋學(大正七年五月十一日第二十八回講演) / 今關壽麿	周의 文王
6418	文	문	18	60	1918.09	講說>講題 道在邇而求諸遠事在易而求諸難(大正七年五月十五日義州郡鄕校講演)>敷演 / 梁鳳濟	
6419	文	문	20	7	1920.03	中庸章句問對(續) / 朴長鴻	
6420	文	문	20	31	1920.03	三洙瑣談(續) / 元泳義	
6421	文	문	21	68	1921.03	三洙瑣談(續) / 元泳義	
6422	文	문	22	6	1922.03	中庸說 / 李學魯	
6423	文	문	23	14	1922.12	經義問答 / 韓昌愚	
6424	文	문	23	65	1922.12	講說>講題 師道(大正十一年五月七日追慕禮式時) / 赤木萬二郎	
6425	文	문	24	76	1923.12	講說>講題 設爲庠序學校以敎之皆所明人倫也 / 李學魯	
6426	文	문	24	82	1923.12	講說>講題 時代之儒敎 / 金完鎭	
6427	文	문	25	49	1924.12	講說>講題 儒道 / 鄭鳳時	
6428	文	문	26	14	1925.12	四書講解總說 / 元泳義	
6429	文	문	26	21	1925.12	三洙瑣談(續) / 元泳義	

번호	원문	현대어(독음)	호	쪽	발행일	기사명 / 필자	비고
6430	文	문	27	15	1926.12	易經講解總說 / 元泳義	
6431	文	문	28	9	1927.12	中庸問對(續) / 沈璿澤	
6432	文	문	28	68	1927.12	講說〉講題 孔夫子의 集大成 / 兒島獻吉郎	周의 文王
6433	文	문	29	56	1928.12	講說〉講題 道德的精神 / 白井成允	周의 文王
6434	文	문	30	58	1929.12	講說〉講題 朝鮮의 在한 聖學道統：李退溪先生을 憶함 / 赤木萬二郎	周의 文王
6435	文	문	33	15	1931.12	聞曲阜兵變上蔣中正書 / 李學魯	
6436	文	문	34	3	1932.03	天理人欲說 / 元弘植	晉의 文公
6437	文	문	35	1	1932.12	宗教說 / 權純九	
6438	文	문	40	9	1936.08	朝鮮儒教의 大觀 / 鄭鳳時	
6439	文	문	40	12	1936.08	心田開發에 對한 儒教 / 鄭鳳時	
6440	文	문	42	50	1937.12	文廟享祀位次及聖賢姓名爵號考 / 金完鎭	朱熹의 시호
6441	文	문	42	56	1937.12	文廟享祀位次及聖賢姓名爵號考 / 金完鎭	韓愈의 시호
6442	文	문	44	30	1939.10	儒教의 起源과 流派 / 李昇圭	周의 文王
6443	文	문	44	36	1939.10	經儒學 / 金誠鎭	周의 文王
6444	文	문	48	37	1944.04	儒教の進むべき道 / 朱柄乾	周의 文王
6445	文簡公	문간공	10	51	1916.03	賢關記聞(續) / 李大榮	成渾
6446	文簡公	문간공	33	11	1931.12	孝子司饔院奉事白公行狀 / 成樂賢	成渾
6447	文簡公	문간공	42	48	1937.12	文廟享祀位次及聖賢姓名爵號考 / 金完鎭	成渾
6448	文簡公	문간공	25	87	1924.12	地方報告〉[羅燾線 等의 通牒]	柳軒(柳自湄의 子)
6449	文簡公	문간공	37	39	1934.10	地方儒林狀況〉[李大榮의 보고]〉書院狀況	成渾, 원문은 成文簡公渾
6450	文簡公	문간공	37	40	1934.10	地方儒林狀況〉[李大榮의 보고]〉書院狀況	成渾, 원문은 成文簡公渾
6451	文簡公	문간공	42	58	1937.12	文廟享祀位次及聖賢姓名爵號考 / 金完鎭	成渾
6452	文敬公	문경공	9	34	1915.12	賢關記聞(續) / 李大榮	
6453	文敬公	문경공	10	51	1916.03	賢關記聞(續) / 李大榮	金宏弼
6454	文敬公	문경공	10	52	1916.03	賢關記聞(續) / 李大榮	金集
6455	文敬公	문경공	23	88	1922.12	地方報告〉[乾元祠 新建 關聯 報告]	姜君寶
6456	文敬公	문경공	33	39	1931.12	地方儒林狀況〉[李大榮의 보고]〉書院狀況	
6457	文敬公	문경공	33	40	1931.12	地方儒林狀況〉[李大榮의 보고]〉書院狀況	
6458	文景公	문경공	24	90	1923.12	地方報告〉[李永玉妻朱氏의 孝烈 關聯 報告]	
6459	文景公	문경공	33	8	1931.12	孺人羅州林氏孝烈碑 / 成樂賢	
6460	文敬公	문경공	42	47	1937.12	文廟享祀位次及聖賢姓名爵號考 / 金完鎭	金宏弼

번호	원문	현대어(독음)	호	쪽	발행일	기사명 / 필자	비고
6461	文敬公	문경공	42	47	1937.12	文廟享祀位次及聖賢姓名爵號考 / 金完鎭	金集
6462	文敬公	문경공	42	57	1937.12	文廟享祀位次及聖賢姓名爵號考 / 金完鎭	金宏弼
6463	文敬公	문경공	42	58	1937.12	文廟享祀位次及聖賢姓名爵號考 / 金完鎭	金集
6464	文谷金公	문곡 김공	38	29	1935.03	太學志慶詩帖序	
6465	文公	문공	7	34	1915.06	容思衍(續) / 李鼎煥	
6466	文公	문공	9	36	1915.12	拜龍田朱子廟敬次朱子韻 / 朴稚祥	
6467	文公	문공	11	16	1916.06	經學管見(續) / 尹寧求	
6468	文公	문공	44	29	1939.10	儒教의 起源과 流派 / 李昇圭	
6469	文公朱夫子	문공주부자	37	38	1934.10	地方儒林狀況〉[李大榮의 보고]〉書院狀況	朱子
6470	文官鳳	문관봉	38	47	1935.03	文廟釋奠狀況〉地方文廟秋期釋奠狀況表	
6471	文匡	문광	21	65	1921.03	賢關記聞(續) / 李大榮	洪貴達
6472	文德進	문덕진	22	58	1922.03	日誌大要	
6473	文東周	문동주	35	28	1932.12	地方儒林狀況〉[李奎寧 等의 보고]	
6474	文東周	문동주	35	31	1932.12	文廟釋奠狀況〉[文東周의 보고]	
6475	文東周	문동주	36	26	1933.12	文廟釋奠狀況〉[文東周의 보고]	
6476	文東周	문동주	36	31	1933.12	文廟釋奠狀況〉[文東周의 보고]	
6477	文東周	문동주	37	47	1934.10	文廟釋奠狀況〉[文東周의 보고]	
6478	文東周	문동주	38	48	1935.03	文廟釋奠狀況〉地方文廟秋期釋奠狀況表	
6479	文東周	문동주	39	53	1935.10	文廟釋奠狀況〉地方文廟春期釋奠狀況表	
6480	文東鎬	문동호	43	11	1938.12	儒林 各位에 告함 / 文東鎬	진도군수
6481	文登侯	문등후	42	46	1937.12	文廟享祀位次及聖賢姓名爵號考 / 金完鎭	申帳
6482	文登侯	문등후	42	55	1937.12	文廟享祀位次及聖賢姓名爵號考 / 金完鎭	申棖
6483	文烈公	문열공	10	46	1916.03	賢關記聞(續) / 李大榮	趙憲
6484	文烈公	문열공	10	52	1916.03	賢關記聞(續) / 李大榮	趙憲
6485	文烈公	문열공	12	41	1916.12	賢關記聞(續) / 李大榮	趙憲
6486	文烈公	문열공	37	39	1934.10	地方儒林狀況〉[李大榮의 보고]〉書院狀況	趙憲
6487	文烈公	문열공	42	48	1937.12	文廟享祀位次及聖賢姓名爵號考 / 金完鎭	趙憲
6488	文烈公	문열공	42	58	1937.12	文廟享祀位次及聖賢姓名爵號考 / 金完鎭	趙憲
6489	文孟坤	문맹곤	38	47	1935.03	文廟釋奠狀況〉地方文廟秋期釋奠狀況表	
6490	文孟坤	문맹곤	43	25	1938.12	孝烈行蹟〉[文孟坤의 보고]	
6491	文孟坤	문맹곤	47	48	1943.01	一. 孝烈行跡報告 其一 / 文孟坤	
6492	文冕在	문면재	24	54	1923.12	日誌大要	
6493	文明	문명	11	46	1916.06	讀書私記(第八號續) / 洪鐘佶	文帝, 明帝
6494	文明公	문명공	23	88	1922.12	地方報告〉[乾元祠 新建 關聯 報告]	田祿生

번호	원문	현대어(독음)	호	쪽	발행일	기사명 / 필자	비고
6495	文明琦	문명기	45	30	1940.12	朝鮮儒林大會(朝鮮儒道聯合會創立總會) 會錄槪要〉朝鮮儒道聯合會役員名簿(昭和十四年十一月一日現在)	
6496	文明化	문명화	16	58	1918.03	地方報告〉[鄭鳳時의 報告]	
6497	文明煥	문명환	32	46	1930.12	地方報告〉各郡文廟釋奠狀況〉[文明煥의 보고]	
6498	文明煥	문명환	33	45	1931.12	文廟釋奠狀況〉[文明煥의 보고]	
6499	文明煥	문명환	33	51	1931.12	文廟釋奠狀況〉[文明煥의 보고]	
6500	文明煥	문명환	35	31	1932.12	文廟釋奠狀況〉[文明煥의 보고]	
6501	文母	문모	26	32	1925.12	釋奠에 就ㅎ야(續) / 佐藤廣治	大姒
6502	文穆	문목	32	41	1930.12	地方報告〉地方儒林狀況〉[成樂賢의 報告]	
6503	文穆公	문목공	33	39	1931.12	地方儒林狀況〉[李大榮의 보고]〉書院狀況	
6504	文穆公	문목공	33	40	1931.12	地方儒林狀況〉[李大榮의 보고]〉書院狀況	
6505	文武	문무	4	38	1914.09	孔子年報(續) / 呂圭亨	
6506	文武	문무	28	8	1927.12	中庸問對(續) / 沈璿澤	文王과 武王
6507	文武	문무	37	5	1934.10	天道人道說 / 元弘植	
6508	文武天皇	문무 천황	18	27	1918.09	三洙瑣談 / 元泳義	몬무 천황
6509	文炳道	문병도	30	78	1929.12	地方報告〉[文泳卓 等의 報告]	
6510	文炳模	문병모	47	48	1943.01	一. 孝烈行跡報告 其一 / 文孟坤	
6511	文幷玉	문병옥	20	36	1920.03	求禮郡文廟重修捐義錄小序 / 金商翊	
6512	文鳳岐	문봉기	18	82	1918.09	地方報告〉[李台煥의 報告]	
6513	文仕安	문사안	39	42	1935.10	地方儒林狀況〉[文仕安의 보고]	
6514	文仕安	문사안	39	53	1935.10	文廟釋奠狀況〉地方文廟春期釋奠狀況表	
6515	文錫烈	문석렬	37	54	1934.10	文廟釋奠狀況〉[文錫烈의 보고]	
6516	文錫烈	문석렬	38	49	1935.03	文廟釋奠狀況〉地方文廟秋期釋奠狀況表	
6517	文錫烈	문석렬	40	38	1936.08	文廟釋奠狀況〉[地方文廟春期釋奠狀況表]	
6518	文錫勉	문석면	31	29	1930.08	日誌大要	
6519	文宣	문선	16	28	1918.03	保寧郡藍浦鄕校重修韻 / 金寬喜	
6520	文宣	문선	20	29	1920.03	三洙瑣談(續) / 元泳義	文宣公
6521	文宣先師	문선선사	10	47	1916.03	賢關記聞(續) / 李大榮	
6522	文宣王	문선왕	2	36	1914.03	大成殿神位圖	
6523	文宣王	문선왕	3	47	1914.06	講士視察見聞所記 / 呂圭亨	
6524	文宣王	문선왕	5	35	1914.12	樂器圖說	
6525	文宣王	문선왕	8	36	1915.09	賢關記聞 / 李大榮	
6526	文宣王	문선왕	10	52	1916.03	賢關記聞(續) / 李大榮	
6527	文宣王	문선왕	12	42	1916.12	賢關記聞(續) / 李大榮	
6528	文宣王	문선왕	14	69	1917.07	地方報告〉[宋在永의 報告]〉聖訓奉答文 / 高橋文次郎	

번호	원문	현대어(독음)	호	쪽	발행일	기사명 / 필자	비고
6529	文宣王	문선왕	14	70	1917.07	地方報告>[宋在永의 報告]>聖訓奉答文 / 高橋文次郎	
6530	文宣王	문선왕	18	27	1918.09	三洙瑣談 / 元泳義	
6531	文宣王	문선왕	23	46	1922.12	(孔夫子忌辰四十周甲追慕禮式奠爵禮)告文	
6532	文宣王	문선왕	24	16	1923.12	湯島聖堂森拜時告文 / 朴箕陽	
6533	文宣王	문선왕	26	25	1925.12	釋奠에 就ㅎ야(續) / 佐藤廣治	
6534	文宣王	문선왕	29	15	1928.12	坡州郡文廟齋則序 / 李學魯	
6535	文宣王	문선왕	30	[1]	1929.12	李龍眠畵宣聖及七十二弟子像贊(金石萃編)	
6536	文宣王	문선왕	33	16	1931.12	聞曲阜兵變上蔣中正書 / 李學魯	
6537	文宣王	문선왕	37	24	1934.10	敎化編年 / 李大榮	
6538	文宣王	문선왕	42	45	1937.12	文廟享祀位次及聖賢姓名爵號考 / 金完鎭	
6539	文宣王	문선왕	42	48	1937.12	文廟享祀位次及聖賢姓名爵號考 / 金完鎭	
6540	文宣王	문선왕	42	49	1937.12	文廟享祀位次及聖賢姓名爵號考 / 金完鎭	
6541	文宣王	문선왕	42	59	1937.12	文廟享祀位次及聖賢姓名爵號考 / 金完鎭	
6542	文宣王	문선왕	42	60	1937.12	文廟享祀位次及聖賢姓名爵號考 / 金完鎭	
6543	文宣王	문선왕	42	61	1937.12	文廟享祀位次及聖賢姓名爵號考 / 金完鎭	
6544	文宣王	문선왕	44	31	1939.10	儒敎의 起源과 流派 / 李昇圭	
6545	文聖尼父	문성 니부	44	31	1939.10	儒敎의 起源과 流派 / 李昇圭	孔子
6546	文成安公	문성 안공	31	23	1930.08	講題 儒者爲人所需 / 李大榮	安珦
6547	文成公	문성공	10	51	1916.03	賢關記聞(續) / 李大榮	李珥
6548	文成公	문성공	11	56	1916.06	賢關記聞(續) / 李大榮	安珦
6549	文成公	문성공	20	40	1920.03	求禮文廟修繕同志會發起會席上演說 / 高墉柱	安珦
6550	文成公	문성공	30	15	1929.12	白川鄕校重修記 / 鄭鳳時	安珦
6551	文成公	문성공	37	38	1934.10	地方儒林狀況>[李大榮의 보고]>書院狀況	李珥
6552	文成公	문성공	37	38	1934.10	地方儒林狀況>[李大榮의 보고]>書院狀況	李珥
6553	文成公	문성공	37	39	1934.10	地方儒林狀況>[李大榮의 보고]>書院狀況	李珥
6554	文成公	문성공	40	9	1936.08	朝鮮儒敎의 大觀 / 鄭鳳時	安珦
6555	文成公	문성공	42	47	1937.12	文廟享祀位次及聖賢姓名爵號考 / 金完鎭	李珥
6556	文成公	문성공	42	47	1937.12	文廟享祀位次及聖賢姓名爵號考 / 金完鎭	安珦
6557	文成公	문성공	42	57	1937.12	文廟享祀位次及聖賢姓名爵號考 / 金完鎭	安向
6558	文成公	문성공	42	58	1937.12	文廟享祀位次及聖賢姓名爵號考 / 金完鎭	李珥
6559	文成公	문성공	44	48	1939.10	嘉言善行 / 李昇圭	安珦
6560	文聖尼父	문성니부	42	48	1937.12	文廟享祀位次及聖賢姓名爵號考 / 金完鎭	공자
6561	文成至聖文宣王	문성지성문선왕	27	46	1926.12	釋奠에 就ㅎ야(續) / 佐藤廣治	
6562	文叔	문숙	35	40	1932.12	孝烈行蹟>[金濬容 等의 보고]	

번호	원문	현대어(독음)	호	쪽	발행일	기사명 / 필자	비고
6563	文肅	문숙	21	66	1921.03	賢關記聞(續) / 李大榮	卞季良
6564	文肅公	문숙공	8	35	1915.09	賢關記聞 / 李大榮	
6565	文肅公	문숙공	10	51	1916.03	賢關記聞(續) / 李大榮	黃幹
6566	文肅公	문숙공	37	39	1934.10	地方儒林狀況〉[李大榮의 보고]〉書院狀況	吳億齡
6567	文肅公	문숙공	42	57	1937.12	文廟享祀位次及聖賢姓名爵號考 / 金完鎭	黃幹
6568	文肅公	문숙공	42	47	1937.12	文廟享祀位次及聖賢姓名爵號考 / 金完鎭	黃幹
6569	文順	문순	48	44	1944.04	朝鮮詩學考(前號續) / 李昇圭	李奎報
6570	文順	문순	48	45	1944.04	朝鮮詩學考(前號續) / 李昇圭	李奎報
6571	文順	문순	48	46	1944.04	朝鮮詩學考(前號續) / 李昇圭	李奎報
6572	文純公	문순공	9	34	1915.12	賢關記聞(續) / 李大榮	李滉
6573	文純公	문순공	10	51	1916.03	賢關記聞(續) / 李大榮	李滉
6574	文純公	문순공	10	52	1916.03	賢關記聞(續) / 李大榮	朴世采
6575	文純公	문순공	37	39	1934.10	地方儒林狀況〉[李大榮의 보고]〉書院狀況	朴世采
6576	文純公	문순공	42	48	1937.12	文廟享祀位次及聖賢姓名爵號考 / 金完鎭	朴世采
6577	文純公	문순공	42	59	1937.12	文廟享祀位次及聖賢姓名爵號考 / 金完鎭	朴世采
6578	文純公	문순공	42	59	1937.12	文廟享祀位次及聖賢姓名爵號考 / 金完鎭	李滉
6579	文純公	문순공	42	47	1937.12	文廟享祀位次及聖賢姓名爵號考 / 金完鎭	李滉
6580	文純公	문순공	42	58	1937.12	文廟享祀位次及聖賢姓名爵號考 / 金完鎭	李滉
6581	文承卓	문승탁	45	28	1940.12	朝鮮儒林大會(朝鮮儒道聯合會創立總會) 會錄槪要〉朝鮮儒道聯合會役員名簿(昭和十四年十一月一日現在)	
6582	文信侯	문신후	20	29	1920.03	三洙瑣談(續) / 元泳義	
6583	汶陽伯	문양백	30	[7]	1929.12	李龍眠畵宣聖及七十二弟子像贊(金石萃編)	
6584	汶陽伯	문양백	42	55	1937.12	文廟享祀位次及聖賢姓名爵號考 / 金完鎭	孔忠
6585	文彦博	문언박	43	40	1938.12	故大提學鄭鳳時先生輓詞 / 李學魯	北宋의 재상
6586	文烈	문열	47	33	1943.01	朝鮮詩學考(第十四號續) / 李昇圭	金富軾
6587	文烈公	문열공	37	39	1934.10	地方儒林狀況〉[李大榮의 보고]〉書院狀況	趙憲
6588	文烈公	문열공	42	58	1937.12	文廟享祀位次及聖賢姓名爵號考 / 金完鎭	趙憲
6589	文烈公	문열공	42	48	1937.12	文廟享祀位次及聖賢姓名爵號考 / 金完鎭	趙憲
6590	文泳卓	문영탁	29	75	1928.12	地方報告〉[文泳卓의 報告]	
6591	文泳卓	문영탁	30	77	1929.12	地方報告〉[文泳卓의 報告]	
6592	文泳卓	문영탁	30	78	1929.12	地方報告〉[文泳卓 等의 報告]	
6593	文泳卓	문영탁	31	37	1930.08	地方報告〉各郡文廟釋奠狀況〉[文泳卓의 보고]	
6594	文泳卓	문영탁	32	48	1930.12	地方報告〉各郡文廟釋奠狀況〉[文泳卓의 보고]	
6595	文泳卓	문영탁	33	47	1931.12	文廟釋奠狀況〉[文泳卓의 보고]	
6596	文泳卓	문영탁	33	52	1931.12	文廟釋奠狀況〉[文泳卓의 보고]	

번호	원문	현대어(독음)	호	쪽	발행일	기사명 / 필자	비고
6597	文泳卓	문영탁	35	32	1932.12	文廟釋奠狀況〉[文泳卓의 보고]	
6598	文泳卓	문영탁	37	55	1934.10	文廟釋奠狀況〉[文泳卓의 보고]	
6599	文翁	문옹	4	9	1914.09	經學 / 朴長鴻	
6600	文翁	문옹	30	[12]	1929.12	李龍眠畵宣聖及七十二弟子像贊(金石萃編)	
6601	文王	문왕	1	31	1913.12	天下文明說 / 李學魯	
6602	文王	문왕	3	33	1914.06	孔子年報(續) / 呂圭亨	
6603	文王	문왕	3	64	1914.06	講說〉講題 孝子所以事君也弟者所以事長也慈者所以使衆也(大正三年三月三日第五回講演) / 李容稙	
6604	文王	문왕	5	43	1914.12	孔子年報(續) / 呂圭亨	
6605	文王	문왕	5	46	1914.12	孔子年報(續) / 呂圭亨	
6606	文王	문왕	5	53	1914.12	容思衍(續) / 李鼎煥	
6607	文王	문왕	6	34	1915.03	樂器圖說(續)	
6608	文王	문왕	6	35	1915.03	孔子年報(續) / 呂圭亨	
6609	文王	문왕	6	38	1915.03	孔子年報(續) / 呂圭亨	
6610	文王	문왕	7	30	1915.06	文廟碑銘并序	
6611	文王	문왕	7	31	1915.06	文廟碑銘并序	
6612	文王	문왕	8	25	1915.09	尊經閣記 / 徐居正 撰	
6613	文王	문왕	8	48	1915.09	講說〉講題 苟日新日日新又日新(大政四年四月十七日第十一回講演)〉敷演 / 鄭鳳時	
6614	文王	문왕	9	18	1915.12	經學管見(下) / 尹寧求	
6615	文王	문왕	9	[11]	1915.12	卽位大禮式獻頌文 / 韓昌愚	
6616	文王	문왕	10	18	1916.03	經學管見(續) / 尹寧求	
6617	文王	문왕	11	40	1916.06	經義答問 / 黃敦秀	
6618	文王	문왕	11	66	1916.06	講說〉講題 人能弘道(大正四年三月十一日第十六回講演) / 李容稙	
6619	文王	문왕	12	34	1916.12	讀書私記(續) / 洪鍾佶	
6620	文王	문왕	12	58	1916.12	講說〉講題 博學於文約之以禮(大正五年五月十三日第十八回講演) / 呂圭亨	
6621	文王	문왕	12	[8]	1916.12	立太子禮獻頌文 / 朴昇東	
6622	文王	문왕	13	1	1917.03	明德說存疑 / 金允植	
6623	文王	문왕	13	44	1917.03	講說〉講題 五畝之宅樹之以桑(大正五年六月十日第十九回講演)〉續演 / 呂圭亨	
6624	文王	문왕	14	45	1917.07	講說〉講題 物有本末事有終始知所先後則近道矣(大正六年二月二十四日第二十一回講演) / 李容稙	
6625	文王	문왕	15	13	1917.10	四書小註辨疑(續) / 李鶴在	
6626	文王	문왕	15	14	1917.10	四書小註辨疑(續) / 李鶴在	

번호	원문	현대어(독음)	호	쪽	발행일	기사명 / 필자	비고
6627	文王	문왕	15	15	1917.10	四書小註辨疑(續) / 李鶴在	
6628	文王	문왕	15	17	1917.10	詩經薦辨 / 金文演	
6629	文王	문왕	15	19	1917.10	詩經薦辨 / 金文演	
6630	文王	문왕	16	16	1918.03	詩經薦辨 / 金文演	
6631	文王	문왕	17	44	1918.07	講說〉講題 君子有大道必忠信以得之驕泰以失之(大正六年十一月十日第二十六回講演) / 李容稙	
6632	文王	문왕	17	56	1918.07	講說〉講題 君子無終食之間違仁造次必於是顚沛必於是(大正七年三月二十一日第二十七回講演)〉續演 / 呂圭亨	
6633	文王	문왕	18	4	1918.09	學說 / 李明宰	
6634	文王	문왕	19	2	1918.12	學說 / 呂龍鉉	
6635	文王	문왕	19	57	1918.12	講說〉講題 孝弟也者其爲仁之本歟(大正七年十月十二日第三十一回講演) / 李容稙	
6636	文王	문왕	20	6	1920.03	中庸章句問對(續) / 朴長鴻	
6637	文王	문왕	21	66	1921.03	三洙瑣談(續) / 元泳義	
6638	文王	문왕	22	10	1922.03	中庸說 / 李學魯	
6639	文王	문왕	23	7	1922.12	經義問對(續) / 沈璿澤	
6640	文王	문왕	23	8	1922.12	經義問對(續) / 沈璿澤	
6641	文王	문왕	24	6	1923.12	中庸說(續) / 李學魯	
6642	文王	문왕	24	65	1923.12	講說〉講題 知天命說 / 服部宇之吉	
6643	文王	문왕	24	76	1923.12	講說〉講題 設爲庠序學校以敎之皆所明人倫也 / 李學魯	
6644	文王	문왕	25	9	1924.12	中庸說(續) / 李學魯	
6645	文王	문왕	26	18	1925.12	三洙瑣談(續) / 元泳義	
6646	文王	문왕	26	32	1925.12	釋奠에 就ᄒ야(續) / 佐藤廣治	
6647	文王	문왕	26	62	1925.12	講說〉講題 君子時中 / 沈璿澤	
6648	文王	문왕	27	17	1926.12	易經講解總說 / 元泳義	
6649	文王	문왕	27	30	1926.12	三洙瑣談(續) / 元泳義	
6650	文王	문왕	29	15	1928.12	坡州郡文廟齋則序 / 李學魯	
6651	文王	문왕	30	24	1929.12	中庸問對(續) / 崔基鉉	
6652	文王	문왕	30	27	1929.12	中庸問對(續) / 崔基鉉	
6653	文王	문왕	30	28	1929.12	中庸問對(續) / 崔基鉉	
6654	文王	문왕	30	67	1929.12	講說〉講題 朝鮮의 在한 聖學道統 : 李退溪先生을 憶함 / 赤木萬二郎	
6655	文王	문왕	31	3	1930.08	經學源流 / 權純九	
6656	文王	문왕	31	14	1930.08	講題 我國近時의 立法과 儒道와의 關係 / 武部欽一	

번호	원문	현대어(독음)	호	쪽	발행일	기사명 / 필자	비고
6657	文王	문왕	34	13	1932.03	三洙瑣談(續) / 元泳義	
6658	文王	문왕	34	15	1932.03	三洙瑣談(續) / 元泳義	
6659	文王	문왕	36	2	1933.12	經義問對(續) / 韓昌愚	
6660	文王	문왕	37	5	1934.10	天道人道說 / 元弘植	
6661	文王	문왕	39	5	1935.10	關東四會說 / 鄭鳳時	
6662	文王	문왕	43	16	1938.12	敎化編年(續) / 李大榮	周의 文王
6663	文王	문왕	43	19	1938.12	敎化編年(續) / 李大榮	周의 文王
6664	文王	문왕	44	28	1939.10	儒敎의 起源과 流派 / 李昇圭	周의 文王
6665	文王	문왕	44	33	1939.10	經儒學 / 金誠鎭	周의 文王
6666	文王	문왕	44	36	1939.10	經儒學 / 金誠鎭	周의 文王
6667	文王	문왕	44	47	1939.10	嘉言善行을 記載함에 就하야 / 金誠鎭	周의 文王
6668	文王	문왕	46	62	1941.12	講演及講習>時局と婦道實踐(講演速記) / 永田種秀	周의 文王
6669	文王世子	문왕세자	24	33	1923.12	釋奠에 就하야 / 佐藤廣治	
6670	文王世子	문왕세자	24	35	1923.12	釋奠에 就하야 / 佐藤廣治	
6671	文元公	문원공	10	51	1916.03	賢關記聞(續) / 李大榮	李彦迪
6672	文元公	문원공	10	52	1916.03	賢關記聞(續) / 李大榮	金長生
6673	文元公	문원공	33	40	1931.12	地方儒林狀況>[李大榮의 보고]>書院狀況	李彦迪
6674	文元公	문원공	34	9	1932.03	烈女水原白氏碑銘 竝序 / 沈璿澤	李彦迪
6675	文元公	문원공	42	47	1937.12	文廟享祀位次及聖賢姓名爵號考 / 金完鎭	金長生
6676	文元公	문원공	42	48	1937.12	文廟享祀位次及聖賢姓名爵號考 / 金完鎭	李彦迪
6677	文元公	문원공	42	58	1937.12	文廟享祀位次及聖賢姓名爵號考 / 金完鎭	李彦迪
6678	文元公	문원공	42	58	1937.12	文廟享祀位次及聖賢姓名爵號考 / 金完鎭	金長生
6679	文瑋	문위	28	4	1927.12	朝鮮詩文變遷論 / 鄭萬朝	姜瑋, 원문은 姜秋琴文瑋
6680	文裕	문유	42	59	1937.12	文廟享祀位次及聖賢姓名爵號考 / 金完鎭	顔無繇의 시호
6681	文應烈	문응렬	33	35	1931.12	聲討顚末	
6682	文應烈	문응렬	33	42	1931.12	文廟釋奠狀況	
6683	文義肅	문의숙	32	52	1930.12	地方報告>[孝烈行蹟]>[成錫永 等의 보고]	
6684	文翼公	문익공	44	51	1939.10	嘉言善行 / 李昇圭	鄭光弼
6685	文莊	문장	21	65	1921.03	賢關記聞(續) / 李大榮	李淑瑊
6686	文莊公	문장공	37	39	1934.10	地方儒林狀況>[李大榮의 보고]>書院狀況	辛應時
6687	文章博	문장박	20	58	1920.03	地方報告>[趙翰誠 등의 報告]	
6688	文章赫	문장혁	26	80	1925.12	地方報告>[羅燾佑 等의 報告]	
6689	文在宜	문재의	20	37	1920.03	求禮郡文廟重修捐義錄小序 / 金商翊	

번호	원문	현대어(독음)	호	쪽	발행일	기사명 / 필자	비고
6690	文在準	문재준	20	37	1920.03	求禮郡文廟重修捐義錄小序 / 金商翊	
6691	文在喆	문재철	45	31	1940.12	朝鮮儒林大會(朝鮮儒道聯合會創立總會) 會錄槪要〉朝鮮儒道聯合會役員名簿(昭和十四年十一月一日現在)	
6692	文節公	문절공	24	90	1923.12	地方報告〉[李永玉妻朱氏의 孝烈 關聯 報告]	朱悅
6693	文正	문정	11	26	1916.06	經學淺知錄(續) / 金文演	
6694	文正	문정	21	65	1921.03	賢關記聞(續) / 李大榮	宋時烈의 시호
6695	文正	문정	42	57	1937.12	文廟享祀位次及聖賢姓名爵號考 / 金完鎭	蔡沈의 시호
6696	文正	문정	42	57	1937.12	文廟享祀位次及聖賢姓名爵號考 / 金完鎭	許衡의 시호
6697	文靖	문정	21	65	1921.03	賢關記聞(續) / 李大榮	李植의 시호
6698	文靖	문정	21	65	1921.03	賢關記聞(續) / 李大榮	李明漢의 시호
6699	文靖	문정	32	41	1930.12	地方報告〉地方儒林狀況〉[成樂賢의 報告]	安敏學의 시호
6700	文靖	문정	42	58	1937.12	文廟享祀位次及聖賢姓名爵號考 / 金完鎭	金麟厚의 시호
6701	文正	문정공	42	56	1937.12	文廟享祀位次及聖賢姓名爵號考 / 金完鎭	司馬光의 시호
6702	文正公	문정공	8	39	1915.09	賢關記聞 / 李大榮	趙光祖
6703	文正公	문정공	10	48	1916.03	賢關記聞(續) / 李大榮	宋時烈
6704	文正公	문정공	10	51	1916.03	賢關記聞(續) / 李大榮	趙光祖
6705	文正公	문정공	10	51	1916.03	賢關記聞(續) / 李大榮	宋時烈
6706	文正公	문정공	10	52	1916.03	賢關記聞(續) / 李大榮	宋時烈
6707	文正公	문정공	10	52	1916.03	賢關記聞(續) / 李大榮	宋浚吉
6708	文正公	문정공	10	52	1916.03	賢關記聞(續) / 李大榮	金麟厚
6709	文正公	문정공	42	47	1937.12	文廟享祀位次及聖賢姓名爵號考 / 金完鎭	趙光祖
6710	文正公	문정공	42	47	1937.12	文廟享祀位次及聖賢姓名爵號考 / 金完鎭	宋浚吉
6711	文正公	문정공	42	48	1937.12	文廟享祀位次及聖賢姓名爵號考 / 金完鎭	金麟厚
6712	文正公	문정공	42	48	1937.12	文廟享祀位次及聖賢姓名爵號考 / 金完鎭	宋時烈
6713	文正公	문정공	42	58	1937.12	文廟享祀位次及聖賢姓名爵號考 / 金完鎭	趙光祖
6714	文正公	문정공	42	58	1937.12	文廟享祀位次及聖賢姓名爵號考 / 金完鎭	金麟厚
6715	文正公	문정공	42	58	1937.12	文廟享祀位次及聖賢姓名爵號考 / 金完鎭	宋時烈
6716	文正公	문정공	42	58	1937.12	文廟享祀位次及聖賢姓名爵號考 / 金完鎭	宋浚吉
6717	文貞公	문정공	29	19	1928.12	孺人慶州金氏烈行紀蹟碑 / 金完鎭	
6718	文貞公	문정공	42	61	1937.12	文廟享祀位次及聖賢姓名爵號考 / 金完鎭	申欽
6719	文靖公	문정공	8	35	1915.09	賢關記聞 / 李大榮	

번호	원문	현대어(독음)	호	쪽	발행일	기사명 / 필자	비고
6720	文靖公	문정공	10	51	1916.03	賢關記聞(續) / 李大榮	李侗
6721	文靖公	문정공	42	47	1937.12	文廟享祀位次及聖賢姓名爵號考 / 金完鎭	李侗
6722	文靖公	문정공	42	57	1937.12	文廟享祀位次及聖賢姓名爵號考 / 金完鎭	李侗
6723	文帝	문제	9	20	1915.12	經學管見(下) / 尹寧求	
6724	文帝	문제	25	29	1924.12	釋奠에 就하야(續) / 佐藤廣治	隋의 楊堅
6725	文帝	문제	31	4	1930.08	經學源流 / 權純九	
6726	文帝	문제	31	5	1930.08	經學源流 / 權純九	
6727	文帝	문제	42	48	1937.12	文廟享祀位次及聖賢姓名爵號考 / 金完鎭	隋의 文帝, 楊堅
6728	文帝	문제	44	31	1939.10	儒敎의 起源과 流派 / 李昇圭	隋의 楊堅
6729	文帝	문제	44	37	1939.10	經儒學 / 金誠鎭	前漢의 劉恒
6730	文濟髙	문제설	24	55	1923.12	日誌大要	
6731	文宗	문종	10	47	1916.03	賢關記聞(續) / 李大榮	元의 文宗
6732	文宗	문종	18	28	1918.09	賢關記聞(續) / 李大榮	
6733	文宗	문종	18	30	1918.09	賢關記聞(續) / 李大榮	
6734	文宗	문종	19	19	1918.12	雲山郡文廟祭官案序 / 申鉉求	
6735	文宗	문종	21	65	1921.03	賢關記聞(續) / 李大榮	
6736	文宗	문종	37	21	1934.10	敎化編年 / 李大榮	
6737	文宗	문종	40	9	1936.08	朝鮮儒敎의 大觀 / 鄭鳳時	
6738	文宗	문종	42	48	1937.12	文廟享祀位次及聖賢姓名爵號考 / 金完鎭	元의 文宗
6739	文宗	문종	47	33	1943.01	朝鮮詩學考(第十四號續) / 李昇圭	고려의 王徽
6740	文宗	문종	48	48	1944.04	嘉言善行 / 李敬植	고려의 王徽
6741	文鍾覺	문종각	39	53	1935.10	文廟釋奠狀況〉地方文廟春期釋奠狀況表	
6742	文鍾覺	문종각	40	36	1936.08	文廟釋奠狀況〉[地方文廟春期釋奠狀況表]	
6743	文鍾龜	문종구	45	26	1940.12	朝鮮儒林大會(朝鮮儒道聯合會創立總會) 會錄概要〉朝鮮儒道聯合會役員名簿(昭和十四年十一月一日現在)	
6744	文鍾燮	문종섭	38	46	1935.03	文廟釋奠狀況〉地方文廟秋期釋奠狀況表	
6745	文中子	문중자	4	8	1914.09	學說 / 呂圭亨	
6746	文質公	문질공	8	35	1915.09	賢關記聞 / 李大榮	羅從彦
6747	文質公	문질공	10	51	1916.03	賢關記聞(續) / 李大榮	羅從彦
6748	文質公	문질공	42	57	1937.12	文廟享祀位次及聖賢姓名爵號考 / 金完鎭	羅從彦
6749	文質公	문질공	42	47	1937.12	文廟享祀位次及聖賢姓名爵號考 / 金完鎭	羅從彦
6750	文徵明	문징명	18	9	1918.09	經學管見(續) / 尹寧求	
6751	文賛洪	문찬홍	18	77	1918.09	地方報告〉[朴晉遠의 報告]	
6752	文昌翊	문창익	20	36	1920.03	求禮郡文廟重修捐義錄小序 / 金商翊	

번호	원문	현대어(독음)	호	쪽	발행일	기사명 / 필자	비고
6753	文昌侯	문창후	11	26	1916.06	經學淺知錄(續) / 金文演	崔致遠
6754	文昌侯	문창후	44	60	1939.10	朝鮮詩學考 / 李昇圭	崔致遠
6755	文昌侯	문창후	42	47	1937.12	文廟享祀位次及聖賢姓名爵號考 / 金完鎭	崔致遠
6756	文昌侯	문창후	42	57	1937.12	文廟享祀位次及聖賢姓名爵號考 / 金完鎭	崔致遠
6757	文忠	문충	21	65	1921.03	賢關記聞(續) / 李大榮	李廷龜
6758	文忠金公	문충 김공	38	30	1935.03	太學志慶詩帖序	
6759	文忠公	문충공	42	60	1937.12	文廟享祀位次及聖賢姓名爵號考 / 金完鎭	李廷龜
6760	文忠公	문충공	43	20	1938.12	江華忠烈祠享祀位次及祝文式	金尙容
6761	文忠公	문충공	42	47	1937.12	文廟享祀位次及聖賢姓名爵號考 / 金完鎭	鄭夢周
6762	文忠公	문충공	42	57	1937.12	文廟享祀位次及聖賢姓名爵號考 / 金完鎭	鄭夢周
6763	文夏錫	문하석	14	75	1917.07	地方報告〉[尹錫衡의 報告]	
6764	文漢奎	문한규	26	74	1925.12	地方報告〉[姜道尙 等의 報告]	
6765	文伉來	문항래	45	37	1940.12	朝鮮儒林大會(朝鮮儒道聯合會創立總會) 會錄槪要〉朝鮮儒道聯合會役員名簿(昭和十四年十一月一日現在)	
6766	文憲公	문헌공	27	13	1926.12	崔孝子實記 / 沈璿澤	崔沖
6767	文憲公	문헌공	37	37	1934.10	地方儒林狀況〉[李大榮의 보고]〉書院狀況	崔沖
6768	文憲公	문헌공	40	9	1936.08	朝鮮儒教의 大觀 / 鄭鳳時	崔沖
6769	文獻公	문헌공	10	51	1916.03	賢關記聞(續) / 李大榮	鄭汝昌
6770	文獻公	문헌공	42	48	1937.12	文廟享祀位次及聖賢姓名爵號考 / 金完鎭	鄭汝昌
6771	文獻公	문헌공	42	58	1937.12	文廟享祀位次及聖賢姓名爵號考 / 金完鎭	鄭汝昌
6772	文洪宰	문홍재	38	38	1935.03	孝烈行蹟〉[黃炳濩 等의 보고]	
6773	文和公	문화공	37	37	1934.10	地方儒林狀況〉[李大榮의 보고]〉書院狀況	崔惟吉
6774	文興建	문흥건	32	52	1930.12	地方報告〉孝烈行蹟〉[成錫永 等의 보고]	文興建
6775	物茂卿	물무경	10	22	1916.03	經學淺知錄 / 金文演	오규 소라이 (荻生徂徠)의 호
6776	勿齋	물재	29	21	1928.12	祭勿齋金講士文 / 院僚一同	
6777	勿齋	물재	29	22	1928.12	勿齋金講士哀辭 / 李軫鎬	
6778	勿軒熊氏	물헌웅씨	12	29	1916.12	四書小註辨疑(續) / 李鶴在	
6779	梶	미	45	43	1940.12	朝鮮儒道聯合會總裁推戴式	가지 에이지로(梶榮次郞), 조선헌병대사령관
6780	微國公	미국공	42	46	1937.12	文廟享祀位次及聖賢姓名爵號考 / 金完鎭	朱熹
6781	尾崎速夫	미기속부	47	39	1943.01	釋奠狀況〉昭和十七年春季釋奠狀況	오자키 하야오 (尾崎速夫)

번호	원문	현대어(독음)	호	쪽	발행일	기사명 / 필자	비고
6782	尾崎速夫	미기속부	47	42	1943.01	釋奠狀況〉昭和十七年秋季釋奠狀況	오자키 하야오 (尾崎速夫)
6783	尾崎速夫	미기속부	48	53	1944.04	釋奠狀況〉昭和十八年秋季釋奠狀況	오자키 하야오 (尾崎速夫)
6784	郿伯	미백	2	36	1914.03	大成殿神位圖	張載
6785	郿伯	미백	8	35	1915.09	賢關記聞 / 李大榮	
6786	郿伯	미백	10	51	1916.03	賢關記聞(續) / 李大榮	
6787	郿伯	미백	42	46	1937.12	文廟享祀位次及聖賢姓名爵號考 / 金完鎭	張載
6788	郿伯	미백	42	50	1937.12	文廟享祀位次及聖賢姓名爵號考 / 金完鎭	張載
6789	米芾	미불	20	21	1920.03	經學管見(續) / 尹寧求	
6790	嵋山	미산	40	54	1936.08	鄭茂亭先生追悼錄〉輓詞 / 黃錫龍	安寅植
6791	彌山	미산	37	18	1934.10	祭宜齋朴司成文 / 生徒一同	沈 先生
6792	彌山	미산	37	19	1934.10	祭彌山沈講師文 / 明倫學院一同	沈 先生
6793	尾生	미생	6	10	1915.03	華山問答(續) / 李容植	
6794	尾生高	미생고	6	48	1915.03	論語考證 / 金文演	
6795	微生高	미생고	6	47	1915.03	論語考證 / 金文演	
6796	微生高	미생고	6	53	1915.03	論語分類一覽 / 金文演	
6797	微生高	미생고	24	27	1923.12	三洙瑣談(續) / 元泳義	
6798	眉巖	미암	1	40	1913.12	近世事十條 / 李商永	柳希春
6799	梶榮次郎	미영차랑	45	20	1940.12	朝鮮儒林大會(朝鮮儒道聯合會創立總會) 會錄槪要〉朝鮮儒道聯合會役員名簿(昭和十四年十一月一日現在)	가지 에이지로, 조선헌병대사령관
6800	湄隱	미은	40	42	1936.08	成竹似先生追悼錄〉挽故成均館博士成竹似先生 / 魏大源	
6801	湄隱	미은	40	53	1936.08	鄭茂亭先生追悼錄〉輓詞 / 孔聖學	
6802	微子	미자	9	53	1915.12	講說〉講題 三人行必有我師(大正四年六月十二日第十三回講演) / 朴箕陽	
6803	微子啓	미자계	20	28	1920.03	三洙瑣談(續) / 元泳義	
6804	米田	미전	28	42	1927.12	日誌大要	요네다 진타로 (米田甚太郞)
6805	米田	미전	28	46	1927.12	日誌大要	요네다 진타로 (米田甚太郞)
6806	米田甚太郞	미전심태랑	22	28	1922.03	掌議에 關흔 規程(續)	요네다 진타로

번호	원문	현대어(독음)	호	쪽	발행일	기사명 / 필자	비고
6807	米田甚太郎	미전심태랑	24	37	1923.12	鄕校財産管理規則施行細則(續)	요네다 진타로
6808	米田甚太郎	미전심태랑	30	35	1929.12	祭粢料傳達式狀況	요네다 진타로
6809	微仲	미중	20	28	1920.03	三洙瑣談(續) / 元泳義	
6810	閔	민	11	11	1916.06	經學說(續) / 李容植	閔子騫
6811	閔	민	12	33	1916.12	讀書私記(續) / 洪鍾佶	
6812	閔	민	12	34	1916.12	讀書私記(續) / 洪鍾佶	
6813	閔	민	15	43	1917.10	講說〉講題 己所不欲勿施於人(大正六年六月十六日第二十四回講演) / 李容植	閔子騫
6814	閔	민	19	57	1918.12	講說〉講題 孝弟也者其爲仁之本歟(大正七年十月十二日第三十一回講演) / 李容植	
6815	閔	민	30	79	1929.12	地方報告〉[曹秉益의 報告]	閔鶴鎬
6816	閔	민	45	6	1940.12	朝鮮儒林大會(朝鮮儒道聯合會創立總會) 會錄槪要	閔丙奭
6817	閔	민	45	43	1940.12	朝鮮儒道聯合會總裁推戴式	閔丙奭
6818	閔	민	46	13	1941.12	釋奠狀況〉昭和十四年秋季釋奠狀況	閔丙奭
6819	閩	민	7	3	1915.06	學說 / 呂圭亨	
6820	閩	민	11	7	1916.06	經論 / 韓晩容	
6821	閩	민	30	1	1929.12	雜誌第三十號發行說 / 權純九	閩中(朱熹가 강학한 곳), 주희를 가리키는 말
6822	閩	민	30	38	1929.12	杏壇 / 元弘植	
6823	閩	민	37	2	1934.10	心學說 / 李學魯	
6824	閩	민	40	16	1936.08	文房四友說 / 韓昌愚	
6825	閔騫	민건	30	[1]	1929.12	李龍眠畵宣聖及七十二弟子像贊(金石萃編)	
6826	閔健植	민건식	39	50	1935.10	日誌大要	
6827	閔健植	민건식	45	23	1940.12	朝鮮儒林大會(朝鮮儒道聯合會創立總會) 會錄槪要〉朝鮮儒道聯合會役員名簿(昭和十四年十一月一日現在)	
6828	閔景植	민경식	45	21	1940.12	朝鮮儒林大會(朝鮮儒道聯合會創立總會) 會錄槪要〉朝鮮儒道聯合會役員名簿(昭和十四年十一月一日現在)	
6829	潛公	민공	20	28	1920.03	三洙瑣談(續) / 元泳義	
6830	閔光植	민광식	45	40	1940.12	朝鮮儒林大會(朝鮮儒道聯合會創立總會) 會錄槪要〉朝鮮儒道聯合會役員名簿(昭和十四年十一月一日現在)	

번호	원문	현대어(독음)	호	쪽	발행일	기사명 / 필자	비고
6831	閔廣植	민광식	45	38	1940.12	朝鮮儒林大會(朝鮮儒道聯合會創立總會) 會錄概要〉朝鮮儒道聯合會役員名簿(昭和十四年十一月一日現在)	
6832	閔奎植	민규식	45	23	1940.12	朝鮮儒林大會(朝鮮儒道聯合會創立總會) 會錄概要〉朝鮮儒道聯合會役員名簿(昭和十四年十一月一日現在)	
6833	閔奎鎬	민규호	1	39	1913.12	近世事十條 / 李商永	
6834	閔老峯	민노봉	10	53	1916.03	賢關記聞(續) / 李大榮	閔鼎重
6835	閔大植	민대식	45	28	1940.12	朝鮮儒林大會(朝鮮儒道聯合會創立總會) 會錄概要〉朝鮮儒道聯合會役員名簿(昭和十四年十一月一日現在)	
6836	閔丙德	민병덕	45	27	1940.12	朝鮮儒林大會(朝鮮儒道聯合會創立總會) 會錄概要〉朝鮮儒道聯合會役員名簿(昭和十四年十一月一日現在)	
6837	閔丙奭	민병석	45	20	1940.12	朝鮮儒林大會(朝鮮儒道聯合會創立總會) 會錄概要〉朝鮮儒道聯合會役員名簿(昭和十四年十一月一日現在)	
6838	閔丙奭	민병석	45	[0]	1940.12	會長 子爵 尹德榮閣下, 副會長 子爵 閔丙奭閣下, 副會長 速水滉閣下	
6839	閔丙燮	민병섭	23	39	1922.12	孔夫子忌辰四十周甲追慕禮式及紀念事業發起文	
6840	閔丙燮	민병섭	23	57	1922.12	日誌大要	
6841	閔炳燮	민병섭	45	31	1940.12	朝鮮儒林大會(朝鮮儒道聯合會創立總會) 會錄概要〉朝鮮儒道聯合會役員名簿(昭和十四年十一月一日現在)	
6842	閔丙漢	민병한	45	21	1940.12	朝鮮儒林大會(朝鮮儒道聯合會創立總會) 會錄概要〉朝鮮儒道聯合會役員名簿(昭和十四年十一月一日現在)	
6843	閔鳳鏞	민봉용	23	27	1922.12	山淸郡明倫堂重建記 / 金翰植	
6844	閔垶	민성	43	21	1938.12	江華忠烈祠享祀位次及祝文式	
6845	閔損	민손	2	36	1914.03	大成殿神位圖	閔子騫
6846	閔損	민손	30	[1]	1929.12	李龍眠畵宣聖及七十二弟子像贊(金石萃編)	
6847	閔損	민손	42	46	1937.12	文廟享祀位次及聖賢姓名爵號考 / 金完鎭	費公
6848	閔損	민손	42	49	1937.12	文廟享祀位次及聖賢姓名爵號考 / 金完鎭	費公, 子騫, 원문은 姓閔名損
6849	閔壽千	민수천	8	69	1915.09	地方報告〉[崔東吉의 報告]	
6850	閔壽千	민수천	41	21	1937.02	敎化編年(續) / 李大榮	
6851	閔壽千	민수천	43	16	1938.12	敎化編年(續) / 李大榮	
6852	閔泳九	민영구	39	58	1935.10	明倫學院第六回入學許可者名簿(昭和十年度)	

번호	원문	현대어(독음)	호	쪽	발행일	기사명 / 필자	비고
6853	閔泳九	민영구	41	35	1937.02	文廟春季釋奠狀況	
6854	閔泳九	민영구	42	38	1937.12	文廟春季釋奠狀況	
6855	閔泳九	민영구	43	59	1938.12	文廟秋季釋奠狀況	
6856	閔泳九	민영구	43	67	1938.12	文廟春季釋奠狀況	
6857	閔泳九	민영구	43	72	1938.12	第六回卒業式狀況及第九回新入生名簿〉第六回卒業生名簿	
6858	閔泳根	민영근	37	52	1934.10	文廟釋奠狀況〉[閔泳根의 보고]	
6859	閔泳根	민영근	39	53	1935.10	文廟釋奠狀況〉地方文廟春期釋奠狀況表	
6860	閔泳祿	민영록	23	86	1922.12	地方報告〉[金性在의 報告]	
6861	閔泳旭	민영욱	45	31	1940.12	朝鮮儒林大會(朝鮮儒道聯合會創立總會) 會錄槪要〉朝鮮儒道聯合會役員名簿(昭和十四年十一月一日現在)	
6862	閔泳頊	민영욱	45	33	1940.12	朝鮮儒林大會(朝鮮儒道聯合會創立總會) 會錄槪要〉朝鮮儒道聯合會役員名簿(昭和十四年十一月一日現在)	
6863	閔泳殷	민영은	36	24	1933.12	日誌大要	
6864	閔泳殷	민영은	36	66	1933.12	明倫學院評議員名簿	
6865	閔泳殷	민영은	37	67	1934.10	明倫學院評議員名簿	
6866	閔泳殷	민영은	41	63	1937.02	明倫學院評議員名簿(昭和十一年一月一日)	
6867	閔泳殷	민영은	45	24	1940.12	朝鮮儒林大會(朝鮮儒道聯合會創立總會) 會錄槪要〉朝鮮儒道聯合會役員名簿(昭和十四年十一月一日現在)	
6868	閔泳殷	민영은	46	33	1941.12	明倫專門學院日誌大要(昭和十四年七月ヨリ昭和十六年六月マデ)	
6869	閔泳直	민영직	37	17	1934.10	茂長文廟重修記 / 金甯漢	
6870	閔永瓚	민영찬	45	20	1940.12	朝鮮儒林大會(朝鮮儒道聯合會創立總會) 會錄槪要〉朝鮮儒道聯合會役員名簿(昭和十四年十一月一日現在)	
6871	湣王	민왕	12	16	1916.12	孟子緖論 / 金文演	
6872	閔維重	민유중	12	40	1916.12	賢關記聞(續) / 李大榮	
6873	閔仁植	민인식	21	90	1921.03	日誌大要	
6874	閔麟鎬	민인호	22	73	1922.03	地方報告〉[李鎬璉의 報告]	
6875	閔麟鎬	민인호	24	88	1923.12	地方報告〉[林璣澤의 報告]	
6876	閔子	민자	3	32	1914.06	孔子年報(續) / 呂圭亨	
6877	閔子	민자	7	43	1915.06	論語分類一覽(續) / 金文演	
6878	閔子	민자	12	75	1916.12	講說〉講題 善養吾浩然之氣(大正五年九月二十九日海州郡鄕校講演) / 李容稙	
6879	閔子	민자	26	79	1925.12	地方報告〉[宋相弼의 報告]	

번호	원문	현대어(독음)	호	쪽	발행일	기사명 / 필자	비고
6880	閔子	민자	28	69	1927.12	講說〉講題 孔夫子의 集大成 / 兒島獻吉郎	閔損, 閔子騫
6881	閔子	민자	42	49	1937.12	文廟享祀位次及聖賢姓名爵號考 / 金完鎭	閔子騫
6882	閔子騫	민자건	3	64	1914.06	講說〉講題 孝子所以事君也弟者所以事長也慈者所以使衆也(大正三年三月三日第五回講演) / 李容植	
6883	閔子騫	민자건	4	42	1914.09	孔子年報(續) / 呂圭亨	
6884	閔子騫	민자건	11	12	1916.06	經學說(續) / 李容植	
6885	閔子騫	민자건	14	13	1917.07	溫故而知新可以爲師矣 / 田中玄黃	
6886	閔載奭	민재석	22	79	1922.03	地方報告〉[閔載奭의 報告]	
6887	閔鼎重	민정중	9	35	1915.12	賢關記聞(續) / 李大榮	
6888	閔鼎重	민정중	10	53	1916.03	賢關記聞(續) / 李大榮	원문은 鼎重
6889	閔鼎重	민정중	11	34	1916.06	丕闡堂記 / 宋時烈	
6890	閔鼎重	민정중	11	54	1916.06	賢關記聞(續) / 李大榮	
6891	閔鼎重	민정중	11	55	1916.06	賢關記聞(續) / 李大榮	
6892	閔鼎重	민정중	17	33	1918.07	賢關記聞(續) / 李大榮	
6893	閔鼎重	민정중	18	30	1918.09	賢關記聞(續) / 李大榮	
6894	閔鼎重	민정중	21	64	1921.03	賢關記聞(續) / 李大榮	
6895	閔霽	민제	7	28	1915.06	文廟碑銘并序	
6896	閔霽	민제	29	16	1928.12	新興郡文廟刱建記 / 魏大源	
6897	閔壽治	민제치	8	34	1915.09	賢關記聞 / 李大榮	
6898	閔宗道	민종도	17	33	1918.07	賢關記聞(續) / 李大榮	
6899	閔鍾顯	민종현	20	25	1920.03	賢關記聞(續) / 李大榮	
6900	閔鍾顯	민종현	21	63	1921.03	賢關記聞(續) / 李大榮	
6901	閔駿植	민준식	22	58	1922.03	日誌大要	
6902	閔駿植	민준식	23	59	1922.12	日誌大要	
6903	閔仲植	민중식	45	41	1940.12	朝鮮儒林大會(朝鮮儒道聯合會創立總會) 會錄槪要〉朝鮮儒道聯合會役員名簿(昭和十四年十一月一日現在)	
6904	閔鎭夏	민진하	13	29	1917.03	賢關記聞(續) / 李大榮	
6905	閔鎭厚	민진후	5	36	1914.12	樂器圖說	
6906	閔鎭厚	민진후	10	48	1916.03	賢關記聞(續) / 李大榮	
6907	閔鎭厚	민진후	10	49	1916.03	賢關記聞(續) / 李大榮	
6908	閔鎭厚	민진후	10	51	1916.03	賢關記聞(續) / 李大榮	
6909	閔昌基	민창기	48	53	1944.04	釋奠狀況〉昭和十八年秋季釋奠狀況	
6910	閔昌植	민창식	27	87	1926.12	地方報告〉[高彦柱 等의 報告]	
6911	閔春植	민춘식	23	54	1922.12	日誌大要	

번호	원문	현대어(독음)	호	쪽	발행일	기사명 / 필자	비고
6912	閔致斌	민치무	33	35	1931.12	聲討顚末	
6913	閔泰植	민태식	45	39	1940.12	朝鮮儒林大會(朝鮮儒道聯合會創立總會) 會錄槪要〉朝鮮儒道聯合會役員名簿(昭和十四年十一月一日現在)	
6914	閔泰貞	민태정	19	36	1918.12	日誌大要	
6915	閔鶴鎬	민학호	30	78	1929.12	地方報告〉[曺秉益의 報告]	
6916	閔亨植	민형식	45	21	1940.12	朝鮮儒林大會(朝鮮儒道聯合會創立總會) 會錄槪要〉朝鮮儒道聯合會役員名簿(昭和十四年十一月一日現在)	
6917	閔衡植	민형식	45	20	1940.12	朝鮮儒林大會(朝鮮儒道聯合會創立總會) 會錄槪要〉朝鮮儒道聯合會役員名簿(昭和十四年十一月一日現在)	
6918	閔懷賢	민회현	41	24	1937.02	敎化編年(續) / 李大榮	
6919	密城大君	밀성대군	47	49	1943.01	一. 孝烈行跡報告 其三 / 鄭奉禧	신라의 朴彦忱
6920	密陽朴氏	밀양 박씨	26	90	1925.12	地方報告〉[林炳棹 等의 報告]	
6921	密陽朴氏	밀양 박씨	34	35	1932.03	孝烈行蹟〉[李春世 等의 보고]	
6922	密陽朴氏	밀양 박씨	35	45	1932.12	孝烈行蹟〉[李殷相의 보고]	
6923	密陽朴氏	밀양 박씨	46	29	1941.12	孝烈行跡報告 其五 / 金鍾鐸	
6924	密陽朴氏	밀양 박씨	47	49	1943.01	一. 孝烈行跡報告 其三 / 鄭奉禧	
6925	バー·モウ	바모	48	6	1944.04	大東亞共同宣言の解說	Ba Maw, 버마 초대총리
6926	朴	박	12	50	1916.12	日誌大要	朴齊純
6927	朴	박	15	42	1917.10	講說〉講題 朝鮮工業의 促進〉續演(大正六年五月十二日第二十三回講演) / 俞星濬	朴齊斌
6928	朴	박	17	40	1918.07	日誌大要	朴稚祥
6929	朴	박	17	41	1918.07	日誌大要	朴稚祥
6930	朴	박	19	36	1918.12	日誌大要	朴齊斌
6931	朴	박	20	48	1920.03	日誌大要	朴齊斌
6932	朴	박	21	88	1921.03	日誌大要	朴齊斌
6933	朴	박	21	91	1921.03	日誌大要	朴齊斌
6934	朴	박	22	24	1922.03	故副提學久庵朴公齊斌祭文	朴齊斌, 원문은 久庵朴公
6935	朴	박	22	47	1922.03	故經學院副提學久庵朴公挽詞 / 鄭萬朝	朴齊斌, 원문은 久庵朴公
6936	朴	박	22	52	1922.03	日誌大要	朴齊斌

번호	원문	현대어(독음)	호	쪽	발행일	기사명 / 필자	비고
6937	朴	박	22	55	1922.03	日誌大要	朴時陽
6938	朴	박	22	57	1922.03	日誌大要	朴齊斌
6939	朴	박	22	58	1922.03	日誌大要	朴齊斌
6940	朴	박	22	59	1922.03	日誌大要	朴齊斌
6941	朴	박	23	53	1922.12	日誌大要	朴箕陽
6942	朴	박	23	61	1922.12	日誌大要	朴箕陽
6943	朴	박	24	53	1923.12	日誌大要	朴箕陽
6944	朴	박	24	56	1923.12	日誌大要	朴箕陽
6945	朴	박	24	57	1923.12	日誌大要	朴箕陽
6946	朴	박	25	39	1924.12	日誌大要	朴箕陽
6947	朴	박	25	40	1924.12	日誌大要	朴箕陽
6948	朴	박	25	77	1924.12	地方報告〉[李大榮의 報告]	朴箕陽
6949	朴	박	26	42	1925.12	日誌大要	朴箕陽
6950	朴	박	26	46	1925.12	日誌大要	朴箕陽
6951	朴	박	29	40	1928.12	日誌大要	朴初陽
6952	朴	박	37	56	1934.10	文廟釋奠狀況〉[李倫在의 보고]	朴在弘, 영흥군수
6953	朴	박	44	75	1939.10	日誌大要(自昭和十三年六月 至昭和十三年十二月)	朴初陽
6954	朴	박	44	76	1939.10	日誌大要(自昭和十三年六月 至昭和十三年十二月)	朴初陽
6955	朴健陽	박건양	20	36	1920.03	求禮郡文廟重修捐義錄小序 / 金商翊	
6956	朴經遠	박경원	45	25	1940.12	朝鮮儒林大會(朝鮮儒道聯合會創立總會) 會錄槪要〉朝鮮儒道聯合會役員名簿(昭和十四年十一月一日現在)	
6957	朴慶栽	박경재	29	44	1928.12	日誌大要	
6958	朴景春	박경춘	24	96	1923.12	地方報告〉[朴景春의 報告]	
6959	朴京鎬	박경호	12	86	1916.12	地方報告〉[金麒榮의 報告]	
6960	朴庚禧	박경희	27	80	1926.12	地方報告〉[朴庚禧의 報告]	
6961	朴庚禧	박경희	28	87	1927.12	地方報告〉[朴庚禧의 報告]	
6962	朴庚禧	박경희	33	35	1931.12	聲討顚末	
6963	朴庚禧	박경희	33	45	1931.12	文廟釋奠狀況〉[朴庚禧의 보고]	
6964	朴庚禧	박경희	33	57	1931.12	孝烈行蹟〉[朴庚禧의 보고]	
6965	朴坤	박곤	12	40	1916.12	賢關記聞(續) / 李大榮	
6966	博恭王	박공왕	39	18	1935.10	湯島聖堂孔子祭典狀況〉聖堂復興由來 / 財團法人 斯文會	후시미노미야 히로야스오(伏見宮博恭王)

번호	원문	현대어(독음)	호	쪽	발행일	기사명 / 필자	비고
6967	博恭王	박공왕	39	27	1935.10	湯島聖堂孔子祭典狀況〉祝辭 / 湯淺倉平	후시미노미야 히로야스오(伏見宮博恭王)
6968	朴官文	박관문	20	38	1920.03	求禮郡文廟重修捐義錄小序 / 金商翊	
6969	朴光國	박광국	12	53	1916.12	日誌大要	
6970	朴光國	박광국	14	39	1917.07	日誌大要	
6971	朴光國	박광국	16	32	1918.03	日誌大要	
6972	朴光吉	박광길	7	54	1915.06	日誌大要	
6973	朴光吉	박광길	16	32	1918.03	日誌大要	
6974	朴光奭	박광석	26	41	1925.12	日誌大要	
6975	朴龜魯	박구로	37	52	1934.10	文廟釋奠狀況〉[朴龜魯의 보고]	
6976	朴龜魯	박구로	40	38	1936.08	文廟釋奠狀況〉[地方文廟春期釋奠狀況表]	
6977	朴九陽	박구양	12	52	1916.12	日誌大要	
6978	朴九陽	박구양	12	53	1916.12	日誌大要	
6979	朴龜淵	박구연	37	62	1934.10	第四回評議員會狀況〉事業經過報告 / 俞萬兼	
6980	朴九鉉	박구현	33	38	1931.12	聲討顚末	
6981	朴奎大	박규대	12	49	1916.12	日誌大要	
6982	朴奎大	박규대	23	81	1922.12	地方報告〉[朴奎大의 報告]	
6983	朴奎大	박규대	24	93	1923.12	地方報告〉[朴奎大의 報告]	
6984	朴奎龍	박규룡	39	41	1935.10	孝烈行蹟〉[景能賢 等의 보고]	
6985	朴圭陽	박규양	38	46	1935.03	文廟釋奠狀況〉地方文廟秋期釋奠狀況表	
6986	朴圭鎭	박규진	20	37	1920.03	求禮郡文廟重修捐義錄小序 / 金商翊	
6987	朴奎夏	박규하	32	49	1930.12	地方報告〉各郡文廟釋奠狀況〉[金泰彦의 보고]	
6988	朴奎赫	박규혁	24	55	1923.12	日誌大要	
6989	朴均一	박균일	35	43	1932.12	孝烈行蹟〉[柳春錫 等의 보고]	
6990	朴謹	박근	43	17	1938.12	敎化編年(續) / 李大榮	
6991	朴根湧	박근용	29	18	1928.12	龍井文廟刱建記 / 金璜鎭	
6992	朴根湧	박근용	40	38	1936.08	文廟釋奠狀況〉[地方文廟春期釋奠狀況表]	
6993	朴奇男	박기남	46	29	1941.12	孝烈行跡報告 其五 / 金鍾鐸	
6994	朴基亮	박기량	43	36	1938.12	皇軍慰問詩 / 朴基亮	
6995	朴麒采	박기변	24	55	1923.12	日誌大要	
6996	朴箕錫	박기석	16	35	1918.03	日誌大要	
6997	朴箕錫	박기석	45	34	1940.12	朝鮮儒林大會(朝鮮儒道聯合會創立總會) 會錄槪要〉朝鮮儒道聯合會役員名簿(昭和十四年十一月一日現在)	
6998	朴璣壽	박기수	20	59	1920.03	地方報告〉[朴璣壽의 報告]	

번호	원문	현대어(독음)	호	쪽	발행일	기사명 / 필자	비고
6999	朴璣壽	박기수	20	60	1920.03	地方報告〉[朴璣壽의 報告]	
7000	朴基順	박기순	28	77	1927.12	地方報告〉[李錫龍 等의 報告]	
7001	朴琪陽	박기양	26	78	1925.12	地方報告〉[宋相弼의 報告]	
7002	朴瑊陽	박기양	26	45	1925.12	日誌大要	
7003	朴瑊陽	박기양	28	84	1927.12	地方報告〉[朴瑊陽의 報告]	
7004	朴箕陽	박기양	8	44	1915.09	日誌大要	
7005	朴箕陽	박기양	9	38	1915.12	日誌大要	
7006	朴箕陽	박기양	9	52	1915.12	講說〉講題 三人行必有我師(大正四年六月十二日第十三回講演) / 朴箕陽	
7007	朴箕陽	박기양	22	1	1922.03	序 / 朴箕陽	
7008	朴箕陽	박기양	22	23	1922.03	故副提學久庵朴公齊斌祭文	
7009	朴箕陽	박기양	22	50	1922.03	故經學院講士荷亭呂公輓詞 / 朴箕陽	
7010	朴箕陽	박기양	22	56	1922.03	日誌大要	
7011	朴箕陽	박기양	23	23	1922.12	通川郡文廟重修記 / 朴箕陽	
7012	朴箕陽	박기양	23	24	1922.12	通川郡文廟重修記 / 朴箕陽	
7013	朴箕陽	박기양	23	39	1922.12	孔夫子忌辰四十周甲追慕禮式及紀念事業發起文	
7014	朴箕陽	박기양	23	40	1922.12	孔夫子忌辰四十周甲追慕禮式及紀念事業發起文	
7015	朴箕陽	박기양	23	54	1922.12	日誌大要	
7016	朴箕陽	박기양	23	58	1922.12	日誌大要	
7017	朴箕陽	박기양	24	16	1923.12	湯島聖堂參拜時告文 / 朴箕陽	
7018	朴箕陽	박기양	24	49	1923.12	湯島聖堂祭典參拜志感 / 朴箕陽	
7019	朴箕陽	박기양	24	54	1923.12	日誌大要	
7020	朴箕陽	박기양	24	58	1923.12	日誌大要	
7021	朴箕陽	박기양	25	37	1924.12	日誌大要	
7022	朴箕陽	박기양	25	43	1924.12	日誌大要	
7023	朴箕陽	박기양	25	63	1924.12	講說〉講題 儒教者의 辯 / 朴箕陽	
7024	朴箕陽	박기양	26	40	1925.12	日誌大要	
7025	朴箕陽	박기양	26	45	1925.12	日誌大要	
7026	朴箕陽	박기양	26	48	1925.12	日誌大要	
7027	朴箕陽	박기양	26	49	1925.12	日誌大要	
7028	朴箕陽	박기양	28	42	1927.12	日誌大要	
7029	朴綺陽	박기양	45	30	1940.12	朝鮮儒林大會(朝鮮儒道聯合會創立總會) 會錄槪要〉朝鮮儒道聯合會役員名簿(昭和十四年十一月一日現在)	
7030	朴基永	박기영	38	42	1935.03	日誌大要	

번호	원문	현대어(독음)	호	쪽	발행일	기사명 / 필자	비고
7031	朴基五	박기오	33	36	1931.12	聲討顚末	
7032	朴基玉	박기옥	14	79	1917.07	地方報告>[方致燁의 報告]	
7033	朴麒采	박기채	23	60	1922.12	日誌大要	
7034	朴麒采	박기채	24	55	1923.12	日誌大要	
7035	朴麒采	박기채	24	59	1923.12	日誌大要	
7036	朴基浩	박기호	20	37	1920.03	求禮郡文廟重修捐義錄小序 / 金商翊	
7037	朴基孝	박기효	45	30	1940.12	朝鮮儒林大會(朝鮮儒道聯合會創立總會) 會錄槪要>朝鮮儒道聯合會役員名簿(昭和十四年十一月一日現在)	
7038	朴吉培	박길배	18	77	1918.09	地方報告>[朴晉遠의 報告]	
7039	朴吉秀	박길수	37	43	1934.10	日誌大要	
7040	朴南鉉	박남현	25	36	1924.12	日誌大要	
7041	朴來陽	박내양	40	49	1936.08	鄭茂亭先生追悼錄>哀辭 / 朴來陽	
7042	朴來陽	박내양	17	71	1918.07	地方報告>[梁鳳濟의 報告]	
7043	朴來陽	박내양	18	19	1918.09	博川郡鄕校儒林契券序 / 金允植	
7044	朴來陽	박내양	36	24	1933.12	日誌大要	
7045	朴來陽	박내양	38	42	1935.03	日誌大要	
7046	朴來陽	박내양	40	45	1936.08	成竹似先生追悼錄>挽故成均館博士成竹似先生 / 金東振	
7047	朴來陽	박내양	41	60	1937.02	經學院講士名簿(昭和十一年十一月一日)	
7048	朴來陽	박내양	43	40	1938.12	故大提學鄭鳳時先生輓詞 / 朴來陽	
7049	朴來陽	박내양	45	27	1940.12	朝鮮儒林大會(朝鮮儒道聯合會創立總會) 會錄槪要>朝鮮儒道聯合會役員名簿(昭和十四年十一月一日現在)	
7050	朴來駿	박내준	19	78	1918.12	地方報告>[朴來駿의 報告]	
7051	朴來重	박내중	33	10	1931.12	陽川朴公遺墟碑 / 魏大源	원문은 來重
7052	朴來喆	박내철	20	37	1920.03	求禮郡文廟重修捐義錄小序 / 金商翊	
7053	朴來學	박내학	20	38	1920.03	求禮郡文廟重修捐義錄小序 / 金商翊	
7054	朴魯均	박노균	20	46	1920.03	日誌大要	
7055	朴魯允	박노윤	36	36	1933.12	孝烈行蹟>[許埰 等의 보고]	
7056	朴大珍	박대진	47	49	1943.01	一. 孝烈行跡報告 其三 / 鄭奉禧	
7057	朴道善	박도선	27	59	1926.12	日誌大要	
7058	朴道善	박도선	28	48	1927.12	日誌大要	
7059	朴東桂	박동계	16	61	1918.03	地方報告>[朴晉遠의 報告]	
7060	朴東桂	박동계	26	97	1925.12	地方報告>[蘇良三 等의 報告]	
7061	朴東來	박동래	25	38	1924.12	日誌大要	
7062	朴東英	박동영	26	97	1925.12	地方報告>[蘇良三 等의 報告]	

번호	원문	현대어(독음)	호	쪽	발행일	기사명 / 필자	비고
7063	朴東柱	박동주	26	97	1925.12	地方報告>[蘇良三 等의 報告]	
7064	朴東弼	박동필	27	10	1926.12	梅洞雅會集序 / 崔定鉉	
7065	朴東鎬	박동호	20	22	1920.03	求禮郡文廟重修記 / 金商翊	
7066	朴東欽	박동흠	1	51	1913.12	日誌大要	
7067	朴東欽	박동흠	1	52	1913.12	日誌大要	
7068	朴東欽	박동흠	1	55	1913.12	日誌大要	
7069	朴東禧	박동희	39	54	1935.10	文廟釋奠狀況>地方文廟春期釋奠狀況表	
7070	朴斗榮	박두영	45	25	1940.12	朝鮮儒林大會(朝鮮儒道聯合會創立總會) 會錄概要>朝鮮儒道聯合會役員名簿(昭和十四年十一月一日現在)	
7071	朴斗正	박두정	42	38	1937.12	文廟春季釋奠狀況	
7072	朴斗正	박두정	42	72	1937.12	第五回卒業式狀況及第八回新入生名簿>第八回入學許可者名簿	
7073	朴斗正	박두정	43	60	1938.12	文廟秋季釋奠狀況	
7074	朴斗正	박두정	43	67	1938.12	文廟春季釋奠狀況	
7075	朴斗和	박두화	12	83	1916.12	地方報告>[朴斗和의 報告]	
7076	朴斗熙	박두희	44	92	1939.10	明倫專門學院記事>研究科第二回入學許可者	
7077	朴斗熙	박두희	46	14	1941.12	釋奠狀況>昭和十四年秋季釋奠狀況	
7078	朴斗熙	박두희	46	15	1941.12	釋奠狀況>昭和十五年春季釋奠狀況	
7079	朴得顯	박득현	26	93	1925.12	地方報告>[權在吾 等의 報告]	
7080	朴晩赫	박만혁	19	82	1918.12	地方報告>[朴晩赫의 報告]	
7081	朴晩赫	박만혁	23	24	1922.12	通川郡文廟重修記 / 朴箕陽	
7082	朴萬亨	박만형	21	95	1921.03	地方報告>[朴萬亨의 報告]	
7083	朴萬浩	박만호	45	35	1940.12	朝鮮儒林大會(朝鮮儒道聯合會創立總會) 會錄概要>朝鮮儒道聯合會役員名簿(昭和十四年十一月一日現在)	
7084	朴穆	박목	12	40	1916.12	賢關記聞(續) / 李大榮	
7085	朴夢玉	박몽옥	20	36	1920.03	求禮郡文廟重修捐義錄小序 / 金商翊	
7086	朴汶陽	박문양	26	41	1925.12	日誌大要	
7087	朴汶陽	박문양	26	45	1925.12	日誌大要	
7088	朴汶陽	박문양	26	46	1925.12	日誌大要	
7089	朴汶陽	박문양	27	53	1926.12	日誌大要	
7090	朴文郁	박문욱	16	35	1918.03	日誌大要	
7091	朴潘南	박반남	11	26	1916.06	經學淺知錄(續) / 金文演	朴尙衷
7092	朴炳文	박병문	13	37	1917.03	日誌大要	
7093	朴炳文	박병문	13	38	1917.03	日誌大要	
7094	朴炳址	박병지	29	70	1928.12	地方報告>[成護永 等의 報告]	

번호	원문	현대어(독음)	호	쪽	발행일	기사명 / 필자	비고
7095	朴炳哲	박병철	13	39	1917.03	日誌大要	
7096	朴捧來	박봉래	20	36	1920.03	求禮郡文廟重修捐義錄小序 / 金商翊	
7097	朴鳳陽	박봉양	26	45	1925.12	日誌大要	
7098	朴鳳瑀	박봉우	24	54	1923.12	日誌大要	
7099	朴鳳柱	박봉주	33	35	1931.12	聲討顛末	
7100	朴鳳璡	박봉진	33	38	1931.12	聲討顛末	
7101	朴鳳鎭	박봉진	45	26	1940.12	朝鮮儒林大會(朝鮮儒道聯合會創立總會) 會錄槪要〉朝鮮儒道聯合會役員名簿(昭和十四年十一月一日現在)	
7102	朴鳳鎬	박봉호	32	47	1930.12	地方報告〉各郡文廟釋奠狀況〉[朴鳳鎬의 보고]	
7103	朴鳳鎬	박봉호	33	55	1931.12	孝烈行蹟〉[朴鳳鎬 等의 보고]	
7104	朴富用	박부용	35	76	1932.12	明倫學院昭和七年度第三回入學許可者名簿	
7105	朴師轍	박사철	21	65	1921.03	賢關記聞(續) / 李大榮	
7106	朴祥	박상	41	22	1937.02	教化編年(續) / 李大榮	
7107	朴相國	박상국	20	37	1920.03	求禮郡文廟重修捐義錄小序 / 金商翊	
7108	朴相奎	박상규	12	83	1916.12	地方報告〉[朴斗和의 報告]	
7109	朴相奎	박상규	13	37	1917.03	日誌大要	
7110	朴相奎	박상규	13	38	1917.03	日誌大要	
7111	朴相奎	박상규	16	56	1918.03	地方報告〉[朴在新의 報告]	
7112	朴相奎	박상규	17	19	1918.07	咸悅鄉校重修記 / 金允植	원문은 朴君相奎
7113	朴相奎	박상규	17	20	1918.07	咸悅鄉校儒林契券序 / 李容植	
7114	朴尙錫	박상석	43	27	1938.12	孝烈行蹟〉[朴尙錫의 보고]	장수문묘 直員
7115	朴尙錫	박상석	46	27	1941.12	孝烈行跡報告 其三 / 朴尙錫	장수문묘 直員
7116	朴相駿	박상준	30	34	1929.12	祭粢料傳達式狀況	
7117	朴相駿	박상준	30	35	1929.12	祭粢料傳達式狀況	
7118	朴相駿	박상준	36	23	1933.12	日誌大要	
7119	朴相駿	박상준	38	42	1935.03	日誌大要	
7120	朴相駿	박상준	39	49	1935.10	日誌大要	
7121	朴相駿	박상준	43	57	1938.12	日誌大要	
7122	朴相駿	박상준	43	72	1938.12	第六回卒業式狀況及第九回新入生名簿	
7123	朴相駿	박상준	44	73	1939.10	日誌大要(自昭和十三年六月 至昭和十三年十二月)	
7124	朴相駿	박상준	45	22	1940.12	朝鮮儒林大會(朝鮮儒道聯合會創立總會) 會錄槪要〉朝鮮儒道聯合會役員名簿(昭和十四年十一月一日現在)	

번호	원문	현대어(독음)	호	쪽	발행일	기사명 / 필자	비고
7125	朴相駿	박상준	45	24	1940.12	朝鮮儒林大會(朝鮮儒道聯合會創立總會) 會錄槪要〉朝鮮儒道聯合會役員名簿(昭和十四年十一月一日現在)	
7126	朴相駿	박상준	45	65	1940.12	忠淸南道儒道聯合會結成式	
7127	朴相駿	박상준	45	92	1940.12	全羅北道儒道聯合會結成式	
7128	朴相駿	박상준	45	104	1940.12	慶尙北道儒道聯合會結成式	
7129	朴尙衷	박상충	11	26	1916.06	經學淺知錄(續) / 金文演	원문은 尙衷
7130	朴尙弼	박상필	46	15	1941.12	釋奠狀況〉昭和十五年春季釋奠狀況	
7131	朴遾	박서	1	38	1913.12	近世事十條 / 李商永	
7132	朴西溪	박서계	28	3	1927.12	朝鮮詩文變遷論 / 鄭萬朝	朴世堂
7133	朴敍錫	박서석	45	25	1940.12	朝鮮儒林大會(朝鮮儒道聯合會創立總會) 會錄槪要〉朝鮮儒道聯合會役員名簿(昭和十四年十一月一日現在)	
7134	朴奭基	박석기	38	47	1935.03	文廟釋奠狀況〉地方文廟秋期釋奠狀況表	
7135	朴善陽	박선양	45	27	1940.12	朝鮮儒林大會(朝鮮儒道聯合會創立總會) 會錄槪要〉朝鮮儒道聯合會役員名簿(昭和十四年十一月一日現在)	
7136	朴善在	박선재	25	86	1924.12	地方報告〉[朴善在의 報告]	
7137	朴善在	박선재	26	77	1925.12	地方報告〉[朴善在의 報告]	
7138	朴聲九	박성구	14	90	1917.07	地方報告〉[黃敦秀의 報告]〉答辭 / 朴聲九	
7139	朴性立	박성립	16	56	1918.03	地方報告〉[崔成集의 報告]	
7140	朴成文	박성문	20	38	1920.03	求禮郡文廟重修捐義錄小序 / 金商翊	
7141	朴聖完	박성완	44	74	1939.10	日誌大要(自昭和十三年六月 至昭和十三年十二月)	
7142	朴聖允	박성윤	35	46	1932.12	孝烈行蹟〉[利川郡鄕校의 보고]	
7143	朴性翊	박성익	33	43	1931.12	文廟釋奠狀況	
7144	朴性翊	박성익	33	50	1931.12	文廟釋奠狀況〉[本院秋期釋奠에 대한 보고]	
7145	朴性翊	박성익	35	30	1932.12	文廟釋奠狀況	
7146	朴性翊	박성익	36	25	1933.12	文廟釋奠狀況〉[秋期釋奠 擧行]	
7147	朴性翊	박성익	36	30	1933.12	文廟釋奠狀況〉[春期釋奠 擧行]	
7148	朴性翊	박성익	38	44	1935.03	文廟釋奠狀況〉[秋期釋奠 擧行]	
7149	朴性翊	박성익	40	35	1936.08	文廟釋奠狀況〉[秋期釋奠 擧行]	
7150	朴性翊	박성익	41	35	1937.02	文廟春季釋奠狀況	
7151	朴性翊	박성익	41	37	1937.02	文廟秋季釋奠狀況	
7152	朴性翊	박성익	43	60	1938.12	文廟秋季釋奠狀況	
7153	朴性翊	박성익	43	67	1938.12	文廟春季釋奠狀況	
7154	朴性翊	박성익	44	79	1939.10	文廟秋季釋奠狀況	

번호	원문	현대어(독음)	호	쪽	발행일	기사명 / 필자	비고
7155	朴性翊	박성익	44	87	1939.10	文廟春季釋奠狀況	
7156	朴性翊	박성익	45	37	1940.12	朝鮮儒林大會(朝鮮儒道聯合會創立總會) 會錄槪要>朝鮮儒道聯合會役員名簿(昭和十四年十一月一日現在)	
7157	朴性翊	박성익	46	14	1941.12	釋奠狀況>昭和十四年秋季釋奠狀況	
7158	朴性翊	박성익	46	15	1941.12	釋奠狀況>昭和十五年春季釋奠狀況	
7159	朴性翊	박성익	46	16	1941.12	釋奠狀況>昭和十五年秋季釋奠狀況	
7160	朴性翊	박성익	46	18	1941.12	釋奠狀況>昭和十六年春季釋奠狀況	
7161	朴性翊	박성익	47	37	1943.01	釋奠狀況>昭和十六年秋季釋奠狀況	
7162	朴性翊	박성익	47	39	1943.01	釋奠狀況>昭和十七年春季釋奠狀況	
7163	朴性翊	박성익	47	42	1943.01	釋奠狀況>昭和十七年秋季釋奠狀況	
7164	朴性翊	박성익	48	52	1944.04	釋奠狀況>昭和十八年春季釋奠狀況	
7165	朴性翊	박성익	48	54	1944.04	釋奠狀況>昭和十八年秋季釋奠狀況	
7166	朴世堂	박세당	28	3	1927.12	朝鮮詩文變遷論 / 鄭萬朝	원문은 世堂
7167	朴世采	박세채	10	52	1916.03	賢關記聞(續) / 李大榮	
7168	朴世采	박세채	11	27	1916.06	經學淺知錄(續) / 金文演	원문은 世采
7169	朴世采	박세채	25	42	1924.12	日誌大要	
7170	朴世采	박세채	30	36	1929.12	祭粢料傳達式狀況	
7171	朴世采	박세채	30	58	1929.12	講說>講題 朝鮮의 在한 聖學道統 : 李退溪先生을 憶함 / 赤木萬二郎	
7172	朴世采	박세채	37	39	1934.10	地方儒林狀況>[李大榮의 보고]>書院狀況	원문은 朴文純公世采
7173	朴世采	박세채	42	48	1937.12	文廟享祀位次及聖賢姓名爵號考 / 金完鎭	文純公
7174	朴世采	박세채	42	59	1937.12	文廟享祀位次及聖賢姓名爵號考 / 金完鎭	文純公
7175	朴世煥	박세환	38	45	1935.03	文廟釋奠狀況>地方文廟秋期釋奠狀況表	
7176	朴世煥	박세환	39	52	1935.10	文廟釋奠狀況>地方文廟春期釋奠狀況表	
7177	朴素立	박소립	9	34	1915.12	賢關記聞(續) / 李大榮	
7178	朴遂良	박수량	8	70	1915.09	地方報告>[崔東吉의 報告]	
7179	朴壽榮	박수영	26	46	1925.12	日誌大要	
7180	朴淳星	박순성	12	55	1916.12	日誌大要	
7181	朴順洪	박순홍	29	70	1928.12	地方報告>[成護永 等의 報告]	
7182	朴勝經	박승경	9	39	1915.12	日誌大要	
7183	朴勝經	박승경	9	40	1915.12	日誌大要	
7184	朴勝龜	박승구	45	34	1940.12	朝鮮儒林大會(朝鮮儒道聯合會創立總會) 會錄槪要>朝鮮儒道聯合會役員名簿(昭和十四年十一月一日現在)	
7185	朴承圭	박승규	20	37	1920.03	求禮郡文廟重修捐義錄小序 / 金商翊	

번호	원문	현대어(독음)	호	쪽	발행일	기사명 / 필자	비고
7186	朴勝棟	박승동	17	42	1918.07	日誌大要	
7187	朴昇東	박승동	1	34	1913.12	秋懷 / 朴昇東	
7188	朴昇東	박승동	1	46	1913.12	日誌大要	
7189	朴昇東	박승동	1	58	1913.12	本院職員錄 大正二年十二月 日 現在	
7190	朴昇東	박승동	2	25	1914.03	經學院講筵吟 / 朴昇東	
7191	朴昇東	박승동	3	61	1914.06	日誌大要	
7192	朴昇東	박승동	3	[0]	1914.06	[經學院視察團旅行紀念]	
7193	朴昇東	박승동	4	52	1914.09	春享歸路 / 朴昇東	
7194	朴昇東	박승동	9	36	1915.12	經學院講席吟 / 朴昇東	
7195	朴昇東	박승동	9	[13]	1915.12	卽位大禮式獻頌文 / 朴昇東	
7196	朴昇東	박승동	10	55	1916.03	經學院講席吟 / 朴昇東	
7197	朴昇東	박승동	12	46	1916.12	釋奠日感吟 / 朴昇東	
7198	朴昇東	박승동	12	[8]	1916.12	立太子禮獻頌文 / 朴昇東	
7199	朴昇東	박승동	13	32	1917.03	釋奠日有感 / 朴昇東	
7200	朴昇東	박승동	15	33	1917.10	日誌大要	
7201	朴昇東	박승동	15	34	1917.10	日誌大要	
7202	朴昇東	박승동	15	64	1917.10	講說>大邱高等普通學校講演(大正六年五月十六日)>常棣章講說 / 朴昇東	
7203	朴昇東	박승동	16	18	1918.03	閒窓問對 / 朴昇東	
7204	朴昇東	박승동	16	28	1918.03	平壤府文廟參拜有感 / 朴昇東	
7205	朴昇東	박승동	16	28	1918.03	箕宮參拜後吟 / 朴昇東	
7206	朴昇東	박승동	17	27	1918.07	閒窓問對(續) / 朴昇東	
7207	朴昇東	박승동	19	36	1918.12	日誌大要	
7208	朴昇東	박승동	20	9	1920.03	庸學問對 / 朴昇東	
7209	朴昇東	박승동	23	60	1922.12	日誌大要	
7210	朴昇東	박승동	24	60	1923.12	日誌大要	
7211	朴承冕	박승면	45	33	1940.12	朝鮮儒林大會(朝鮮儒道聯合會創立總會) 會錄概要>朝鮮儒道聯合會役員名簿(昭和十四年十一月一日現在)	
7212	朴承珉	박승민	26	84	1925.12	地方報告>[安秉烈의 報告]	
7213	朴勝百	박승백	25	44	1924.12	日誌大要	
7214	朴勝百	박승백	27	58	1926.12	日誌大要	
7215	朴勝百	박승백	27	59	1926.12	日誌大要	
7216	朴勝百	박승백	28	44	1927.12	日誌大要	
7217	朴勝彬	박승빈	39	50	1935.10	日誌大要	

번호	원문	현대어(독음)	호	쪽	발행일	기사명 / 필자	비고
7218	朴勝彬	박승빈	45	29	1940.12	朝鮮儒林大會(朝鮮儒道聯合會創立總會) 會錄概要〉朝鮮儒道聯合會役員名簿(昭和十四年十一月一日現在)	
7219	朴勝奭	박승석	20	49	1920.03	日誌大要	
7220	朴勝遠	박승원	11	62	1916.06	日誌大要	
7221	朴勝林	박승임	19	78	1918.12	地方報告〉[朴勝林의 報告]	
7222	朴勝林	박승임	19	84	1918.12	地方報告〉[許璟 等의 報告]	
7223	朴承稷	박승직	45	29	1940.12	朝鮮儒林大會(朝鮮儒道聯合會創立總會) 會錄概要〉朝鮮儒道聯合會役員名簿(昭和十四年十一月一日現在)	
7224	朴勝進	박승진	23	57	1922.12	日誌大要	
7225	朴勝祊	박승팽	37	72	1934.10	明倫學院第五回入學許可者名簿	
7226	朴勝祊	박승팽	38	43	1935.03	文廟釋奠狀況〉[秋期釋奠 擧行]	
7227	朴勝祊	박승팽	38	44	1935.03	文廟釋奠狀況〉[秋期釋奠 擧行]	
7228	朴勝祊	박승팽	47	38	1943.01	釋奠狀況〉昭和十七年春季釋奠狀況	
7229	朴勝豹	박승표	9	39	1915.12	日誌大要	
7230	朴勝豹	박승표	9	40	1915.12	日誌大要	
7231	朴勝奕	박승혁	20	37	1920.03	求禮郡文廟重修捐義錄小序 / 金商翊	
7232	朴勝鎬	박승호	45	32	1940.12	朝鮮儒林大會(朝鮮儒道聯合會創立總會) 會錄概要〉朝鮮儒道聯合會役員名簿(昭和十四年十一月一日現在)	
7233	朴昇和	박승화	14	61	1917.07	地方報告〉[黃敦秀의 報告]	
7234	朴昇和	박승화	14	91	1917.07	地方報告〉[黃敦秀의 報告]〉答辭 / 朴昇和	
7235	朴昇和	박승화	16	10	1918.03	陽城鄕校明倫堂重修記 / 金允植	원문은 朴君 名昇和
7236	朴昇和	박승화	16	58	1918.03	地方報告〉[南相台의 報告]	
7237	朴昇和	박승화	16	59	1918.03	地方報告〉[南相台의 報告]	
7238	朴勝徽	박승휘	19	83	1918.12	地方報告〉[許璟 等의 報告]	
7239	朴勝熺	박승희	23	59	1922.12	日誌大要	
7240	朴時陽	박시양	7	66	1915.06	日誌大要	
7241	朴時陽	박시양	9	40	1915.12	日誌大要	
7242	朴時陽	박시양	9	41	1915.12	日誌大要	
7243	朴時陽	박시양	10	39	1916.03	新政教育에 關혼 感想 / 朴時陽	
7244	朴時陽	박시양	11	62	1916.06	日誌大要	
7245	朴時陽	박시양	12	51	1916.12	日誌大要	
7246	朴時陽	박시양	12	52	1916.12	日誌大要	
7247	朴時陽	박시양	12	55	1916.12	日誌大要	

번호	원문	현대어(독음)	호	쪽	발행일	기사명 / 필자	비고
7248	朴時陽	박시양	12	56	1916.12	日誌大要	
7249	朴時陽	박시양	14	39	1917.07	日誌大要	
7250	朴時陽	박시양	15	33	1917.10	日誌大要	
7251	朴時陽	박시양	16	31	1918.03	日誌大要	
7252	朴時陽	박시양	16	33	1918.03	日誌大要	
7253	朴時陽	박시양	17	42	1918.07	日誌大要	
7254	朴時陽	박시양	19	30	1918.12	日誌大要	
7255	朴時陽	박시양	19	31	1918.12	日誌大要	
7256	朴時陽	박시양	19	36	1918.12	日誌大要	
7257	朴時陽	박시양	20	46	1920.03	日誌大要	
7258	朴時陽	박시양	20	49	1920.03	日誌大要	
7259	朴時陽	박시양	21	89	1921.03	日誌大要	
7260	朴時陽	박시양	21	92	1921.03	日誌大要	
7261	朴時陽	박시양	22	50	1922.03	故經學院副提學久庵朴公挽詞 / 朴時陽	
7262	朴時陽	박시양	22	53	1922.03	日誌大要	
7263	朴時陽	박시양	22	58	1922.03	日誌大要	
7264	朴時陽	박시양	23	28	1922.12	祭華陰鄭司成文	
7265	朴時陽	박시양	23	54	1922.12	日誌大要	
7266	朴時陽	박시양	23	56	1922.12	日誌大要	
7267	朴時陽	박시양	23	58	1922.12	日誌大要	
7268	朴時陽	박시양	23	59	1922.12	日誌大要	
7269	朴時陽	박시양	24	50	1923.12	湯島聖堂祭典叅拜志感 / 朴時陽	
7270	朴時陽	박시양	24	54	1923.12	日誌大要	
7271	朴時陽	박시양	24	55	1923.12	日誌大要	
7272	朴時陽	박시양	24	56	1923.12	日誌大要	
7273	朴時陽	박시양	24	58	1923.12	日誌大要	
7274	朴時陽	박시양	24	59	1923.12	日誌大要	
7275	朴時陽	박시양	25	37	1924.12	日誌大要	
7276	朴時陽	박시양	25	38	1924.12	日誌大要	
7277	朴時陽	박시양	25	44	1924.12	日誌大要	
7278	朴時陽	박시양	25	45	1924.12	日誌大要	
7279	朴時陽	박시양	26	41	1925.12	日誌大要	
7280	朴時陽	박시양	26	42	1925.12	日誌大要	
7281	朴時陽	박시양	26	43	1925.12	日誌大要	
7282	朴時陽	박시양	26	45	1925.12	日誌大要	
7283	朴時陽	박시양	26	46	1925.12	日誌大要	

번호	원문	현대어(독음)	호	쪽	발행일	기사명 / 필자	비고
7284	朴時陽	박시양	26	48	1925.12	日誌大要	
7285	朴時陽	박시양	27	52	1926.12	日誌大要	
7286	朴時陽	박시양	27	53	1926.12	日誌大要	
7287	朴時陽	박시양	27	58	1926.12	日誌大要	
7288	朴時陽	박시양	27	59	1926.12	日誌大要	
7289	朴時陽	박시양	28	15	1927.12	祭晚松吳講士文 / 朴時陽	
7290	朴時陽	박시양	28	43	1927.12	日誌大要	
7291	朴時陽	박시양	28	44	1927.12	日誌大要	
7292	朴時陽	박시양	28	47	1927.12	日誌大要	
7293	朴時陽	박시양	28	48	1927.12	日誌大要	
7294	朴時陽	박시양	28	49	1927.12	日誌大要	
7295	朴時陽	박시양	29	33	1928.12	聚奎帖 / 朴時陽	
7296	朴時陽	박시양	29	38	1928.12	日誌大要	
7297	朴時陽	박시양	29	39	1928.12	日誌大要	
7298	朴時陽	박시양	29	44	1928.12	日誌大要	
7299	朴時陽	박시양	29	45	1928.12	日誌大要	
7300	朴時陽	박시양	30	40	1929.12	日誌大要	
7301	朴時陽	박시양	30	41	1929.12	日誌大要	
7302	朴時陽	박시양	30	42	1929.12	日誌大要	
7303	朴時陽	박시양	30	43	1929.12	日誌大要	
7304	朴時陽	박시양	30	44	1929.12	日誌大要	
7305	朴時陽	박시양	30	45	1929.12	日誌大要	
7306	朴時陽	박시양	31	29	1930.08	日誌大要	
7307	朴時陽	박시양	31	30	1930.08	日誌大要	
7308	朴時陽	박시양	31	31	1930.08	日誌大要	
7309	朴時陽	박시양	31	32	1930.08	日誌大要	
7310	朴時陽	박시양	31	33	1930.08	日誌大要	
7311	朴時陽	박시양	31	34	1930.08	日誌大要	
7312	朴時陽	박시양	31	54	1930.08	事務報告 / 神尾弍春	
7313	朴時陽	박시양	31	61	1930.08	明倫學院職員名簿	
7314	朴時陽	박시양	32	37	1930.12	日誌大要	
7315	朴時陽	박시양	33	11	1931.12	祭松庵崔講士文	
7316	朴時陽	박시양	33	25	1931.12	日誌大要	
7317	朴時陽	박시양	33	29	1931.12	聲討顚末	
7318	朴時陽	박시양	33	42	1931.12	文廟釋奠狀況	
7319	朴時陽	박시양	33	43	1931.12	文廟釋奠狀況	

번호	원문	현대어(독음)	호	쪽	발행일	기사명 / 필자	비고
7320	朴時陽	박시양	33	49	1931.12	文廟釋奠狀況〉[本院秋期釋奠에 대한 보고]	
7321	朴時陽	박시양	33	50	1931.12	文廟釋奠狀況〉[本院秋期釋奠에 대한 보고]	
7322	朴時陽	박시양	34	31	1932.03	日誌大要	
7323	朴時陽	박시양	34	32	1932.03	日誌大要	
7324	朴時陽	박시양	34	55	1932.03	明倫學院職員名簿	
7325	朴時陽	박시양	35	24	1932.12	孝壽帖〉賀韻 / 朴時陽	
7326	朴時陽	박시양	35	30	1932.12	文廟釋奠狀況	
7327	朴時陽	박시양	35	72	1932.12	明倫學院職員名簿	
7328	朴時陽	박시양	36	21	1933.12	澹圃姜講師挽 / 朴時陽	
7329	朴時陽	박시양	36	22	1933.12	日誌大要	
7330	朴時陽	박시양	36	23	1933.12	日誌大要	
7331	朴時陽	박시양	36	25	1933.12	文廟釋奠狀況〉[秋期釋奠 擧行]	
7332	朴時勳	박시훈	23	57	1922.12	日誌大要	
7333	朴心爀	박심혁	23	24	1922.12	通川郡文廟重修記 / 朴箕陽	
7334	朴氏	박씨	27	79	1926.12	地方報告〉[趙正三의 報告]	
7335	朴氏夫人	박씨 부인	28	85	1927.12	地方報告〉[朴英鉉 等의 報告]	
7336	朴亮燮	박양섭	20	36	1920.03	求禮郡文廟重修捐義錄小序 / 金商翊	
7337	朴堧	박연	5	35	1914.12	樂器圖說	
7338	朴燕岩	박연암	28	4	1927.12	朝鮮詩文變遷論 / 鄭萬朝	朴趾源
7339	朴淵柞	박연작	45	29	1940.12	朝鮮儒林大會(朝鮮儒道聯合會創立總會) 會錄槪要〉朝鮮儒道聯合會役員名簿(昭和十四年十一月一日現在)	
7340	朴淵祚	박연조	39	31	1935.10	東京斯文會主催儒道大會狀況	
7341	朴永九	박영구	20	37	1920.03	求禮郡文廟重修捐義錄小序 / 金商翊	
7342	朴泳龜	박영구	28	74	1927.12	地方報告〉[朴泳龜의 報告]	
7343	朴泳龜	박영구	28	81	1927.12	地方報告〉[朴泳龜의 報告]	
7344	朴寧根	박영근	45	40	1940.12	朝鮮儒林大會(朝鮮儒道聯合會創立總會) 會錄槪要〉朝鮮儒道聯合會役員名簿(昭和十四年十一月一日現在)	
7345	朴永根	박영근	45	29	1940.12	朝鮮儒林大會(朝鮮儒道聯合會創立總會) 會錄槪要〉朝鮮儒道聯合會役員名簿(昭和十四年十一月一日現在)	
7346	朴英來	박영래	36	37	1933.12	孝烈行蹟〉[金思敏 等의 보고]	
7347	朴永斌	박영빈	35	27	1932.12	日誌大要	
7348	朴永斌	박영빈	35	73	1932.12	明倫學院職員名簿	
7349	朴永斌	박영빈	36	53	1933.12	評議員會狀況〉事業經過報告 / 兪萬兼	
7350	朴永斌	박영빈	36	64	1933.12	明倫學院職員名簿	

번호	원문	현대어(독음)	호	쪽	발행일	기사명 / 필자	비고
7351	朴永斌	박영빈	37	66	1934.10	明倫學院職員名簿	
7352	朴永錫	박영석	34	35	1932.03	孝烈行蹟〉[李春世 等의 보고]	원문은 永錫
7353	朴永五	박영오	46	29	1941.12	孝烈行跡報告 其五 / 金鍾鏵	원문은 永五
7354	朴永琓	박영완	38	48	1935.03	文廟釋奠狀況〉地方文廟秋期釋奠狀況表	
7355	朴永鎭	박영진	14	39	1917.07	日誌大要	
7356	朴英鎭	박영진	24	95	1923.12	地方報告〉[金聖烈의 報告]	
7357	朴榮喆	박영철	23	21	1922.12	益山郡礪山文廟重修記 / 成岐運	원문은 朴侯榮喆
7358	朴榮喆	박영철	39	50	1935.10	日誌大要	
7359	朴永夏	박영하	26	89	1925.12	地方報告〉[呂圭庠 等의 報告]	
7360	朴英鉉	박영현	28	85	1927.12	地方報告〉[朴英鉉 等의 報告]	
7361	朴英鉉	박영현	31	38	1930.08	地方報告〉孝烈行蹟〉[朴英鉉 等의 보고]	
7362	朴泳和	박영화	7	54	1915.06	日誌大要	
7363	朴泳和	박영화	9	38	1915.12	日誌大要	
7364	朴泳和	박영화	9	39	1915.12	日誌大要	
7365	朴泳和	박영화	9	40	1915.12	日誌大要	
7366	朴泳和	박영화	9	42	1915.12	日誌大要	
7367	朴泳和	박영화	11	62	1916.06	日誌大要	
7368	朴泳和	박영화	14	39	1917.07	日誌大要	
7369	朴泳和	박영화	17	42	1918.07	日誌大要	
7370	朴泳和	박영화	20	47	1920.03	日誌大要	
7371	朴泳和	박영화	31	30	1930.08	日誌大要	
7372	朴泳和	박영화	31	33	1930.08	日誌大要	
7373	朴泳孝	박영효	31	55	1930.08	祝辭 / 朴泳孝	
7374	朴榮勳	박영훈	33	10	1931.12	陽川朴公遺墟碑 / 魏大源	원문은 榮勳
7375	朴堯柱	박요주	31	62	1930.08	入學許可者名簿	
7376	朴堯欽	박요흠	18	45	1918.09	日誌大要	
7377	朴容九	박용구	27	57	1926.12	日誌大要	
7378	朴容國	박용국	44	54	1939.10	孝烈行蹟〉[朴容國의 보고]	남양문묘 直員
7379	朴容權	박용권	30	73	1929.12	地方報告〉[朴容權의 報告]	
7380	朴容權	박용권	30	76	1929.12	地方報告〉[朴容權의 報告]	
7381	朴容來	박용래	33	8	1931.12	孺人羅州林氏孝烈碑 / 成樂賢	원문은 朴君 容來
7382	朴用默	박용묵	23	51	1922.12	長湍郡文廟重修韻 / 朴用默	
7383	朴龍緒	박용서	25	42	1924.12	日誌大要	
7384	朴龍緒	박용서	27	58	1926.12	日誌大要	

번호	원문	현대어(독음)	호	쪽	발행일	기사명 / 필자	비고
7385	朴龍緒	박용서	27	59	1926.12	日誌大要	
7386	朴龍緒	박용서	28	48	1927.12	日誌大要	
7387	朴龍緒	박용서	30	36	1929.12	祭粢料傳達式狀況	
7388	朴容世	박용세	45	36	1940.12	朝鮮儒林大會(朝鮮儒道聯合會創立總會) 會錄槪要〉朝鮮儒道聯合會役員名簿(昭和十四年十一月一日現在)	
7389	朴容俊	박용준	30	79	1929.12	地方報告〉[曺秉益의 報告]	
7390	朴龍欽	박용흠	1	47	1913.12	日誌大要	
7391	朴龍熙	박용희	38	45	1935.03	文廟釋奠狀況〉地方文廟秋期釋奠狀況表	
7392	朴牛峯	박우봉	28	77	1927.12	地方報告〉[李錫龍 等의 報告]	
7393	朴禹彬	박우빈	33	38	1931.12	聲討顚末	
7394	朴雨澤	박우택	41	25	1937.02	一. 孝烈行蹟〉[尹佶模의 보고]	
7395	朴雲祥	박운상	16	34	1918.03	日誌大要	
7396	朴雲庵	박운암	22	78	1922.03	地方報告〉[黃泳斌의 報告]	
7397	朴媛	박원	36	8	1933.12	族姪寅赫子婦密陽朴氏孝烈紀蹟碑銘 / 鄭萬朝	
7398	朴元敎	박원교	2	26	1914.03	奉呈經學院 / 吳鐘泳	
7399	朴元東	박원동	37	49	1934.10	文廟釋奠狀況〉[朴元東의 보고]	
7400	朴元東	박원동	37	56	1934.10	文廟釋奠狀況〉[朴元東의 보고]	
7401	朴元東	박원동	38	49	1935.03	文廟釋奠狀況〉地方文廟秋期釋奠狀況表	
7402	朴元東	박원동	39	42	1935.10	孝烈行蹟〉[朴元東의 보고]	
7403	朴元東	박원동	39	55	1935.10	文廟釋奠狀況〉地方文廟春期釋奠狀況表	
7404	朴元東	박원동	40	37	1936.08	文廟釋奠狀況〉[地方文廟春期釋奠狀況表]	
7405	朴元東	박원동	41	28	1937.02	一. 孝烈行蹟〉[朴元東의 보고]	
7406	朴元東	박원동	43	38	1938.12	皇軍慰問詩 / 朴元東	
7407	朴元植	박원식	40	64	1936.08	第四回卒業式狀況及第七回新入生名簿〉聽講生	
7408	朴元植	박원식	42	72	1937.12	第五回卒業式狀況及第八回新入生名簿〉研究科現在學生名簿	
7409	朴元植	박원식	43	59	1938.12	文廟秋季釋奠狀況	
7410	朴元植	박원식	47	38	1943.01	釋奠狀況〉昭和十七年春季釋奠狀況	
7411	朴原陽	박원양	11	62	1916.06	日誌大要	
7412	朴惟陽	박유양	9	39	1915.12	日誌大要	
7413	朴惟陽	박유양	9	40	1915.12	日誌大要	
7414	朴允緒	박윤서	29	44	1928.12	日誌大要	
7415	朴胤永	박윤영	22	53	1922.03	日誌大要	
7416	朴胤永	박윤영	22	54	1922.03	日誌大要	
7417	朴胤永	박윤영	22	58	1922.03	日誌大要	

번호	원문	현대어(독음)	호	쪽	발행일	기사명 / 필자	비고
7418	朴胤永	박윤영	23	55	1922.12	日誌大要	
7419	朴潤祚	박윤조	39	31	1935.10	東京斯文會主催儒道大會狀況	조선유교회 宗理司長
7420	朴潤夏	박윤하	45	32	1940.12	朝鮮儒林大會(朝鮮儒道聯合會創立總會) 會錄槪要>朝鮮儒道聯合會役員名簿(昭和十四年十一月一日現在)	
7421	朴闇	박은	28	3	1927.12	朝鮮詩文變遷論 / 鄭萬朝	원문은 闇
7422	朴殷植	박은식	1	47	1913.12	日誌大要	
7423	朴殷植	박은식	1	51	1913.12	日誌大要	
7424	朴殷柱	박은주	36	71	1933.12	明倫學院第四回入學許可者名簿	
7425	朴殷柱	박은주	37	51	1934.10	文廟釋奠狀況>[春期釋奠 擧行]	
7426	朴殷柱	박은주	40	35	1936.08	文廟釋奠狀況>[秋期釋奠 擧行]	
7427	朴殷柱	박은주	40	62	1936.08	第四回卒業式狀況及第七回新入生名簿>第四回卒業生名簿	
7428	朴殷柱	박은주	41	35	1937.02	文廟春季釋奠狀況	
7429	朴應男	박응남	43	19	1938.12	敎化編年(續) / 李大榮	
7430	朴應煥	박응환	20	37	1920.03	求禮郡文廟重修捐義錄小序 / 金商翊	
7431	朴宜中	박의중	11	26	1916.06	經學淺知錄(續) / 金文演	원문은 宜中
7432	朴頤陽	박이양	12	49	1916.12	日誌大要	
7433	朴二俊	박이준	15	31	1917.10	日誌大要	
7434	朴益淳	박익순	23	27	1922.12	山淸郡明倫堂重建記 / 金翰植	
7435	朴寅根	박인근	43	29	1938.12	儒林特志>[姜錫圭의 보고]>祭需品奉納者氏名及物名	
7436	朴寅亮	박인량	47	33	1943.01	朝鮮詩學考(第十四號續) / 李昇圭	고려의 문신
7437	朴仁範	박인범	47	32	1943.01	朝鮮詩學考(第十四號續) / 李昇圭	통일신라의 문신
7438	朴仁陽	박인양	19	80	1918.12	地方報告>[朴仁陽의 報告]	
7439	朴仁焌	박인준	36	26	1933.12	文廟釋奠狀況>[朴仁焌의 보고]	
7440	朴仁焌	박인준	36	30	1933.12	文廟釋奠狀況>[朴仁焌의 보고]	
7441	朴仁焌	박인준	37	27	1934.10	孝烈行蹟>[朴仁焌의 보고]	
7442	朴仁焌	박인준	37	46	1934.10	文廟釋奠狀況>[朴仁焌의 보고]	
7443	朴寅春	박인춘	21	29	1921.03	養正契帖序 / 鄭鳳時	
7444	朴寅春	박인춘	21	31	1921.03	歸厚契帖序 / 鄭鳳時	
7445	朴仁煥	박인환	32	74	1930.12	[판권사항]	
7446	朴馹相	박일상	40	36	1936.08	文廟釋奠狀況>[地方文廟春期釋奠狀況表]	
7447	朴馹相	박일상	41	26	1937.02	一. 孝烈行蹟>[李學魯의 보고]	
7448	朴一祐	박일우	30	79	1929.12	地方報告>[曹秉益의 報告]	

번호	원문	현대어(독음)	호	쪽	발행일	기사명 / 필자	비고
7449	朴仍奎	박잉규	20	36	1920.03	求禮郡文廟重修捐義錄小序 / 金商翊	
7450	朴自凝	박자응	33	8	1931.12	孺人羅州林氏孝烈碑 / 成樂賢	원문은 自凝
7451	朴子靑	박자청	7	29	1915.06	文廟碑銘幷序	
7452	朴潛美	박잠미	10	52	1916.03	賢關記聞(續) / 李大榮	
7453	朴潛美	박잠미	21	26	1921.03	鄭信國傳 / 鄭崙秀	
7454	朴潛美	박잠미	21	27	1921.03	鄭信國傳 / 鄭崙秀	원문은 潛美
7455	朴章緖	박장서	24	54	1923.12	日誌大要	
7456	朴章緖	박장서	24	55	1923.12	日誌大要	
7457	朴長遠	박장원	11	54	1916.06	賢關記聞(續) / 李大榮	
7458	朴長漢	박장한	24	14	1923.12	彝峯金公遺墟碑文 / 成岐運	
7459	朴長鴻	박장홍	1	53	1913.12	日誌大要	
7460	朴長鴻	박장홍	1	58	1913.12	本院職員錄 大正二年十二月 日 現在	
7461	朴長鴻	박장홍	2	58	1914.03	日誌大要	
7462	朴長鴻	박장홍	2	75	1914.03	地方報告>[朴長鴻의 報告]	
7463	朴長鴻	박장홍	3	3	1914.06	雜誌說 / 朴長鴻	
7464	朴長鴻	박장홍	3	28	1914.06	長津校齋 / 朴長鴻	
7465	朴長鴻	박장홍	3	60	1914.06	日誌大要	
7466	朴長鴻	박장홍	3	61	1914.06	日誌大要	
7467	朴長鴻	박장홍	3	[0]	1914.06	[經學院視察團旅行紀念]	
7468	朴長鴻	박장홍	4	9	1914.09	經學 / 朴長鴻	
7469	朴長鴻	박장홍	6	64	1915.03	地方報告>[朴長鴻 巡講]	
7470	朴長鴻	박장홍	9	8	1915.12	經學先務之要 / 朴長鴻	
7471	朴長鴻	박장홍	9	37	1915.12	秋享歸路 / 朴長鴻	
7472	朴長鴻	박장홍	9	51	1915.12	日誌大要	
7473	朴長鴻	박장홍	9	[21]	1915.12	卽位大禮式獻頌文 / 朴長鴻	
7474	朴長鴻	박장홍	10	70	1916.03	地方報告>[朴長鴻의 報告]	
7475	朴長鴻	박장홍	12	87	1916.12	地方報告>[朴長鴻의 報告]	
7476	朴長鴻	박장홍	12	[12]	1916.12	立太子禮獻頌文 / 朴長鴻	
7477	朴長鴻	박장홍	14	18	1917.07	庸學問對 / 朴長鴻	
7478	朴長鴻	박장홍	17	16	1918.07	中庸章句問對(續) / 朴長鴻	
7479	朴長鴻	박장홍	18	16	1918.09	中庸章句問對(續) / 朴長鴻	
7480	朴長鴻	박장홍	20	5	1920.03	中庸章句問對(續) / 朴長鴻	
7481	朴長鴻	박장홍	21	86	1921.03	和鄭司成華陰韻 / 朴長鴻	
7482	朴長鴻	박장홍	21	91	1921.03	日誌大要	
7483	朴在福	박재복	48	57	1944.04	一. 孝烈行跡報告 其三 / 李暐演	
7484	朴在善	박재선	12	49	1916.12	日誌大要	

번호	원문	현대어(독음)	호	쪽	발행일	기사명 / 필자	비고
7485	朴在善	박재선	14	59	1917.07	地方報告〉[朴在善의 報告]	
7486	朴在新	박재신	16	56	1918.03	地方報告〉[朴在新의 報告]	
7487	朴在新	박재신	17	19	1918.07	咸悅鄕校重修記 / 金允植	원문은 朴君在新
7488	朴在新	박재신	17	20	1918.07	咸悅鄕校儒林契券序 / 李容稙	원문은 朴君在新
7489	朴在殷	박재은	18	77	1918.09	地方報告〉[劉錫祚의 報告]	
7490	朴載瀅	박재형	25	38	1924.12	日誌大要	
7491	朴在浩	박재호	27	12	1926.12	烈婦崔氏旌閭重修記 / 崔定鉉	원문은 在浩
7492	朴在弘	박재홍	29	17	1928.12	新興郡文廟刱建記 / 魏大源	원문은 朴侯在弘
7493	朴正來	박정래	20	36	1920.03	求禮郡文廟重修捐義錄小序 / 金商翊	
7494	朴挺洙	박정수	39	55	1935.10	文廟釋奠狀況〉地方文廟春期釋奠狀況表	
7495	朴挺洙	박정수	40	38	1936.08	文廟釋奠狀況〉[地方文廟春期釋奠狀況表]	
7496	朴正淑	박정숙	37	31	1934.10	孝烈行蹟〉[佳慶學院 講士의 보고]	
7497	朴正純	박정순	27	81	1926.12	地方報告〉[金商璉의 報告]	
7498	朴正純	박정순	27	82	1926.12	地方報告〉[金商璉의 報告]	
7499	朴正新	박정신	23	50	1922.12	孔夫子忌辰四十周甲追慕韻 / 朴正新	
7500	朴定遠	박정원	23	40	1922.12	孔夫子忌辰四十周甲追慕禮式及紀念事業發起文	
7501	朴定遠	박정원	23	57	1922.12	日誌大要	
7502	朴貞齋	박정재	11	26	1916.06	經學淺知錄(續) / 金文演	朴宜中
7503	朴政欽	박정흠	23	20	1922.12	中庸演箚序 / 鄭萬朝	
7504	朴齊家	박제가	28	4	1927.12	朝鮮詩文變遷論 / 鄭萬朝	원문은 齊家
7505	朴濟匡	박제광	30	41	1929.12	日誌大要	
7506	朴濟匡	박제광	30	44	1929.12	日誌大要	
7507	朴濟均	박제균	23	59	1922.12	日誌大要	
7508	朴濟均	박제균	27	85	1926.12	地方報告〉[沈能鎭의 報告]	
7509	朴齊龍	박제룡	35	29	1932.12	地方儒林狀況〉[李鍾榮 等의 보고]	
7510	朴濟鳳	박제봉	11	62	1916.06	日誌大要	
7511	朴濟鳳	박제봉	45	32	1940.12	朝鮮儒林大會(朝鮮儒道聯合會創立總會) 會錄槪要〉朝鮮儒道聯合會役員名簿(昭和十四年十一月一日現在)	
7512	朴濟鳳	박제봉	46	14	1941.12	釋奠狀況〉昭和十五年春季釋奠狀況	
7513	朴濟鳳	박제봉	46	16	1941.12	釋奠狀況〉昭和十五年秋季釋奠狀況	
7514	朴濟鳳	박제봉	46	24	1941.12	經學院日誌大要(昭和十四年七月ヨリ昭和十六年六月マテ)	

번호	원문	현대어(독음)	호	쪽	발행일	기사명 / 필자	비고
7515	朴濟鳳	박제봉	46	42	1941.12	江原道儒道聯合會結成式	
7516	朴齊斌	박제빈	5	68	1914.12	日誌大要	
7517	朴齊斌	박제빈	1	44	1913.12	日誌大要	
7518	朴齊斌	박제빈	1	58	1913.12	本院職員錄 大正二年十二月 日 現在	
7519	朴齊斌	박제빈	3	49	1914.06	講士視察見聞所記 / 呂圭亨	
7520	朴齊斌	박제빈	4	1	1914.09	經學院雜誌 第四號 序 / 朴齊斌	
7521	朴齊斌	박제빈	4	[0]	1914.09	經學院副提學男爵朴齊斌閣下	
7522	朴齊斌	박제빈	7	54	1915.06	日誌大要	
7523	朴齊斌	박제빈	9	36	1915.12	拜龍田朱子廟敬次朱子韻 / 朴齊斌	
7524	朴齊斌	박제빈	9	39	1915.12	日誌大要	
7525	朴齊斌	박제빈	9	41	1915.12	日誌大要	
7526	朴齊斌	박제빈	9	51	1915.12	日誌大要	
7527	朴齊斌	박제빈	9	52	1915.12	日誌大要	
7528	朴齊斌	박제빈	9	[5]	1915.12	卽位大禮式獻頌文 / 朴齊斌	
7529	朴齊斌	박제빈	11	61	1916.06	日誌大要	
7530	朴齊斌	박제빈	12	52	1916.12	日誌大要	
7531	朴齊斌	박제빈	12	[3]	1916.12	立太子禮獻頌文 / 朴齊斌	
7532	朴齊斌	박제빈	14	38	1917.07	日誌大要	
7533	朴齊斌	박제빈	15	33	1917.10	日誌大要	
7534	朴齊斌	박제빈	15	35	1917.10	講說〉講題 子曰君子之道四某未能一焉所求乎子以事父未能也所求乎臣以事君未能也所求乎弟以事兄未能也所求乎朋友先施之未能也(大正六年五月十二日第二十三回講演) / 朴齊斌	
7535	朴齊斌	박제빈	16	31	1918.03	日誌大要	
7536	朴齊斌	박제빈	16	32	1918.03	日誌大要	원문은 朴齋斌
7537	朴齊斌	박제빈	16	43	1918.03	講說〉講題 林放問禮之本(大正六年九月二十七日平壤府鄕校講演) / 朴齊斌	
7538	朴齊斌	박제빈	17	40	1918.07	日誌大要	
7539	朴齊斌	박제빈	17	41	1918.07	日誌大要	
7540	朴齊斌	박제빈	19	30	1918.12	日誌大要	
7541	朴齊斌	박제빈	19	31	1918.12	日誌大要	
7542	朴齊斌	박제빈	19	37	1918.12	日誌大要	
7543	朴齊斌	박제빈	19	70	1918.12	講說〉講題 孟懿子問孝(大正七年十一月十六日第三十二回講演) / 朴齊斌	
7544	朴齊斌	박제빈	20	46	1920.03	日誌大要	
7545	朴齊斌	박제빈	20	48	1920.03	日誌大要	

번호	원문	현대어(독음)	호	쪽	발행일	기사명 / 필자	비고
7546	朴齊斌	박제빈	20	49	1920.03	日誌大要	
7547	朴齊斌	박제빈	21	89	1921.03	日誌大要	
7548	朴齊斌	박제빈	21	92	1921.03	日誌大要	
7549	朴齊斌	박제빈	22	23	1922.03	故講士荷亭呂公圭亨祭文	
7550	朴齊斌	박제빈	22	53	1922.03	日誌大要	
7551	朴齊斌	박제빈	22	56	1922.03	日誌大要	
7552	朴齊聖	박제성	38	47	1935.03	文廟釋奠狀況〉地方文廟秋期釋奠狀況表	
7553	朴齊純	박제순	1	44	1913.12	日誌大要	
7554	朴齊純	박제순	1	58	1913.12	本院職員錄 大正二年十二月 日 現在	
7555	朴齊純	박제순	2	65	1914.03	講說〉講題 克己復禮(大正二年十月十一日第三回講演)〉讀論 / 黃敦秀	
7556	朴齊純	박제순	2	[0]	1914.03	經學院大提學子爵朴齊純閣下	
7557	朴齊純	박제순	7	53	1915.06	日誌大要	
7558	朴齊純	박제순	9	39	1915.12	日誌大要	
7559	朴齊純	박제순	9	41	1915.12	日誌大要	
7560	朴齊純	박제순	9	52	1915.12	日誌大要	
7561	朴齊純	박제순	9	[2]	1915.12	卽位大禮式獻頌文 / 朴齊純	
7562	朴齊純	박제순	11	61	1916.06	日誌大要	
7563	朴齊淵	박제연	24	54	1923.12	日誌大要	
7564	朴齊淵	박제연	25	38	1924.12	日誌大要	
7565	朴齊淵	박제연	38	35	1935.03	地方儒林狀況〉[朴齊淵의 보고]	
7566	朴齊淵	박제연	38	48	1935.03	文廟釋奠狀況〉地方文廟秋期釋奠狀況表	
7567	朴濟瓚	박제찬	21	93	1921.03	日誌大要	
7568	朴齊轍	박제철	25	44	1924.12	日誌大要	
7569	朴齊衡	박제형	38	47	1935.03	文廟釋奠狀況〉地方文廟秋期釋奠狀況表	
7570	朴鍾謙	박종겸	32	46	1930.12	地方報告〉各郡文廟釋奠狀況〉[朴鍾謙의 보고]	
7571	朴鍾國	박종국	18	77	1918.09	地方報告〉[朴晉遠의 報告]	
7572	朴鍾培	박종배	26	45	1925.12	日誌大要	
7573	朴鍾培	박종배	26	46	1925.12	日誌大要	
7574	朴鍾培	박종배	27	58	1926.12	日誌大要	
7575	朴鍾世	박종세	39	58	1935.10	明倫學院第六回入學許可者名簿(昭和十年度)	
7576	朴鍾世	박종세	41	37	1937.02	文廟秋季釋奠狀況	
7577	朴鍾世	박종세	42	38	1937.12	文廟春季釋奠狀況	
7578	朴鍾世	박종세	43	59	1938.12	文廟秋季釋奠狀況	
7579	朴鍾世	박종세	43	73	1938.12	第六回卒業式狀況及第九回新入生名簿〉第六回卒業生名簿	

번호	원문	현대어(독음)	호	쪽	발행일	기사명 / 필자	비고
7580	朴鍾瑀	박종우	20	37	1920.03	求禮郡文廟重修捐義錄小序 / 金商翊	
7581	朴鍾弼	박종필	38	45	1935.03	文廟釋奠狀況〉地方文廟秋期釋奠狀況表	
7582	朴準箕	박준기	33	8	1931.12	孺人羅州林氏孝烈碑 / 成樂賢	원문은 準箕
7583	朴準明	박준명	27	59	1926.12	日誌大要	
7584	朴俊蕃	박준번	12	42	1916.12	賢關記聞(續) / 李大榮	
7585	朴準煥	박준환	20	38	1920.03	求禮郡文廟重修捐義錄小序 / 金商翊	
7586	朴重陽	박중양	6	68	1915.03	地方報告〉[成樂賢 巡講]	
7587	朴重陽	박중양	25	42	1924.12	日誌大要	
7588	朴重陽	박중양	45	25	1940.12	朝鮮儒林大會(朝鮮儒道聯合會創立總會) 會錄概要〉朝鮮儒道聯合會役員名簿(昭和十四年十一月一日現在)	
7589	朴曾卿	박증경	14	72	1917.07	地方報告〉[金潤卿의 報告]	
7590	朴曾吉	박증길	36	71	1933.12	明倫學院第四回入學許可者名簿	
7591	朴曾吉	박증길	37	45	1934.10	文廟釋奠狀況〉[秋期釋奠 擧行]	
7592	朴曾吉	박증길	37	46	1934.10	文廟釋奠狀況〉[秋期釋奠 擧行]	
7593	朴曾吉	박증길	37	51	1934.10	文廟釋奠狀況〉[春期釋奠 擧行]	
7594	朴曾吉	박증길	38	43	1935.03	文廟釋奠狀況〉[秋期釋奠 擧行]	
7595	朴曾吉	박증길	39	51	1935.10	文廟釋奠狀況〉[春期釋奠 擧行]	
7596	朴曾吉	박증길	40	35	1936.08	文廟釋奠狀況〉[秋期釋奠 擧行]	
7597	朴曾吉	박증길	40	62	1936.08	第四回卒業式狀況及第七回新入生名簿〉第四回卒業生名簿	
7598	朴曾吉	박증길	41	35	1937.02	文廟春季釋奠狀況	
7599	朴曾澤	박증택	16	57	1918.03	地方報告〉[鄭鳳時의 報告]	
7600	朴智陽	박지양	33	34	1931.12	聲討顚末	
7601	朴趾源	박지원	28	4	1927.12	朝鮮詩文變遷論 / 鄭萬朝	원문은 趾源
7602	朴趾源	박지원	48	43	1944.04	朝鮮詩學考(前號續) / 李昇圭	
7603	朴之忠	박지충	9	34	1915.12	賢關記聞(續) / 李大榮	
7604	朴晉遠	박진원	16	61	1918.03	地方報告〉[朴晉遠의 報告]	
7605	朴晉遠	박진원	18	77	1918.09	地方報告〉[朴晉遠의 報告]	
7606	朴晉遠	박진원	27	52	1926.12	日誌大要	
7607	朴晉遠	박진원	28	47	1927.12	日誌大要	
7608	朴晉遠	박진원	28	48	1927.12	日誌大要	
7609	朴晉遠	박진원	31	30	1930.08	日誌大要	
7610	朴珍杓	박진표	20	37	1920.03	求禮郡文廟重修捐義錄小序 / 金商翊	
7611	朴鎭燊	박진형	27	79	1926.12	地方報告〉[趙正三의 報告]	
7612	朴鎭煥	박진환	20	37	1920.03	求禮郡文廟重修捐義錄小序 / 金商翊	

번호	원문	현대어(독음)	호	쪽	발행일	기사명 / 필자	비고
7613	朴粲杰	박찬걸	25	86	1924.12	地方報告〉[朴善在의 報告]	
7614	朴贊勉	박찬면	46	33	1941.12	明倫專門學院日誌大要(昭和十四年七月ヨリ昭和十六年六月マデ)	
7615	朴燦錫	박찬석	33	49	1931.12	文廟釋奠狀況〉[本院秋期釋奠에 대한 보고]	
7616	朴燦錫	박찬석	34	32	1932.03	日誌大要	
7617	朴燦錫	박찬석	34	58	1932.03	明倫學院昭和六年度入學許可者名簿	
7618	朴燦錫	박찬석	36	68	1933.12	明倫學院第二回卒業生名簿	
7619	朴贊奭	박찬석	38	46	1935.03	文廟釋奠狀況〉地方文廟秋期釋奠狀況表	
7620	朴贊奭	박찬석	39	53	1935.10	文廟釋奠狀況〉地方文廟春期釋奠狀況表	
7621	朴贊稷	박찬직	19	78	1918.12	地方報告〉[朴贊稷의 報告]	
7622	朴贊弼	박찬필	38	46	1935.03	文廟釋奠狀況〉地方文廟秋期釋奠狀況表	
7623	朴瓚鎬	박찬호	23	86	1922.12	地方報告〉[朴瓚鎬의 報告]	
7624	朴燦勳	박찬훈	46	13	1941.12	釋奠狀況〉昭和十四年秋季釋奠狀況	
7625	朴昌建	박창건	36	71	1933.12	明倫學院第四回入學許可者名簿	
7626	朴昌建	박창건	37	46	1934.10	文廟釋奠狀況〉[秋期釋奠 擧行]	
7627	朴昌建	박창건	39	52	1935.10	文廟釋奠狀況〉[春期釋奠 擧行]	
7628	朴昌建	박창건	40	35	1936.08	文廟釋奠狀況〉[秋期釋奠 擧行]	
7629	朴昌建	박창건	40	62	1936.08	第四回卒業式狀況及第七回新入生名簿〉第四回卒業生名簿	
7630	朴昌建	박창건	41	35	1937.02	文廟春季釋奠狀況	
7631	朴昌建	박창건	43	60	1938.12	文廟秋季釋奠狀況	
7632	朴昌權	박창권	33	10	1931.12	陽川朴公遺墟碑 / 魏大源	원문은 昌權
7633	朴昌圭	박창규	15	33	1917.10	日誌大要	
7634	朴昌夏	박창하	36	35	1933.12	文廟釋奠狀況〉[朴昌夏의 보고]	
7635	朴昌夏	박창하	37	56	1934.10	文廟釋奠狀況〉[朴昌夏의 보고]	
7636	博昌侯	박창후	42	47	1937.12	文廟享祀位次及聖賢姓名爵號考 / 金完鎮	步叔乘
7637	博昌侯	박창후	42	55	1937.12	文廟享祀位次及聖賢姓名爵號考 / 金完鎮	步叔乘
7638	朴昌薰	박창훈	45	33	1940.12	朝鮮儒林大會(朝鮮儒道聯合會創立總會) 會錄概要〉朝鮮儒道聯合會役員名簿(昭和十四年十一月一日現在)	
7639	朴處龍	박처용	27	11	1926.12	烈婦崔氏旌閭重修記 / 崔定鉉	원문은 密陽朴公處龍
7640	朴千世	박천세	20	37	1920.03	求禮郡文廟重修捐義錄小序 / 金商翊	
7641	朴天表	박천표	33	37	1931.12	聲討顚末	
7642	朴天表	박천표	33	38	1931.12	聲討顚末	
7643	朴喆熙	박철희	45	26	1940.12	朝鮮儒林大會(朝鮮儒道聯合會創立總會) 會錄概要〉朝鮮儒道聯合會役員名簿(昭和十四年十一月一日現在)	

번호	원문	현대어(독음)	호	쪽	발행일	기사명 / 필자	비고
7644	朴初陽	박초양	22	56	1922.03	日誌大要	
7645	朴初陽	박초양	23	54	1922.12	日誌大要	
7646	朴初陽	박초양	23	56	1922.12	日誌大要	
7647	朴初陽	박초양	23	59	1922.12	日誌大要	
7648	朴初陽	박초양	24	54	1923.12	日誌大要	
7649	朴初陽	박초양	24	58	1923.12	日誌大要	
7650	朴初陽	박초양	25	37	1924.12	日誌大要	
7651	朴初陽	박초양	25	40	1924.12	日誌大要	
7652	朴初陽	박초양	25	43	1924.12	日誌大要	
7653	朴初陽	박초양	25	44	1924.12	日誌大要	
7654	朴初陽	박초양	26	41	1925.12	日誌大要	
7655	朴初陽	박초양	26	45	1925.12	日誌大要	
7656	朴初陽	박초양	26	48	1925.12	日誌大要	
7657	朴初陽	박초양	27	52	1926.12	日誌大要	
7658	朴初陽	박초양	27	54	1926.12	日誌大要	
7659	朴初陽	박초양	27	58	1926.12	日誌大要	
7660	朴初陽	박초양	28	43	1927.12	日誌大要	
7661	朴初陽	박초양	28	47	1927.12	日誌大要	
7662	朴初陽	박초양	29	34	1928.12	聚奎帖 / 朴初陽	
7663	朴初陽	박초양	29	38	1928.12	日誌大要	
7664	朴初陽	박초양	29	40	1928.12	日誌大要	
7665	朴初陽	박초양	29	44	1928.12	日誌大要	
7666	朴初陽	박초양	30	17	1929.12	祭研堂李講士文 / 朴初陽	
7667	朴初陽	박초양	30	41	1929.12	日誌大要	
7668	朴初陽	박초양	30	44	1929.12	日誌大要	
7669	朴初陽	박초양	30	46	1929.12	日誌大要	
7670	朴初陽	박초양	31	29	1930.08	日誌大要	
7671	朴初陽	박초양	31	31	1930.08	日誌大要	
7672	朴初陽	박초양	31	32	1930.08	日誌大要	
7673	朴初陽	박초양	31	34	1930.08	日誌大要	
7674	朴初陽	박초양	31	61	1930.08	明倫學院職員名簿	
7675	朴初陽	박초양	32	37	1930.12	日誌大要	
7676	朴初陽	박초양	33	42	1931.12	文廟釋奠狀況	
7677	朴初陽	박초양	33	49	1931.12	文廟釋奠狀況〉[本院秋期釋奠에 대한 보고]	
7678	朴初陽	박초양	34	32	1932.03	日誌大要	
7679	朴初陽	박초양	34	55	1932.03	明倫學院職員名簿	

번호	원문	현대어(독음)	호	쪽	발행일	기사명 / 필자	비고
7680	朴初陽	박초양	35	24	1932.12	孝壽帖〉賀韻 / 朴初陽	
7681	朴初陽	박초양	35	28	1932.12	日誌大要	
7682	朴初陽	박초양	35	30	1932.12	文廟釋奠狀況	
7683	朴初陽	박초양	35	72	1932.12	明倫學院職員名簿	
7684	朴初陽	박초양	36	21	1933.12	澹圃姜講師挽 / 朴初陽	
7685	朴初陽	박초양	36	24	1933.12	日誌大要	
7686	朴初陽	박초양	36	25	1933.12	文廟釋奠狀況〉[秋期釋奠 擧行]	
7687	朴初陽	박초양	36	29	1933.12	文廟釋奠狀況〉[春期釋奠 擧行]	
7688	朴初陽	박초양	36	65	1933.12	明倫學院職員名簿	
7689	朴初陽	박초양	37	45	1934.10	文廟釋奠狀況〉[秋期釋奠 擧行]	
7690	朴初陽	박초양	37	51	1934.10	文廟釋奠狀況〉[春期釋奠 擧行]	
7691	朴初陽	박초양	37	66	1934.10	明倫學院職員名簿	
7692	朴初陽	박초양	38	43	1935.03	文廟釋奠狀況〉[秋期釋奠 擧行]	
7693	朴初陽	박초양	39	46	1935.10	挽崔講師崙熙 / 朴初陽	
7694	朴初陽	박초양	39	51	1935.10	文廟釋奠狀況〉[春期釋奠 擧行]	
7695	朴初陽	박초양	40	32	1936.08	日誌大要	
7696	朴初陽	박초양	40	35	1936.08	文廟釋奠狀況〉[秋期釋奠 擧行]	
7697	朴初陽	박초양	41	35	1937.02	文廟春季釋奠狀況	
7698	朴初陽	박초양	41	37	1937.02	文廟秋季釋奠狀況	
7699	朴初陽	박초양	41	59	1937.02	經學院職員名簿(昭和十一年十一月一日)	
7700	朴初陽	박초양	41	62	1937.02	明倫學院職員名簿(昭和十一年一月一日現在)	
7701	朴初陽	박초양	42	38	1937.12	文廟春季釋奠狀況	
7702	朴初陽	박초양	43	45	1938.12	故大提學鄭鳳時先生輓詞 / 朴初陽	
7703	朴初陽	박초양	43	58	1938.12	文廟秋季釋奠狀況	
7704	朴初陽	박초양	43	66	1938.12	文廟春季釋奠狀況	
7705	朴初陽	박초양	44	77	1939.10	日誌大要(自昭和十三年六月 至昭和十三年十二月)	
7706	朴初陽	박초양	44	78	1939.10	文廟秋季釋奠狀況	
7707	朴初陽	박초양	44	80	1939.10	日誌大要(自昭和十三年六月 至昭和十三年十二月)	
7708	朴初陽	박초양	44	82	1939.10	日誌大要(自昭和十三年六月 至昭和十三年十二月)	
7709	朴初陽	박초양	45	34	1940.12	朝鮮儒林大會(朝鮮儒道聯合會創立總會) 會錄槪要〉朝鮮儒道聯合會役員名簿(昭和十四年十一月一日現在)	
7710	朴初陽	박초양	45	37	1940.12	朝鮮儒林大會(朝鮮儒道聯合會創立總會) 會錄槪要〉朝鮮儒道聯合會役員名簿(昭和十四年十一月一日現在)	

번호	원문	현대어(독음)	호	쪽	발행일	기사명 / 필자	비고
7711	朴楚亭	박초정	28	4	1927.12	朝鮮詩文變遷論 / 鄭萬朝	朴齊家
7712	朴春緖	박춘서	25	44	1924.12	日誌大要	
7713	朴春元	박춘원	43	19	1938.12	敎化編年(續) / 李大榮	
7714	朴忠	박충	48	51	1944.04	釋奠狀況〉昭和十八年春季釋奠狀況	朴重陽, 朴忠重陽
7715	朴忠植	박충식	39	61	1935.10	[판권사항]	
7716	朴忠植	박충식	47	37	1943.01	釋奠狀況〉昭和十六年秋季釋奠狀況	
7717	朴忠元	박충원	33	8	1931.12	孺人羅州林氏孝烈碑 / 成樂賢	원문은 忠元
7718	朴忠元	박충원	43	19	1938.12	敎化編年(續) / 李大榮	조선의 문신
7719	朴稚祥	박치상	1	45	1913.12	日誌大要	
7720	朴稚祥	박치상	1	58	1913.12	本院職員錄 大正二年十二月 日 現在	
7721	朴稚祥	박치상	1	59	1913.12	本院職員錄 大正二年十二月 日 現在	
7722	朴稚祥	박치상	2	50	1914.03	日誌大要	
7723	朴稚祥	박치상	3	28	1914.06	拜東京聖堂 / 朴稚詳	
7724	朴稚祥	박치상	3	60	1914.06	日誌大要	
7725	朴稚祥	박치상	3	[0]	1914.06	[經學院視察團旅行紀念]	
7726	朴稚祥	박치상	5	69	1914.12	日誌大要	
7727	朴稚祥	박치상	7	54	1915.06	日誌大要	
7728	朴稚祥	박치상	9	36	1915.12	拜龍田朱子廟敬次朱子韻 / 朴稚祥	
7729	朴稚祥	박치상	9	40	1915.12	日誌大要	
7730	朴稚祥	박치상	9	41	1915.12	日誌大要	
7731	朴稚祥	박치상	9	51	1915.12	日誌大要	
7732	朴稚祥	박치상	9	[8]	1915.12	卽位大禮式獻頌文 / 朴稚祥	
7733	朴稚祥	박치상	10	34	1916.03	衛生 / 朴稚祥	
7734	朴稚祥	박치상	10	35	1916.03	敎育 / 朴稚祥	
7735	朴稚祥	박치상	10	55	1916.03	元朝謁聖廟有感 / 朴稚祥	
7736	朴稚祥	박치상	11	61	1916.06	日誌大要	
7737	朴稚祥	박치상	12	51	1916.12	日誌大要	
7738	朴稚祥	박치상	12	52	1916.12	日誌大要	
7739	朴稚祥	박치상	12	54	1916.12	日誌大要	
7740	朴稚祥	박치상	12	89	1916.12	[판권사항]	
7741	朴稚祥	박치상	12	[4]	1916.12	立太子禮獻頌文 / 朴稚祥	
7742	朴稚祥	박치상	13	37	1917.03	日誌大要	
7743	朴稚祥	박치상	13	69	1917.03	[판권사항]	
7744	朴稚祥	박치상	14	39	1917.07	日誌大要	
7745	朴稚祥	박치상	14	93	1917.07	[판권사항]	

번호	원문	현대어(독음)	호	쪽	발행일	기사명 / 필자	비고
7746	朴稚祥	박치상	15	85	1917.10	[판권사항]	
7747	朴稚祥	박치상	16	31	1918.03	日誌大要	
7748	朴稚祥	박치상	16	33	1918.03	日誌大要	
7749	朴稚祥	박치상	16	35	1918.03	日誌大要	
7750	朴稚祥	박치상	16	36	1918.03	日誌大要	
7751	朴稚祥	박치상	17	39	1918.07	日誌大要	
7752	朴稚祥	박치상	17	40	1918.07	日誌大要	
7753	朴致陽	박치양	17	42	1918.07	日誌大要	
7754	朴致陽	박치양	20	49	1920.03	日誌大要	
7755	朴泰燮	박태섭	18	77	1918.09	地方報告〉[劉錫祚의 報告]	
7756	朴泰容	박태용	20	36	1920.03	求禮郡文廟重修捐義錄小序 / 金商翊	
7757	朴泰鉉	박태현	20	22	1920.03	求禮郡文廟重修記 / 金商翊	
7758	朴泰鉉	박태현	20	36	1920.03	求禮郡文廟重修捐義錄小序 / 金商翊	
7759	朴泰鉉	박태현	20	42	1920.03	求禮郡文廟重修落成式韻 / 朴泰鉉	
7760	朴泰會	박태회	29	18	1928.12	龍井文廟刱建記 / 金璜鎭	
7761	朴泰會	박태회	29	69	1928.12	地方報告〉[朴泰會 等 報告]	
7762	朴泰會	박태회	32	51	1930.12	地方報告〉孝烈行蹟〉[朴泰會 等의 보고]	
7763	朴澤	박택	46	24	1941.12	經學院日誌大要(昭和十四年七月ヨリ昭和十六年六月マテ)	朴相駿, 朴澤相駿
7764	朴澤	박택	46	25	1941.12	經學院日誌大要(昭和十四年七月ヨリ昭和十六年六月マテ)	朴相駿, 朴澤相駿
7765	朴澤	박택	46	34	1941.12	全羅南道儒林大會	朴相駿, 朴澤相駿
7766	朴澤	박택	46	42	1941.12	江原道儒道聯合會結成式	朴相駿, 朴澤相駿
7767	朴澤	박택	46	43	1941.12	江原道儒道聯合會結成式	朴相駿, 朴澤相駿
7768	朴澤	박택	47	45	1943.01	經學院日誌大要(昭和十六年七月ヨリ昭和十七年六月マテ)	朴相駿, 朴澤相駿
7769	朴澤	박택	47	46	1943.01	經學院日誌大要(昭和十六年七月ヨリ昭和十七年六月マテ)	朴相駿, 朴澤相駿
7770	朴澤	박택	47	47	1943.01	經學院日誌大要(昭和十六年七月ヨリ昭和十七年六月マテ)	朴相駿, 朴澤相駿
7771	朴澤	박택	48	24	1944.04	(十月十五日於經學院秋季釋典)時局と儒道 / 鈴川壽男	朴相駿, 朴澤相駿
7772	朴澤	박택	48	54	1944.04	釋奠狀況〉祭器の獻納と代替品の奉納	朴相駿, 朴澤相駿
7773	朴擇相駿	박택상준	46	51	1941.12	講演及講習〉主婦講演會	朴相駿

번호	원문	현대어(독음)	호	쪽	발행일	기사명 / 필자	비고
7774	朴澤相駿	박택상준	46	1	1941.12	卷頭言 / 朴澤相駿	朴相駿
7775	朴澤相駿	박택상준	46	17	1941.12	釋奠狀況〉昭和十六年春季釋奠狀況	朴相駿
7776	朴澤相駿	박택상준	46	24	1941.12	經學院日誌大要(昭和十四年七月ヨリ昭和十六年六月マデ)	朴相駿
7777	朴澤相駿	박택상준	46	33	1941.12	明倫專門學院日誌大要(昭和十四年七月ヨリ昭和十六年六月マデ)	朴相駿
7778	朴澤相駿	박택상준	46	50	1941.12	江原道儒道聯合會結成式〉經學院大提學告辭要旨 / 朴澤相駿	朴相駿
7779	朴澤相駿	박택상준	46	68	1941.12	講演及講習〉行事日程(於經學院明倫堂)	朴相駿
7780	朴澤相駿	박택상준	46	71	1941.12	講演及講習〉會長訓辭要旨 / 朴澤相駿	朴相駿
7781	朴澤相駿	박택상준	46	[5]	1941.12	經學院大提學, 明倫學院總裁, 朝鮮儒道聯合會長 朴澤相駿閣下	朴相駿
7782	朴澤相駿	박택상준	47	1	1943.01	大東亞戰爭と國體本義の透徹 / 朴澤相駿	朴相駿
7783	朴澤相駿	박택상준	47	36	1943.01	釋奠狀況〉昭和十六年秋季釋奠狀況	朴相駿
7784	朴澤相駿	박택상준	47	38	1943.01	釋奠狀況〉昭和十七年春季釋奠狀況	朴相駿
7785	朴澤相駿	박택상준	47	41	1943.01	釋奠狀況〉昭和十七年秋季釋奠狀況	朴相駿
7786	朴澤相駿	박택상준	48	1	1944.04	聖戰二周年を迎へて / 朴澤相駿	朴相駿
7787	朴澤相駿	박택상준	48	51	1944.04	釋奠狀況〉昭和十八年春季釋奠狀況	朴相駿
7788	朴澤相駿	박택상준	48	53	1944.04	釋奠狀況〉昭和十八年秋季釋奠狀況	朴相駿
7789	朴挹翠	박파취	28	3	1927.12	朝鮮詩文變遷論 / 鄭萬朝	朴誾
7790	朴彭年	박팽년	32	41	1930.12	地方報告〉地方儒林狀況〉[成樂賢의 報告]	원문은 朴先生諱彭年
7791	朴彭年	박팽년	41	12	1937.02	正心에 對하야 / 李輔相	
7792	博平侯	박평후	42	47	1937.12	文廟享祀位次及聖賢姓名爵號考 / 金完鎭	叔仲會
7793	博平侯	박평후	42	54	1937.12	文廟享祀位次及聖賢姓名爵號考 / 金完鎭	叔仲會
7794	朴豐緒	박풍서	35	10	1932.12	慶壽帖序 / 朴豐緒	
7795	朴弼秉	박필병	45	29	1940.12	朝鮮儒林大會(朝鮮儒道聯合會創立總會) 會錄槪要〉朝鮮儒道聯合會役員名簿(昭和十四年十一月一日現在)	
7796	朴必淳	박필순	33	10	1931.12	陽川朴公遺墟碑 / 魏大源	원문은 必淳
7797	朴夏榮	박하영	15	31	1917.10	日誌大要	
7798	朴恒	박항	48	47	1944.04	朝鮮詩學考(前號續) / 李昇圭	고려의 문신
7799	朴海默	박해묵	45	35	1940.12	朝鮮儒林大會(朝鮮儒道聯合會創立總會) 會錄槪要〉朝鮮儒道聯合會役員名簿(昭和十四年十一月一日現在)	
7800	朴海遠	박해원	23	40	1922.12	孔夫子忌辰四十周甲追慕禮式及紀念事業發起文	

번호	원문	현대어(독음)	호	쪽	발행일	기사명 / 필자	비고
7801	朴海遠	박해원	45	35	1940.12	朝鮮儒林大會(朝鮮儒道聯合會創立總會) 會錄槪要>朝鮮儒道聯合會役員名簿(昭和十四年十一月一日現在)	
7802	朴海柱	박해주	36	6	1933.12	南海郡文廟重修記 / 鄭萬朝	원문은 朴侯名海柱
7803	朴海遵	박해준	20	37	1920.03	求禮郡文廟重修捐義錄小序 / 金商翊	
7804	朴玄石	박현석	11	27	1916.06	經學淺知錄(續) / 金文演	朴世采
7805	朴賢錫	박현석	43	29	1938.12	儒林特志>[姜錫圭의 보고]>祭需品奉納者氏名及物名	
7806	朴賢鍾	박현종	27	72	1926.12	地方報告>[琴榮奭의 報告]	
7807	朴衡文	박형문	10	30	1916.03	享官廳記 / 洪貴達 撰	
7808	朴亨彬	박형빈	18	77	1918.09	地方報告>[劉錫祚의 報告]	
7809	朴瀅祖	박형조	15	83	1917.10	地方報告>[秋永求의 報告]	
7810	朴惠陽	박혜양	9	39	1915.12	日誌大要	
7811	朴惠陽	박혜양	9	40	1915.12	日誌大要	
7812	朴灝陽	박호양	24	54	1923.12	日誌大要	
7813	朴灝陽	박호양	24	55	1923.12	日誌大要	
7814	朴灝陽	박호양	24	59	1923.12	日誌大要	
7815	朴灝陽	박호양	25	38	1924.12	日誌大要	
7816	朴灝陽	박호양	25	44	1924.12	日誌大要	
7817	朴灝陽	박호양	31	30	1930.08	日誌大要	
7818	朴洪來	박홍래	20	37	1920.03	求禮郡文廟重修捐義錄小序 / 金商翊	
7819	朴鴻默	박홍묵	35	42	1932.12	孝烈行蹟>[白宗基 等의 보고]	
7820	朴洪培	박홍배	18	77	1918.09	地方報告>[朴晉遠의 報告]	
7821	朴洪在	박홍재	20	38	1920.03	求禮郡文廟重修捐義錄小序 / 金商翊	
7822	朴和東	박화동	38	45	1935.03	文廟釋奠狀況>地方文廟秋期釋奠狀況表	
7823	朴華東	박화동	28	84	1927.12	地方報告>[朴華東의 報告]	
7824	朴華東	박화동	29	68	1928.12	地方報告>[朴華東의 報告]	
7825	朴晃燾	박황도	33	36	1931.12	聲討顚末	
7826	朴晃齋	박황재	33	36	1931.12	聲討顚末	
7827	朴薰	박훈	43	16	1938.12	敎化編年(續) / 李大榮	조선의 문신
7828	朴熏陽	박훈양	26	78	1925.12	地方報告>[朴熏陽 等의 報告]	
7829	朴興緖	박흥서	45	31	1940.12	朝鮮儒林大會(朝鮮儒道聯合會創立總會) 會錄槪要>朝鮮儒道聯合會役員名簿(昭和十四年十一月一日現在)	
7830	朴興植	박흥식	45	23	1940.12	朝鮮儒林大會(朝鮮儒道聯合會創立總會) 會錄槪要>朝鮮儒道聯合會役員名簿(昭和十四年十一月一日現在)	

번호	원문	현대어(독음)	호	쪽	발행일	기사명 / 필자	비고
7831	朴希洛	박희락	33	10	1931.12	陽川朴公遺墟碑 / 魏大源	원문은 希洛
7832	朴熙斌	박희빈	40	64	1936.08	第四回卒業式狀況及第七回新入生名簿〉聽講生	
7833	朴熙斌	박희빈	42	72	1937.12	第五回卒業式狀況及第八回新入生名簿〉研究科現在學生名簿	
7834	朴熙斌	박희빈	43	59	1938.12	文廟秋季釋奠狀況	
7835	朴熙陽	박희양	23	57	1922.12	日誌大要	
7836	朴禧沃	박희옥	45	30	1940.12	朝鮮儒林大會(朝鮮儒道聯合會創立總會) 會錄槪要〉朝鮮儒道聯合會役員名簿(昭和十四年十一月一日現在)	
7837	朴熙中	박희중	28	85	1927.12	地方報告〉[朴英鉉 等의 報告]	원문은 熙中
7838	班	반	14	1	1917.07	經言 / 鄭崙秀	班固
7839	班	반	40	16	1936.08	文房四友說 / 韓昌愚	
7840	潘謙之	반겸지	27	22	1926.12	經義問對 / 韓昌愚	원문은 藩謙之
7841	盤庚	반경	8	50	1915.09	講說〉講題 苟日新日日新又日新(大政四年四月十七日第十一回講演)〉續演 / 呂圭亨	
7842	潘季馴	반계순	16	6	1918.03	經學管見(續) / 尹寧求	
7843	班固	반고	1	7	1913.12	論說 / 呂圭亨	
7844	班固	반고	1	8	1913.12	論說 / 呂圭亨	
7845	班固	반고	1	11	1913.12	論說 / 呂圭亨	
7846	班固	반고	7	26	1915.06	孔子年報(續) / 呂圭亨	
7847	班固	반고	8	1	1915.09	儒敎論 / 呂圭亨	
7848	班固	반고	8	2	1915.09	儒敎論 / 呂圭亨	
7849	班固	반고	8	3	1915.09	儒敎論 / 呂圭亨	
7850	班固	반고	9	16	1915.12	經學管見(上) / 尹寧求	
7851	班固	반고	9	17	1915.12	經學管見(上) / 尹寧求	
7852	班固	반고	9	18	1915.12	經學管見(下) / 尹寧求	
7853	班固	반고	10	2	1916.03	經論 / 金元祐	
7854	班固	반고	10	6	1916.03	經論 / 金元祐	
7855	班固	반고	14	3	1917.07	經學管見(續) / 尹寧求	
7856	班固	반고	14	5	1917.07	經學管見(續) / 尹寧求	원문은 固
7857	班固	반고	15	1	1917.10	經學管見(續) / 尹寧求	
7858	班固	반고	16	1	1918.03	經學管見(續) / 尹寧求	
7859	班固	반고	20	14	1920.03	經學管見(續) / 尹寧求	
7860	班固	반고	37	19	1934.10	學說 / 權純九	
7861	班固	반고	44	40	1939.10	經儒學 / 金誠鎭	

번호	원문	현대어(독음)	호	쪽	발행일	기사명 / 필자	비고
7862	盤古	반고	9	10	1915.12	格致管見(續) / 李鼎煥	
7863	潘南煥	반남환	37	33	1934.10	孝烈行蹟〉[忠淸北道知事의 보고]	
7864	班孟堅	반맹견	10	14	1916.03	經學管見(續) / 尹寧求	
7865	飯尾藤次郎	반미등차랑	22	27	1922.03	掌議에 關ᄒ 規程(續)	
7866	潘柄	반병	12	9	1916.12	經學管見(續) / 尹寧求	
7867	班昭	반소	17	1	1918.07	經學管見(續) / 尹寧求	
7868	班氏	반씨	29	6	1928.12	稼穡說 / 李會稷	
7869	盤菴	반암	28	73	1927.12	地方報告〉[魏大源의 報告]	魏定國
7870	班超	반초	40	16	1936.08	文房四友說 / 韓昌愚	
7871	龐公	방공	6	37	1915.03	孔子年報(續) / 呂圭亨	
7872	房喬	방교	14	6	1917.07	經學管見(續) / 尹寧求	
7873	方蛟峯	방교봉	11	45	1916.06	四書小註辨疑 / 李鶴在	원문은 蛟峯 方氏
7874	方奎鶴	방규학	18	78	1918.09	地方報告〉[方奎鶴의 報告]	
7875	方洛先	방낙선	45	27	1940.12	朝鮮儒林大會(朝鮮儒道聯合會創立總會) 會錄槪要〉朝鮮儒道聯合會役員名簿(昭和十四年十一月一日現在)	
7876	龐德公	방덕공	4	47	1914.09	容思衍 / 李鼎煥	
7877	方望溪	방망계	10	26	1916.03	經學淺知錄 / 金文演	方苞
7878	方山圓平	방산원평	48	53	1944.04	釋奠狀況〉昭和十八年秋季釋奠狀況	
7879	方山圓平	방산원평	48	63	1944.04	感謝一束	
7880	房庶	방서	13	3	1917.03	經學管見(續) / 尹寧求	
7881	方叔	방숙	7	41	1915.06	論語考證(續) / 金文演	
7882	方叔	방숙	25	5	1924.12	論語疑義問答(續) / 鄭萬朝	
7883	防叔	방숙	9	28	1915.12	孔子年報(續) / 呂圭亨	
7884	方應謨	방응모	45	26	1940.12	朝鮮儒林大會(朝鮮儒道聯合會創立總會) 會錄槪要〉朝鮮儒道聯合會役員名簿(昭和十四年十一月一日現在)	
7885	方義錫	방의석	45	23	1940.12	朝鮮儒林大會(朝鮮儒道聯合會創立總會) 會錄槪要〉朝鮮儒道聯合會役員名簿(昭和十四年十一月一日現在)	
7886	方義錫	방의석	45	24	1940.12	朝鮮儒林大會(朝鮮儒道聯合會創立總會) 會錄槪要〉朝鮮儒道聯合會役員名簿(昭和十四年十一月一日現在)	
7887	方義錫	방의석	45	135	1940.12	咸鏡南道儒道聯合會結成式	
7888	方麟元	방인원	37	71	1934.10	明倫學院第五回入學許可者名簿	
7889	方麟元	방인원	38	43	1935.03	文廟釋奠狀況〉[秋期釋奠 擧行]	
7890	方麟元	방인원	38	44	1935.03	文廟釋奠狀況〉[秋期釋奠 擧行]	

번호	원문	현대어(독음)	호	쪽	발행일	기사명 / 필자	비고
7891	方麟元	방인원	39	51	1935.10	文廟釋奠狀況〉[春期釋奠 擧行]	
7892	方麟元	방인원	41	37	1937.02	文廟秋季釋奠狀況	
7893	方麟元	방인원	42	70	1937.12	第五回卒業式狀況及第八回新入生名簿〉第五回卒業生名簿	
7894	方麟元	방인원	43	50	1938.12	鄭松里先生追悼錄〉吊辭 / 李泳珪 等	
7895	方麟元	방인원	44	91	1939.10	明倫專門學院記事〉研究科第二回入學許可者	
7896	方致燁	방치엽	14	78	1917.07	地方報告〉[方致燁의 報告]	
7897	方台榮	방태영	45	29	1940.12	朝鮮儒林大會(朝鮮儒道聯合會創立總會) 會錄概要〉朝鮮儒道聯合會役員名簿(昭和十四年十一月一日現在)	
7898	方苞	방포	10	26	1916.03	經學淺知錄 / 金文演	원문은 芭
7899	房玄齡	방현령	4	8	1914.09	學說 / 呂圭亨	
7900	房玄齡	방현령	11	4	1916.06	經論 / 韓晚容	
7901	房玄齡	방현령	19	12	1918.12	經學管見(續) / 尹寧求	
7902	方孝孺	방효유	33	3	1931.12	經筵問對箚記 / 權純九	
7903	房暉遠	방휘원	10	20	1916.03	經學管見(續) / 尹寧求	
7904	裵	배	32	46	1930.12	地方報告〉各郡文廟釋奠狀況〉[白樂允의 보고]	裵錫麟
7905	裵國仁	배국인	45	41	1940.12	朝鮮儒林大會(朝鮮儒道聯合會創立總會) 會錄概要〉朝鮮儒道聯合會役員名簿(昭和十四年十一月一日現在)	
7906	裵萬柱	배만주	30	79	1929.12	地方報告〉[曹秉益의 報告]	
7907	裵明善	배명선	18	44	1918.09	日誌大要	
7908	裵明善	배명선	33	23	1931.12	日誌大要	
7909	裵明善	배명선	36	24	1933.12	日誌大要	
7910	裵炳璿	배병선	25	38	1924.12	日誌大要	
7911	裵炳璿	배병선	26	41	1925.12	日誌大要	
7912	裵炳璿	배병선	27	53	1926.12	日誌大要	
7913	裴松之	배송지	15	5	1917.10	經學管見(續) / 尹寧求	
7914	裴松之	배송지	14	5	1917.07	經學管見(續) / 尹寧求	
7915	裵紳	배신	21	63	1921.03	賢關記聞(續) / 李大榮	
7916	裵駰	배인	14	2	1917.07	經學管見(續) / 尹寧求	
7917	裵駰	배인	14	3	1917.07	經學管見(續) / 尹寧求	
7918	裴庭裕	배정유	16	2	1918.03	經學管見(續) / 尹寧求	
7919	裴致章	배치장	33	11	1931.12	孝子司甕院奉事白公行狀 / 成樂賢	
7920	裵弼道	배필도	26	55	1925.12	講說〉講題 堯舜之道孝悌而已 / 成樂賢	
7921	裴鶴成	배학성	29	44	1928.12	日誌大要	
7922	裵浹	배협	37	71	1934.10	明倫學院第五回入學許可者名簿	

번호	원문	현대어(독음)	호	쪽	발행일	기사명 / 필자	비고
7923	裵浹	배협	38	44	1935.03	文廟釋奠狀況〉[秋期釋奠 擧行]	
7924	裵浹	배협	40	35	1936.08	文廟釋奠狀況〉[秋期釋奠 擧行]	
7925	裵浹	배협	41	37	1937.02	文廟秋季釋奠狀況	
7926	裵浹	배협	42	70	1937.12	第五回卒業式狀況及第八回新入生名簿〉第五回卒業生名簿	
7927	伯	백	42	56	1937.12	文廟享祀位次及聖賢姓名爵號考 / 金完鎭	高堂生
7928	白	백	31	6	1930.08	經學源流 / 權純九	白光
7929	伯康	백강	3	66	1914.06	講說〉講題 孝子所以事君也弟者所以事長也慈者所以使衆也(大正三年三月三日第五回講演) / 李容稙	司馬旦
7930	伯康	백강	19	65	1918.12	講說〉講題 孝弟也者其爲仁之本歟(大正七年十月十二日第三十一回講演)〉敷演 / 李晩奎	司馬旦
7931	白居易	백거이	10	11	1916.03	經學管見(續) / 尹寧求	
7932	白居易	백거이	44	35	1939.10	經儒學 / 金誠鎭	
7933	白居易	백거이	11	4	1916.06	經論 / 韓晩容	
7934	白居易	백거이	39	1	1935.10	心田開發論 / 權純九	
7935	白居易	백거이	48	43	1944.04	朝鮮詩學考(前號續) / 李昇圭	
7936	伯虔	백건	30	[8]	1929.12	李龍眠畵宣聖及七十二弟子像贊(金石萃編)	
7937	伯虔	백건	42	46	1937.12	文廟享祀位次及聖賢姓名爵號考 / 金完鎭	沐陽侯
7938	伯虔	백건	42	52	1937.12	文廟享祀位次及聖賢姓名爵號考 / 金完鎭	沐陽侯, 원문은 姓伯名虔
7939	伯恭	백공	42	57	1937.12	文廟享祀位次及聖賢姓名爵號考 / 金完鎭	呂祖謙
7940	白寬洙	백관수	45	26	1940.12	朝鮮儒林大會(朝鮮儒道聯合會創立總會) 會錄槪要〉朝鮮儒道聯合會役員名簿(昭和十四年十一月一日現在)	
7941	白光勳	백광훈	28	3	1927.12	朝鮮詩文變遷論 / 鄭萬朝	원문은 光勳
7942	白光勳	백광훈	34	8	1932.03	烈女水原白氏碑銘 竝序 / 沈璿澤	원문은 光勳
7943	伯奇	백기	27	34	1926.12	三洙瑣談(續) / 元泳義	
7944	白冀洙	백기수	32	44	1930.12	地方報告〉地方儒林狀況〉[李學魯의 報告]	
7945	白樂永	백낙영	40	37	1936.08	文廟釋奠狀況〉[地方文廟春期釋奠狀況表]	
7946	白洛永	백낙영	33	36	1931.12	聲討顚末	
7947	白洛永	백낙영	38	47	1935.03	文廟釋奠狀況〉地方文廟秋期釋奠狀況表	
7948	白洛永	백낙영	39	53	1935.10	文廟釋奠狀況〉地方文廟春期釋奠狀況表	
7949	白洛永	백낙영	40	31	1936.08	平壤文廟移建落成式竝儒林大會狀況	
7950	白樂允	백낙윤	32	46	1930.12	地方報告〉各郡文廟釋奠狀況〉[白樂允의 보고]	
7951	白樂允	백낙윤	33	35	1931.12	聲討顚末	
7952	白樂允	백낙윤	33	36	1931.12	聲討顚末	

번호	원문	현대어(독음)	호	쪽	발행일	기사명 / 필자	비고
7953	白樂中	백낙중	20	58	1920.03	地方報告〉[趙翰誠 등의 報告]	
7954	白樂昶	백낙창	16	27	1918.03	保寧郡藍浦鄕校重修韻 / 白樂昶	
7955	白南圭	백남규	15	31	1917.10	日誌大要	
7956	白南圭	백남규	33	11	1931.12	孝子司甕院奉事白公行狀 / 成樂賢	
7957	白南圭	백남규	45	38	1940.12	朝鮮儒林大會(朝鮮儒道聯合會創立總會) 會錄槪要〉朝鮮儒道聯合會役員名簿(昭和十四年十一月一日現在)	
7958	白南鳳	백남봉	46	26	1941.12	孝烈行跡報告 其一 / 鄭求鎔	
7959	白南俔	백남설	44	54	1939.10	孝烈行蹟〉[朴容國의 보고]	
7960	白南洙	백남수	36	28	1933.12	文廟釋奠狀況〉[白南洙의 보고]	
7961	白南洙	백남수	36	34	1933.12	文廟釋奠狀況〉[白南洙의 보고]	
7962	白南洙	백남수	37	47	1934.10	文廟釋奠狀況〉[白南洙의 보고]	
7963	白南洙	백남수	38	48	1935.03	文廟釋奠狀況〉地方文廟秋期釋奠狀況表	
7964	白南洙	백남수	39	54	1935.10	文廟釋奠狀況〉地方文廟春期釋奠狀況表	
7965	白南洙	백남수	40	37	1936.08	文廟釋奠狀況〉[地方文廟春期釋奠狀況表]	
7966	白南薰	백남훈	46	21	1941.12	經學院日誌大要(昭和十四年七月ヨリ昭和十六年六月マテ)	
7967	白南熙	백남희	20	38	1920.03	求禮郡文廟重修捐義錄小序 / 金商翊	
7968	白能基	백능기	39	58	1935.10	明倫學院第六回入學許可者名簿(昭和十年度)	
7969	白能基	백능기	41	35	1937.02	文廟春季釋奠狀況	
7970	白能基	백능기	41	37	1937.02	文廟秋季釋奠狀況	
7971	白能基	백능기	42	38	1937.12	文廟春季釋奠狀況	
7972	白能基	백능기	43	59	1938.12	文廟秋季釋奠狀況	
7973	白能基	백능기	43	71	1938.12	第六回卒業式狀況及第九回新入生名簿	
7974	白能基	백능기	43	72	1938.12	第六回卒業式狀況及第九回新入生名簿〉第六回卒業生名簿	
7975	伯尼	백니	2	28	1914.03	孔子年譜 / 呂圭亨	
7976	伯尼	백니	15	37	1917.10	講說〉講題 子曰君子之道四某未能一焉所求乎子以事父未能也所求乎臣以事君未能也所求乎弟以事兄未能也所求乎朋友先施之未能也(大正六年五月十二日第二十三回講演)〉續演 / 呂圭亨	
7977	伯尼	백니	20	29	1920.03	三洙瑣談(續) / 元泳義	
7978	伯樂	백락	40	49	1936.08	鄭茂亭先生追悼錄〉哀辭 / 朴來陽	
7979	伯樂氏	백락씨	12	14	1916.12	孟子緖論 / 金文演	
7980	伯魯	백로	13	26	1917.03	讀書私記(續) / 洪鍾佶	
7981	伯遼	백료	6	48	1915.03	論語考證 / 金文演	
7982	白明洙	백명수	33	10	1931.12	孝子司甕院奉事白公行狀 / 成樂賢	원문은 明洙

번호	원문	현대어(독음)	호	쪽	발행일	기사명 / 필자	비고
7983	白文興	백문흥	33	38	1931.12	聲討顚末	
7984	白文興	백문흥	35	32	1932.12	文廟釋奠狀況〉[白文興의 보고]	
7985	白文興	백문흥	36	31	1933.12	文廟釋奠狀況〉[白文興의 보고]	
7986	白文興	백문흥	37	48	1934.10	文廟釋奠狀況〉[白文興의 보고]	
7987	伯封	백봉	16	15	1918.03	詩經蕘辨 / 金文演	
7988	白鵬彬	백붕빈	23	59	1922.12	日誌大要	
7989	白沙	백사	10	23	1916.03	經學淺知錄 / 金文演	陳獻章
7990	白沙光正	백사광정	48	53	1944.04	釋奠狀況〉昭和十八年秋季釋奠狀況	
7991	白山	백산	24	13	1923.12	彝峯金公遺墟碑文 / 成岐運	
7992	白山南奎	백산남규	46	24	1941.12	經學院日誌大要(昭和十四年七月ヨリ昭和十六年六月マテ)	
7993	白山玉燁	백산옥엽	47	44	1943.01	感謝一束	
7994	白生	백생	31	4	1930.08	經學源流 / 權純九	
7995	白成壽	백성수	33	44	1931.12	文廟釋奠狀況〉[邊允學의 보고]	
7996	伯淳	백순	34	11	1932.03	祭任君龍宰文 / 明倫學院生徒一同	
7997	伯淳	백순	42	50	1937.12	文廟享祀位次及聖賢姓名爵號考 / 金完鎭	程顥
7998	白神壽吉	백신수길	48	17	1944.04	(四月十五日於經學院春季釋典)櫻と日本精神 / 白神壽吉	시라가 쥬키치
7999	白神壽吉	백신수길	48	62	1944.04	經學院日誌大要(昭和十七年七月ヨリ昭和十八年六月マテ)	시라가 쥬키치
8000	伯氏	백씨	10	19	1916.03	經學管見(續) / 尹寧求	
8001	白氏	백씨	33	10	1931.12	孝子司甕院奉事白公行狀 / 成樂賢	
8002	柏菴	백암	41	31	1937.02	挽鄭茂亭先生	李康元
8003	伯陽甫	백양보	6	47	1915.03	論語考證 / 金文演	
8004	伯魚	백어	3	30	1914.06	孔子年報(續) / 呂圭亨	
8005	伯魚	백어	6	40	1915.03	孔子年報(續) / 呂圭亨	
8006	伯魚	백어	8	19	1915.09	孔子年報(續) / 呂圭亨	
8007	伯魚	백어	10	46	1916.03	賢關記聞(續) / 李大榮	
8008	伯魚	백어	13	51	1917.03	講說〉講題 人有不爲也而後可以有爲(大正五年九月七日第二十回講演) / 李容稙	
8009	伯魚	백어	15	37	1917.10	講說〉講題 子曰君子之道四某未能一焉所求乎子以事父未能也所求乎臣以事君未能也所求乎弟以事兄未能也所求乎朋友先施之未能也(大正六年五月十二日第二十三回講演)〉續演 / 呂圭亨	
8010	伯魚	백어	26	22	1925.12	三洙瑣談(續) / 元泳義	孔鯉
8011	伯魚	백어	27	49	1926.12	釋奠에 就ᄒ야(續) / 佐藤廣治	孔鯉
8012	伯魚	백어	39	45	1935.10	挽崔講師崙熙	孔鯉

번호	원문	현대어(독음)	호	쪽	발행일	기사명 / 필자	비고
8013	伯魚	백어	42	59	1937.12	文廟享祀位次及聖賢姓名爵號考 / 金完鎭	孔鯉
8014	伯魚	백어	44	41	1939.10	經儒學 / 金誠鎭	孔鯉
8015	白英濟	백영제	46	21	1941.12	經學院日誌大要(昭和十四年七月ヨリ昭和十六年六月マテ)	
8016	伯玉	백옥	30	[9]	1929.12	李龍眠畵宣聖及七十二弟子像贊(金石萃編)	
8017	白玉峯	백옥봉	28	3	1927.12	朝鮮詩文變遷論 / 鄭萬朝	白光勳
8018	白玉軒	백옥헌	32	41	1930.12	地方報告〉地方儒林狀況〉[成樂賢의 報告]	李塏
8019	白龍鉉	백용현	20	36	1920.03	求禮郡文廟重修捐義錄小序 / 金商翊	
8020	伯牛	백우	30	[2]	1929.12	李龍眠畵宣聖及七十二弟子像贊(金石萃編)	
8021	伯牛	백우	42	49	1937.12	文廟享祀位次及聖賢姓名爵號考 / 金完鎭	冉耕
8022	伯牛	백우	42	55	1937.12	文廟享祀位次及聖賢姓名爵號考 / 金完鎭	蘧瑗
8023	伯勗	백욱	42	58	1937.12	文廟享祀位次及聖賢姓名爵號考 / 金完鎭	鄭汝昌
8024	白雲居士	백운거사	48	44	1944.04	朝鮮詩學考(前號續) / 李昇圭	李奎報
8025	伯俞	백유	3	65	1914.06	講說〉講題 孝子所以事君也弟者所以事長也慈者所以使衆也(大正三年三月三日第五回講演) / 李容稙	漢의 韓伯俞
8026	伯俞	백유	19	62	1918.12	講說〉講題 孝弟也者其爲仁之本歟(大正七年十月十二日第三十一回講演)〉敷演 / 李晩奎	漢의 韓伯俞
8027	伯夷	백이	5	48	1914.12	容思衍(續) / 李鼎煥	
8028	伯夷	백이	5	53	1914.12	容思衍(續) / 李鼎煥	
8029	伯夷	백이	6	48	1915.03	論語考證 / 金文演	
8030	伯夷	백이	7	69	1915.06	講說〉講題 孔子聖之時者也(大政四年三月十八日第十回講演) / 李容稙	
8031	伯夷	백이	7	70	1915.06	講說〉講題 孔子聖之時者也(大政四年三月十八日第十回講演) / 李容稙	
8032	伯夷	백이	7	71	1915.06	講說〉講題 孔子聖之時者也(大政四年三月十八日第十回講演) / 李容稙	
8033	伯夷	백이	7	72	1915.06	講說〉講題 孔子聖之時者也(大政四年三月十八日第十回講演)〉敷演 / 鄭鳳時	
8034	伯夷	백이	7	76	1915.06	講說〉講題 孔子聖之時者也(大政四年三月十八日第十回講演)〉敷演 / 梁鳳濟	
8035	伯夷	백이	7	77	1915.06	講說〉講題 孔子聖之時者也(大政四年三月十八日第十回講演)〉續演 / 呂圭亨	
8036	伯夷	백이	8	20	1915.09	孔子年報(續) / 呂圭亨	
8037	伯夷	백이	8	64	1915.09	地方報告〉[韓昌愚의 報告]	
8038	伯夷	백이	10	8	1916.03	經學說 / 李容稙	
8039	伯夷	백이	11	6	1916.06	經論 / 韓晩容	
8040	伯夷	백이	11	51	1916.06	讀書私記(第八號續) / 洪鐘佶	

번호	원문	현대어(독음)	호	쪽	발행일	기사명 / 필자	비고
8041	伯夷	백이	11	52	1916.06	讀書私記(第八號續) / 洪鐘佶	
8042	伯夷	백이	12	76	1916.12	講說〉講題 善養吾浩然之氣(大正五年九月二十九日海州郡鄕校講演) / 李容稙	
8043	伯夷	백이	16	68	1918.03	地方報告〉[劉光澤의 報告] / 姜星熙	원문은 夷
8044	伯夷	백이	20	40	1920.03	求禮文廟修繕同志會發起會席上演說 / 高墉柱	
8045	伯夷	백이	21	98	1921.03	地方報告〉[柳庠烈의 報告]	
8046	伯夷	백이	24	25	1923.12	三洙瑣談(續) / 元泳義	
8047	伯夷	백이	28	68	1927.12	講說〉講題 孔夫子의 集大成 / 兒島獻吉郎	
8048	伯夷	백이	30	24	1929.12	中庸問對(續) / 崔基鉉	
8049	伯夷	백이	32	42	1930.12	地方報告〉地方儒林狀況〉[成樂賢의 報告]	
8050	伯夷	백이	34	11	1932.03	祭任君龍宰文 / 明倫學院生徒一同	
8051	伯夷	백이	37	36	1934.10	地方儒林狀況〉[李大榮의 보고]〉書院狀況	
8052	伯夷	백이	41	17	1937.02	博士王仁傳 / 李學魯	
8053	伯夷	백이	41	18	1937.02	博士王仁傳 / 李學魯	
8054	伯夷	백이	48	24	1944.04	(十月十五日於經學院秋季釋典)時局と儒道 / 鈴川壽男	
8055	白頤正	백이정	18	51	1918.09	講說〉講題 內地의 宋學(大正七年五月十一日第二十八回講演) / 今關壽麿	고려의 문신
8056	伯益	백익	44	34	1939.10	經儒學 / 金誠鎭	秦의 시조
8057	白仁傑	백인걸	11	27	1916.06	經學淺知錄(續) / 金文演	원문은 仁傑
8058	白仁傑	백인걸	33	10	1931.12	孝子司甕院奉事白公行狀 / 成樂賢	원문은 仁傑
8059	白仁傑	백인걸	37	40	1934.10	地方儒林狀況〉[李大榮의 보고]〉書院狀況	원문은 白忠肅公仁傑
8060	白仁基	백인기	38	36	1935.03	地方儒林狀況〉[尹永泰의 보고]	
8061	白在道	백재도	31	62	1930.08	入學許可者名簿	
8062	白在道	백재도	32	38	1930.12	日誌大要	
8063	白在道	백재도	33	43	1931.12	文廟釋奠狀況	
8064	白在道	백재도	33	49	1931.12	文廟釋奠狀況〉[本院秋期釋奠에 대한 보고]	
8065	白在道	백재도	34	32	1932.03	日誌大要	
8066	白在道	백재도	35	30	1932.12	文廟釋奠狀況	
8067	白在道	백재도	35	65	1932.12	第一回學生卒業式狀況	
8068	白在道	백재도	35	75	1932.12	明倫學院第一回卒業生名簿	
8069	白在植	백재식	32	38	1930.12	日誌大要	
8070	白井成允	백정성윤	29	45	1928.12	日誌大要	시라이 시게노부
8071	白井成允	백정성윤	29	53	1928.12	講說〉講題 道德的精神 / 白井成允	시라이 시게노부

번호	원문	현대어(독음)	호	쪽	발행일	기사명 / 필자	비고
8072	伯程子	백정자	10	13	1916.03	經學管見(續) / 尹寧求	程顥
8073	伯程子	백정자	26	14	1925.12	四書講解總說 / 元泳義	
8074	白禎鎭	백정진	37	31	1934.10	孝烈行蹟〉[任實文廟直員의 보고]	
8075	伯趙氏	백조씨	38	19	1935.03	改正朔不易時月論 / 權純九	
8076	白宗基	백종기	33	45	1931.12	文廟釋奠狀況〉[白宗基의 보고]	
8077	白宗基	백종기	35	42	1932.12	孝烈行蹟〉[白宗基 等의 보고]	
8078	白鎭珪	백진규	35	32	1932.12	文廟釋奠狀況〉[白文興의 보고]	
8079	白川	백천	44	6	1939.10	內鮮一體의 具現에 就て / 南 次郎	시라카와 요시노리 (白川義則)
8080	白川基寅	백천기인	48	52	1944.04	釋奠狀況〉昭和十八年春季釋奠狀況	
8081	白川基寅	백천기인	48	54	1944.04	釋奠狀況〉昭和十八年秋季釋奠狀況	
8082	白川壎榮	백천훈영	46	24	1941.12	經學院日誌大要(昭和十四年七月ヨリ昭和十六年六月マデ)	劉壎榮
8083	白樞欽	백추흠	34	8	1932.03	烈女水原白氏碑銘 竝序 / 沈璿澤	원문은 樞欽
8084	伯夏	백하	2	27	1914.03	孔子年譜 / 呂圭亨	
8085	伯夏	백하	20	29	1920.03	三洙瑣談(續) / 元泳義	
8086	白河院	백하원	39	22	1935.10	湯島聖堂孔子祭典狀況〉孔子祭舞樂曲目竝配役	시라카와인, 시라카와(白河) 천황의 追号
8087	白亨基	백형기	12	49	1916.12	日誌大要	
8088	伯虎	백호	46	11	1941.12	嘉言善行 / 李昇圭	唐寅
8089	白晦純	백회순	35	32	1932.12	文廟釋奠狀況〉[白文興의 보고]	원문은 藍山 白先生晦純
8090	白休菴	백휴암	11	27	1916.06	經學淺知錄(續) / 金文演	白仁傑
8091	樊伯	번백	30	[3]	1929.12	李龍眠畵宣聖及七十二弟子像贊(金石萃編)	
8092	樊百	번백	42	51	1937.12	文廟享祀位次及聖賢姓名爵號考 / 金完鎭	樊須
8093	蕃山	번산	30	63	1929.12	講說〉講題 朝鮮의 在한 聖學道統 : 李退溪先生을 憶함 / 赤木萬二郎	구마자와 반잔 (熊澤蕃山)
8094	蕃山	번산	30	65	1929.12	講說〉講題 朝鮮의 在한 聖學道統 : 李退溪先生을 憶함 / 赤木萬二郎	구마자와 반잔 (熊澤蕃山)
8095	樊須	번수	3	38	1914.06	講士視察見聞所記 / 呂圭亨	
8096	樊須	번수	30	[3]	1929.12	李龍眠畵宣聖及七十二弟子像贊(金石萃編)	
8097	樊須	번수	42	46	1937.12	文廟享祀位次及聖賢姓名爵號考 / 金完鎭	益都侯

번호	원문	현대어(독음)	호	쪽	발행일	기사명 / 필자	비고
8098	樊須	번수	42	51	1937.12	文廟享祀位次及聖賢姓名爵號考 / 金完鎭	益都侯, 원문은 姓樊名須
8099	番陽李氏	번양이씨	19	15	1918.12	四書小註辨疑(續) / 李鶴在	
8100	樊遲	번지	2	62	1914.03	講說〉講題 克己復禮(大正二年十月十一日第三回講演)〉敷演 / 李容稙	
8101	樊遲	번지	2	62	1914.03	講說〉講題 克己復禮(大正二年十月十一日第三回講演)〉敷演 / 鄭鳳時	
8102	樊遲	번지	3	65	1914.06	講說〉講題 孝子所以事君也弟者所以事長也慈者所以使衆也(大正三年三月三日第五回講演) / 李容稙	
8103	樊遲	번지	7	42	1915.06	論語分類一覽(續) / 金文演	
8104	樊遲	번지	7	46	1915.06	論語分類一覽(續) / 金文演	
8105	樊遲	번지	11	12	1916.06	經學說(續) / 李容稙	
8106	樊遲	번지	11	38	1916.06	經義答問 / 黃敦秀	
8107	樊遲	번지	12	28	1916.12	孔門問同答異 / 鄭淳默	
8108	樊遲	번지	19	71	1918.12	講說〉講題 孟懿子問孝(大正七年十一月十六日第三十二回講演) / 朴齊斌	
8109	樊遲	번지	20	3	1920.03	論語釋義(第十七號續) / 李明宰	
8110	樊遲	번지	22	16	1922.03	經義問對 / 沈璿澤	
8111	樊遲	번지	22	17	1922.03	經義問對 / 沈璿澤	
8112	樊遲	번지	32	16	1930.12	講題 現代世相과 儒學의 本領 / 渡邊信治	
8113	樊遲	번지	40	5	1936.08	儒教의 眞髓 / 鄭萬朝	
8114	樊遲	번지	40	44	1936.08	成竹似先生追悼錄〉挽故成均館博士成竹似先生 / 李學魯	
8115	樊遲	번지	45	86	1940.12	忠淸南道儒道聯合會結成式〉東亞ノ建設ト儒道ノ精神 / 安寅植	
8116	范	범	5	45	1914.12	孔子年報(續) / 呂圭亨	范氏
8117	范公	범공	26	34	1925.12	奉和香堂博士 / 鄭鳳時	
8118	范蘭溪	범난계	35	8	1932.12	心性情理氣圖解 / 元弘植	
8119	范甯	범녕	8	35	1915.09	賢關記聞 / 李大榮	
8120	范甯	범녕	42	47	1937.12	文廟享祀位次及聖賢姓名爵號考 / 金完鎭	新野伯
8121	范甯	범녕	42	56	1937.12	文廟享祀位次及聖賢姓名爵號考 / 金完鎭	新野伯, 원문은 姓范名甯
8122	范甯	범녕	44	36	1939.10	經儒學 / 金誠鎭	
8123	范文正	범문정	31	18	1930.08	講題 德者本也財者末也 / 成樂賢	
8124	范氏	범씨	5	17	1914.12	經義講論 十六條 / 李商永	

번호	원문	현대어(독음)	호	쪽	발행일	기사명 / 필자	비고
8125	范曄	범엽	10	3	1916.03	經論 / 金元祐	
8126	范曄	범엽	14	4	1917.07	經學管見(續) / 尹寧求	
8127	范蔚宗	범울종	15	5	1917.10	經學管見(續) / 尹寧求	
8128	范益謙	범익겸	4	49	1914.09	容思衍 / 李鼎煥	
8129	范益謙	범익겸	5	48	1914.12	容思衍(續) / 李鼎煥	
8130	范雎	범저	15	18	1917.10	詩經蔦辨 / 金文演	
8131	范祖禹	범조우	11	20	1916.06	經學管見(續) / 尹寧求	
8132	范祖禹	범조우	11	22	1916.06	經學管見(續) / 尹寧求	
8133	范祖禹	범조우	21	11	1921.03	經學管見(續) / 尹寧求	
8134	范祖禹	범조우	21	18	1921.03	經學管見(續) / 尹寧求	
8135	范祖禹	범조우	27	41	1926.12	釋奠에 就ᄒ야(續) / 佐藤廣治	
8136	范仲淹	범중엄	16	3	1918.03	經學管見(續) / 尹寧求	
8137	范鎭	범진	13	3	1917.03	經學管見(續) / 尹寧求	
8138	范質	범질	5	54	1914.12	容思衍(續) / 李鼎煥	원문은 范魯公質
8139	氾稚春	범치춘	3	70	1914.06	講說〉講題 孝子所以事君也弟者所以事長也慈者所以使衆也(大正三年三月三日第五回講演)〉續演 / 呂圭亨	
8140	範漢生	범한생	39	51	1935.10	文廟釋奠狀況〉[春期釋奠 擧行]	중화민국 주조선 총영사
8141	范會	범회	25	5	1924.12	論語疑義問答(續) / 鄭萬朝	
8142	范希文	범희문	3	45	1914.06	講士視察見聞所記 / 呂圭亨	
8143	范希文	범희문	26	66	1925.12	講說〉講題 德者本也財者末也 / 鄭鳳時	
8144	法王	법왕	48	49	1944.04	嘉言善行 / 李敬植	고켄(孝謙) 上皇
8145	베네뎃도가스데리-	베네데토 카스텔리	17	57	1918.07	講說〉講題 朝鮮氣象에 就ᄒ야(大正七年三月二十一日第二十七回講演) / 平田德太郎	Benedetto Castelli
8146	벤사무	벤담	14	56	1917.07	講說〉法律과 道德(大正六年四月十四日第二十二回講演) / 吾孫子 勝	Jeremy Bentham
8147	碧梁	벽량	32	41	1930.12	地方報告〉地方儒林狀況〉[成樂賢의 報告]	俞應孚
8148	碧棲	벽서	18	19	1918.09	博川郡鄕校儒林契券序 / 金允植	원문은 碧棲梁君
8149	碧棲	벽서	28	16	1927.12	祭碧棲梁講士文 / 金完鎭	원문은 碧棲梁公
8150	碧棲	벽서	28	39	1927.12	碧棲梁講士挽章 / 金完鎭	원문은 碧棲梁講士
8151	碧樹	벽수	46	19	1941.12	故經學院大提學從二位勳一等子爵尹德榮先生追悼錄	尹德榮

번호	원문	현대어(독음)	호	쪽	발행일	기사명 / 필자	비고
8152	卞季良	변계량	7	28	1915.06	文廟碑銘幷序	
8153	卞季良	변계량	7	31	1915.06	文廟碑銘幷序	
8154	卞季良	변계량	11	52	1916.06	賢關記聞(續) / 李大榮	
8155	卞季良	변계량	11	54	1916.06	賢關記聞(續) / 李大榮	
8156	卞季良	변계량	18	28	1918.09	賢關記聞(續) / 李大榮	
8157	卞季良	변계량	21	66	1921.03	賢關記聞(續) / 李大榮	원문은 卞文肅季良
8158	卞季良	변계량	28	2	1927.12	朝鮮詩文變遷論 / 鄭萬朝	원문은 季良
8159	弁機	변기	18	12	1918.09	經學管見(續) / 尹寗求	
8160	邊道建	변도건	45	39	1940.12	朝鮮儒林大會(朝鮮儒道聯合會創立總會) 會錄槪要〉朝鮮儒道聯合會役員名簿(昭和十四年十一月一日現在)	
8161	卞伯	변백	30	[4]	1929.12	李龍眠畵宣聖及七十二弟子像贊(金石萃編)	
8162	卞伯	변백	42	52	1937.12	文廟享祀位次及聖賢姓名爵號考 / 金完鎭	有若
8163	邊龍淵	변용연	16	58	1918.03	地方報告〉[鄭鳳時의 報告]	
8164	邊允鍾	변윤종	30	41	1929.12	日誌大要	
8165	邊允學	변윤학	31	36	1930.08	地方報告〉各郡文廟釋奠狀況〉[邊允學의 보고]	
8166	邊允學	변윤학	32	46	1930.12	地方報告〉各郡文廟釋奠狀況〉[邊允學의 보고]	
8167	邊允學	변윤학	33	44	1931.12	文廟釋奠狀況〉[邊允學의 보고]	
8168	邊仁	변인	12	40	1916.12	賢關記聞(續) / 李大榮	
8169	卞志明	변지명	27	59	1926.12	日誌大要	
8170	卞志明	변지명	29	39	1928.12	日誌大要	
8171	卞志明	변지명	29	44	1928.12	日誌大要	
8172	卞春亭	변춘정	28	2	1927.12	朝鮮詩文變遷論 / 鄭萬朝	卞季良
8173	卞和	변화	9	44	1915.12	日誌大要	
8174	別洞	별동	21	64	1921.03	賢關記聞(續) / 李大榮	尹祥
8175	屛溪	병계	32	42	1930.12	地方報告〉地方儒林狀況〉[成樂賢의 報告]	
8176	幷官氏	병관씨	14	66	1917.07	地方報告〉[宋在永의 報告]〉釋奠祭文 / 黃義民	孔子의 장인
8177	炳烈	병렬	33	9	1931.12	孺人羅州林氏孝烈碑 / 成樂賢	
8178	炳喆	병철	39	39	1935.10	孝烈行蹟〉[韓啓東의 보고]	
8179	昺邢	병형	18	25	1918.09	三洙瑣談 / 元泳義	
8180	輔廣	보광	12	9	1916.12	經學管見(續) / 尹寗求	
8181	普謝	보사	2	18	1914.03	格致管見 / 李鼎煥	
8182	普謝	보사	2	19	1914.03	格致管見 / 李鼎煥	
8183	步叔乘	보숙승	30	[10]	1929.12	李龍眠畵宣聖及七十二弟子像贊(金石萃編)	
8184	步叔乘	보숙승	42	47	1937.12	文廟享祀位次及聖賢姓名爵號考 / 金完鎭	博昌侯

번호	원문	현대어(독음)	호	쪽	발행일	기사명 / 필자	비고
8185	步叔乘	보숙승	42	55	1937.12	文廟享祀位次及聖賢姓名爵號考 / 金完鎮	博昌侯, 원문은 姓步名叔乘
8186	寶誌	보지	11	21	1916.06	經學管見(續) / 尹寧求	
8187	服虔	복건	8	35	1915.09	賢關記聞 / 李大榮	
8188	服虔	복건	42	46	1937.12	文廟享祀位次及聖賢姓名爵號考 / 金完鎮	榮陽伯
8189	服虔	복건	42	56	1937.12	文廟享祀位次及聖賢姓名爵號考 / 金完鎮	榮陽伯, 원문은 姓服名虔
8190	服虔	복건	44	36	1939.10	經儒學 / 金誠鎮	
8191	伏見宮	복견궁	39	16	1935.10	湯島聖堂孔子祭典狀況	후시미노미야 히로야스오 (伏見宮博恭王)
8192	伏見宮	복견궁	39	25	1935.10	湯島聖堂孔子祭典狀況〉式辭 / 松田源治	후시미노미야 히로야스오 (伏見宮博恭王)
8193	伏見宮	복견궁	27	60	1926.12	日誌大要	후시미노미야 히로야스오 (伏見宮博恭王)
8194	復古	복고	42	58	1937.12	文廟享祀位次及聖賢姓名爵號考 / 金完鎮	李彦迪
8195	福郊	복교	21	17	1921.03	經學管見(續) / 尹寧求	
8196	福國公	복국공	42	57	1937.12	文廟享祀位次及聖賢姓名爵號考 / 金完鎮	眞德秀
8197	卜南采	복남변	43	34	1938.12	皇軍慰問詩 / 卜南采	
8198	福島燿三	복도요삼	31	54	1930.08	事務報告 / 神尾弌春	
8199	福島燿三	복도요삼	31	60	1930.08	明倫學院職員名簿	
8200	福島燿三	복도요삼	34	55	1932.03	明倫學院職員名簿	
8201	服部	복부	24	56	1923.12	日誌大要	핫토리 우노키치 (服部宇之吉)
8202	服部	복부	39	31	1935.10	東京斯文會主催儒道大會狀況	핫토리 우노키치 (服部宇之吉)
8203	服部	복부	48	20	1944.04	(四月十五日於經學院春季釋典)櫻と日本精神 / 白神壽吉	핫토리 히로타로(服部廣太郎), 생물학 박사

번호	원문	현대어(독음)	호	쪽	발행일	기사명 / 필자	비고
8204	服部	복부	48	21	1944.04	(四月十五日於經學院春季釋典)櫻と日本精神 / 白神壽吉	핫토리 히로타로(服部廣太郎), 생물학 박사
8205	服部宇之吉	복부우지길	24	12	1923.12	經學院釋奠祭拜時告文 / 服部宇之吉	핫토리 우노키치
8206	服部宇之吉	복부우지길	24	53	1923.12	日誌大要	핫토리 우노키치
8207	服部宇之吉	복부우지길	24	55	1923.12	日誌大要	핫토리 우노키치
8208	服部宇之吉	복부우지길	24	60	1923.12	講說〉講題 知天命說 / 服部宇之吉	핫토리 우노키치
8209	服部宇之吉	복부우지길	26	1	1925.12	仁義와 現代思潮 / 服部宇之吉	핫토리 우노키치
8210	服部宇之吉	복부우지길	27	1	1926.12	仁義와 現代思潮(續) / 服部宇之吉	핫토리 우노키치
8211	服部宇之吉	복부우지길	36	22	1933.12	日誌大要	핫토리 우노키치
8212	服部宇之吉	복부우지길	36	54	1933.12	評議員會狀況〉事業經過報告 / 俞萬兼	핫토리 우노키치
8213	服部正彦	복부정언	48	63	1944.04	經學院日誌大要(昭和十七年七月ヨリ昭和十八年六月マテ)	핫토리 마사히코
8214	宓不齊	복부제	30	[10]	1929.12	李龍眠畵宣聖及七十二弟子像贊(金石萃編)	원문은 密不齊로 오기됨
8215	宓不齊	복부제	42	47	1937.12	文廟享祀位次及聖賢姓名爵號考 / 金完鎭	單父侯
8216	宓不齊	복부제	42	51	1937.12	文廟享祀位次及聖賢姓名爵號考 / 金完鎭	單父侯, 원문은 姓宓名不齊
8217	福士	복사	33	26	1931.12	聲討顚末	후쿠시 스에노스케(福士末之助)
8218	福士末之助	복사말지조	30	42	1929.12	日誌大要	후쿠시 스에노스케
8219	福士末之助	복사말지조	30	50	1929.12	講說〉講題 仰至聖孔夫子 / 福士末之助	후쿠시 스에노스케
8220	福士末之助	복사말지조	33	25	1931.12	日誌大要	후쿠시 스에노스케
8221	福士末之助	복사말지조	37	6	1934.10	東洋에 斯文이 有함 / 福士末之助	후쿠시 스에노스케
8222	福山遠人	복산원인	48	62	1944.04	經學院日誌大要(昭和十七年七月ヨリ昭和十八年六月マテ)	

번호	원문	현대어(독음)	호	쪽	발행일	기사명 / 필자	비고
8223	卜商	복상	2	36	1914.03	大成殿神位圖	子夏, 魏公
8224	卜商	복상	9	18	1915.12	經學管見(下) / 尹寧求	子夏
8225	卜商	복상	10	10	1916.03	經學管見(續) / 尹寧求	子夏
8226	卜商	복상	10	14	1916.03	經學管見(續) / 尹寧求	子夏
8227	卜商	복상	30	[2]	1929.12	李龍眠畵宣聖及七十二弟子像贊(金石萃編)	子夏
8228	卜商	복상	42	46	1937.12	文廟享祀位次及聖賢姓名爵號考 / 金完鎭	子夏
8229	卜商	복상	42	50	1937.12	文廟享祀位次及聖賢姓名爵號考 / 金完鎭	子夏, 원문은 姓卜名商
8230	卜商	복상	44	35	1939.10	經儒學 / 金誠鎭	子夏
8231	卜商	복상	44	36	1939.10	經儒學 / 金誠鎭	子夏
8232	伏生	복생	1	8	1913.12	論說 / 呂圭亨	
8233	伏生	복생	9	20	1915.12	經學管見(下) / 尹寧求	
8234	伏生	복생	9	21	1915.12	經學管見(下) / 尹寧求	
8235	伏生	복생	12	11	1916.12	孟子緒論 / 金文演	
8236	伏生	복생	18	4	1918.09	學說 / 李明宰	
8237	伏生	복생	31	4	1930.08	經學源流 / 權純九	
8238	伏生	복생	31	5	1930.08	經學源流 / 權純九	
8239	伏生	복생	46	4	1941.12	興學養材 / 崔浩然	伏勝
8240	復聖	복성	42	48	1937.12	文廟享祀位次及聖賢姓名爵號考 / 金完鎭	顔子
8241	復聖	복성	42	60	1937.12	文廟享祀位次及聖賢姓名爵號考 / 金完鎭	顔子
8242	復聖公	복성공	2	41	1914.03	筍記	
8243	復聖公	복성공	2	42	1914.03	筍記	
8244	復聖公	복성공	10	50	1916.03	賢關記聞(續) / 李大榮	
8245	復聖公	복성공	19	29	1918.12	賢關記聞(續) / 李大榮	
8246	復聖公	복성공	2	36	1914.03	大成殿神位圖	顔子
8247	伏勝	복승	9	20	1915.12	經學管見(下) / 尹寧求	伏生
8248	伏勝	복승	42	47	1937.12	文廟享祀位次及聖賢姓名爵號考 / 金完鎭	乘氏伯
8249	伏勝	복승	42	56	1937.12	文廟享祀位次及聖賢姓名爵號考 / 金完鎭	乘氏伯, 원문은 姓伏名勝
8250	伏勝	복승	44	34	1939.10	經儒學 / 金誠鎭	伏生
8251	福時	복시	21	17	1921.03	經學管見(續) / 尹寧求	
8252	卜氏	복씨	31	4	1930.08	經學源流 / 權純九	子夏
8253	濮陽	복양	48	44	1944.04	朝鮮詩學考(前號續) / 李昇圭	
8254	濮陽侯	복양후	42	46	1937.12	文廟享祀位次及聖賢姓名爵號考 / 金完鎭	漆雕哆
8255	濮陽侯	복양후	42	53	1937.12	文廟享祀位次及聖賢姓名爵號考 / 金完鎭	漆雕哆

번호	원문	현대어(독음)	호	쪽	발행일	기사명 / 필자	비고
8256	服子愼	복자신	31	6	1930.08	經學源流 / 權純九	
8257	服子愼	복자신	34	4	1932.03	最近經學考 / 權純九	
8258	卜子夏	복자하	15	16	1917.10	詩經蔫辨 / 金文演	
8259	復齋	복재	23	87	1922.12	地方報告>[金煥容의 報告]	金璲
8260	伏犧	복희	44	27	1939.10	儒敎의 起源과 流派 / 李昇圭	
8261	伏禧	복희	46	7	1941.12	大學序文先儒論辨 / 金誠鎭	
8262	伏羲	복희	6	3	1915.03	緖論 / 呂圭亨	
8263	伏羲	복희	9	10	1915.12	格致管見(續) / 李鼎煥	
8264	伏羲	복희	9	18	1915.12	經學管見(下) / 尹寧求	
8265	伏羲	복희	9	19	1915.12	經學管見(下) / 尹寧求	
8266	伏羲	복희	9	21	1915.12	經學管見(下) / 尹寧求	
8267	伏羲	복희	15	4	1917.10	經學管見(續) / 尹寧求	
8268	伏羲	복희	18	2	1918.09	學說 / 李明宰	
8269	伏羲	복희	18	11	1918.09	經學管見(續) / 尹寧求	
8270	伏羲	복희	20	31	1920.03	三洙瑣談(續) / 元泳義	
8271	伏羲	복희	21	13	1921.03	經學管見(續) / 尹寧求	
8272	伏羲	복희	21	18	1921.03	經學管見(續) / 尹寧求	
8273	伏羲	복희	23	61	1922.12	講說>講題 凡有血氣者莫不尊親(大正十一年五月七日追慕禮式時) / 李魯學	
8274	伏羲	복희	25	47	1924.12	講說>講題 郁郁乎文哉 / 成樂賢	
8275	伏羲	복희	29	15	1928.12	坡州郡文廟齋則序 / 李學魯	
8276	伏羲	복희	44	32	1939.10	經儒學 / 金誠鎭	
8277	伏羲氏	복희씨	29	28	1928.12	三洙瑣談(續) / 元泳義	
8278	本居宣長	본거선장	48	19	1944.04	(四月十五日於經學院春季釋典)櫻と日本精神 / 白神壽吉	모토오리 노리나가
8279	本多龍成	본다용성	46	32	1941.12	明倫專門學院日誌大要(昭和十四年七月ヨリ昭和十六年六月マデ)	혼다 류세이
8280	本田常吉	본전상길	14	63	1917.07	地方報告>[金壽哲의 報告]	혼다 츠네키치
8281	本田常吉	본전상길	16	34	1918.03	日誌大要	혼다 츠네키치
8282	本田常吉	본전상길	16	35	1918.03	日誌大要	혼다 츠네키치
8283	峰間信吉	봉간신길	39	31	1935.10	東京斯文會主催儒道大會狀況	미에마 신키치
8284	鳳德休	봉덕휴	12	46	1916.12	釋奠日感吟 / 朴昇東	
8285	奉聖	봉성	20	29	1920.03	三洙瑣談(續) / 元泳義	奉聖亭侯

번호	원문	현대어(독음)	호	쪽	발행일	기사명 / 필자	비고
8286	奉化伯	봉화백	37	21	1934.10	敎化編年 / 李大榮	鄭道傳
8287	傅	부	1	2	1913.12	經學院雜誌序 / 鄭鳳時	
8288	傅	부	6	60	1915.03	講說〉講題 善養吾浩然之氣(大正三年十一月二十一日第九回講演) / 李容稙	傅說
8289	傅	부	6	61	1915.03	講說〉講題 善養吾浩然之氣(大正三年十一月二十一日第九回講演) / 李容稙	
8290	傅	부	8	2	1915.09	儒敎論 / 呂圭亨	傅說
8291	傅	부	15	21	1917.10	經義問對 / 李載烈	傅說
8292	傅	부	16	48	1918.03	講說〉講題 存其心養其性所以事天也(大正六年十月十四日江陵郡講演) / 李容稙	傅說
8293	傅	부	26	50	1925.12	講說〉講題 儒者之地位及義務 / 李大榮	傅說
8294	傅	부	44	40	1939.10	經儒學 / 金誠鎭	傅說
8295	富岡錫璔	부강석기	46	24	1941.12	經學院日誌大要(昭和十四年七月ヨリ昭和十六年六月マテ)	羅錫璔
8296	浮邱伯	부구백	31	4	1930.08	經學源流 / 權純九	
8297	鮒祀	부사	20	28	1920.03	三洙瑣談(續) / 元泳義	
8298	富山森	부산삼	46	23	1941.12	經學院日誌大要(昭和十四年七月ヨリ昭和十六年六月マテ)	도야마 모리
8299	富山森	부산삼	47	41	1943.01	釋奠狀況〉昭和十七年秋季釋奠狀況	도야마 모리
8300	鳧氏	부씨	6	29	1915.03	樂器圖說(續)	
8301	富陽侯	부양후	8	35	1915.09	賢關記聞 / 李大榮	顏祖
8302	富陽侯	부양후	42	47	1937.12	文廟享祀位次及聖賢姓名爵號考 / 金完鎭	顏祖
8303	富陽侯	부양후	42	53	1937.12	文廟享祀位次及聖賢姓名爵號考 / 金完鎭	顏祖
8304	滏陽侯	부양후	42	47	1937.12	文廟享祀位次及聖賢姓名爵號考 / 金完鎭	句井彊
8305	滏陽侯	부양후	42	53	1937.12	文廟享祀位次及聖賢姓名爵號考 / 金完鎭	句井彊
8306	扶餘王	부여왕	44	57	1939.10	朝鮮詩學考 / 李昇圭	
8307	傅說	부열	10	8	1916.03	經學說 / 李容稙	
8308	傅說	부열	12	4	1916.12	經學說(續) / 李容稙	
8309	富永	부영	39	51	1935.10	文廟釋奠狀況〉[春期釋奠 擧行]	도미나가 후미카즈 (富永文一)
8310	富永	부영	41	36	1937.02	文廟秋季釋奠狀況	도미나가 후미카즈 (富永文一)
8311	富永	부영	42	37	1937.12	文廟春季釋奠狀況	도미나가 후미카즈 (富永文一)
8312	富永文一	부영문일	41	33	1937.02	日誌大要	도미나가 후미카즈

번호	원문	현대어(독음)	호	쪽	발행일	기사명 / 필자	비고
8313	富永文一	부영문일	42	36	1937.12	日誌大要	도미나가 후미카즈
8314	富永文一	부영문일	45	22	1940.12	朝鮮儒林大會(朝鮮儒道聯合會創立總會) 會錄槪要〉朝鮮儒道聯合會役員名簿(昭和十四年十一月一日現在)	도미나가 후미카즈
8315	部龍岡	부용강	48	61	1944.04	經學院日誌大要(昭和十七年七月ヨリ昭和十八年六月マテ)	
8316	部龍岡	부용강	48	62	1944.04	經學院日誌大要(昭和十七年七月ヨリ昭和十八年六月マテ)	
8317	夫子	부자	1	27	1913.12	庸言 / 金允植	
8318	夫子	부자	1	61	1913.12	講說〉大正二年六月十四日第一回演講〉(講章益者三友損者三友)〉敷演 / 李鼎煥	
8319	夫子	부자	1	67	1913.12	講說〉大正二年九月四日第二回演講〉(講章此之謂絜矩之道) / 李容稷	
8320	夫子	부자	2	1	1914.03	經學院雜誌 第二號 序 / 呂圭亨	
8321	夫子	부자	2	2	1914.03	經學院雜誌 第二號 序 / 呂圭亨	
8322	夫子	부자	2	23	1914.03	格致管見 / 李鼎煥	
8323	夫子	부자	2	26	1914.03	奉呈經學院 / 孔喆鎔	
8324	夫子	부자	2	27	1914.03	孔子年譜 / 呂圭亨	
8325	夫子	부자	2	59	1914.03	講說〉講題 克己復禮(大正二年十月十一日第三回講演) / 張錫周	
8326	夫子	부자	2	62	1914.03	講說〉講題 克己復禮(大正二年十月十一日第三回講演)〉敷演 / 鄭鳳時	
8327	夫子	부자	2	63	1914.03	講說〉講題 克己復禮(大正二年十月十一日第三回講演)〉敷演 / 鄭鳳時	
8328	夫子	부자	2	66	1914.03	講說〉講題 克己復禮(大正二年十月十一日第三回講演)〉讀論 / 黃敦秀	
8329	夫子	부자	2	72	1914.03	講說〉講題 必愼其獨(大正二年十一月八日第四回講演)〉敷演 / 李鼎煥	
8330	夫子	부자	2	86	1914.03	地方報告〉[梁鳳濟의 報告]	
8331	夫子	부자	3	28	1914.06	拜東京聖堂 / 朴稚詳	
8332	夫子	부자	3	29	1914.06	孔子年報(續) / 呂圭亨	
8333	夫子	부자	3	38	1914.06	講士視察見聞所記 / 呂圭亨	
8334	夫子	부자	3	39	1914.06	講士視察見聞所記 / 呂圭亨	
8335	夫子	부자	3	59	1914.06	日誌大要	
8336	夫子	부자	4	7	1914.09	學說 / 呂圭亨	
8337	夫子	부자	4	43	1914.09	孔子年報(續) / 呂圭亨	
8338	夫子	부자	4	46	1914.09	容思衍 / 李鼎煥	

번호	원문	현대어(독음)	호	쪽	발행일	기사명 / 필자	비고
8339	夫子	부자	4	60	1914.09	講說〉講題 文質彬彬然後君子(大正三年六月十三日第六回講演)	
8340	夫子	부자	5	18	1914.12	經義講論 十六條 / 李商永	
8341	夫子	부자	5	50	1914.12	容思衍(續) / 李鼎煥	
8342	夫子	부자	5	74	1914.12	講說〉講題 道也者不可須臾離也(大正三年九月二十九日第七回講演)〉續演 / 鄭鳳時	
8343	夫子	부자	5	88	1914.12	關東講說〉講題 道不遠人 / 池台源	
8344	夫子	부자	5	89	1914.12	關東講說〉講題 道不遠人 / 丁相燮	
8345	夫子	부자	5	94	1914.12	關東講說〉講題 道不遠人 / 鄭顯成	
8346	夫子	부자	6	49	1915.03	論語分類一覽 / 金文演	
8347	夫子	부자	6	60	1915.03	講說〉講題 善養吾浩然之氣(大正三年十一月二十一日第九回講演) / 李容稙	
8348	夫子	부자	6	71	1915.03	地方報告〉[李鶴在 巡講]	
8349	夫子	부자	7	4	1915.06	華山問答(續) / 李容稙	
8350	夫子	부자	7	29	1915.06	文廟碑銘并序	
8351	夫子	부자	7	30	1915.06	文廟碑銘并序	
8352	夫子	부자	7	31	1915.06	文廟碑銘并序	
8353	夫子	부자	7	33	1915.06	容思衍(續) / 李鼎煥	
8354	夫子	부자	7	36	1915.06	容思衍(續) / 李鼎煥	
8355	夫子	부자	7	46	1915.06	論語分類一覽(續) / 金文演	
8356	夫子	부자	7	48	1915.06	讀書私記 / 洪鐘佶	
8357	夫子	부자	7	50	1915.06	讀書私記 / 洪鐘佶	
8358	夫子	부자	7	51	1915.06	讀書私記 / 洪鐘佶	
8359	夫子	부자	8	37	1915.09	賢關記聞 / 李大榮	
8360	夫子	부자	8	53	1915.09	講說〉講題 道不遠人(大政四年五月八日第十二回講演)〉敷演 / 鄭鳳時	
8361	夫子	부자	8	56	1915.09	講說〉講題 道不遠人(大政四年五月八日第十二回講演)〉敷演 / 沈鍾舜	
8362	夫子	부자	8	59	1915.09	地方報告〉[李鶴在의 報告]	
8363	夫子	부자	8	62	1915.09	地方報告〉[韓昌愚의 報告]	
8364	夫子	부자	8	70	1915.09	地方報告〉[崔東吉의 報告]	
8365	夫子	부자	9	4	1915.12	經說(續) / 韓晩容	
8366	夫子	부자	9	7	1915.12	讀書警心說 / 韓昌愚	
8367	夫子	부자	9	10	1915.12	格致管見(續) / 李鼎煥	
8368	夫子	부자	9	26	1915.12	孔子年報(續) / 呂圭亨	
8369	夫子	부자	9	29	1915.12	孔子年報(續) / 呂圭亨	

번호	원문	현대어(독음)	호	쪽	발행일	기사명 / 필자	비고
8370	夫子	부자	9	55	1915.12	講說〉講題 三人行必有我師(大正四年六月十二日第十三回講演) / 鄭鳳時	
8371	夫子	부자	9	57	1915.12	講說〉講題 三人行必有我師(大正四年六月十二日第十三回講演) / 沈鐘舜	
8372	夫子	부자	9	58	1915.12	講說〉講題 三人行必有我師(大正四年六月十二日第十三回講演) / 沈鐘舜	
8373	夫子	부자	10	11	1916.03	經學管見(續) / 尹寧求	
8374	夫子	부자	10	52	1916.03	賢關記聞(續) / 李大榮	
8375	夫子	부자	10	66	1916.03	講說〉儒敎의 根本義(大正四年十月九日第十五回講演)	
8376	夫子	부자	10	89	1916.03	地方報告〉[李鶴在의 報告]	
8377	夫子	부자	11	5	1916.06	經論 / 韓晩容	
8378	夫子	부자	11	6	1916.06	經論 / 韓晩容	
8379	夫子	부자	11	12	1916.06	經學說(續) / 李容稙	
8380	夫子	부자	11	38	1916.06	經義答問 / 黃敦秀	
8381	夫子	부자	11	39	1916.06	經義答問 / 黃敦秀	
8382	夫子	부자	11	51	1916.06	讀書私記(第八號續) / 洪鐘佶	
8383	夫子	부자	11	67	1916.06	講說〉講題 人能弘道(大正四年三月十一日第十六回講演)〉續演 / 呂圭亨	
8384	夫子	부자	11	72	1916.06	講說〉浴乎沂風乎舞雩詠而歸(大正五年四月八日第十七回講演) / 鄭鳳時	
8385	夫子	부자	11	73	1916.06	講說〉浴乎沂風乎舞雩詠而歸(大正五年四月八日第十七回講演) / 鄭鳳時	
8386	夫子	부자	11	74	1916.06	講說〉浴乎沂風乎舞雩詠而歸(大正五年四月八日第十七回講演) / 鄭鳳時	
8387	夫子	부자	12	18	1916.12	文廟告辭 / 小原新三	
8388	夫子	부자	12	19	1916.12	文廟告辭 / 小原新三	
8389	夫子	부자	12	38	1916.12	讀書私記(續) / 洪鍾佶	
8390	夫子	부자	12	67	1916.12	講說〉講題 女爲君子儒無爲小人儒(大正五年五月十三日開城郡鄕校講演) / 李容稙	
8391	夫子	부자	12	71	1916.12	講說〉講題 女爲君子儒無爲小人儒(大正五年五月十三日開城郡鄕校講演) / 黃敦秀	
8392	夫子	부자	12	87	1916.12	地方報告〉[朴長鴻의 報告]	
8393	夫子	부자	13	11	1917.03	原儒 / 鄭崙秀	
8394	夫子	부자	13	38	1917.03	日誌大要	
8395	夫子	부자	14	11	1917.07	平澤文廟重修記 / 金允植	
8396	夫子	부자	14	12	1917.07	溫故而知新可以爲師矣 / 田中玄黃	
8397	夫子	부자	14	13	1917.07	溫故而知新可以爲師矣 / 田中玄黃	

번호	원문	현대어(독음)	호	쪽	발행일	기사명 / 필자	비고
8398	夫子	부자	14	54	1917.07	講說〉講題 德之不修學之不講聞義不能徒不善不能改是吾憂也(大正六年四月十四日第二十二回講演)〉續演 / 呂圭亨	
8399	夫子	부자	14	61	1917.07	地方報告〉[黃敦秀의 報告]	
8400	夫子	부자	14	66	1917.07	地方報告〉[宋在永의 報告]〉釋奠祭文 / 黃義民	
8401	夫子	부자	14	67	1917.07	地方報告〉[宋在永의 報告]〉釋奠祭文 / 黃義民	
8402	夫子	부자	14	68	1917.07	地方報告〉[宋在永의 報告]〉釋奠祭文 / 黃義民	
8403	夫子	부자	14	69	1917.07	地方報告〉[宋在永의 報告]〉聖訓奉答文 / 高橋文次郎	
8404	夫子	부자	14	70	1917.07	地方報告〉[宋在永의 報告]〉聖訓奉答文 / 高橋文次郎	
8405	夫子	부자	14	73	1917.07	地方報告〉[金潤卿의 報告]	
8406	夫子	부자	14	74	1917.07	地方報告〉[金潤卿의 報告]	
8407	夫子	부자	15	7	1917.10	學言 / 鄭崙秀	
8408	夫子	부자	15	44	1917.10	講說〉講題 己所不欲勿施於人(大正六年六月十六日第二十四回講演) / 李容稙	
8409	夫子	부자	15	55	1917.10	講說〉泰仁鄕校講演(大正六年五月一日)〉講題 士不可以不弘毅任重而道遠 / 李容稙	
8410	夫子	부자	16	27	1918.03	保寧郡藍浦鄕校重修韻 / 崔成集	
8411	夫子	부자	16	34	1918.03	日誌大要	
8412	夫子	부자	16	50	1918.03	講說〉講題 存其心養其性所以事天也(大正六年十月十四日江陵郡講演)〉續演 / 鄭鳳時	
8413	夫子	부자	16	55	1918.03	地方報告〉[成樂賢의 報告]	
8414	夫子	부자	16	69	1918.03	地方報告〉[劉光澤의 報告] / 姜星熙	
8415	夫子	부자	16	78	1918.03	地方報告〉[宋在永의 報告]〉獎學에 就ᄒ야 / 淺井安行	
8416	夫子	부자	17	14	1918.07	論語釋義 / 李明宰	
8417	夫子	부자	17	17	1918.07	中庸章句問對(續) / 朴長鴻	
8418	夫子	부자	17	19	1918.07	咸悅鄕校重修記 / 金允植	
8419	夫子	부자	17	20	1918.07	咸悅鄕校儒林契券序 / 李容稙	
8420	夫子	부자	17	22	1918.07	朔州郡儒林植樹組合契券序 / 金允植	
8421	夫子	부자	17	32	1918.07	洙澳問答 / 元泳義	
8422	夫子	부자	17	35	1918.07	經義問對 / 李載烈	
8423	夫子	부자	17	55	1918.07	講說〉講題 君子無終食之間違仁造次必於是顚沛必於是(大正七年三月二十一日第二十七回講演) / 李容稙	
8424	夫子	부자	17	76	1918.07	地方報告〉[金在昌 등의 報告]	
8425	夫子	부자	18	17	1918.09	中庸章句問對(續) / 朴長鴻	

번호	원문	현대어(독음)	호	쪽	발행일	기사명 / 필자	비고
8426	夫子	부자	18	21	1918.09	瑞興郡鄕校重修記 / 金允植	
8427	夫子	부자	18	22	1918.09	瑞興郡鄕校重修記 / 金允植	
8428	夫子	부자	18	23	1918.09	三洙瑣談 / 元泳義	
8429	夫子	부자	18	24	1918.09	三洙瑣談 / 元泳義	
8430	夫子	부자	18	27	1918.09	三洙瑣談 / 元泳義	
8431	夫子	부자	18	75	1918.09	地方報告〉[成樂賢의 報告]	
8432	夫子	부자	19	25	1918.12	三洙瑣談(續) / 元泳義	
8433	夫子	부자	19	55	1918.12	講說〉講題 子路人告之以有過則喜(大正七年九月七日第三十回講演)〉續演 / 呂圭亨	
8434	夫子	부자	19	58	1918.12	講說〉講題 孝弟也者其爲仁之本歟(大正七年十月十二日第三十一回講演)〉續演 / 呂圭亨	
8435	夫子	부자	19	73	1918.12	講說〉講題 孟懿子問孝(大正七年十一月十六日第三十二回講演)〉續演 / 呂圭亨	
8436	夫子	부자	20	28	1920.03	三洙瑣談(續) / 元泳義	
8437	夫子	부자	20	31	1920.03	三洙瑣談(續) / 元泳義	
8438	夫子	부자	20	32	1920.03	洪川郡文廟重修費附寄募集勸誘文 / 金東勳	
8439	夫子	부자	20	40	1920.03	求禮文廟修繕同志會發起會席上演說 / 高墉柱	
8440	夫子	부자	21	1	1921.03	論說(寄書第二) / 呂圭亨	
8441	夫子	부자	21	2	1921.03	論說(寄書第二) / 呂圭亨	
8442	夫子	부자	21	26	1921.03	鄭信國傳 / 鄭崙秀	
8443	夫子	부자	21	67	1921.03	三洙瑣談(續) / 元泳義	
8444	夫子	부자	21	70	1921.03	三洙瑣談(續) / 元泳義	
8445	夫子	부자	21	71	1921.03	三洙瑣談(續) / 元泳義	
8446	夫子	부자	21	87	1921.03	十月之望與李石庭明倫堂玩月(六十韻) / 鄭崙秀	
8447	夫子	부자	22	4	1922.03	禮辭(於儒道振興會臨時總會席上) / 金完鎭	
8448	夫子	부자	22	10	1922.03	中庸說 / 李學魯	
8449	夫子	부자	22	13	1922.03	經學講論 / 成樂賢	
8450	夫子	부자	22	15	1922.03	經義問對 / 沈璿澤	
8451	夫子	부자	22	22	1922.03	經學院釋奠祭拜時告文 / 工藤一記等	
8452	夫子	부자	22	60	1922.03	講說〉一貫之道 / 宇野哲人	
8453	夫子	부자	22	61	1922.03	講說〉一貫之道 / 宇野哲人	
8454	夫子	부자	22	63	1922.03	講說〉一貫之道 / 宇野哲人	
8455	夫子	부자	22	64	1922.03	講說〉一貫之道 / 宇野哲人	
8456	夫子	부자	23	3	1922.12	中庸說(續) / 李學魯	
8457	夫子	부자	23	4	1922.12	中庸說(續) / 李學魯	
8458	夫子	부자	23	5	1922.12	中庸說(續) / 李學魯	

번호	원문	현대어(독음)	호	쪽	발행일	기사명 / 필자	비고
8459	夫子	부자	23	6	1922.12	經義問對(續) / 沈璿澤	
8460	夫子	부자	23	7	1922.12	經義問對(續) / 沈璿澤	
8461	夫子	부자	23	15	1922.12	孔夫子忌辰四十周甲追慕辭 / 李學魯	
8462	夫子	부자	23	16	1922.12	孔夫子忌辰四十周甲追慕辭 / 李學魯	
8463	夫子	부자	23	17	1922.12	孔夫子忌辰四十周甲追慕辭 / 李學魯	
8464	夫子	부자	23	18	1922.12	孔夫子忌辰四十周甲追慕辭 / 沈璿澤	
8465	夫子	부자	23	19	1922.12	孔夫子忌辰四十周甲追慕辭 / 吳憲泳	
8466	夫子	부자	23	20	1922.12	孔夫子忌辰四十周甲追慕辭 / 申泰岳	
8467	夫子	부자	23	22	1922.12	益山郡礪山文廟重修記 / 成岐運	
8468	夫子	부자	23	25	1922.12	山清郡鄉校明倫堂重建上樑文 / 金翰植	
8469	夫子	부자	23	26	1922.12	山清郡鄉校明倫堂重建上樑文 / 金翰植	
8470	夫子	부자	23	38	1922.12	孔夫子忌辰四十周甲追慕禮式及紀念事業發起文	
8471	夫子	부자	23	39	1922.12	孔夫子忌辰四十周甲追慕禮式及紀念事業發起文	
8472	夫子	부자	23	46	1922.12	三洙瑣談(二十一號續) / 元泳義	
8473	夫子	부자	23	47	1922.12	三洙瑣談(二十一號續) / 元泳義	
8474	夫子	부자	23	48	1922.12	三洙瑣談(二十一號續) / 元泳義	
8475	夫子	부자	23	63	1922.12	講說〉講題 凡有血氣者莫不尊親(大正十一年五月七日追慕禮式時) / 李魯學	
8476	夫子	부자	23	66	1922.12	講說〉講題 師道(大正十一年五月七日追慕禮式時) / 赤木萬二郎	
8477	夫子	부자	23	67	1922.12	講說〉講題 師道(大正十一年五月七日追慕禮式時) / 赤木萬二郎	
8478	夫子	부자	23	68	1922.12	講說〉講題 師道(大正十一年五月七日追慕禮式時) / 赤木萬二郎	
8479	夫子	부자	24	1	1923.12	論語疑義問答 / 鄭萬朝	
8480	夫子	부자	24	16	1923.12	平康郡鄉校重修記 / 鄭萬朝	
8481	夫子	부자	24	20	1923.12	讀書私記(十三號續) / 洪鍾佶	
8482	夫子	부자	24	24	1923.12	三洙瑣談(續) / 元泳義	
8483	夫子	부자	24	25	1923.12	三洙瑣談(續) / 元泳義	
8484	夫子	부자	25	10	1924.12	中庸說(續) / 李學魯	
8485	夫子	부자	25	12	1924.12	湯島詩帖序 / 鄭萬朝	
8486	夫子	부자	25	13	1924.12	湯島詩帖序 / 鄭萬朝	
8487	夫子	부자	25	15	1924.12	三洙瑣談(續) / 元泳義	
8488	夫子	부자	25	47	1924.12	講說〉講題 郁郁乎文哉 / 成樂賢	
8489	夫子	부자	26	10	1925.12	奉化郡重修學記 / 尹喜求	

번호	원문	현대어(독음)	호	쪽	발행일	기사명 / 필자	비고
8490	夫子	부자	26	12	1925.12	四書講解總說 / 元泳義	
8491	夫子	부자	26	13	1925.12	四書講解總說 / 元泳義	
8492	夫子	부자	26	14	1925.12	四書講解總說 / 元泳義	
8493	夫子	부자	26	15	1925.12	四書講解總說 / 元泳義	
8494	夫子	부자	26	16	1925.12	欲齊其家先修其身論 / 成樂賢	
8495	夫子	부자	26	18	1925.12	三洙瑣談(續) / 元泳義	
8496	夫子	부자	26	19	1925.12	三洙瑣談(續) / 元泳義	
8497	夫子	부자	26	21	1925.12	三洙瑣談(續) / 元泳義	
8498	夫子	부자	26	22	1925.12	三洙瑣談(續) / 元泳義	
8499	夫子	부자	26	24	1925.12	三洙瑣談(續) / 元泳義	
8500	夫子	부자	27	12	1926.12	經學院贊辭 / 金殷埴	
8501	夫子	부자	27	18	1926.12	易經講解總說 / 元泳義	
8502	夫子	부자	27	28	1926.12	中庸問對 / 沈璿澤	
8503	夫子	부자	27	67	1926.12	講說>講題 子以四教文行忠信 / 鄭鳳時	
8504	夫子	부자	28	29	1927.12	三洙瑣談(續) / 元泳義	
8505	夫子	부자	28	65	1927.12	講說>講題 吾道一以貫之 / 沈璿澤	
8506	夫子	부자	28	68	1927.12	講說>講題 孔夫子의 集大成 / 兒島獻吉郎	
8507	夫子	부자	29	25	1928.12	三洙瑣談(續) / 元泳義	
8508	夫子	부자	29	26	1928.12	三洙瑣談(續) / 元泳義	
8509	夫子	부자	29	65	1928.12	講說>講題 道德的精神 / 白井成允	
8510	夫子	부자	30	54	1929.12	講說>講題 仰至聖孔夫子 / 福士末之助	
8511	夫子	부자	30	65	1929.12	講說>講題 朝鮮의 在한 聖學道統 : 李退溪先生을 憶함 / 赤木萬二郎	
8512	夫子	부자	31	20	1930.08	講題 德者本也財者末也 / 魏大源	
8513	夫子	부자	31	52	1930.08	開式辭 / 鄭萬朝	
8514	夫子	부자	32	20	1930.12	講題 子以四教文行忠信 / 池琓洙	
8515	夫子	부자	32	24	1930.12	三洙瑣談(十三號續) / 元泳義	
8516	夫子	부자	33	28	1931.12	聲討顚末	
8517	夫子	부자	35	3	1932.12	舉爾所知論 / 沈璿澤	
8518	夫子	부자	36	4	1933.12	經義問對(續) / 韓昌愚	
8519	夫子	부자	36	5	1933.12	南海郡文廟重修記 / 鄭萬朝	
8520	夫子	부자	37	17	1934.10	茂長文廟重修記 / 金寗漢	
8521	夫子	부자	39	24	1935.10	湯島聖堂孔子祭典狀況>孔子頌德歌 / 材團法人 斯文會	
8522	夫子	부자	39	26	1935.10	湯島聖堂孔子祭典狀況>祝辭 / 岡田啓介	
8523	夫子	부자	39	27	1935.10	湯島聖堂孔子祭典狀況>祝辭 / 後藤文夫	

번호	원문	현대어(독음)	호	쪽	발행일	기사명 / 필자	비고
8524	夫子	부자	39	32	1935.10	東京斯文會主催儒道大會狀況〉式辭 / 德川家達	
8525	夫子	부자	39	44	1935.10	地方儒林狀況〉[振威郡鄕校의 보고]	
8526	夫子	부자	42	60	1937.12	文廟享祀位次及聖賢姓名爵號考 / 金完鎭	
8527	夫子	부자	43	14	1938.12	信川鄕校重修記 / 金完鎭	
8528	夫子	부자	44	22	1939.10	躬行論 / 崔浩然	
8529	夫子	부자	44	29	1939.10	儒敎의 起源과 流派 / 李昇圭	
8530	夫子	부자	44	30	1939.10	儒敎의 起源과 流派 / 李昇圭	
8531	夫子	부자	44	36	1939.10	經儒學 / 金誠鎭	
8532	夫子	부자	44	39	1939.10	經儒學 / 金誠鎭	
8533	夫子	부자	44	44	1939.10	大學主旨 / 崔浩然	
8534	夫子	부자	44	55	1939.10	文藝原流 / 崔浩然	
8535	夫子	부자	46	10	1941.12	大學序文先儒論辨 / 金誠鎭	
8536	夫子	부자	46	12	1941.12	嘉言善行 / 李昇圭	
8537	夫子	부자	47	26	1943.01	論語要義 / 崔浩然	
8538	夫子	부자	47	27	1943.01	論語要義 / 崔浩然	
8539	夫子	부자	47	28	1943.01	論語要義 / 崔浩然	
8540	富田臺原	부전대원	48	52	1944.04	釋奠狀況〉昭和十八年春季釋奠狀況	
8541	富田臺原	부전대원	48	54	1944.04	釋奠狀況〉昭和十八年秋季釋奠狀況	
8542	富田信高	부전신고	48	49	1944.04	嘉言善行 / 李敬植	도미타 노부타카
8543	富弼	부필	46	11	1941.12	嘉言善行 / 李昇圭	원문은 富鄭公弼, 鄭國公, 北宋의 재상
8544	傅咸	부함	44	37	1939.10	經儒學 / 金誠鎭	西晋 대
8545	傅玄	부현	21	16	1921.03	經學管見(續) / 尹寧求	
8546	北溪陳氏	북계진씨	5	70	1914.12	講說〉講題 道也者不可須臾離也(大正三年九月二十九日第七回講演) / 李容稙	
8547	北溪陳氏	북계진씨	7	6	1915.06	華山問答(續) / 李容稙	
8548	北溪陳氏	북계진씨	19	14	1918.12	四書小註辨疑(續) / 李鶴在	
8549	北宮	북궁	15	23	1917.10	經義問對 / 李載烈	
8550	北宮	북궁	15	55	1917.10	講說〉泰仁鄕校講演(大正六年五月一日)〉講題 士不可以不弘毅任重而道遠 / 李容稙	
8551	北宮	북궁	17	36	1918.07	經義問對 / 李載烈	
8552	北宮文子	북궁문자	7	34	1915.06	容思衍(續) / 李鼎煥	北宮佗
8553	北宮黝	북궁유	12	74	1916.12	講說〉講題 善養吾浩然之氣(大正五年九月二十九日海州郡鄕校講演) / 李容稙	

번호	원문	현대어(독음)	호	쪽	발행일	기사명 / 필자	비고
8554	北宮黝	북궁유	24	2	1923.12	論語疑義問答 / 鄭萬朝	
8555	北崎志賀都	북기지하도	46	34	1941.12	全羅南道儒林大會	기타자키 시가노미야코
8556	北微伯	북미백	30	[8]	1929.12	李龍眠畵宣聖及七十二弟子像贊(金石萃編)	
8557	北微伯	북미백	42	53	1937.12	文廟享祀位次及聖賢姓名爵號考 / 金完鎭	壤駟赤
8558	北畠親房	북전친방	18	51	1918.09	講說〉講題 內地의 宋學(大正七年五月十一日第二十八回講演) / 今關壽麿	기타바타케 지카후사
8559	北畠親房	북전친방	18	52	1918.09	講說〉講題 內地의 宋學(大正七年五月十一日第二十八回講演) / 今關壽麿	기타바타케 지카후사
8560	北畠親房	북전친방	48	23	1944.04	(十月十五日於經學院秋季釋典)時局と儒道 / 鈴川壽男	기타바타케 지카후사
8561	北條朝時	북조조시	48	50	1944.04	嘉言善行 / 李敬植	호조 도모토키
8562	北条泰時	북조태시	48	50	1944.04	嘉言善行 / 李敬植	호조 야스토키
8563	北村敏之	북촌민지	48	52	1944.04	釋奠狀況〉昭和十八年春季釋奠狀況	
8564	北村敏之	북촌민지	48	54	1944.04	釋奠狀況〉昭和十八年秋季釋奠狀況	
8565	北村闇然	북촌암연	30	12	1929.12	中學漢文論(文貴在譯者) / 鹽谷 溫	기타무라 사와키치(北村澤吉)의 號(闇然)
8566	北海侯	북해후	42	47	1937.12	文廟享祀位次及聖賢姓名爵號考 / 金完鎭	公晳哀
8567	北海侯	북해후	42	51	1937.12	文廟享祀位次及聖賢姓名爵號考 / 金完鎭	公晳哀
8568	佛	불	5	86	1914.12	關東講說〉講題 道不遠人 / 崔舜鉉	
8569	佛	불	5	94	1914.12	關東講說〉講題 道不遠人 / 鄭顯成	
8570	佛	불	13	11	1917.03	原儒 / 鄭崙秀	
8571	佛	불	15	71	1917.10	講說〉大邱高等普通學校講演(大正六年五月十六日)〉儒敎의 庶民的 發展 / 高橋亨	
8572	佛	불	15	72	1917.10	講說〉大邱高等普通學校講演(大正六年五月十六日)〉儒敎의 庶民的 發展 / 高橋亨	
8573	佛	불	21	69	1921.03	三洙瑣談(續) / 元泳義	
8574	佛	불	26	11	1925.12	四書講解總說 / 元泳義	
8575	佛	불	26	24	1925.12	三洙瑣談(續) / 元泳義	
8576	佛	불	27	23	1926.12	中庸問對 / 沈璿澤	
8577	佛	불	31	24	1930.08	靜雲精舍存藁序 / 鄭萬朝	
8578	佛	불	47	28	1943.01	論語要義 / 崔浩然	
8579	弗狃	불뉴	4	42	1914.09	孔子年報(續) / 呂圭亨	
8580	弗狃	불뉴	26	19	1925.12	三洙瑣談(續) / 元泳義	

번호	원문	현대어(독음)	호	쪽	발행일	기사명 / 필자	비고
8581	弗父	불보	9	28	1915.12	孔子年報(續) / 呂圭亨	
8582	弗父何	불보하	2	27	1914.03	孔子年譜 / 呂圭亨	
8583	弗父何	불보하	20	28	1920.03	三洙瑣談(續) / 元泳義	
8584	弗父何	불보하	26	23	1925.12	三洙瑣談(續) / 元泳義	
8585	佛氏	불씨	1	27	1913.12	庸言 / 金允植	
8586	佛氏	불씨	8	55	1915.09	講說〉講題 道不遠人(大政四年五月八日第十二回講演)〉敷演 / 沈鍾舜	
8587	佛氏	불씨	9	5	1915.12	經說(續) / 韓晩容	
8588	佛氏	불씨	9	27	1915.12	孔子年報(續) / 呂圭亨	
8589	佛氏	불씨	10	67	1916.03	講說〉儒敎의 根本義(大正四年十月九日第十五回講演)	
8590	佛氏	불씨	19	73	1918.12	講說〉講題 孟懿子問孝(大正七年十一月十六日第三十二回講演) / 朴齊斌	
8591	佛氏	불씨	36	3	1933.12	經義問對(續) / 韓昌愚	
8592	佛氏	불씨	39	3	1935.10	性善說 / 李學魯	
8593	佛陀	불타	29	55	1928.12	講說〉講題 道德的精神 / 白井成允	
8594	佛陀	불타	32	17	1930.12	講題 現代世相과 儒學의 本領 / 渡邊信治	
8595	佛肸	불힐	7	51	1915.06	讀書私記 / 洪鐘佶	
8596	朋來	붕래	10	18	1916.03	經學管見(續) / 尹寧求	
8597	朋來	붕래	13	4	1917.03	經學管見(續) / 尹寧求	
8598	보리앙	브리앙	38	25	1935.03	東洋에斯文이有함(續) / 福士末之助	Aristide Briand, 프랑스 정치인
8599	茀漏緬氏	블루멘바흐(불루면씨)	5	19	1914.12	格致管見(續) / 李鼎煥	Johann Friedrich Blumenbach
8600	費	비	26	19	1925.12	三洙瑣談(續) / 元泳義	
8601	比干	비간	23	11	1922.12	經義問對(續) / 沈璿澤	
8602	費公	비공	42	46	1937.12	文廟享祀位次及聖賢姓名爵號考 / 金完鎭	闕損
8603	費公	비공	42	49	1937.12	文廟享祀位次及聖賢姓名爵號考 / 金完鎭	闕損, 閔子騫
8604	費公	비공	2	36	1914.03	大成殿神位圖	闕損
8605	費氏	비씨	6	2	1915.03	緒論 / 呂圭亨	
8606	飛鳥	비조	48	50	1944.04	嘉言善行 / 李敬植	
8607	費直	비직	1	17	1913.12	經學當明者 一 / 呂圭亨	
8608	費直	비직	1	18	1913.12	經學當明者 一 / 呂圭亨	
8609	費直	비직	3	9	1914.06	論四經讀法(上篇) / 呂圭亨	

번호	원문	현대어(독음)	호	쪽	발행일	기사명 / 필자	비고
8610	費直	비직	8	4	1915.09	經說 本論附 / 韓晩容	
8611	費直	비직	9	18	1915.12	經學管見(下) / 尹寧求	
8612	費樞	비추	17	1	1918.07	經學管見(續) / 尹寧求	
8613	비ー고ー	비코	14	56	1917.07	講說〉法律과 道德(大正六年四月十四日第二十二回講演) / 吾孫子 勝	Giambattista Vico, 이탈리아 철학자
8614	費侯	비후	30	[1]	1929.12	李龍眠畫宣聖及七十二弟子像贊(金石萃編)	
8615	氷老	빙노	48	49	1944.04	嘉言善行 / 李敬植	히노무라지 오유 (氷連老)
8616	師	사	7	44	1915.06	論語分類一覽(續) / 金文演	子張
8617	思	사	2	71	1914.03	講說〉講題 必愼其獨(大正二年十一月八日第四回講演)〉敷演 / 鄭鳳時	
8618	思	사	2	78	1914.03	地方報告〉[李鶴在의 報告]	
8619	思	사	6	58	1915.03	講說〉講題 善養吾浩然之氣(大正三年十一月二十一日第九回講演) / 李容植	
8620	思	사	12	81	1916.12	地方報告〉[鄭準民의 報告]	
8621	思	사	16	18	1918.03	閒窓問對 / 朴昇東	
8622	思	사	16	48	1918.03	講說〉講題 存其心養其性所以事天也(大正六年十月十四日江陵郡講演) / 李容植	
8623	思	사	19	29	1918.12	賢關記聞(續) / 李大榮	
8624	思	사	23	9	1922.12	經義問對(續) / 沈璿澤	
8625	思	사	29	28	1928.12	三洙瑣談(續) / 元泳義	
8626	思	사	30	[10]	1929.12	李龍眠畫宣聖及七十二弟子像贊(金石萃編)	
8627	沙	사	21	66	1921.03	三洙瑣談(續) / 元泳義	
8628	沙	사	29	28	1928.12	三洙瑣談(續) / 元泳義	
8629	賜	사	9	26	1915.12	孔子年報(續) / 呂圭亨	子貢
8630	賜	사	11	38	1916.06	經義答問 / 黃敦秀	子貢
8631	賜	사	15	21	1917.10	經義問對 / 李載烈	子貢
8632	姒	사	2	25	1914.03	經學院講筵吟 / 朴昇東	순 임금
8633	士剛	사강	42	58	1937.12	文廟享祀位次及聖賢姓名爵號考 / 金完鎭	金集
8634	沙溪	사계	11	47	1916.06	讀書私記(第八號續) / 洪鐘佶	金長生
8635	沙溪	사계	13	26	1917.03	讀書私記(續) / 洪鍾佶	金長生
8636	沙溪	사계	34	9	1932.03	烈女水原白氏碑銘 幷序 / 沈璿澤	金長生
8637	沙溪	사계	42	58	1937.12	文廟享祀位次及聖賢姓名爵號考 / 金完鎭	金長生
8638	沙溪翁	사계옹	29	24	1928.12	三洙瑣談(續) / 元泳義	金長生
8639	師古	사고	7	41	1915.06	論語考證(續) / 金文演	

번호	원문	현대어(독음)	호	쪽	발행일	기사명 / 필자	비고
8640	師古	사고	14	4	1917.07	經學管見(續) / 尹寧求	
8641	師曠	사광	34	6	1932.03	經義問對 / 韓昌愚	
8642	寺內	사내	1	35	1913.12	寺內總督敎育方針談	데라우치 마사타케 (寺內正毅)
8643	寺內	사내	1	47	1913.12	日誌大要	데라우치 마사타케 (寺內正毅)
8644	寺內	사내	1	59	1913.12	講說〉大正二年六月十四日第一回演講〉(講章 益者三友損者三友) / 李容稙	데라우치 마사타케 (寺內正毅)
8645	寺內	사내	2	92	1914.03	地方報告〉[成樂賢의 報告]	데라우치 마사타케 (寺內正毅)
8646	寺內	사내	5	59	1914.12	日誌大要	데라우치 마사타케 (寺內正毅)
8647	寺內	사내	5	69	1914.12	日誌大要	데라우치 마사타케 (寺內正毅)
8648	寺內	사내	7	53	1915.06	日誌大要	데라우치 마사타케 (寺內正毅)
8649	寺內	사내	7	65	1915.06	日誌大要	데라우치 마사타케 (寺內正毅)
8650	寺內	사내	9	41	1915.12	日誌大要	데라우치 마사타케 (寺內正毅)
8651	寺內	사내	9	42	1915.12	日誌大要	데라우치 마사타케 (寺內正毅)
8652	寺內	사내	10	41	1916.03	新政敎育에 關한 感想 / 朴時陽	데라우치 마사타케 (寺內正毅)
8653	寺內	사내	11	61	1916.06	日誌大要	데라우치 마사타케 (寺內正毅)
8654	寺內	사내	11	64	1916.06	日誌大要	데라우치 마사타케 (寺內正毅)

번호	원문	현대어(독음)	호	쪽	발행일	기사명 / 필자	비고
8655	寺內	사내	12	19	1916.12	送剛庵副學賀魯庵閣下陞內閣首輔序 / 金允植	데라우치 마사타케 (寺內正毅)
8656	寺內	사내	13	49	1917.03	講說〉立身致富之要訣(大正五年六月十日第十九回講演) / 村上唯吉	데라우치 마사타케 (寺內正毅)
8657	寺內	사내	21	73	1921.03	鄕校財産沿革 / 金完鎭	데라우치 마사타케 (寺內正毅)
8658	寺內正毅	사내정의	1	41	1913.12	日誌大要	데라우치 마사타케
8659	寺內正毅	사내정의	1	45	1913.12	日誌大要	데라우치 마사타케
8660	寺內正毅	사내정의	1	54	1913.12	日誌大要	데라우치 마사타케
8661	寺內正毅	사내정의	1	[0]	1913.12	朝鮮總督伯爵寺內正毅閣下	데라우치 마사타케
8662	寺內正毅	사내정의	12	20	1916.12	謹呈雲養先生書 / 寺內正毅	데라우치 마사타케
8663	寺內正毅	사내정의	12	21	1916.12	謹呈雲養先生書 / 寺內正毅	데라우치 마사타케
8664	謝良佐	사량좌	11	22	1916.06	經學管見(續) / 尹寧求	
8665	謝良佐	사량좌	12	7	1916.12	經學管見(續) / 尹寧求	
8666	謝良佐	사량좌	21	20	1921.03	經學管見(續) / 尹寧求	
8667	師練	사련	48	23	1944.04	(十月十五日於經學院秋季釋典)時局と儒道 / 鈴川壽男	고칸시렌 (虎關師練)
8668	謝靈運	사령운	18	13	1918.09	經學管見(續) / 尹寧求	
8669	司馬	사마	7	76	1915.06	講說〉講題 孔子聖之時者也(大政四年三月十八日第十回講演)〉敷演 / 梁鳳濟	
8670	司馬	사마	24	24	1923.12	三洙瑣談(續) / 元泳義	
8671	司馬耕	사마경	30	[9]	1929.12	李龍眠畵宣聖及七十二弟子像贊(金石萃編)	
8672	司馬耕	사마경	42	47	1937.12	文廟享祀位次及聖賢姓名爵號考 / 金完鎭	睢陽侯
8673	司馬耕	사마경	42	51	1937.12	文廟享祀位次及聖賢姓名爵號考 / 金完鎭	睢陽侯, 원문은 姓司馬名耕
8674	司馬季	사마계	6	2	1915.03	緖論 / 呂圭亨	
8675	司馬季主	사마계주	8	4	1915.09	經說 本論附 / 韓晩容	
8676	司馬光	사마광	1	20	1913.12	經學當明者 三 / 呂圭亨	
8677	司馬光	사마광	1	21	1913.12	經學當明者 三 / 呂圭亨	

번호	원문	현대어(독음)	호	쪽	발행일	기사명 / 필자	비고
8678	司馬光	사마광	8	35	1915.09	賢關記聞 / 李大榮	
8679	司馬光	사마광	11	20	1916.06	經學管見(續) / 尹寧求	
8680	司馬光	사마광	11	24	1916.06	經學管見(續) / 尹寧求	
8681	司馬光	사마광	13	3	1917.03	經學管見(續) / 尹寧求	
8682	司馬光	사마광	15	2	1917.10	經學管見(續) / 尹寧求	
8683	司馬光	사마광	16	7	1918.03	經學管見(續) / 尹寧求	
8684	司馬光	사마광	17	5	1918.07	經學管見(續) / 尹寧求	
8685	司馬光	사마광	21	11	1921.03	經學管見(續) / 尹寧求	
8686	司馬光	사마광	21	16	1921.03	經學管見(續) / 尹寧求	
8687	司馬光	사마광	21	18	1921.03	經學管見(續) / 尹寧求	
8688	司馬光	사마광	32	7	1930.12	經學源流(續) / 權純九	
8689	司馬光	사마광	42	47	1937.12	文廟享祀位次及聖賢姓名爵號考 / 金完鎭	溫國公
8690	司馬光	사마광	42	56	1937.12	文廟享祀位次及聖賢姓名爵號考 / 金完鎭	溫國公, 원문은 姓司馬名光
8691	司馬君實	사마군실	7	77	1915.06	講說〉講題 孔子聖之時者也(大政四年三月十八日第十回講演)〉續演 / 呂圭亨	司馬光
8692	司馬相如	사마상여	6	45	1915.03	論語考證 / 金文演	
8693	司馬涑水	사마속수	10	6	1916.03	經論 / 金元祐	
8694	司馬涑水	사마속수	16	48	1918.03	講說〉講題 存其心養其性所以事天也(大正六年十月十四日江陵郡講演) / 李容稙	
8695	司馬承禎	사마승정	9	5	1915.12	經說(續) / 韓晩容	
8696	司馬氏	사마씨	14	5	1917.07	經學管見(續) / 尹寧求	
8697	司馬氏	사마씨	14	6	1917.07	經學管見(續) / 尹寧求	
8698	司馬氏	사마씨	22	48	1922.03	故經學院副提學久庵朴公挽詞 / 沈璿澤	
8699	司馬溫公	사마온공	3	66	1914.06	講說〉講題 孝子所以事君也弟者所以事長也慈者所以使衆也(大正三年三月三日第五回講演) / 李容稙	司馬光
8700	司馬溫公	사마온공	11	6	1916.06	經論 / 韓晩容	司馬光
8701	司馬溫公	사마온공	19	65	1918.12	講說〉講題 孝弟也者其爲仁之本歟(大正七年十月十二日第三十一回講演)〉敷演 / 李晩奎	司馬光
8702	司馬溫公	사마온공	37	20	1934.10	學說 / 權純九	司馬光
8703	司馬溫公	사마온공	48	23	1944.04	(十月十五日於經學院秋季釋典)時局と儒道 / 鈴川壽男	司馬光
8704	司馬牛	사마우	2	61	1914.03	講說〉講題 克己復禮(大正二年十月十一日第三回講演)〉敷演 / 李容稙	
8705	司馬牛	사마우	2	62	1914.03	講說〉講題 克己復禮(大正二年十月十一日第三回講演)〉敷演 / 鄭鳳時	

번호	원문	현대어(독음)	호	쪽	발행일	기사명 / 필자	비고
8706	司馬牛	사마우	4	59	1914.09	講說>講題 文質彬彬然後君子(大正三年六月十三日第六回講演)	
8707	司馬牛	사마우	5	52	1914.12	容思衍(續) / 李鼎煥	
8708	司馬牛	사마우	7	5	1915.06	華山問答(續) / 李容稙	
8709	司馬牛	사마우	7	47	1915.06	論語分類一覽(續) / 金文演	
8710	司馬牛	사마우	10	87	1916.03	地方報告>[李鶴在의 報告]	
8711	司馬牛	사마우	10	89	1916.03	地方報告>[李鶴在의 報告]	
8712	司馬牛	사마우	10	90	1916.03	地方報告>[李鶴在의 報告]	
8713	司馬牛	사마우	12	27	1916.12	孔門問同答異 / 鄭淳默	
8714	司馬子長	사마자장	4	3	1914.09	學說 / 呂圭亨	
8715	司馬子長	사마자장	8	2	1915.09	儒教論 / 呂圭亨	
8716	司馬子長	사마자장	12	13	1916.12	孟子緒論 / 金文演	
8717	司馬貞	사마정	2	30	1914.03	孔子年譜 / 呂圭亨	
8718	司馬貞	사마정	14	2	1917.07	經學管見(續) / 尹寧求	
8719	司馬貞	사마정	21	13	1921.03	經學管見(續) / 尹寧求	
8720	司馬遷	사마천	1	7	1913.12	論說 / 呂圭亨	
8721	司馬遷	사마천	1	19	1913.12	經學當明者 二 / 呂圭亨	
8722	司馬遷	사마천	1	23	1913.12	經學當明者 五 / 呂圭亨	
8723	司馬遷	사마천	2	30	1914.03	孔子年譜 / 呂圭亨	
8724	司馬遷	사마천	2	31	1914.03	孔子年譜 / 呂圭亨	
8725	司馬遷	사마천	2	32	1914.03	孔子年譜 / 呂圭亨	
8726	司馬遷	사마천	3	36	1914.06	孔子年報(續) / 呂圭亨	
8727	司馬遷	사마천	6	34	1915.03	樂器圖說(續)	
8728	司馬遷	사마천	8	1	1915.09	儒教論 / 呂圭亨	
8729	司馬遷	사마천	8	2	1915.09	儒教論 / 呂圭亨	
8730	司馬遷	사마천	8	3	1915.09	儒教論 / 呂圭亨	
8731	司馬遷	사마천	9	27	1915.12	孔子年報(續) / 呂圭亨	
8732	司馬遷	사마천	10	2	1916.03	經論 / 金元祐	
8733	司馬遷	사마천	11	6	1916.06	經論 / 韓晚容	
8734	司馬遷	사마천	12	11	1916.12	孟子緒論 / 金文演	
8735	司馬遷	사마천	13	4	1917.03	經學管見(續) / 尹寧求	
8736	司馬遷	사마천	14	2	1917.07	經學管見(續) / 尹寧求	
8737	司馬遷	사마천	14	3	1917.07	經學管見(續) / 尹寧求	
8738	司馬遷	사마천	14	5	1917.07	經學管見(續) / 尹寧求	원문은 遷
8739	司馬遷	사마천	15	4	1917.10	經學管見(續) / 尹寧求	
8740	司馬遷	사마천	15	17	1917.10	詩經蔫辨 / 金文演	

번호	원문	현대어(독음)	호	쪽	발행일	기사명 / 필자	비고
8741	司馬遷	사마천	16	1	1918.03	經學管見(續) / 尹寧求	
8742	司馬遷	사마천	27	45	1926.12	釋奠에 就ㅎ야(續) / 佐藤廣治	
8743	司馬遷	사마천	44	40	1939.10	經儒學 / 金誠鎭	
8744	司馬遷	사마천	46	60	1941.12	講演及講習〉時局と婦道實踐(講演速記) / 永田種秀	
8745	司馬彪	사마표	14	4	1917.07	經學管見(續) / 尹寧求	
8746	司馬桓魋	사마환추	24	65	1923.12	講說〉講題 知天命說 / 服部宇之吉	
8747	謝萬	사만	37	20	1934.10	學說 / 權純九	
8748	謝曼卿	사만경	10	13	1916.03	經學管見(續) / 尹寧求	
8749	謝旻	사민	18	10	1918.09	經學管見(續) / 尹寧求	
8750	史伯璿	사백선	12	10	1916.12	經學管見(續) / 尹寧求	
8751	謝上蔡	사상채	18	1	1918.09	學說 / 李明宰	
8752	四聖	사성	6	2	1915.03	緒論 / 呂圭亨	
8753	四聖	사성	7	72	1915.06	講說〉講題 孔子聖之時者也(大政四年三月十八日第十回講演)〉敷演 / 鄭鳳時	
8754	四聖	사성	8	4	1915.09	經說 本論附 / 韓晩容	
8755	四聖	사성	8	39	1915.09	賢關記聞 / 李大榮	
8756	四聖	사성	10	52	1916.03	賢關記聞(續) / 李大榮	
8757	四聖	사성	20	31	1920.03	三洙瑣談(續) / 元泳義	
8758	四聖	사성	29	15	1928.12	坡州郡文廟齋則序 / 李學魯	
8759	四聖	사성	30	58	1929.12	講說〉講題 朝鮮의 在한 聖學道統 : 李退溪先生을 憶함 / 赤木萬二郎	顔子·子思子·曾子·孟子
8760	四聖	사성	42	44	1937.12	文廟釋奠祭文改正에關한件(昭和十二年五月十八日院通牒)	顔子·子思子·曾子·孟子
8761	四聖	사성	42	60	1937.12	文廟享祀位次及聖賢姓名爵號考 / 金完鎭	顔子·子思子·曾子·孟子
8762	司城貞子	사성정자	5	43	1914.12	孔子年報(續) / 呂圭亨	
8763	士孫鄧衡	사손등형	31	6	1930.08	經學源流 / 權純九	士孫張, 鄧彭祖, 衡咸
8764	泗水侯	사수후	10	47	1916.03	賢關記聞(續) / 李大榮	孔鯉
8765	泗水侯	사수후	10	49	1916.03	賢關記聞(續) / 李大榮	孔鯉
8766	泗水候	사수후	10	46	1916.03	賢關記聞(續) / 李大榮	孔鯉
8767	泗水候	사수후	42	59	1937.12	文廟享祀位次及聖賢姓名爵號考 / 金完鎭	孔鯉
8768	泗水候	사수후	42	48	1937.12	文廟享祀位次及聖賢姓名爵號考 / 金完鎭	孔鯉
8769	謝氏	사씨	44	35	1939.10	經儒學 / 金誠鎭	北宋의 謝良佐
8770	謝安	사안	7	35	1915.06	容思衍(續) / 李鼎煥	

번호	원문	현대어(독음)	호	쪽	발행일	기사명 / 필자	비고
8771	謝安石	사안석	11	3	1916.06	經論 / 韓晩容	
8772	師襄	사양	1	65	1913.12	講說〉大正二年六月十四日第一回演講〉(講章 益者三友損者三友)〉續演 / 呂圭亨	
8773	師襄	사양	7	41	1915.06	論語考證(續) / 金文演	
8774	師襄	사양	8	62	1915.09	地方報告〉[韓昌愚의 報告]	
8775	師襄	사양	9	53	1915.12	講說〉講題 三人行必有我師(大正四年六月 十二日第十三回講演) / 朴箕陽	
8776	師襄	사양	14	66	1917.07	地方報告〉[宋在永의 報告]〉釋奠祭文 / 黃義民	
8777	師襄	사양	21	68	1921.03	三洙瑣談(續) / 元泳義	
8778	師襄子	사양자	5	46	1914.12	孔子年報(續) / 呂圭亨	
8779	史魚	사어	30	[9]	1929.12	李龍眠畵宣聖及七十二弟子像賛(金石萃編)	
8780	司子明	사자명	47	46	1943.01	經學院日誌大要(昭和十六年七月ヨリ昭和 十七年六月マテ)	
8781	謝肇淛	사조제	18	10	1918.09	經學管見(續) / 尹寧求	明의 문신
8782	師摯	사지	7	41	1915.06	論語考證(續) / 金文演	
8783	史遷	사천	3	30	1914.06	孔子年報(續) / 呂圭亨	
8784	史遷	사천	6	47	1915.03	論語考證 / 金文演	
8785	史遷	사천	7	26	1915.06	孔子年報(續) / 呂圭亨	
8786	士瞻	사첨	24	14	1923.12	彝峯金公遺墟碑文 / 成岐運	
8787	莎湖處士	사호처사	36	38	1933.12	孝烈行蹟〉[李奎燮 等의 보고]	金觀顯
8788	史皇	사황	1	16	1913.12	經學當明者 一 / 呂圭亨	
8789	思孝堂	사효당	26	78	1925.12	地方報告〉[朴熏陽 等의 報告]	
8790	山佳潤	산가윤	46	24	1941.12	經學院日誌大要(昭和十四年七月ヨリ昭和十 六年六月マテ)	崔潤
8791	山階宮	산계궁	27	60	1926.12	日誌大要	야마시나노 미야
8792	山堦宮 藤麿王	산계궁 등마왕	28	53	1927.12	日誌大要	야마시나노 미야 후지마 로, 전후에 는 츠쿠바 후지마로(筑 波藤麿)
8793	山崎	산기	10	21	1916.03	經學淺知錄 / 金文演	야마자키
8794	山崎闇齋	산기암재	17	49	1918.07	講說〉講題 國民道德은 何也오(大正六年十一 月十日第二十六回講演) / 立柄敎俊	야마자키 안사이
8795	山崎闇齋	산기암재	18	53	1918.09	講說〉講題 內地의 宋學(大正七年五月十一日 第二十八回講演) / 今關壽麿	야마자키 안사이
8796	山崎闇齋	산기암재	48	25	1944.04	(十月十五日於經學院秋季釋典)時局と儒道 / 鈴川壽男	야마자키 안사이

번호	원문	현대어(독음)	호	쪽	발행일	기사명 / 필자	비고
8797	山崎衞	산기위	46	21	1941.12	經學院日誌大要(昭和十四年七月ヨリ昭和十六年六月マテ)	야마자키 마모루
8798	山鹿素行	산록소행	17	50	1918.07	講說〉講題 國民道德은 何也오(大正六年十一月十日第二十六回講演) / 立柄教俊	야마가 소코
8799	山鹿素行	산록소행	37	15	1934.10	東洋에 斯文이 有함 / 福士末之助	야마가 소코
8800	山梨	산리	29	41	1928.12	日誌大要	야마나시 한조 (山梨半造)
8801	山梨	산리	29	42	1928.12	日誌大要	야마나시 한조 (山梨半造)
8802	山梨	산리	29	43	1928.12	日誌大要	야마나시 한조 (山梨半造)
8803	山梨	산리	30	42	1929.12	日誌大要	야마나시 한조 (山梨半造)
8804	山梨	산리	30	43	1929.12	日誌大要	야마나시 한조 (山梨半造)
8805	山梨	산리	30	45	1929.12	日誌大要	야마나시 한조 (山梨半造)
8806	山梨半造	산리반조	29	[1]	1928.12	諭告 / 山梨半造	야마나시 한조
8807	山梨半造	산리반조	29	[3]	1928.12	訓示 / 山梨半造	야마나시 한조
8808	山本	산본	47	45	1943.01	經學院日誌大要(昭和十六年七月ヨリ昭和十七年六月マテ)	야마모토 스키타 (山本壽喜太)
8809	山本權一郎	산본권일랑	48	52	1944.04	釋奠狀況〉昭和十八年春季釋奠狀況	야마모토 곤이치로
8810	山本誠助	산본성조	47	37	1943.01	釋奠狀況〉昭和十六年秋季釋奠狀況	
8811	山本宇成	산본우성	48	52	1944.04	釋奠狀況〉昭和十八年春季釋奠狀況	
8812	山本宇成	산본우성	48	54	1944.04	釋奠狀況〉昭和十八年秋季釋奠狀況	
8813	山本齊河	산본제하	44	81	1939.10	日誌大要(自昭和十三年六月 至昭和十三年十二月)	
8814	山本周二	산본주이	48	52	1944.04	釋奠狀況〉昭和十八年春季釋奠狀況	
8815	山本周二	산본주이	48	54	1944.04	釋奠狀況〉昭和十八年秋季釋奠狀況	
8816	散宜生	산의생	12	33	1916.12	讀書私記(續) / 洪鍾佶	

번호	원문	현대어(독음)	호	쪽	발행일	기사명 / 필자	비고
8817	散宜生	산의생	12	34	1916.12	讀書私記(續) / 洪鍾佶	
8818	山長時	산장시	11	22	1916.06	經學管見(續) / 尹寧求	
8819	山田三良	산전삼양	35	68	1932.12	第一回學生卒業式狀況〉祝辭 / 山田三良	야마다 사부로
8820	山井景昭	산정경소	39	23	1935.10	湯島聖堂孔子祭典狀況〉孔子祭舞樂曲目竝配役	야마노이 가게아키
8821	山澤	산택	45	110	1940.12	慶尙南道儒道聯合會結成式	야마사와 와사부로 (山澤和三郎)
8822	山澤和三郎	산택화삼랑	45	21	1940.12	朝鮮儒林大會(朝鮮儒道聯合會創立總會) 會錄槪要〉朝鮮儒道聯合會役員名簿(昭和十四年十一月一日現在)	야마자와 와사부로
8823	山澤和三郎	산택화삼랑	45	116	1940.12	慶尙南道儒道聯合會結成式〉慶尙南道儒道聯合會結成式會長式辭要旨 / 山澤和三郎	야마사와 와사부로
8824	山縣	산현	1	46	1913.12	日誌大要	야마가타 이사부로 (山縣紑尹三郎)
8825	山縣	산현	1	51	1913.12	日誌大要	야마가타 이사부로 (山縣紑尹三郎)
8826	山縣	산현	1	53	1913.12	日誌大要	야마가타 이사부로 (山縣紑尹三郎)
8827	山縣	산현	1	56	1913.12	日誌大要	야마가타 이사부로 (山縣紑尹三郎)
8828	山縣	산현	5	67	1914.12	日誌大要	야마가타 이사부로 (山縣紑尹三郎)
8829	山縣	산현	5	68	1914.12	日誌大要	야마가타 이사부로 (山縣紑尹三郎)
8830	山顯	산현	3	56	1914.06	日誌大要	야마가타 이사부로 (山縣紑尹三郎)
8831	山顯	산현	7	68	1915.06	日誌大要	야마가타 이사부로 (山縣紑尹三郎)
8832	山顯	산현	12	53	1916.12	日誌大要	야마가타 이사부로 (山縣紑尹三郎)

번호	원문	현대어(독음)	호	쪽	발행일	기사명 / 필자	비고
8833	山顯	산현	19	30	1918.12	日誌大要	야마가타 이사부로 (山縣伊三郎)
8834	山縣伊三郎	산현이삼랑	20	48	1920.03	日誌大要	야마가타 이사부로
8835	參	삼	22	60	1922.03	講說〉一貫之道 / 宇野哲人	曾子
8836	三家	삼가	4	39	1914.09	孔子年報(續) / 呂圭亨	孟孫氏, 叔孫氏, 季孫氏
8837	三家	삼가	5	39	1914.12	孔子年報(續) / 呂圭亨	孟孫氏, 叔孫氏, 季孫氏
8838	三家	삼가	5	41	1914.12	孔子年報(續) / 呂圭亨	孟孫氏, 叔孫氏, 季孫氏
8839	三橋孝一郞	삼교효일랑	42	12	1937.12	北支事變에 直面하야 輕擧妄動을 愼戒하라 / 三橋孝一郞	미하시 고이치로
8840	三橋孝一郞	삼교효일랑	45	22	1940.12	朝鮮儒林大會(朝鮮儒道聯合會創立總會) 會錄槪要〉朝鮮儒道聯合會役員名簿(昭和十四年十一月一日現在)	미하시 고이치로
8841	三島毅	삼도의	39	[1]	1935.10	儒敎의 使命에 邁往함을 望함 / 宇垣一成	미시마 다케시, 미시마 쥬슈(三島中洲)의 본명
8842	三島春雄	삼도춘웅	48	52	1944.04	釋奠狀況〉昭和十八年春季釋奠狀況	
8843	三島春雄	삼도춘웅	48	54	1944.04	釋奠狀況〉昭和十八年秋季釋奠狀況	
8844	三閭	삼려	9	16	1915.12	經學管見(上) / 尹寧求	
8845	杉本健次郞	삼본건차랑	45	32	1940.12	朝鮮儒林大會(朝鮮儒道聯合會創立總會) 會錄槪要〉朝鮮儒道聯合會役員名簿(昭和十四年十一月一日現在)	스기모토 겐지로
8846	三山潘氏	삼산반씨	13	20	1917.03	四書小註辨疑(續) / 李鶴在	
8847	三山潘氏	삼산반씨	18	15	1918.09	四書小註辨疑(續) / 李鶴在	
8848	三山陳氏	삼산진씨	2	9	1914.03	華山問答 / 李容稙	
8849	三山陳氏	삼산진씨	6	10	1915.03	華山問答(續) / 李容稙	
8850	三山陳氏	삼산진씨	14	27	1917.07	四書小註辨疑(續) / 李鶴在	
8851	三上新	삼상신	25	80	1924.12	地方報告〉[張憲洙의 報告]	미카미 아라타
8852	三聖	삼성	28	8	1927.12	中庸問對(續) / 沈璿澤	
8853	三聖	삼성	28	68	1927.12	講說〉講題 孔夫子의 集大成 / 兒島獻吉郞	
8854	三松亭	삼송정	28	87	1927.12	地方報告〉[吉基淳 等의 報告]	吳稷

번호	원문	현대어(독음)	호	쪽	발행일	기사명 / 필자	비고
8855	三守堂	삼수당	1	38	1913.12	近世事十條 / 李商永	
8856	森安連吉	삼안연길	11	62	1916.06	日誌大要	모리야스 렌키치
8857	森安連吉	삼안연길	11	68	1916.06	講說〉健康과 衛生(大正四年三月十一日第十六回講演) / 森安連吉	모리야스 렌키치
8858	三淵	삼연	28	3	1927.12	朝鮮詩文變遷論 / 鄭萬朝	金昌翕
8859	三王	삼왕	3	5	1914.06	儒教尊尚說 / 張錫周	禹王, 湯王, 文·武王
8860	三王	삼왕	7	27	1915.06	孔子年報(續) / 呂圭亨	
8861	三王	삼왕	7	76	1915.06	講說〉講題 孔子聖之時者也(大政四年三月十八日第十回講演)〉敷演 / 梁鳳濟	
8862	三王	삼왕	8	2	1915.09	儒教論 / 呂圭亨	
8863	三王	삼왕	8	3	1915.09	儒教論 / 呂圭亨	
8864	三王	삼왕	8	51	1915.09	講說〉講題 苟日新日日新又日新(大政四年四月十七日第十一回講演)〉續演 / 呂圭亨	
8865	三王	삼왕	9	15	1915.12	經學管見(上) / 尹寧求	
8866	三王	삼왕	9	55	1915.12	講說〉講題 三人行必有我師(大正四年六月十二日第十三回講演) / 鄭鳳時	
8867	三王	삼왕	9	58	1915.12	講說〉講題 三人行必有我師(大正四年六月十二日第十三回講演) / 沈鐘舜	
8868	三王	삼왕	10	2	1916.03	經論 / 金元祐	
8869	三王	삼왕	10	12	1916.03	經學管見(續) / 尹寧求	
8870	三王	삼왕	10	21	1916.03	經學淺知錄 / 金文演	
8871	三王	삼왕	18	83	1918.09	地方報告〉[李台煥의 報告]	
8872	三王	삼왕	28	69	1927.12	講說〉講題 孔夫子의 集大成 / 兒島獻吉郎	禹王, 湯王, 文·武王
8873	三王	삼왕	30	2	1929.12	雜誌第三十號發行說 / 權純九	
8874	三王	삼왕	44	40	1939.10	經儒學 / 金誠鎮	禹王, 湯王, 文·武王
8875	三仁	삼인	6	53	1915.03	論語分類一覽 / 金文演	微子, 箕子, 比干
8876	三田渡	삼전도	21	27	1921.03	鄭信國傳 / 鄭崙秀	미타 와타루
8877	三朝	삼조	11	27	1916.06	經學淺知錄(續) / 金文演	中宗, 仁宗, 明宗
8878	三洲	삼주	11	56	1916.06	賢關記聞(續) / 李大榮	李鼎輔
8879	三中一弘	삼중일홍	48	52	1944.04	釋奠狀況〉昭和十八年春季釋奠狀況	산나카 하타카마
8880	三中一弘	삼중일홍	48	54	1944.04	釋奠狀況〉昭和十八年秋季釋奠狀況	산나카 하타카마

번호	원문	현대어(독음)	호	쪽	발행일	기사명 / 필자	비고
8881	三泰	삼태	19	12	1918.12	經學管見(續) / 尹寧求	
8882	三宅	삼택	10	21	1916.03	經學淺知錄 / 金文演	
8883	三宅福男	삼택복남	44	74	1939.10	日誌大要(自昭和十三年六月 至昭和十三年十二月)	미야케 후쿠오
8884	三宅尚齋	삼택상재	18	54	1918.09	講說〉講題 內地의 宋學(大正七年五月十一日 第二十八回講演) / 今關壽麿	미야케 쇼사이
8885	三宅尚齋	삼택상재	48	49	1944.04	嘉言善行 / 李敬植	미야케 쇼사이
8886	杉浦重剛	삼포중강	48	19	1944.04	(四月十五日於經學院春季釋典)櫻と日本精神 / 白神壽吉	스기우라 쥬고
8887	杉浦重剛	삼포중강	48	21	1944.04	(四月十五日於經學院春季釋典)櫻と日本精神 / 白神壽吉	스기우라 쥬고
8888	三桓	삼환	4	44	1914.09	孔子年報(續) / 呂圭亨	
8889	三皇	삼황	7	27	1915.06	孔子年報(續) / 呂圭亨	
8890	三皇	삼황	8	2	1915.09	儒教論 / 呂圭亨	
8891	三皇	삼황	9	[11]	1915.12	卽位大禮式獻頌文 / 成樂賢	
8892	三皇	삼황	9	[9]	1915.12	卽位大禮式獻頌文 / 黃敦秀	
8893	三皇	삼황	15	4	1917.10	經學管見(續) / 尹寧求	
8894	三皇	삼황	44	27	1939.10	儒教의 起源과 流派 / 李昇圭	伏羲, 神農, 黃帝(軒轅)
8895	三皇	삼황	44	40	1939.10	經儒學 / 金誠鎭	伏羲, 神農, 黃帝(軒轅)
8896	商	상	6	46	1915.03	論語考證 / 金文演	
8897	商	상	7	44	1915.06	論語分類一覽(續) / 金文演	子夏
8898	商	상	11	38	1916.06	經義答問 / 黃敦秀	
8899	商	상	26	11	1925.12	四書講解總說 / 元泳義	
8900	象	상	3	63	1914.06	講說〉講題 孝子所以事君也弟者所以事長也慈者所以使衆也(大正三年三月三日第五回講演) / 李容稙	순 임금의 弟
8901	象	상	12	15	1916.12	孟子緒論 / 金文演	
8902	常璩	상거	17	5	1918.07	經學管見(續) / 尹寧求	
8903	殤公	상공	20	28	1920.03	三洙瑣談(續) / 元泳義	
8904	商瞿	상구	30	[9]	1929.12	李龍眠畵宣聖及七十二弟子像贊(金石萃編)	
8905	商瞿	상구	42	46	1937.12	文廟享祀位次及聖賢姓名爵號考 / 金完鎭	須昌侯
8906	商瞿	상구	42	51	1937.12	文廟享祀位次及聖賢姓名爵號考 / 金完鎭	須昌侯, 원문은 姓商名瞿
8907	尙奎	상규	27	71	1926.12	地方報告〉[申喆休의 報告]	朱尙奎

번호	원문	현대어(독음)	호	쪽	발행일	기사명 / 필자	비고
8908	上邽侯	상규후	42	53	1937.12	文廟享祀位次及聖賢姓名爵號考 / 金完鎭	壤駟赤
8909	上邽侯	상규후	42	47	1937.12	文廟享祀位次及聖賢姓名爵號考 / 金完鎭	壤駟赤
8910	上內彦策	상내언책	45	21	1940.12	朝鮮儒林大會(朝鮮儒道聯合會創立總會) 會錄槪要〉朝鮮儒道聯合會役員名簿(昭和十四年十一月一日現在)	가미우치 히코사쿠
8911	上瀧基	상농기	45	109	1940.12	慶尙北道儒道聯合會結成式〉慶尙北道儒道聯合會結成式會長告辭要旨 / 上瀧 基	고타키 모토이
8912	上洛伯	상락백	30	[10]	1929.12	李龍眠畵宣聖及七十二弟子像贊(金石萃編)	
8913	商輅	상로	16	4	1918.03	經學管見(續) / 尹寧求	
8914	上瀧	상롱	45	104	1940.12	慶尙北道儒道聯合會結成式	고타키 모토이 (上瀧基)
8915	上瀧基	상롱기	45	21	1940.12	朝鮮儒林大會(朝鮮儒道聯合會創立總會) 會錄槪要〉朝鮮儒道聯合會役員名簿(昭和十四年十一月一日現在)	고다키 모토이
8916	上林敬次郎	상림경차랑	18	32	1918.09	上林忠淸南道長官須桐苗事業顚末 / 金完鎭	우베바야시 게이지로
8917	上林敬次郎	상림경차랑	18	34	1918.09	上林忠淸南道長官須桐苗事業顚末 / 金完鎭	우베바야시 게이지로
8918	上林敬次郎	상림경차랑	21	57	1921.03	掌議에 關ᄒᆞᆫ 規程	우베바야시 게이지로
8919	上林敬次郎	상림경차랑	22	33	1922.03	鄕校財産管理規則施行細則(續)	우베바야시 게이지로
8920	上毛野君	상모야군	41	16	1937.02	博士王仁傳 / 李學魯	가미츠케노 노키미
8921	象山	상산	10	23	1916.03	經學淺知錄 / 金文演	陸九淵
8922	象山	상산	16	20	1918.03	閒窓問對 / 朴昇東	陸九淵
8923	象山	상산	30	58	1929.12	講說〉講題 朝鮮의 在한 聖學道統 : 李退溪先生을 憶함 / 赤木萬二郎	陸九淵
8924	桑世昌	상세창	20	17	1920.03	經學管見(續) / 尹寧求	
8925	桑世昌	상세창	20	18	1920.03	經學管見(續) / 尹寧求	
8926	商受	상수	9	58	1915.12	講說〉講題 三人行必有我師(大正四年六月十二日第十三回講演) / 沈鐘舜	
8927	商鞅	상앙	6	4	1915.03	緖論 / 呂圭亨	
8928	商楊	상양	46	4	1941.12	興學養材 / 崔浩然	
8929	商陽	상양	26	19	1925.12	三洙瑣談(續) / 元泳義	楚의 工尹
8930	相烈	상열	27	11	1926.12	烈婦崔氏旌閭重修記 / 崔定鉉	
8931	商容	상용	6	47	1915.03	論語考證 / 金文演	
8932	向子平	상자평	5	20	1914.12	格致管見(續) / 李鼎煥	

번호	원문	현대어(독음)	호	쪽	발행일	기사명 / 필자	비고
8933	尙齋	상재	48	49	1944.04	嘉言善行 / 李敬植	미야케 쇼사이 (三宅尙齋)
8934	尙齋	상재	48	50	1944.04	嘉言善行 / 李敬植	미야케 쇼사이 (三宅尙齋)
8935	商紂	상주	5	84	1914.12	講說〉講題 謹庠序之敎申之以孝悌之義(大正三年十月十日第八回講演)〉敷演 / 鄭鳳時	
8936	尙州黃氏	상주 황씨	35	43	1932.12	孝烈行蹟〉[元敦常 等의 보고]	
8937	尙震	상진	44	49	1939.10	嘉言善行 / 李昇圭	조선의 문신
8938	上蔡侯	상채후	42	47	1937.12	文廟享祀位次及聖賢姓名爵號考 / 金完鎭	曹䘏
8939	上蔡侯	상채후	42	52	1937.12	文廟享祀位次及聖賢姓名爵號考 / 金完鎭	曹䘏
8940	商澤	상택	30	[4]	1929.12	李龍眠畫宣聖及七十二弟子像贊(金石萃編)	
8941	商澤	상택	42	46	1937.12	文廟享祀位次及聖賢姓名爵號考 / 金完鎭	鄒平侯
8942	商澤	상택	42	53	1937.12	文廟享祀位次及聖賢姓名爵號考 / 金完鎭	鄒平侯, 원문은 姓商名澤
8943	相協	상협	38	36	1935.03	孝烈行蹟〉[李倫在 等의 보고]	
8944	尙灝	상호	20	59	1920.03	地方報告〉[朴璣壽의 報告]	
8945	桑弘羊	상홍양	21	15	1921.03	經學管見(續) / 尹寧求	
8946	尙休	상휴	23	89	1922.12	地方報告〉[崔潤鍾의 報告]	
8947	桑欽	상흠	18	11	1918.09	經學管見(續) / 尹寧求	
8948	索	색	40	16	1936.08	文房四友說 / 韓昌愚	魏晉시대 人
8949	索隱	색은	12	16	1916.12	孟子緖論 / 金文演	
8950	生田	생전	27	51	1926.12	日誌大要	이쿠타 기요사부로 (生田淸三郎)
8951	生田	생전	29	43	1928.12	日誌大要	이쿠타 기요사부로 (生田淸三郎)
8952	生田淸三郎	생전청삼랑	30	35	1929.12	祭粢料傳達式狀況	이쿠타 기요사부로
8953	徐幹	서간	21	16	1921.03	經學管見(續) / 尹寧求	
8954	徐斡	서간	9	23	1915.12	樂器圖說(續)	
8955	徐岡	서강	37	23	1934.10	敎化編年 / 李大榮	
8956	徐居正	서거정	8	24	1915.09	尊經閣記 / 徐居正 撰	원문은 居正
8957	徐居正	서거정	8	25	1915.09	尊經閣記 / 徐居正 撰	원문은 居正
8958	徐居正	서거정	10	33	1916.03	典祀廳記 / 李淑瑊 撰	원문은 徐公居正

번호	원문	현대어(독음)	호	쪽	발행일	기사명 / 필자	비고
8959	徐居正	서거정	11	54	1916.06	賢關記聞(續) / 李大榮	
8960	徐居正	서거정	21	65	1921.03	賢關記聞(續) / 李大榮	원문은 徐文忠居正
8961	徐居正	서거정	28	2	1927.12	朝鮮詩文變遷論 / 鄭萬朝	원문은 居正
8962	徐居正	서거정	40	21	1936.08	教化編年(續) / 李大榮	
8963	徐居正	서거정	41	21	1937.02	教化編年(續) / 李大榮	
8964	徐乾學	서건학	15	3	1917.10	經學管見(續) / 尹寧求	
8965	徐乾學	서건학	17	1	1918.07	經學管見(續) / 尹寧求	
8966	徐敬德	서경덕	9	33	1915.12	賢關記聞(續) / 李大榮	
8967	徐敬德	서경덕	11	27	1916.06	經學淺知錄(續) / 金文演	원문은 敬德
8968	徐敬德	서경덕	44	50	1939.10	嘉言善行 / 李昇圭	
8969	徐孤青	서고청	3	1	1914.06	經學院雜誌 第三號 序 / 呂圭亨	
8970	徐公	서공	42	46	1937.12	文廟享祀位次及聖賢姓名爵號考 / 金完鎭	冉求
8971	徐公	서공	42	49	1937.12	文廟享祀位次及聖賢姓名爵號考 / 金完鎭	冉求
8972	徐曠	서광	10	20	1916.03	經學管見(續) / 尹寧求	
8973	徐光啓	서광계	3	27	1914.06	格致管見(續) / 李鼎煥	
8974	徐光夢	서광몽	21	93	1921.03	日誌大要	
8975	徐光夢	서광몽	26	46	1925.12	日誌大要	
8976	徐光夢	서광몽	26	49	1925.12	日誌大要	
8977	徐光夢	서광몽	31	33	1930.08	日誌大要	
8978	徐光夢	서광몽	45	39	1940.12	朝鮮儒林大會(朝鮮儒道聯合會創立總會) 會錄槪要〉朝鮮儒道聯合會役員名簿(昭和十四年十一月一日現在)	
8979	徐光卨	서광설	45	28	1940.12	朝鮮儒林大會(朝鮮儒道聯合會創立總會) 會錄槪要〉朝鮮儒道聯合會役員名簿(昭和十四年十一月一日現在)	
8980	徐光世	서광세	45	28	1940.12	朝鮮儒林大會(朝鮮儒道聯合會創立總會) 會錄槪要〉朝鮮儒道聯合會役員名簿(昭和十四年十一月一日現在)	
8981	徐紘	서굉	17	3	1918.07	經學管見(續) / 尹寧求	
8982	徐宏祖	서굉조	18	12	1918.09	經學管見(續) / 尹寧求	
8983	徐克范	서극범	14	3	1917.07	經學管見(續) / 尹寧求	
8984	徐兢	서긍	18	13	1918.09	經學管見(續) / 尹寧求	
8985	西德植	서덕식	9	51	1915.12	日誌大要	
8986	徐德興	서덕흥	9	51	1915.12	日誌大要	
8987	徐斗欽	서두흠	33	35	1931.12	聲討顚末	
8988	徐邈	서막	10	75	1916.03	地方報告〉[成樂賢의 報告]	

번호	원문	현대어(독음)	호	쪽	발행일	기사명 / 필자	비고
8989	徐晚淳	서만순	33	32	1931.12	聲討顚末	
8990	徐晚淳	서만순	45	29	1940.12	朝鮮儒林大會(朝鮮儒道聯合會創立總會) 會錄槪要〉朝鮮儒道聯合會役員名簿(昭和十四年十一月一日現在)	
8991	徐勉	서면	10	17	1916.03	經學管見(續) / 尹寧求	
8992	徐命膺	서명응	10	47	1916.03	賢關記聞(續) / 李大榮	
8993	徐無黨	서무당	14	9	1917.07	經學管見(續) / 尹寧求	
8994	徐文靖	서문정	15	1	1917.10	經學管見(續) / 尹寧求	
8995	徐範錫	서범석	43	66	1938.12	文廟春季釋奠狀況	
8996	徐丙國	서병국	28	47	1927.12	日誌大要	
8997	徐丙國	서병국	29	45	1928.12	日誌大要	
8998	徐丙奎	서병규	38	38	1935.03	孝烈行蹟〉[徐丙奎 等의 보고]	
8999	徐丙斗	서병두	33	36	1931.12	聲討顚末	
9000	徐丙麟	서병린	26	11	1925.12	奉化郡重修學記 / 尹喜求	원문은 徐侯丙麟
9001	徐丙麟	서병린	27	79	1926.12	地方報告〉[李鍾振의 報告]	
9002	徐丙卨	서병설	37	71	1934.10	明倫學院第五回入學許可者名簿	
9003	徐丙卨	서병설	38	43	1935.03	文廟釋奠狀況〉[秋期釋奠 擧行]	
9004	徐丙朝	서병조	45	26	1940.12	朝鮮儒林大會(朝鮮儒道聯合會創立總會) 會錄槪要〉朝鮮儒道聯合會役員名簿(昭和十四年十一月一日現在)	
9005	徐炳柱	서병주	45	26	1940.12	朝鮮儒林大會(朝鮮儒道聯合會創立總會) 會錄槪要〉朝鮮儒道聯合會役員名簿(昭和十四年十一月一日現在)	
9006	徐秉喆	서병철	28	83	1927.12	地方報告〉[徐秉喆의 報告]	
9007	徐福	서복	3	61	1914.06	日誌大要	
9008	徐福	서복	41	18	1937.02	博士王仁傳 / 李學魯	
9009	西本	서본	45	129	1940.12	平安北道儒道聯合會結成式	니시모토 게이조 (西本計三)
9010	西本計三	서본계삼	45	135	1940.12	平安北道儒道聯合會結成式〉平安北道儒道聯合會結成式會長式辭要旨 / 西本計三	니시모토 게이조
9011	徐溥	서부	19	9	1918.12	經學管見(續) / 尹寧求	
9012	徐四佳	서사가	28	2	1927.12	朝鮮詩文變遷論 / 鄭萬朝	徐居正
9013	西山	서산	25	87	1924.12	地方報告〉[羅壽綸 等의 通牒]	柳自湄, 원문은 西山柳先生諱自湄

번호	원문	현대어(독음)	호	쪽	발행일	기사명 / 필자	비고
9014	西山眞氏	서산 진씨	15	60	1917.10	講說〉大邱高等普通學校講演(大正六年五月十六日)〉講題 志於道據於德依於仁游於藝 / 李容稙	
9015	鉏商	서상	8	19	1915.09	孔子年報(續) / 呂圭亨	
9016	鉏商	서상	8	20	1915.09	孔子年報(續) / 呂圭亨	
9017	徐相國	서상국	45	36	1940.12	朝鮮儒林大會(朝鮮儒道聯合會創立總會) 會錄槪要〉朝鮮儒道聯合會役員名簿(昭和十四年十一月一日現在)	
9018	徐相鐬	서상돈	21	25	1921.03	順天郡儒生尊聖錄序 / 鄭崙秀	
9019	徐象錫	서상석	23	54	1922.12	日誌大要	
9020	徐相應	서상응	14	39	1917.07	日誌大要	
9021	徐相春	서상춘	23	57	1922.12	日誌大要	
9022	徐相春	서상춘	45	30	1940.12	朝鮮儒林大會(朝鮮儒道聯合會創立總會) 會錄槪要〉朝鮮儒道聯合會役員名簿(昭和十四年十一月一日現在)	
9023	徐相曉	서상효	26	41	1925.12	日誌大要	
9024	徐相勛	서상훈	27	51	1926.12	日誌大要	
9025	徐相勛	서상훈	45	20	1940.12	朝鮮儒林大會(朝鮮儒道聯合會創立總會) 會錄槪要〉朝鮮儒道聯合會役員名簿(昭和十四年十一月一日現在)	
9026	徐碩	서석	11	26	1916.06	經學淺知錄(續) / 金文演	
9027	徐錫祚	서석조	38	46	1935.03	文廟釋奠狀況〉地方文廟秋期釋奠狀況表	
9028	徐錫祚	서석조	38	49	1935.03	文廟釋奠狀況〉地方文廟秋期釋奠狀況表	
9029	徐城侯	서성후	42	55	1937.12	文廟享祀位次及聖賢姓名爵號考 / 金完鎮	公西葳
9030	徐城侯	서성후	42	46	1937.12	文廟享祀位次及聖賢姓名爵號考 / 金完鎮	公西葳
9031	徐世昌	서세창	27	47	1926.12	釋奠에 就ㅎ야(續) / 佐藤廣治	
9032	西施	서시	2	72	1914.03	講說〉講題 必愼其獨(大正二年十一月八日第四回講演)〉敷演 / 李鼎煥	
9033	西厓	서애	17	24	1918.07	安東高山書院重興祝詞 / 高橋亨	
9034	西涯	서애	16	5	1918.03	經學管見(續) / 尹寧求	
9035	徐延斌	서연빈	27	59	1926.12	日誌大要	
9036	徐延沃	서연옥	24	59	1923.12	日誌大要	
9037	徐延翊	서연익	27	53	1926.12	日誌大要	
9038	徐冉求	서염구	2	36	1914.03	大成殿神位圖	
9039	徐榮必	서영필	33	34	1931.12	聲討顚末	
9040	徐榮必	서영필	35	43	1932.12	孝烈行蹟〉[徐榮必 等의 보고]	
9041	西王母	서왕모	39	12	1935.10	精神指導에 對하야(每日申報 昭和十年 七月十四日 心田開發에 關한 寄稿) / 安寅植	

번호	원문	현대어(독음)	호	쪽	발행일	기사명 / 필자	비고
9042	徐鏞馮	서용언	47	41	1943.01	釋奠狀況〉昭和十七年秋季釋奠狀況	
9043	徐浦馮	서용언	48	52	1944.04	釋奠狀況〉昭和十八年春季釋奠狀況	
9044	舒瑗	서원	10	13	1916.03	經學管見(續) / 尹寧求	
9045	西原性澤	서원성택	47	38	1943.01	釋奠狀況〉昭和十七年春季釋奠狀況	
9046	西原秀吉	서원수길	47	47	1943.01	經學院日誌大要(昭和十六年七月ヨリ昭和十七年六月マテ)	
9047	西原重澤	서원중택	47	41	1943.01	釋奠狀況〉昭和十七年秋季釋奠狀況	
9048	徐應河	서응하	26	74	1925.12	地方報告〉[黃圭轍 等의 報告]	
9049	西應河	서응하	26	73	1925.12	地方報告〉[黃圭轍 等의 報告]	
9050	徐一夔	서일기	19	10	1918.12	經學管見(續) / 尹寧求	
9051	徐一河	서일하	36	70	1933.12	明倫學院第四回入學許可者名簿	
9052	徐一河	서일하	37	62	1934.10	第四回評議員會狀況〉事業經過報告 / 俞萬兼	
9053	徐子	서자	11	13	1916.06	經學說(續) / 李容稙	
9054	徐子	서자	24	72	1923.12	講說〉講題 盈科而後進 / 鄭準民	
9055	西子	서자	8	49	1915.09	講說〉講題 苟日新日日新又日新(大政四年四月十七日第十一回講演)〉敷演 / 鄭鳳時	
9056	徐自明	서자명	19	7	1918.12	經學管見(續) / 尹寧求	
9057	徐載璟	서재경	24	58	1923.12	日誌大要	
9058	徐載璟	서재경	24	59	1923.12	日誌大要	
9059	徐載璟	서재경	25	44	1924.12	日誌大要	
9060	徐載璟	서재경	27	53	1926.12	日誌大要	
9061	徐載克	서재극	45	38	1940.12	朝鮮儒林大會(朝鮮儒道聯合會創立總會) 會錄概要〉朝鮮儒道聯合會役員名簿(昭和十四年十一月一日現在)	
9062	徐在元	서재원	20	38	1920.03	求禮郡文廟重修捐義錄小序 / 金商翊	
9063	徐載筆	서재필	36	71	1933.12	明倫學院第四回入學許可者名簿	
9064	徐載筆	서재필	37	46	1934.10	文廟釋奠狀況〉[秋期釋奠 擧行]	
9065	徐載筆	서재필	37	51	1934.10	文廟釋奠狀況〉[春期釋奠 擧行]	
9066	徐載筆	서재필	38	43	1935.03	文廟釋奠狀況〉[秋期釋奠 擧行]	
9067	徐載筆	서재필	39	52	1935.10	文廟釋奠狀況〉[春期釋奠 擧行]	
9068	徐載筆	서재필	40	35	1936.08	文廟釋奠狀況〉[秋期釋奠 擧行]	
9069	徐載筆	서재필	40	62	1936.08	第四回卒業式狀況及第七回新入生名簿〉第四回卒業生名簿	
9070	徐載筆	서재필	41	35	1937.02	文廟春季釋奠狀況	
9071	徐載筆	서재필	43	60	1938.12	文廟秋季釋奠狀況	
9072	徐積	서적	21	20	1921.03	經學管見(續) / 尹寧求	
9073	徐整	서정	37	20	1934.10	學說 / 權純九	

번호	원문	현대어(독음)	호	쪽	발행일	기사명 / 필자	비고
9074	徐廷健	서정건	9	41	1915.12	日誌大要	
9075	徐廷健	서정건	9	42	1915.12	日誌大要	
9076	徐廷汲	서정급	26	94	1925.12	地方報告〉[徐廷汲 等의 報告]	
9077	徐廷律	서정률	48	57	1944.04	一. 孝烈行跡報告 其三 / 李皡演	
9078	徐廷斌	서정빈	26	41	1925.12	日誌大要	
9079	徐廷斌	서정빈	26	42	1925.12	日誌大要	
9080	徐廷斌	서정빈	27	59	1926.12	日誌大要	
9081	徐廷秀	서정수	47	37	1943.01	釋奠狀況〉昭和十六年秋季釋奠狀況	
9082	徐鼎修	서정수	38	30	1935.03	太學志慶詩帖序	
9083	徐廷沃	서정옥	22	53	1922.03	日誌大要	
9084	徐廷沃	서정옥	22	54	1922.03	日誌大要	
9085	徐廷沃	서정옥	23	59	1922.12	日誌大要	
9086	徐廷沃	서정옥	24	59	1923.12	日誌大要	
9087	徐廷玉	서정옥	19	30	1918.12	日誌大要	
9088	徐廷玉	서정옥	19	31	1918.12	日誌大要	
9089	徐廷玉	서정옥	21	93	1921.03	日誌大要	
9090	徐廷旭	서정욱	45	36	1940.12	朝鮮儒林大會(朝鮮儒道聯合會創立總會) 會錄概要〉朝鮮儒道聯合會役員名簿(昭和十四年十一月一日現在)	
9091	徐廷益	서정익	45	36	1940.12	朝鮮儒林大會(朝鮮儒道聯合會創立總會) 會錄概要〉朝鮮儒道聯合會役員名簿(昭和十四年十一月一日現在)	
9092	徐廷翊	서정익	22	58	1922.03	日誌大要	
9093	徐廷翊	서정익	25	44	1924.12	日誌大要	
9094	徐廷鐸	서정탁	26	49	1925.12	日誌大要	
9095	西住	서주	46	56	1941.12	講演及講習〉時局と婦道實踐(講演速記) / 永田種秀	니시즈미 고지로(西住小次郎), 戰車長
9096	徐遵明	서준명	32	4	1930.12	經學源流(續) / 權純九	北魏의 학자
9097	西川慶太郎	서천경태랑	20	55	1920.03	地方報告〉[金東勳의 報告]	니시카와 게이타로(西川慶太郎)
9098	徐天麟	서천린	19	9	1918.12	經學管見(續) / 尹寧求	
9099	徐天祐	서천우	17	5	1918.07	經學管見(續) / 尹寧求	
9100	西村計三	서촌계삼	45	21	1940.12	朝鮮儒林大會(朝鮮儒道聯合會創立總會) 會錄概要〉朝鮮儒道聯合會役員名簿(昭和十四年十一月一日現在)	니시무라 게이조

번호	원문	현대어(독음)	호	쪽	발행일	기사명 / 필자	비고
9101	徐村載克	서촌재극	46	24	1941.12	經學院日誌大要(昭和十四年七月ヨリ昭和十六年六月マテ)	徐載克
9102	徐村載克	서촌재극	48	51	1944.04	釋奠狀況〉昭和十八年春季釋奠狀況	徐載克
9103	徐致鍾	서치종	23	89	1922.12	地方報告〉[崔潤鍾의 報告]	
9104	西坡	서파	21	98	1921.03	地方報告〉[柳庠烈의 報告]	吳道一
9105	西坡	서파	25	87	1924.12	地方報告〉[羅燾線 等의 通牒]	柳軒(柳自湄의 子)
9106	徐八道	서팔도	19	37	1918.12	日誌大要	
9107	西河	서하	13	5	1917.03	經學管見(續) / 尹寧求	
9108	西河	서하	48	46	1944.04	朝鮮詩學考(前號續) / 李昇圭	林椿
9109	西河昌一	서하창일	48	52	1944.04	釋奠狀況〉昭和十八年春季釋奠狀況	
9110	西河昌一	서하창일	48	54	1944.04	釋奠狀況〉昭和十八年秋季釋奠狀況	
9111	徐漢聞	서한문	35	39	1932.12	孝烈行蹟〉[鄭來和 等의 보고]	
9112	徐海朝	서해조	8	39	1915.09	賢關記聞 / 李大榮	
9113	徐花潭	서화담	11	27	1916.06	經學淺知錄(續) / 金文演	徐敬德
9114	徐候	서후	30	[2]	1929.12	李龍眠畵宣聖及七十二弟子像贊(金石萃編)	
9115	徐候	서후	42	49	1937.12	文廟享祀位次及聖賢姓名爵號考 / 金完鎭	冉求
9116	晳	석	30	[7]	1929.12	李龍眠畵宣聖及七十二弟子像贊(金石萃編)	
9117	釋	석	10	20	1916.03	經學管見(續) / 尹寧求	
9118	釋迦	석가	3	5	1914.06	儒敎尊尙說 / 張錫周	
9119	釋迦	석가	4	4	1914.09	學說 / 呂圭亨	
9120	釋迦	석가	9	59	1915.12	講說〉講題 三人行必有我師(大正四年六月十二日第十三回講演) / 呂圭亨	
9121	釋迦	석가	16	77	1918.03	地方報告〉[宋在永의 報告]〉獎學에 就ㅎ야 / 淺井安行	
9122	釋迦	석가	22	60	1922.03	講說〉一貫之道 / 宇野哲人	
9123	釋迦如來	석가여래	1	66	1913.12	講說〉大正二年六月十四日第一回演講〉(講章益者三友損者三友)〉結辭 / 李人稙	
9124	石溪	석계	26	94	1925.12	地方報告〉[尹暚學 等의 報告]	
9125	石季倫	석계륜	7	38	1915.06	容思衍(續) / 李鼎煥	石崇
9126	石溪處士	석계처사	46	28	1941.12	孝烈行跡報告 其四 / 金在宇	姜篆
9127	石基永	석기영	41	26	1937.02	一. 孝烈行蹟〉[韓啓東의 보고]	
9128	石潭	석담	25	52	1924.12	講說〉講題 儒素 / 金完鎭	
9129	石墪	석돈	12	7	1916.12	經學管見(續) / 尹寧求	
9130	石墪	석돈	12	8	1916.12	經學管見(續) / 尹寧求	
9131	石東鎭	석동진	39	59	1935.10	明倫學院第六回入學許可者名簿(昭和十年度)	
9132	石東鎭	석동진	41	37	1937.02	文廟秋季釋奠狀況	

번호	원문	현대어(독음)	호	쪽	발행일	기사명 / 필자	비고
9133	石東鎭	석동진	42	38	1937.12	文廟春季釋奠狀況	
9134	石東鎭	석동진	43	59	1938.12	文廟秋季釋奠狀況	
9135	石東鎭	석동진	43	73	1938.12	第六回卒業式狀況及第九回新入生名簿〉第六回卒業生名簿	
9136	石勒	석륵	6	6	1915.03	緖論 / 呂圭亨	
9137	石峰	석봉	9	35	1915.12	賢關記聞(續) / 李大榮	
9138	奭奉欶	석봉수	11	24	1916.06	經學管見(續) / 尹寧求	
9139	石奮	석분	6	6	1915.03	緖論 / 呂圭亨	萬石君
9140	石崇	석숭	26	65	1925.12	講說〉講題 德者本也財者末也 / 鄭鳳時	
9141	石崇	석숭	31	18	1930.08	講題 德者本也財者末也 / 成樂賢	
9142	釋氏	석씨	1	19	1913.12	經學當明者 二 / 呂圭亨	
9143	釋氏	석씨	1	25	1913.12	庸言 / 金允植	
9144	釋氏	석씨	5	30	1914.12	定性書演解 / 呂圭亨	
9145	釋氏	석씨	13	52	1917.03	講說〉講題 人有不爲也而後可以有爲(大正五年九月七日第二十回講演)〉續演 / 呂圭亨	
9146	釋氏	석씨	13	53	1917.03	講說〉講題 人有不爲也而後可以有爲(大正五年九月七日第二十回講演)〉續演 / 呂圭亨	
9147	釋氏	석씨	17	29	1918.07	閒窓問對(續) / 朴昇東	
9148	釋氏	석씨	30	17	1929.12	送金亨三歸堤川 / 俞鎭贊	
9149	釋氏	석씨	32	3	1930.12	經學源流(續) / 權純九	
9150	釋氏	석씨	40	13	1936.08	心田開發에 對한 儒敎 / 鄭鳳時	
9151	釋氏	석씨	46	10	1941.12	大學序文先儒論辨 / 金誠鎭	
9152	石庵	석암	23	88	1922.12	地方報告〉[乾元祠 新建 關聯 報告]	尹萬紀
9153	石庵	석암	40	40	1936.08	成竹似先生追悼錄〉挽故成均館博士成竹似先生 / 池琓洙	
9154	石庵	석암	40	52	1936.08	鄭茂亭先生追悼錄〉輓詞 / 李尙鎬	池琓洙
9155	石原熙洙	석원희수	46	17	1941.12	釋奠狀況〉昭和十六年春季釋奠狀況	
9156	石邑伯	석읍백	30	[6]	1929.12	李龍眠畵宣聖及七十二弟子像贊(金石萃編)	
9157	石子重	석자중	26	14	1925.12	四書講解總說 / 元泳義	
9158	石碏	석작	3	66	1914.06	講說〉講題 孝子所以事君也弟者所以事長也慈者所以使衆也(大正三年三月三日第五回講演) / 李容稙	
9159	石作蜀	석작촉	30	[6]	1929.12	李龍眠畵宣聖及七十二弟子像贊(金石萃編)	
9160	石作蜀	석작촉	42	47	1937.12	文廟享祀位次及聖賢姓名爵號考 / 金完鎭	成紀侯
9161	石作蜀	석작촉	42	53	1937.12	文廟享祀位次及聖賢姓名爵號考 / 金完鎭	成紀侯, 원문은 姓石名作蜀
9162	石載俊	석재준	19	37	1918.12	日誌大要	

번호	원문	현대어(독음)	호	쪽	발행일	기사명 / 필자	비고
9163	石田千太郎	석전천태랑	45	21	1940.12	朝鮮儒林大會(朝鮮儒道聯合會創立總會) 會錄概要〉朝鮮儒道聯合會役員名簿(昭和十四年十一月一日現在)	이시다 센타로
9164	石田千太郎	석전천태랑	45	128	1940.12	平安南道儒道聯合會結成式〉平安南道儒道聯合會結成式會長告辭要旨 / 石田千太郎	이시다 센타로
9165	釋尊	석존	39	13	1935.10	精神指導에 對하야(每日申報 昭和十年 七月十四日 心田開發에 關한 寄稿) / 安寅植	
9166	釋珠	석주	48	48	1944.04	嘉言善行 / 李敬植	
9167	晳之	석지	42	54	1937.12	文廟享祀位次及聖賢姓名爵號考 / 金完鎭	狄黑
9168	石鎭成	석진성	43	67	1938.12	文廟春季釋奠狀況	
9169	石鎭成	석진성	43	74	1938.12	第六回卒業式狀況及第九回新入生名簿〉第九回入學許可者名簿	
9170	石鎭成	석진성	44	78	1939.10	文廟秋季釋奠狀況	
9171	石鎭成	석진성	44	79	1939.10	文廟秋季釋奠狀況	
9172	石鎭成	석진성	44	87	1939.10	文廟春季釋奠狀況	
9173	石鎭成	석진성	46	14	1941.12	釋奠狀況〉昭和十四年秋季釋奠狀況	
9174	石鎭成	석진성	46	15	1941.12	釋奠狀況〉昭和十五年春季釋奠狀況	
9175	石鎭成	석진성	46	16	1941.12	釋奠狀況〉昭和十五年秋季釋奠狀況	
9176	石鎭成	석진성	46	18	1941.12	釋奠狀況〉昭和十六年春季釋奠狀況	
9177	石鎭衡	석진형	30	35	1929.12	祭粢料傳達式狀況	
9178	石鎭衡	석진형	45	25	1940.12	朝鮮儒林大會(朝鮮儒道聯合會創立總會) 會錄概要〉朝鮮儒道聯合會役員名簿(昭和十四年十一月一日現在)	
9179	石川登盛	석천등성	35	27	1932.12	日誌大要	이시카와 도모리
9180	石川博義	석천박희	48	53	1944.04	釋奠狀況〉昭和十八年秋季釋奠狀況	
9181	石川元東	석천원동	46	24	1941.12	經學院日誌大要(昭和十四年七月ヨリ昭和十六年六月マテ)	
9182	石塚	석총	1	56	1913.12	日誌大要	
9183	石圃	석포	40	41	1936.08	成竹似先生追悼錄〉挽故成均館博士成竹似先生 / 金勛卿	
9184	石鎬東	석호동	19	37	1918.12	日誌大要	
9185	宣	선	28	3	1927.12	朝鮮詩文變遷論 / 鄭萬朝	宣祖
9186	宣	선	42	57	1937.12	文廟享祀位次及聖賢姓名爵號考 / 金完鎭	張栻의 시호
9187	選	선	30	[6]	1929.12	李龍眠畵宣聖及七十二弟子像贊(金石萃編)	
9188	單居離	선거리	2	23	1914.03	格致管見 / 李鼎煥	증자의 제자
9189	宣廟	선묘	10	31	1916.03	書享官廳壁記後 / 李明漢 撰	

번호	원문	현대어(독음)	호	쪽	발행일	기사명 / 필자	비고
9190	宣廟	선묘	28	77	1927.12	地方報告〉[鄭性謨 等의 報告]	
9191	宣武	선무	32	3	1930.12	經學源流(續) / 權純九	
9192	宣父	선보	42	48	1937.12	文廟享祀位次及聖賢姓名爵號考 / 金完鎭	孔子
9193	先師	선사	26	24	1925.12	釋奠에 就ᄒ야(續) / 佐藤廣治	
9194	先師	선사	42	48	1937.12	文廟享祀位次及聖賢姓名爵號考 / 金完鎭	顔回
9195	先師尼父	선사 니부	44	31	1939.10	儒教의 起源과 流派 / 李昇圭	孔子
9196	先師尼父	선사 니부	42	48	1937.12	文廟享祀位次及聖賢姓名爵號考 / 金完鎭	孔子
9197	善山 林氏	선산 임씨	46	29	1941.12	孝烈行跡報告 其五 / 金鍾鏵	
9198	善山君	선산군	46	29	1941.12	孝烈行跡報告 其五 / 金鍾鏵	林九齡
9199	善山弘瑗	선산홍원	47	7	1943.01	戶籍整備入選標語	
9200	先聖	선성	42	48	1937.12	文廟享祀位次及聖賢姓名爵號考 / 金完鎭	孔子
9201	先聖	선성	42	59	1937.12	文廟享祀位次及聖賢姓名爵號考 / 金完鎭	孔子
9202	宣聖	선성	4	36	1914.09	樂章	孔子
9203	宣聖	선성	7	30	1915.06	文廟碑銘幷序	孔子
9204	宣聖	선성	30	[1]	1929.12	李龍眠畵宣聖及七十二弟子像贊(金石萃編)	孔子
9205	先聖先師	선성 선사	24	28	1923.12	釋奠에 就하야 / 佐藤廣治	周公·孔子·顔淵·孟子
9206	先聖先師	선성 선사	24	31	1923.12	釋奠에 就하야 / 佐藤廣治	周公·孔子·顔淵·孟子
9207	先聖先師	선성 선사	24	35	1923.12	釋奠에 就하야 / 佐藤廣治	周公·孔子·顔淵·孟子
9208	先聖先師	선성 선사	25	19	1924.12	釋奠에 就하야(續) / 佐藤廣治	周公·孔子·顔淵·孟子
9209	先聖先師	선성 선사	25	25	1924.12	釋奠에 就하야(續) / 佐藤廣治	周公·孔子·顔淵·孟子
9210	先聖先師	선성 선사	25	26	1924.12	釋奠에 就하야(續) / 佐藤廣治	周公·孔子·顔淵·孟子
9211	先聖先師	선성 선사	42	45	1937.12	文廟釋奠參拜方ノ件(昭和十二年四月七日各學校長宛院通牒)	周公·孔子·顔淵·孟子
9212	宣王	선왕	12	16	1916.12	孟子緖論 / 金文演	
9213	宣王	선왕	19	28	1918.12	賢關記聞(續) / 李大榮	
9214	璿源濟奎	선원제규	47	42	1943.01	釋奠狀況〉昭和十七年秋季釋奠狀況	
9215	善應	선응	26	75	1925.12	地方報告〉[金鳳浩 等의 報告]	
9216	先帝	선제	1	76	1913.12	地方報告 大正元年始〉[黃敦秀의 報告]	明治 天皇
9217	先帝	선제	1	83	1913.12	地方報告 大正元年始〉[成樂賢의 報告]	明治 天皇

번호	원문	현대어(독음)	호	쪽	발행일	기사명 / 필자	비고
9218	先帝	선제	1	88	1913.12	地方報告 大正元年始〉[成樂賢의 報告]	메이지 (明治) 天皇
9219	先帝	선제	5	59	1914.12	日誌大要	메이지 (明治) 天皇
9220	先帝	선제	5	76	1914.12	講說〉講題 道也者不可須臾離也(大正三年九月二十九日第七回講演)〉講說 / 宇佐美勝夫	메이지 (明治) 天皇
9221	先帝	선제	14	21	1917.07	朝鮮教育의 方針과 日韓併合의 眞義 / 關屋貞三郎	메이지 (明治) 天皇
9222	宣帝	선제	1	8	1913.12	論說 / 呂圭亨	
9223	宣帝	선제	1	17	1913.12	經學當明者 一 / 呂圭亨	
9224	宣帝	선제	1	18	1913.12	經學當明者 二 / 呂圭亨	
9225	宣帝	선제	42	48	1937.12	文廟享祀位次及聖賢姓名爵號考 / 金完鎭	北周의 宣帝, 宇文贇
9226	宣帝	선제	44	37	1939.10	經儒學 / 金誠鎭	前漢의 劉詢
9227	宣朝	선조	10	46	1916.03	賢關記聞(續) / 李大榮	
9228	宣祖	선조	5	36	1914.12	樂器圖說	
9229	宣祖	선조	8	38	1915.09	賢關記聞 / 李大榮	
9230	宣祖	선조	8	39	1915.09	賢關記聞 / 李大榮	
9231	宣祖	선조	11	27	1916.06	經學淺知錄(續) / 金文演	
9232	宣祖	선조	11	52	1916.06	賢關記聞(續) / 李大榮	
9233	宣祖	선조	11	53	1916.06	賢關記聞(續) / 李大榮	
9234	宣祖	선조	11	54	1916.06	賢關記聞(續) / 李大榮	
9235	宣祖	선조	12	39	1916.12	賢關記聞(續) / 李大榮	
9236	宣祖	선조	12	40	1916.12	賢關記聞(續) / 李大榮	
9237	宣祖	선조	13	30	1917.03	賢關記聞(續) / 李大榮	
9238	宣祖	선조	20	25	1920.03	賢關記聞(續) / 李大榮	
9239	宣祖	선조	21	64	1921.03	賢關記聞(續) / 李大榮	
9240	宣祖	선조	30	61	1929.12	講說〉講題 朝鮮의 在한 聖學道統 : 李退溪先生을 憶함 / 赤木萬二郎	
9241	宣祖	선조	30	69	1929.12	講說〉講題 朝鮮의 在한 聖學道統 : 李退溪先生을 憶함 / 赤木萬二郎	
9242	宣祖	선조	32	41	1930.12	地方報告〉地方儒林狀況〉[成樂賢의 報告]	
9243	宣祖	선조	33	40	1931.12	地方儒林狀況〉[李大榮의 보고]〉書院狀況	
9244	宣祖	선조	42	57	1937.12	文廟享祀位次及聖賢姓名爵號考 / 金完鎭	조선의 李昖
9245	宣祖	선조	42	59	1937.12	文廟享祀位次及聖賢姓名爵號考 / 金完鎭	
9246	宣宗	선종	16	2	1918.03	經學管見(續) / 尹寧求	
9247	宣宗	선종	19	8	1918.12	經學管見(續) / 尹寧求	

번호	원문	현대어(독음)	호	쪽	발행일	기사명 / 필자	비고
9248	宣俊薰	선준훈	25	77	1924.12	地方報告〉[高彦柱 等의 報告]	
9249	先哲	선철	40	27	1936.08	平壤文廟移建落成式竝儒林大會狀況	
9250	先哲	선철	40	28	1936.08	平壤文廟移建落成式竝儒林大會狀況	
9251	偰	설	1	2	1913.12	經學院雜誌序 / 鄭鳳時	
9252	偰	설	5	83	1914.12	講說〉講題 謹庠序之敎申之以孝悌之義(大正三年十月十日第八回講演)〉敷演 / 鄭鳳時	
9253	偰	설	7	25	1915.06	孔子年報(續) / 呂圭亨	
9254	偰	설	9	16	1915.12	經學管見(上) / 尹寧求	
9255	偰	설	12	33	1916.12	讀書私記(續) / 洪鍾佶	
9256	偰	설	12	34	1916.12	讀書私記(續) / 洪鍾佶	
9257	偰	설	15	17	1917.10	詩經蔫辨 / 金文演	
9258	偰	설	15	66	1917.10	講說〉大邱高等普通學校講演(大正六年五月十六日)〉慶南講士鄭準民講演要旨 / 鄭準民	
9259	偰	설	16	48	1918.03	講說〉講題 存其心養其性所以事天也(大正六年十月十四日江陵郡講演) / 李容植	
9260	偰	설	16	80	1918.03	地方報告〉[鄭準民의 報告]	
9261	偰	설	20	28	1920.03	三洙瑣談(續) / 元泳義	
9262	偰	설	24	75	1923.12	講說〉講題 設爲庠序學校以敎之皆所明人倫也 / 李學魯	
9263	偰	설	31	3	1930.08	經學源流 / 權純九	
9264	髙	설	10	8	1916.03	經學說 / 李容植	
9265	髙	설	10	9	1916.03	經學說 / 李容植	
9266	髙	설	35	1	1932.12	宗敎說 / 權純九	
9267	薛	설	10	23	1916.03	經學淺知錄 / 金文演	薛瑄
9268	薛	설	14	9	1917.07	經學管見(續) / 尹寧求	
9269	薛居正	설거정	14	9	1917.07	經學管見(續) / 尹寧求	
9270	薛居州	설거주	26	36	1925.12	江陵文廟重修落成韻 / 尹相覺	
9271	薛敬軒	설경헌	30	66	1929.12	講說〉講題 朝鮮의 在한 聖學道統：李退溪先生을 憶함 / 赤木萬二郎	薛瑄의 號
9272	薛敬軒	설경헌	40	6	1936.08	儒敎의 眞髓 / 鄭萬朝	薛瑄의 號
9273	薛公	설공	42	46	1937.12	文廟享祀位次及聖賢姓名爵號考 / 金完鎭	冉雍
9274	薛公	설공	42	49	1937.12	文廟享祀位次及聖賢姓名爵號考 / 金完鎭	冉雍
9275	薛觀	설관	25	41	1924.12	日誌大要	
9276	薛觀	설관	30	34	1929.12	祭粢料傳達式狀況	
9277	薛文淸	설문청	10	22	1916.03	經學淺知錄 / 金文演	薛瑄의 시호
9278	薛文淸	설문청	11	9	1916.06	經論 / 韓晚容	薛瑄의 시호

번호	원문	현대어(독음)	호	쪽	발행일	기사명 / 필자	비고
9279	薛文淸	설문청	16	48	1918.03	講說〉講題 存其心養其性所以事天也(大正六年十月十四日江陵郡講演) / 李容稙	薛瑄의 시호
9280	薛文淸	설문청	30	66	1929.12	講說〉講題 朝鮮의 在한 聖學道統 : 李退溪先生을 憶함 / 赤木萬二郎	薛瑄의 시호
9281	薛炳大	설병대	47	50	1943.01	一. 孝烈行跡報告 其五 / 金蘭洙	
9282	薛瑞運	설서운	25	38	1924.12	日誌大要	
9283	薛瑄	설선	8	35	1915.09	賢關記聞 / 李大榮	
9284	薛瑄	설선	21	18	1921.03	經學管見(續) / 尹寧求	
9285	薛收	설수	15	2	1917.10	經學管見(續) / 尹寧求	
9286	薛淳模	설순모	47	50	1943.01	一. 孝烈行跡報告 其五 / 金蘭洙	薛炳大의 부친
9287	薛冉雍	설염옹	2	36	1914.03	大成殿神位圖	원문은 薛公冉雍
9288	薛虞畿	설우기	15	5	1917.10	經學管見(續) / 尹寧求	
9289	薛聰	설총	11	26	1916.06	經學淺知錄(續) / 金文演	원문은 聰
9290	薛聰	설총	25	41	1924.12	日誌大要	
9291	薛聰	설총	30	34	1929.12	祭粢料傳達式狀況	
9292	薛聰	설총	30	57	1929.12	講說〉講題 朝鮮의 在한 聖學道統 : 李退溪先生을 憶함 / 赤木萬二郎	
9293	薛聰	설총	30	69	1929.12	講說〉講題 朝鮮의 在한 聖學道統 : 李退溪先生을 憶함 / 赤木萬二郎	
9294	薛聰	설총	33	39	1931.12	地方儒林狀況〉[李大榮의 보고]〉書院狀況	원문은 薛先生聰
9295	薛聰	설총	40	9	1936.08	朝鮮儒教의 大觀 / 鄭鳳時	弘儒侯
9296	薛聰	설총	42	47	1937.12	文廟享祀位次及聖賢姓名爵號考 / 金完鎭	弘儒侯
9297	薛聰	설총	42	57	1937.12	文廟享祀位次及聖賢姓名爵號考 / 金完鎭	
9298	薛聰	설총	45	108	1940.12	慶尙北道儒道聯合會結成式〉慶尙北道儒道聯合會結成式會長告辭要旨 / 上瀧 基	
9299	薛漢	설한	10	13	1916.03	經學管見(續) / 尹寧求	
9300	薛漢	설한	15	19	1917.10	詩經蔫辨 / 金文演	
9301	薛弘儒	설홍유	19	20	1918.12	雲山郡文廟祭官案序 / 申鉉求	薛聰
9302	薛弘儒侯	설홍유후	11	26	1916.06	經學淺知錄(續) / 金文演	薛聰의 시호 弘儒侯
9303	薛弘儒侯	설홍유후	30	34	1929.12	祭粢料傳達式狀況	薛聰의 시호 弘儒侯
9304	薛侯	설후	30	[1]	1929.12	李龍眠畵宣聖及七十二弟子像贊(金石萃編)	
9305	薛候	설후	42	49	1937.12	文廟享祀位次及聖賢姓名爵號考 / 金完鎭	冉雍
9306	葉公	섭공	6	36	1915.03	孔子年報(續) / 呂圭亨	

번호	원문	현대어(독음)	호	쪽	발행일	기사명 / 필자	비고
9307	葉公	섭공	6	54	1915.03	論語分類一覽 / 金文演	
9308	葉公	섭공	9	28	1915.12	孔子年報(續) / 呂圭亨	沈諸梁
9309	葉公	섭공	12	27	1916.12	孔門問同答異 / 鄭淳默	
9310	葉公	섭공	12	28	1916.12	孔門問同答異 / 鄭淳默	
9311	聶澄澤	섭등택	39	30	1935.10	東京斯文會主催儒道大會狀況	
9312	葉夢鼎	섭몽정	44	43	1939.10	大學主旨 / 崔浩然	南宋의 재상
9313	葉味道	섭미도	12	9	1916.12	經學管見(續) / 尹寧求	
9314	葉封	섭봉	20	21	1920.03	經學管見(續) / 尹寧求	
9315	聶崇義	섭숭의	10	27	1916.03	樂器圖說(續)	원문은 聶氏崇義
9316	葉氏	섭씨	18	14	1918.09	四書小註辨疑(續) / 李鶴在	
9317	聶氏	섭씨	2	47	1914.03	禮器圖說	
9318	聶氏	섭씨	3	52	1914.06	禮器圖說(續)	
9319	聶氏	섭씨	12	23	1916.12	舞器圖說(續)	
9320	葉儀	섭의	17	4	1918.07	經學管見(續) / 尹寧求	
9321	成	성	20	7	1920.03	中庸章句問對(續) / 朴長鴻	
9322	成	성	23	53	1922.12	日誌大要	成岐運
9323	成	성	23	56	1922.12	日誌大要	成岐運
9324	成	성	23	60	1922.12	日誌大要	成岐運
9325	成	성	24	53	1923.12	日誌大要	成岐運
9326	成	성	24	56	1923.12	日誌大要	成岐運
9327	成	성	24	57	1923.12	日誌大要	成岐運
9328	成	성	32	41	1930.12	地方報告>地方儒林狀況>[成樂賢의 報告]	成三問
9329	成	성	32	41	1930.12	地方報告>地方儒林狀況>[成樂賢의 報告]	成勝
9330	成	성	40	38	1936.08	成竹似先生追悼錄	成樂賢
9331	成	성	42	57	1937.12	文廟享祀位次及聖賢姓名爵號考 / 金完鎮	呂祖謙의 시호
9332	郕	성	8	24	1915.09	尊經閣記 / 徐居正 撰	郕國公, 曾子
9333	成	성	40	43	1936.08	成竹似先生追悼錄>挽故成均館博士成竹似先生 / 尹相浩	
9334	成侃	성간	8	22	1915.09	明倫堂記 / 成侃 撰	
9335	成侃	성간	21	65	1921.03	賢關記聞(續) / 李大榮	원문은 成修 撰侃
9336	星谷	성곡	11	56	1916.06	賢關記聞(續) / 李大榮	李濟
9337	成公侃	성공현	10	32	1916.03	書享官廳壁記後 / 李明漢 撰	成侃
9338	成匡修	성광수	26	91	1925.12	地方報告>[姜永邰의 報告]	원문은 匡修

번호	원문	현대어(독음)	호	쪽	발행일	기사명 / 필자	비고
9339	郕國公	성국공	4	36	1914.09	樂章	曾子
9340	郕國公	성국공	10	51	1916.03	賢關記聞(續) / 李大榮	曾子
9341	郕國公	성국공	42	49	1937.12	文廟享祀位次及聖賢姓名爵號考 / 金完鎭	曾子
9342	郕國宗聖公	성국종성공	42	48	1937.12	文廟享祀位次及聖賢姓名爵號考 / 金完鎭	曾子
9343	郕國宗聖公	성국종성공	42	49	1937.12	文廟享祀位次及聖賢姓名爵號考 / 金完鎭	曾子
9344	郕國宗聖公	성국종성공	2	36	1914.03	大成殿神位圖	曾子
9345	郕國宗聖公	성국종성공	42	46	1937.12	文廟享祀位次及聖賢姓名爵號考 / 金完鎭	曾子
9346	成達連	성규연	24	54	1923.12	日誌大要	
9347	成達連	성규연	24	55	1923.12	日誌大要	
9348	成達運	성규운	24	54	1923.12	日誌大要	
9349	成達運	성규운	24	55	1923.12	日誌大要	
9350	成瑾鎬	성근호	12	85	1916.12	地方報告〉[李培來의 報告]	
9351	成瑾鎬	성근호	19	83	1918.12	地方報告〉[河一秉의 報告]	
9352	郕沂	성기	7	29	1915.06	文廟碑銘并序	郕國公(曾子)과 沂國公(子思)
9353	成耆德	성기덕	48	52	1944.04	釋奠狀況〉昭和十八年春季釋奠狀況	
9354	成耆德	성기덕	48	54	1944.04	釋奠狀況〉昭和十八年秋季釋奠狀況	
9355	成岐運	성기운	22	21	1922.03	人道指南序 / 成岐運	
9356	成岐運	성기운	22	23	1922.03	故副提學久庵朴公齊斌祭文	
9357	成岐運	성기운	22	56	1922.03	日誌大要	
9358	成岐運	성기운	22	57	1922.03	日誌大要	
9359	成岐運	성기운	23	21	1922.12	益山郡礪山文廟重修記 / 成岐運	
9360	成岐運	성기운	23	39	1922.12	孔夫子忌辰四十周甲追慕禮式及紀念事業發起文	
9361	成岐運	성기운	23	46	1922.12	(孔夫子忌辰四十周甲追慕禮式奠爵禮)告文	
9362	成岐運	성기운	23	54	1922.12	日誌大要	
9363	成岐運	성기운	23	58	1922.12	日誌大要	
9364	成岐運	성기운	24	13	1923.12	彝峯金公遺墟碑文 / 成岐運	
9365	成岐運	성기운	24	54	1923.12	日誌大要	
9366	成岐運	성기운	24	58	1923.12	日誌大要	
9367	成岐運	성기운	25	11	1924.12	三水郡鄕校重修記 / 成岐運	
9368	成岐運	성기운	25	12	1924.12	三水郡鄕校重修記 / 成岐運	
9369	成岐運	성기운	25	37	1924.12	日誌大要	
9370	成岐運	성기운	25	43	1924.12	日誌大要	
9371	成岐運	성기운	25	[1]	1924.12	經學院大提學男爵成岐運閣下	
9372	成岐運	성기운	26	40	1925.12	日誌大要	

번호	원문	현대어(독음)	호	쪽	발행일	기사명 / 필자	비고
9373	成岐運	성기운	26	43	1925.12	日誌大要	
9374	成璣運	성기운	33	36	1931.12	聲討顚末	
9375	成耆哲	성기철	37	33	1934.10	孝烈行蹟〉[忠淸北道知事의 보고]	
9376	成紀侯	성기후	42	53	1937.12	文廟享祀位次及聖賢姓名爵號考 / 金完鎭	石作蜀
9377	成紀侯	성기후	42	47	1937.12	文廟享祀位次及聖賢姓名爵號考 / 金完鎭	石作蜀
9378	成樂奎	성낙규	16	55	1918.03	地方報告〉[成樂賢의 報告]	
9379	成樂鵬	성낙붕	23	55	1922.12	日誌大要	
9380	成樂鵬	성낙붕	23	54	1922.12	日誌大要	
9381	成樂緒	성낙서	45	39	1940.12	朝鮮儒林大會(朝鮮儒道聯合會創立總會) 會錄槪要〉朝鮮儒道聯合會役員名簿(昭和十四年十一月一日現在)	
9382	成樂彦	성낙언	40	32	1936.08	日誌大要	
9383	成樂憲	성낙헌	45	28	1940.12	朝鮮儒林大會(朝鮮儒道聯合會創立總會) 會錄槪要〉朝鮮儒道聯合會役員名簿(昭和十四年十一月一日現在)	
9384	成樂賢	성낙현	2	58	1914.03	日誌大要	원문은 咸樂賢
9385	成樂賢	성낙현	1	4	1913.12	經學院雜誌祝辭 / 成樂賢	
9386	成樂賢	성낙현	1	46	1913.12	日誌大要	
9387	成樂賢	성낙현	1	52	1913.12	日誌大要	
9388	成樂賢	성낙현	1	58	1913.12	本院職員錄 大正二年十二月 日 現在	
9389	成樂賢	성낙현	1	79	1913.12	地方報告 大正元年始〉[黃敦秀의 報告]	
9390	成樂賢	성낙현	1	81	1913.12	地方報告 大正元年始〉[成樂賢의 報告]	
9391	成樂賢	성낙현	1	87	1913.12	地方報告 大正元年始〉[成樂賢의 報告]	
9392	成樂賢	성낙현	1	91	1913.12	地方報告 大正元年始〉[成樂賢의 報告]	
9393	成樂賢	성낙현	2	89	1914.03	地方報告〉[成樂賢의 報告]	
9394	成樂賢	성낙현	3	[0]	1914.06	[經學院視察團旅行紀念]	
9395	成樂賢	성낙현	3	60	1914.06	日誌大要	
9396	成樂賢	성낙현	7	66	1915.06	日誌大要	
9397	成樂賢	성낙현	8	65	1915.09	地方報告〉[成樂賢의 報告]	
9398	成樂賢	성낙현	9	[12]	1915.12	卽位大禮式獻頌文 / 成樂賢	
9399	成樂賢	성낙현	9	51	1915.12	日誌大要	
9400	成樂賢	성낙현	10	71	1916.03	地方報告〉[成樂賢의 報告]	
9401	成樂賢	성낙현	12	[7]	1916.12	立太子禮獻頌文 / 成樂賢	
9402	成樂賢	성낙현	15	77	1917.10	地方報告〉[成樂賢의 報告]	
9403	成樂賢	성낙현	15	83	1917.10	地方報告〉[成樂賢의 報告]	
9404	成樂賢	성낙현	16	28	1918.03	平壤府文廟參拜有感 / 成樂賢	

번호	원문	현대어(독음)	호	쪽	발행일	기사명 / 필자	비고
9405	成樂賢	성낙현	16	29	1918.03	箕子陵參拜後吟 / 成樂賢	
9406	成樂賢	성낙현	16	53	1918.03	地方報告〉[成樂賢의 報告]	
9407	成樂賢	성낙현	16	54	1918.03	地方報告〉[成樂賢의 報告]	
9408	成樂賢	성낙현	18	73	1918.09	地方報告〉[成樂賢의 報告]	
9409	成樂賢	성낙현	19	35	1918.12	日誌大要	
9410	成樂賢	성낙현	20	44	1920.03	日誌大要	
9411	成樂賢	성낙현	21	27	1921.03	經義講習所趣旨文 / 成樂賢	
9412	成樂賢	성낙현	21	94	1921.03	地方報告〉[成樂賢의 報告]	
9413	成樂賢	성낙현	22	11	1922.03	經學講論 / 成樂賢	
9414	成樂賢	성낙현	22	48	1922.03	故經學院副提學久庵朴公挽詞 / 成樂賢	
9415	成樂賢	성낙현	22	55	1922.03	日誌大要	
9416	成樂賢	성낙현	22	65	1922.03	講說〉文質彬彬然後君子(大正十年六月十五日 禮山郡白日場講演) / 成樂賢	
9417	成樂賢	성낙현	22	68	1922.03	講說〉子路人告之以有過則喜 / 成樂賢	
9418	成樂賢	성낙현	22	73	1922.03	地方報告〉[成樂賢의 報告]	
9419	成樂賢	성낙현	22	78	1922.03	地方報告〉[成樂賢의 報告]	
9420	成樂賢	성낙현	23	52	1922.12	日誌大要	
9421	成樂賢	성낙현	23	53	1922.12	日誌大要	
9422	成樂賢	성낙현	23	74	1922.12	講說〉講題 不出家而成敎於國 / 成樂賢	
9423	成樂賢	성낙현	23	80	1922.12	地方報告〉[成樂賢의 報告]	
9424	成樂賢	성낙현	24	51	1923.12	牙山郡新昌鄉校東齋重修韻 / 成樂賢	
9425	成樂賢	성낙현	25	34	1924.12	日誌大要	
9426	成樂賢	성낙현	25	46	1924.12	講說〉講題 郁郁乎文哉 / 成樂賢	
9427	成樂賢	성낙현	25	71	1924.12	地方報告〉[成樂賢의 報告]	
9428	成樂賢	성낙현	25	85	1924.12	地方報告〉[成樂賢의 報告]	
9429	成樂賢	성낙현	26	15	1925.12	欲齊其家先修其身論 / 成樂賢	
9430	成樂賢	성낙현	26	44	1925.12	日誌大要	
9431	成樂賢	성낙현	26	53	1925.12	講說〉講題 堯舜之道孝悌而已 / 成樂賢	
9432	成樂賢	성낙현	26	68	1925.12	講說〉講題 邦有道貧且賤焉恥也 / 成樂賢	
9433	成樂賢	성낙현	26	91	1925.12	地方報告〉[成樂賢의 報告]	
9434	成樂賢	성낙현	27	54	1926.12	日誌大要	
9435	成樂賢	성낙현	27	60	1926.12	日誌大要	
9436	成樂賢	성낙현	28	16	1927.12	祭晚松吳講士文 / 成樂賢	
9437	成樂賢	성낙현	28	38	1927.12	壽星詩帖 / 成樂賢	
9438	成樂賢	성낙현	28	39	1927.12	碧棲梁講士挽章 / 成樂賢	
9439	成樂賢	성낙현	28	41	1927.12	東石申講士挽章 / 成樂賢	

번호	원문	현대어(독음)	호	쪽	발행일	기사명 / 필자	비고
9440	成樂賢	성낙현	29	32	1928.12	聚奎帖 / 成樂賢	
9441	成樂賢	성낙현	29	36	1928.12	大樹帖 / 成樂賢	
9442	成樂賢	성낙현	29	40	1928.12	日誌大要	
9443	成樂賢	성낙현	29	47	1928.12	講說〉講題 學所以明人倫 / 成樂賢	
9444	成樂賢	성낙현	30	37	1929.12	雪重帖 / 成樂賢	
9445	成樂賢	성낙현	30	40	1929.12	日誌大要	
9446	成樂賢	성낙현	31	15	1930.08	講題 修身齊家治國平天下 / 成樂賢	
9447	成樂賢	성낙현	31	17	1930.08	講題 德者本也財者末也 / 成樂賢	
9448	成樂賢	성낙현	31	27	1930.08	壽星帖 / 院僚一同	
9449	成樂賢	성낙현	32	32	1930.12	視察不二農場贈藤井組合長 / 成樂賢	
9450	成樂賢	성낙현	32	34	1930.12	崧陽書院叅拜敬次板上韻 / 成樂賢	
9451	成樂賢	성낙현	32	39	1930.12	地方報告〉地方儒林狀況〉[成樂賢의 報告]	
9452	成樂賢	성낙현	33	10	1931.12	孝子司甕院奉事白公行狀 / 成樂賢	
9453	成樂賢	성낙현	33	19	1931.12	壽松帖〉敬賀鄭提學先生喜壽 / 成樂賢	
9454	成樂賢	성낙현	33	29	1931.12	聲討顛末	
9455	成樂賢	성낙현	33	8	1931.12	孺人羅州林氏孝烈碑 / 成樂賢	
9456	成樂賢	성낙현	34	30	1932.03	松庵崔講士定鉉挽 / 成樂賢	
9457	成樂賢	성낙현	34	56	1932.03	明倫學院評議會員名簿	
9458	成樂賢	성낙현	35	23	1932.12	孝壽帖〉賀韻 / 成樂賢	
9459	成樂賢	성낙현	36	21	1933.12	澹圃姜講師挽 / 成樂賢	
9460	成樂賢	성낙현	36	66	1933.12	明倫學院評議員名簿	
9461	成樂賢	성낙현	37	41	1934.10	登望慕堂用板上韻 / 成樂賢	
9462	成樂賢	성낙현	37	44	1934.10	日誌大要	
9463	成樂賢	성낙현	37	67	1934.10	明倫學院評議員名簿	
9464	成樂賢	성낙현	38	33	1935.03	綱菴言志序 / 成樂賢	
9465	成樂賢	성낙현	40	32	1936.08	日誌大要	
9466	成樂賢	성낙현	40	45	1936.08	成竹似先生追悼錄〉哀辭 / 金東振	원문은 樂賢
9467	星老	성노	31	27	1930.08	壽星帖 / 院僚一同	
9468	成達文	성달문	27	78	1926.12	地方報告〉[姜永邰의 報告]	
9469	成聃年	성담연	40	21	1936.08	教化編年(續) / 李大榮	
9470	成大谷	성대곡	11	27	1916.06	經學淺知錄(續) / 金文演	成運
9471	聖德王	성덕왕	8	36	1915.09	賢關記聞 / 李大榮	
9472	聖德王	성덕왕	15	53	1917.10	講說〉光州郡鄕校講演(大正六年四月二十六日)〉說諭(賞品授與式日) / 元應常	
9473	聖德太子	성덕태자	38	22	1935.03	東洋에斯文이有함(續) / 福士末之助	
9474	成都伯	성도백	8	35	1915.09	賢關記聞 / 李大榮	

번호	원문	현대어(독음)	호	쪽	발행일	기사명 / 필자	비고
9475	成獨谷	성독곡	1	37	1913.12	近世事十條 / 李商永	
9476	成冕基	성면기	14	74	1917.07	地方報告〉[成冕基의 報告]	
9477	成廟	성묘	10	32	1916.03	書享官廳壁記後 / 李明漢 撰	조선 성종 李娎
9478	成廟	성묘	43	16	1938.12	敎化編年(續) / 李大榮	조선 성종 李娎
9479	成文簡	성문간	10	51	1916.03	賢關記聞(續) / 李大榮	成渾
9480	成文簡	성문간	15	25	1917.10	賢關記聞(十三號續) / 李大榮	成渾
9481	成文貞公	성문정공	37	40	1934.10	地方儒林狀況〉[李大榮의 보고]〉書院狀況	守琛
9482	成文濬	성문준	37	41	1934.10	地方儒林狀況〉[李大榮의 보고]〉書院狀況	원문은 成公文濬
9483	郕伯	성백	30	[3]	1929.12	李龍眠畵宣聖及七十二弟子像贊(金石萃編)	
9484	郕伯	성백	42	49	1937.12	文廟享祀位次及聖賢姓名爵號考 / 金完鎭	曾子
9485	成百瑍	성백환	39	58	1935.10	明倫學院第六回入學許可者名簿(昭和十年度)	
9486	成百瑍	성백환	41	37	1937.02	文廟秋季釋奠狀況	
9487	成百瑍	성백환	43	56	1938.12	日誌大要	
9488	成百瑍	성백환	43	59	1938.12	文廟秋季釋奠狀況	
9489	成百瑍	성백환	43	72	1938.12	第六回卒業式狀況及第九回新入生名簿〉第六回卒業生名簿	
9490	成百興	성백흥	38	46	1935.03	文廟釋奠狀況〉地方文廟秋期釋奠狀況表	
9491	成秉鎬	성병호	27	87	1926.12	地方報告〉[成秉鎬 等의 報告]	
9492	聖師	성사	24	31	1923.12	釋奠에 就하야 / 佐藤廣治	孔子
9493	星山君	성산군	7	29	1915.06	文廟碑銘并序	
9494	星山府院君	성산부원군	48	58	1944.04	一. 孝烈行跡報告 其五 / 崔鎭奎	李稷의 封君號
9495	成三問	성삼문	32	41	1930.12	地方報告〉地方儒林狀況〉[成樂賢의 報告]	원문은 三問
9496	成三問	성삼문	41	12	1937.02	正心에 對하야 / 李輔相	
9497	成錫永	성석영	32	52	1930.12	地方報告〉孝烈行蹟〉[成錫永 等의 보고]	
9498	成世慶	성세경	22	74	1922.03	地方報告〉[成樂賢의 報告]	
9499	成世昌	성세창	21	64	1921.03	賢關記聞(續) / 李大榮	
9500	聖詔	성소	43	48	1938.12	鄭松里先生追悼錄〉畧歷	鄭鳳時의 字
9501	成守琮	성수종	37	40	1934.10	地方儒林狀況〉[李大榮의 보고]〉書院狀況	원문은 成贈直提學守琮
9502	成守琛	성수침	11	27	1916.06	經學淺知錄(續) / 金文演	원문은 守琛
9503	成勝	성승	32	41	1930.12	地方報告〉地方儒林狀況〉[成樂賢의 報告]	成勝
9504	省庵	성암	23	87	1922.12	地方報告〉[金煥容의 報告]	金基厚
9505	成野百能	성야백능	48	53	1944.04	釋奠狀況〉昭和十八年秋季釋奠狀況	

번호	원문	현대어(독음)	호	쪽	발행일	기사명 / 필자	비고
9506	成永煥	성영환	26	91	1925.12	地方報告〉[姜永郜의 報告]	
9507	星翁	성옹	31	27	1930.08	壽星帖 / 院僚一同	
9508	惺窩	성와	18	53	1918.09	講說〉講題 內地의 宋學(大正七年五月十一日 第二十八回講演) / 今關壽麿	후지와라 세이카 (藤原惺窩)
9509	星窩	성와	10	21	1916.03	經學淺知錄 / 金文演	
9510	成王	성왕	1	18	1913.12	經學當明者 二 / 呂圭亨	
9511	成王	성왕	3	35	1914.06	孔子年報(續) / 呂圭亨	
9512	成王	성왕	10	17	1916.03	經學管見(續) / 尹寧求	
9513	成王	성왕	12	62	1916.12	講說〉二宮尊德翁의 人物及道德(大正五年五月十三日第十八回講演) / 太田秀穗	周의 成王
9514	成王	성왕	20	28	1920.03	三洙瑣談(續) / 元泳義	
9515	成王	성왕	38	20	1935.03	改正朔不易時月論 / 權純九	
9516	成牛溪	성우계	11	27	1916.06	經學淺知錄(續) / 金文演	成渾
9517	成牛溪	성우계	32	21	1930.12	坡州郡鄉校明倫堂重修記 / 鄭萬朝	成渾
9518	成牛溪	성우계	37	38	1934.10	地方儒林狀況〉[李大榮의 보고]〉書院狀況	成渾
9519	成牛溪	성우계	40	43	1936.08	成竹似先生追悼錄〉挽故成均館博士成竹似先生 / 尹相浩	成渾
9520	成元慶	성원경	45	23	1940.12	朝鮮儒林大會(朝鮮儒道聯合會創立總會) 會錄概要〉朝鮮儒道聯合會役員名簿(昭和十四年十一月一日現在)	
9521	成一鏞	성일용	45	33	1940.12	朝鮮儒林大會(朝鮮儒道聯合會創立總會) 會錄概要〉朝鮮儒道聯合會役員名簿(昭和十四年十一月一日現在)	
9522	成任	성임	8	24	1915.09	尊經閣記 / 徐居正 撰	
9523	星齋	성재	28	37	1927.12	壽星詩帖 / 鄭萬朝	李嶽降
9524	星齋	성재	31	25	1930.08	題壽星帖 / 鄭鳳時	
9525	成在慶	성재경	28	43	1927.12	日誌大要	
9526	星齋侍郎	성재시랑	31	26	1930.08	壽星帖 / 院僚一同	
9527	星齋翁	성재옹	31	27	1930.08	壽星帖 / 院僚一同	
9528	成帝	성제	1	8	1913.12	論說 / 呂圭亨	
9529	成帝	성제	20	30	1920.03	三洙瑣談(續) / 元泳義	
9530	成悌元	성제원	11	27	1916.06	經學淺知錄(續) / 金文演	원문은 成東洲悌元
9531	成宗	성종	8	34	1915.09	賢關記聞 / 李大榮	
9532	成宗	성종	8	37	1915.09	賢關記聞 / 李大榮	
9533	成宗	성종	9	31	1915.12	賢關記聞(續) / 李大榮	
9534	成宗	성종	9	32	1915.12	賢關記聞(續) / 李大榮	

번호	원문	현대어(독음)	호	쪽	발행일	기사명 / 필자	비고
9535	成宗	성종	9	35	1915.12	賢關記聞(續) / 李大榮	
9536	成宗	성종	11	54	1916.06	賢關記聞(續) / 李大榮	
9537	成宗	성종	12	40	1916.12	賢關記聞(續) / 李大榮	
9538	成宗	성종	13	28	1917.03	賢關記聞(續) / 李大榮	
9539	成宗	성종	17	33	1918.07	賢關記聞(續) / 李大榮	
9540	成宗	성종	18	27	1918.09	三洙瑣談 / 元泳義	元의 테무르 (鐵穆耳)
9541	成宗	성종	19	26	1918.12	賢關記聞(續) / 李大榮	
9542	成宗	성종	21	75	1921.03	鄉校財産沿革 / 金完鎮	
9543	成宗	성종	28	67	1927.12	講說〉講題 孔夫子의 集大成 / 兒島獻吉郎	元의 테무르 (鐵穆耳)
9544	成宗	성종	29	16	1928.12	新興郡文廟刱建記 / 魏大源	
9545	成宗	성종	40	18	1936.08	敎化編年(續) / 李大榮	
9546	成宗	성종	40	21	1936.08	敎化編年(續) / 李大榮	
9547	成宗	성종	41	23	1937.02	敎化編年(續) / 李大榮	
9548	成宗	성종	42	57	1937.12	文廟享祀位次及聖賢姓名爵號考 / 金完鎮	元의 테무르 (鐵穆耳)
9549	星州裴氏	성주 배씨	29	71	1928.12	地方報告〉[李尚馥의 報告]	
9550	成周祿	성주록	39	53	1935.10	文廟釋奠狀況〉地方文廟春期釋奠狀況表	
9551	成周錄	성주록	38	38	1935.03	孝烈行蹟〉[成周錄 等의 보고]	
9552	成周錄	성주록	38	46	1935.03	文廟釋奠狀況〉地方文廟秋期釋奠狀況表	
9553	成周錄	성주록	40	36	1936.08	文廟釋奠狀況〉[地方文廟春期釋奠狀況表]	
9554	成周永	성주영	24	58	1923.12	日誌大要	
9555	成周永	성주영	24	59	1923.12	日誌大要	
9556	成周讚	성주찬	24	58	1923.12	日誌大要	
9557	成周讚	성주찬	24	59	1923.12	日誌大要	
9558	成周洪	성주홍	26	41	1925.12	日誌大要	
9559	成竹似	성죽사	40	38	1936.08	成竹似先生追悼錄	
9560	成竹似	성죽사	40	39	1936.08	成竹似先生追悼錄〉成竹似自輓詩	
9561	成竹似	성죽사	40	45	1936.08	成竹似先生追悼錄〉挽故成均館博士成竹似先生 / 金東振	
9562	成竹似	성죽사	41	30	1937.02	挽成竹似先生	
9563	成俊永	성준영	17	42	1918.07	日誌大要	
9564	成俊鏞	성준용	46	16	1941.12	釋奠狀況〉昭和十五年秋季釋奠狀況	
9565	成集鏞	성집용	28	44	1927.12	日誌大要	
9566	成昌永	성창영	16	55	1918.03	地方報告〉[成樂賢의 報告]	
9567	成聽松	성청송	11	27	1916.06	經學淺知錄(續) / 金文演	成守琛

번호	원문	현대어(독음)	호	쪽	발행일	기사명 / 필자	비고
9568	成村樂韻	성촌낙운	48	52	1944.04	釋奠狀況〉昭和十八年春季釋奠狀況	
9569	成村樂韻	성촌낙운	48	54	1944.04	釋奠狀況〉昭和十八年秋季釋奠狀況	
9570	成湯	성탕	1	31	1913.12	天下文明說 / 李學魯	
9571	成湯	성탕	3	35	1914.06	孔子年報(續) / 呂圭亨	
9572	成湯	성탕	6	70	1915.03	地方報告〉[黃敦秀 巡講]	
9573	成湯	성탕	8	22	1915.09	孔子年報(續) / 呂圭亨	
9574	成湯	성탕	8	48	1915.09	講說〉講題 苟日新日日新又日新(大政四年四月十七日第十一回講演)〉敷演 / 鄭鳳時	
9575	成湯	성탕	20	28	1920.03	三洙瑣談(續) / 元泳義	
9576	成湯	성탕	23	61	1922.12	講說〉講題 凡有血氣者莫不尊親(大正十一年五月七日追慕禮式時) / 李魯學	
9577	成湯	성탕	27	23	1926.12	中庸問對 / 沈璿澤	
9578	成夏鼎	성하정	27	78	1926.12	地方報告〉[姜永邰의 報告]	원문은 夏鼎
9579	成夏忠	성하충	26	91	1925.12	地方報告〉[姜永邰의 報告]	
9580	成夏忠	성하충	26	92	1925.12	地方報告〉[姜永邰의 報告]	
9581	成俔	성현	10	30	1916.03	享官廳記 / 洪貴達 撰	
9582	成俔	성현	17	34	1918.07	賢關記聞(續) / 李大榮	
9583	成瀅修	성형수	26	91	1925.12	地方報告〉[姜永邰의 報告]	원문은 瀅修
9584	成護永	성호영	29	70	1928.12	地方報告〉[成護永 等의 報告]	
9585	成渾	성혼	10	51	1916.03	賢關記聞(續) / 李大榮	
9586	成渾	성혼	11	27	1916.06	經學淺知錄(續) / 金文演	원문은 渾
9587	成渾	성혼	25	42	1924.12	日誌大要	
9588	成渾	성혼	30	35	1929.12	祭粢料傳達式狀況	
9589	成渾	성혼	30	58	1929.12	講說〉講題 朝鮮의 在한 聖學道統：李退溪先生을 憶함 / 赤木萬二郎	
9590	成渾	성혼	37	39	1934.10	地方儒林狀況〉[李大榮의 보고]〉書院狀況	文簡公
9591	成渾	성혼	37	40	1934.10	地方儒林狀況〉[李大榮의 보고]〉書院狀況	文簡公
9592	成渾	성혼	42	48	1937.12	文廟享祀位次及聖賢姓名爵號考 / 金完鎭	文簡公
9593	成渾	성혼	42	58	1937.12	文廟享祀位次及聖賢姓名爵號考 / 金完鎭	文簡公
9594	成煥永	성환영	12	85	1916.12	地方報告〉[李培來의 報告]	
9595	成壎	성훈	45	35	1940.12	朝鮮儒林大會(朝鮮儒道聯合會創立總會) 會錄槪要〉朝鮮儒道聯合會役員名簿(昭和十四年十一月一日現在)	
9596	成興慶	성흥경	25	42	1924.12	日誌大要	
9597	成興慶	성흥경	30	35	1929.12	祭粢料傳達式狀況	
9598	成興鏞	성흥용	23	54	1922.12	日誌大要	
9599	成希望	성희망	40	45	1936.08	成竹似先生追悼錄〉哀辭 / 金東振	

번호	원문	현대어(독음)	호	쪽	발행일	기사명 / 필자	비고
9600	細井德民	세정덕민	48	50	1944.04	嘉言善行 / 李敬植	호소이 도쿠민
9601	細井正長	세정정장	48	50	1944.04	嘉言善行 / 李敬植	호소이 마사나가
9602	世祖	세조	8	39	1915.09	賢關記聞 / 李大榮	
9603	世祖	세조	11	16	1916.06	經學管見(續) / 尹寧求	元의 쿠빌라이(忽必烈)
9604	世祖	세조	11	20	1916.06	經學管見(續) / 尹寧求	
9605	世祖	세조	11	54	1916.06	賢關記聞(續) / 李大榮	
9606	世祖	세조	17	34	1918.07	賢關記聞(續) / 李大榮	
9607	世祖	세조	24	32	1923.12	釋奠에 就하야 / 佐藤廣治	淸의 世祖
9608	世祖	세조	37	22	1934.10	敎化編年 / 李大榮	
9609	世祖	세조	40	19	1936.08	敎化編年(續) / 李大榮	
9610	世祖	세조	40	21	1936.08	敎化編年(續) / 李大榮	
9611	世宗	세종	5	35	1914.12	樂器圖說	
9612	世宗	세종	9	33	1915.12	賢關記聞(續) / 李大榮	
9613	世宗	세종	11	20	1916.06	經學管見(續) / 尹寧求	
9614	世宗	세종	11	54	1916.06	賢關記聞(續) / 李大榮	
9615	世宗	세종	12	39	1916.12	賢關記聞(續) / 李大榮	
9616	世宗	세종	12	40	1916.12	賢關記聞(續) / 李大榮	
9617	世宗	세종	12	41	1916.12	賢關記聞(續) / 李大榮	
9618	世宗	세종	15	25	1917.10	賢關記聞(十三號續) / 李大榮	
9619	世宗	세종	17	57	1918.07	講說〉講題 朝鮮氣象에 就ㅎ야(大正七年三月二十一日第二十七回講演) / 平田德太郎	
9620	世宗	세종	18	28	1918.09	賢關記聞(續) / 李大榮	
9621	世宗	세종	18	31	1918.09	賢關記聞(續) / 李大榮	
9622	世宗	세종	19	26	1918.12	賢關記聞(續) / 李大榮	
9623	世宗	세종	21	65	1921.03	賢關記聞(續) / 李大榮	
9624	世宗	세종	37	21	1934.10	敎化編年 / 李大榮	
9625	世宗	세종	40	19	1936.08	敎化編年(續) / 李大榮	
9626	世宗	세종	40	20	1936.08	敎化編年(續) / 李大榮	
9627	世宗	세종	40	21	1936.08	敎化編年(續) / 李大榮	
9628	世宗	세종	41	23	1937.02	敎化編年(續) / 李大榮	
9629	世宗	세종	42	48	1937.12	文廟享祀位次及聖賢姓名爵號考 / 金完鎭	明의 世宗, 朱厚熜
9630	世宗	세종	43	18	1938.12	敎化編年(續) / 李大榮	
9631	世宗	세종	44	31	1939.10	儒敎의 起源과 流派 / 李昇圭	明의 嘉靖帝 朱厚熜

번호	원문	현대어(독음)	호	쪽	발행일	기사명 / 필자	비고
9632	世宗莊憲大王	세종장헌대왕	8	24	1915.09	尊經閣記 / 徐居正 撰	
9633	世宗皇帝	세종황제	10	46	1916.03	賢關記聞(續) / 李大榮	
9634	世昌	세창	27	48	1926.12	釋奠에 就ᄒ야(續) / 佐藤廣治	
9635	笹川	세천	45	135	1940.12	咸鏡南道儒道聯合會結成式	사사카와 교자부로
9636	笹川恭三郎	세천공삼랑	45	21	1940.12	朝鮮儒林大會(朝鮮儒道聯合會創立總會) 會錄槪要〉朝鮮儒道聯合會役員名簿(昭和十四年十一月一日現在)	사사카와 교자부로
9637	笹川恭三郎	세천공삼랑	45	142	1940.12	咸鏡南道儒道聯合會結成式〉咸鏡南道儒道聯合會結成式會長式辭要旨 / 笹川恭三郎	사사카와 교자부로
9638	召	소	1	2	1913.12	經學院雜誌序 / 鄭鳳時	
9639	召	소	6	38	1915.03	孔子年報(續) / 呂圭亨	召公
9640	召	소	8	2	1915.09	儒敎論 / 呂圭亨	召公
9641	召	소	9	[1]	1915.12	卽位大禮式獻頌文 / 朴齊純	
9642	召	소	12	33	1916.12	讀書私記(續) / 洪鍾佶	
9643	召	소	12	34	1916.12	讀書私記(續) / 洪鍾佶	
9644	召	소	26	50	1925.12	講說〉講題 儒者之地位及義務 / 李大榮	召公
9645	召	소	44	40	1939.10	經儒學 / 金誠鎭	召公 奭
9646	蘇	소	1	21	1913.12	經學當明者 三 / 呂圭亨	蘇軾
9647	蘇	소	8	67	1915.09	地方報告〉[成樂賢의 報告]	蘇秦
9648	蘇	소	21	19	1921.03	經學管見(續) / 尹寧求	蘇軾
9649	蘇	소	26	64	1925.12	講說〉講題 德者本也財者末也 / 鄭鳳時	蘇秦
9650	蘇	소	31	17	1930.08	講題 德者本也財者末也 / 成樂賢	蘇秦
9651	蘇	소	40	16	1936.08	文房四友說 / 韓昌愚	
9652	蘇	소	47	28	1943.01	論語要義 / 崔浩然	蘇秦
9653	邵	소	10	23	1916.03	經學淺知錄 / 金文演	邵雍
9654	邵	소	18	75	1918.09	地方報告〉[成樂賢의 報告]	邵雍
9655	邵	소	44	33	1939.10	經儒學 / 金誠鎭	邵雍
9656	邵	소	10	48	1916.03	賢關記聞(續) / 李大榮	
9657	蘇	소	32	43	1930.12	地方報告〉地方儒林狀况〉[成樂賢의 報告]	蘇定方
9658	紹嘉侯	소가후	20	30	1920.03	三洙瑣談(續) / 元泳義	
9659	少康	소강	7	38	1915.06	論語考證(續) / 金文演	
9660	少康	소강	7	39	1915.06	論語考證(續) / 金文演	
9661	邵康節	소강절	2	15	1914.03	格致管見 / 李鼎煥	邵雍, 康節은 諡號
9662	邵康節	소강절	2	17	1914.03	格致管見 / 李鼎煥	邵雍, 원문은 康節邵

번호	원문	현대어(독음)	호	쪽	발행일	기사명 / 필자	비고
9663	邵康節	소강절	4	50	1914.09	容思衍 / 李鼎煥	邵雍, 康節은 諡號
9664	邵康節	소강절	6	2	1915.03	緒論 / 呂圭亨	邵雍, 康節은 諡號
9665	邵康節	소강절	6	3	1915.03	緒論 / 呂圭亨	邵雍, 康節은 諡號
9666	邵康節	소강절	8	4	1915.09	經說 本論附 / 韓晚容	邵雍, 康節은 諡號
9667	邵康節	소강절	9	19	1915.12	經學管見(下) / 尹寧求	邵雍, 康節은 諡號
9668	邵康節	소강절	11	9	1916.06	經論 / 韓晚容	邵雍, 康節은 諡號
9669	邵康節	소강절	16	48	1918.03	講說〉講題 存其心養其性所以事天也(大正六年十月十四日江陵郡講演) / 李容稙	邵雍, 康節은 諡號
9670	邵康節	소강절	19	74	1918.12	講說〉講題 孟懿子問孝(大正七年十一月十六日第三十二回講演)〉續演 / 呂圭亨	邵雍, 康節은 諡號
9671	邵康節	소강절	40	3	1936.08	儒敎의 眞髓 / 鄭萬朝	邵雍, 康節은 諡號
9672	邵康節	소강절	30	58	1929.12	講說〉講題 朝鮮의 在한 聖學道統 : 李退溪先生을 憶함 / 赤木萬二郎	邵雍, 康節은 諡號
9673	蘇瓊	소경	13	27	1917.03	讀書私記(續) / 洪鍾佶	
9674	蘇瓊	소경	15	65	1917.10	講說〉大邱高等普通學校講演(大正六年五月十六日)〉常棣章講說 / 朴昇東	
9675	昭公	소공	2	30	1914.03	孔子年譜 / 呂圭亨	
9676	昭公	소공	3	30	1914.06	孔子年報(續) / 呂圭亨	
9677	昭公	소공	3	34	1914.06	孔子年報(續) / 呂圭亨	
9678	昭公	소공	3	35	1914.06	孔子年報(續) / 呂圭亨	
9679	昭公	소공	4	40	1914.09	孔子年報(續) / 呂圭亨	
9680	昭公	소공	4	44	1914.09	孔子年報(續) / 呂圭亨	
9681	昭公	소공	19	55	1918.12	講說〉講題 子路人告之以有過則喜(大正七年九月七日第三十回講演)〉續演 / 呂圭亨	
9682	昭公	소공	33	27	1931.12	聲討顚末	
9683	小斤角	소근각	17	72	1918.07	地方報告〉[李秉會의 報告]	
9684	小磯	소기	47	1	1943.01	大東亞戰爭と國體本義の透徹 / 朴澤相駿	고이소 구니아키(小磯國昭)
9685	小磯	소기	47	9	1943.01	內務部長會議ニ於ナル田中政務總監訓示要旨－朝鮮靑年特別鍊成令實施－ / 田中武雄	고이소 구니아키(小磯國昭)

번호	원문	현대어(독음)	호	쪽	발행일	기사명 / 필자	비고
9686	小磯	소기	47	41	1943.01	釋奠狀況〉昭和十七年秋季釋奠狀況	고이소 구니아키 (小磯國昭)
9687	小磯	소기	47	42	1943.01	釋奠狀況〉小磯總督招宴挨拶要旨 / 小磯國昭	고이소 구니아키 (小磯國昭)
9688	小磯	소기	48	21	1944.04	(四月十五日於經學院春季釋典)櫻と日本精神 / 白神壽吉	고이소 구니아키 (小磯國昭)
9689	小磯	소기	48	51	1944.04	釋奠狀況〉昭和十八年春季釋奠狀況	고이소 구니아키 (小磯國昭)
9690	小磯	소기	48	52	1944.04	釋奠狀況〉昭和十八年秋季釋奠狀況	고이소 구니아키 (小磯國昭)
9691	小磯國昭	소기국소	47	3	1943.01	諭告 / 小磯國昭	고이소 구니아키
9692	小磯國昭	소기국소	47	4	1943.01	諭告 / 小磯國昭	고이소 구니아키
9693	小磯國昭	소기국소	47	43	1943.01	釋奠狀況〉小磯總督招宴挨拶要旨 / 小磯國昭	고이소 구니아키
9694	小磯國昭	소기국소	47	[3]	1943.01	總督小磯國昭閣下 사진	고이소 구니아키
9695	小磯國昭	소기국소	48	3	1944.04	大東亞戰爭二周年に際して 打破れ,戰力の均衡 / 小磯國昭	고이소 구니아키
9696	小楠	소남	30	66	1929.12	講說〉講題 朝鮮의 在한 聖學道統：李退溪先生을 憶함 / 赤木萬二郎	요코이 쇼난 (橫井小楠)
9697	小楠	소남	30	68	1929.12	講說〉講題 朝鮮의 在한 聖學道統：李退溪先生을 憶함 / 赤木萬二郎	요코이 쇼난 (橫井小楠)
9698	小楠	소남	30	69	1929.12	講說〉講題 朝鮮의 在한 聖學道統：李退溪先生을 憶함 / 赤木萬二郎	요코이 쇼난 (橫井小楠)
9699	蘇代	소대	6	47	1915.03	論語考證 / 金文演	
9700	蘇代	소대	6	48	1915.03	論語考證 / 金文演	
9701	蘇敦羣	소돈군	39	51	1935.10	文廟釋奠狀況〉[春期釋奠 擧行]	중국부영사
9702	蘇東坡	소동파	12	57	1916.12	講說〉講題 博學於文約之以禮(大正五年五月十三日第十八回講演) / 李容稙	蘇軾, 東坡는 號
9703	蘇東坡	소동파	46	11	1941.12	嘉言善行 / 李昇圭	蘇軾, 東坡는 號
9704	小連	소련	29	52	1928.12	講說〉講題 生事愛敬死事哀戚 / 李學魯	
9705	少連	소련	8	20	1915.09	孔子年報(續) / 呂圭亨	

번호	원문	현대어(독음)	호	쪽	발행일	기사명 / 필자	비고
9706	小柳司氣太	소류사기태	39	31	1935.10	東京斯文會主催儒道大會狀況	오야나기 시게다
9707	小菱	소릉	16	11	1918.03	陽城鄕校明倫堂重修記 / 金允植	
9708	邵陵伯	소릉백	30	[10]	1929.12	李龍眠畵宣聖及七十二弟子像贊(金石萃編)	
9709	小林采男	소림변남	45	31	1940.12	朝鮮儒林大會(朝鮮儒道聯合會創立總會) 會錄槪要〉朝鮮儒道聯合會役員名簿(昭和十四年十一月一日現在)	고바야시 우네오
9710	小林源六	소림원육	45	30	1940.12	朝鮮儒林大會(朝鮮儒道聯合會創立總會) 會錄槪要〉朝鮮儒道聯合會役員名簿(昭和十四年十一月一日現在)	고바야시 겐로쿠
9711	小林宗之助	소림종지조	45	20	1940.12	朝鮮儒林大會(朝鮮儒道聯合會創立總會) 會錄槪要〉朝鮮儒道聯合會役員名簿(昭和十四年十一月一日現在)	고바야시 소노스케
9712	蕭望之	소망지	1	17	1913.12	經學當明者 一 / 呂圭亨	
9713	蕭望之	소망지	10	19	1916.03	經學管見(續) / 尹寧求	
9714	蘇冕	소면	19	8	1918.12	經學管見(續) / 尹寧求	
9715	蘇冕	소면	19	9	1918.12	經學管見(續) / 尹寧求	
9716	小毛公	소모공	10	11	1916.03	經學管見(續) / 尹寧求	毛萇
9717	小毛公	소모공	31	4	1930.08	經學源流 / 權純九	毛萇
9718	小毛公	소모공	44	35	1939.10	經儒學 / 金誠鎭	毛萇
9719	召伯	소백	16	14	1918.03	詩經蔫辨 / 金文演	
9720	蕭伯	소백	30	[10]	1929.12	李龍眠畵宣聖及七十二弟子像贊(金石萃編)	
9721	蕭伯	소백	42	52	1937.12	文廟享祀位次及聖賢姓名爵號考 / 金完鎭	顔辛
9722	邵寶	소보	5	45	1914.12	孔子年報(續) / 呂圭亨	
9723	邵寶	소보	11	17	1916.06	經學管見(續) / 尹寧求	
9724	邵寶	소보	21	13	1921.03	經學管見(續) / 尹寧求	
9725	昭夫人孟子	소부인맹자	8	19	1915.09	孔子年報(續) / 呂圭亨	魯昭公夫人
9726	小杉彦	소삼언	3	[0]	1914.06	[經學院視察團旅行紀念]	
9727	小杉彦治	소삼언치	8	45	1915.09	日誌大要	고스기 히코지
9728	蕭常	소상	15	5	1917.10	經學管見(續) / 尹寧求	
9729	小松雲成	소송운성	48	62	1944.04	經學院日誌大要(昭和十七年七月ヨリ昭和十八年六月マテ)	鄭雲成
9730	小獸林王	소수림왕	8	35	1915.09	賢關記聞 / 李大榮	
9731	小獸林王	소수림왕	18	27	1918.09	三洙瑣談 / 元泳義	
9732	小獸林王	소수림왕	40	9	1936.08	朝鮮儒敎의 大觀 / 鄭鳳時	
9733	蘇洵	소순	1	20	1913.12	經學當明者 三 / 呂圭亨	
9734	蘇洵	소순	19	10	1918.12	經學管見(續) / 尹寧求	

번호	원문	현대어(독음)	호	쪽	발행일	기사명 / 필자	비고
9735	蕭嵩	소숭	19	10	1918.12	經學管見(續) / 尹寧求	
9736	少施氏	소시씨	12	17	1916.12	孟子緒論 / 金文演	
9737	蘇軾	소식	1	21	1913.12	經學當明者 三 / 呂圭亨	
9738	蘇軾	소식	4	42	1914.09	孔子年報(續) / 呂圭亨	
9739	蘇軾	소식	4	44	1914.09	孔子年報(續) / 呂圭亨	
9740	蘇軾	소식	5	41	1914.12	孔子年報(續) / 呂圭亨	
9741	蘇軾	소식	8	37	1915.09	賢關記聞 / 李大榮	
9742	蘇軾	소식	10	15	1916.03	經學管見(續) / 尹寧求	
9743	蘇軾	소식	11	24	1916.06	經學管見(續) / 尹寧求	
9744	蘇軾	소식	16	44	1918.03	講說〉講題 林放問禮之本(大正六年九月二十七日平壤府鄕校講演) / 朴齊斌	
9745	蘇軾	소식	21	21	1921.03	經學管見(續) / 尹寧求	
9746	蘇軾	소식	32	7	1930.12	經學源流(續) / 權純九	
9747	蘇氏	소씨	8	50	1915.09	講說〉講題 苟日新日日新又日新(大政四年四月十七日第十一回講演)〉續演 / 呂圭亨	
9748	蘇氏	소씨	11	21	1916.06	經學管見(續) / 尹寧求	
9749	小野湖山	소야호산	41	16	1937.02	博士王仁傳 / 李學魯	오노 고잔
9750	蕭梁	소양	32	4	1930.12	經學源流(續) / 權純九	梁武帝
9751	少梁伯	소양백	30	[5]	1929.12	李龍眠畫宣聖及七十二弟子像贊(金石萃編)	
9752	少梁伯	소양백	42	54	1937.12	文廟享祀位次及聖賢姓名爵號考 / 金完鎭	秦祖
9753	蘇良三	소양삼	18	77	1918.09	地方報告〉[朴晉遠의 報告]	
9754	蘇良三	소양삼	26	97	1925.12	地方報告〉[蘇良三 等의 報告]	
9755	蕭衍	소연	32	5	1930.12	經學源流(續) / 權純九	梁武帝
9756	昭烈	소열	12	63	1916.12	講說〉二宮尊德翁의 人物及道德(大正五年五月十三日第十八回講演) / 太田秀穗	漢帝, 劉備
9757	蘇穎濱	소영빈	29	32	1928.12	聚奎帖 / 鄭萬朝	
9758	邵雍	소옹	2	36	1914.03	大成殿神位圖	邵康節, 新安伯
9759	邵雍	소옹	8	35	1915.09	賢關記聞 / 李大榮	
9760	邵雍	소옹	10	51	1916.03	賢關記聞(續) / 李大榮	
9761	邵雍	소옹	42	46	1937.12	文廟享祀位次及聖賢姓名爵號考 / 金完鎭	新安伯
9762	邵雍	소옹	42	50	1937.12	文廟享祀位次及聖賢姓名爵號考 / 金完鎭	新安伯, 원문은 姓邵名雍
9763	蘇完奎	소완규	45	28	1940.12	朝鮮儒林大會(朝鮮儒道聯合會創立總會) 會錄槪要〉朝鮮儒道聯合會役員名簿(昭和十四年十一月一日現在)	
9764	昭王	소왕	6	39	1915.03	孔子年報(續) / 呂圭亨	

번호	원문	현대어(독음)	호	쪽	발행일	기사명 / 필자	비고
9765	素王	소왕	8	22	1915.09	孔子年報(續) / 呂圭亨	
9766	素王	소왕	10	49	1916.03	賢關記聞(續) / 李大榮	
9767	素王	소왕	23	15	1922.12	孔夫子忌辰四十周甲追慕辭 / 李學魯	
9768	素王	소왕	23	50	1922.12	孔夫子忌辰四十周甲追慕韻 / 金宅浩	
9769	素王	소왕	26	12	1925.12	四書講解總說 / 元泳義	
9770	素王	소왕	26	70	1925.12	講說〉講題 儒家事業 / 金完鎭	
9771	素王	소왕	30	[4]	1929.12	李龍眠畵宣聖及七十二弟子像贊(金石萃編)	
9772	素王	소왕	39	29	1935.10	湯島聖堂孔子祭典狀況〉告文 / 鄭萬朝	
9773	素王	소왕	40	44	1936.08	成竹似先生追悼錄〉挽故成均館博士成竹似先生 / 羅一鳳	
9774	邵堯夫	소요부	7	27	1915.06	孔子年報(續) / 呂圭亨	
9775	邵堯夫	소요부	8	57	1915.09	講說〉講題 道不遠人(大政四年五月八日第十二回講演)〉續演 / 呂圭亨	
9776	邵堯夫	소요부	11	8	1916.06	經論 / 韓晩容	
9777	蘇龍奎	소용규	26	88	1925.12	地方報告〉[金澤 等의 報告]	원문은 龍奎
9778	蘇用述	소용술	33	55	1931.12	孝烈行蹟〉[李模泰 等의 보고]	
9779	小原新三	소원신삼	12	18	1916.12	文廟告辭 / 小原新三	오하라 신조
9780	蘇子	소자	44	38	1939.10	經儒學 / 金誠鎭	蘇東坡
9781	邵子	소자	11	46	1916.06	讀書私記(第八號續) / 洪鐘佶	
9782	邵子	소자	18	28	1918.09	三洙瑣談 / 元泳義	
9783	邵子	소자	18	74	1918.09	地方報告〉[成樂賢의 報告]	
9784	邵子	소자	19	24	1918.12	三洙瑣談(續) / 元泳義	
9785	邵子	소자	34	13	1932.03	三洙瑣談(續) / 元泳義	
9786	邵子	소자	34	15	1932.03	三洙瑣談(續) / 元泳義	
9787	邵子	소자	35	7	1932.12	心性情理氣圖解 / 元弘植	
9788	邵子	소자	44	37	1939.10	經儒學 / 金誠鎭	邵雍
9789	邵子	소자	44	38	1939.10	經儒學 / 金誠鎭	邵雍
9790	蘇子卿	소자경	31	21	1930.08	講題 窮塞禍患不以動其心行吾義而已 / 李學魯	
9791	蘇子容	소자용	10	3	1916.03	經論 / 金元祐	
9792	蘇子由	소자유	9	28	1915.12	孔子年報(續) / 呂圭亨	
9793	蘇子瞻	소자첨	6	4	1915.03	緖論 / 呂圭亨	
9794	蘇子瞻	소자첨	11	5	1916.06	經論 / 韓晩容	
9795	蕭子顯	소자현	14	7	1917.07	經學管見(續) / 尹寧求	
9796	蘇長公	소장공	7	36	1915.06	容思衍(續) / 李鼎煥	蘇東坡
9797	蘇齋	소재	24	91	1923.12	地方報告〉[尹益模의 報告]	盧守愼

번호	원문	현대어(독음)	호	쪽	발행일	기사명 / 필자	비고
9798	小田	소전	24	55	1923.12	日誌大要	오다 쇼고 (小田省吾)
9799	篠田	소전	46	13	1941.12	釋奠狀況〉昭和十四年秋季釋奠狀況	시노다 지사쿠 (篠田治策)
9800	篠田	소전	46	15	1941.12	釋奠狀況〉昭和十五年秋季釋奠狀況	시노다 지사쿠 (篠田治策)
9801	篠田	소전	46	17	1941.12	釋奠狀況〉昭和十六年春季釋奠狀況	시노다 지사쿠 (篠田治策)
9802	篠田	소전	46	34	1941.12	全羅南道儒林大會	시노다 지사쿠 (篠田治策)
9803	篠田	소전	46	36	1941.12	全羅南道儒林大會〉全羅南道儒林大會開催要項	시노다 지사쿠 (篠田治策)
9804	篠田	소전	47	37	1943.01	釋奠狀況〉昭和十七年春季釋奠狀況	시노다 지사쿠 (篠田治策)
9805	小田省吾	소전성오	1	59	1913.12	本院職員錄 大正二年十二月 日 現在	오다 쇼고
9806	小田省吾	소전성오	19	32	1918.12	日誌大要	오다 쇼고
9807	小田省吾	소전성오	45	21	1940.12	朝鮮儒林大會(朝鮮儒道聯合會創立總會) 會錄槪要〉朝鮮儒道聯合會役員名簿(昭和十四年十一月一日現在)	오다 쇼고
9808	篠田治策	소전치책	45	20	1940.12	朝鮮儒林大會(朝鮮儒道聯合會創立總會) 會錄槪要〉朝鮮儒道聯合會役員名簿(昭和十四年十一月一日現在)	시노다 지사쿠
9809	少正卯	소정묘	4	43	1914.09	孔子年報(續) / 呂圭亨	
9810	少正卯	소정묘	4	44	1914.09	孔子年報(續) / 呂圭亨	
9811	少正卯	소정묘	4	45	1914.09	孔子年報(續) / 呂圭亨	
9812	少正卯	소정묘	5	40	1914.12	孔子年報(續) / 呂圭亨	
9813	少正卯	소정묘	14	14	1917.07	溫故而知新可以爲師矣 / 田中玄黃	
9814	少正卯	소정묘	14	80	1917.07	地方報告〉[金光鉉의 報告]	
9815	少正卯	소정묘	28	65	1927.12	講說〉講題 吾道一以貫之 / 沈璿澤	
9816	蘇定方	소정방	32	43	1930.12	地方報告〉地方儒林狀況〉[成樂賢의 報告]	
9817	蕭曹丙魏	소조병위	1	20	1913.12	經學當明者 三 / 呂圭亨	漢의 재상
9818	蕭曹丙魏	소조병위	1	21	1913.12	經學當明者 三 / 呂圭亨	漢의 재상
9819	小早川隆景	소조천융경	48	50	1944.04	嘉言善行 / 李敬植	고바야카와 다카카게

번호	원문	현대어(독음)	호	쪽	발행일	기사명 / 필자	비고
9820	蕭至忠	소지충	21	10	1921.03	經學管見(續) / 尹寧求	唐의 재상
9821	蘇秦	소진	9	55	1915.12	講說〉講題 三人行必有我師(大正四年六月十二日第十三回講演) / 鄭鳳時	
9822	蘇秦	소진	10	76	1916.03	地方報告〉[成樂賢의 報告]	원문은 秦
9823	蘇秦	소진	12	4	1916.12	經學說(續) / 李容稙	
9824	蘇秦	소진	15	55	1917.10	講說〉泰仁鄕校講演(大正六年五月一日)〉講題 士不可以不弘毅任重而道遠 / 李容稙	원문은 秦
9825	蘇秦	소진	39	14	1935.10	農村振興과 儒林의 覺醒(每日申報社說抄錄) −時運時變에 適應하라	
9826	邵晉涵	소진함	10	25	1916.03	經學淺知錄 / 金文演	
9827	邵晋涵	소진함	34	5	1932.03	最近經學考 / 權純九	
9828	蘇天爵	소천작	17	2	1918.07	經學管見(續) / 尹寧求	
9829	小徹辰薩囊台吉	소천진살낭태길	16	2	1918.03	經學管見(續) / 尹寧求	내몽고의 귀족
9830	小泉弘	소천홍	45	32	1940.12	朝鮮儒林大會(朝鮮儒道聯合會創立總會) 會錄槪要〉朝鮮儒道聯合會役員名簿(昭和十四年十一月一日現在)	
9831	蘇轍	소철	11	21	1916.06	經學管見(續) / 尹寧求	
9832	蘇轍	소철	11	24	1916.06	經學管見(續) / 尹寧求	
9833	蘇轍	소철	15	4	1917.10	經學管見(續) / 尹寧求	
9834	蘇轍	소철	21	22	1921.03	經學管見(續) / 尹寧求	
9835	蘇轍	소철	32	7	1930.12	經學源流(續) / 權純九	
9836	소구라데스	소크라테스	4	64	1914.09	講說〉講題 文質彬彬然後君子(大正三年六月十三日第六回講演)〉結辭 / 李人稙	Socrates
9837	소구라데스	소크라테스	32	12	1930.12	講題 現代世相과 儒學의 本領 / 渡邊信治	Socrates
9838	邵泰衡	소태형	14	3	1917.07	經學管見(續) / 尹寧求	원문은 泰衢
9839	小澤榮一	소택영일	44	84	1939.10	日誌大要(自昭和十三年六月 至昭和十三年十二月)	오자와 에이이치
9840	小退溪	소퇴계	17	24	1918.07	安東高山書院重興祝詞 / 高橋亨	李象靖
9841	小河	소하	26	37	1925.12	日誌大要	오가와
9842	小河	소하	48	50	1944.04	嘉言善行 / 李敬植	오가와
9843	蕭何	소하	7	77	1915.06	講說〉講題 孔子聖之時者也(大政四年三月十八日第十回講演)〉續演 / 呂圭亨	
9844	蕭何	소하	15	20	1917.10	經義問對 / 權重國	
9845	蘇夏逵	소하규	38	45	1935.03	文廟釋奠狀況〉地方文廟秋期釋奠狀況表	
9846	蘇夏逵	소하규	39	52	1935.10	文廟釋奠狀況〉地方文廟春期釋奠狀況表	
9847	小夏侯	소하후	1	17	1913.12	經學當明者 一 / 呂圭亨	

번호	원문	현대어(독음)	호	쪽	발행일	기사명 / 필자	비고
9848	昭憲皇太后	소헌 황태후	3	60	1914.06	日誌大要	쇼켄 황태후, 메이지 천황의 황후
9849	昭憲皇太后	소헌 황태후	7	66	1915.06	日誌大要	쇼켄 황태후, 메이지 천황의 황후
9850	昭顯	소현	18	31	1918.09	賢關記聞(續) / 李大榮	昭顯世子
9851	少昊	소호	9	21	1915.12	經學管見(下) / 尹寧求	
9852	少昊	소호	25	47	1924.12	講說〉講題 郁郁乎文哉 / 成樂賢	
9853	少昊	소호	44	32	1939.10	經儒學 / 金誠鎭	五帝
9854	少昊	소호	46	7	1941.12	大學序文先儒論辨 / 金誠鎭	五帝
9855	小華	소화	47	33	1943.01	朝鮮詩學考(第十四號續) / 李昇圭	朴寅亮의 號
9856	昭和	소화	32	28	1930.12	學校視察日記 / 兪鎭贊	쇼와 천황
9857	昭和	소화	44	93	1939.10	地方文廟秋季釋奠參拜人數 昭和十三年	쇼와 천황
9858	昭和	소화	46	14	1941.12	釋奠狀況〉昭和十五年春季釋奠狀況	쇼와 천황
9859	昭和	소화	46	29	1941.12	地方文廟釋奠參拜者統計表〉昭和十四年秋季釋奠	쇼와 천황
9860	昭和	소화	46	30	1941.12	地方文廟釋奠參拜者統計表〉昭和十五年春季釋奠	쇼와 천황
9861	昭和	소화	48	60	1944.04	二. 地方文廟釋奠參拜者統計表〉昭和十八年春季釋奠	쇼와 천황
9862	蘇璜奎	소황규	26	88	1925.12	地方報告〉[金澤 等의 報告]	원문은 璜奎
9863	蘇黃門	소황문	11	6	1916.06	經論 / 韓晚容	
9864	蘇輝景	소휘경	26	88	1925.12	地方報告〉[金澤 等의 報告]	
9865	速水	속수	45	65	1940.12	忠淸南道儒道聯合會結成式	하야미 히로시 (速水滉)
9866	速水滉	속수황	45	20	1940.12	朝鮮儒林大會(朝鮮儒道聯合會創立總會) 會錄槪要〉朝鮮儒道聯合會役員名簿(昭和十四年十一月一日現在)	하야미 히로시
9867	速水滉	속수황	45	[0]	1940.12	會長 子爵 尹德榮閣下, 副會長 子爵 閔丙奭閣下, 副會長 速水滉閣下	하야미 히로시
9868	孫	손	45	92	1940.12	全羅北道儒道聯合會結成式	孫永穆
9869	孫卿	손경	31	4	1930.08	經學源流 / 權純九	
9870	孫卿子	손경자	31	4	1930.08	經學源流 / 權純九	
9871	孫庚鉉	손경현	1	51	1913.12	日誌大要	
9872	孫庚鉉	손경현	1	52	1913.12	日誌大要	
9873	孫庚鉉	손경현	1	58	1913.12	本院職員錄 大正二年十二月 日 現在	
9874	孫庚鉉	손경현	1	80	1913.12	地方報告 大正元年始〉[吳憲泳의 報告]	

번호	원문	현대어(독음)	호	쪽	발행일	기사명 / 필자	비고
9875	孫庚鉉	손경현	9	51	1915.12	日誌大要	
9876	孫期	손기	9	21	1915.12	經學管見(下) / 尹寧求	
9877	孫奇峰	손기봉	10	22	1916.03	經學淺知錄 / 金文演	원문은 奇峰
9878	孫奇逢	손기봉	12	10	1916.12	經學管見(續) / 尹寧求	
9879	孫奇逢	손기봉	13	2	1917.03	經學管見(續) / 尹寧求	
9880	孫奇逢	손기봉	17	4	1918.07	經學管見(續) / 尹寧求	
9881	孫大均	손대균	11	62	1916.06	日誌大要	
9882	孫墩	손돈	43	16	1938.12	教化編年(續) / 李大榮	
9883	孫東奎	손동규	34	33	1932.03	地方儒林狀況〉[姜錫奎 等의 보고]	
9884	孫東昌	손동창	31	62	1930.08	入學許可者名簿	
9885	孫東昌	손동창	32	37	1930.12	日誌大要	
9886	孫東昌	손동창	33	43	1931.12	文廟釋奠狀況	
9887	孫東昌	손동창	33	50	1931.12	文廟釋奠狀況〉[本院秋期釋奠에 대한 보고]	
9888	孫東昌	손동창	35	74	1932.12	明倫學院第一回卒業生名簿	
9889	孫斗宣	손두선	36	71	1933.12	明倫學院第四回入學許可者名簿	
9890	孫斗宣	손두선	37	46	1934.10	文廟釋奠狀況〉[秋期釋奠 舉行]	
9891	孫斗宣	손두선	40	62	1936.08	第四回卒業式狀況及第七回新入生名簿〉第四回卒業生名簿	
9892	孫斗宣	손두선	41	35	1937.02	文廟春季釋奠狀況	
9893	孫斗瑄	손두선	40	35	1936.08	文廟釋奠狀況〉[秋期釋奠 舉行]	
9894	孫斗榮	손두영	45	32	1940.12	朝鮮儒林大會(朝鮮儒道聯合會創立總會) 會錄概要〉朝鮮儒道聯合會役員名簿(昭和十四年十一月一日現在)	
9895	孫登	손등	6	37	1915.03	孔子年報(續) / 呂圭亨	
9896	孫忘齋	손망재	29	24	1928.12	三洙瑣談(續) / 元泳義	孫叔暾
9897	孫明復	손명복	41	23	1937.02	教化編年(續) / 李大榮	
9898	孫懋	손무	16	5	1918.03	經學管見(續) / 尹寧求	
9899	孫文	손문	34	49	1932.03	評議員會狀況	
9900	孫文	손문	48	13	1944.04	大東亞共同宣言の解説	
9901	孫龐	손방	22	71	1922.03	講說〉以文會友以友輔仁 / 鄭鳳時	
9902	孫甫	손보	21	11	1921.03	經學管見(續) / 尹寧求	
9903	孫復	손복	10	15	1916.03	經學管見(續) / 尹寧求	
9904	孫復	손복	43	15	1938.12	教化編年(續) / 李大榮	北宋 대
9905	孫本	손본	19	74	1918.12	講說〉講題 孟懿子問孝(大正七年十一月十六日第三十二回講演)〉續演 / 呂圭亨	北宋 대
9906	孫鳳祥	손봉상	27	7	1926.12	開城郡文廟重修記 / 崔基鉉	원문은 孫君鳳祥

번호	원문	현대어(독음)	호	쪽	발행일	기사명 / 필자	비고
9907	孫比長	손비장	37	23	1934.10	敎化編年 / 李大榮	
9908	孫臏	손빈	1	66	1913.12	講說〉大正二年六月十四日第一回演講〉(講章 益者三友損者三友)〉結辭 / 李人稙	
9909	孫臏	손빈	25	5	1924.12	論語疑義問答(續) / 鄭萬朝	
9910	孫師濬	손사준	45	38	1940.12	朝鮮儒林大會(朝鮮儒道聯合會創立總會) 會 錄概要〉朝鮮儒道聯合會役員名簿(昭和十四年 十一月一日現在)	
9911	孫奭	손석	11	23	1916.06	經學管見(續) / 尹寧求	
9912	孫奭	손석	11	24	1916.06	經學管見(續) / 尹寧求	
9913	孫奭	손석	14	4	1917.07	經學管見(續) / 尹寧求	
9914	孫星衍	손성연	10	25	1916.03	經學淺知錄 / 金文演	
9915	孫星衍	손성연	34	5	1932.03	最近經學考 / 權純九	
9916	孫叔	손숙	5	41	1914.12	孔子年報(續) / 呂圭亨	
9917	孫莘老	손신노	10	15	1916.03	經學管見(續) / 尹寧求	
9918	孫亮模	손양모	15	23	1917.10	經義問對 / 孫亮模	
9919	孫亮模	손양모	17	37	1918.07	經義問對 / 孫亮模	
9920	孫良夫	손양부	2	32	1914.03	孔子年譜 / 呂圭亨	
9921	孫永德	손영덕	20	37	1920.03	求禮郡文廟重修捐義錄小序 / 金商翊	
9922	孫永暾	손영돈	46	24	1941.12	經學院日誌大要(昭和十四年七月ヨリ昭和十 六年六月マテ)	
9923	孫永穆	손영목	45	21	1940.12	朝鮮儒林大會(朝鮮儒道聯合會創立總會) 會 錄概要〉朝鮮儒道聯合會役員名簿(昭和十四年 十一月一日現在)	
9924	孫永穆	손영목	45	97	1940.12	全羅北道儒道聯合會結成式 〉全羅北道儒道聯 合會結成式會長式辭要旨	
9925	孫永洙	손영수	20	38	1920.03	求禮郡文廟重修捐義錄小序 / 金商翊	
9926	孫永珠	손영주	20	37	1920.03	求禮郡文廟重修捐義錄小序 / 金商翊	
9927	孫永瑚	손영호	20	38	1920.03	求禮郡文廟重修捐義錄小序 / 金商翊	
9928	孫吳	손오	10	20	1916.03	經學管見(續) / 尹寧求	
9929	孫吳	손오	21	69	1921.03	三洙瑣談(續) / 元泳義	
9930	孫容振	손용진	16	36	1918.03	日誌大要	
9931	孫應俊	손응준	38	48	1935.03	文廟釋奠狀況〉地方文廟秋期釋奠狀況表	
9932	孫詒讓	손이양	25	22	1924.12	釋奠에 就하야(續) / 佐藤廣治	
9933	孫仁權	손인권	20	36	1920.03	求禮郡文廟重修捐義錄小序 / 金商翊	
9934	孫在廈	손재하	45	26	1940.12	朝鮮儒林大會(朝鮮儒道聯合會創立總會) 會 錄概要〉朝鮮儒道聯合會役員名簿(昭和十四年 十一月一日現在)	
9935	孫在馨	손재형	31	32	1930.08	日誌大要	

번호	원문	현대어(독음)	호	쪽	발행일	기사명 / 필자	비고
9936	孫鼎德	손정덕	19	37	1918.12	日誌大要	
9937	孫宗振	손종진	48	56	1944.04	一. 孝烈行跡報告 其二 / 姜鶴榮	
9938	孫致洛	손치락	35	35	1932.12	文廟釋奠狀況〉[孫致洛의 보고]	
9939	孫治洛	손치락	37	49	1934.10	文廟釋奠狀況〉[孫致洛의 보고]	
9940	孫致洛	손치락	33	37	1931.12	聲討顚末	
9941	孫致洛	손치락	33	53	1931.12	文廟釋奠狀況〉[孫致洛의 보고]	
9942	孫致洛	손치락	36	28	1933.12	文廟釋奠狀況〉[孫致洛의 보고]	
9943	孫致洛	손치락	36	34	1933.12	文廟釋奠狀況〉[孫致洛의 보고]	
9944	孫泰鉉	손태현	12	85	1916.12	地方報告〉[李培來의 報告]	
9945	孫夏峰	손하봉	10	22	1916.03	經學淺知錄 / 金文演	孫奇峰
9946	孫炯坤	손형곤	39	60	1935.10	聽講生	
9947	孫澔翼	손호익	36	71	1933.12	明倫學院第四回入學許可者名簿	
9948	孫澔翼	손호익	37	46	1934.10	文廟釋奠狀況〉[秋期釋奠 擧行]	
9949	孫澔翼	손호익	37	51	1934.10	文廟釋奠狀況〉[春期釋奠 擧行]	
9950	孫澔翼	손호익	38	44	1935.03	文廟釋奠狀況〉[秋期釋奠 擧行]	
9951	孫澔翼	손호익	39	52	1935.10	文廟釋奠狀況〉[春期釋奠 擧行]	
9952	孫澔翼	손호익	40	35	1936.08	文廟釋奠狀況〉[秋期釋奠 擧行]	
9953	孫澔翼	손호익	40	62	1936.08	第四回卒業式狀況及第七回新入生名簿〉第四回卒業生名簿	
9954	孫澔翼	손호익	41	35	1937.02	文廟春季釋奠狀況	
9955	孫澔翼	손호익	43	50	1938.12	鄭松里先生追悼錄〉吊辭 / 李泳珪 等	
9956	孫澔翼	손호익	45	37	1940.12	朝鮮儒林大會(朝鮮儒道聯合會創立總會) 會錄槪要〉朝鮮儒道聯合會役員名簿(昭和十四年十一月一日現在)	
9957	孫洪駿	손홍준	45	40	1940.12	朝鮮儒林大會(朝鮮儒道聯合會創立總會) 會錄槪要〉朝鮮儒道聯合會役員名簿(昭和十四年十一月一日現在)	
9958	宋	송	28	77	1927.12	地方報告〉[鄭性謨 等의 報告]	精忠堂
9959	宋	송	30	81	1929.12	地方報告〉[林炳棹 等의 報告]	
9960	松岡恕菴	송강서암	48	20	1944.04	(四月十五日於經學院春季釋典)櫻と日本精神 / 白神壽吉	마츠오카 죠안
9961	松岡實	송강실	48	52	1944.04	釋奠狀況〉昭和十八年春季釋奠狀況	마츠오카 마코토
9962	松岡實	송강실	48	54	1944.04	釋奠狀況〉昭和十八年秋季釋奠狀況	마츠오카 마코토
9963	宋繼麟	송계인	23	86	1922.12	地方報告〉[宋繼麟의 報告]	
9964	松谷豊光	송곡풍광	48	61	1944.04	經學院日誌大要(昭和十七年七月ヨリ昭和十八年六月マテ)	

번호	원문	현대어(독음)	호	쪽	발행일	기사명 / 필자	비고
9965	松橋	송교	48	62	1944.04	經學院日誌大要(昭和十七年七月ヨリ昭和十八年六月マテ)	마츠하시기요시(松橋喜代治)
9966	松橋喜代治	송교희대치	48	61	1944.04	經學院日誌大要(昭和十七年七月ヨリ昭和十八年六月マテ)	마츠하시기요시
9967	宋龜峰	송구봉	11	27	1916.06	經學淺知錄(續) / 金文演	宋翼弼
9968	宋奎鎭	송규진	22	72	1922.03	地方報告>[宋圭鎭의 報告]	
9969	宋奎采	송규채	26	78	1925.12	地方報告>[宋相弼의 報告]	
9970	宋奎采	송규채	26	79	1925.12	地方報告>[宋相弼의 報告]	
9971	宋金俊	송금준	22	74	1922.03	地方報告>[成樂賢의 報告]	
9972	宋金華	송금화	8	1	1915.09	儒教論 / 呂圭亨	宋濂
9973	宋金華	송금화	26	50	1925.12	講說>講題 儒者之地位及義務 / 李大榮	
9974	宋杞	송기	10	18	1916.03	經學管見(續) / 尹寧求	
9975	宋祁	송기	8	21	1915.09	孔子年報(續) / 呂圭亨	
9976	宋祁	송기	10	3	1916.03	經論 / 金元祐	
9977	宋祁	송기	14	9	1917.07	經學管見(續) / 尹寧求	
9978	宋基萬	송기만	39	40	1935.10	孝烈行蹟>[尹鳳爕의 보고]	
9979	宋基冕	송기면	20	58	1920.03	地方報告>[趙翰誠 등의 報告]	
9980	宋基善	송기선	33	50	1931.12	文廟釋奠狀況>[宋基善의 보고]	
9981	宋基善	송기선	35	31	1932.12	文廟釋奠狀況>[宋基善의 보고]	
9982	宋基善	송기선	36	32	1933.12	文廟釋奠狀況>[宋基善의 보고]	
9983	宋綺用	송기용	25	33	1924.12	富川郡仁川鄕校重修落成詩韻 / 宋綺用	
9984	宋琪柱	송기주	20	38	1920.03	求禮郡文廟重修捐義錄小序 / 金商翊	
9985	宋基彪	송기표	45	40	1940.12	朝鮮儒林大會(朝鮮儒道聯合會創立總會) 會錄槪要>朝鮮儒道聯合會役員名簿(昭和十四年十一月一日現在)	
9986	宋箕浩	송기호	24	15	1923.12	興陽郡學重修記 / 金甯漢	
9987	宋洛彬	송낙빈	25	42	1924.12	日誌大要	
9988	宋洛彬	송낙빈	30	36	1929.12	祭粢料傳達式狀況	
9989	宋大用	송대용	24	58	1923.12	日誌大要	
9990	宋大用	송대용	24	59	1923.12	日誌大要	
9991	宋陶穀	송도곡	1	10	1913.12	論說 / 呂圭亨	
9992	宋東爕	송동섭	18	77	1918.09	地方報告>[劉錫祚의 報告]	
9993	宋同春	송동춘	11	27	1916.06	經學淺知錄(續) / 金文演	宋浚吉
9994	宋濂	송렴	2	30	1914.03	孔子年譜 / 呂圭亨	
9995	宋濂	송렴	9	22	1915.12	經學管見(下) / 尹寧求	
9996	宋濂	송렴	10	18	1916.03	經學管見(續) / 尹寧求	

번호	원문	현대어(독음)	호	쪽	발행일	기사명 / 필자	비고
9997	宋濂	송렴	14	10	1917.07	經學管見(續) / 尹寧求	
9998	宋濂	송렴	17	4	1918.07	經學管見(續) / 尹寧求	
9999	宋濂	송렴	21	17	1921.03	經學管見(續) / 尹寧求	
10000	宋濂	송렴	44	40	1939.10	經儒學 / 金誠鎭	
10001	松里	송리	33	17	1931.12	壽松帖	鄭鳳時
10002	松里	송리	40	50	1936.08	鄭茂亭先生追悼錄〉哀辭 / 鄭鳳時	鄭鳳時
10003	松里	송리	40	59	1936.08	鄭茂亭先生追悼錄〉節山博士輓茂亭太史揭載斯文會誌次韻却寄 / 鄭鳳時	鄭鳳時
10004	松里	송리	41	30	1937.02	挽成竹似先生	鄭鳳時
10005	松里	송리	41	31	1937.02	挽崔講師崙熙	鄭鳳時
10006	松里	송리	43	40	1938.12	故大提學鄭鳳時先生輓詞 / 李學魯	鄭鳳時
10007	松里	송리	43	41	1938.12	故大提學鄭鳳時先生輓詞 / 姜錫圭	鄭鳳時
10008	松里	송리	43	43	1938.12	故大提學鄭鳳時先生輓詞 / 姜錫圭	鄭鳳時
10009	松里	송리	43	44	1938.12	故大提學鄭鳳時先生輓詞 / 金東振	鄭鳳時
10010	松里	송리	43	48	1938.12	鄭松里先生追悼錄〉畧歷	鄭鳳時
10011	松里	송리	43	49	1938.12	鄭松里先生追悼錄〉吊辭 / 俞鎭贊 等	鄭鳳時
10012	松里	송리	43	50	1938.12	鄭松里先生追悼錄〉吊辭 / 李迺雨 等	鄭鳳時
10013	松里	송리	43	51	1938.12	鄭松里先生追悼錄〉哀辭 / 趙泰義	鄭鳳時
10014	宋文植	송문식	35	45	1932.12	孝烈行蹟〉[利川郡鄕校의 보고]	
10015	宋文在	송문재	35	76	1932.12	明倫學院昭和七年度第三回入學許可者名簿	
10016	宋文在	송문재	36	29	1933.12	文廟釋奠狀況〉[春期釋奠 擧行]	
10017	宋文在	송문재	37	46	1934.10	文廟釋奠狀況〉[秋期釋奠 擧行]	
10018	宋文在	송문재	37	51	1934.10	文廟釋奠狀況〉[春期釋奠 擧行]	
10019	宋文在	송문재	37	68	1934.10	明倫學院第三回卒業生名簿	
10020	宋文正	송문정	11	55	1916.06	賢關記聞(續) / 李大榮	宋時烈
10021	宋文憲	송문헌	45	24	1940.12	朝鮮儒林大會(朝鮮儒道聯合會創立總會) 會錄槪要〉朝鮮儒道聯合會役員名簿(昭和十四年十一月一日現在)	
10022	宋微子	송미자	2	27	1914.03	孔子年譜 / 呂圭亨	
10023	宋敏求	송민구	16	2	1918.03	經學管見(續) / 尹寧求	
10024	宋敏求	송민구	18	11	1918.09	經學管見(續) / 尹寧求	
10025	宋秉珣	송병순	1	46	1913.12	日誌大要	
10026	宋秉珣	송병순	1	52	1913.12	日誌大要	
10027	宋秉益	송병익	33	37	1931.12	聲討顚末	
10028	宋復憲	송복헌	45	28	1940.12	朝鮮儒林大會(朝鮮儒道聯合會創立總會) 會錄槪要〉朝鮮儒道聯合會役員名簿(昭和十四年十一月一日現在)	

번호	원문	현대어(독음)	호	쪽	발행일	기사명 / 필자	비고
10029	宋福憲	송복헌	25	44	1924.12	日誌大要	
10030	松本	송본	36	29	1933.12	文廟釋奠狀況〉[春期釋奠 擧行]	마츠모토 마코토 (松本誠)
10031	松本	송본	37	45	1934.10	文廟釋奠狀況〉[秋期釋奠 擧行]	마츠모토 마코토 (松本誠)
10032	松本茂雄	송본무웅	46	18	1941.12	釋奠狀況〉昭和十六年春季釋奠狀況	
10033	松本茂雄	송본무웅	46	34	1941.12	全羅南道儒林大會	
10034	松本茂雄	송본무웅	47	37	1943.01	釋奠狀況〉昭和十六年秋季釋奠狀況	
10035	松本茂雄	송본무웅	47	39	1943.01	釋奠狀況〉昭和十七年春季釋奠狀況	
10036	松本茂雄	송본무웅	47	42	1943.01	釋奠狀況〉昭和十七年秋季釋奠狀況	
10037	松本茂雄	송본무웅	48	52	1944.04	釋奠狀況〉昭和十八年春季釋奠狀況	
10038	松本茂雄	송본무웅	48	53	1944.04	釋奠狀況〉昭和十八年秋季釋奠狀況	
10039	松本炳	송본병	46	17	1941.12	釋奠狀況〉昭和十六年春季釋奠狀況	
10040	松本炳義	송본병의	46	16	1941.12	釋奠狀況〉昭和十五年秋季釋奠狀況	
10041	松本炳義	송본병의	47	37	1943.01	釋奠狀況〉昭和十六年秋季釋奠狀況	
10042	松本炳義	송본병의	47	38	1943.01	釋奠狀況〉昭和十七年春季釋奠狀況	
10043	松本炳熙	송본병희	46	17	1941.12	釋奠狀況〉昭和十六年春季釋奠狀況	
10044	松本誠	송본성	35	69	1932.12	第一回學生卒業式狀況〉祝辭 / 松本 誠	마츠모토 마코토
10045	松本誠	송본성	36	59	1933.12	第二回學生卒業式狀況〉祝辭 / 松本 誠	마츠모토 마코토
10046	松本誠	송본성	45	21	1940.12	朝鮮儒林大會(朝鮮儒道聯合會創立總會) 會錄概要〉朝鮮儒道聯合會役員名簿(昭和十四年十一月一日現在)	마츠모토 마코토
10047	松本伊織	송본이직	45	22	1940.12	朝鮮儒林大會(朝鮮儒道聯合會創立總會) 會錄概要〉朝鮮儒道聯合會役員名簿(昭和十四年十一月一日現在)	마츠모토 이오리
10048	松本麟燮	송본인섭	46	17	1941.12	釋奠狀況〉昭和十六年春季釋奠狀況	
10049	宋本浩	송본호	20	53	1920.03	地方報告〉[李芳雨의 報告]	
10050	宋本浩	송본호	23	21	1922.12	益山郡礪山文廟重修記 / 成岐運	
10051	宋父周	송부주	2	27	1914.03	孔子年譜 / 呂圭亨	
10052	宋沙奇	송사기	41	27	1937.02	一. 孝烈行蹟〉[曺勉承의 보고]	
10053	松寺竹雄	송사죽웅	27	57	1926.12	日誌大要	마츠데라 다케오
10054	松寺竹雄	송사죽웅	30	35	1929.12	祭粢料傳達式狀況	마츠데라 다케오

번호	원문	현대어(독음)	호	쪽	발행일	기사명 / 필자	비고
10055	松山錫圭	송산석규	46	24	1941.12	經學院日誌大要(昭和十四年七月ヨリ昭和十六年六月マテ)	姜錫圭
10056	松山贊俊	송산찬준	47	7	1943.01	戶籍整備入選標語	
10057	宋庠	송상	16	1	1918.03	經學管見(續) / 尹寧求	
10058	宋翔鳳	송상봉	34	5	1932.03	最近經學考 / 權純九	
10059	宋相弼	송상필	26	78	1925.12	地方報告〉[宋相弼의 報告]	
10060	宋錫珉	송석민	45	32	1940.12	朝鮮儒林大會(朝鮮儒道聯合會創立總會) 會錄概要〉朝鮮儒道聯合會役員名簿(昭和十四年十一月一日現在)	
10061	宋錫疇	송석주	45	9	1940.12	朝鮮儒林大會(朝鮮儒道聯合會創立總會) 會錄概要	
10062	宋聲淳	송성순	38	49	1935.03	文廟釋奠狀況〉地方文廟秋期釋奠狀況表	
10063	宋聲淳	송성순	39	40	1935.10	孝烈行蹟〉[宋聲淳의 보고]	
10064	宋星鎭	송성진	45	34	1940.12	朝鮮儒林大會(朝鮮儒道聯合會創立總會) 會錄概要〉朝鮮儒道聯合會役員名簿(昭和十四年十一月一日現在)	
10065	宋世珩	송세형	21	64	1921.03	賢關記聞(續) / 李大榮	
10066	宋炤用	송소용	33	38	1931.12	聲討顚末	
10067	宋蘇子	송소자	5	46	1914.12	孔子年報(續) / 呂圭亨	
10068	宋時烈	송시열	10	47	1916.03	賢關記聞(續) / 李大榮	
10069	宋時烈	송시열	10	48	1916.03	賢關記聞(續) / 李大榮	
10070	宋時烈	송시열	10	49	1916.03	賢關記聞(續) / 李大榮	
10071	宋時烈	송시열	10	51	1916.03	賢關記聞(續) / 李大榮	
10072	宋時烈	송시열	10	52	1916.03	賢關記聞(續) / 李大榮	
10073	宋時烈	송시열	10	54	1916.03	賢關記聞(續) / 李大榮	
10074	宋時烈	송시열	11	27	1916.06	經學淺知錄(續) / 金文演	
10075	宋時烈	송시열	11	34	1916.06	丞闉堂記 / 宋時烈	
10076	宋時烈	송시열	11	53	1916.06	賢關記聞(續) / 李大榮	
10077	宋時烈	송시열	11	55	1916.06	賢關記聞(續) / 李大榮	
10078	宋時烈	송시열	21	65	1921.03	賢關記聞(續) / 李大榮	원문은 宋文正時烈
10079	宋時烈	송시열	25	42	1924.12	日誌大要	
10080	宋時烈	송시열	28	3	1927.12	朝鮮詩文變遷論 / 鄭萬朝	
10081	宋時烈	송시열	30	36	1929.12	祭粢料傳達式狀況	
10082	宋時烈	송시열	30	58	1929.12	講說〉講題 朝鮮의 在한 聖學道統 : 李退溪先生을 憶함 / 赤木萬二郎	
10083	宋時烈	송시열	32	42	1930.12	地方報告〉地方儒林狀況〉[成樂賢의 報告]	원문은 宋公時烈

번호	원문	현대어(독음)	호	쪽	발행일	기사명 / 필자	비고
10084	宋時烈	송시열	42	48	1937.12	文廟享祀位次及聖賢姓名爵號考 / 金完鎭	文正公
10085	宋時烈	송시열	42	58	1937.12	文廟享祀位次及聖賢姓名爵號考 / 金完鎭	文正公
10086	宋時榮	송시영	43	21	1938.12	江華忠烈祠享祀位次及祝文式	
10087	宋時瑩	송시영	15	25	1917.10	賢關記聞(十三號續) / 李大榮	
10088	宋始憲	송시헌	36	22	1933.12	日誌大要	
10089	宋始憲	송시헌	37	43	1934.10	日誌大要	
10090	宋始憲	송시헌	38	42	1935.03	日誌大要	
10091	宋始憲	송시헌	40	33	1936.08	日誌大要	
10092	宋始憲	송시헌	40	42	1936.08	成竹似先生追悼錄〉挽故成均館博士成竹似先生 / 金勛卿	
10093	宋始憲	송시헌	40	51	1936.08	鄭茂亭先生追悼錄〉輓詞 / 宋始憲	
10094	宋始憲	송시헌	41	59	1937.02	經學院講士名簿(昭和十一年十一月一日)	
10095	宋始憲	송시헌	43	40	1938.12	故大提學鄭鳳時先生輓詞 / 宋始憲	
10096	宋始憲	송시헌	45	23	1940.12	朝鮮儒林大會(朝鮮儒道聯合會創立總會) 會錄概要〉朝鮮儒道聯合會役員名簿(昭和十四年十一月一日現在)	
10097	宋神宗	송신종	18	27	1918.09	三洙瑣談 / 元泳義	
10098	宋神宗	송신종	18	28	1918.09	三洙瑣談 / 元泳義	
10099	松庵	송암	33	12	1931.12	祭松庵崔講士文	
10100	松庵	송암	34	30	1932.03	松庵崔講士定鉉挽 / 成樂賢	
10101	宋襄公	송양공	2	27	1914.03	孔子年譜 / 呂圭亨	
10102	宋英耈	송영구	37	41	1934.10	登望慕堂用板上韻 / 成樂賢	원문은 宋公英耈
10103	松永麟變	송영인섭	46	16	1941.12	釋奠狀況〉昭和十五年秋季釋奠狀況	
10104	松永麟變	송영인섭	46	18	1941.12	釋奠狀況〉昭和十六年春季釋奠狀況	
10105	松永尺五	송영척오	18	52	1918.09	講說〉講題 內地의 宋學(大正七年五月十一日第二十八回講演) / 今關壽麿	마츠나가 샤쿠고
10106	松永尺五	송영척오	18	53	1918.09	講說〉講題 內地의 宋學(大正七年五月十一日第二十八回講演) / 今關壽麿	마츠나가 샤쿠고
10107	宋玉	송옥	3	9	1914.06	論四經讀法(上篇) / 呂圭亨	
10108	宋玉	송옥	9	16	1915.12	經學管見(上) / 尹寧求	
10109	宋玉	송옥	16	15	1918.03	詩經蔦辨 / 金文演	
10110	宋玉	송옥	26	24	1925.12	釋奠에 就ㅎ야(續) / 佐藤廣治	
10111	宋玉	송옥	26	26	1925.12	釋奠에 就ㅎ야(續) / 佐藤廣治	
10112	宋尤庵	송우암	32	40	1930.12	地方報告〉地方儒林狀況〉[成樂賢의 報告]	宋時烈
10113	宋尤庵	송우암	37	38	1934.10	地方儒林狀況〉[李大榮의 보고]〉書院狀況	宋時烈
10114	宋尤菴	송우암	11	27	1916.06	經學淺知錄(續) / 金文演	宋時烈

번호	원문	현대어(독음)	호	쪽	발행일	기사명 / 필자	비고
10115	宋尤菴	송우암	28	3	1927.12	朝鮮詩文變遷論 / 鄭萬朝	宋時烈
10116	松原純一	송원순일	45	20	1940.12	朝鮮儒林大會(朝鮮儒道聯合會創立總會) 會錄槪要〉朝鮮儒道聯合會役員名簿(昭和十四年十一月一日現在)	마츠바라 준이치
10117	宋殷燮	송은섭	15	33	1917.10	日誌大要	
10118	宋履敏	송이민	16	60	1918.03	地方報告〉[崔升鉉의 報告]	
10119	宋翼源	송익원	45	39	1940.12	朝鮮儒林大會(朝鮮儒道聯合會創立總會) 會錄槪要〉朝鮮儒道聯合會役員名簿(昭和十四年十一月一日現在)	
10120	宋翼弼	송익필	11	27	1916.06	經學淺知錄(續) / 金文演	원문은 翼弼
10121	宋仁燮	송인섭	28	86	1927.12	地方報告〉[鄭允錫의 報告]	
10122	宋麟壽	송인수	43	15	1938.12	敎化編年(續) / 李大榮	조선 대
10123	宋軼	송일	40	21	1936.08	敎化編年(續) / 李大榮	
10124	松齋	송재	30	60	1929.12	講說〉講題 朝鮮의 在한 聖學道統 : 李退溪先生을 憶함 / 赤木萬二郎	李堣의 號
10125	宋在季	송재계	26	48	1925.12	日誌大要	
10126	宋在季	송재계	26	49	1925.12	日誌大要	
10127	松齋公	송재공	30	60	1929.12	講說〉講題 朝鮮의 在한 聖學道統 : 李退溪先生을 憶함 / 赤木萬二郎	李堣
10128	宋在永	송재영	14	65	1917.07	地方報告〉[宋在永의 報告]	
10129	宋在永	송재영	16	71	1918.03	地方報告〉[宋在永의 報告]	
10130	松田	송전	39	31	1935.10	東京斯文會主催儒道大會狀況	마츠다 겐지(松田源治)
10131	松田甲	송전갑	40	60	1936.08	鄭茂亭先生追悼錄〉節山博士輓茂亭太史揭載斯文會誌次韻却寄 / 松田甲	마츠다 고
10132	松田甲	송전갑	45	31	1940.12	朝鮮儒林大會(朝鮮儒道聯合會創立總會) 會錄槪要〉朝鮮儒道聯合會役員名簿(昭和十四年十一月一日現在)	마츠다 고
10133	松田湛	송전담	47	41	1943.01	釋奠狀況〉昭和十七年秋季釋奠狀況	
10134	松田源治	송전원치	39	32	1935.10	東京斯文會主催儒道大會狀況〉式辭 / 松田源治	마츠다 겐지
10135	宋政學	송정학	20	58	1920.03	地方報告〉[宋政學의 報告]	
10136	宋曹彬	송조빈	2	34	1914.03	孔子年譜 / 呂圭亨	
10137	宋朝五賢	송조오현	12	83	1916.12	地方報告〉[朴斗和의 報告]	周敦頤·張載·程顥·程頤·邵雍
10138	宋朝五賢	송조오현	13	38	1917.03	日誌大要	周敦頤·張載·程顥·程頤·邵雍

번호	원문	현대어(독음)	호	쪽	발행일	기사명 / 필자	비고
10139	宋朝六賢	송조육현	19	28	1918.12	賢關記聞(續) / 李大榮	周敦頤·程顥·程頤·邵雍·張載·朱熹
10140	宋朝六賢	송조육현	30	58	1929.12	講說〉講題 朝鮮의 在한 聖學道統 : 李退溪先生을 憶함 / 赤木萬二郎	周敦頤·程顥·程頤·邵雍·張載·朱熹
10141	宋鍾湜	송종식	20	36	1920.03	求禮郡文廟重修捐義錄小序 / 金商翊	
10142	宋鍾玉	송종옥	23	59	1922.12	日誌大要	
10143	宋鍾憲	송종헌	45	25	1940.12	朝鮮儒林大會(朝鮮儒道聯合會創立總會) 會錄概要〉朝鮮儒道聯合會役員名簿(昭和十四年十一月一日現在)	
10144	宋柱詢	송주순	33	35	1931.12	聲討顚末	
10145	宋柱鶴	송주학	37	50	1934.10	文廟釋奠狀況〉[宋柱鶴의 보고]	
10146	宋柱鶴	송주학	37	55	1934.10	文廟釋奠狀況〉[宋柱鶴의 보고]	
10147	宋柱鶴	송주학	38	48	1935.03	文廟釋奠狀況〉地方文廟秋期釋奠狀況表	
10148	宋柱鶴	송주학	39	54	1935.10	文廟釋奠狀況〉地方文廟春期釋奠狀況表	
10149	宋浚吉	송준길	10	52	1916.03	賢關記聞(續) / 李大榮	
10150	宋浚吉	송준길	11	27	1916.06	經學淺知錄(續) / 金文演	원문은 浚吉
10151	宋浚吉	송준길	11	53	1916.06	賢關記聞(續) / 李大榮	
10152	宋浚吉	송준길	11	55	1916.06	賢關記聞(續) / 李大榮	
10153	宋浚吉	송준길	12	39	1916.12	賢關記聞(續) / 李大榮	
10154	宋浚吉	송준길	25	42	1924.12	日誌大要	
10155	宋浚吉	송준길	30	36	1929.12	祭粢料傳達式狀況	
10156	宋浚吉	송준길	30	58	1929.12	講說〉講題 朝鮮의 在한 聖學道統 : 李退溪先生을 憶함 / 赤木萬二郎	
10157	宋浚吉	송준길	42	47	1937.12	文廟享祀位次及聖賢姓名爵號考 / 金完鎭	文正公
10158	宋浚吉	송준길	42	58	1937.12	文廟享祀位次及聖賢姓名爵號考 / 金完鎭	文正公
10159	宋準夏	송준하	23	86	1922.12	地方報告〉[金性在의 報告]	
10160	宋之憲	송지헌	23	39	1922.12	孔夫子忌辰四十周甲追慕禮式及紀念事業發起文	
10161	宋之憲	송지헌	23	56	1922.12	日誌大要	
10162	宋之憲	송지헌	23	57	1922.12	日誌大要	
10163	宋之憲	송지헌	33	32	1931.12	聲討顚末	
10164	宋之憲	송지헌	36	62	1933.12	第二回學生卒業式狀況〉祝辭 / 宋之憲	
10165	宋珍洙	송진수	44	91	1939.10	明倫專門學院記事〉本科第十回入學許可者	

번호	원문	현대어(독음)	호	쪽	발행일	기사명 / 필자	비고
10166	宋陳氏	송진씨	3	66	1914.06	講說〉講題 孝子所以事君也弟者所以事長也慈者所以使衆也(大正三年三月三日第五回講演)〉敷演 / 黃敦秀	
10167	宋鎭禹	송진우	45	31	1940.12	朝鮮儒林大會(朝鮮儒道聯合會創立總會) 會錄槪要〉朝鮮儒道聯合會役員名簿(昭和十四年十一月一日現在)	
10168	宋眞宗	송진종	2	33	1914.03	孔子年譜 / 呂圭亨	
10169	宋眞宗	송진종	18	27	1918.09	三洙瑣談 / 元泳義	
10170	宋哲元	송철원	42	20	1937.12	支那事變에 對하야 / 金大羽	
10171	宋哲元	송철원	42	21	1937.12	支那事變에 對하야 / 金大羽	
10172	宋哲鎬	송철호	25	42	1924.12	日誌大要	
10173	宋哲鎬	송철호	30	36	1929.12	祭粢料傳達式狀況	
10174	宋哲鎬	송철호	45	33	1940.12	朝鮮儒林大會(朝鮮儒道聯合會創立總會) 會錄槪要〉朝鮮儒道聯合會役員名簿(昭和十四年十一月一日現在)	
10175	宋泰昇	송태승	20	57	1920.03	地方報告〉[趙翰誠 등의 報告]	김제군수
10176	宋太宗	송태종	11	4	1916.06	經論 / 韓晩容	
10177	宋泰憲	송태헌	33	36	1931.12	聲討顚末	
10178	宋宅爕	송택섭	33	43	1931.12	文廟釋奠狀況	
10179	宋宅英	송택영	18	77	1918.09	地方報告〉[劉錫祚의 報告]	회양군수
10180	松澤龍雄	송택용웅	45	24	1940.12	朝鮮儒林大會(朝鮮儒道聯合會創立總會) 會錄槪要〉朝鮮儒道聯合會役員名簿(昭和十四年十一月一日現在)	마츠자와 다츠오
10181	松平國永	송평국영	46	33	1941.12	明倫專門學院日誌大要(昭和十四年七月ヨリ昭和十六年六月マデ)	
10182	松平定信	송평정신	18	54	1918.09	講說〉講題 內地의 宋學(大正七年五月十一日第二十八回講演) / 今關壽麿	마츠다이라 사다노부
10183	松平春嶽	송평춘악	30	65	1929.12	講說〉講題 朝鮮의 在한 聖學道統 : 李退溪先生을 憶함 / 赤木萬二郎	마츠다이라 슌가쿠
10184	松浦	송포	30	43	1929.12	日誌大要	마츠우라 시게지로(松浦鎭次郎)
10185	松浦	송포	31	28	1930.08	日誌大要	마츠우라 시게지로(松浦鎭次郎)
10186	松圃	송포	3	45	1914.06	講士視察見聞所記 / 呂圭亨	伯爵
10187	松下槇一	송하침일	44	74	1939.10	日誌大要(自昭和十三年六月 至昭和十三年十二月)	마쓰시타 간이치
10188	宋鉉模	송현모	30	41	1929.12	日誌大要	

번호	원문	현대어(독음)	호	쪽	발행일	기사명 / 필자	비고
10189	宋鉉模	송현모	30	42	1929.12	日誌大要	
10190	宋胡氏	송호씨	8	21	1915.09	孔子年報(續) / 呂圭亨	
10191	宋好禮	송호예	41	24	1937.02	敎化編年(續) / 李大榮	
10192	宋好賢	송호현	41	24	1937.02	敎化編年(續) / 李大榮	
10193	宋洪遵	송홍전	17	2	1918.07	經學管見(續) / 尹寧求	
10194	宋悔堂	송회당	23	21	1922.12	中庸演箚序 / 鄭萬朝	
10195	宋徽宗	송휘종	18	28	1918.09	三洙瑣談 / 元泳義	
10196	璅霖	쇄림	11	20	1916.06	經學管見(續) / 尹寧求	
10197	受	수	8	11	1915.09	華山問答(續) / 李容植	紂王의 名
10198	壽	수	16	15	1918.03	詩經蔦辨 / 金文演	
10199	須句伯	수구백	30	[5]	1929.12	李龍眠畵宣聖及七十二弟子像贊(金石萃編)	
10200	須句伯	수구백	42	53	1937.12	文廟享祀位次及聖賢姓名爵號考 / 金完鎭	漆雕徒父
10201	水口隆三	수구융삼	30	35	1929.12	祭粢料傳達式狀況	미즈구치 류조
10202	秀吉	수길	48	50	1944.04	嘉言善行 / 李敬植	도요토미 히데요시 (豊臣秀吉)
10203	修德堂	수덕당	26	95	1925.12	地方報告〉[高光俊 等의 報告]	
10204	須藤素	수등소	30	34	1929.12	祭粢料傳達式狀況	스도 모토
10205	須藤素	수등소	30	35	1929.12	祭粢料傳達式狀況	스도 모토
10206	須藤松雄	수등송웅	36	22	1933.12	日誌大要	스도 마츠오
10207	須藤松雄	수등송웅	36	54	1933.12	評議員會狀況〉事業經過報告 / 俞萬兼	스도 마츠오
10208	須藤松雄	수등송웅	36	64	1933.12	明倫學院職員名簿	스도 마츠오
10209	須藤松雄	수등송웅	37	66	1934.10	明倫學院職員名簿	스도 마츠오
10210	スバス·チャンドラ·ボース	수바스 찬드라 보스	48	5	1944.04	大東亞共同宣言の解說	Subhas Chandra Bose, 자유인도임시정부 주석
10211	壽石	수석	40	40	1936.08	成竹似先生追悼錄〉挽故成均館博士成竹似先生 / 金炳奎	金炳奎
10212	壽石	수석	40	54	1936.08	鄭茂亭先生追悼錄〉輓詞 / 黃錫龍	金炳奎
10213	壽聖王	수성왕	20	39	1920.03	求禮文廟修繕同志會發起會席上演說 / 高墉柱	기자조선의 군주
10214	垂水氏	수수씨	10	21	1916.03	經學淺知錄 / 金文演	
10215	水野	수야	21	89	1921.03	日誌大要	미즈노 렌타로 (水野鍊太郎)

번호	원문	현대어(독음)	호	쪽	발행일	기사명 / 필자	비고
10216	水野	수야	21	90	1921.03	日誌大要	미즈노 렌타로 (水野鍊太郎)
10217	水野	수야	22	57	1922.03	日誌大要	미즈노 렌타로 (水野鍊太郎)
10218	水野	수야	22	59	1922.03	日誌大要	미즈노 렌타로 (水野鍊太郎)
10219	水野	수야	23	53	1922.12	日誌大要	미즈노 렌타로 (水野鍊太郎)
10220	水野	수야	23	55	1922.12	日誌大要	미즈노 렌타로 (水野鍊太郎)
10221	水野	수야	30	5	1929.12	中學漢文論(文貴在譯者) / 鹽谷 溫	미즈노 렌타로 (水野鍊太郎)
10222	水野鍊太郎	수야연태랑	20	47	1920.03	日誌大要	미즈노 렌타로
10223	雎陽伯	수양백	30	[4]	1929.12	李龍眠畵宣聖及七十二弟子像贊(金石萃編)	商澤
10224	雎陽伯	수양백	42	46	1937.12	文廟享祀位次及聖賢姓名爵號考 / 金完鎭	穀梁赤
10225	雎陽伯	수양백	42	53	1937.12	文廟享祀位次及聖賢姓名爵號考 / 金完鎭	商澤
10226	雎陽伯	수양백	42	55	1937.12	文廟享祀位次及聖賢姓名爵號考 / 金完鎭	穀梁赤
10227	雎陽侯	수양후	42	47	1937.12	文廟享祀位次及聖賢姓名爵號考 / 金完鎭	司馬耕
10228	雎陽侯	수양후	42	51	1937.12	文廟享祀位次及聖賢姓名爵號考 / 金完鎭	司馬耕
10229	壽翁	수옹	32	42	1930.12	地方報告>地方儒林狀況>[成樂賢의 報告]	李世龜
10230	水原白氏	수원 백씨	27	74	1926.12	地方報告>[沈能九 等의 報告]	
10231	水原白氏	수원 백씨	34	8	1932.03	烈女水原白氏碑銘 竝序 / 沈璿澤	
10232	燧人氏	수인씨	9	11	1915.12	格致管見(續) / 李鼎煥	
10233	須昌侯	수창후	42	51	1937.12	文廟享祀位次及聖賢姓名爵號考 / 金完鎭	商瞿
10234	須昌侯	수창후	42	46	1937.12	文廟享祀位次及聖賢姓名爵號考 / 金完鎭	商瞿
10235	守忠	수충	8	36	1915.09	賢關記聞 / 李大榮	
10236	守琛	수침	37	40	1934.10	地方儒林狀況>[李大榮의 보고]>書院狀況	成文貞公
10237	隨何	수하	28	5	1927.12	朝鮮詩文變遷論 / 鄭萬朝	
10238	水戶義公	수호의공	41	18	1937.02	博士王仁傳 / 李學魯	
10239	叔	숙	4	38	1914.09	孔子年報(續) / 呂圭亨	叔孫氏
10240	叔	숙	30	[6]	1929.12	李龍眠畵宣聖及七十二弟子像贊(金石萃編)	
10241	子叔	숙	42	54	1937.12	文廟享祀位次及聖賢姓名爵號考 / 金完鎭	顔之僕

번호	원문	현대어(독음)	호	쪽	발행일	기사명 / 필자	비고
10242	肅考	숙고	38	30	1935.03	太學志慶詩帖序	
10243	肅陵	숙능	41	15	1937.02	延州夏王廟重修記 / 鄭鳳時	
10244	叔梁紇	숙량흘	20	29	1920.03	三洙瑣談(續) / 元泳義	
10245	叔梁紇	숙량흘	2	27	1914.03	孔子年譜 / 呂圭亨	
10246	叔梁紇	숙량흘	2	33	1914.03	孔子年譜 / 呂圭亨	
10247	叔梁紇	숙량흘	3	31	1914.06	孔子年報(續) / 呂圭亨	
10248	叔梁紇	숙량흘	10	46	1916.03	賢關記聞(續) / 李大榮	
10249	叔梁紇	숙량흘	10	47	1916.03	賢關記聞(續) / 李大榮	
10250	叔梁紇	숙량흘	14	65	1917.07	地方報告〉[宋在永의 報告]〉釋奠祭文 / 黃義民	
10251	叔梁紇	숙량흘	15	36	1917.10	講說〉講題 子曰君子之道四某未能一焉所求乎子以事父未能也所求乎臣以事君未能也所求乎弟以事兄未能也所求乎朋友先施之未能也(大正六年五月十二日第二十三回講演)〉續演 / 呂圭亨	
10252	肅廟	숙묘	15	25	1917.10	賢關記聞(十三號續) / 李大榮	
10253	肅廟	숙묘	34	33	1932.03	地方儒林狀況〉[鄭汶鉉의 보고]	
10254	宿伯	숙백	30	[4]	1929.12	李龍眠畵宣聖及七十二弟子像贊(金石萃編)	
10255	宿伯	숙백	42	59	1937.12	文廟享祀位次及聖賢姓名爵號考 / 金完鎭	曾點
10256	叔孫	숙손	5	41	1914.12	孔子年報(續) / 呂圭亨	
10257	叔孫	숙손	9	28	1915.12	孔子年報(續) / 呂圭亨	
10258	叔孫	숙손	46	10	1941.12	大學序文先儒論辨 / 金誠鎭	魯의 叔孫氏
10259	叔孫昭子	숙손소자	3	32	1914.06	孔子年報(續) / 呂圭亨	
10260	叔孫氏	숙손씨	5	39	1914.12	孔子年報(續) / 呂圭亨	
10261	叔孫氏	숙손씨	8	19	1915.09	孔子年報(續) / 呂圭亨	
10262	叔孫通	숙손통	4	7	1914.09	學說 / 呂圭亨	
10263	叔孫通	숙손통	28	5	1927.12	朝鮮詩文變遷論 / 鄭萬朝	
10264	肅愼氏	숙신씨	5	44	1914.12	孔子年報(續) / 呂圭亨	
10265	肅愼氏	숙신씨	26	20	1925.12	三洙瑣談(續) / 元泳義	
10266	叔魚	숙어	30	[5]	1929.12	李龍眠畵宣聖及七十二弟子像贊(金石萃編)	
10267	叔魚	숙어	42	52	1937.12	文廟享祀位次及聖賢姓名爵號考 / 金完鎭	梁鱣
10268	叔滋	숙자	40	21	1936.08	敎化編年(續) / 李大榮	
10269	孰哉	숙재	6	48	1915.03	論語考證 / 金文演	
10270	叔程子	숙정자	10	15	1916.03	經學管見(續) / 尹寧求	
10271	叔程子	숙정자	26	12	1925.12	四書講解總說 / 元泳義	
10272	叔程子	숙정자	26	14	1925.12	四書講解總說 / 元泳義	
10273	叔程子	숙정자	29	25	1928.12	三洙瑣談(續) / 元泳義	程頤
10274	叔程子	숙정자	30	29	1929.12	三洙瑣談(續) / 元泳義	

人

번호	원문	현대어(독음)	호	쪽	발행일	기사명 / 필자	비고
10275	叔齊	숙제	6	48	1915.03	論語考證 / 金文演	
10276	叔齊	숙제	8	20	1915.09	孔子年報(續) / 呂圭亨	
10277	叔齊	숙제	16	68	1918.03	地方報告〉[劉光澤의 報告] / 姜星熙	원문은 齊
10278	叔齊	숙제	20	40	1920.03	求禮文廟修繕同志會發起會席上演說 / 高墉柱	
10279	叔齊	숙제	37	36	1934.10	地方儒林狀況〉[李大榮의 보고]〉書院狀況	仁惠侯
10280	叔齊	숙제	41	17	1937.02	博士王仁傳 / 李學魯	
10281	叔齊	숙제	41	18	1937.02	博士王仁傳 / 李學魯	
10282	叔齊	숙제	48	24	1944.04	(十月十五日於經學院秋季釋典)時局と儒道 / 鈴川壽男	
10283	肅宗	숙종	5	36	1914.12	樂器圖說	
10284	肅宗	숙종	8	37	1915.09	賢關記聞 / 李大榮	
10285	肅宗	숙종	8	38	1915.09	賢關記聞 / 李大榮	
10286	肅宗	숙종	10	19	1916.03	經學管見(續) / 尹寧求	
10287	肅宗	숙종	10	46	1916.03	賢關記聞(續) / 李大榮	
10288	肅宗	숙종	10	47	1916.03	賢關記聞(續) / 李大榮	
10289	肅宗	숙종	10	48	1916.03	賢關記聞(續) / 李大榮	
10290	肅宗	숙종	10	50	1916.03	賢關記聞(續) / 李大榮	
10291	肅宗	숙종	10	51	1916.03	賢關記聞(續) / 李大榮	
10292	肅宗	숙종	11	54	1916.06	賢關記聞(續) / 李大榮	
10293	肅宗	숙종	11	55	1916.06	賢關記聞(續) / 李大榮	
10294	肅宗	숙종	12	42	1916.12	賢關記聞(續) / 李大榮	
10295	肅宗	숙종	13	28	1917.03	賢關記聞(續) / 李大榮	
10296	肅宗	숙종	17	33	1918.07	賢關記聞(續) / 李大榮	
10297	肅宗	숙종	18	30	1918.09	賢關記聞(續) / 李大榮	
10298	肅宗	숙종	19	28	1918.12	賢關記聞(續) / 李大榮	
10299	肅宗	숙종	19	29	1918.12	賢關記聞(續) / 李大榮	
10300	肅宗	숙종	20	23	1920.03	求禮郡文廟重修記 / 金商翊	
10301	肅宗	숙종	20	39	1920.03	求禮文廟修繕同志會發起會席上演說 / 高墉柱	
10302	肅宗	숙종	21	62	1921.03	賢關記聞(續) / 李大榮	
10303	肅宗	숙종	21	63	1921.03	賢關記聞(續) / 李大榮	
10304	肅宗	숙종	21	64	1921.03	賢關記聞(續) / 李大榮	
10305	肅宗	숙종	32	40	1930.12	地方報告〉地方儒林狀況〉[成樂賢의 報告]	
10306	肅宗	숙종	32	41	1930.12	地方報告〉地方儒林狀況〉[成樂賢의 報告]	
10307	肅宗	숙종	32	42	1930.12	地方報告〉地方儒林狀況〉[成樂賢의 報告]	
10308	肅宗	숙종	32	43	1930.12	地方報告〉地方儒林狀況〉[成樂賢의 報告]	
10309	肅宗	숙종	37	37	1934.10	地方儒林狀況〉[李大榮의 보고]〉書院狀況	

번호	원문	현대어(독음)	호	쪽	발행일	기사명 / 필자	비고
10310	肅宗	숙종	37	38	1934.10	地方儒林狀況〉[李大榮의 보고]〉書院狀況	
10311	肅宗	숙종	37	39	1934.10	地方儒林狀況〉[李大榮의 보고]〉書院狀況	
10312	肅宗	숙종	37	40	1934.10	地方儒林狀況〉[李大榮의 보고]〉書院狀況	
10313	肅宗	숙종	42	57	1937.12	文廟享祀位次及聖賢姓名爵號考 / 金完鎮	朝鮮의 肅宗, 李焞
10314	叔仲會	숙중회	30	[9]	1929.12	李龍眠畵宣聖及七十二弟子像賛(金石萃編)	
10315	叔仲會	숙중회	42	47	1937.12	文廟享祀位次及聖賢姓名爵號考 / 金完鎮	博平侯
10316	叔仲會	숙중회	42	54	1937.12	文廟享祀位次及聖賢姓名爵號考 / 金完鎮	博平侯, 원문은 姓叔仲名會
10317	叔獻	숙헌	42	58	1937.12	文廟享祀位次及聖賢姓名爵號考 / 金完鎮	李珥
10318	純	순	42	50	1937.12	文廟享祀位次及聖賢姓名爵號考 / 金完鎮	程顥의 시호
10319	舜	순	1	2	1913.12	經學院雜誌序 / 鄭鳳時	
10320	舜	순	1	16	1913.12	經學當明者 一 / 呂圭亨	
10321	舜	순	1	19	1913.12	經學當明者 二 / 呂圭亨	
10322	舜	순	1	25	1913.12	庸言 / 金允植	
10323	舜	순	1	27	1913.12	庸言 / 金允植	
10324	舜	순	1	33	1913.12	天下文明說 / 李學魯	
10325	舜	순	1	70	1913.12	講說〉大正二年九月四日第二回演講〉(講章此之謂絜矩之道)〉敷演 / 鄭鳳時	
10326	舜	순	1	72	1913.12	講說〉大正二年九月四日第二回演講〉(講章此之謂絜矩之道)〉敷演 / 鄭鳳時	
10327	舜	순	1	76	1913.12	地方報告 大正元年始〉[黃敦秀의 報告]	
10328	舜	순	2	3	1914.03	祝辭 / 金甯源	
10329	舜	순	2	7	1914.03	華山問答 / 李容植	
10330	舜	순	2	9	1914.03	華山問答 / 李容植	
10331	舜	순	2	10	1914.03	華山問答 / 李容植	
10332	舜	순	2	13	1914.03	格致管見 / 李鼎煥	
10333	舜	순	2	34	1914.03	孔子年譜 / 呂圭亨	
10334	舜	순	2	72	1914.03	講說〉講題 必愼其獨(大正二年十一月八日第四回講演)〉敷演 / 李鼎煥	
10335	舜	순	2	73	1914.03	講說〉講題 必愼其獨(大正二年十一月八日第四回講演)〉敷演 / 李鼎煥	
10336	舜	순	2	91	1914.03	地方報告〉[成樂賢의 報告]	
10337	舜	순	3	35	1914.06	孔子年報(續) / 呂圭亨	
10338	舜	순	3	64	1914.06	講說〉講題 孝子所以事君也弟者所以事長也慈者所以使衆也(大正三年三月三日第五回講演) / 李容植	

번호	원문	현대어(독음)	호	쪽	발행일	기사명 / 필자	비고
10339	舜	순	3	68	1914.06	講說〉講題 孝子所以事君也弟者所以事長也 慈者所以使衆也(大正三年三月三日第五回講演)〉敷演 / 李鶴在	
10340	舜	순	4	3	1914.09	學說 / 呂圭亨	
10341	舜	순	4	65	1914.09	地方報告〉[黃敦秀의 報告]	
10342	舜	순	5	13	1914.12	華山問答(續) / 李容植	
10343	舜	순	5	48	1914.12	容思衍(續) / 李鼎煥	
10344	舜	순	5	73	1914.12	講說〉講題 道也者不可須臾離也(大正三年九月二十九日第七回講演)〉敷演 / 鄭鳳時	
10345	舜	순	5	83	1914.12	講說〉講題 謹庠序之教申之以孝悌之義(大正三年十月十日第八回講演)〉敷演 / 鄭鳳時	
10346	舜	순	5	85	1914.12	講說〉講題 謹庠序之教申之以孝悌之義(大正三年十月十日第八回講演)〉續演 / 呂圭亨	
10347	舜	순	5	88	1914.12	關東講說〉講題 道不遠人 / 池台源	
10348	舜	순	5	90	1914.12	關東講說〉講題 道不遠人 / 丁相燮	
10349	舜	순	5	96	1914.12	關東講說〉講題 道不遠人 / 吳致翊	
10350	舜	순	6	3	1915.03	緖論 / 呂圭亨	
10351	舜	순	6	7	1915.03	書雜誌後 / 黃敦秀	
10352	舜	순	6	9	1915.03	華山問答(續) / 李容植	
10353	舜	순	6	13	1915.03	華山問答(續) / 李容植	
10354	舜	순	6	39	1915.03	孔子年報(續) / 呂圭亨	
10355	舜	순	6	50	1915.03	論語分類一覽 / 金文演	
10356	舜	순	6	58	1915.03	講說〉講題 善養吾浩然之氣(大正三年十一月二十一日第九回講演) / 李容植	
10357	舜	순	6	64	1915.03	地方報告〉[金光鉉 巡講]	
10358	舜	순	6	66	1915.03	地方報告〉[金光鉉 巡講]	
10359	舜	순	7	2	1915.06	學說 / 呂圭亨	
10360	舜	순	7	6	1915.06	華山問答(續) / 李容植	
10361	舜	순	7	27	1915.06	孔子年報(續) / 呂圭亨	
10362	舜	순	7	29	1915.06	文廟碑銘并序	
10363	舜	순	7	33	1915.06	容思衍(續) / 李鼎煥	
10364	舜	순	7	49	1915.06	讀書私記 / 洪鐘佶	
10365	舜	순	7	70	1915.06	講說〉講題 孔子聖之時者也(大政四年三月十八日第十回講演) / 李容植	
10366	舜	순	7	73	1915.06	講說〉講題 孔子聖之時者也(大政四年三月十八日第十回講演)〉敷演 / 鄭鳳時	
10367	舜	순	7	74	1915.06	講說〉講題 孔子聖之時者也(大政四年三月十八日第十回講演)〉敷演 / 梁鳳濟	

번호	원문	현대어(독음)	호	쪽	발행일	기사명 / 필자	비고
10368	舜	순	8	7	1915.09	經說 本論附 / 韓晩容	
10369	舜	순	8	10	1915.09	華山問答(續) / 李容稙	
10370	舜	순	8	11	1915.09	華山問答(續) / 李容稙	
10371	舜	순	8	22	1915.09	孔子年報(續) / 呂圭亨	
10372	舜	순	8	33	1915.09	讀書私記(續) / 洪鐘佶	
10373	舜	순	8	48	1915.09	講說〉講題 苟日新日日新又日新(大政四年四月十七日第十一回講演)〉敷演 / 鄭鳳時	
10374	舜	순	8	51	1915.09	講說〉講題 苟日新日日新又日新(大政四年四月十七日第十一回講演)〉續演 / 呂圭亨	
10375	舜	순	8	54	1915.09	講說〉講題 道不遠人(大政四年五月八日第十二回講演)〉敷演 / 鄭鳳時	
10376	舜	순	8	67	1915.09	地方報告〉[成樂賢의 報告]	
10377	舜	순	8	68	1915.09	地方報告〉[成樂賢의 報告]	
10378	舜	순	9	16	1915.12	經學管見(上) / 尹寧求	
10379	舜	순	9	18	1915.12	經學管見(下) / 尹寧求	
10380	舜	순	9	45	1915.12	日誌大要	
10381	舜	순	9	46	1915.12	日誌大要	
10382	舜	순	9	55	1915.12	講說〉講題 三人行必有我師(大正四年六月十二日第十三回講演) / 鄭鳳時	
10383	舜	순	9	[21]	1915.12	卽位大禮式獻頌文 / 李鶴在	
10384	舜	순	10	4	1916.03	經論 / 金元祐	
10385	舜	순	10	7	1916.03	經學說 / 李容稙	
10386	舜	순	10	8	1916.03	經學說 / 李容稙	
10387	舜	순	10	9	1916.03	經學說 / 李容稙	
10388	舜	순	10	12	1916.03	經學管見(續) / 尹寧求	
10389	舜	순	10	33	1916.03	典祀廳記 / 李淑珹 撰	
10390	舜	순	10	64	1916.03	講說〉儒敎의 根本義(大正四年十月九日第十五回講演)	
10391	舜	순	10	65	1916.03	講說〉儒敎의 根本義(大正四年十月九日第十五回講演)	
10392	舜	순	11	11	1916.06	經學說(續) / 李容稙	
10393	舜	순	11	75	1916.06	講說〉浴乎沂風乎舞雩詠而歸(大正五年四月八日第十七回講演) / 呂圭亨	
10394	舜	순	12	4	1916.12	經學說(續) / 李容稙	
10395	舜	순	12	6	1916.12	經學說(續) / 李容稙	
10396	舜	순	12	11	1916.12	孟子緖論 / 金文演	
10397	舜	순	12	12	1916.12	孟子緖論 / 金文演	

번호	원문	현대어(독음)	호	쪽	발행일	기사명 / 필자	비고
10398	舜	순	12	15	1916.12	孟子緖論 / 金文演	
10399	舜	순	12	28	1916.12	孔門問同答異 / 鄭淳默	
10400	舜	순	12	33	1916.12	讀書私記(續) / 洪鍾佶	
10401	舜	순	12	47	1916.12	奉讀經學院雜誌興感 / 韓弘斗	
10402	舜	순	12	67	1916.12	講說〉講題 女爲君子儒無爲小人儒(大正五年五月十三日開城郡鄕校講演) / 李容稙	
10403	舜	순	12	72	1916.12	講說〉講題 女爲君子儒無爲小人儒(大正五年五月十三日開城郡鄕校講演) / 李學魯	
10404	舜	순	12	74	1916.12	講說〉講題 善養吾浩然之氣(大正五年九月二十九日海州郡鄕校講演) / 李容稙	
10405	舜	순	12	76	1916.12	講說〉講題 善養吾浩然之氣(大正五年九月二十九日海州郡鄕校講演) / 李容稙	
10406	舜	순	12	77	1916.12	講說〉講題 善養吾浩然之氣(大正五年九月二十九日海州郡鄕校講演) / 李容稙	
10407	舜	순	12	78	1916.12	地方報告〉[韓昌愚의 報告]	
10408	舜	순	12	87	1916.12	地方報告〉[朴長鴻의 報告]	
10409	舜	순	12	[2]	1916.12	立太子禮獻頌文 / 李容稙	
10410	舜	순	13	11	1917.03	原敎 / 鄭崙秀	
10411	舜	순	13	19	1917.03	四書小註辨疑(續) / 李鶴在	
10412	舜	순	13	32	1917.03	釋奠日有感 / 朴昇東	
10413	舜	순	13	53	1917.03	講說〉講題 人有不爲也而後可以有爲(大正五年九月七日第二十回講演)〉續演 / 呂圭亨	
10414	舜	순	14	13	1917.07	溫故而知新可以爲師矣 / 田中玄黃	
10415	舜	순	14	19	1917.07	庸學問對 / 朴長鴻	
10416	舜	순	14	26	1917.07	四書小註辨疑(續) / 李鶴在	
10417	舜	순	14	73	1917.07	地方報告〉[金潤卿의 報告]	
10418	舜	순	14	74	1917.07	地方報告〉[金潤卿의 報告]	
10419	舜	순	14	80	1917.07	地方報告〉[金光鉉의 報告]	
10420	舜	순	15	13	1917.10	四書小註辨疑(續) / 李鶴在	
10421	舜	순	15	20	1917.10	經義問對 / 權重國	
10422	舜	순	15	31	1917.10	日誌大要	
10423	舜	순	15	36	1917.10	講說〉講題 子曰君子之道四某未能一焉所求乎子以事父未能也所求乎臣以事君未能也所求乎弟以事兄未能也所求乎朋友先施之未能也(大正六年五月十二日第二十三回講演) / 朴齊斌	
10424	舜	순	15	43	1917.10	講說〉講題 己所不欲勿施於人(大正六年六月十六日第二十四回講演) / 李容稙	

번호	원문	현대어(독음)	호	쪽	발행일	기사명 / 필자	비고
10425	舜	순	15	54	1917.10	講說〉泰仁鄕校講演(大正六年五月一日)〉講題 士不可以不弘毅任重而道遠 / 李容稙	
10426	舜	순	15	61	1917.10	講說〉大邱高等普通學校講演(大正六年五月十六日)〉講題 志於道據於德依於仁游於藝 / 李容稙	
10427	舜	순	15	70	1917.10	講說〉大邱高等普通學校講演(大正六年五月十六日)〉儒敎의 庶民的 發展 / 高橋亨	
10428	舜	순	15	79	1917.10	地方報告〉[成樂賢의 報告]	
10429	舜	순	16	37	1918.03	講說〉講題 聞一善言見一善行若決江河(大正六年九月二十二日第二十五回講演) / 李容稙	
10430	舜	순	16	38	1918.03	講說〉講題 聞一善言見一善行若決江河(大正六年九月二十二日第二十五回講演) / 李容稙	
10431	舜	순	16	39	1918.03	講說〉講題 聞一善言見一善行若決江河(大正六年九月二十二日第二十五回講演)〉續演 / 呂圭亨	
10432	舜	순	16	48	1918.03	講說〉講題 存其心養其性所以事天也(大正六年十月十四日江陵郡講演) / 李容稙	
10433	舜	순	16	50	1918.03	講說〉講題 存其心養其性所以事天也(大正六年十月十四日江陵郡講演)〉續演 / 鄭鳳時	
10434	舜	순	16	65	1918.03	地方報告〉[劉光澤의 報告] / 姜星熙	
10435	舜	순	17	13	1918.07	論語釋義 / 李明宰	
10436	舜	순	17	16	1918.07	中庸章句問對(續) / 朴長鴻	
10437	舜	순	17	17	1918.07	中庸章句問對(續) / 朴長鴻	
10438	舜	순	17	68	1918.07	地方報告〉[韓昌愚의 報告]	
10439	舜	순	18	17	1918.09	中庸章句問對(續) / 朴長鴻	
10440	舜	순	18	49	1918.09	講說〉講題 內地의 宋學(大正七年五月十一日第二十八回講演) / 今關壽麿	
10441	舜	순	18	50	1918.09	講說〉講題 內地의 宋學(大正七年五月十一日第二十八回講演) / 今關壽麿	
10442	舜	순	18	59	1918.09	講說〉講題 道在邇而求諸遠事在易而求諸難(大正七年五月十五日義州郡鄕校講演) / 李容稙	
10443	舜	순	18	60	1918.09	講說〉講題 道在邇而求諸遠事在易而求諸難(大正七年五月十五日義州郡鄕校講演)〉敷演 / 梁鳳濟	
10444	舜	순	18	74	1918.09	地方報告〉[成樂賢의 報告]	
10445	舜	순	18	83	1918.09	地方報告〉[李台煥의 報告]	
10446	舜	순	19	2	1918.12	學說 / 呂龍鉉	
10447	舜	순	19	3	1918.12	學說 / 呂龍鉉	

人

번호	원문	현대어(독음)	호	쪽	발행일	기사명 / 필자	비고
10448	舜	순	19	19	1918.12	雲山郡文廟祭官案序 / 申鉉求	
10449	舜	순	19	39	1918.12	講說〉講題 君子所以異於人者以其存心也君子以仁存心以禮存心(大正七年六月八日第二十九回講演) / 李容植	
10450	舜	순	19	54	1918.12	講說〉講題 子路人告之以有過則喜(大正七年九月七日第三十回講演) / 李容稙	
10451	舜	순	19	55	1918.12	講說〉講題 子路人告之以有過則喜(大正七年九月七日第三十回講演) / 李容稙	
10452	舜	순	19	56	1918.12	講說〉講題 子路人告之以有過則喜(大正七年九月七日第三十回講演)〉續演 / 呂圭亨	
10453	舜	순	19	73	1918.12	講說〉講題 孟懿子問孝(大正七年十一月十六日第三十二回講演)〉續演 / 呂圭亨	
10454	舜	순	20	31	1920.03	三洙瑣談(續) / 元泳義	
10455	舜	순	21	2	1921.03	論說(寄書第二) / 呂圭亨	
10456	舜	순	21	4	1921.03	老生常談 / 金完鎭	
10457	舜	순	21	67	1921.03	三洙瑣談(續) / 元泳義	
10458	舜	순	21	68	1921.03	三洙瑣談(續) / 元泳義	
10459	舜	순	21	87	1921.03	十月之望與李石庭明倫堂玩月(六十韻) / 鄭崙秀	
10460	舜	순	22	1	1922.03	序 / 朴箕陽	
10461	舜	순	22	6	1922.03	中庸說 / 李學魯	
10462	舜	순	22	10	1922.03	中庸說 / 李學魯	
10463	舜	순	22	11	1922.03	經學講論 / 成樂賢	
10464	舜	순	22	16	1922.03	經義問對 / 沈璿澤	
10465	舜	순	22	66	1922.03	講說〉文質彬彬然後君子(大正十年六月十五日禮山郡白日場講演) / 成樂賢	
10466	舜	순	22	69	1922.03	講說〉子路人告之以有過則喜 / 成樂賢	
10467	舜	순	22	70	1922.03	講說〉子路人告之以有過則喜 / 成樂賢	
10468	舜	순	23	1	1922.12	中庸說(續) / 李學魯	
10469	舜	순	23	14	1922.12	經義問答 / 韓昌愚	
10470	舜	순	23	18	1922.12	孔夫子忌辰四十周甲追慕辭 / 金東振	
10471	舜	순	23	46	1922.12	(孔夫子忌辰四十周甲追慕禮式奠爵禮)告文	
10472	舜	순	23	47	1922.12	三洙瑣談(二十一號續) / 元泳義	
10473	舜	순	23	61	1922.12	講說〉講題 凡有血氣者莫不尊親(大正十一年五月七日追慕禮式時) / 李魯學	
10474	舜	순	23	62	1922.12	講說〉講題 凡有血氣者莫不尊親(大正十一年五月七日追慕禮式時) / 李魯學	

번호	원문	현대어(독음)	호	쪽	발행일	기사명 / 필자	비고
10475	舜	순	23	65	1922.12	講說〉講題 師道(大正十一年五月七日追慕禮式時) / 赤木萬二郎	
10476	舜	순	23	75	1922.12	講說〉講題 不出家而成教於國 / 成樂賢	
10477	舜	순	23	77	1922.12	講說〉講題 不出家而成教於國 / 成樂賢	
10478	舜	순	23	78	1922.12	講說〉講題 儒道 / 鄭準民	
10479	舜	순	24	1	1923.12	論語疑義問答 / 鄭萬朝	
10480	舜	순	24	2	1923.12	論語疑義問答 / 鄭萬朝	
10481	舜	순	24	6	1923.12	中庸說(續) / 李學魯	
10482	舜	순	24	9	1923.12	經義問對(續) / 沈璿澤	
10483	舜	순	24	10	1923.12	經義問對(續) / 沈璿澤	
10484	舜	순	24	20	1923.12	讀書私記(十三號續) / 洪鍾佶	
10485	舜	순	24	74	1923.12	講說〉講題 大學之道在明明德在新民 / 申泰岳	
10486	舜	순	24	75	1923.12	講說〉講題 設爲庠序學校以教之皆所明人倫也 / 李學魯	
10487	舜	순	24	76	1923.12	講說〉講題 設爲庠序學校以教之皆所明人倫也 / 李學魯	
10488	舜	순	24	82	1923.12	講說〉講題 時代之儒教 / 金完鎭	
10489	舜	순	25	47	1924.12	講說〉講題 郁郁乎文哉 / 成樂賢	
10490	舜	순	25	49	1924.12	講說〉講題 儒道 / 鄭鳳時	
10491	舜	순	25	51	1924.12	講說〉講題 儒素 / 金完鎭	
10492	舜	순	25	61	1924.12	講說〉講題 三綱五倫說 / 鄭準民	
10493	舜	순	25	64	1924.12	講說〉講題 儒教者의 辯 / 朴箕陽	
10494	舜	순	25	66	1924.12	講說〉講題 明倫 / 李大榮	
10495	舜	순	26	13	1925.12	四書講解總說 / 元泳義	
10496	舜	순	26	14	1925.12	四書講解總說 / 元泳義	
10497	舜	순	26	21	1925.12	三洙瑣談(續) / 元泳義	
10498	舜	순	26	30	1925.12	釋奠에 就ᄒ야(續) / 佐藤廣治	
10499	舜	순	26	53	1925.12	講說〉講題 堯舜之道孝悌而已 / 成樂賢	
10500	舜	순	26	54	1925.12	講說〉講題 堯舜之道孝悌而已 / 成樂賢	
10501	舜	순	26	55	1925.12	講說〉講題 堯舜之道孝悌而已 / 成樂賢	
10502	舜	순	26	62	1925.12	講說〉講題 君子時中 / 沈璿澤	
10503	舜	순	27	23	1926.12	中庸問對 / 沈璿澤	
10504	舜	순	27	34	1926.12	三洙瑣談(續) / 元泳義	
10505	舜	순	27	64	1926.12	講說〉講題 儒是 / 金完鎭	
10506	舜	순	27	82	1926.12	地方報告〉[金商璉의 報告]	
10507	舜	순	28	8	1927.12	中庸問對(續) / 沈璿澤	

번호	원문	현대어(독음)	호	쪽	발행일	기사명 / 필자	비고
10508	舜	순	28	9	1927.12	中庸問對(續) / 沈璿澤	
10509	舜	순	28	65	1927.12	講說〉講題 吾道一以貫之 / 沈璿澤	
10510	舜	순	28	68	1927.12	講說〉講題 孔夫子의 集大成 / 兒島獻吉郎	
10511	舜	순	29	1	1928.12	儒道說 / 鄭鳳時	
10512	舜	순	29	15	1928.12	坡州郡文廟齋則序 / 李學魯	
10513	舜	순	29	28	1928.12	三洙瑣談(續) / 元泳義	
10514	舜	순	29	52	1928.12	講說〉講題 生事愛敬死事哀戚 / 李學魯	
10515	舜	순	29	56	1928.12	講說〉講題 道德的精神 / 白井成允	
10516	舜	순	30	23	1929.12	中庸問對(續) / 崔基鉉	
10517	舜	순	30	27	1929.12	中庸問對(續) / 崔基鉉	
10518	舜	순	30	28	1929.12	中庸問對(續) / 崔基鉉	
10519	舜	순	30	58	1929.12	講說〉講題 朝鮮의 在한 聖學道統：李退溪先生을 憶함 / 赤木萬二郎	
10520	舜	순	30	67	1929.12	講說〉講題 朝鮮의 在한 聖學道統：李退溪先生을 憶함 / 赤木萬二郎	
10521	舜	순	30	[1]	1929.12	李龍眠畵宣聖及七十二弟子像贊(金石萃編)	
10522	舜	순	31	16	1930.08	講題 修身齊家治國平天下 / 成樂賢	
10523	舜	순	31	18	1930.08	講題 德者本也財者末也 / 成樂賢	
10524	舜	순	32	31	1930.12	學校視察日記 / 俞鎭贊	
10525	舜	순	33	8	1931.12	朱夫子誕降八百年紀念祭告文 / 鄭鳳時	
10526	舜	순	33	15	1931.12	聞曲阜兵變上蔣中正書 / 李學魯	
10527	舜	순	34	1	1932.03	生三事一論 / 李學魯	
10528	舜	순	34	3	1932.03	天理人欲說 / 元弘植	
10529	舜	순	34	23	1932.03	社會敎育에 關한 意見書 / 申錫麟	
10530	舜	순	35	2	1932.12	以好問供勸學說 / 李學魯	
10531	舜	순	35	5	1932.12	經傳解釋通例 / 李學魯	
10532	舜	순	35	7	1932.12	心性情理氣圖解 / 元弘植	
10533	舜	순	36	1	1933.12	窮養達施論 / 權純九	
10534	舜	순	37	1	1934.10	心學說 / 李學魯	
10535	舜	순	37	2	1934.10	心學說 / 李學魯	
10536	舜	순	37	5	1934.10	天道人道說 / 元弘植	
10537	舜	순	38	19	1935.03	改正朔不易時月論 / 權純九	
10538	舜	순	38	27	1935.03	性理	
10539	舜	순	39	2	1935.10	性善說 / 李學魯	
10540	舜	순	40	6	1936.08	儒敎의 眞髓 / 鄭萬朝	
10541	舜	순	40	9	1936.08	朝鮮儒敎의 大觀 / 鄭鳳時	

번호	원문	현대어(독음)	호	쪽	발행일	기사명 / 필자	비고
10542	舜	순	40	12	1936.08	心田開發論 / 柳萬馨	
10543	舜	순	40	12	1936.08	心田開發에 對한 儒敎 / 鄭鳳時	
10544	舜	순	40	54	1936.08	鄭茂亭先生追悼錄〉輓詞 / 黃錫龍	
10545	舜	순	41	13	1937.02	正心에 對하야 / 李輔相	
10546	舜	순	41	43	1937.02	經學院永年勤續職員褒彰式狀況〉祝辭 / 李學魯	
10547	舜	순	44	27	1939.10	儒敎의 起源과 流派 / 李昇圭	
10548	舜	순	44	30	1939.10	儒敎의 起源과 流派 / 李昇圭	
10549	舜	순	44	32	1939.10	經儒學 / 金誠鎭	
10550	舜	순	44	34	1939.10	經儒學 / 金誠鎭	
10551	舜	순	44	43	1939.10	大學主旨 / 崔浩然	
10552	舜	순	45	89	1940.12	忠淸南道儒道聯合會結成式〉東亞ノ建設ト儒道ノ精神 / 安寅植	
10553	舜	순	46	7	1941.12	大學序文先儒論辨 / 金誠鎭	
10554	舜	순	48	37	1944.04	儒敎の進むべき道 / 朱柄乾	
10555	舜	순	48	38	1944.04	儒敎の進むべき道 / 朱柄乾	
10556	荀	순	4	6	1914.09	學說 / 呂圭亨	
10557	荀	순	5	86	1914.12	關東講說〉講題 道不遠人 / 崔舜鉉	
10558	荀	순	10	4	1916.03	經論 / 金元祐	
10559	荀	순	11	3	1916.06	經論 / 韓晩容	
10560	荀	순	16	51	1918.03	講說〉講題 存其心養其性所以事天也(大正六年十月十四日江陵郡講演)〉續演 / 鄭鳳時	
10561	荀	순	40	16	1936.08	文房四友說 / 韓昌愚	
10562	荀卿	순경	4	44	1914.09	孔子年報(續) / 呂圭亨	
10563	荀卿	순경	10	11	1916.03	經學管見(續) / 尹寧求	
10564	荀卿	순경	11	31	1916.06	樂器圖說(續)	
10565	荀卿	순경	12	11	1916.12	孟子緖論 / 金文演	
10566	荀卿	순경	31	4	1930.08	經學源流 / 權純九	
10567	荀卿	순경	35	7	1932.12	心性情理氣圖解 / 元弘植	
10568	荀卿	순경	44	35	1939.10	經儒學 / 金誠鎭	荀子, 卿은 字
10569	荀卿子	순경자	6	5	1915.03	緖論 / 呂圭亨	
10570	荀卿子	순경자	40	15	1936.08	鄭隱溪翁六十一壽序 / 權純九	
10571	純廟	순묘	24	14	1923.12	彝峯金公遺墟碑文 / 成岐運	순조
10572	荀氏	순씨	1	26	1913.12	庸言 / 金允植	
10573	荀楊	순양	37	1	1934.10	心學說 / 李學魯	
10574	荀悅	순열	21	16	1921.03	經學管見(續) / 尹寧求	

번호	원문	현대어(독음)	호	쪽	발행일	기사명 / 필자	비고
10575	荀說	순열	15	1	1917.10	經學管見(續) / 尹寧求	荀悅
10576	荀說	순열	15	2	1917.10	經學管見(續) / 尹寧求	荀悅
10577	淳于髡	순우곤	31	11	1930.08	講題 我國近時의 立法과 儒道와의 關係 / 武部欽一	
10578	淳于伯	순우백	30	[10]	1929.12	李龍眠畫宣聖及七十二弟子像贊(金石萃編)	
10579	淳于伯	순우백	42	55	1937.12	文廟享祀位次及聖賢姓名爵號考 / 金完鎭	步叔乘
10580	荀彧	순욱	4	43	1914.09	孔子年報(續) / 呂圭亨	
10581	荀勗	순욱	15	4	1917.10	經學管見(續) / 尹寧求	
10582	荀子	순자	5	53	1914.12	容思衍(續) / 李鼎煥	
10583	荀子	순자	6	10	1915.03	華山問答(續) / 李容稙	
10584	荀子	순자	12	12	1916.12	孟子緖論 / 金文演	
10585	荀子	순자	16	50	1918.03	講說〉講題 存其心養其性所以事天也(大正六年十月十四日江陵郡講演)〉續演 / 鄭鳳時	
10586	荀子	순자	21	14	1921.03	經學管見(續) / 尹寧求	
10587	荀子	순자	31	4	1930.08	經學源流 / 權純九	
10588	荀子	순자	38	27	1935.03	性理	
10589	荀子	순자	39	3	1935.10	性善說 / 李學魯	
10590	荀子	순자	41	12	1937.02	正心에 對하야 / 李輔相	
10591	荀子	순자	44	41	1939.10	經儒學 / 金誠鎭	
10592	順帝	순제	14	10	1917.07	經學管見(續) / 尹寧求	
10593	純祖	순조	10	48	1916.03	賢關記聞(續) / 李大榮	
10594	純祖	순조	11	54	1916.06	賢關記聞(續) / 李大榮	
10595	純祖	순조	32	41	1930.12	地方報告〉地方儒林狀況〉[成樂賢의 報告]	
10596	純祖	순조	36	37	1933.12	孝烈行蹟〉[金基銖 等의 보고]	
10597	純祖	순조	38	28	1935.03	太學掌議衿錄帖序	
10598	純祖	순조	38	29	1935.03	太學志慶詩帖序	
10599	荀宗道	순종도	15	5	1917.10	經學管見(續) / 尹寧求	
10600	純宗孝皇帝	순종효황제	27	60	1926.12	日誌大要	
10601	純宗孝皇帝	순종효황제	27	61	1926.12	日誌大要	
10602	舜華	순화	5	45	1914.12	孔子年報(續) / 呂圭亨	
10603	荀況	순황	16	45	1918.03	講說〉講題 林放問禮之本(大正六年九月二十七日平壤府鄕校講演) / 朴齊斌	
10604	荀況	순황	16	46	1918.03	講說〉講題 林放問禮之本(大正六年九月二十七日平壤府鄕校講演) / 朴齊斌	
10605	荀況	순황	21	14	1921.03	經學管見(續) / 尹寧求	
10606	荀況	순황	10	51	1916.03	賢關記聞(續) / 李大榮	
10607	述聖	술성	4	9	1914.09	經學 / 朴長鴻	子思

번호	원문	현대어(독음)	호	쪽	발행일	기사명 / 필자	비고
10608	述聖	술성	42	49	1937.12	文廟享祀位次及聖賢姓名爵號考 / 金完鎭	子思
10609	述聖	술성	42	60	1937.12	文廟享祀位次及聖賢姓名爵號考 / 金完鎭	子思
10610	術聖公	술성공	10	49	1916.03	賢關記聞(續) / 李大榮	
10611	述聖公	술성공	2	41	1914.03	笏記	
10612	述聖公	술성공	2	42	1914.03	笏記	
10613	述聖公	술성공	8	35	1915.09	賢關記聞 / 李大榮	
10614	述聖公	술성공	10	50	1916.03	賢關記聞(續) / 李大榮	
10615	述聖公	술성공	19	29	1918.12	賢關記聞(續) / 李大榮	
10616	述聖公	술성공	2	36	1914.03	大成殿神位圖	子思
10617	崇聖	숭성	20	29	1920.03	三洙瑣談(續) / 元泳義	崇聖侯
10618	崇安伯	숭안백	8	35	1915.09	賢關記聞 / 李大榮	蔡沈
10619	崇安伯	숭안백	42	47	1937.12	文廟享祀位次及聖賢姓名爵號考 / 金完鎭	蔡沈
10620	崇安伯	숭안백	42	57	1937.12	文廟享祀位次及聖賢姓名爵號考 / 金完鎭	蔡沈
10621	스펭구라	슈펭글러	34	50	1932.03	評議員會狀況	Spengler
10622	스펀사	스펜서	10	37	1916.03	教育 / 朴稚祥	Herbert Spencer
10623	習齋	습재	10	24	1916.03	經學淺知錄 / 金文演	顏元
10624	習之	습지	16	46	1918.03	講說〉講題 林放問禮之本(大正六年九月二十七日平壤府鄕校講演) / 朴齊斌	李翺
10625	習之	습지	32	41	1930.12	地方報告〉地方儒林狀況[成樂賢의 報告]	安敏學
10626	習鑿齒	습착치	14	5	1917.07	經學管見(續) / 尹寧求	
10627	勝尾信彥	승미신언	45	20	1940.12	朝鮮儒林大會(朝鮮儒道聯合會創立總會) 會錄概要〉朝鮮儒道聯合會役員名簿(昭和十四年十一月一日現在)	가츠오 노부히코
10628	乘氏伯	승씨백	30	[8]	1929.12	李龍眠畵宣聖及七十二弟子像贊(金石萃編)	伏勝
10629	乘氏伯	승씨백	42	55	1937.12	文廟享祀位次及聖賢姓名爵號考 / 金完鎭	施之常
10630	乘氏伯	승씨백	42	56	1937.12	文廟享祀位次及聖賢姓名爵號考 / 金完鎭	伏勝
10631	乘氏伯	승씨백	42	47	1937.12	文廟享祀位次及聖賢姓名爵號考 / 金完鎭	伏勝
10632	承宗	승종	33	8	1931.12	孺人羅州林氏孝烈碑 / 成樂賢	
10633	承鎭	승진	33	8	1931.12	孺人羅州林氏孝烈碑 / 成樂賢	
10634	承澤	승택	36	38	1933.12	孝烈行蹟〉[李奎燮 等의 보고]	
10635	勝海舟	승해주	48	31	1944.04	國に報ゆる誠心 / 勝海舟	가츠 가이슈
10636	始	시	8	11	1915.09	華山問答(續) / 李容稙	秦始皇
10637	施	시	31	6	1930.08	經學源流 / 權純九	施讎
10638	詩岡	시강	23	87	1922.12	地方報告〉[金煥容의 報告]	金龜述
10639	矢鍋永三郎	시과영삼랑	45	21	1940.12	朝鮮儒林大會(朝鮮儒道聯合會創立總會) 會錄概要〉朝鮮儒道聯合會役員名簿(昭和十四年十一月一日現在)	

번호	원문	현대어(독음)	호	쪽	발행일	기사명 / 필자	비고
10640	柴邦彦	시방언	10	22	1916.03	經學淺知錄 / 金文演	
10641	市山	시산	24	14	1923.12	彝峯金公遺墟碑文 / 成岐運	
10642	時聖	시성	15	50	1917.10	講說〉光州郡鄉校演講(大正六年四月二十六日)〉講題 子莫執中執中爲近之執中無權猶執一也 / 李容稙	孔子
10643	施讐	시수	9	18	1915.12	經學管見(下) / 尹寧求	
10644	時實	시실	25	43	1924.12	日誌大要	도키자네 아키호 (時實秋穗)
10645	時實	시실	26	40	1925.12	日誌大要	도키자네 아키호 (時實秋穗)
10646	時實	시실	26	44	1925.12	日誌大要	도키자네 아키호 (時實秋穗)
10647	時實	시실	27	51	1926.12	日誌大要	도키자네 아키호 (時實秋穗)
10648	時實秋穗	시실추수	21	36	1921.03	鄉校財産管理規則施行細則	도키자네 아키호
10649	時實秋穗	시실추수	21	53	1921.03	掌議에 關흔 規程	도키자네 아키호
10650	時實秋穗	시실추수	25	41	1924.12	日誌大要	도키자네 아키호
10651	施氏	시씨	20	29	1920.03	三洙瑣談(續) / 元泳義	
10652	柴野栗山	시야율산	18	54	1918.09	講說〉講題 內地의 宋學(大正七年五月十一日第二十八回講演) / 今關壽麿	시바노 리츠잔
10653	矢野恒太	시야항태	39	31	1935.10	東京斯文會主催儒道大會狀況	야노 츠네타
10654	矢野恒太	시야항태	39	38	1935.10	東京斯文會主催儒道大會狀況〉演說要旨 / 矢野恒太	야노 츠네타
10655	時元	시원	42	56	1937.12	文廟享祀位次及聖賢姓名爵號考 / 金完鎭	杜子春
10656	市原始憲	시원시헌	46	24	1941.12	經學院日誌大要(昭和十四年七月ヨリ昭和十六年六月マテ)	宋始憲
10657	市原薰	시원훈	20	54	1920.03	地方報告〉[權鳳洙의 報告]	이치하라 가오루
10658	時應	시응	26	75	1925.12	地方報告〉[金鳳浩 等의 報告]	
10659	柴田	시전	20	48	1920.03	日誌大要	시바타 젠자부로 (柴田善三郎)

번호	원문	현대어(독음)	호	쪽	발행일	기사명 / 필자	비고
10660	柴田	시전	22	52	1922.03	日誌大要	시바타 젠자부로 (柴田善三郎)
10661	柴田	시전	22	53	1922.03	日誌大要	시바타 젠자부로 (柴田善三郎)
10662	柴田	시전	23	57	1922.12	日誌大要	시바타 젠자부로 (柴田善三郎)
10663	柴田	시전	23	60	1922.12	日誌大要	시바타 젠자부로 (柴田善三郎)
10664	柴田	시전	24	56	1923.12	日誌大要	시바타 젠자부로 (柴田善三郎)
10665	柴田みの子	시전미노자	47	7	1943.01	戸籍整備入選標語	시바타 미노코
10666	柴田全乘	시전전승	45	41	1940.12	朝鮮儒林大會(朝鮮儒道聯合會創立總會) 會錄概要〉朝鮮儒道聯合會役員名簿(昭和十四年十一月一日現在)	
10667	施之常	시지상	30	[8]	1929.12	李龍眠畵宣聖及七十二弟子像贊(金石萃編)	施子, 小施氏
10668	施之常	시지상	42	46	1937.12	文廟享祀位次及聖賢姓名爵號考 / 金完鎭	臨濮侯
10669	施之常	시지상	42	55	1937.12	文廟享祀位次及聖賢姓名爵號考 / 金完鎭	臨濮侯, 원문은 姓施名之常
10670	市村	시촌	31	14	1930.08	講題 我國近時의 立法과 儒道와의 關係 / 武部欽一	도쿄제국대학 교수
10671	市村瓚次郎	시촌찬차랑	25	43	1924.12	日誌大要	이치무라 산지로
10672	市村瓚次郎	시촌찬차랑	25	45	1924.12	日誌大要	이치무라 산지로
10673	市村瓚次郎	시촌찬차랑	25	85	1924.12	地方報告〉[成樂賢의 報告]	이치무라 산지로
10674	市村瓚次郎	시촌찬차랑	39	31	1935.10	東京斯文會主催儒道大會狀況	이치무라 산지로
10675	始皇	시황	19	24	1918.12	三洙瑣談(續) / 元泳義	秦始皇
10676	始皇	시황	44	44	1939.10	大學主旨 / 崔浩然	秦始皇
10677	植田	식전	39	51	1935.10	文廟釋奠狀況〉[春期釋奠 擧行]	우에다 겐키치(植田謙吉), 군사령관

번호	원문	현대어(독음)	호	쪽	발행일	기사명 / 필자	비고
10678	申	신	5	86	1914.12	關東講說〉講題 道不遠人 / 崔舜鉉	申不害
10679	申	신	7	77	1915.06	講說〉講題 孔子聖之時者也(大政四年三月十八日第十回講演)〉續演 / 呂圭亨	申不害
10680	申	신	47	28	1943.01	論語要義 / 崔浩然	申不害
10681	申	신	11	56	1916.06	賢關記聞(續) / 李大榮	申在明
10682	申	신	28	40	1927.12	東石申講士挽章 / 李大榮	
10683	申覺均	신각균	44	79	1939.10	文廟秋季釋奠狀況	
10684	申鑒	신감	21	16	1921.03	經學管見(續) / 尹寧求	
10685	申甲均	신갑균	33	37	1931.12	聲討顚末	
10686	新居廣	신거광	46	33	1941.12	明倫專門學院日誌大要(昭和十四年七月ヨリ昭和十六年六月マデ)	朴彝淳, 파주군수
10687	新建	신건	11	10	1916.06	經論 / 韓晩容	
10688	申敬秀	신경수	15	33	1917.10	日誌大要	
10689	信高	신고	48	49	1944.04	嘉言善行 / 李敬植	도미타 노부타카 (富田信高)
10690	申公	신공	10	13	1916.03	經學管見(續) / 尹寧求	
10691	申公	신공	28	14	1927.12	祭東石申講士文 / 鄭喆永	
10692	申公	신공	31	4	1930.08	經學源流 / 權純九	
10693	申公	신공	31	5	1930.08	經學源流 / 權純九	
10694	申光漢	신광한	11	54	1916.06	賢關記聞(續) / 李大榮	
10695	申光漢	신광한	28	3	1927.12	朝鮮詩文變遷論 / 鄭萬朝	원문은 光漢
10696	申光漢	신광한	43	16	1938.12	敎化編年(續) / 李大榮	
10697	申句須	신구수	5	39	1914.12	孔子年報(續) / 呂圭亨	
10698	申句須	신구수	5	41	1914.12	孔子年報(續) / 呂圭亨	
10699	信國	신국	21	27	1921.03	鄭信國傳 / 鄭崙秀	
10700	信國公	신국공	42	50	1937.12	文廟享祀位次及聖賢姓名爵號考 / 金完鎭	朱熹
10701	愼潰氏	신궤씨	4	44	1914.09	孔子年報(續) / 呂圭亨	
10702	申肯善	신긍선	45	36	1940.12	朝鮮儒林大會(朝鮮儒道聯合會創立總會) 會錄概要〉朝鮮儒道聯合會役員名簿(昭和十四年十一月一日現在)	
10703	申企齋	신기재	28	3	1927.12	朝鮮詩文變遷論 / 鄭萬朝	申光漢
10704	申吉元	신길원	27	82	1926.12	地方報告〉[金商璉의 報告]	조선의 문신
10705	神農	신농	9	5	1915.12	經說(續) / 韓晩容	
10706	神農	신농	9	17	1915.12	經學管見(下) / 尹寧求	
10707	神農	신농	20	31	1920.03	三洙瑣談(續) / 元泳義	

번호	원문	현대어(독음)	호	쪽	발행일	기사명 / 필자	비고
10708	神農	신농	23	61	1922.12	講說〉講題 凡有血氣者莫不尊親(大正十一年五月七日追慕禮式時) / 李魯學	
10709	神農	신농	29	15	1928.12	坡州郡文廟齋則序 / 李學魯	
10710	神農	신농	33	2	1931.12	古今制器不同論 / 李學魯	
10711	神農	신농	33	15	1931.12	聞曲阜兵變上蔣中正書 / 李學魯	
10712	神農	신농	44	27	1939.10	儒教의 起源과 流派 / 李昇圭	
10713	神農	신농	44	32	1939.10	經儒學 / 金誠鎭	
10714	神農	신농	46	7	1941.12	大學序文先儒論辨 / 金誠鎭	
10715	神農氏	신농씨	9	11	1915.12	格致管見(續) / 李鼎煥	
10716	申棠	신당	7	40	1915.06	論語考證(續) / 金文演	
10717	申黨	신당	10	51	1916.03	賢關記聞(續) / 李大榮	
10718	申黨	신당	30	[10]	1929.12	李龍眠畵宣聖及七十二弟子像贊(金石萃編)	
10719	申大均	신대균	30	77	1929.12	地方報告〉[申大均의 報告]	
10720	申大均	신대균	30	80	1929.12	地方報告〉[申大均의 報告]	
10721	申大均	신대균	30	81	1929.12	地方報告〉[申大均의 報告]	
10722	申大均	신대균	31	35	1930.08	地方報告〉各郡文廟釋奠狀況〉[申大均의 보고]	
10723	申大均	신대균	31	37	1930.08	地方報告〉各郡文廟釋奠狀況〉[申大均의 보고]	
10724	申大均	신대균	32	45	1930.12	地方報告〉各郡文廟釋奠狀況〉[申大均의 보고]	
10725	申大均	신대균	33	38	1931.12	地方儒林狀況〉[申大均의 보고]	
10726	申大均	신대균	33	44	1931.12	文廟釋奠狀況〉[申大均의 보고]	
10727	申大均	신대균	33	56	1931.12	孝烈行蹟〉[申大均 等의 보고]	
10728	申大均	신대균	40	32	1936.08	日誌大要	
10729	申屠狄	신도적	6	10	1915.03	華山問答(續) / 李容植	
10730	辛島驍	신도효	47	46	1943.01	經學院日誌大要(昭和十六年七月ヨリ昭和十七年六月マテ)	가라시마 다케시
10731	愼獨齋	신독재	11	27	1916.06	經學淺知錄(續) / 金文演	金集의 호
10732	愼獨齋	신독재	42	58	1937.12	文廟享祀位次及聖賢姓名爵號考 / 金完鎭	金集의 호
10733	申董燮	신동섭	30	77	1929.12	地方報告〉[申董燮의 報告]	
10734	申董燮	신동섭	31	35	1930.08	地方報告〉各郡文廟釋奠狀況〉[申董燮의 보고]	
10735	辛東植	신동식	45	37	1940.12	朝鮮儒林大會(朝鮮儒道聯合會創立總會) 會錄槪要〉朝鮮儒道聯合會役員名簿(昭和十四年十一月一日現在)	
10736	申東旭	신동욱	36	70	1933.12	明倫學院第四回入學許可者名簿	
10737	申東旭	신동욱	37	46	1934.10	文廟釋奠狀況〉[秋期釋奠 擧行]	
10738	申東旭	신동욱	38	43	1935.03	文廟釋奠狀況〉[秋期釋奠 擧行]	
10739	申東旭	신동욱	40	35	1936.08	文廟釋奠狀況〉[秋期釋奠 擧行]	
10740	申東旭	신동욱	40	61	1936.08	第四回卒業式狀況及第七回新入生名簿〉第四回卒業生名簿	

번호	원문	현대어(독음)	호	쪽	발행일	기사명 / 필자	비고
10741	申東旭	신동욱	41	35	1937.02	文廟春季釋奠狀況	
10742	申東元	신동원	43	34	1938.12	皇軍慰問詩 / 申東元	
10743	申斗極	신두극	27	9	1926.12	烈女申婦張孺人碑 / 金完鎭	원문은 斗極
10744	申命麟	신명린	26	79	1925.12	地方報告〉[宋相弼의 報告]	원문은 命麟
10745	神武	신무	9	[17]	1915.12	卽位大禮式獻頌文 / 鄭鳳時	진무 천황
10746	神武天皇	신무 천황	7	18	1915.06	新舊曆法解說(續) / 洪鐘佶	진무 천황
10747	神武天皇	신무 천황	43	56	1938.12	日誌大要	진무 천황
10748	神武王	신무왕	33	39	1931.12	地方儒林狀況〉[李大榮의 보고]〉書院狀況	진무 천황
10749	神文王	신문왕	8	36	1915.09	賢關記聞 / 李大榮	
10750	神文王	신문왕	40	9	1936.08	朝鮮儒敎의 大觀 / 鄭鳳時	
10751	神尾	신미	33	24	1931.12	日誌大要	가미오 가즈하루 (神尾弌春)
10752	神尾	신미	35	63	1932.12	評議員會狀況〉事業經過報告 / 高木善人	가미오 가즈하루 (神尾弌春)
10753	神尾	신미	35	64	1932.12	評議員會狀況〉事業經過報告 / 高木善人	가미오 가즈하루 (神尾弌春)
10754	神尾弌春	신미일춘	31	53	1930.08	事務報告 / 神尾弌春	가미오 가즈하루
10755	神尾弌春	신미일춘	31	54	1930.08	事務報告 / 神尾弌春	가미오 가즈하루
10756	神尾弌春	신미일춘	31	60	1930.08	明倫學院職員名簿	가미오 가즈하루
10757	神尾弌春	신미일춘	34	32	1932.03	日誌大要	가미오 가즈하루
10758	神尾弌春	신미일춘	34	52	1932.03	評議員會狀況	가미오 가즈하루
10759	申敏一	신민일	37	41	1934.10	地方儒林狀況〉[李大榮의 보고]〉書院狀況	원문은 申公敏一
10760	申培公	신배공	1	8	1913.12	論說 / 呂圭亨	
10761	申培公	신배공	31	4	1930.08	經學源流 / 權純九	
10762	新本泰信	신본태신	47	42	1943.01	釋奠狀況〉昭和十七年秋季釋奠狀況	
10763	申不害	신불해	27	19	1926.12	經義問對 / 韓昌愚	
10764	申相國	신상국	10	31	1916.03	享官廳記 / 洪貴達 撰	
10765	申相千	신상천	24	21	1923.12	開城郡士人申相千行錄 / 李學魯	
10766	申象村	신상촌	28	3	1927.12	朝鮮詩文變遷論 / 鄭萬朝	申欽
10767	辛相漢	신상한	16	57	1918.03	地方報告〉[鄭鳳時의 報告]	

번호	원문	현대어(독음)	호	쪽	발행일	기사명 / 필자	비고
10768	申生	신생	27	34	1926.12	三洙瑣談(續) / 元泳義	
10769	申瑞水	신서수	24	15	1923.12	興陽郡學重修記 / 金甯漢	
10770	申錫具	신석구	27	76	1926.12	地方報告〉[申泰岳의 報告]	
10771	申錫麟	신석린	19	36	1918.12	日誌大要	
10772	申錫麟	신석린	24	91	1923.12	地方報告〉[劉錫祚의 報告]	
10773	申錫麟	신석린	26	96	1925.12	地方報告〉[金完鎭의 報告]	
10774	申錫麟	신석린	30	35	1929.12	祭粢料傳達式狀況	
10775	申錫麟	신석린	30	36	1929.12	祭粢料傳達式狀況	
10776	申錫麟	신석린	34	23	1932.03	社會教育에 關한 意見書 / 申錫麟	
10777	申錫麟	신석린	35	70	1932.12	第一回學生卒業式狀況〉祝辭 / 申錫麟	
10778	申錫麟	신석린	39	50	1935.10	日誌大要	
10779	申錫麟	신석린	45	22	1940.12	朝鮮儒林大會(朝鮮儒道聯合會創立總會) 會錄概要〉朝鮮儒道聯合會役員名簿(昭和十四年十一月一日現在)	
10780	辛碩祖	신석조	11	35	1916.06	受賜鍾尊記 / 辛碩祖	
10781	申奭浩	신석호	44	91	1939.10	明倫專門學院記事〉本科第十回入學許可者	
10782	申奭浩	신석호	46	14	1941.12	釋奠狀況〉昭和十四年秋季釋奠狀況	
10783	申奭浩	신석호	46	15	1941.12	釋奠狀況〉昭和十五年春季釋奠狀況	
10784	申奭浩	신석호	46	16	1941.12	釋奠狀況〉昭和十五年秋季釋奠狀況	
10785	申成九	신성구	16	58	1918.03	地方報告〉[鄭鳳時의 報告]	
10786	申世俊	신세준	33	9	1931.12	司直金公墓碑銘并序 / 金完鎭	
10787	申叔夫子	신숙부자	6	45	1915.03	論語考證 / 金文演	
10788	申叔舟	신숙주	10	33	1916.03	典祀廳記 / 李淑瑊 撰	원문은 申公叔舟
10789	申叔舟	신숙주	11	54	1916.06	賢關記聞(續) / 李大榮	
10790	申叔舟	신숙주	37	21	1934.10	教化編年 / 李大榮	
10791	申叔舟	신숙주	37	23	1934.10	教化編年 / 李大榮	
10792	申叔舟	신숙주	37	24	1934.10	教化編年 / 李大榮	
10793	申崇謙	신숭겸	26	79	1925.12	地方報告〉[宋相弼의 報告]	원문은 崇謙
10794	新息侯	신식후	42	53	1937.12	文廟享祀位次及聖賢姓名爵號考 / 金完鎭	秦冉
10795	新息候	신식후	8	35	1915.09	賢關記聞 / 李大榮	秦冉
10796	新息侯	신식후	42	46	1937.12	文廟享祀位次及聖賢姓名爵號考 / 金完鎭	秦冉
10797	新安伯	신안백	8	35	1915.09	賢關記聞 / 李大榮	邵雍
10798	新安伯	신안백	10	51	1916.03	賢關記聞(續) / 李大榮	邵雍
10799	新安伯	신안백	42	50	1937.12	文廟享祀位次及聖賢姓名爵號考 / 金完鎭	邵雍
10800	新安伯	신안백	2	36	1914.03	大成殿神位圖	邵雍
10801	新安伯	신안백	42	46	1937.12	文廟享祀位次及聖賢姓名爵號考 / 金完鎭	邵雍

번호	원문	현대어(독음)	호	쪽	발행일	기사명 / 필자	비고
10802	新安氏	신안씨	1	21	1913.12	經學當明者 三 / 呂圭亨	
10803	新安倪氏	신안예씨	17	7	1918.07	四書小註辨疑(續) / 李鶴在	
10804	新安倪氏	신안예씨	19	15	1918.12	四書小註辨疑(續) / 李鶴在	
10805	新安陳氏	신안진씨	2	7	1914.03	華山問答 / 李容稙	
10806	新安陳氏	신안진씨	11	6	1916.06	經論 / 韓晩容	
10807	新安陳氏	신안진씨	11	42	1916.06	四書小註辨疑 / 李鶴在	
10808	新安陳氏	신안진씨	12	28	1916.12	四書小註辨疑(續) / 李鶴在	
10809	新安陳氏	신안진씨	13	22	1917.03	四書小註辨疑(續) / 李鶴在	
10810	新安陳氏	신안진씨	13	23	1917.03	四書小註辨疑(續) / 李鶴在	
10811	新安陳氏	신안진씨	14	28	1917.07	四書小註辨疑(續) / 李鶴在	
10812	新安陳氏	신안진씨	15	14	1917.10	四書小註辨疑(續) / 李鶴在	
10813	新安陳氏	신안진씨	17	10	1918.07	四書小註辨疑(續) / 李鶴在	
10814	新安陳氏	신안진씨	18	14	1918.09	四書小註辨疑(續) / 李鶴在	
10815	新安陳氏	신안진씨	19	3	1918.12	學說 / 呂龍鉉	
10816	新野伯	신야백	8	35	1915.09	賢關記聞 / 李大榮	范甯
10817	新野伯	신야백	42	56	1937.12	文廟享祀位次及聖賢姓名爵號考 / 金完鎭	范甯
10818	新野伯	신야백	42	47	1937.12	文廟享祀位次及聖賢姓名爵號考 / 金完鎭	范甯
10819	申良雨	신양우	38	46	1935.03	文廟釋奠狀況>地方文廟秋期釋奠狀況表	
10820	申彦鳳	신언봉	32	48	1930.12	地方報告>各郡文廟釋奠狀況>[申彦鳳의 보고]	
10821	申彦鳳	신언봉	33	36	1931.12	聲討顚末	
10822	申彦鳳	신언봉	37	28	1934.10	孝烈行蹟>[申彦鳳 等의 보고]	
10823	申彦鳳	신언봉	37	29	1934.10	孝烈行蹟>[申彦鳳 等의 보고]	
10824	申靈川	신영천	37	40	1934.10	地方儒林狀況>[李大榮의 보고]>書院狀況	
10825	申鈺	신옥	48	53	1944.04	釋奠狀況>昭和十八年秋季釋奠狀況	
10826	申鈺三	신옥삼	48	62	1944.04	經學院日誌大要(昭和十七年七月ヨリ昭和十八年六月マテ)	
10827	愼鏞和	신용화	32	43	1930.12	地方報告>地方儒林狀況>[李學魯의 報告]	
10828	申宇永	신우영	45	28	1940.12	朝鮮儒林大會(朝鮮儒道聯合會創立總會) 會錄槪要>朝鮮儒道聯合會役員名簿(昭和十四年十一月一日現在)	
10829	辛元甲	신원갑	22	80	1922.03	地方報告>[申元甲의 報告]	
10830	申元均	신원균	33	34	1931.12	聲討顚末	
10831	信原聖	신원성	45	22	1940.12	朝鮮儒林大會(朝鮮儒道聯合會創立總會) 會錄槪要>朝鮮儒道聯合會役員名簿(昭和十四年十一月一日現在)	
10832	申緯	신위	28	4	1927.12	朝鮮詩文變遷論 / 鄭萬朝	원문은 緯
10833	申孺人	신유인	26	79	1925.12	地方報告>[宋相弼의 報告]	

번호	원문	현대어(독음)	호	쪽	발행일	기사명 / 필자	비고
10834	申綸齋	신윤재	11	57	1916.06	賢關記聞(續) / 李大榮	申在明
10835	辛膺敎	신응교	44	76	1939.10	日誌大要(自昭和十三年六月 至昭和十三年十二月)	
10836	辛應時	신응시	37	39	1934.10	地方儒林狀況>[李大榮의 보고]>書院狀況	원문은 辛文莊公應時
10837	申應澄	신응징	10	46	1916.03	賢關記聞(續) / 李大榮	
10838	申應熙	신응희	21	41	1921.03	鄕校財産管理規則施行細則	
10839	申應熙	신응희	22	26	1922.03	掌議에 關한 規程(續)	
10840	申益均	신익균	45	32	1940.12	朝鮮儒林大會(朝鮮儒道聯合會創立總會) 會錄槪要>朝鮮儒道聯合會役員名簿(昭和十四年十一月一日現在)	
10841	申子	신자	6	4	1915.03	緖論 / 呂圭亨	
10842	申紫霞	신자하	28	4	1927.12	朝鮮詩文變遷論 / 鄭萬朝	申緯
10843	信長	신장	48	50	1944.04	嘉言善行 / 李敬植	오다 노부나가 (織田信長)
10844	申帳	신장	42	46	1937.12	文廟享祀位次及聖賢姓名爵號考 / 金完鎭	文登侯
10845	申棖	신장	7	40	1915.06	論語考證(續) / 金文演	
10846	申棖	신장	7	46	1915.06	論語分類一覽(續) / 金文演	
10847	申在明	신재명	11	56	1916.06	賢關記聞(續) / 李大榮	원문은 在明
10848	辛在斌	신재빈	16	36	1918.03	日誌大要	
10849	申載學	신재학	39	54	1935.10	文廟釋奠狀況>地方文廟春期釋奠狀況表	
10850	申載學	신재학	40	38	1936.08	文廟釋奠狀況>[地方文廟春期釋奠狀況表]	
10851	新田伯	신전백	42	53	1937.12	文廟享祀位次及聖賢姓名爵號考 / 金完鎭	公肩定
10852	新田留次郎	신전유차랑	45	32	1940.12	朝鮮儒林大會(朝鮮儒道聯合會創立總會) 會錄槪要>朝鮮儒道聯合會役員名簿(昭和十四年十一月一日現在)	
10853	申棖	신정	24	27	1923.12	三洙瑣談(續) / 元泳義	
10854	申棖	신정	30	[7]	1929.12	李龍眠畵宣聖及七十二弟子像贊(金石萃編)	
10855	申棖	신정	42	55	1937.12	文廟享祀位次及聖賢姓名爵號考 / 金完鎭	文登侯, 원문은 姓申名棖
10856	新井白石	신정백석	18	53	1918.09	講說>講題 內地의 宋學(大正七年五月十一日 第二十八回講演) / 今關壽麿	아라이 하쿠세키
10857	辛廷植	신정식	45	37	1940.12	朝鮮儒林大會(朝鮮儒道聯合會創立總會) 會錄槪要>朝鮮儒道聯合會役員名簿(昭和十四年十一月一日現在)	
10858	新井室雨森	신정실우삼	10	21	1916.03	經學淺知錄 / 金文演	
10859	新井英美	신정영미	47	39	1943.01	釋奠狀況>昭和十七年春季釋奠狀況	

번호	원문	현대어(독음)	호	쪽	발행일	기사명 / 필자	비고
10860	新井英信	신정영신	47	37	1943.01	釋奠狀況〉昭和十六年秋季釋奠狀況	
10861	新井英信	신정영신	48	53	1944.04	釋奠狀況〉昭和十八年秋季釋奠狀況	
10862	新井哲丞	신정철승	47	45	1943.01	經學院日誌大要(昭和十六年七月ヨリ昭和十七年六月マデ)	
10863	神宗	신종	8	50	1915.09	講說〉講題 苟日新日日新又日新(大政四年四月十七日第十一回講演)〉續演 / 呂圭亨	
10864	神宗	신종	21	18	1921.03	經學管見(續) / 尹寧求	
10865	神宗	신종	42	49	1937.12	文廟享祀位次及聖賢姓名爵號考 / 金完鎭	宋의 神宗, 趙頊
10866	神宗	신종	42	57	1937.12	文廟享祀位次及聖賢姓名爵號考 / 金完鎭	明의 萬曆帝, 朱翊均
10867	神宗	신종	48	46	1944.04	朝鮮詩學考(前號續) / 李昇圭	고려의 王旼
10868	申鍾榮	신종영	30	79	1929.12	地方報告〉[申鍾榮 等의 報告]	
10869	辛周德	신주덕	43	67	1938.12	文廟春季釋奠狀況	
10870	辛周德	신주덕	43	74	1938.12	第六回卒業式狀況及第九回新入生名簿〉第九回入學許可者名簿	
10871	辛周德	신주덕	44	78	1939.10	文廟秋季釋奠狀況	
10872	辛周德	신주덕	44	79	1939.10	文廟秋季釋奠狀況	
10873	辛周德	신주덕	44	87	1939.10	文廟春季釋奠狀況	
10874	辛周德	신주덕	46	14	1941.12	釋奠狀況〉昭和十四年秋季釋奠狀況	
10875	辛周德	신주덕	46	15	1941.12	釋奠狀況〉昭和十五年春季釋奠狀況	
10876	辛周德	신주덕	46	16	1941.12	釋奠狀況〉昭和十五年秋季釋奠狀況	
10877	辛周德	신주덕	46	18	1941.12	釋奠狀況〉昭和十六年春季釋奠狀況	
10878	申曾	신증	10	10	1916.03	經學管見(續) / 尹寧求	
10879	申曾	신증	44	35	1939.10	經儒學 / 金誠鎭	曾申, 曾參의 子
10880	信之	신지	32	41	1930.12	地方報告〉地方儒林狀況〉[成樂賢의 報告]	俞應孚
10881	申池均	신지균	35	77	1932.12	明倫學院昭和七年度第三回入學許可者名簿	
10882	申池均	신지균	37	46	1934.10	文廟釋奠狀況〉[秋期釋奠 擧行]	
10883	申池均	신지균	37	70	1934.10	明倫學院第三回卒業生名簿	
10884	申池均	신지균	39	51	1935.10	文廟釋奠狀況〉[春期釋奠 擧行]	
10885	申池均	신지균	39	52	1935.10	文廟釋奠狀況〉[春期釋奠 擧行]	
10886	申池均	신지균	39	57	1935.10	第三回卒業生名簿(新規第一回昭和十年三月)	
10887	申鎭均	신진균	46	33	1941.12	明倫專門學院日誌大要(昭和十四年七月ヨリ昭和十六年六月マデ)	
10888	申鎭均	신진균	47	37	1943.01	釋奠狀況〉昭和十六年秋季釋奠狀況	
10889	申鎭均	신진균	47	39	1943.01	釋奠狀況〉昭和十七年春季釋奠狀況	

번호	원문	현대어(독음)	호	쪽	발행일	기사명 / 필자	비고
10890	申鎭均	신진균	47	42	1943.01	釋奠狀況〉昭和十七年秋季釋奠狀況	
10891	申鎭均	신진균	48	52	1944.04	釋奠狀況〉昭和十八年春季釋奠狀況	
10892	申鎭均	신진균	48	53	1944.04	釋奠狀況〉昭和十八年秋季釋奠狀況	
10893	申昌均	신창균	1	92	1913.12	[판권사항]	
10894	申昌均	신창균	2	100	1914.03	[판권사항]	
10895	申昌均	신창균	3	72	1914.06	[판권사항]	
10896	申昌均	신창균	4	69	1914.09	[판권사항]	
10897	申昌燮	신창섭	38	45	1935.03	文廟釋奠狀況〉地方文廟秋期釋奠狀況表	
10898	申昌休	신창휴	21	97	1921.03	地方報告〉[翰若愚의 報告]	
10899	申昌休	신창휴	33	29	1931.12	聲討顚末	
10900	申昌休	신창휴	34	56	1932.03	明倫學院評議會員名簿	
10901	申昌休	신창휴	35	23	1932.12	孝壽帖〉賀韻 / 申昌休	
10902	申昌休	신창휴	36	22	1933.12	日誌大要	
10903	信川在機	신천재기	47	41	1943.01	釋奠狀況〉昭和十七年秋季釋奠狀況	
10904	申澈會	신철회	39	59	1935.10	聽講生	
10905	申澈會	신철회	41	37	1937.02	文廟秋季釋奠狀況	
10906	申澈會	신철회	43	59	1938.12	文廟秋季釋奠狀況	
10907	申澈會	신철회	43	73	1938.12	第六回卒業式狀況及第九回新入生名簿〉聽講生	
10908	申喆休	신철휴	27	70	1926.12	地方報告〉[申喆休의 報告]	
10909	薪村	신촌	22	72	1922.03	地方報告〉[宋圭鎭의 報告]	鄭伯周
10910	神村實	신촌실	48	62	1944.04	經學院日誌大要(昭和十七年七月ヨリ昭和十八年六月マテ)	
10911	申泰祿	신태록	27	9	1926.12	烈女申婦張孺人碑 / 金完鎭	원문은 申氏泰祿
10912	申泰祿	신태록	27	76	1926.12	地方報告〉[申泰岳의 報告]	원문은 泰祿
10913	申泰祿	신태록	38	45	1935.03	文廟釋奠狀況〉地方文廟秋期釋奠狀況表	
10914	申泰祿	신태록	39	52	1935.10	文廟釋奠狀況〉地方文廟春期釋奠狀況表	
10915	申泰祿	신태록	40	36	1936.08	文廟釋奠狀況〉[地方文廟春期釋奠狀況表]	
10916	愼台晟	신태성	17	70	1918.07	地方報告〉[金俊璜의 報告]	
10917	愼台晟	신태성	19	79	1918.12	地方報告〉[愼台晟의 報告]	
10918	申泰信	신태신	27	71	1926.12	地方報告〉[任衡宰 等의 報告]	
10919	申泰岳	신태악	21	91	1921.03	日誌大要	
10920	申泰岳	신태악	22	49	1922.03	故經學院副提學久庵朴公挽詞 / 申泰岳	
10921	申泰岳	신태악	22	56	1922.03	日誌大要	
10922	申泰岳	신태악	23	19	1922.12	孔夫子忌辰四十周甲追慕辭 / 申泰岳	
10923	申泰岳	신태악	23	55	1922.12	日誌大要	

번호	원문	현대어(독음)	호	쪽	발행일	기사명 / 필자	비고
10924	申泰岳	신태악	23	83	1922.12	地方報告〉[申泰岳의 報告]	
10925	申泰岳	신태악	24	73	1923.12	講說〉講題 大學之道在明明德在新民 / 申泰岳	
10926	申泰岳	신태악	27	54	1926.12	日誌大要	
10927	申泰岳	신태악	27	76	1926.12	地方報告〉[申泰岳의 報告]	
10928	申泰岳	신태악	28	13	1927.12	孝烈婦金氏碑 / 李大榮	
10929	申泰岳	신태악	28	45	1927.12	日誌大要	
10930	申泰岳	신태악	28	49	1927.12	日誌大要	
10931	申泰岳	신태악	30	39	1929.12	日誌大要	
10932	申泰衡	신태형	26	41	1925.12	日誌大要	
10933	新貝肇	신패조	45	21	1940.12	朝鮮儒林大會(朝鮮儒道聯合會創立總會) 會錄槪要〉朝鮮儒道聯合會役員名簿(昭和十四年十一月一日現在)	신가이 하지메
10934	新貝肇	신패조	45	99	1940.12	全羅南道儒道聯合會結成要項〉全羅南道儒道聯合會結成式會長告辭要旨 / 新貝 肇	신가이 하지메
10935	新平 李氏	신평 이씨	28	72	1927.12	地方報告〉[李煜 等의 報告]	
10936	申韓	신한	4	5	1914.09	學說 / 呂圭亨	申不害와 韓非子
10937	申韓	신한	8	23	1915.09	明倫堂記 / 成侃 撰	
10938	申鉉九	신현구	20	38	1920.03	求禮郡文廟重修捐義錄小序 / 金商翊	
10939	申鉉求	신현구	19	19	1918.12	雲山郡文廟祭官案序 / 申鉉求	
10940	申鉉求	신현구	45	9	1940.12	朝鮮儒林大會(朝鮮儒道聯合會創立總會) 會錄槪要	
10941	申鉉求	신현구	45	23	1940.12	朝鮮儒林大會(朝鮮儒道聯合會創立總會) 會錄槪要〉朝鮮儒道聯合會役員名簿(昭和十四年十一月一日現在)	
10942	申鉉奎	신현규	33	34	1931.12	聲討顚末	
10943	申鉉哲	신현철	20	38	1920.03	求禮郡文廟重修捐義錄小序 / 金商翊	
10944	申鉉泰	신현태	30	78	1929.12	地方報告〉[曹秉益의 報告]	
10945	申鉉泰	신현태	32	45	1930.12	地方報告〉各郡文廟釋奠狀況〉[申鉉李의 보고]	
10946	申瑚永	신호영	35	76	1932.12	明倫學院昭和七年度第三回入學許可者名簿	
10947	申瑚永	신호영	36	25	1933.12	文廟釋奠狀況〉[秋期釋奠 擧行]	
10948	申瑚永	신호영	37	45	1934.10	文廟釋奠狀況〉[秋期釋奠 擧行]	
10949	申瑚永	신호영	37	46	1934.10	文廟釋奠狀況〉[秋期釋奠 擧行]	
10950	申瑚永	신호영	37	51	1934.10	文廟釋奠狀況〉[春期釋奠 擧行]	
10951	申瑚永	신호영	37	68	1934.10	明倫學院第三回卒業生名簿	
10952	申瑚永	신호영	39	51	1935.10	文廟釋奠狀況〉[春期釋奠 擧行]	
10953	申瑚永	신호영	39	56	1935.10	第三回卒業生名簿(新規第一回昭和十年三月)	

번호	원문	현대어(독음)	호	쪽	발행일	기사명 / 필자	비고
10954	辛弘默	신홍묵	16	58	1918.03	地方報告>[鄭鳳時의 報告]	
10955	申后	신후	46	63	1941.12	講演及講習>時局と婦道實踐(講演速記) / 永田種秀	西周 幽王의 正后
10956	申欽	신흠	28	3	1927.12	朝鮮詩文變遷論 / 鄭萬朝	원문은 欽
10957	申欽	신흠	42	61	1937.12	文廟享祀位次及聖賢姓名爵號考 / 金完鎭	文貞公
10958	室鳩巢	실구소	18	53	1918.09	講說>講題 內地의 宋學(大正七年五月十一日 第二十八回講演) / 今關壽麿	무로 규소
10959	沈佳	심가	17	4	1918.07	經學管見(續) / 尹寧求	
10960	沈基哲	심기철	37	72	1934.10	明倫學院第五回入學許可者名簿	
10961	沈能九	심능구	27	73	1926.12	地方報告>[沈能九 等의 報告]	
10962	沈能九	심능구	27	74	1926.12	地方報告>[沈能九 等의 報告]	
10963	沈能九	심능구	30	41	1929.12	日誌大要	
10964	沈能九	심능구	30	42	1929.12	日誌大要	
10965	沈能鎭	심능진	27	85	1926.12	地方報告>[沈能鎭의 報告]	
10966	沈能憲	심능헌	22	81	1922.03	地方報告>[沈能憲의 報告]	
10967	沈道原	심도원	21	20	1921.03	經學管見(續) / 尹寧求	
10968	沈彤	심동	34	5	1932.03	最近經學考 / 權純九	
10969	沈東燮	심동섭	41	35	1937.02	文廟春季釋奠狀況	
10970	沈東燮	심동섭	42	38	1937.12	文廟春季釋奠狀況	
10971	沈東燮	심동섭	43	59	1938.12	文廟秋季釋奠狀況	
10972	沈東燮	심동섭	43	72	1938.12	第六回卒業式狀況及第九回新入生名簿>第六回卒業生名簿	
10973	沈東燮	심동섭	39	58	1935.10	明倫學院第六回入學許可者名簿(昭和十年度)	
10974	沈東澤	심동택	6	55	1915.03	讀經學院誌 / 沈東澤	
10975	沈文阿	심문아	32	4	1930.12	經學源流(續) / 權純九	
10976	沈炳巽	심병손	18	11	1918.09	經學管見(續) / 尹寧求	
10977	沈炳震	심병진	11	18	1916.06	經學管見(續) / 尹寧求	
10978	沈士烱	심사경	8	70	1915.09	地方報告>[崔東吉의 報告]	
10979	沈相國	심상국	11	56	1916.06	賢關記聞(續) / 李大榮	沈喜壽
10980	沈相瑀	심상우	16	36	1918.03	日誌大要	
10981	沈相毅	심상의	31	33	1930.08	日誌大要	
10982	沈相翊	심상익	45	22	1940.12	朝鮮儒林大會(朝鮮儒道聯合會創立總會) 會錄槪要>朝鮮儒道聯合會役員名簿(昭和十四年十一月一日現在)	
10983	沈相俊	심상준	23	24	1922.12	通川郡文廟重修記 / 朴箕陽	
10984	沈相俊	심상준	23	85	1922.12	地方報告>[尹炳善의 報告]	

번호	원문	현대어(독음)	호	쪽	발행일	기사명 / 필자	비고
10985	沈相直	심상직	45	29	1940.12	朝鮮儒林大會(朝鮮儒道聯合會創立總會) 會錄概要>朝鮮儒道聯合會役員名簿(昭和十四年十一月一日現在)	
10986	沈相緝	심상집	45	35	1940.12	朝鮮儒林大會(朝鮮儒道聯合會創立總會) 會錄概要>朝鮮儒道聯合會役員名簿(昭和十四年十一月一日現在)	
10987	沈相憙	심상희	21	97	1921.03	地方報告>[金昇壽의 報告]	
10988	沈相熙	심상희	45	29	1940.12	朝鮮儒林大會(朝鮮儒道聯合會創立總會) 會錄概要>朝鮮儒道聯合會役員名簿(昭和十四年十一月一日現在)	
10989	沈璿澤	심선택	21	88	1921.03	日誌大要	
10990	沈璿澤	심선택	22	15	1922.03	經義問對 / 沈璿澤	
10991	沈璿澤	심선택	22	48	1922.03	故經學院副提學久庵朴公挽詞 / 沈璿澤	
10992	沈璿澤	심선택	23	18	1922.12	孔夫子忌辰四十周甲追慕辭 / 沈璿澤	
10993	沈璿澤	심선택	23	53	1922.12	日誌大要	
10994	沈璿澤	심선택	23	55	1922.12	日誌大要	
10995	沈璿澤	심선택	23	6	1922.12	經義問對(續) / 沈璿澤	
10996	沈璿澤	심선택	23	82	1922.12	地方報告>[沈璿澤의 報告]	
10997	沈璿澤	심선택	24	69	1923.12	講說>講題 溫故而知新 / 沈璿澤	
10998	沈璿澤	심선택	24	7	1923.12	經義問對(續) / 沈璿澤	
10999	沈璿澤	심선택	25	39	1924.12	日誌大要	
11000	沈璿澤	심선택	25	46	1924.12	日誌大要	
11001	沈璿澤	심선택	25	53	1924.12	講說>講題 儒家之自衛策 / 金完鎭	
11002	沈璿澤	심선택	25	58	1924.12	講說>講題 修道之謂敎 / 沈璿澤	
11003	沈璿澤	심선택	25	76	1924.12	地方報告>[金完鎭 等의 報告]	
11004	沈璿澤	심선택	25	86	1924.12	地方報告>[沈璿澤의 報告]	
11005	沈璿澤	심선택	26	35	1925.12	和呈滄上李先生 / 沈璿澤	
11006	沈璿澤	심선택	26	60	1925.12	講說>講題 君子時中 / 沈璿澤	
11007	沈璿澤	심선택	26	86	1925.12	地方報告>[沈璿澤의 報告]	
11008	沈璿澤	심선택	27	13	1926.12	崔孝子實記 / 沈璿澤	
11009	沈璿澤	심선택	27	22	1926.12	中庸問對 / 沈璿澤	
11010	沈璿澤	심선택	27	54	1926.12	日誌大要	
11011	沈璿澤	심선택	27	74	1926.12	地方報告>[沈能九 等의 報告]	
11012	沈璿澤	심선택	28	40	1927.12	東石申講士挽章 / 沈璿澤	
11013	沈璿澤	심선택	28	45	1927.12	日誌大要	
11014	沈璿澤	심선택	28	64	1927.12	講說>講題 吾道一以貫之 / 沈璿澤	
11015	沈璿澤	심선택	28	78	1927.12	地方報告>[沈璿澤의 報告]	

번호	원문	현대어(독음)	호	쪽	발행일	기사명 / 필자	비고
11016	沈璿澤	심선택	28	8	1927.12	中庸問對(續) / 沈璿澤	
11017	沈璿澤	심선택	29	32	1928.12	聚奎帖 / 沈璿澤	
11018	沈璿澤	심선택	29	36	1928.12	大樹帖 / 沈璿澤	
11019	沈璿澤	심선택	29	6	1928.12	大學問對 / 沈璿澤	
11020	沈璿澤	심선택	29	75	1928.12	地方報告>[沈璿澤의 報告]	
11021	沈璿澤	심선택	30	18	1929.12	大學問對(續) / 沈璿澤	
11022	沈璿澤	심선택	30	37	1929.12	雪重帖 / 沈璿澤	
11023	沈璿澤	심선택	31	27	1930.08	壽星帖 / 院僚一同	
11024	沈璿澤	심선택	32	22	1930.12	金夫人烈行碑銘并序 / 沈璿澤	
11025	沈璿澤	심선택	32	23	1930.12	士人魏元良事蹟碑銘 / 沈璿澤	
11026	沈璿澤	심선택	32	34	1930.12	崴陽書院叅拜敬次板上韻 / 沈璿澤	
11027	沈璿澤	심선택	33	19	1931.12	壽松帖>敬賀鄭提學先生喜壽 / 沈璿澤	
11028	沈璿澤	심선택	33	29	1931.12	聲討顚末	
11029	沈璿澤	심선택	34	8	1932.03	烈女水原白氏碑銘 竝序 / 沈璿澤	
11030	沈璿澤	심선택	35	22	1932.12	孝壽帖>賀韻 / 沈璿澤	
11031	沈璿澤	심선택	35	3	1932.12	擧爾所知論 / 沈璿澤	
11032	沈璿澤	심선택	37	42	1934.10	登杭眉亭 / 沈璿澤	
11033	沈璿澤	심선택	38	39	1935.03	挽宜齋朴司成 / 沈璿澤	
11034	沈璿澤	심선택	38	40	1935.03	日誌大要	
11035	沈璿澤	심선택	40	32	1936.08	日誌大要	
11036	沈璿澤	심선택	40	41	1936.08	成竹似先生追悼錄>挽故成均館博士成竹似先生 / 沈璿澤	
11037	沈璿澤	심선택	40	51	1936.08	鄭茂亭先生追悼錄>輓詞 / 金東振	
11038	沈璿澤	심선택	41	59	1937.02	經學院講士名簿(昭和十一年十一月一日)	
11039	沈璿澤	심선택	43	42	1938.12	故大提學鄭鳳時先生輓詞 / 沈璿澤	
11040	沈璿澤	심선택	45	27	1940.12	朝鮮儒林大會(朝鮮儒道聯合會創立總會) 會錄概要>朝鮮儒道聯合會役員名簿(昭和十四年十一月一日現在)	
11041	沈氏	심씨	22	77	1922.03	地方報告>[黃泳斌의 報告]	許源의 母
11042	沈約	심약	14	6	1917.07	經學管見(續) / 尹寧求	
11043	沈禮澤	심예택	28	47	1927.12	日誌大要	
11044	沈友燮	심우섭	45	33	1940.12	朝鮮儒林大會(朝鮮儒道聯合會創立總會) 會錄概要>朝鮮儒道聯合會役員名簿(昭和十四年十一月一日現在)	
11045	沈禹澤	심우택	23	91	1922.12	[판권사항]	
11046	沈禹澤	심우택	24	97	1923.12	[판권사항]	
11047	沈禹澤	심우택	26	99	1925.12	[판권사항]	

번호	원문	현대어(독음)	호	쪽	발행일	기사명 / 필자	비고
11048	沈禹澤	심우택	28	89	1927.12	[판권사항]	
11049	沈禹澤	심우택	29	83	1928.12	[판권사항]	
11050	沈禹澤	심우택	30	83	1929.12	[판권사항]	
11051	沈猶氏	심유씨	4	44	1914.09	孔子年報(續) / 呂圭亨	
11052	沈宜昇	심의승	12	86	1916.12	地方報告〉[金麒榮의 報告]	
11053	沈宜昇	심의승	24	91	1923.12	地方報告〉[劉錫祚의 報告]	
11054	沈載澤	심재택	27	69	1926.12	地方報告〉[醴泉郡守의 報告]	원문은 沈公載澤
11055	沈諸梁	심저량	9	28	1915.12	孔子年報(續) / 呂圭亨	원문은 諸梁
11056	沈廷芳	심정방	11	18	1916.06	經學管見(續) / 尹寧求	
11057	沈鍾舜	심종순	7	66	1915.06	日誌大要	
11058	沈鍾舜	심종순	7	67	1915.06	日誌大要	
11059	沈鍾舜	심종순	8	44	1915.09	日誌大要	
11060	沈鍾舜	심종순	8	49	1915.09	講說〉講題 苟日新日日新又日新(大政四年四月十七日第十一回講演)〉敷演 / 沈鍾舜	
11061	沈鍾舜	심종순	8	55	1915.09	講說〉講題 道不遠人(大政四年五月八日第十二回講演)〉敷演 / 沈鍾舜	
11062	沈鐘舜	심종순	9	56	1915.12	講說〉講題 三人行必有我師(大正四年六月十二日第十三回講演) / 沈鐘舜	
11063	沈鍾舜	심종순	35	27	1932.12	日誌大要	
11064	沈鍾舜	심종순	35	73	1932.12	明倫學院職員名簿	
11065	沈鍾舜	심종순	36	24	1933.12	日誌大要	
11066	沈鍾舜	심종순	36	54	1933.12	評議員會狀況〉事業經過報告 / 俞萬兼	
11067	沈鍾舜	심종순	37	61	1934.10	第四回評議員會狀況〉事業經過報告 / 俞萬兼	
11068	沈峻	심준	10	17	1916.03	經學管見(續) / 尹寧求	
11069	沈峻	심준	32	3	1930.12	經學源流(續) / 權純九	
11070	沈濬澤	심준택	41	59	1937.02	經學院講士名簿(昭和十一年十一月一日)	
11071	沈重	심중	32	4	1930.12	經學源流(續) / 權純九	
11072	沈重	심중	32	5	1930.12	經學源流(續) / 權純九	
11073	沈之璜	심지황	37	53	1934.10	文廟釋奠狀況〉[沈地璜의 보고]	
11074	沈之潢	심지황	39	54	1935.10	文廟釋奠狀況〉地方文廟春期釋奠狀況表	
11075	沈昌植	심창식	16	60	1918.03	地方報告〉[南相台의 報告]	
11076	沈樞	심추	17	5	1918.07	經學管見(續) / 尹寧求	
11077	沈爀南	심혁남	9	51	1915.12	日誌大要	
11078	沈誢	심현	43	20	1938.12	江華忠烈祠享祀位次及祝文式	
11079	沈煥之	심환지	38	30	1935.03	太學志慶詩帖序	

번호	원문	현대어(독음)	호	쪽	발행일	기사명 / 필자	비고
11080	沈晥鎭	심환진	45	28	1940.12	朝鮮儒林大會(朝鮮儒道聯合會創立總會) 會錄概要〉朝鮮儒道聯合會役員名簿(昭和十四年十一月一日現在)	
11081	沈喜壽	심희수	11	56	1916.06	賢關記聞(續) / 李大榮	원문은 喜壽
11082	辻壽男	십수남	39	22	1935.10	湯島聖堂孔子祭典狀況〉孔子祭舞樂曲目竝配役	
11083	十六賢	십육현	29	16	1928.12	新興郡文廟刱建記 / 魏大源	공문10철과 송조6현
11084	十一代將軍	십일대 장군	18	54	1918.09	講說〉講題 內地의 宋學(大正七年五月十一日 第二十八回講演) / 今關壽麿	도쿠가와 이에나리 (德川家齊), 11대 쇼군
11085	十哲	십철	7	29	1915.06	文廟碑銘并序	
11086	十哲	십철	8	24	1915.09	尊經閣記 / 徐居正 撰	
11087	十哲	십철	8	36	1915.09	賢關記聞 / 李大榮	
11088	十哲	십철	10	31	1916.03	享官廳記 / 洪貴達 撰	
11089	十哲	십철	10	48	1916.03	賢關記聞(續) / 李大榮	
11090	十哲	십철	10	51	1916.03	賢關記聞(續) / 李大榮	
11091	十哲	십철	10	52	1916.03	賢關記聞(續) / 李大榮	
11092	十哲	십철	15	53	1917.10	講說〉光州郡鄕校講演(大正六年四月二十六日)〉說諭(賞品授與式日) / 元應常	
11093	十哲	십철	20	31	1920.03	三洙瑣談(續) / 元泳義	
11094	十哲	십철	26	12	1925.12	四書講解總說 / 元泳義	
11095	十哲	십철	29	15	1928.12	坡州郡文廟齋則序 / 李學魯	
11096	十哲	십철	30	58	1929.12	講說〉講題 朝鮮의 在한 聖學道統 : 李退溪先生을 憶함 / 赤木萬二郎	顏回·閔子騫·冉耕·仲弓·宰我·子貢·冉有·子路·子游·子夏
11097	十八賢	십팔현	31	22	1930.08	講題 儒者爲人所需 / 李大榮	東廡의 薛聰·安裕·金宏弼·趙光祖·李滉·李珥·金長生·金集·宋浚吉, 西廡의 崔致遠·鄭夢周·鄭汝昌·李彦迪·金麟厚·成

번호	원문	현대어(독음)	호	쪽	발행일	기사명 / 필자	비고
11097	十八賢	십팔현	31	22	1930.08	講題 儒者爲人所需 / 李大榮	渾·趙憲·宋時烈·朴世采
11098	雙冀	쌍기	28	3	1927.12	朝鮮詩文變遷論 / 鄭萬朝	
11099	雙明齋	쌍명재	47	35	1943.01	朝鮮詩學考(第十四號續) / 李昇圭	李仁老의 號
11100	雙峯氏	쌍봉씨	1	21	1913.12	經學當明者 三 / 呂圭亨	
11101	雙峯饒氏	쌍봉요씨	11	43	1916.06	四書小註辨疑 / 李鶴在	
11102	雙峯饒氏	쌍봉요씨	11	45	1916.06	四書小註辨疑 / 李鶴在	
11103	雙峯饒氏	쌍봉요씨	12	30	1916.12	四書小註辨疑(續) / 李鶴在	
11104	雙峯饒氏	쌍봉요씨	12	32	1916.12	四書小註辨疑(續) / 李鶴在	
11105	雙峯饒氏	쌍봉요씨	14	25	1917.07	四書小註辨疑(續) / 李鶴在	
11106	雙峯饒氏	쌍봉요씨	14	27	1917.07	四書小註辨疑(續) / 李鶴在	
11107	雙峯饒氏	쌍봉요씨	15	14	1917.10	四書小註辨疑(續) / 李鶴在	
11108	雙峯饒氏	쌍봉요씨	15	15	1917.10	四書小註辨疑(續) / 李鶴在	
11109	雙峯饒氏	쌍봉요씨	15	61	1917.10	講說>大邱高等普通學校講演(大正六年五月十六日)>講題 志於道據於德依於仁游於藝 / 李容植	
11110	雙峯饒氏	쌍봉요씨	17	9	1918.07	四書小註辨疑(續) / 李鶴在	
11111	雙峰饒氏	쌍봉요씨	5	11	1914.12	華山問答(續) / 李容植	
11112	雙峰饒氏	쌍봉요씨	6	13	1915.03	華山問答(續) / 李容植	
11113	雙峰饒氏	쌍봉요씨	18	16	1918.09	四書小註辨疑(續) / 李鶴在	
11114	雙峰饒氏	쌍봉요씨	19	12	1918.12	四書小註辨疑(續) / 李鶴在	
11115	雙峰饒氏	쌍봉요씨	21	22	1921.03	四書小註辨疑(第十九號續) / 李鶴在	
11116	雙峰饒氏	쌍봉요씨	21	24	1921.03	四書小註辨疑(第十九號續) / 李鶴在	